밥 어휘

기본

•• 교재 개발에 도움을 주신 선생님들께 깊이 감사드립니다.

가유림(경기 안산)	강수진(전남 목포)	강아람(경기 김포)	강영애(경기 일산)	강지수(부산 해운대)	강혜진(부산)
고경은(고양 일산)	곽나래(인천)	곽정숙(경북 포항)	구민경(대구)	국찬영(광주광역시)	길민균(서울 마포)
김경애(서울 성북)	김남수(구리, 남양주)	김미란(경남)	김민석(창원)	김민정(경기 수원)	김성태(경기 이천)
김수경(서울 광진)	김수연(경기 김포)	김수진(서울 중계)	김옥경(세종)	김용호(울산)	김유정(운정)
김유형(전남 화순)	김윤정(경기 남양주)	김은옥(서울 강남)	김은지(서울 강북)	김정욱(용인 수지)	김정준(서울)
김종덕(광주광역시)	김 진(대치)	김형준(서울)	김혜리(경기 안산)	김 흙(분당)	노현선(인천, 김포)
류미숙(청주 오창)	마 미(경기 화성)	명가은(서울 강서)	문동열(강릉)	문소영(경남 김해)	문아람(서울 서초)
박가연(부산)	박세진(서울)	박소영(인천 송도)	박수영(서울 은평)	박윤선(광주광역시)	박은정(서울)
박종승(경남 진주)	박하섬(경남 양산)	박 현(전북 전주)	박혜선(경북 안동)	박호현(대구)	배진희(경기 분당)
백승재(경남 김해)	변수진(울산)	서가영(분당, 대치)	석민지(화성)	설고은(경북)	성태진(강원 태백)
송수원(부산 동래, 북구)	신동훈(경남)	신주현(울산)	신혜영(부산 동구)	신혜원(경기 군포)	안려인(경기 안산)
안보람(서울 강남)	안소연(용인 죽전)	안소연(서울 양천)	안재현(인천)	안정광(순천, 광양)	안혜지(부산)
오승현(서울 목동)	오은정(서울)	오지윤(부산 동래)	오해경(대구 수성)	옥성훈(부천)	우승완(강북)
유기화(경기 안성)	유지훈(평택)	유진아(대구 달서)	유희복(서울)	윤기한(광주, 나주)	윤성은(서울)
윤장원(충북 청주)	이강국(경기 평택)	이경원(충북 청주)	이기록(부산)	이기연(강원 원주)	이기윤(부산)
이대원(의정부)	이미경(부산)	이상훈(울산)	이석호(산본)	이성훈(경기 마석)	이순형(경기 평택)
이애리(경남 거제)	이영지(경기 안양)	이윤지(의정부)	이재욱(용인 처인)	이주연(경기)	이지은(부산 동래)
이지혜(오산)	이지희(대구)	이지희(서울)	이충기(경기 화성)	이태환(일산)	이흥중(부산 사하)
임승언(전북 전주)	임지혜(거제)	임지혜(부산)	장기윤(경북 구미)	장연희(대구)	장정미(서울 서초)
장지연(강원 원주)	전정훈(울산)	정미정(경기 고양)	정민경(충남 아산)	정서은(부산 동래)	정세영(베트남 호찌민)
정세형(광주)	정지윤(전북 전주)	정지환(서울)	정한미(세종)	정해연(전남 순천)	정혜채(서울 노원)
정희숙(서울)	조미연(노원)	조승연(대전)	조아라(부산)	조유리(충남)	조은예(전남)
조효준(천안)	지상훈(대구)	차연수(대구)	천은경(부산)	천정은(세종)	최수연(인천)
최윤미(부천)	최홍민(평택)	표윤경(서울)	하 랑(서울 송파)	하영아(김해, 창원)	한광희(세종)
한남수(경남 진주)	한봉교(서울 성북)	허찬미(서울)	홍경원(서울 성북)	홍석영(서울)	홍선희(부평 산곡)
홍재진(광주광역시)	황동현(대전 서구)	황서현(서울)	황성원(경기 부천)		

밥 어휘

기본

문해력 향상을 위한 **어휘 공부!**

꼭 '밥 어휘'로 학습해야 하는 5가지 이유

1 총 2,819개(기본편 + 심화편)의 방대한 어휘 수록

✦ 어휘력은 학습 능력과 직결되는 아주 중요하고 기초적인 능력입니다. 어휘를 많이 알면 알수록 어휘력은 물론 문해력까지 향상됩니다.

✦ 이 책은 내신과 수능에 대비할 수 있는 다양한 유형의 어휘를 총망라하였으며, 기본편과 심화편 두 권의 책에 2,819개의 방대한 어휘를 수록함으로써 최대한 많은 어휘를 배울 수 있도록 하였습니다.

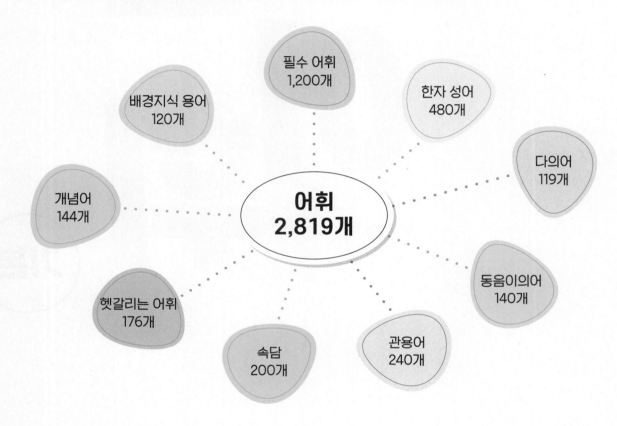

필수 어휘 1,200개
한자 성어 480개
배경지식 용어 120개
다의어 119개
개념어 144개
어휘 2,819개
동음이의어 140개
헷갈리는 어휘 176개
속담 200개
관용어 240개

2 수준별 각 5주 완성 플랜

✦ 이 책은 수준별 2권 체재로 구성되어 있습니다. 기본편의 필수 어휘를 통해 어휘 기본기를 탄탄하게 다질 수 있고, 심화편의 확장 어휘를 통해 문해력은 물론 국어 문제 해결 능력을 확실하게 기를 수 있습니다.

✦ 각 권은 5주 완성 플랜으로 짜여져 있으며, 개념 학습과 다양한 활동을 통해 방대한 어휘를 효과적으로 마스터할 수 있습니다.

기본편	[필수 빈출 어휘 + 꼭 알아야 할 기초 어휘]				
어휘 1,411개	1주	2주	3주	4주	5주
	283개	289개	274개	279개	286개

심화편	[수준 높은 심화 어휘＋상위권을 위한 확장 어휘]				
어휘 1,408개	1주	2주	3주	4주	5주
	282개	289개	272개	279개	286개

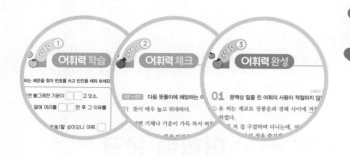

3 3단계의 효율적인 학습 시스템

✦ 3단계 학습법에 따라 어휘의 뜻풀이를 익히고, 적용하고, 점검하며 어휘력을 확실하게 향상시킬 수 있습니다.

step 1 어휘력 학습	step 2 어휘력 체크	step 3 어휘력 완성
1:1 예문을 통해 뜻풀이 익히기	확인 문제를 통해 어휘력 넓히기	실전 문제를 풀며 어휘력 완성하기

4 모든 어휘 1 : 1 기출 예문으로 완벽 학습

✦ 수능 · 모의평가 · 학력평가 등 기출 시험의 지문과 문제를 분석하여 적절한 예시 문장을 추출하였습니다. 어휘 하나하나마다 어휘 학습에 최적화된 예시 문장을 1 : 1로 제시하여 쉽고 재미있게 어휘를 학습할 수 있도록 하였습니다.

✦ 딱딱하고 어려운 예문이 아닌 생생한 기출 예문과 함께 어휘를 공부함으로써 전반적인 문해력 수준 향상은 물론 기출문제의 문장 구성을 익혀 실전 감각을 익힐 수 있도록 하였습니다.

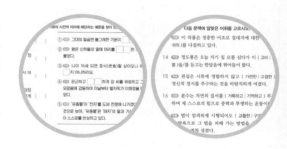

5 다양한 문제를 많이 풀며 어휘력 훈련

✦ 어휘는 단순히 뜻풀이를 외우는 데서 그치는 것이 아니라 실제 문맥에서의 쓰임이나 의미 관계도 잘 파악해야 하므로, 문제를 많이 풀며 훈련해야 합니다.

✦ 어휘력 학습에서는 뜻풀이를 읽고 어휘의 예문을 찾는 문제, 또는 해당 예문을 읽고 어휘의 뜻풀이를 찾는 문제를 통해 어휘를 재미있게 익힐 수 있습니다.

✦ 이와 함께 어휘력 체크, 어휘력 완성, 실전 대비 기출 모의고사 등에서 다양한 유형의 문제를 풀며 어휘력 훈련을 할 수 있습니다.

구성과 특징

◇ 어휘력과 **문해력**을 향상시키는 3단계 학습 시스템!

STEP 1 어휘력 학습
1:1 예문으로 쉽게 이해하기!

1:1 예문으로 이해하기

모든 어휘 하나하나에 예문을 제시하여 지루하지 않게 학습할 수 있도록 했습니다. 수능·모의평가·학력평가에 나온 지문, 문제의 발문, 〈보기〉 글, 선택지에서 해당 어휘를 가장 잘 이해할 수 있는 예문을 엄선하였기 때문에 예문과 함께 어휘를 쉽게 이해할 수 있습니다.

뜻풀이 또는 해당 예문을 직접 찾으며 익히기

뜻풀이를 읽고 해당 예문을 찾거나 또는 해당 예문을 통해 뜻풀이를 찾아봅니다. 단순히 암기식 학습이 아니라 뜻을 통해 예문을, 또는 예문을 통해 뜻을 연결해 보며 쉽고 재미있게 어휘력과 문해력을 동시에 높일 수 있습니다.

STEP 2 어휘력 체크
다양한 문제로 이해도 확인하기!

확인 문제를 통해 어휘력 체크하기

뜻풀이에 해당하는 어휘 쓰기, 어휘의 뜻풀이 완성하기, 문맥에 알맞은 어휘 찾기 등 단답형, 선택형, 문장완성형, OX형 등 여러 가지 유형의 확인 문제를 통해 '어휘력 학습'에서 공부한 어휘들을 완벽하게 익혔는지 체크합니다.

기출 예문을 접하며 어휘력 끌어올리기

수능·모의평가·학력평가에서 선별한 예문들로 문제를 구성하여 기출문제의 문장 구성을 익히는 동시에 어휘 실력을 한 단계 끌어올릴 수 있습니다.

STEP 3 어휘력 완성
실전 문제 풀며 실력 다지기!

실전 문제를 풀며 어휘력 완성하기

어휘의 사전적·문맥적 의미 파악하기, 어휘의 의미와 쓰임 이해하기, 적절한 어휘로 바꿔 쓰기 등 기출 유형을 반영한 다양한 문제를 풀며 자신의 어휘 실력을 점검하고 학습을 완성합니다.

꼼꼼하게 확인하며 어휘력 넓히기

완전히 익히지 못한 어휘가 있다면 1단계의 '어휘력 학습'으로 돌아가 복습합니다. 틀린 문제는 정답과 해설에서 이유를 확인하며 다시 틀리지 않도록 공부합니다.

SPECIAL 실전 대비 기출 모의고사
총 5주 플랜 실력 마무리!

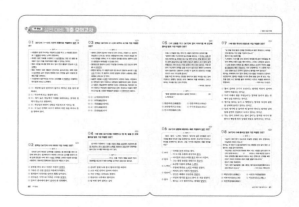

한 주가 끝날 때마다 기출문제로 마무리하기

내신 기출문제에서 선별한 우수 문항과 수능·모의평가·학력평가 기출문제에서 꼭 풀어 보아야 할 어휘 문항으로 구성하였습니다. 기출문제의 유형을 익히며 내신과 수능을 동시에 대비할 수 있습니다.

어휘력 향상은 물론 수능 1등급을 위한 기출문제 풀기

어휘력이 향상되면 어휘 관련 문제뿐만 아니라 국어 영역 전체 문제에 대한 이해도가 높아집니다. 실제 수능 국어 영역에서 출제된 다양한 유형의 어휘 문제와 그 변형 문제를 풀어 봄으로써 내신 및 수능 1등급을 향해 뛰어가시기 바랍니다.

차례와 학습 계획

1주 완성

어휘 유형	수록 어휘	쪽수	권장 일차
01 필수 어휘 _고전 문학	30개 / 누적 30개	12	1일차 ☐☐
02 한자 성어	20개 / 누적 50개	16	
03 다의어	12개 / 누적 62개	20	2일차 ☐☐
04 필수 어휘 _고전 문학	30개 / 누적 92개	24	
05 한자 성어	20개 / 누적 112개	28	3일차 ☐☐
06 동음이의어	23개 / 누적 135개	32	
07 필수 어휘 _고전 문학	30개 / 누적 165개	36	4일차 ☐☐
08 관용어	24개 / 누적 189개	40	
09 속담	20개 / 누적 209개	44	5일차 ☐☐
10 필수 어휘 _고전 문학	30개 / 누적 239개	48	
11 한자 성어	20개 / 누적 259개	52	6일차 ☐☐
12 개념어 _운문 문학	24개 / 누적 283개	56	
1주 완성 실전 대비 기출 모의고사		60	

2주 완성

어휘 유형	수록 어휘	쪽수	권장 일차
01 필수 어휘 _현대 문학	30개 / 누적 313개	66	7일차 ☐☐
02 한자 성어	20개 / 누적 333개	70	
03 속담	20개 / 누적 353개	74	8일차 ☐☐
04 필수 어휘 _현대 문학	30개 / 누적 383개	78	
05 헷갈리는 어휘 _고유어	21개 / 누적 404개	82	9일차 ☐☐
06 관용어	24개 / 누적 428개	86	
07 필수 어휘 _현대 문학	30개 / 누적 458개	90	10일차 ☐☐
08 한자 성어	20개 / 누적 478개	94	
09 속담	20개 / 누적 498개	98	11일차 ☐☐
10 필수 어휘 _현대 문학	30개 / 누적 528개	102	
11 한자 성어	20개 / 누적 548개	106	12일차 ☐☐
12 개념어 _산문 문학	24개 / 누적 572개	110	
2주 완성 실전 대비 기출 모의고사		114	

3주 완성

어휘 유형	수록 어휘	쪽수	권장일차
01 필수 어휘 _인문	30개 누적 602개	120	13일차 ☐☐
02 다의어	12개 누적 614개	124	
03 동음이의어	24개 누적 638개	128	14일차 ☐☐
04 필수 어휘 _인문	30개 누적 668개	132	
05 한자 성어	20개 누적 688개	136	15일차 ☐☐
06 관용어	24개 누적 712개	140	
07 필수 어휘 _인문	30개 누적 742개	144	16일차 ☐☐
08 한자 성어	20개 누적 762개	148	
09 헷갈리는 어휘 _고유어	22개 누적 784개	152	17일차 ☐☐
10 필수 어휘 _예술	30개 누적 814개	156	
11 다의어	12개 누적 826개	160	18일차 ☐☐
12 배경지식 용어 _인문·예술	20개 누적 846개	164	
3주 완성 실전 대비 기출 모의고사		168	

4주 완성

어휘 유형	수록 어휘	쪽수	권장일차
01 필수 어휘 _과학	30개 누적 876개	174	19일차 ☐☐
02 한자 성어	20개 누적 896개	178	
03 헷갈리는 어휘 _한자어	23개 누적 919개	182	20일차 ☐☐
04 필수 어휘 _과학	30개 누적 949개	186	
05 한자 성어	20개 누적 969개	190	21일차 ☐☐
06 속담	20개 누적 989개	194	
07 필수 어휘 _기술	30개 누적 1019개	198	22일차 ☐☐
08 관용어	24개 누적 1043개	202	
09 다의어	12개 누적 1055개	206	23일차 ☐☐
10 필수 어휘 _기술	30개 누적 1085개	210	
11 한자 성어	20개 누적 1105개	214	24일차 ☐☐
12 배경지식 용어 _과학·기술	20개 누적 1125개	218	
4주 완성 실전 대비 기출 모의고사		222	

5주 완성

어휘 유형	수록 어휘	쪽수	권장일차
01 필수 어휘 _ 사회	30개 / 누적 1155개	228	25일차 ☐☐
02 관용어	24개 / 누적 1179개	232	
03 다의어	12개 / 누적 1191개	236	26일차 ☐☐
04 필수 어휘 _ 사회	30개 / 누적 1221개	240	
05 속담	20개 / 누적 1241개	244	27일차 ☐☐
06 동음이의어	24개 / 누적 1265개	248	
07 필수 어휘 _ 경제	30개 / 누적 1295개	252	28일차 ☐☐
08 한자 성어	20개 / 누적 1315개	256	
09 헷갈리는 어휘 _ 잘못 쓰기 쉬운 말	22개 / 누적 1337개	260	29일차 ☐☐
10 필수 어휘 _ 경제	30개 / 누적 1367개	264	
11 개념어 _ 문법	24개 / 누적 1391개	268	30일차 ☐☐
12 배경지식 용어 _ 사회·경제	20개 / 누적 1411개	272	
5주 완성 실전 대비 기출 모의고사		276	

알아 두기

| 교재에 수록된 어휘 유형 |

- **필수 어휘** 교과서 및 수능·모의평가·학력평가에서 빈번하게 등장해 반드시 학습해야 할 어휘
- **한자 성어** 관용적인 뜻으로 굳어 쓰이는 한자로 된 말. 주로 유래가 있거나 교훈을 담고 있음.
- **다의어** 두 가지 이상의 뜻을 가진 단어. 의미들 사이에 관련성이 있음.
- **동음이의어** 소리는 같지만 뜻이 다른 단어. 단어들 사이에 의미적 연관성이 없음.
- **속담** 예로부터 민간에 전하여 오는 말로, 오랜 생활 체험에서 얻은 생각과 교훈을 간결하게 나타낸 어구나 문장
- **관용어** 둘 이상의 단어가 결합해 원래의 의미와는 다른 의미로 사용되는 말
- **헷갈리는 어휘** 발음이 비슷해서 의미 구분이 어려운 어휘. 또는 맞춤법상 잘못 쓰기 쉬운 어휘
- **개념어** 운문 문학, 산문 문학, 문법 영역의 원활한 학습을 위해 꼭 알아야 할 용어
- **배경지식 용어** 인문·예술, 과학·기술, 사회·경제 영역의 지문 독해에 도움이 되는 용어

| 교재에 사용된 아이콘의 의미 |

- 수능 대학수학능력시험
- 모평 평가원 모의평가
- 학평 교육청 학력평가
- 교과 교과 내용에서 추출
- 내신 학교 중간·기말 고사

| 밥 어휘 어휘력 테스트 활용법 |

- 각 단원의 시작 페이지에는 '밥 어휘 어휘력 테스트'에 접속할 수 있는 QR 코드가 제시되어 있습니다.
- 각 단원의 학습을 마친 뒤, 휴대폰으로 QR 코드를 인식하여 '밥 어휘 어휘력 테스트'로 자신의 어휘력을 점검해 보세요.

밥 어휘 학습 플랜 제안

어휘 유형별

학습일			〈학습 내용〉 ➡ 본문 쪽수		〈학습 내용〉 ➡ 본문 쪽수	
1일차 [	월	일]	〈필수 어휘〉 1주 01	➡ 12쪽	〈필수 어휘〉 1주 04	➡ 24쪽
2일차 [	월	일]	〈필수 어휘〉 1주 07	➡ 36쪽	〈필수 어휘〉 1주 10	➡ 48쪽
3일차 [	월	일]	〈필수 어휘〉 2주 01	➡ 66쪽	〈필수 어휘〉 2주 04	➡ 78쪽
4일차 [	월	일]	〈필수 어휘〉 2주 07	➡ 90쪽	〈필수 어휘〉 2주 10	➡ 102쪽
5일차 [	월	일]	〈필수 어휘〉 3주 01	➡ 120쪽	〈필수 어휘〉 3주 04	➡ 132쪽
6일차 [	월	일]	〈필수 어휘〉 3주 07	➡ 144쪽	〈필수 어휘〉 3주 10	➡ 156쪽
7일차 [	월	일]	〈필수 어휘〉 4주 01	➡ 174쪽	〈필수 어휘〉 4주 04	➡ 186쪽
8일차 [	월	일]	〈필수 어휘〉 4주 07	➡ 198쪽	〈필수 어휘〉 4주 10	➡ 210쪽
9일차 [	월	일]	〈필수 어휘〉 5주 01	➡ 228쪽	〈필수 어휘〉 5주 04	➡ 240쪽
10일차 [	월	일]	〈필수 어휘〉 5주 07	➡ 252쪽	〈필수 어휘〉 5주 10	➡ 264쪽
11일차 [	월	일]	〈한자 성어〉 1주 02	➡ 16쪽	〈한자 성어〉 1주 05	➡ 28쪽
12일차 [	월	일]	〈한자 성어〉 1주 11	➡ 52쪽	〈한자 성어〉 2주 02	➡ 70쪽
13일차 [	월	일]	〈한자 성어〉 2주 08	➡ 94쪽	〈한자 성어〉 2주 11	➡ 106쪽
14일차 [	월	일]	〈한자 성어〉 3주 05	➡ 136쪽	〈한자 성어〉 3주 08	➡ 148쪽
15일차 [	월	일]	〈한자 성어〉 4주 02	➡ 178쪽	〈한자 성어〉 4주 05	➡ 190쪽
16일차 [	월	일]	〈한자 성어〉 4주 11	➡ 214쪽	〈한자 성어〉 5주 08	➡ 256쪽
17일차 [	월	일]	〈속담〉 1주 09	➡ 44쪽	〈속담〉 2주 03	➡ 74쪽
18일차 [	월	일]	〈속담〉 2주 09	➡ 98쪽	〈속담〉 4주 06	➡ 194쪽
19일차 [	월	일]	〈속담〉 5주 05	➡ 244쪽	〈관용어〉 1주 08	➡ 40쪽
20일차 [	월	일]	〈관용어〉 2주 06	➡ 86쪽	〈관용어〉 3주 06	➡ 140쪽
21일차 [	월	일]	〈관용어〉 4주 08	➡ 202쪽	〈관용어〉 5주 02	➡ 232쪽
22일차 [	월	일]	〈다의어〉 1주 03	➡ 20쪽	〈다의어〉 3주 02	➡ 124쪽
23일차 [	월	일]	〈다의어〉 3주 11	➡ 160쪽	〈다의어〉 4주 09	➡ 206쪽
24일차 [	월	일]	〈다의어〉 5주 03	➡ 236쪽	〈동음이의어〉 1주 06	➡ 32쪽
25일차 [	월	일]	〈동음이의어〉 3주 03	➡ 128쪽	〈동음이의어〉 5주 06	➡ 248쪽
26일차 [	월	일]	〈헷갈리는 어휘〉 2주 05	➡ 82쪽	〈헷갈리는 어휘〉 3주 09	➡ 152쪽
27일차 [	월	일]	〈헷갈리는 어휘〉 4주 03	➡ 182쪽	〈헷갈리는 어휘〉 5주 09	➡ 260쪽
28일차 [	월	일]	〈개념어〉 1주 12	➡ 56쪽	〈개념어〉 2주 12	➡ 110쪽
29일차 [	월	일]	〈개념어〉 5주 11	➡ 268쪽	〈배경지식 용어〉 3주 12	➡ 164쪽
30일차 [	월	일]	〈배경지식 용어〉 4주 12	➡ 218쪽	〈배경지식 용어〉 5주 12	➡ 272쪽

수준별(중위권)

학습일			〈학습 내용〉 ➡ 본문 쪽수		〈학습 내용〉 ➡ 본문 쪽수		〈학습 내용〉 ➡ 본문 쪽수	
1일차 [	월	일]	〈필수 어휘〉 1주 01	➡ 12쪽	〈필수 어휘〉 1주 04	➡ 24쪽	〈필수 어휘〉 1주 07	➡ 36쪽
2일차 [	월	일]	〈필수 어휘〉 1주 10	➡ 48쪽	〈필수 어휘〉 2주 01	➡ 66쪽	〈필수 어휘〉 2주 04	➡ 78쪽
3일차 [	월	일]	〈필수 어휘〉 2주 07	➡ 90쪽	〈필수 어휘〉 2주 10	➡ 102쪽	〈필수 어휘〉 3주 01	➡ 120쪽
4일차 [	월	일]	〈필수 어휘〉 3주 04	➡ 132쪽	〈필수 어휘〉 3주 07	➡ 144쪽	〈필수 어휘〉 3주 10	➡ 156쪽
5일차 [	월	일]	〈필수 어휘〉 4주 01	➡ 174쪽	〈필수 어휘〉 4주 04	➡ 186쪽	〈필수 어휘〉 4주 07	➡ 198쪽
6일차 [	월	일]	〈필수 어휘〉 4주 10	➡ 210쪽	〈필수 어휘〉 5주 01	➡ 228쪽	〈필수 어휘〉 5주 04	➡ 240쪽
7일차 [	월	일]	〈필수 어휘〉 5주 07	➡ 252쪽	〈필수 어휘〉 5주 10	➡ 264쪽		
8일차 [	월	일]	〈한자 성어〉 1주 02	➡ 16쪽	〈한자 성어〉 1주 05	➡ 28쪽		
9일차 [	월	일]	〈한자 성어〉 1주 11	➡ 52쪽	〈한자 성어〉 2주 02	➡ 70쪽		
10일차 [	월	일]	〈한자 성어〉 2주 08	➡ 94쪽	〈한자 성어〉 2주 11	➡ 106쪽		
11일차 [	월	일]	〈한자 성어〉 3주 05	➡ 136쪽	〈한자 성어〉 3주 08	➡ 148쪽		
12일차 [	월	일]	〈한자 성어〉 4주 02	➡ 178쪽	〈한자 성어〉 4주 05	➡ 190쪽		
13일차 [	월	일]	〈한자 성어〉 4주 11	➡ 214쪽	〈한자 성어〉 5주 08	➡ 256쪽		
14일차 [	월	일]	〈속담〉 1주 09	➡ 44쪽	〈속담〉 2주 03	➡ 74쪽	〈속담〉 2주 09	➡ 98쪽
15일차 [	월	일]	〈속담〉 4주 06	➡ 194쪽	〈속담〉 5주 05	➡ 244쪽		
16일차 [	월	일]	〈관용어〉 1주 08	➡ 40쪽	〈관용어〉 2주 06	➡ 86쪽	〈관용어〉 3주 06	➡ 140쪽
17일차 [	월	일]	〈관용어〉 4주 08	➡ 202쪽	〈관용어〉 5주 02	➡ 232쪽		
18일차 [	월	일]	〈다의어〉 1주 03	➡ 20쪽	〈다의어〉 3주 02	➡ 124쪽	〈다의어〉 3주 11	➡ 160쪽
19일차 [	월	일]	〈다의어〉 4주 09	➡ 206쪽	〈다의어〉 5주 03	➡ 236쪽		
20일차 [	월	일]	〈동음이의어〉 1주 06	➡ 32쪽	〈동음이의어〉 3주 03	➡ 128쪽	〈동음이의어〉 5주 06	➡ 248쪽
21일차 [	월	일]	〈헷갈리는 어휘〉 2주 05	➡ 82쪽	〈헷갈리는 어휘〉 3주 09	➡ 152쪽		
22일차 [	월	일]	〈헷갈리는 어휘〉 4주 03	➡ 182쪽	〈헷갈리는 어휘〉 5주 09	➡ 260쪽		
23일차 [	월	일]	〈개념어〉 1주 12	➡ 56쪽	〈개념어〉 2주 12	➡ 110쪽	〈개념어〉 5주 11	➡ 268쪽
24일차 [	월	일]	〈배경지식 용어〉 3주 12	➡ 164쪽	〈배경지식 용어〉 4주 12	➡ 218쪽	〈배경지식 용어〉 5주 12	➡ 272쪽

수준별(상위권)

학습일			〈학습 내용〉 ➡ 본문 쪽수		〈학습 내용〉 ➡ 본문 쪽수		〈학습 내용〉 ➡ 본문 쪽수	
1일차 [	월	일]	〈필수 어휘〉 1주 01	➡ 12쪽	〈필수 어휘〉 1주 04	➡ 24쪽	〈필수 어휘〉 1주 07	➡ 36쪽
2일차 [	월	일]	〈필수 어휘〉 1주 10	➡ 48쪽	〈필수 어휘〉 2주 01	➡ 66쪽	〈필수 어휘〉 2주 04	➡ 78쪽
3일차 [	월	일]	〈필수 어휘〉 2주 07	➡ 90쪽	〈필수 어휘〉 2주 10	➡ 102쪽	〈필수 어휘〉 3주 01	➡ 120쪽
4일차 [	월	일]	〈필수 어휘〉 3주 04	➡ 132쪽	〈필수 어휘〉 3주 07	➡ 144쪽	〈필수 어휘〉 3주 10	➡ 156쪽
5일차 [	월	일]	〈필수 어휘〉 4주 01	➡ 174쪽	〈필수 어휘〉 4주 04	➡ 186쪽	〈필수 어휘〉 4주 07	➡ 198쪽
6일차 [	월	일]	〈필수 어휘〉 4주 10	➡ 210쪽	〈필수 어휘〉 5주 01	➡ 228쪽	〈필수 어휘〉 5주 04	➡ 240쪽
7일차 [	월	일]	〈필수 어휘〉 5주 07	➡ 252쪽	〈필수 어휘〉 5주 10	➡ 264쪽		
8일차 [	월	일]	〈한자 성어〉 1주 02	➡ 16쪽	〈한자 성어〉 1주 05	➡ 28쪽	〈한자 성어〉 1주 11	➡ 52쪽
9일차 [	월	일]	〈한자 성어〉 2주 02	➡ 70쪽	〈한자 성어〉 2주 08	➡ 94쪽	〈한자 성어〉 2주 11	➡ 106쪽
10일차 [	월	일]	〈한자 성어〉 3주 05	➡ 136쪽	〈한자 성어〉 3주 08	➡ 148쪽	〈한자 성어〉 4주 02	➡ 178쪽
11일차 [	월	일]	〈한자 성어〉 4주 05	➡ 190쪽	〈한자 성어〉 4주 11	➡ 214쪽	〈한자 성어〉 5주 08	➡ 256쪽
12일차 [	월	일]	〈속담〉 1주 09	➡ 44쪽	〈속담〉 2주 03	➡ 74쪽	〈속담〉 2주 09	➡ 98쪽
13일차 [	월	일]	〈속담〉 4주 06 ➡ 194쪽 〈속담〉 5주 05 ➡ 244쪽		〈관용어〉 1주 08	➡ 40쪽	〈관용어〉 2주 06	➡ 86쪽
14일차 [	월	일]	〈관용어〉 3주 06 ➡ 140쪽 〈관용어〉 4주 08 ➡ 202쪽		〈관용어〉 5주 02	➡ 232쪽	〈다의어〉 1주 03	➡ 20쪽
15일차 [	월	일]	〈다의어〉 3주 02 ➡ 124쪽 〈다의어〉 3주 11 ➡ 160쪽		〈다의어〉 4주 09	➡ 206쪽	〈다의어〉 5주 03	➡ 236쪽
16일차 [	월	일]	〈동음이의어〉 1주 06	➡ 32쪽	〈동음이의어〉 3주 03	➡ 128쪽	〈동음이의어〉 5주 06	➡ 248쪽
17일차 [	월	일]	〈헷갈리는 어휘〉 2주 05 ➡ 82쪽 〈헷갈리는 어휘〉 3주 09 ➡ 152쪽		〈헷갈리는 어휘〉 4주 03	➡ 182쪽	〈헷갈리는 어휘〉 5주 09	➡ 260쪽
18일차 [	월	일]	〈개념어〉 1주 12 ➡ 56쪽 〈개념어〉 2주 12 ➡ 110쪽		〈개념어〉 5주 11 ➡ 268쪽 〈배경지식 용어〉 3주 12 ➡ 164쪽		〈배경지식 용어〉 4주 12 ➡ 218쪽 〈배경지식 용어〉 5주 12 ➡ 272쪽	

1주
완성

※ 어휘의 사전적 의미에 해당하는 예문을 찾아 번호를 쓰고 빈칸을 채워 보세요.

01 **가련하다** 옳을 可 | 불쌍히 여길 憐 --	형 가엾고 불쌍하다. 〔 〕
02 **간곡하다** 정성 懇 | 굽을 曲 --	형 태도나 자세 따위가 간절하고 정성스럽다. 〔 〕
03 **감돌다**	동 어떤 기체나 기운이 가득 차서 떠돌다. 〔 〕
04 **감화** 느낄 感 | 될 化	명 좋은 영향을 받아 생각이나 감정이 바람직하게 변화함. 또는 그렇게 변하게 함. 〔 〕
05 **갸웃하다**	동 고개나 몸 따위를 한쪽으로 조금 갸울이다. 〔 〕

① 모평 그대의 얼굴엔 불그레한 기운이 □□고 있소.

② 교과 왕은 신하들의 말에 머리를 □□한 후 그 이유를 물었다.

③ 학평 나이 16세 되면 호식(虎食)할 상이오니 어찌 □□치 아니하리요.

④ 수능 은근하고 □□하게 장 씨를 위로하고 그 절개와 외로움에 감동하여 이날부터 발자취가 이화정을 떠나지 않았다.

⑤ 모평 '유충렬'이 '천자'를 도와 전쟁에 나가겠다고 약속하는 것으로 보아, '유충렬'은 '태자'의 말과 기상에 □□되어 스스로를 반성하고 있다.

06 **거룩하다**	형 뜻이 매우 높고 위대하다. 〔 〕
07 **거역하다** 막을 拒 | 거스를 逆 --	동 윗사람의 뜻이나 지시 따위를 따르지 않고 거스르다. 〔 〕
08 **겨를**	의·명 어떤 일을 하다가 생각 따위를 다른 데로 돌릴 수 있는 시간적인 여유. 〔 〕
09 **견주다**	동 둘 이상의 사물을 질이나 양 따위에서 어떠한 차이가 있는지 알기 위하여 서로 대어 보다. 〔 〕
10 **경망** 가벼울 輕 | 허망할 妄	명 행동이나 말이 가볍고 조심성이 없음. 〔 〕

① 모평 특히 옛사람의 기이한 절개나 □□한 발자취를 흠모하여 이따금 의기가 북받쳐서 흥분하기도 하였다.

② 학평 "매화는 여자라 하니 일후는 매화로 더불어 한자리에 앉지 말라." / 하신대 양유 어찌 부모의 명령을 □□하리요.

③ 모평 이제 부친께서 중죄를 받을 형편에 놓이신 마당에 자식된 자로서 어느 □□에 일신의 욕과 불욕을 논할 수 있겠습니까?

④ 학평 □□된 나비 떼 꽃을 탐하여 바람 따라 쉼 없이 오르내리다가, 비록 그물에 걸려 환(患)을 만난다 한들 누구를 탓하겠는가?

⑤ 수능 모란의 진귀하고 귀중함을 해당화의 곱고 아름다움에 □□어 보면, 크고 작은 차이는 있겠으나, 공교함과 졸렬함에 다른 헤아림이 있었겠는가?

11 **경위** 경서 經 | 씨 緯	명 일이 진행되어 온 과정. 〔 〕
12 **계략** 꾀할 計 | 다스릴 略	명 어떤 일을 이루기 위한 꾀나 수단. 〔 〕
13 **고결하다** 높을 高 | 깨끗할 潔 --	형 성품이 고상하고 순결하다. 〔 〕
14 **고비**	명 일이 되어 가는 과정에서 가장 중요한 단계나 대목. 또는 막다른 절정. 〔 〕
15 **곤경** 괴로울 困 | 지경 境	명 어려운 형편이나 처지. 〔 〕

① 수능 (나)는 작자가 문관(文官) 등과 남산에 놀이 가기로 약속했으나 그들이 모두 약속을 지키지 않자 결국 혼자 가게 된 □□와 심정을 노래한 것이다.

② 학평 이순신은 이것이 도적의 간사한 □□인 줄 알고 출전을 주저하였다.

③ 학평 지난번에는 궤변으로 죽을 □□를 넘겼으나 이번에는 죽음을 면할 수 없을 거야.

④ 학평 '선무당이 사람 잡는다'라고 어설픈 행동을 마구 일삼아 낭군을 □□에 빠뜨리려 했군.

⑤ 모평 안빈낙도는 자신의 뜻을 펼칠 수 없었던 상황에서 사대부로서의 □□한 내면을 지키기 위해 선택한 삶의 양식이었던 것이다.

16 곤두서다
(1) 통 거꾸로 꼿꼿이 서다. 〔　〕
(2) 통 (비유적으로) 신경 따위가 날카롭게 긴장하다. 〔　〕

17 과인
적을 寡 | 사람 人
대 덕이 적은 사람이라는 뜻으로, 임금이 자기를 낮추어 이르던 일인칭 대명사. 〔　〕

18 교활하다
간교할 狡 | 교활할 猾 --
형 간사하고 꾀가 많다. 〔　〕

19 구걸하다
구할 求 | 빌 乞 --
통 돈이나 곡식, 물건 따위를 거저 달라고 빌다. 〔　〕

20 구천
아홉 九 | 샘 泉
명 땅속 깊은 밑바닥이란 뜻으로, 죽은 뒤에 넋이 돌아가는 곳을 이르는 말. 〔　〕

21 굳건하다
형 뜻이나 의지가 굳세고 건실하다. 〔　〕

22 굼뜨다
형 동작, 진행 과정 따위가 답답할 만큼 매우 느리다. 〔　〕

23 굽어보다
통 높은 위치에서 고개나 허리를 굽혀 아래를 내려다보다. 〔　〕

24 궁지
다할 窮 | 땅 地
명 매우 곤란하고 어려운 일을 당한 처지. 〔　〕

25 귀의하다
돌아올 歸 | 의지할 依 --
(1) 통 돌아가거나 돌아와 몸을 의지하다. 〔　〕
(2) 통 몰아의 경지에서 종교적 절대자나 종교적 진리를 깊이 믿고 의지하다. 〔　〕

26 그윽하다
(1) 형 깊숙하여 아늑하고 고요하다. 〔　〕
(2) 형 느낌이 은근하다. 〔　〕

27 극진하다
지극할 極 | 다할 盡 --
형 어떤 대상에 대하여 정성을 다하는 태도가 있다. 〔　〕

28 근근이
겨우 僅 | 겨우 僅 -
부 어렵사리 겨우. 〔　〕

29 금기
금할 禁 | 꺼릴 忌
명 마음에 꺼려서 하지 않거나 피함. 〔　〕

30 기별
기이할 奇 | 다를 別
명 다른 곳에 있는 사람에게 소식을 전함. 또는 소식을 적은 종이. 〔　〕

---

① 학평 ☐☐한 놈 거미는 족속도 번자(繁滋)하다. 누가 저희에게 준 기교인가, 망사로 둥근 배를 살찌운다.

② 학평 진공은 머리털이 ☐☐설 만큼 화가 치밀었다.

③ 모평 경업이 비록 ☐☐을 해롭게 하여도 아무도 그를 해치지 못하리라.

④ 학평 동리로 재목과 이엉을 ☐☐하니 사람들이 불쌍히 여겨 서로 다투어가며 주었다.

⑤ 교과 하루에도 몇 번씩 부엉이를 괴롭히는 까마귀들의 등쌀에 부엉이 어미는 신경이 ☐☐섰다.

⑥ 모평 첩은 천생연분이 천박하여 벌써 유명을 달리하였으니 ☐☐의 혼백이라도 한스럽습니다.

---

① 모평 ☐☐☐면 천심 녹수 돌아보니 만첩 청산.

② 모평 절대자에게 ☐☐하려는 의지를 노래한 것으로 볼 수 있겠군.

③ 학평 화자는 인간 세상을 멀리하고 자연에 ☐☐하고자 하는 태도를 보이고 있다.

④ 학평 화자는 눈서리 속에서도 잎이 지지 않는 모습에서, 시련에 굴하지 않는 ☐☐함을 '솔'의 속성으로 인식하고 있군.

⑤ 모평 날로 행동은 ☐떠 가고, 마음은 바보가 되며, 용모는 날로 여위어 갈 뿐만 아니라 말수조차 줄어들고 있다.

⑥ 학평 수십 가지 어려운 문제를 물어보아도 모두 메아리처럼 재빨리 대답해 내니, 끝내 아무도 그를 ☐☐에 몰 수 없었다.

---

① 학평 기력도 다하여 겨우 ☐☐☐ 머리 들 힘밖에 없었다.

② 모평 애절한 가락과 ☐☐한 흐느낌이 피리 소리에 뒤섞이어 맑게 퍼져 나갔다.

③ 모평 부모 병환 ☐☐을 듣고 급히 가는 길인데, 가는 배가 없어 이처럼 애절이오.

④ 수능 문 옆에 한 칸짜리 초당이 있어 볏짚으로 덮고 흙을 쌓았더니 ☐☐하고 조용해서 살 만했다.

⑤ 모평 주인공은 현실에서의 소외를 부당하다고 느껴 온갖 ☐☐를 넘어선 사랑을 하거나 용궁과 같은 이계(異界)에 가기를 주저하지 않는다.

⑥ 수능 공의 ☐☐한 대우를 받으니 마땅히 후의를 받들 만하되, 선조로부터 대대로 내려오는 가법이 아니기에 재취를 허락하지 못하였소이다.

· 뜻풀이로 체크하기 ·

01 ~ 07 다음 뜻풀이에 해당하는 어휘를 쓰시오.

01 뜻이 매우 높고 위대하다. ☐☐☐☐

02 어떤 기체나 기운이 가득 차서 떠돌다. ☐☐☐

03 돈이나 곡식, 물건 따위를 거저 달라고 빌다. ☐☐☐☐

04 동작, 진행 과정 따위가 답답할 만큼 매우 느리다. ☐☐☐

05 높은 위치에서 고개나 허리를 굽혀 아래를 내려다보다. ☐☐☐☐

06 ⑴ 거꾸로 꼿꼿이 서다. ⑵ (비유적으로) 신경 따위가 날카롭게 긴장하다. ☐☐☐☐

07 좋은 영향을 받아 생각이나 감정이 바람직하게 변화함. 또는 그렇게 변하게 함. ☐☐

08 ~ 12 제시된 초성과 뜻풀이를 참고하여 빈칸에 들어갈 알맞은 어휘를 쓰시오.

08 ㄱㄹ : 어떤 일을 이루기 위한 꾀나 수단.

   (모평) 왕이 길동을 잡기 위한 ☐☐으로 병조판서를 제수하였다.

09 ㄱㅇ하다: 느낌이 은근하다.

   (수능) 바람에 날리던 꽃잎이 옷에 떨어져 ☐☐한 향기가 코끝에 스며들었다.

10 ㄱㄱ : 어려운 형편이나 처지.

   (학평) 순신이 바다에서 ☐☐에 처한 것을 보고 장수들이 탄식하여 말하였다.

11 ㄱㅁ : 행동이나 말이 가볍고 조심성이 없음.

   (교과) 네가 그녀 앞에서 ☐☐을 떨어서 우리는 그 일을 추진하지 못하게 되었다.

12 ㄱㅈ다: 둘 이상의 사물을 질이나 양 따위에서 어떠한 차이가 있는지 알기 위하여 서로 대어 보다.

   (학평) 나는 여러 아름다운 것에 그를 ☐☐어 보았다.

· 문장으로 체크하기 ·

13 ~ 18 다음 문맥에 알맞은 어휘를 고르시오.

13 (모평) 이 작품은 정중한 어조로 절대자에 대한 (경위 | 귀의)를 다짐하고 있다.

14 (학평) 정도룡은 오늘 자기 집 모를 심다가 이 (고비 | 기별)을/를 듣고는 한달음에 뛰어들어 왔다.

15 (학평) 권섭은 시류에 영합하지 않고 (가련한 | 고결한) 정신적 경지를 추구하는 것을 바람직하게 여겼다.

16 (모평) 분수는 자연의 질서를 (거룩하고 | 거역하고) 부정하며 제 스스로의 힘으로 중력과 투쟁하는 운동이다.

17 (학평) 법이 엄격하게 시행되어도 (교활한 | 구걸한) 꾀와 탐욕으로 그 법을 피해 가는 방법을 생각해 내는 도적들이 점차 생겼다.

18 (학평) 요즘 선생님이 바쁘신 것 같으니까 직접 찾아뵙고 말씀 드리기보다는 (금기한 | 간곡한) 부탁을 담은 편지를 먼저 드리는 것이 좋을 것 같아.

19 ~ 24 다음 빈칸에 들어갈 알맞은 어휘를 〈보기〉에서 찾아 쓰시오.

● 보기 ●

가련   경위   고비   과인   궁지   금기
---

19 (수능) 대군은 자점을 의심하며 경업에게 옥에 갇힌 (   )을/를 물었다.

20 (교과) 그 사람은 답변하기 어려운 질문으로 인해 (   )에 몰리는 듯했다.

21 (모평) (   )은/는 그대 선조의 입국 공업을 생각하여 나라를 도와주면, 그대의 공을 갚으리라.

22 (학평) 주인공은 어려서부터 비범하나 일찍 부모와 이별하거나 죽을 (   )와/과 같은 위기에 처한다.

23 (학평) 사람들이 유복의 (   )한 정상과 경패의 지극한 정성을 불쌍히 여겨 음식을 아끼지 않고 주었다.

24 (모평) 공동체의 구성원들은 (   )을/를 위반하면 그 대상에 의해 공동체 혹은 그 구성원이 처벌을 받는다는 인식을 공유한다.

01 문맥상 밑줄 친 어휘의 사용이 적절하지 <u>않은</u> 것은?

어휘의 적절성 판단하기

① 유 씨는 계교로 장풍운과 경패 사이에 **겨를**을 만들려고 하였다.

② 이 집 저 집 구걸하며 다니는데, 어느 **겨를**에 사랑의 싹을 틔워 부부의 정을 즐기겠습니까?

③ 포승줄과 톱 같은 형구를 매일 쓰기에 바빠 **겨를**이 나지 않는데도 죄악을 중지시키지 못하는구나.

④ 군자들이 이 시대를 본다면 통곡할 **겨를**도 없이, 가슴에 바위를 안고 물에 몸을 던지려 하지 않을까?

⑤ 저를 버리고 끝내 보지 않으시더라도 낭군의 은혜에 감사할 **겨를**도 없는데, 어떻게 낭군을 원망하겠습니까?

02 문맥상 알맞은 어휘에 ○표 한 것으로 적절하지 <u>않은</u> 것은?

어휘의 문맥적 의미 이해하기

① 내 아직 기생의 몸으로서 감사의 영을 (⟨거역⟩/ 구걸)하고 안 나갈 수 없습니다.

② 처사가 하직을 고하니, 상공이 (⟨간곡히⟩ / 거룩히) 만류하되, 처사가 듣지 아니하는지라.

③ 백 소부의 뜻이 이미 (굳건하니 /⟨굼뜨니⟩) 아무리 설득할지라도 돌이키지 못할 것입니다.

④ 유 한림과 사 소저는 짝도 맞고 정은 화락하니 분위기는 (귀의 /⟨그윽⟩)하기 이를 데가 없었다.

⑤ 부인의 몸에 유혈이 낭자하니 불쌍하고 (⟨가련⟩/ 간곡)함은 천지도 슬퍼하고 강산도 비감한다.

03 ⟨보기⟩의 밑줄 친 어휘와 바꿔 쓰기에 적절하지 <u>않은</u> 것은?

적절한 어휘로 바꿔 쓰기

> ━ 보기 ━
>
> 내가 지난번에 너를 친구라고 찾아왔다가 면회를 청하지도 못하고 **근근이** 지내다가, 이 연광정에서 네가 놀고 있는 것을 보고 반가워하였으나, 너는 나를 미친놈이라고 대동강 사공을 불러서 배에 태워 강물에 넣어 죽이지 않았느냐.
>
> – 작자 미상, ⟨옥단춘전⟩

① 겨우   ② 간신히
③ 그윽이   ④ 어려이
⑤ 힘겹게

04 밑줄 친 두 어휘의 의미가 일치하지 <u>않는</u> 것은?

어휘의 의미와 쓰임 이해하기

① (a) 만 개의 골짜기가 깊음을 **견주는** 듯하였다.
   (b) 타국을 떠돌다가 자기 나라 사람을 만나는 기쁨을 어디에 **견줄** 수 있겠소?

② (a) 이 승상 부부 운절(殞絕)하시니, 자손들이 예를 **극진**히 하여 선산(先山)에 안장(安葬)하였다.
   (b) 강 씨가 아들을 낳으니 학사가 **극진**히 사랑하였다.

③ (a) 그곳에는 정자 한 채가 우뚝 솟아 강을 **굽어보고** 있었다.
   (b) 하늘은 저희를 **굽어보시고** 귀신은 묵묵히 도와주소서.

④ (a) 그는 하는 행동이 너무 **경망**하여 부모님께 자주 혼이 나는 편이다.
   (b) 제가 나설 자리가 아닌데 **경망**하게 촐랑거리며 참견한 것은 아닌지요?

⑤ (a) 내 너의 혼사를 이루지 못하고 **구천**에 돌아가니 가슴에 한이 맺혔도다.
   (b) 마을에선 **구천**을 떠돌고 있는 혼들을 달래는 제사를 올리기로 하였다.

05 ⟨보기⟩의 ⓐ~ⓔ에 들어갈 어휘로 적절하지 <u>않은</u> 것은?

어휘의 의미와 쓰임 이해하기

> ━ 보기 ━
>
> 늙음을 잊고 함부로 행동하는 자는 (ⓐ)스런 사람이고 늙음을 (ⓑ)하며 슬퍼하는 자는 격이 낮고 속된 사람이니, (ⓒ)스럽지도 않고 속되지도 않으려면 늙음을 편하게 받아들여야 한다. 늙음을 편하게 여긴다는 말은 (ⓓ)를 가지고 쉬면서 마음 (ⓔ)는 대로 자유롭게 사는 것이다.
>
> – 김창흡, ⟨낙치설⟩

① ⓐ : 경망   ② ⓑ : 한탄
③ ⓒ : 고결   ④ ⓓ : 여유
⑤ ⓔ : 내키

02 한자 성어

※ 한자 성어가 사용된 예문을 읽고 해당 뜻풀이를 찾아 번호를 쓰세요.

★ 우정, 신의

01 관포지교
피리 管 | 절인 어물 鮑 | 갈 之 | 사귈 交

교과 50년 이상 관포지교를 나눈 김 교수님과 안 교수님은 같은 해에 태어난 동갑내기이다.　〔 　〕

02 막역지간
없을 莫 | 거스를 逆 | 갈 之 | 사이 間

교과 그녀와 옆집 여자는 호되게 싸우고 난 뒤 속마음까지 털어놓는 막역지간이 되었다.　〔 　〕

03 수어지교
물 水 | 물고기 魚 | 갈 之 | 사귈 交

교과 옆집 부부는 수어지교처럼 금슬이 좋아 한시도 떨어져 지내려 하지 않는다.　〔 　〕

04 죽마고우
대 竹 | 말 馬 | 옛 故 | 벗 友

수능 제가 두 형과 더불어 죽마고우로 절친하고 또 아드님의 특출함을 아껴 제 딸의 배필로 삼고자 하여, 어제 세기를 보고 여차여차하니 아드님이 단호하게 말하고 돌아가더이다.　〔 　〕

05 지기지우
알 知 | 몸 己 | 갈 之 | 벗 友

교과 영민이와 나는 지기지우라서 서로의 마음을 잘 헤아릴 줄 안다.　〔 　〕

06 호형호제
부를 呼 | 형 兄 | 부를 呼 | 아우 弟

교과 김 박사와 나는 사이가 가까워져서 서로 호형호제하게 되었다.　〔 　〕

① 자기의 속마음을 참되게 알아주는 친구.

② 관중과 포숙의 사귐이란 뜻으로, 우정이 아주 돈독한 친구 관계를 이름.

③ 서로 거스르지 않는 사이라는 뜻으로, 허물 없는 아주 친한 사이를 이름.

④ 대나무 말을 타고 놀던 벗이라는 뜻으로, 어릴 때부터 같이 놀며 자란 벗.

⑤ 서로 형이니 아우니 하고 부른다는 뜻으로, 매우 가까운 친구로 지냄을 이름.

⑥ 물이 없으면 살 수 없는 물고기와 물의 관계라는 뜻으로, 아주 친밀하여 떨어질 수 없는 사이를 이름.

★ 외로운 처지

07 고립무원
외로울 孤 | 설 立 | 없을 無 | 도울 援

교과 고립무원의 신세가 된 그는 구조대가 올 때까지 빗물을 마시며 버틸 수밖에 없습니다.　〔 　〕

08 사고무친
넉 四 | 돌아볼 顧 | 없을 無 | 친할 親

교과 그는 주위에 가족이나 친척, 친구도 없는 사고무친의 외로운 신세이다.　〔 　〕

09 사면초가
넉 四 | 낯 面 | 초나라 楚 | 노래 歌

모평 뇌천풍은 사면초가에 빠졌다.　〔 　〕

10 혈혈단신
외로울 孑 | 외로울 孑 | 홀 單 | 몸 身

모평 내가 혈혈단신으로 자수성가하였기로 전곡을 과연 아낄 줄만 알았더니 내빈 왕객 접대 상과 만가 동냥 거지들을 독하게 박대하였더니 인심부득 절로 되어 이런 재변이 난 듯싶으니, 사람 되고 개과천선 못할쏘냐.　〔 　〕

① 의지할 곳이 없는 외로운 홀몸.

② 사방을 돌아봐도 친한 사람이 없다는 뜻으로, 의지할 만한 사람이 아무도 없음.

③ 고립되어 구원을 받을 데가 없음.

④ 사방에서 들리는 초나라의 노래라는 뜻으로, 아무에게도 도움을 받지 못하는, 외롭고 곤란한 지경에 빠진 형편을 이름.

★ 정도가 심해짐

11 금상첨화
비단 錦 | 위 上 |
더할 添 | 꽃 花

교과 정치가로서 언변도 좋고 얼굴까지 잘생겼다면 이야말로 금상첨화이다. 〔 〕

① 비단 위에 꽃을 더한다는 뜻으로, 좋은 일 위에 또 좋은 일이 더하여짐을 이름.

12 설상가상
눈 雪 | 위 上 |
더할 加 | 서리 霜

교과 차가 가다 서다를 반복하며 막히는데 설상가상으로 화장실까지 급해지기 시작했다. 〔 〕

② 눈 위에 서리가 덮인다는 뜻으로, 난처한 일이나 불행한 일이 잇따라 일어남을 이름.

13 점입가경
차차 漸 | 들 入 |
아름다울 佳 | 지경 境

교과 선거일이 가까워지자 후보들의 상호 비방전이 점입가경으로 빠져들었다. 〔 〕

③ (1) 들어갈수록 점점 재미가 있음. (2) 시간이 지날수록 하는 짓이나 몰골이 더욱 꼴불견임을 이름.

★ 학문

14 박학다식
넓을 博 | 배울 學 |
많을 多 | 알 識

교과 독서를 전혀 하지 않는 그는 박학다식과는 거리가 먼 사람이다. 〔 〕

① 학식이 넓고 아는 것이 많음.

15 온고지신
따뜻할 溫 | 옛 故 |
알 知 | 새로울 新

모평 설 태수와 경모가 서로 과거의 일을 이야기한 것은 온고지신의 대표적인 예야. 〔 〕

② 옛것을 익히고 그것을 미루어서 새것을 앎.

16 절차탁마
끊을 切 | 갈 磋 |
쪼을 琢 | 갈 磨

교과 선생님은 절차탁마의 중요성을 강조하며, 우리들에게 부지런히 끈기 있게 노력하라고 말씀하셨다. 〔 〕

③ 낮에는 농사짓고, 밤에는 글을 읽는다는 뜻으로, 어려운 여건 속에서 꿋꿋이 공부함을 이름.

17 주경야독
낮 晝 | 밭갈 耕 |
밤 夜 | 읽을 讀

교과 낮에는 아르바이트를 하고 밤에는 인터넷 강의를 듣는 나, 이것이야말로 주경야독하는 삶이 아닐까요? 〔 〕

④ 옥이나 돌 따위를 갈고 닦아서 빛을 낸다는 뜻으로, 부지런히 학문과 덕행을 갈고 닦음을 이름.

18 형설지공
개똥벌레 螢 | 눈 雪 |
갈 之 | 공 功

교과 어려운 집안 환경에 구두닦이, 신문 배달 등을 하면서도 형설지공으로 공부하여 대학까지 마쳤다. 〔 〕

⑤ 반딧불 · 눈과 함께 하는 노력이라는 뜻으로, 고생을 하면서 부지런하고 꾸준하게 공부하는 자세를 이름.

★ 한탄

19 만시지탄
늦을 晚 | 때 時 |
갈 之 | 탄식할 歎

교과 일껏 마련한 좋은 기회를 놓치고 나서 후회해 봤자 만시지탄일 뿐이다. 〔 〕

① 고국의 멸망을 한탄함을 이름.

20 맥수지탄
보리 麥 | 빼어날 秀 |
갈 之 | 탄식할 歎

교과 평양장에 간 홍생은 고국의 흥망을 탄식하며 맥수지탄의 시를 잇달아 읊었다. 〔 〕

② 시기에 늦어 기회를 놓쳤음을 안타까워하는 탄식.

· 뜻풀이로 체크하기 ·

01 ~ 06 다음 뜻풀이에 해당하는 한자 성어를 쓰시오.

01 자기의 속마음을 참되게 알아주는 친구.

☐☐☐☐

02 옛것을 익히고 그것을 미루어서 새것을 앎.

☐☐☐☐

03 관중과 포숙의 사귐이란 뜻으로, 우정이 아주 돈독한 친구 관계를 이름.

☐☐☐☐

04 ⑴ 들어갈수록 점점 재미가 있음. ⑵ 시간이 지날수록 하는 짓이나 몰골이 더욱 꼴불견임을 이름.

☐☐☐☐

05 반딧불·눈과 함께 하는 노력이라는 뜻으로, 고생을 하면서 부지런하고 꾸준하게 공부하는 자세를 이름.

☐☐☐☐

06 사방에서 들리는 초나라의 노래라는 뜻으로, 아무에 게도 도움을 받지 못하는, 외롭고 곤란한 지경에 빠진 형편을 이름.

☐☐☐☐

07 ~ 11 다음 빈칸에 들어갈 알맞은 말을 〈보기〉에서 찾아 쓰시오.

┌─── • 보기 • ───┐
더한다   부른다
멸망   사람   대나무
└─────────────┘

07 맥수지탄 : 고국의 (   )을/를 한탄함을 이름.

08 사고무친 : 사방을 돌아봐도 친한 사람이 없다는 뜻으로, 의지할 만한 (   )이/가 아무도 없음.

09 죽마고우 : (   ) 말을 타고 놀던 벗이라는 뜻으로, 어릴 때부터 같이 놀며 자란 벗.

10 호형호제 : 서로 형이니 아우니 하고 (   )은/는 뜻으로, 매우 가까운 친구로 지냄을 이름.

11 금상첨화 : 비단 위에 꽃을 (   )은/는 뜻으로, 좋은 일 위에 또 좋은 일이 더하여짐을 이름.

· 문장으로 체크하기 ·

12 ~ 14 다음 빈칸에 들어갈 알맞은 한자 성어를 〈보기〉에서 찾아 쓰시오.

┌─── • 보기 • ───┐
박학다식   주경야독   혈혈단신
└─────────────┘

12 이 대리 : 우리 과장님은 사회 문제에 관심이 많고 여러 방면으로 ☐☐☐☐ 하신 것 같아요.
정 대리 : 맞아요. 대화하다 보면 배우는 게 많아요.

13 예나 : 우리 할아버지께서는 1950년 한국 전쟁 때 ☐ ☐☐☐ 으로 부산까지 내려오셨다고 해.
아윤 : 가족도 없이 정말 외롭고 고생이 많으셨겠다.

14 현우 : 낮에는 아르바이트를 하고 밤마다 열심히 공부 해서 이번에 자격증 시험에 붙었어.
미정 : ☐☐☐☐ 해서 좋은 결과를 얻었구나. 진 심으로 축하해.

15 ~ 18 다음 빈칸에 들어갈 알맞은 한자 성어를 〈보기〉에서 찾아 쓰시오.

┌─── • 보기 • ───┐
고립무원   막역지간   만시지탄   설상가상
└─────────────┘

15 교과 오랜 가뭄으로 기아에 시달리던 아프리카 일부 지역에 ☐☐☐☐ 으로 콜레라가 빠르게 확산되 고 있다.

16 교과 수년을 함께한 ☐☐☐☐ 도 하루아침에 등 을 돌리며 분쟁을 펼치는 일이 심심치 않게 벌어지는 세상이다.

17 교과 해외 장기 출장을 앞둔 김 과장은 진작 외국어 공부를 해 둘걸 그랬다고 후회했지만 ☐☐☐☐ 일 뿐이었다.

18 교과 각국이 외국인에 대한 입국 금지 조치를 확대함 에 따라 수출 기업들은 발이 묶이면서 ☐☐☐☐ 의 처지로 내몰리고 있다.

01 〈보기〉의 밑줄 친 상황에 어울리는 한자 성어로 적절한 것은?

상황에 어울리는 한자 성어 찾기

— 보기 ●

오늘날 시서(詩書)를 공부하여 벼슬길에 나아가려 하는 사람들도 어찌 이것과 다르겠는가. 선비들이 젊었을 적에는 학문에 뜻을 두고 밤이나 낮이나 열심히 책을 읽고 쉬지 않고 글을 짓는다. 그렇게 닦은 재주를 가지고 과거 시험에 응시하여 솜씨를 겨루는데, 시험에 한 번 떨어지면 실망을 하고 두 번 떨어지면 번민하고 세 번 떨어지면 망연자실해 한다.

– 성현, 〈한 삼태기의 흙〉

① 금상첨화(錦上添花)　　② 맥수지탄(麥秀之歎)
③ 박학다식(博學多識)　　④ 절차탁마(切磋琢磨)
⑤ 점입가경(漸入佳境)

02 〈보기〉의 ㉠~㉗에 대한 설명으로 적절하지 않은 것은?

한자 성어의 의미 이해하기

— 보기 ●

만	시	㉠	탄		호	㉡	호	제
						설		
막	역		간			지		
						공		
		사	㉢	무	친	맥	㉣	지	탄
		사	립					온
		면	무	점				고
	금	초	원	입				지
㉤				가		혈	혈	단	㉥
	첨		주	㉗	야	독		
	화							

① ㉠의 세로에는 '자기의 속마음을 참되게 알아주는 친구'라는 뜻의 한자 성어를 넣을 수 있다.
② ㉡에는 '형'을, ㉢에는 '고'를 각각 넣을 수 있다.
③ ㉣의 세로에는 돈독한 친구 관계를 이르는 '관포지교(管鮑之交)'를 넣을 수 있다.
④ ㉥의 가로에는 불행한 일이 잇따라 일어남을 이르는 '설상가상(雪上加霜)'을 넣을 수 있다.
⑤ ㉥에는 '신'을, ㉗에는 '경'을 각각 넣을 수 있다.

03 〈보기〉의 이야기에서 유래된 한자 성어로 적절한 것은?

한자 성어의 유래 이해하기

— 보기 ●

기원전 202년 유방의 한나라군은 초나라 항우의 군대를 해하(垓下)에서 포위한다. 항우의 군대는 도저히 포위망을 뚫고 나갈 수가 없었다. 항우는 수심에 잠겼고, 자정이 되자 한나라 군영에서 구슬픈 노랫소리가 들려왔다. 귀를 기울여 들어 보니 초나라의 노래였고 부르는 사람의 수가 매우 많은 듯했다. 사방에서 들려오는 초나라 노래를 듣던 항우는 유방에게 초나라를 빼앗긴 것으로 생각해 오강으로 가서 자결했다.

① 만시지탄(晚時之歎)　　② 사고무친(四顧無親)
③ 사면초가(四面楚歌)　　④ 설상가상(雪上加霜)
⑤ 형설지공(螢雪之功)

04 〈보기〉의 화자의 정서와 관련이 있는 한자 성어로 적절한 것은?

시적 상황에 맞는 한자 성어 찾기

— 보기 ●

오백 년 도읍지를 필마로 도라드니
산천은 의구하되 인걸은 간 데 없다
어즈버 태평연월이 꿈이런가 하노라

– 길재

① 고립무원(孤立無援)　　② 맥수지탄(麥秀之歎)
③ 온고지신(溫故知新)　　④ 점입가경(漸入佳境)
⑤ 주경야독(晝耕夜讀)

05 〈보기〉와 같은 유래를 가진 한자 성어로 볼 수 있는 것은?

한자 성어의 유래 이해하기

— 보기 ●

〈삼국지〉에서 유래를 찾을 수 있다.
관우와 장비는 날이 갈수록 친밀해지는 유비와 제갈량에 대해 불평을 하였다. 그러자 유비는 두 아우를 불러 이렇게 말했다.
"나에게 공명이 있다는 건 물고기가 물을 가진 것과 같다. 물고기가 물을 떠나서 잠시도 살 수 있겠는가? 다시는 불평하지 말도록 하시게."
이후로 관우와 장비는 다시는 불평하지 않았다고 한다.

① 관포지교(管鮑之交)　　② 막역지간(莫逆之間)
③ 수어지교(水魚之交)　　④ 지기지우(知己之友)
⑤ 호형호제(呼兄呼弟)

03 다의어

※ 다의어의 각 예문을 읽고 해당 뜻풀이를 찾아 번호를 쓰세요.

01 가다

(1) 수능 부인께서 기절하는 바람에 소인들이 간호하여 이제야 깨어나셨는데 어디를 가셨단 말입니까? 〔　〕

(2) 교과 불볕더위가 기승을 부리던 여름이 가고 가을이 왔다. 〔　〕

(3) 교과 참가자는 자신의 무대에 대한 평가가 수긍이 가지 않는다는 표정이었다. 〔　〕

(4) 교과 친구는 내일 제주도로 여행을 간다고 한다. 〔　〕

① 통 지나거나 흐르다.

② 통 한곳에서 다른 곳으로 장소를 이동하다.

③ 통 어떤 일을 하기 위하여 다른 곳으로 이동하다.

④ 통 어떤 일에 대하여 납득이나 이해, 짐작 따위가 되다.

02 가르다

(1) 학평 출신에 따라 편을 가르고 차별하는 지역감정을 떠올리면 같은 민족끼리 왜 이러나 하는 생각을 하게 된다. 〔　〕

(2) 교과 앞바다에서 요트들이 바람을 타고 물살을 가르며 질주하고 있다. 〔　〕

(3) 교과 한 사람의 말만 듣고 누구의 잘못인지 가르는 게 쉽지 않다. 〔　〕

(4) 교과 선수들의 이기고자 하는 의욕의 차이가 양 팀의 승패를 갈랐다. 〔　〕

① 통 옳고 그름을 따져서 구분하다.

② 통 승부나 등수 따위를 서로 겨루어 정하다.

③ 통 쪼개거나 나누어 따로따로 되게 하다.

④ 통 물체가 공기나 물을 양옆으로 열며 움직이다.

03 간직하다

(1) 교과 추억이 깃든 가족 여행 사진을 옷장 속에 간직한다. 〔　〕

(2) 수능 마음속에 깊이 간직하고 있습니다. 어찌 잊을 날이 있겠습니까? 〔　〕

① 통 물건 따위를 어떤 장소에 잘 간수하여 두다.

② 통 생각이나 기억 따위를 마음속에 깊이 새겨 두다.

04 거칠다

(1) 학평 내려 누르는 힘이 크거나 표면이 거칠수록 마찰력은 커진다. 〔　〕

(2) 수능 조카가 원래 좀 거친 편인데 폭력 영화를 보더니 더 거칠어졌어. 〔　〕

(3) 교과 거친 파도가 요트를 덮칠 듯 요란하다. 〔　〕

① 형 파도나 바람 따위의 기세가 험하고 거세다.

② 형 나무나 살결 따위가 결이 곱지 않고 험하다.

③ 형 행동이나 성격이 사납고 공격적인 면이 있다.

05 고치다

(1) 학평 시계 수리점에 가서 고장난 시계를 고쳤다. 〔　〕

(2) 교과 키우는 고양이의 병을 고쳐 주기 위해 동물병원에 왔다. 〔　〕

(3) 학평 잘못을 알고서도 바로 고치지 않으면 곧 그 자신이 나쁘게 되는 것이 마치 나무가 썩어서 못 쓰게 되는 것과 같다. 〔　〕

(4) 교과 그를 만나기 전 설레는 마음으로 화장을 고쳤다. 〔　〕

① 통 병 따위를 낫게 하다.

② 통 모양이나 내용 따위를 바꾸다.

③ 통 잘못되거나 틀린 것을 바로잡다.

④ 통 고장이 나거나 못 쓰게 된 물건을 손질하여 제대로 되게 하다.

06 곧다

(1) 학평 처사의 곧게 편 등과 보모상궁의 웅크린 몸을 한 화면에 담아야겠군. 〔　〕

(2) 교과 심지가 곧은 그 분은 뿌리가 깊어 비바람에도 흔들리지 않는 나무와 같아요. 〔　〕

① 형 마음이나 뜻이 흔들림 없이 바르다.

② 형 굽거나 비뚤어지지 아니하고 똑바르다.

07 굳다

(1) 교과 만두를 만들기 위해 반죽해 두었던 밀가루가 딱딱하게 굳었다. 〔　〕

(2) 교과 얼굴과 행동이 항상 굳어 있고 대답도 툭툭 뱉듯이 해서 무뚝뚝한 사람이라고만 생각했는데 그렇지 않았다. 〔　〕

(3) 학평 모진 마음을 굳게 먹고, / "어따, 네가 내 근본을 알려느냐?" 〔　〕

① 통 무른 물질이 단단하게 되다.

② 형 흔들리거나 바뀌지 아니할 만큼 힘이나 뜻이 강하다.

③ 통 표정이나 태도 따위가 부드럽지 못하고 딱딱하여지다.

08 깨끗하다

(1) 교과 깨끗한 옷을 위해! 신제품 세탁기를 소개합니다! 〔　〕

(2) 교과 국 맛이 깨끗하고 담백하네요. 〔　〕

(3) 교과 선거에서 패한 후보는 선거 결과에 깨끗하게 승복하며 당선된 후보를 축하해 주었다. 〔　〕

(4) 교과 그는 출세보다는 깨끗하고 정직한 삶을 살기 위해 노력했다. 〔　〕

① 형 맛이 개운하다.

② 형 사물이 더럽지 않다.

③ 형 마음에 구구함이나 연연함이 없다.

④ 형 마음씨나 행동 따위가 허물이 없이 떳떳하고 올바르다.

09 꿈

(1) 학평 잠을 깨어 탄식하는 말이, / "이 꿈이 웬 꿈인가? 뜻 이룰 큰 꿈인가? 내가 죽을 꿈이로다." 〔　〕

(2) 교과 엄마가 내게 사 준 피아노는 엄마가 꿈을 가졌던 피아니스트의 상징이다. 〔　〕

(3) 교과 이룰 수 없는 허황된 꿈이라는 것을 알면서도 쉽게 포기가 되지 않는다. 〔　〕

① 명 실현하고 싶은 희망이나 이상.

② 명 실현될 가능성이 아주 적거나 전혀 없는 헛된 기대나 생각.

③ 명 잠자는 동안에 깨어 있을 때와 마찬가지로 여러 가지 사물을 보고 듣는 정신 현상.

10 나오다

(1) 학평 너는 문밖에 그가 나오는 것을 기다리고 있다가 바로 죽여라. 〔　〕

(2) 모평 《장자》에는 '나를 잊는다'는 구절이 나오는 일화 두 편이 있다. 〔　〕

(3) 교과 오랫동안 모습을 보이지 않았던 그 배우는 공식 석상에 나와 그동안 있었던 일들을 이야기했다. 〔　〕

(4) 수능 그 사람이 부드럽게 나오니 내 마음이 누그러졌다. 〔　〕

① 통 안에서 밖으로 오다.

② 통 어떠한 곳에 모습이 나타나다.

③ 통 어떠한 태도를 취하여 겉으로 드러내다.

④ 통 책, 신문 따위에 글, 그림 따위가 실리다.

11 날렵하다

(1) 교과 국가대표 선수들의 날렵한 동작을 보니 우승에 대한 기대가 생긴다. 〔　〕

(2) 학평 그 결과 고딕 건축에서 필수적인 버팀벽 없이 날렵하고 균형 잡힌 건축물을 설계할 수 있었다. 〔　〕

① 형 재빠르고 날래다.

② 형 매끈하게 맵시가 있다.

12 남다

(1) 교과 남은 밥은 버리지 말고 냉동해 두었다가 볶음밥을 해 먹으면 좋습니다. 〔　〕

(2) 학평 주지와 미망인은 도념이 절에 남는 것이 도념을 위한 일이라고 생각하고 있다. 〔　〕

(3) 학평 가장 기억에 남는 책은 《당신만 모르는 조선 이야기》이다. 〔　〕

① 통 잊히지 않거나 뒤에까지 전하다.

② 통 다른 사람과 함께 떠나지 않고 있던 그대로 있다.

③ 통 다 쓰지 않거나 정해진 수준에 이르지 않아 나머지가 있게 되다.

100

어휘 627개 달성!

step ② 어휘력 체크

· 뜻풀이로 체크하기 ·

01 ~ 04 다음 밑줄 친 어휘의 뜻풀이에 들어갈 알맞은 말을 〈보기〉에서 찾아 쓰시오.

● 보기 ●
고장   구분   납득   맵시

01 교과 이 글이 무슨 뜻인지 짐작이 <u>가나요</u>?
→ 가다: 어떤 일에 대하여 (   )(이)나 이해, 짐작 따위가 되다.

02 수능 물체를 표현하는 선들이 진하거나 <u>날렵하면서도</u> 많이 끊겨 있는 그림책도 있다.
→ 날렵하다: 매끈하게 (   )이/가 있다.

03 교과 잘잘못을 <u>가르기</u> 전에 먼저 어떤 점이 자신의 의견과 다른지 생각해 본다.
→ 가르다: 옳고 그름을 따져서 (   )하다.

04 교과 안전을 위해 삐걱거리는 저 다리를 빨리 <u>고쳤으면</u> 합니다.
→ 고치다: (   )이/가 나거나 못 쓰게 된 물건을 손질하여 제대로 되게 하다.

05 ~ 08 다음 밑줄 친 어휘의 뜻풀이로 알맞은 것을 고르시오.

05 학평 <u>깨끗한</u> 의복에 좋은 음식도 먹을 수 있으리라.
① 사물이 더럽지 않다.
② 마음에 구구함이나 연연함이 없다.

06 교과 화살이 과녁을 향해 바람을 <u>가르고</u> 날아갔다.
① 쪼개거나 나누어 따로따로 되게 하다.
② 물체가 공기나 물을 양옆으로 열며 움직이다.

07 모평 그는 검게 탄 형의 <u>거친</u> 뺨을 타고 흘러내리는 눈물을 보았다.
① 나무나 살결 따위가 결이 곱지 않고 험하다.
② 행동이나 성격이 사납고 공격적인 면이 있다.

08 수능 너와 함께했던 시간들이 내 기억 속에 오롯이 <u>남</u>아 있단다.
① 잊히지 않거나 뒤에까지 전하다.
② 다른 사람과 함께 떠나지 않고 있던 그대로 있다.

· 문장으로 체크하기 ·

09 ~ 12 다음 밑줄 친 어휘가 제시된 의미로 사용된 문장을 고르시오.

09 고치다: 잘못되거나 틀린 것을 바로잡다.
① 학평 억지를 쓰는 버릇을 <u>고쳐야</u> 한다.
② 교과 이 병은 그가 아니면 <u>고치기</u> 어렵겠네.

10 가다: 어떤 일을 하기 위하여 다른 곳으로 이동하다.
① 교과 좋은 시절이 다 <u>갔다</u>.
② 교과 저녁을 먹은 후에 우리는 늘 여기저기 산책을 <u>간다</u>.

11 나오다: 안에서 밖으로 오다.
① 교과 교지에 우리 동아리 사진이 큼지막하게 <u>나왔다</u>.
② 수능 사람들이 골목으로 <u>나와</u> 소리치고 있었다.

12 굳다: 무른 물질이 단단하게 되다.
① 교과 마그마가 지표에서 <u>굳어</u> 버린 암석이 화성암이다.
② 교과 평소와 다를 바 없는 말씨와는 달리, <u>굳어</u> 있는 표정 위로는 슬픔이 깔려 있었다.

13 ~ 15 다음 밑줄 친 어휘가 제시된 문장의 밑줄 친 어휘와 유사한 의미로 사용된 문장을 고르시오.

13 수능 폭포는 <u>곧은</u> 절벽을 무서운 기색도 없이 떨어진다.
① 교과 나는 드라이브를 할 때 <u>곧게</u> 뻗은 길보다 구부러진 길을 더 선호하는 편이야.
② 모평 임금에 대한 <u>곧은</u> 충심을 표현한 것이겠군.

14 모평 차라리 잠을 들어 꿈에나 보려 하니 / 바람의 치는 잎과 풀 속에 우는 짐승 / 무슨 일 원수로서 잠조차 깨우는다.
① 교과 계획이 없는 <u>꿈</u>은 한낱 꿈에 불과하다.
② 수능 부인은 <u>꿈</u>에서 학발의관을 갖춘 사람들을 보고 놀라 꿈을 깼다.

15 수능 남은 캐러멜을 나의 손에 쥐어 준 아버지에 대한 기억은 나에게 아버지가 속마음을 드러내는 데 서툰 사람이라고 생각하게 했겠어.
① 교과 비행기가 이륙하는 데까지 시간이 좀 <u>남았는</u>데 밥을 먹는 게 어때?
② 학평 우리가 어떤 제품을 사용할 때마다 나는 특정 소리를 반복해서 들으면 그 소리가 기억에 <u>남아서</u> 해당 제품의 이미지를 형성하게 된다.

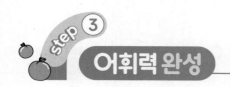

01 밑줄 친 어휘가 〈보기〉의 ⓐ~ⓔ의 의미로 쓰인 문장이 아닌 것은? 어휘의 문맥적 의미 파악하기

─● 보기 ●─

나오다 통

ⓐ 안에서 밖으로 오다.

ⓑ 속에서 바깥으로 솟아나다.

ⓒ 책, 신문 따위에 글, 그림 따위가 실리다.

ⓓ 소속된 단체나 직장 따위에 일하러 오다.

ⓔ 어떤 곳을 벗어나다.

① ⓐ: 수업이 끝나자 아이들이 운동장으로 나왔다.

② ⓑ: 지난주에 뿌린 씨앗의 싹이 나오기 시작했다.

③ ⓒ: 어제 사고에 대한 기사가 오늘 신문에 나왔다.

④ ⓓ: 그는 언제부터인가 동창 모임에 나오지 않는다.

⑤ ⓔ: 그는 식사를 마치고 식당에서 나왔다.

02 문맥상 밑줄 친 어휘와 바꿔 쓰기에 적절하지 않은 것은? 적절한 어휘로 바꿔 쓰기

① 파도가 거친 날에는 배를 띄우지 마라. → 성긴

② 이 식당은 뒷맛이 깨끗한 음식들만 판다. → 개운한

③ 어릴 때는 소설가가 되고 싶은 꿈을 가졌었다. → 희망

④ 매같이 날렵한 남자 종은 영감의 총애를 받았다. → 재빠른

⑤ 내년에 파종할 씨앗은 창고 한편에 잘 간직해 두어라. → 간수해

03 〈보기〉의 ⓐ~ⓔ와 같은 다의어의 뜻을 활용하여 만든 문장으로 적절하지 않은 것은? 어휘의 문맥적 의미 파악하기

─● 보기 ●─

ⓐ 몸에 배어 버릇이 되다.

ⓑ 무른 물질이 단단하게 되다.

ⓒ 근육이나 뼈마디가 뻣뻣하게 되다.

ⓓ 누르는 자국이 나지 아니할 만큼 단단하다.

ⓔ 흔들리거나 바뀌지 아니할 만큼 힘이나 뜻이 강하다.

① ⓐ: 옛 버릇이 이미 굳어져서 고치기가 어렵겠다.

② ⓑ: 굳은 기름이 냄비 가장자리에 들러붙어 있었다.

③ ⓒ: 굳었던 손이 갑자기 풀리면서 연주가 매끄러워졌다.

④ ⓓ: 그 옛날의 굳은 맹세가 마침내 이루어졌다.

⑤ ⓔ: 바닷가에는 굳게 잠긴 성문 하나가 서 있었다.

04 밑줄 친 두 어휘의 의미가 일치하지 않는 것은? 어휘의 문맥적 의미 파악하기

① ㉠ 그는 곧게 뻗은 신작로를 무작정 걸었다.

　㉡ 연세에 비해 허리가 곧고 꼿꼿한 편이시네요.

② ㉠ 카메라 앞에만 서면 얼굴이 딱딱하게 굳는다.

　㉡ 선수들의 어이없는 실책에 감독의 표정이 굳었다.

③ ㉠ 버스 기사가 운전을 몹시 거칠게 하였다.

　㉡ 그 목수는 솜씨가 거칠다는 소리를 자주 듣는다.

④ ㉠ 당신의 소중한 말씀을 가슴 깊이 간직하겠습니다.

　㉡ 귀한 물건이니 잃어버리지 않게 잘 간직해야 한다.

⑤ ㉠ 온달의 아내가 될 것이라는 말씀을 무슨 까닭으로 고치시나이까?

　㉡ 진실성을 잃은 글을 쓰는 자는 용모를 싹 고치고서 화공 앞에 앉아 있는 자와 같다.

05 예문의 관계가 〈보기〉의 ㉠에 해당하지 않는 것은? 다의어의 의미와 쓰임 이해하기

─● 보기 ●─

　글자의 소리는 같지만 완전히 뜻이 다른 단어를 동음이의어라고 하고, 두 가지 이상의 뜻을 가진 단어를 다의어라고 한다. ㉠다의어는 사전에 실릴 때는 하나의 표제어로 실리는 반면 동음이의어는 사전에 실릴 때 각각의 표제어로 실린다.

① ㈎ 밖에 오래 두어 음식의 맛이 갔다.

　㈏ 구경꾼들 중 그에게 눈길이 갔다.

② ㈎ 불이 나간 전등을 갈았다.

　㈏ 야채가 잘 썰리지 않아 칼을 갈았다.

③ ㈎ 한생은 문밖에 나와서 절하며 용왕과 헤어졌다.

　㈏ 상대가 비협조적으로 나와 협상이 결렬되었다.

④ ㈎ 변수가 오늘의 승부를 갈라 그 팀이 3위에 올랐다.

　㈏ 순신은 장수들에게 편을 갈라 활을 쏘게 하였다.

⑤ ㈎ 하늘이 구름 한 점 없이 깨끗하다.

　㈏ 오직 눈먼 사람만이 마음이 깨끗하여 욕심이 없다.

※ 어휘의 사전적 의미에 해당하는 예문을 찾아 번호를 쓰고 빈칸을 채워 보세요.

01 기이하다
기이할 奇 | 다를 異 ――
형 기묘하고 이상하다. 〔 〕

02 낭패
이리 狼 | 이리 狽
명 계획한 일이 실패로 돌아가거나 기대에 어긋나 매우 딱하게 됨. 〔 〕

03 넌지시
부 드러나지 않게 가만히. 〔 〕

04 노기
성낼 怒 | 기운 氣
명 성난 얼굴빛. 또는 그런 기색이나 기세. 〔 〕

05 노략질하다
노략질할 擄 | 노략질할 掠 ―――
동 떼를 지어 돌아다니며 사람을 해치거나 재물을 강제로 빼앗다. 〔 〕

① 학평 매사가 순리로 아니 되니 큰 □□로다.

② 학평 낭군이 이번 갔다가 □□를 띠어 돌아오니 알지 못하겠네. 노중에서 호협 방탕자를 만나 혹 봉변이라도 당하셨나이까.

③ 모평 이에 사공들이 영을 받고 물러 나와 이혈룡을 묶어서 배에 실을 때에 연회장에 있던 옥단춘이 □□□ 보았다.

④ 수능 날이 저물어 말들이 파경노가 누워 있는 곳에 와 그를 향해 머리를 숙이며 늘어서자 보는 자마다 모두 □□하게 여겼다.

⑤ 학평 흥노의 장졸이 기주성 안에 들어가 자칭 천자라 하고 군사로 하여금 인민의 쌀과 곡식을 □□□□하니, 그때 백성이 다 견디지 못하여 도망하더라.

06 노여움
명 분하고 섭섭하여 화가 치미는 감정. 〔 〕

07 누추하다
더러울 陋 | 추할 醜 ――
형 지저분하고 더럽다. 〔 〕

08 당도하다
마땅할 當 | 다다를 到 ――
동 어떤 곳에 다다르다. 〔 〕

09 대목
(1) 명 설이나 추석 따위의 명절을 앞두고 경기가 가장 활발한 시기. 〔 〕
(2) 명 이야기나 글 따위의 특정한 부분. 〔 〕

10 데리다
동 아랫사람이나 동물 따위를 자기 몸 가까이 있게 하다. 〔 〕

① 수능 사 씨는 □□한 방에 거적을 깔고 있어 보기에도 처참했다.

② 교과 명절 □□을 맞은 장터는 사람들로 북적였다.

③ 학평 양유 매화를 □□고 외당으로 들어가매 과연 상객이 있는지라.

④ 학평 악양루에서 잠깐 쉬고, 푸른 풀 무성한 군산에 □□하니, 흰 마름꽃 핀 물가에 갈까.

⑤ 모평 이 □□은 가족의 생계 문제를 걱정하는 몰락 양반의 출현과 향촌 사회에 새롭게 등장한 신흥 부호의 생활상을 보여 주고 있다.

⑥ 학평 태자의 천성이 어질고 효성 또한 깊더니, 최근 정비를 취한 후로 행동이 조금 변하오니, 폐하는 □□□을 참으시고 후일을 보소서.

11 동태
움직일 動 | 모양 態
명 움직이거나 변하는 모습. 〔 〕

12 두둔하다
말 斗 | 둔할 頓 ――
동 편들어 감싸 주거나 역성을 들어 주다. 〔 〕

13 마다하다
동 거절하거나 싫다고 하다. 〔 〕

14 막중하다
없을 莫 | 무거울 重 ――
형 더할 수 없이 중대하다. 〔 〕

15 만류하다
당길 挽 | 머무를 留 ――
동 붙들고 못 하게 말리다. 〔 〕

① 학평 소중한 인연을 영원히 지켜내기 위해 죽음도 □□하지 않으며 운명적인 만남을 이어 가려 합니다.

② 학평 생사를 맡겨 은혜가 □□하니 어서 금척 들고 인간 세계로 나가세요.

③ 학평 임진왜란의 막바지에 선조는 선전관을 보내어 이순신의 □□를 살피게 한다.

④ 학평 굶주린 장끼가 크게 기뻐하며 먹으려 하자 까투리는 지난밤의 불길한 꿈 이야기를 들려주며 콩을 먹지 말라고 □□한다.

⑤ 모평 양반들이 한통속이어서 '도련님'을 □□할 것이라고 언급하는 모습을 통해, 민중의 입장을 취하는 '춘향'의 면모를 확인할 수 있다.

16 만회하다
당길 挽 | 돌아올 回 --
图 바로잡아 회복하다. 〔　〕

17 말미
图 일정한 직업이나 일 따위에 매인 사람이 다른 일로 말미암아 얻는 겨를. 〔　〕

18 매진하다
멀리 갈 邁 | 나아갈 進 --
图 어떤 일을 전심전력을 다하여 해 나가다. 〔　〕

19 맹랑하다
망 孟 | 물결 浪 --
(1) 图 생각하던 바와 달리 허망하다. 〔　〕
(2) 图 하는 짓이 만만히 볼 수 없을 만큼 똘똘하고 깜찍하다. 〔　〕

20 먹먹하다
(1) 图 갑자기 귀가 막힌 듯이 소리가 잘 들리지 않다. 〔　〕
(2) 图 체한 것같이 가슴이 답답하다. 〔　〕

① 學評 막 부모님과 헤어지니 마음이 □□합니다.
② 수능 한 번도 노모를 뵙지 못했으니, 노모를 뵙고 올 □를 주십시오.
③ 學評 불리한 상황을 □□하기 위해 상대에게 구차한 변명을 하고 있다.
④ 學評 글공부에 □□하던 허생은 상업 행위로 이룬 거대한 부를 바탕으로 사회적 문제를 해결하였다.
⑤ 수능 호통 소리 지나는 곳에 두 눈이 캄캄하고 두 귀가 □□하여 탔던 말 둘러 타고 도망하여 가려했다.
⑥ 學評 도리에 어긋난 간악한 송사를 꾀했으니, 세상 천지에 이와 같은 □□하고 무뢰한 놈이 있겠습니까?
⑦ 敎科 내가 어제 바쁜 시간을 어렵게 내서 들었던 낭자의 이야기는 □□하고 덧없는 내용의 허구적인 이야기일 뿐이었구나.

21 면목
낮 面 | 눈 目
图 남을 대할 만한 체면. 〔　〕

22 묘책
묘할 妙 | 꾀 策
图 매우 교묘한 꾀. 〔　〕

23 물정
만물 物 | 뜻 情
图 세상의 이러저러한 실정이나 형편. 〔　〕

24 미천하다
작을 微 | 천할 賤 --
图 신분이나 지위 따위가 하찮고 천하다. 〔　〕

25 박해
핍박할 迫 | 해로울 害
图 못살게 굴어서 해롭게 함. 〔　〕

① 模評 이 일이 참으로 난처하니 다른 □□이 없는지라.
② 學評 어리석고 세상 □□ 어둡기는 나보다 더한 이 없다.
③ 模評 자네 마음이 녹녹지 아니하거늘 □□한 도적놈을 무엇이라 찾았는가.
④ 學評 이제 패군한 장수가 되어 군부(君父)를 욕되게 하오니 무슨 □□으로 군부를 뵈오리오?
⑤ 수능 유심이 유배된 후, 아들 유충렬은 정한담의 □□로 고난을 겪다가 영웅적 능력을 갖추게 된다.

26 방정맞다
图 말이나 행동이 찬찬하지 못하고 몹시 까불어서 가볍고 점잖지 못하다. 〔　〕

27 배필
짝 配 | 짝 匹
图 부부로서의 짝. 〔　〕

28 백방
일백 百 | 모 方
图 여러 가지 방법. 또는 온갖 수단과 방도. 〔　〕

29 번성하다
풀 우거질 蕃 | 성할 盛 --
图 한창 성하게 일어나 퍼지다. 〔　〕

30 보필하다
도울 輔 | 도울 弼 --
图 윗사람의 일을 돕다. 〔　〕

① 수능 내가 여기에 살던 시절은 집안이 □□하던 때였다.
② 學評 공양미를 마련하기 위해 □□으로 노력한다면 얻을 방법이 있을 거라고 아버지를 안심시켜 드려야지.
③ 模評 조선 시대에 과거 급제는 개인이 입신양명하는 길이자 부모에게 효도하고, 임금을 □□할 수 있는 주된 통로였다.
④ 수능 별주부가 생각한즉 그대로 두어서는 저리 □□□ 것이 이리저리 한없이 내달리겠거든 또 한 번 크게 불러, "여보 토생원."
⑤ 수능 아드님의 특출함을 아껴 제 딸의 □□로 삼고자 하여, 어제 세기를 보고 여차여차하니 아드님이 단호하게 말하고 돌아가더이다.

· 뜻풀이로 체크하기 ·

01 ~ 06 다음 뜻풀이에 해당하는 어휘를 제시된 초성을 참고하여 쓰시오.

01 매우 교묘한 꾀.
ㅁ ㅊ
_____

02 남을 대할 만한 체면.
ㅁ ㅁ
_____

03 드러나지 않게 가만히.
ㄴ ㅈ ㅅ
_____

04 못살게 굴어서 해롭게 함.
ㅂ ㅎ
_____

05 분하고 섭섭하여 화가 치미는 감정.
ㄴ ㅇ ㅇ
_____

06 어떤 일을 전심전력을 다하여 해 나가다.
ㅁ ㅈ ㅎ ㄷ
_____

07 ~ 08 다음 말상자를 완성하시오.

07 가로: 붙들고 못 하게 말리다.

08 세로: 바로잡아 회복하다.

09 ~ 14 다음 빈칸에 들어갈 알맞은 말을 쓰시오.

09 당도하다: 어떤 ☐에 다다르다.

10 기이하다: ☐☐하고 이상하다.

11 물정: 세상의 이러저러한 ☐☐이나 형편.

12 두둔하다: 편들어 ☐☐ 주거나 역성을 들어 주다.

13 미천하다: 신분이나 지위 따위가 ☐☐☐ 천하다.

14 먹먹하다: (1) 갑자기 귀가 막힌 듯이 ☐☐가 잘 들리지 않다. (2) 체한 것같이 가슴이 답답하다.

· 문장으로 체크하기 ·

15 ~ 19 다음 빈칸에 들어갈 알맞은 어휘에 ✓표 하시오.

15 (교과) 대학은 미래를 선도해 나가야 할 ☐☐한 책무를 지고 있다.
☐막중 ☐만회

16 (교과) 그의 ☐☐이/가 수상하다고 느낄 무렵 또 다른 증거가 발견되었다.
☐동태 ☐백방

17 (학평) 컴퓨터로 작업을 하다가 전원이 꺼져서 ☐☐을/를 본 경험이 한 번쯤은 있을 것이다.
☐대목 ☐낭패

18 (학평) 그는 곧 꾸짖기라도 하듯 누렇게 부은 두 볼이 꿈적꿈적하며 ☐☐띤 눈을 부라렸다.
☐노기 ☐말미

19 (교과) 그녀에게 한 번쯤 나쁜 마음을 먹어 보자고 말한 것도 알고 보면 ☐☐하고 덧없는 일이었다.
☐맹랑 ☐번성

20 ~ 24 다음 빈칸에 들어갈 알맞은 어휘를 〈보기〉의 글자를 조합하여 쓰시오.

보기
| 누 | 다 | 대 | 마 | 말 |
| 목 | 미 | 보 | 추 | 필 |

20 (교과) 옷차림이 ☐☐하고 몰골이 초라해서 차마 나는 가지 못했다.

21 (수능) 이름난 광대가 이 ☐☐을/를 부르면 새가 날아들 정도였다고 한다.

22 (수능) 자리를 다 보아도 임금 ☐☐할 인물은 곰도 아니요 범도 아니요 선생 하나뿐이로다.

23 (모평) 심 소저가 수궁에 왔다는 말을 듣고, 상제께 ☐☐을/를 얻어 모녀 상봉하려 온 것이었다.

24 (교과) 그 분은 힘들고 어려우며 고된 일, 하기 싫은 일, 궂은 일도 ☐☐하지 않는 훌륭한 분입니다.

01 〈보기〉에 제시된 속담의 뜻풀이에서 ㉠과 ㉡에 들어갈 말이 바르게 나열된 것은? _{어휘의 쓰임 이해하기}

● 보기 ●
• 뒤웅박 차고 바람 잡는다: (㉠)하고 허황된 짓을 하는 사람을 이르는 말.
• 달이 둥글면 이지러지고 그릇이 차면 넘친다: 세상의 온갖 것이 한번 (㉡)하면 다시 쇠하기 마련이라는 말.

	㉠	㉡			㉠	㉡
①	누추	당도		②	맹랑	번성
③	매진	만류		④	먹먹	막중
⑤	미천	보필				

02 〈보기〉의 ⓐ~ⓔ에 들어갈 말로 적절하지 <u>않은</u> 것은? _{어휘의 쓰임 이해하기}

● 보기 ●
• 견우는 하는 수 없이 아이들을 (ⓐ) 집으로 무거운 발길을 돌렸다.
• 혼례를 치르려고 하지만, 우리가 사는 집이 (ⓑ) 사위를 맞이할 집도, 방도 없습니다.
• 도련님은 전혀 대사는 없고 형들과 동작을 같이하면서 형들의 얼굴을 부채로 때리며 (ⓒ) 군다.
• 우리가 주야로 기다리는 바는 어진 (ⓓ)을 얻어 원앙이 짝을 이루는 재미를 볼까 하였더니 이제 무슨 연고로 식음을 전폐하고 죽기를 자처하느냐?
• 공찬이 와서 제 사촌 아우 공침이를 붙들어 그 입을 빌어 이르기를 "아주버님이 (ⓔ)으로 재앙을 물리치려 하시지만 오직 공침이를 상하게 할 뿐입니다." 하였다.

① ⓐ: 데리고
② ⓑ: 미천하여
③ ⓒ: 방정맞게
④ ⓓ: 배필
⑤ ⓔ: 백방

03 〈보기〉의 ㉮와 문맥적 의미가 가장 유사한 것은? _{어휘의 문맥적 의미 파악하기}

● 보기 ●
그는 크게 앓고 난 뒤로는 ㉮마다하지 않던 술도 끊고 운동도 열심히 한다.

① 즐기지
② 매진하지
③ 좋아하지
④ 거절하지
⑤ 허락하지

04 문맥상 밑줄 친 어휘의 쓰임이 적절하지 <u>않은</u> 것은? _{어휘의 쓰임 이해하기}

① 성이 난 영감의 목소리에는 <u>노기</u>가 서려 있었다.
② 삶의 욕망을 조절하지 못하면 큰 <u>낭패</u>를 볼 수 있다.
③ 병사 몇이 적군의 진영에 접근하여 <u>동태</u>를 살피고 있다.
④ 복선이란 앞으로 일어날 사건을 <u>넌지시</u> 암시하는 것이다.
⑤ 내가 자네에게 일주일의 <u>묘책</u>을 줄 테니 그때까지 일을 끝내 놓게.

05 〈보기〉의 빈칸에 들어갈 단어로 가장 적절한 것은? _{어휘의 쓰임 이해하기}

● 보기 ●
대체 제 것이 아닌데 취하는 것을 도(盜)라 하고, 생(生)을 빼앗고 물(物)을 해치는 것을 적(賊)이라 하나니, 너희가 밤낮으로 쏘다니며 팔을 걷어붙이고 눈을 부릅뜨고 ( )하면서 부끄러운 줄 모르고, 심한 놈은 돈을 불러 형님이라 부르고, 장수가 되기 위해서 제 아내를 살해하였은즉 다시 윤리 도덕을 논할 수 없다.

– 박지원, 〈호질〉

① 누추
② 두둔
③ 만류
④ 노략질
⑤ 노여움

05 한자 성어

1주 완성

※ 한자 성어가 사용된 예문을 읽고 해당 뜻풀이를 찾아 번호를 쓰세요.

★ 세상일에 어두움

01 백면서생
흰 白 | 낯 面 |
글 書 | 날 生

교과 아무리 백면서생이라지만 천하가 돌아가는 것도 좀 알아야 하지 않겠나.　〔　〕

① 희고 고운 얼굴에 글만 읽는 사람이란 뜻으로, 한갓 글만 읽고 세상일에는 전혀 경험이 없는 사람.

02 정저지와
우물 井 | 밑 底 |
갈 之 | 개구리 蛙

교과 세상 변화의 흐름을 파악하지 못하고 정저지와가 되어서는 안 된다.　〔　〕

② 우물 안 개구리라는 뜻으로, 세상 물정에 어둡고 시야가 좁음을 이름.

03 좌정관천
앉을 坐 | 우물 井 |
볼 觀 | 하늘 天

교과 좌정관천의 태도에서 벗어나 견문을 넓혀 기술 발전의 변화를 보아라.　〔　〕

③ 우물 속에 앉아서 하늘을 본다는 뜻으로, 사람의 견문이 매우 좁음을 이름.

★ 위태로움

04 누란지위
묶을 累 | 알 卵 |
갈 之 | 위태할 危

교과 한때 감염병으로 인한 여행의 제한으로 관광 업계의 운영이 누란지위와 같은 위기에 처한 적이 있다.　〔　〕

① 살얼음을 밟는 것과 같다는 뜻으로, 아슬아슬하고 위험한 일을 이름.

05 백척간두
일백 百 | 자 尺 |
낚싯대 竿 | 머리 頭

모평 백 소부는 천자의 노여움을 사 백척간두의 상황에 처하게 되었다.　〔　〕

② 층층이 쌓아 놓은 알의 위태로움이라는 뜻으로, 몹시 아슬아슬한 위기를 이름.

06 여리박빙
같을 如 | 밟을 履 |
얇을 薄 | 얼음 氷

교과 앞에는 강물이 가로막혀 있고 뒤에는 적군이 추격해 오고 있는 여리박빙의 상황이었다.　〔　〕

③ 바람 앞의 등불이라는 뜻으로, 사물이 매우 위태로운 처지에 놓여 있음을 이름.

07 풍전등화
바람 風 | 앞 前 |
등잔 燈 | 불 火

교과 적병에 의해 완전히 포위되어 있는 명나라 군은 풍전등화의 운명에 있음이더라.　〔　〕

④ 백 자나 되는 높은 장대 위에 올라섰다는 뜻으로, 몹시 어렵고 위태로운 지경을 이름.

★ 같은 처지

08 동병상련
같을 同 | 병들 病 |
서로 相 | 불쌍히 여길 憐

모평 배득량은 백 소저와 동병상련의 처지에 놓여 있다.　〔　〕

① 같은 무리끼리 서로 사귐.

09 유유상종
무리 類 | 무리 類 |
서로 相 | 좇을 從

교과 유유상종이라더니 고만고만한 녀석들끼리만 몰려다닌다.　〔　〕

② 풀색과 녹색은 같은 색이라는 뜻으로, 같은 처지의 사람과 어울리거나 기우는 것을 이름.

10 초록동색
풀 草 | 푸를 綠 |
한가지 同 | 빛 色

교과 흩어져 살면 설움을 겪고 구박을 당하게 되니 자연히 초록동색으로 비슷한 처지의 몇 집이 모여 살기 시작한 것이 지금은 수십 호의 마을이 되었다.　〔　〕

③ 같은 병을 앓는 사람끼리 서로 가엾게 여긴다는 뜻으로, 어려운 처지에 있는 사람끼리 서로 가엾게 여김을 이름.

★ 태도

11 배은망덕
등 背 | 은혜 恩 |
잊을 忘 | 덕 德

(교과) 배은망덕도 유만부동이지, 은혜를 원수로 갚으려는 널 용서할 수가 없다. 〔 〕

① 매우 사랑하고 소중히 여기는 모양.

12 애걸복걸
슬플 哀 | 빌 乞 |
엎드릴 伏 | 빌 乞

(학평) 애걸복걸하는 말이, / "후원에 가 인향을 보온즉 신병이 중하였사오니, 이번 한 번만 용서하여 주옵소서. 〔 〕

② 학의 목처럼 목을 길게 빼고 간절히 기다림.

13 애지중지
사랑 愛 | 갈 之 |
무거울 重 | 갈 之

(학평) 그의 부모 백상군 부부는 외아들을 천금인 양 애지중지하였고 이름을 선군(仙君)이라 지었다. 〔 〕

③ 남에게 입은 은덕을 저버리고 배신하는 태도가 있음.

14 자포자기
스스로 自 | 사나울 暴 |
스스로 自 | 버릴 棄

(학평) 그래서 맹자는 악의 원인을 자포자기에 있다고도 하였다. 〔 〕

④ 절망에 빠져 자신을 스스로 포기하고 돌아보지 아니함.

15 태연자약
클 泰 | 그럴 然 |
스스로 自 | 같을 若

(교과) 진정한 리더는 위기의 상황에서도 당황하지 않고 태연자약한 마음으로 단체를 이끌기 위해 노력한다. 〔 〕

⑤ 마음에 어떠한 충동을 받아도 (어떤 상황에서도) 움직임이 없이 천연스러움.

16 학수고대
학 鶴 | 머리 首 |
괴로울 苦 | 기다릴 待

(교과) 용남이 형제는 배불리 밥을 먹을 수 있고, 용돈도 두둑하게 받을 수 있는 명절이 빨리 오길 학수고대하고 있다. 〔 〕

⑥ 소원 따위를 들어 달라고 애처롭게 사정하며 간절히 빎.

★ 이익

17 견토지쟁
개 犬 | 토끼 兔 |
갈 之 | 다툴 爭

(교과) 공천을 받지 못한 사람이 무소속으로 출마하여 당선 가능성이 없던 후보가 당선되는 견토지쟁이 따로 없다 하겠다. 〔 〕

① 어떤 일에 대응하여 (그와는 반대쪽으로) 얻게 되는 이익.

18 반대급부
돌이킬 反 | 대답할 對 |
줄 給 | 줄 付

(교과) 최근 업무량이 증가한 사원들에게 회사는 반대급부로 급여를 인상해 주었다. 〔 〕

② 한 가지 일을 하여 두 가지 이익을 얻음.

19 어부지리
고기잡을 漁 | 남편 夫 |
갈 之 | 이로울 利

(교과) 그 영화에서는 두 주인공이 서로 보물을 갖기 위해 싸우지만 마지막 순간에는 생각하지도 못한 사람이 어부지리로 보물을 가로챈다. 〔 〕

③ 개와 토끼의 다툼이라는 뜻으로, 두 사람의 싸움에 제삼자가 이익을 봄을 이름.

20 일거양득
하나 一 | 들 擧 |
두 兩 | 얻을 得

(교과) 줄넘기를 하면 살도 빠지고 키도 크니 일거양득이다. 〔 〕

④ 어부의 이익이라는 뜻으로, 두 사람이 이해관계로 서로 싸우는 사이에 엉뚱한 사람이 애쓰지 않고 가로챈 이익을 이름.

• 뜻풀이로 체크하기 •

01 ~ 04 다음 뜻풀이에 해당하는 한자 성어를 말상자에서 찾아 표시하시오.

여	금	상	첨	견	누
리	담	관	방	토	수
박	애	정	저	지	와
빙	막	걸	지	쟁	너
와	좌	망	복	백	탄
노	기	량	닥	걸	비

01 소원 따위를 들어 달라고 애처롭게 사정하며 간절히 빎.

02 살얼음을 밟는 것과 같다는 뜻으로, 아슬아슬하고 위험한 일을 이름.

03 우물 안 개구리라는 뜻으로, 세상 물정에 어둡고 시야가 좁음을 이름.

04 개와 토끼의 다툼이라는 뜻으로, 두 사람의 싸움에 제삼자가 이익을 봄을 이름.

05 ~ 09 다음 빈칸에 들어갈 알맞은 말을 〈보기〉에서 찾아 쓰시오.

┌─── 보기 ───┐
하늘   충동   은덕
어울리거나   위태로운
└──────────┘

05 배은망덕: 남에게 입은 (   )을 저버리고 배신하는 태도가 있음.

06 태연자약: 마음에 어떠한 (   )을 받아도 (어떤 상황에서도) 움직임이 없이 천연스러움.

07 좌정관천: 우물 속에 앉아서 (   )을 본다는 뜻으로, 사람의 견문이 매우 좁음을 이름.

08 백척간두: 백 자나 되는 높은 장대 위에 올라섰다는 뜻으로, 몹시 어렵고 (   ) 지경을 이름.

09 초록동색: 풀색과 녹색은 같은 색이라는 뜻으로, 같은 처지의 사람과 (   ) 기우는 것을 이름.

• 문장으로 체크하기 •

10 ~ 13 다음 문맥에 알맞은 한자 성어를 고르시오.

10 교과 독립운동가들은 (누란지위 | 반대급부)에 처한 나라를 구하기 위해 목숨을 바쳤다.

11 교과 국내 기업들의 과열 경쟁으로 외국 기업이 (어부지리 | 정저지와)로 이득을 볼 수도 있다.

12 교과 그는 스스로를 평생 시나 써 온 (백척간두 | 백면서생)에 지나지 않는다고 겸손하게 말했다.

13 교과 끝 모를 장기 경기 침체로 인해 아예 취업을 (자포자기 | 초록동색)하는 학생들이 늘어나고 있다.

14 ~ 18 다음 상황과 의미가 통하는 한자 성어를 〈보기〉에서 찾아 쓰시오.

┌─── 보기 ───┐
동병상련   애지중지
일거양득   학수고대   풍전등화
└──────────┘

14 연속으로 패배한 우리 팀의 감독은 언제 자리에서 물러나게 될지 모르는 위태로운 처지가 되었다.

□□□□

15 가까운 거리는 차를 타지 않고 걸어 다니는 습관을 들이면 건강도 챙기고 교통비도 절약할 수 있다.

□□□□

16 그는 나이 오십이 다 되어 뒤늦게 얻은 딸을 너무나 사랑하여, 늘 소중하게 아끼고 정성을 다해 길렀다.

□□□□

17 삼계탕집과 냉면집 등 여름 장사를 하는 음식점들은 긴 장마가 끝나고 무더위가 찾아오기를 간절히 빌고 있다.

□□□□

18 A국으로부터 경제 보복을 당한 주변 나라들이 서로의 처지를 공감하며 위기 극복을 위한 협력 방안을 모색하고 있다.

□□□□

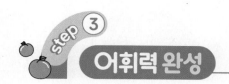

01 〈보기〉의 빈칸에 들어갈 한자 성어로 가장 적절한 것은?

_{상황에 어울리는 한자 성어 찾기}

━━━● 보기 ●━━━

〈봉산 탈춤〉의 '제6과장 양반춤'에서 양반들은 시조 읊기 놀이를 한다. 동생인 '서방'이 운자를 내면 형님인 '생원'이 한시를 읊는다. 형님은 단순한 지명의 나열을 한시라 읊고 동생은 잘 지었다고 칭찬을 한다. 이 모습은 '그 나물에 그 밥', '오십보백보' 또는 (   )(이)라고 평가할 수 있다.

① 유유상종(類類相從)　　② 일거양득(一擧兩得)
③ 자포자기(自暴自棄)　　④ 정저지와(井底之蛙)
⑤ 태연자약(泰然自若)

02 다음 중 한자 성어의 쓰임이 적절하지 않은 것은?

_{한자 성어의 쓰임 이해하기}

① 경제적으로 무능한 허생은 글 읽기만 좋아하는 백면서생(白面書生)이었다.
② 공자는 초나라에서 제일가는 명장(名匠)을 애지중지(愛之重之)하며 보물로 여겼다.
③ 배비장은 애걸복걸(哀乞伏乞)하며 방자더러 애랑에게 편지를 전해달라고 부탁하였다.
④ 낙향한 선비는 자연을 벗 삼아 바람과 달을 노래하는 정저지와(井底之蛙)의 삶을 살고 있다.
⑤ 응칠이는 동생 응오의 답답한 살림을 보며 제 살림이 연상되어 동병상련(同病相憐)의 정을 느꼈다.

03 〈보기〉의 ㉠과 ㉡에 공통적으로 들어갈 말로 적절한 것은?

_{한자 성어의 의미 이해하기}

━━━● 보기 ●━━━

• 풍전등화(風前燈火): 바람 앞의 등불이라는 뜻으로, 사물이 매우 (　㉠　)로운 처지에 놓여 있음을 이름.
• 백척간두(百尺竿頭): 백 자나 되는 높은 장대 위에 올라섰다는 뜻으로, 몹시 어렵고 (　㉡　)로운 지경을 이름.

① 다채　　　② 번거　　　③ 애처
④ 여유　　　⑤ 위태

04 〈보기〉의 ⓐ~ⓔ와 상반된 의미의 한자 성어를 바르게 연결한 것은?

_{한자 성어의 의미 이해하기}

━━━● 보기 ●━━━

ⓐ 오매불망(寤寐不忘): 자나 깨나 잊지 못함.
ⓑ 요지부동(搖之不動): 흔들어도 꼼짝하지 아니함.
ⓒ 박학다식(博學多識): 학식이 넓고 아는 것이 많음.
ⓓ 태연자약(泰然自若): 마음에 어떠한 충동을 받아도 움직임이 없이 천연스러움.
ⓔ 설상가상(雪上加霜): 눈 위에 서리가 덮인다는 뜻으로, 난처한 일이나 불행한 일이 잇따라 일어남을 이름.

① ⓐ – 학수고대(鶴首苦待)
② ⓑ – 배은망덕(背恩忘德)
③ ⓒ – 좌정관천(坐井觀天)
④ ⓓ – 자포자기(自暴自棄)
⑤ ⓔ – 누란지위(累卵之危)

05 〈보기〉의 ⓐ에 어울리는 한자 성어로 볼 수 없는 것은?

_{상황에 어울리는 한자 성어 찾기}

━━━● 보기 ●━━━

이때 명나라 진영은 적병들에 의해 완전히 포위되고 있었으며, 진문은 열지 않고 굳게 닫혀 있었으니, 적병은 이것을 깨칠 속셈으로 그 준비에 분주하더라. ⓐ명나라 군의 운명은 경각에 있음이더라.
이를 본 이 부인은 잠시도 지체할 여유가 없으니, 투구를 고쳐 쓰고, 비린도를 높이 들어 만리청총마의 고삐를 바싹 쥐어 잡고, 좌우에 따라온 선녀들은 앞에 서서 길을 인도하라고 분부하고 즉시 급하게 채찍질을 하여 달리더라.

– 작자 미상, 〈장국진전〉

① 견토지쟁(犬兔之爭)　　② 누란지위(累卵之危)
③ 백척간두(百尺竿頭)　　④ 여리박빙(如履薄氷)
⑤ 풍전등화(風前燈火)

06 동음이의어

1주 완성

※ 동음이의어의 각 예문을 읽고 해당 뜻풀이를 찾아 번호를 쓰세요.

★ 개다

01 개다¹
〔모평〕 이날 천지가 맑고 개어 사방으로 작은 구름 한 점도 없었다. 〔 　 〕

02 개다²
〔교과〕 카레의 분말을 물에 개어 요리한다. 〔 　 〕

03 개다³
〔학평〕 이부자리를 개고 방을 청소하다. 〔 　 〕

① 〔동〕 흐리거나 궂은 날씨가 맑아지다.

② 〔동〕 옷이나 이부자리 따위를 겹치거나 접어서 단정하게 포개다.

③ 〔동〕 가루나 덩이진 것에 물이나 기름 따위를 쳐서 서로 섞이거나 풀어지도록 으깨거나 이기다.

★ 걷다

04 걷다¹
〔교과〕 잔뜩 끼었던 구름이 걷고 해가 보이기 시작했다. 〔 　 〕

05 걷다²
〔수능〕 혹시 어두운 밤길을 걸어 본 적이 있으신가요? 〔 　 〕

06 걷다³
(1) 〔모평〕 주렴 걷고 안석 밑에 베개 놓고 문 닫아라! 〔 　 〕

(2) 〔교과〕 건조대의 빨래를 걷어 놓고 나왔어야 했네. 〔 　 〕

① 〔동〕 구름이나 안개 따위가 흩어져 없어지다.

② 〔동〕 늘어진 것을 말아 올리거나 열어 젖히다.

③ 〔동〕 다리를 움직여 바닥에서 발을 번갈아 떼어 옮기다.

④ 〔동〕 널거나 깐 것을 다른 곳으로 치우거나 한 곳에 두다.

★ 구하다

07 구하다¹
구할 求 ──
(1) 〔모평〕 돈을 구해 오겠다고 큰소리를 쳤다. 〔 　 〕

(2) 〔모평〕 인물의 발화는 '참옹고집'이 용서를 구하기 시작하는 계기에 해당하는군. 〔 　 〕

08 구하다²
구원할 救 ──
〔모평〕 위기에 처한 나라를 구하는 공을 세워 이름을 떨치며 부귀영화를 누리는 것으로 마무리됩니다. 〔 　 〕

① 〔동〕 상대편이 어떻게 하여 주기를 청하다.

② 〔동〕 필요한 것을 찾다. 또는 그렇게 하여 얻다.

③ 〔동〕 위태롭거나 어려운 지경에서 벗어나게 하다.

★ 그리다

09 그리다¹
〔모평〕 잔 들고 혼자 앉아 먼 뫼흘 바라보니 / 그리던 임이 오다 반가움이 이리하랴 〔 　 〕

10 그리다²
(1) 〔수능〕 겸재의 그림은 실물과 똑같이 그리는 것이 능사가 아니라는 점을 증명하고 있다. 〔 　 〕

(2) 〔교과〕 나는 가족과 함께 살아갈 예쁜 집을 머릿속에 가끔 그려 본다. 〔 　 〕

① 〔동〕 상상하거나 회상하다.

② 〔동〕 사랑하는 마음으로 간절히 생각하다.

③ 〔동〕 연필, 붓 따위로 어떤 사물의 모양을 그와 닮게 선이나 색으로 나타내다.

★ 길다

11 길다¹
〔수능〕 여생이 언마치리 백발이 날로 기니 / 세상 공명은 계륵이나 다룰소냐 〔 　 〕

12 길다²
(1) 〔모평〕 LFIA 키트는 가로로 긴 납작한 막대 모양이다. 〔 　 〕

(2) 〔모평〕 통학 시간이 길어서 아침부터 피곤해져 학생들이 수업 시간에 졸게 됩니다. 〔 　 〕

① 〔동〕 머리카락, 수염 따위가 자라다.

② 〔형〕 잇닿아 있는 물체의 두 끝이 서로 멀다.

③ 〔형〕 이어지는 시간상의 한 때에서 다른 때까지의 동안이 오래다.

★ 눈

13 눈¹

(1) 모평 눈을 보면 그 사람의 마음을 읽을 수 있어. 〔 〕

(2) 교과 미술품을 공부하다 보면 가짜와 진짜를 구별할 수 있는 눈이 생긴다. 〔 〕

(3) 학평 백성들이 순사를 멸시하는 눈으로 보는 연유를 또 한 가지 발견하여야 하였다. 〔 〕

14 눈²

교과 분유를 타는데 우유병의 눈이 잘 안 보여서 물의 양을 맞추기가 힘드네요. 〔 〕

15 눈³

수능 겨울 하늘에 눈이 날릴 때면 차가운 강물에서 홀로 낚시를 드리운다. 〔 〕

16 눈⁴

학평 싹이 나 자라고 비와 이슬이 그것을 키워 눈이 트고 가지가 뻗어 울창하게 자라 제법 그늘을 드리운다. 〔 〕

① 명 사물을 보고 판단하는 힘.

② 명 빛의 자극을 받아 물체를 볼 수 있는 감각 기관.

③ 명 ('눈으로' 꼴로 쓰여) 무엇을 보는 표정이나 태도.

④ 명 새로 막 터져 돋아나려는 초목의 싹. 꽃눈, 잎눈 따위이다.

⑤ 명 자·저울·온도계 따위에 표시하여 길이·양·도수 따위를 나타내는 금.

⑥ 명 대기 중의 수증기가 찬 기운을 만나 얼어서 땅 위로 떨어지는 얼음의 결정체.

★ 느끼다

17 느끼다¹

모평 부모 앞에 뵈어 느끼며 뺨에 두 줄기 눈물이 종횡하거늘 부모 또한 눈물을 흘리며 위로하더라. 〔 〕

18 느끼다²

(1) 모평 위의 실험은 특정한 냄새의 정체를 파악하기 어려운 이유가 냄새를 느끼는 능력이 부족하기 때문이 아님을 보여 준다. 〔 〕

(2) 모평 그것은 도시의 이주민인 화자가 나무에 대해 동질감을 느끼는 이유이기도 하다. 〔 〕

① 동 서럽거나 감격에 겨워 울다.

② 동 감각 기관을 통하여 어떤 자극을 깨닫다.

③ 동 마음속으로 어떤 감정 따위를 체험하고 맛보다.

★ 다리

19 다리¹

(1) 모평 젊은 여자가 흰옷 아래로 하얀 다리를 드러내 놓고 일광욕을 한다. 〔 〕

(2) 교과 책상 다리가 너무 낮아서 높였으면 합니다. 〔 〕

20 다리²

모평 세버들 가지 꺾어 낚은 고기 꿰어 들고 / 주가(酒家)를 찾으려 낡은 다리 건너가니 〔 〕

① 명 사람이나 동물의 몸통 아래 붙어 있는 신체의 부분. 서고 걷고 뛰는 일 따위를 맡아 한다.

② 명 물을 건너거나 한편의 높은 곳에서 다른 편의 높은 곳으로 건너다닐 수 있도록 만든 시설물.

③ 명 물체의 아래쪽에 붙어서 그 물체를 받치거나 직접 땅에 닿지 아니하게 하거나 높이 있도록 버티어 놓은 부분.

★ 되다

21 되다¹

(1) 학평 원래 누군가에게 도움을 주는 것을 좋아해서 청소년 상담사가 되고 싶었어요. 〔 〕

(2) 모평 암세포가 증식하여 종양이 되고 그 종양이 자라려면 산소와 영양분이 계속 공급되어야 한다. 〔 〕

(3) 모평 어느덧 4월 보름이 되어 있었다. 〔 〕

22 되다²

교과 쌀의 양이 적당한지 되로 되어 볼까요? 〔 〕

23 되다³

교과 밥을 너무 되게 한 건 아닌지 걱정이 됩니다. 〔 〕

① 동 다른 것으로 바뀌거나 변하다.

② 동 어떤 때나 시기, 상태에 이르다.

③ 동 새로운 신분이나 지위를 가지다.

④ 형 반죽이나 밥 따위가 물기가 적어 빡빡하다.

⑤ 동 말, 되, 홉 따위로 가루, 곡식, 액체 따위의 분량을 헤아리다.

·뜻풀이로 체크하기·

01 ~ 05 다음 밑줄 친 어휘의 뜻풀이에 들어갈 알맞은 말을 〈보기〉에서 찾아 쓰시오.

━━━● 보기 ●━━━
찾다   깨닫다
변하다   포개다   없어지다

01 (교과) 얼음이 순식간에 물이 <u>되었다</u>.
→ 되다: 다른 것으로 바뀌거나 (   ).

02 (교과) 먹장구름이 <u>걷고</u> 맑은 하늘이 보이기 시작했다.
→ 걷다: 구름이나 안개 따위가 흩어져 (   ).

03 (교과) 덜 익은 감을 먹으면 떫은맛을 <u>느끼게</u> 된다.
→ 느끼다: 감각 기관을 통하여 어떤 자극을 (   ).

04 (수능) 권 씨는 여전히 일자리를 <u>구하지</u> 못한 채였다.
→ 구하다: 필요한 것을 (   ). 또는 그렇게 하여 얻다.

05 (교과) 옷을 <u>개어서</u> 서랍에 넣기만 하면 됩니다.
→ 개다: 옷이나 이부자리 따위를 겹치거나 접어서 단정하게 (   ).

06 ~ 09 다음 밑줄 친 어휘의 뜻풀이로 알맞은 것을 고르시오.

06 (학평) 까닭 모를 편안함을 <u>느끼며</u> 미소를 지었다.
① 서럽거나 감격에 겨워 울다.
② 마음속으로 어떤 감정 따위를 체험하고 맛보다.

07 (수능) <u>걷었던</u> 주렴을 내리는 소리가 요란하였다.
① 늘어진 것을 말아 올리거나 열어 젖히다.
② 널거나 깐 것을 다른 곳으로 치우거나 한곳에 두다.

08 (교과) 봄이 되니 나뭇가지에 <u>눈</u>이 튼다.
① 사물을 보고 판단하는 힘.
② 새로 막 터져 돋아나려는 초목의 싹. 꽃눈, 잎눈 따위이다.

09 (교과) 보리가 많은지 수수가 많은지 <u>되어</u> 볼까요?
① 어떤 때나 시기, 상태에 이르다.
② 말, 되, 홉 따위로 가루, 곡식, 액체 따위의 분량을 헤아리다.

·문장으로 체크하기·

10 ~ 13 다음 밑줄 친 어휘가 제시된 의미로 사용된 문장을 고르시오.

10 개다: 흐리거나 궂은 날씨가 맑아지다.
① (모평) 눈 내린 겨울 아침의 활짝 <u>갠</u> 하늘을 보았다.
② (교과) 유화는 물감을 기름에 <u>개어서</u> 캔버스에 칠한다.

11 되다: 새로운 신분이나 지위를 가지다.
① (교과) 풀을 너무 <u>되게</u> 쑤어서 작업을 망쳤다.
② (학평) 어사가 <u>되어</u> 돌아온 이몽룡이 춘향을 구하고 탐관오리 변 사또를 벌한다.

12 그리다: 사랑하는 마음으로 간절히 생각하다.
① (학평) 나는 만화를 <u>그리며</u> 아침 시간을 보냈다.
② (학평) 꿈에도 <u>그리던</u> 두 사람이 서로 만나게 되니 그 기쁨이야 말할 수 없을 정도였다.

13 눈: 빛의 자극을 받아 물체를 볼 수 있는 감각 기관.
① (교과) 그 과일 가게는 저울의 <u>눈</u>을 자주 속이기 때문에 손님이 별로 없다.
② (학평) 덕순이는 그 유언이 너무 처량하여 <u>눈</u>에 눈물이 핑 돌아가지고는 지게를 도로 지고 일어선다.

14 ~ 16 다음 밑줄 친 어휘가 제시된 문장의 밑줄 친 어휘와 유사한 의미로 사용된 문장을 고르시오.

14 (모평) <u>눈</u>으로 확인한 사실만을 믿어야 한다고 주장하는 이의 말을 청자에게 전하며 조언을 <u>구하고</u> 있다.
① (학평) 죽어 가는 수많은 목숨을 <u>구하고</u> 있다.
② (학평) 잘못을 인정하며 상대에게 용서를 <u>구하고</u> 있다.

15 (모평) 장인의 사람 보는 <u>눈</u>이 뛰어남에 감복하더라.
① (학평) 날이 밝지 않았는데 하얀 <u>눈</u>이 뜰에 가득했다.
② (교과) 그는 초보 감정사이지만 판단하는 <u>눈</u>이 남달라 최고의 예술품 감정사로 성장할 수 있을 것이다.

16 (모평) 사랑미술관에서 10분 정도 <u>걸으면</u> 숲이 우거진 공간이 나오는데, 이곳에서는 매년 여름에 '반딧불이 축제'가 열린다.
① (학평) 풀 한 포기 없는 이 길을 <u>걷는</u> 것은 / 담 저쪽에 내가 남아 있는 까닭이고
② (수능) 시집에 온 옥영은 소매를 <u>걷고</u> 머리를 빗어 올린 채 손수 물을 긷고 절구질을 했다.

01 〈보기 1〉의 어휘의 의미와 〈보기 2〉의 예문에 대한 설명으로 적절하지 <u>않은</u> 것은?
어휘의 의미와 쓰임 이해하기

───── ● 보기 1 ● ─────

길다¹ 동
머리카락, 수염 따위가 자라다.

길다² 형
(1) 잇달아 있는 물체의 두 끝이 서로 멀다.
(2) 이어지는 시간상의 한 때에서 다른 때까지의 동안이 오래다.
(3) 글이나 말 따위의 분량이 많다.
(4) 소리, 한숨 따위가 오래 계속되다.

───── ● 보기 2 ● ─────

그는 덥수룩하게 ⓐ긴 머리를 한 채, ⓑ긴 세월 동안 만나지 못한 친구를 보기 위해 ⓒ길게 펼쳐진 바닷가 모래밭에 서서 복잡하고 ⓓ긴 이야기를 머릿속으로 정리하며 ⓔ긴 한숨을 내쉬었다.

① ⓐ는 '길다¹'의 의미로, ⓑ는 '길다²-(2)'의 의미로 쓰였다.
② ⓐ는 ⓑ~ⓔ와 동음이의 관계이고, ⓑ, ⓒ, ⓓ, ⓔ는 서로 다의 관계이다.
③ ⓒ는 '길다²-(1)'의 의미로, ⓔ는 '길다²-(4)'의 의미로 쓰였다.
④ '짧게 이야기하다.'의 '짧다'는 ⓓ와 반의 관계이다.
⑤ '그 노래는 긴 호흡으로 이어지는 담담한 곡조였다.'의 '긴'은 '길다²-(3)'의 의미로 쓰였다.

02 밑줄 친 두 어휘의 의미가 일치하지 <u>않는</u> 것은?
어휘의 문맥적 의미 파악하기

① (ㄱ) 밭이 걸어서 무엇을 심어도 잘 자란다.
   (ㄴ) 황무지가 걸고 기름진 옥토로 바뀌었다.
② (ㄱ) 그는 꿈에도 그리던 벗들을 만나게 되었다.
   (ㄴ) 그는 타향에서 고향을 그리다가 눈을 감았다.
③ (ㄱ) 마당에 널어 두었던 빨래를 걷어서 갰다.
   (ㄴ) 흐렸던 날씨가 오후가 되면서 화창하게 갰다.
④ (ㄱ) 짐을 들은 후로 어깨에 통증을 느낀다.
   (ㄴ) 나는 추운 날씨가 아닌데도 추위를 잘 느낀다.
⑤ (ㄱ) 대성은 천자를 구해 그 공으로 대원수가 된다.
   (ㄴ) 박제상은 고구려로 가서 보해 왕자를 구해 냈다.

03 문맥상 밑줄 친 어휘와 바꿔 쓰기에 적절하지 <u>않은</u> 것은?
적절한 어휘로 바꿔 쓰기

① 조신은 김흔의 딸을 연모(戀慕)하게 되었다. → 그리게
② 좁은 길에서는 달려오는 차를 살피며 보행(步行)해야 한다. → 걸어야
③ 이 작품의 남자 주인공은 평범한 인물로 표현(表現)되고 있다. → 그려지고
④ 여인은 편지를 통해 남편과의 생전의 추억을 회상(回想)하고 있다. → 구하고
⑤ 이 느티나무 고목은 유구(悠久)한 세월 동안 마을의 평안을 지키고 있다. → 긴

04 밑줄 친 어휘 중 〈보기〉의 ㉠과 문맥적 의미가 유사한 것은?
어휘의 문맥적 의미 파악하기

───── ● 보기 ● ─────

유명해질수록 보는 ㉠눈이 많아지므로 행동을 조심해야 한다.

① 아침에 내린 눈을 깨끗이 쓸었다.
② 그는 다른 사람들의 눈을 너무 의식한다.
③ 동생은 못마땅한 얼굴로 나에게 눈을 흘겼다.
④ 작은 눈이 커다란 코와 대비되어 더 작게 보인다.
⑤ 내 동생이 심은 씨앗에서 드디어 눈이 트기 시작했다.

05 〈보기〉를 참고할 때 다음 중 다른 넷과 동음이의 관계에 있는 것은?
동음이의 관계 파악하기

───── ● 보기 ● ─────

다리¹ 명
사람이나 동물의 몸통 아래 붙어 있는 신체의 부분.

다리² 명
(1) 물을 건너거나 한편의 높은 곳에서 다른 편의 높은 곳으로 건너다닐 수 있도록 만든 시설물.
(2) 둘 사이의 관계를 이어 주는 사람이나 사물을 비유적으로 이르는 말.
(3) 중간에 거쳐야 할 단계나 과정.

① 대보름날 다리를 밟는 풍속은 고려 때 시작됐다.
② 생산자와 소비자를 이어 주는 다리의 역할을 한다.
③ 그곳에는 옛날에 포수들이 놓았던 썩은 다리가 있다.
④ 농산물이 소비자에게 오기까지는 다리 여럿을 거친다.
⑤ 까무잡잡한 다리를 드러내 놓고 개울가에 앉아 있었다.

07 필수 어휘_고전 문학

1주 완성

※ 어휘의 사전적 의미에 해당하는 예문을 찾아 번호를 쓰고 빈칸을 채워 보세요.

01 볼모	명 약속 이행의 담보로 상대편에 잡혀 두는 사람이나 물건.	〔 〕
02 부질없다	형 대수롭지 아니하거나 쓸모가 없다.	〔 〕
03 부축하다	통 겨드랑이를 붙잡아 걷는 것을 돕다.	〔 〕
04 북돋우다	통 기운이나 정신 따위를 더욱 높여 주다.	〔 〕
05 비범하다 아닐 非 | 무릇 凡 ──	형 보통 수준보다 훨씬 뛰어나다.	〔 〕

① 모평 양창곡의 연주는 강남홍의 연주와 달리 군사들의 사기를 □□□다.

② 모평 〈홍계월전〉은 □□한 능력을 가진 여성 영웅 홍계월의 활약상을 그린 작품이다.

③ 수능 숨겨진 본질을 밝히려는 철학적 탐구는 실제로는 □□□는 일이라고 반본질주의로부터 비판을 받는다.

④ 수능 박 씨의 승전을 통해 왕대비가 □□로 가지 않게 된 과정이 형상화된 것은 패전의 상실감을 위로받고자 하는 백성들의 욕망이 반영된 결과이겠군.

⑤ 교과 몸이 불편하신 할머니를 양쪽에서 □□하여 눕히려고 하는데 목도 제대로 가누지 못하시고 다리를 아예 못 움직이셨다.

06 비위 지라 脾 | 밥통 胃	명 어떤 것을 좋아하거나 싫어하는 성미. 또는 그러한 기분.	〔 〕
07 비탄 슬플 悲 | 탄식할 歎	명 몹시 슬퍼하면서 탄식함. 또는 그 탄식.	〔 〕
08 뻐기다	통 얄미울 정도로 매우 우쭐거리며 자랑하다.	〔 〕
09 사무치다	통 깊이 스며들거나 멀리까지 미치다.	〔 〕
10 사사롭다 사사로울 私 | 사사로울 私 ──	형 공적(公的)이 아닌 개인적인 범위나 관계의 성질이 있다.	〔 〕

① 모평 전우치는 □□□□ 이익보다 대의를 중시하였다.

② 모평 임에 대한 □□□는 그리움이 너무나 커서 자신을 애도할 수밖에 없는 상황임을 알 수 있어요.

③ 학평 아아! 벌벌 떨고 게으름이나 피우면서 천하의 대사를 그르치는 위인들은 편벽된 병이 없음을 □□고 있다.

④ 학평 오늘 뜻밖에 용왕의 □□를 거슬렸으니 어찌 감히 삶을 구하겠으며 다시 위태로운 땅을 밟아 스스로 화를 받을 것을 알겠습니다.

⑤ 학평 마음은 물처럼 일렁거려, 쌍쌍이 나는 제비를 보다가 난간에 기대어 눈물 흘린다. 슬프고 □□에 찬 사람이 봄을 볼 때는 이러하리라.

11 사은 사례할 謝 | 은혜 恩	명 받은 은혜에 대하여 감사히 여겨 사례함.	〔 〕
12 사주하다 부릴 使 | 부추길 嗾 ──	통 남을 부추겨 좋지 않은 일을 시키다.	〔 〕
13 서자 여러 庶 | 아들 子	명 양반과 양민 여성 사이에서 낳은 아들.	〔 〕
14 섬멸하다 멸할 殲 | 멸망할 滅 ──	통 모조리 무찔러 멸망시키다.	〔 〕
15 성화 이룰 成 | 불 火	명 몹시 귀찮게 구는 일.	〔 〕

① 학평 그때 진 공이 엄한 말로 거절하자, 조문화는 매우 노하여 엄숭에게 □□해 공을 노안부 제독으로 내쫓게 했다.

② 교과 평양에서 사또 본관이 분부하되, 추월을 잡아들여 돈 바치라 □□를 부리니, 십일이 다 못 되어 오천 냥을 다 바쳤것다.

③ 학평 제를 통해 도력을 높인 원수는 구원병과 함께 적을 □□한다.

④ 수능 홍 판서와 시비 춘섬 사이에서 □□로 태어난 길동은 자신의 처지를 괴로워하다 부친께 호부호형을 허락받고, 집을 나와 활빈당 활동을 벌여 조정과 대립하다가 병조 판서 벼슬을 받는다.

⑤ 교과 임에게 감사한 마음을 담아 □□을 올리니 정성을 살펴 주옵소서.

16	**슬하** 무릎 膝ㅣ아래 下	명 무릎의 아래라는 뜻으로, 어버이나 조부모의 보살핌 아래. 주로 부모의 보호를 받는 테두리 안을 이른다.	〔　　〕
17	**심기** 마음 心ㅣ기운 氣	명 마음으로 느끼는 기분.	〔　　〕
18	**액운** 재앙 厄ㅣ운전할 運	명 액을 당할 운수.	〔　　〕
19	**약탈하다** 노략질할 掠ㅣ빼앗을 奪 −−	동 폭력을 써서 남의 것을 억지로 빼앗다.	〔　　〕
20	**어질다**	형 마음이 너그럽고 착하며 슬기롭고 덕이 높다.	〔　　〕

① 학평 경기도 장단에 사는 선비 김 주부는 무남독녀 매화를 ☐☐에 두고 있었다.

② 학평 "이제는 공자가 ☐☐이 다하고 길운(吉運)이 돌아왔으니 빨리 경성에 올라가 공명을 이루라."

③ 학평 가용이 큰 물결을 일어나게 하여 물고기를 덮어 주는 것은 백성을 ☐☐게 살피는 군주의 모습으로 볼 수 있군.

④ 학평 적병이 산에 들어와서 삼 일 동안 재물을 ☐☐하고 인민들을 베어 죽였으며, 아이들과 여자들은 모두 끌고 어제 겨우 섬진강으로 물러갔네.

⑤ 수능 장부의 뜻에 순종해야만 집안이 화목하고 가문이 번성할 수 있네. 사사로이 감정을 앞세워 장부의 ☐☐를 불편하게 해서는 안 될 것이야.

21	**영롱하다** 쨍그렁거릴 玲ㅣ옥 소리 瓏 −−	형 광채가 찬란하다.	〔　　〕
22	**완연하다** 완연할 宛ㅣ그럴 然 −−	형 눈에 보이는 것처럼 아주 뚜렷하다.	〔　　〕
23	**우회** 멀 迂ㅣ돌 廻	명 곧바로 가지 않고 멀리 돌아서 감.	〔　　〕
24	**위중하다** 위태할 危ㅣ무거울 重 −−	형 병세가 위험할 정도로 중하다.	〔　　〕
25	**은거하다** 숨을 隱ㅣ살 居 −−	동 세상을 피하여 숨어서 살다.	〔　　〕

① 학평 (나)는 갑자사화로 인해 유배되었다 풀려난 작가가 옥계산에 ☐☐하며 쓴 작품이다.

② 모평 장군은 멀리서 들려오는 함성 소리가 ☐☐ 기습을 한 것이라 믿고 아군에게 소리쳤다.

③ 학평 연지를 품은 듯, 자줏빛 치마 고운 태도는 석양에 비치는 안개 같고, 푸른 치마가 ☐☐하여 은하수 물결 같다.

④ 교과 여인은 병색이 ☐☐한 얼굴로 슬퍼하는 아버지를 바라보았다.

⑤ 모평 집안은 평안하나 형의 부인이 병이 ☐☐하여 속수무책 조석으로 목숨을 빈다 하니 형이 비록 몸이 영귀하나 무엇이 즐거우리오?

26	**인품** 사람 人ㅣ물건 品	명 사람이 사람으로서 가지는 품격이나 됨됨이.	〔　　〕
27	**자태** 맵시 姿ㅣ모양 態	명 어떤 모습이나 모양. 주로 사람의 맵시나 태도에 대하여 이르며, 식물, 건축물, 강, 산 따위를 사람에 비유하여 이르기도 한다.	〔　　〕
28	**재상** 재상 宰ㅣ서로 相	명 임금을 돕고 모든 관원을 지휘하고 감독하는 일을 맡아보던 이품 이상의 벼슬. 또는 그 벼슬에 있던 벼슬아치.	〔　　〕
29	**절감하다** 끊을 切ㅣ느낄 感 −−	동 절실히 느끼다.	〔　　〕
30	**정벌하다** 칠 征ㅣ칠 伐 −−	동 적 또는 죄 있는 무리를 무력으로써 치다.	〔　　〕

① 수능 '박 처사'가 혼인을 청한 것은 '상공'의 ☐☐을 높이 샀기 때문이다.

② 모평 '만산 나월'은 ⓑ와 연관된 시어로, '님'이 부재한 상황을 ☐☐하게 하는 소재이다.

③ 학평 천자는 부마가 토번에 사신으로 떠난 후 소식이 끊기고, 번병이 자주 침입하자 토번을 ☐☐하기로 한다.

④ 학평 이때 도적 장군이 최 씨를 훔쳐온 뒤, 그녀가 옥 같은 얼굴에 선녀 같은 ☐☐를 지녔음을 보고 만고의 절색이라 여겼다.

⑤ 학평 날마다 돈을 계산하고 장부를 작성하는가 하면, 돈과 베를 거둬들여 전택(田宅)을 마련하고 권세가나 ☐☐에게 뇌물을 보내 훗날의 이익을 도모한다.

step ②
어휘력 체크

01 ~ 06 다음 뜻풀이에 해당하는 어휘를 말상자에서 찾아 표시하시오.

경	절	규	칙	준	영
저	수	감	개	비	상
서	정	성	청	소	위
자	기	화	감	사	원
중	볼	모	국	은	희
심	멘	형	벌	거	어

01 절실히 느낌.

02 몹시 귀찮게 구는 일.

03 양반과 양민 여성 사이에서 낳은 아들.

04 받은 은혜에 대하여 감사히 여겨 사례함.

05 약속 이행의 담보로 상대편에 잡혀 두는 사람이나 물건.

06 어떤 것을 좋아하거나 싫어하는 성미. 또는 그러한 기분.

07 ~ 13 다음 빈칸에 들어갈 알맞은 말을 쓰시오.

07 액운: 액을 당할 ☐☐.

08 은거하다: ☐☐을 피하여 숨어서 살다.

09 섬멸하다: 모조리 무찔러 ☐☐시키다.

10 우회: ☐☐☐ 가지 않고 멀리 돌아서 감.

11 부질없다: 대수롭지 아니하거나 ☐☐가 없다.

12 정벌하다: 적 또는 죄 있는 무리를 ☐☐으로써 치다.

13 완연하다: 눈에 보이는 것처럼 아주 ☐☐하다.

14 ~ 18 다음 문장의 문맥에 알맞은 어휘를 고르시오.

14 (모평) 이 작품은 여음을 사용하여 흥취를 (북돋우고 | 뻐기고) 있다.

15 (모평) 이어서 온 가족이 왜군에게 포로로 잡혀간 일을 말하자, 배 안에 있던 사람들 가운데 (비위 | 비탄)에 젖지 않은 사람이 없었다.

16 (수능) 사 씨가 동청을 꺼렸는데 이제 와서 생각하니 그 말이 옳도다. (어진 | 완연한) 사 씨를 의심했으니 무슨 면목으로 조상을 대하리오.

17 (학평) 대군이 일찍이 제게 (정벌하는 | 사사로운) 마음을 보인 적이 없으나 궁중 사람들은 모두 대군의 마음이 제게 있다는 걸 알고 있었습니다.

18 (학평) 신의 천한 아우의 생사를 알지 못하여, 신의 늙은 아비는 그 때문에 신병이 (위중 | 은거)한 나머지 목숨이 끊어질 지경에 이르렀습니다.

19 ~ 24 다음 빈칸에 들어갈 알맞은 어휘를 〈보기〉에서 찾아 쓰시오.

> ━━━● 보기 ●━━━
>
> 부축　　비범　　사주
> 심기　　자태　　재상

19 (교과) 그는 임금을 잘 모시던 조선 중기의 훌륭한 (　　　　) 중 하나이다.

20 (모평) '춘향 모친'은 비꼬는 말로 '어사또'에 대한 불편한 (　　　　)을/를 나타내고 있다.

21 (학평) 영영은 (　　　　)이/가 곱고 음률이나 글에도 능통해 회산군께서 첩을 삼으려 하신답니다.

22 (모평) 조문화는 기뻐하더니 그 이튿날 다시 엄숭을 (　　　　)해 진 공의 옥사를 천자에게 아뢰게 했다.

23 (모평) 왕의 명으로 좌우의 (　　　　)을/를 받아 집에 돌아온 순은 갑자기 병이 나 하룻밤 사이에 죽고 말았다.

24 (학평) 파경노는 생김새가 기이하고 말 다룸도 또한 기이하니 필시 (　　　　)한 사람일 것입니다. 천한 일을 맡게 하지 마옵소서.

01 문맥상 〈보기〉의 ㉠과 ㉡에 들어갈 어휘끼리 알맞게 짝 지어진 것은?
어휘의 문맥적 의미 이해하기

━━ 보기 ━━

• 양소유는 인간의 삶이 한낱 꿈처럼 허무하고 (㉠)고 느껴졌다.

• 청나라 장수 용울대는 재물을 (㉡)가 박 씨의 시녀 계화에게 죽임을 당한다.

㉠	㉡		㉠	㉡
① 부질없다 – 약탈하다		② 비범하다 – 사무치다		
③ 사사롭다 – 사주하다		④ 완연하다 – 사주하다		
⑤ 위중하다 – 섬멸하다				

02 문맥상 밑줄 친 어휘의 쓰임이 적절하지 <u>않은</u> 것은?
어휘의 쓰임 이해하기

① 나의 신세 박명하여 슬하에 일점혈육이 없다.

② 왕용은 청성산에 <u>우회</u>하며 신비로운 선약을 만들었다.

③ 박색인 박 씨는 3년 만에 <u>액운</u>을 벗고 절대가인이 된다.

④ 견우는 하늘로 올라 <u>영롱</u>하게 빛나는 별들 사이를 누비고 다녔다.

⑤ 뜬생각이 들어 <u>심기</u>가 불편하면 눈을 감고 마음을 배꼽 근처에 집중시켜라.

03 〈보기〉의 빈칸에 공통으로 들어갈 어휘로 적절한 것은?
어휘의 문맥적 의미 이해하기

━━ 보기 ━━

속담 '고추장 단지가 열둘이라도 서방님 ( )을/를 못 맞춘다'는 성미가 몹시 까다로워 ( ) 맞추기가 어려움을 이르는 말이다.

① 비위 ② 비탄
③ 성화 ④ 액운
⑤ 인품

04 〈보기〉의 ⓐ~ⓔ에 들어갈 어휘로 적절하지 <u>않은</u> 것은?
어휘의 쓰임 이해하기

━━ 보기 ━━

• 산군이 다람쥐를 풀어 주니 백 번 절하며 (ⓐ)하고 만 번 치사한 후 물러가니라.

• 길동은 (ⓑ)라는 신분 때문에 아버지를 아버지라 부르지 못하였다.

• 여인의 용모와 (ⓒ)가 아름다워서 마치 선녀와 같아 위엄이 느껴졌다.

• 유충렬은 단신으로 호국을 (ⓓ)하고 나라를 위기에서 구한다.

• 평국은 나가서는 장수가 되고 들어와서는 (ⓔ)이 될 만한 재주를 지녔다.

① ⓐ: 절감 ② ⓑ: 서자 ③ ⓒ: 자태
④ ⓓ: 정벌 ⑤ ⓔ: 재상

05 문맥상 밑줄 친 어휘와 바꿔 쓰기에 적절하지 <u>않은</u> 것은?
적절한 어휘로 바꿔 쓰기

① 시녀들이 김생을 <u>부축하여</u> 서쪽 가옥으로 모셨다. → 꾀어

② 대감의 얼굴은 누르스름하니 병색이 <u>완연하였다</u>. → 뚜렷하였다

③ 이대봉은 흉노를 <u>섬멸</u>하고 토번의 항복을 받아냈다. → 무찌르고

④ 월매는 '이 배가 정렬 부인 낳은 배'라며 <u>뻐기고</u> 다니기 바빴다. → 뽐내고

⑤ 할멈은 마을 총각을 <u>사주하여</u> 은애에 대한 나쁜 말을 떠들고 다니게 했다. → 꼬드겨

08 관용어

1주 완성

※ 관용어가 사용된 예문을 읽고 해당 뜻풀이를 찾아 번호를 쓰세요.

★ 눈

01 눈에 넣어도 아프지 않다

교과 그 아이는 박 씨의 눈에 넣어도 아프지 않을 소중한 손녀이다. 〔   〕

02 눈에 밟히다

교과 남의 집에 두고 온 아이가 눈에 밟혀 그녀는 잠을 이룰 수가 없었다. 〔   〕

03 눈에 익다

교과 산모퉁이를 돌아서자 차창 밖으로 눈에 익은 마을 풍경이 펼쳐졌다. 〔   〕

04 눈을 붙이다

교과 잠시 눈을 붙이고 나니 피로가 풀렸다. 〔   〕

05 눈을 씻고 보다

수능 일행이 고대하던 중, 내려오는 모습을 보고 너무 반가워 눈을 씻고 보니 박 처사가 분명한지라. 〔   〕

06 눈을 의심하다

교과 나날이 성장하는 그의 솜씨에 내 눈을 의심할 수밖에 없었다. 〔   〕

07 눈이 높다

(1) 교과 그 여자는 눈이 높아 웬만한 남자는 거들떠보지도 않는다. 〔   〕

(2) 교과 예술에 대한 눈이 높은 그는 듣던 대로 그림을 보는 안목이 탁월했다. 〔   〕

08 눈앞에 어른거리다

교과 어린 시절에 대한 기억, 아침이면 미소를 지으며 나를 깨워 주시던 어머니의 모습이 아직도 눈앞에 어른거린다. 〔   〕

① 잠을 자다.

② 매우 귀엽다.

③ 안목이 높다.

④ 여러 번 보아서 익숙하다.

⑤ 잊히지 않고 자꾸 눈에 떠오르다.

⑥ 정신을 바짝 차리고 집중하여 보다.

⑦ 정도 이상의 좋은 것만 찾는 버릇이 있다.

⑧ 어떤 사람이나 일 따위에 관한 기억이 떠오르다.

⑨ 잘못 보지 않았나 하여 믿지 않고 이상하게 생각하다.

★ 고개

09 고개를 끄덕이다

수능 춥다면서 끌어안는 '형'에게 기대어, 공감하듯 고개를 끄덕이는 '동생'의 모습을 보여 주면 좋겠군. 〔   〕

10 고개를 돌리다

교과 잘난 체 하는 그의 꼴이 밉살스러워 고개를 돌려 버렸다. 〔   〕

11 고개를 숙이다

(1) 교과 그는 지위가 높아 보이는 사람에게는 고개를 숙이고 알랑거립니다. 〔   〕

(2) 교과 가을이 되자 기승을 부리던 더위도 고개를 숙였다. 〔   〕

12 고개를 쳐들다

교과 안정세를 보이던 땅값이 다시 고개를 쳐들기 시작했다. 〔   〕

① 기세가 꺾이어 누그러지다.

② 어떤 사람, 일, 상황 따위를 외면하다.

③ 기운이나 형세가 성하여지거나 활발하여지다.

④ 옳다거나 좋다는 뜻으로 고개를 위아래로 흔들다.

⑤ 남에게 승복하거나 아첨하거나 겸양하는 뜻으로 머리를 수그리다.

★ 귀

13 귀가 가렵다

교과 이렇게 자기 이야기를 하고 있으니 그는 귀가 가려울 거야. 〔　〕

14 귀가 따갑다

(1) 교과 악을 쓰며 우는 아기 울음 때문에 귀가 따가울 지경이다. 〔　〕

(2) 교과 엄마의 잔소리는 이미 귀가 따갑게 들었다. 〔　〕

15 귀가 뚫리다

교과 영국에서 산 지 1년 만에야 귀가 뚫렸다. 〔　〕

16 귀가 얇다

교과 그는 귀가 얇아서 사기를 잘 당한다. 〔　〕

17 귀를 기울이다

모평 괴이히 여겨 귀를 기울여 자세히 들으니, 거문고의 소리가 마음을 감동케 하는지라. 〔　〕

18 귀를 의심하다

교과 나는 내 귀를 의심하며 그에게 그 말이 사실이냐고 되물었다. 〔　〕

19 귀에 익다

(1) 수능 조선 가락인데다 귀에 익은 곡조인지라 시험 삼아 시를 읊어 본 것이었다. 〔　〕

(2) 교과 자동차 소리도 이제 귀에 익어 시끄러운 줄 모르겠다. 〔　〕

20 귓등으로 듣다

교과 언니는 내 말을 귓등으로 듣는지 딴청을 하고 있다. 〔　〕

① 들은 기억이 있다.

② 말을 알아듣게 되다.

③ 남의 말을 쉽게 받아들인다.

④ 듣고도 들은 체 만 체 하다.

⑤ 남이 제 말을 한다고 느끼다.

⑥ 너무 여러 번 들어서 듣기가 싫다.

⑦ 소리가 날카롭고 커서 듣기에 괴롭다.

⑧ 어떤 말이나 소리를 자주 들어 버릇이 되다.

⑨ 남의 이야기나 의견에 관심을 가지고 주의를 모으다.

⑩ 믿기 어려운 이야기를 들어 잘못 들은 것이 아닌가 생각하다.

★ 얼굴

21 얼굴에 씌어 있다

교과 말하지 않아도 네 기분이 얼굴에 씌어 있어서 알 수 있었다. 〔　〕

22 얼굴을 내밀다

교과 소영이는 동아리 모임에 얼굴을 내민 적이 없다. 〔　〕

23 얼굴을 들다

수능 형은 호언장담하던 일이 그릇되자 얼굴을 들지 못했다. 〔　〕

24 얼굴이 두껍다

교과 그는 얼굴이 두꺼워서 남에게 부담되는 부탁을 많이 한다. 〔　〕

① 남을 떳떳이 대하다.

② 모임 따위에 모습을 나타내다.

③ 부끄러움을 모르고 염치가 없다.

④ 감정, 기분 따위가 얼굴에 나타나다.

· 뜻풀이로 체크하기 ·

01 ~ 07 다음 뜻풀이에 해당하는 관용어를 쓰시오.

01 잠을 자다. _____

02 말을 알아듣게 되다. _____

03 모임 따위에 모습을 나타내다.

_____

04 잊히지 않고 자꾸 눈에 떠오르다.

_____

05 감정, 기분 따위가 얼굴에 나타나다.

_____

06 잘못 보지 않았나 하여 믿지 않고 이상하게 생각하다.

_____

07 믿기 어려운 이야기를 들어 잘못 들은 것이 아닌가 생각하다.

_____

08 ~ 13 다음 빈칸에 들어갈 알맞은 말을 〈보기〉에서 찾아 쓰시오.

┌──────── 보기 ────────┐
│   기세   기억   안목   │
│   외면   쉽게   떳떳이   │
└────────────────────┘

08 얼굴을 들다: 남을 ( ) 대하다.

09 귀가 얇다: 남의 말을 ( ) 받아들인다.

10 고개를 돌리다: 어떤 사람, 일, 상황 따위를 ( ) 하다.

11 눈앞에 어른거리다: 어떤 사람이나 일 따위에 관한 ( )이/가 떠오르다.

12 눈이 높다: (1) 정도 이상의 좋은 것만 찾는 버릇이 있다. (2) ( )이/가 높다.

13 고개를 숙이다: (1) 남에게 승복하거나 아첨하거나 겸양하는 뜻으로 머리를 수그리다. (2) ( )이/가 꺾이어 누그러지다.

· 문장으로 체크하기 ·

14 ~ 18 다음 빈칸에 들어갈 알맞은 관용어를 〈보기〉에서 찾아 기호를 쓰시오.

┌──────── 보기 ────────┐
│ ㉠ 눈에 익고   ㉡ 귀를 기울여야   │
│ ㉢ 귀가 따갑도록   ㉣ 고개를 끄덕이는 │
│ ㉤ 눈에 넣어도 아프지 않을   │
└────────────────────┘

14 교과 그 이야기는 ( ) 들었다.

15 교과 오랜만에 찾은 거리는 여전히 ( ) 정겨웠다.

16 교과 우리는 학급 회의에서 발표하는 사람의 말에 ( ) 한다.

17 교과 할머니께서는 명절 동안 ( ) 손주들을 만나 싱글벙글하셨다.

18 교과 "찬성하시나요?" 그는 청중이 ( ) 것을 보고 말을 이어 갔다.

19 ~ 24 다음 문맥에 알맞은 관용어를 고르시오.

19 교과 누가 내 이야기를 하는지 자꾸 귀가 (가려웠다 | 뚫렸다).

20 교과 눈을 (붙여도 | 씻고 보아도) 공원에 사람이 한 명도 없었다.

21 교과 강한 태풍의 영향으로 과일 값이 고개를 (돌리기 | 쳐들기) 시작했다.

22 모평 백색 소음은 우리 (귀가 얇아 | 귀에 익어) 거슬리지 않는 소음을 뜻한다.

23 교과 수업 시간에 선생님 말씀을 (귓등으로 듣더니 | 귀에 익더니) 나한테 또 물어보는 거야?

24 교과 팀원 중에 한 명은 쉬운 일을 먼저 채 가는 (얼굴이 두꺼운 | 얼굴을 내미는) 사람이다.

01 〈보기〉와 같이 관용어가 쓰인 부분을 바꿔 표현한 것으로 적절하지 않은 것은?

관용어의 의미와 쓰임 이해하기

● 보기 ●

선수들의 경기력이 마음에 차지 않는지 감독은 얼굴을 찡그렸다. → 흡족하지 않은지

① 시민들은 도움이 필요한 사람을 보고도 고개를 돌렸다. → 외면했다

② 외출 후 돌아오면 손부터 씻으라는 말을 귀가 따갑게 들었다. → 매우 자주

③ 아이는 조용히 할머니의 이야기에 귀를 기울였다. → 관심을 가지고 들었다

④ 어제 먹다 남긴 치킨이 눈앞에 어른거려 뜬눈으로 밤을 새웠다. → 자꾸 떠올라

⑤ 고향을 떠나려니 홀어머니가 눈에 밟혀 마음이 무겁게 가라앉았다. → 사리 분별을 못하여

02 다음 중 〈보기〉를 고려할 때 밑줄 친 부분이 관용구로 쓰이지 않은 것은?

관용어의 의미와 쓰임 이해하기

● 보기 ●

관용구는 일반적으로 두 단어 이상으로 이루어진 구절로서, 그 구절의 각각의 단어가 지닌 기본적인 의미로는 구절 전체의 뜻을 알기 어렵다. 관용구는 두 단어 이상이 필수적으로 호응하면서 어울리는 어군으로 수사법상 은유적이고 과장적인 성격이 강하다.

① 주춤했던 감염병이 다시 고개를 쳐들기 시작했다.

② 떡보는 속으로 못마땅했으나 어정쩡 고개를 끄덕였다.

③ 잠시 눈을 붙이고 나니 기차는 대전역을 지나고 있었다.

④ 어쩌면 그리 뻔뻔할 수 있을까? 넌 참 얼굴이 두껍구나.

⑤ 흐르는 물로 눈을 씻고 보니 다행히 눈 아픔이 줄어들었다.

03 밑줄 친 관용어의 쓰임이 적절하지 않은 것은?

관용어의 쓰임 이해하기

① 배 안에서 귀에 익은 퉁소 소리가 들려왔다.

② 모퉁이를 돌아서니 눈에 익은 마을 풍경이 나타났다.

③ 아기가 어찌나 예쁜지 눈에 넣어도 아프지 않을 것 같다.

④ 웬만큼 귀가 얇은 사람이라면 이런 일 정도는 다 알고 있다.

⑤ 그 정치인은 마을에 일이 있을 때마다 얼굴을 내밀곤 했다.

04 〈보기〉에서 제시한 뜻풀이를 참고할 때, ㉠과 ㉡에 들어갈 관용어로 적절한 것은?

제시된 정보로 관용어 유추하기

● 보기 ●

• [뜻풀이] 남을 떳떳이 대하다.
  [예문] 그 사람은 사과의 표현 한마디도 없이 뻔뻔스럽게 (㉠) 선생 노릇을 해 먹고 있다.

• [뜻풀이] 남에게 승복하거나 아첨하거나 겸양하는 뜻으로 머리를 수그리다.
  [예문] 이 대장은 허생의 책략을 듣고 (㉡) 말았다.

	㉠	㉡
①	얼굴을 보고	고개를 흔들고
②	얼굴이 넓고	고개를 내밀고
③	얼굴을 들고	고개를 숙이고
④	얼굴을 내밀고	고개를 꼬고
⑤	얼굴을 고치고	고개를 쳐들고

05 밑줄 친 관용어의 쓰임이 적절하지 않은 것은?

관용어의 쓰임 이해하기

① 누가 날 욕하는 모양인지 귀가 가렵다.

② 국가는 국민의 말에 귀를 기울여야 한다.

③ 영어를 배운 지 3년 만에 겨우 귀가 뚫렸다.

④ 궁금한 점이 있느냐는 말을 귓등으로 듣자마자 재빨리 질문했다.

⑤ 탈락을 예상했던 오디션에서 1등을 했다고 하니 귀를 의심하지 않을 수 없다.

09 속담

1주 완성

※ 속담이 사용된 예문을 읽고 해당 뜻풀이를 찾아 번호를 쓰세요.

★ 가난, 돈

01 가난 구제는 나라님도 못한다

교과 가난 구제는 나라님도 못한다고 정부가 저소득층에 대한 대책을 마련하고 있지만 모든 것을 해결해 주지는 못합니다. 〔　〕

02 같은 값이면 다홍치마

교과 같은 값이면 다홍치마라고 이왕이면 예쁘게 생긴 것이 좋지 않을까? 〔　〕

03 개같이 벌어서 정승같이 산다

교과 개같이 벌어서 정승같이 산다고 궂은일을 해서 모은 돈이지만 쓸 때는 보람을 느낄 수 있는 곳에 쓰겠다. 〔　〕

04 목구멍이 포도청

교과 목구멍이 포도청이라고 흥부는 체면을 내던지고 매품팔이에 나선다. 〔　〕

05 산 입에 거미줄 치랴

교과 아무리 가난하더라도 어떡해서든 먹고살기 마련이지, 산 입에 거미줄 치랴? 〔　〕

06 쌀독에서 인심 난다

교과 쌀독에서 인심 난다고 자신의 살림이 넉넉해야 다른 사람 도울 마음도 생기는 법이다. 〔　〕

① 자신이 넉넉해야 다른 사람도 도울 수 있음을 이르는 말.

② 값이 같거나 같은 노력을 한다면 품질이 좋은 것을 택한다는 말.

③ 먹고살기 위하여, 해서는 안 될 짓까지 하지 않을 수 없음을 이르는 말.

④ 돈을 벌 때는 천한 일이라도 하면서 벌고 쓸 때는 떳떳하고 보람 있게 씀을 이르는 말.

⑤ 남의 가난한 살림을 도와주기란 끝이 없는 일이어서, 개인은 물론 나라의 힘으로도 구제하지 못한다는 말.

⑥ 거미가 사람의 입안에 거미줄을 치자면 사람이 아무것도 먹지 않아야 한다는 뜻으로, 아무리 살림이 어려워 식량이 떨어져도 사람은 그럭저럭 죽지 않고 먹고 살아가기 마련임을 이르는 말.

★ 보람 없음

07 눈 감고 아웅 한다

교과 교통 약자를 돕겠다고 대대적으로 홍보하고는 '노약자석' 몇 개 늘리고 마는 것은 눈 감고 아웅 하는 짓이다. 〔　〕

08 다람쥐 쳇바퀴 돌듯

교과 김 과장은 다람쥐 쳇바퀴 돌듯 하는 회사 생활이 싫다며 사표를 던졌다. 〔　〕

① 앞으로 나아가거나 발전하지 못하고 제자리걸음만 함을 이르는 말.

② 실제로 보람도 없을 일을 공연히 형식적으로 하는 체하며 부질없는 짓을 함을 이르는 말.

★ 내리사랑

09 내리사랑은 있어도 치사랑은 없다

교과 내리사랑은 있어도 치사랑은 없다고 자식을 위하는 부모의 정성만큼 부모를 위하는 자식은 드문 게 현실이다. 〔　〕

10 쥐면 꺼질까 불면 날까

교과 쉰이 다 되어서 본 늦둥이라 쥐면 꺼질까 불면 날까 하며 막내딸을 애지중지한다. 〔　〕

① 어린 자녀를 애지중지하여 기르는 부모의 사랑을 이르는 말.

② 윗사람이 아랫사람을 사랑하기는 하여도 아랫사람이 윗사람을 사랑하기는 좀처럼 어렵다는 말.

★ 가축

11 개도 제 주인을 보면 꼬리 친다

교과 개도 제 주인을 보면 꼬리 친다는데 어떻게 길러 주신 할머니에게 그런 심한 말을 할 수 있니? 〔 〕

12 고양이 목에 방울 달기

교과 이번 회의 안건은 실행에 옮기지도 못할 일이었군. 고양이 목에 방울 달기였네. 〔 〕

13 닭 쫓던 개 지붕 쳐다보듯

교과 새로운 질서와 변화를 기대하던 사람들은 기대가 물거품이 되자 닭 쫓던 개 지붕 쳐다보듯 멍한 표정을 지었다. 〔 〕

14 바늘 도둑이 소도둑 된다

교과 바늘 도둑이 소도둑 된다고 자전거만 훔쳤던 도둑이 나중에는 차량 절도범으로 구속되었다. 〔 〕

15 소 잃고 외양간 고친다

교과 소 잃고 외양간 고친다는 말이 있잖아. 중요한 회사 자료를 잃어버린 후에야 백업의 필요성을 깨달은 네가 딱 그 꼴이야. 〔 〕

16 쇠귀에 경 읽기

교과 쇠귀에 경 읽기라더니 아무리 문제 잘 푸는 법을 알려 줘도 동생은 알아듣지를 못했다. 〔 〕

① 실행하기 어려운 것을 공연히 의논함을 이르는 말.

② 짐승인 개도 자기를 돌봐 주는 주인을 안다는 뜻으로, 배은망덕한 사람을 꾸짖어 이르는 말.

③ 바늘을 훔치던 사람이 계속 반복하다 보면 결국은 소까지도 훔친다는 뜻으로, 작은 나쁜 짓도 자꾸 하게 되면 큰 죄를 저지르게 됨을 이르는 말.

④ 소를 도둑맞은 다음에서야 빈 외양간의 허물어진 데를 고치느라 수선을 떤다는 뜻으로, 일이 이미 잘못된 뒤에는 손을 써도 소용이 없음을 비꼬는 말.

⑤ 소의 귀에 대고 경을 읽어 봐야 단 한 마디도 알아듣지 못한다는 뜻으로, 아무리 가르치고 일러 주어도 알아듣지 못하거나 효과가 없는 경우를 이르는 말.

⑥ 개에게 쫓기던 닭이 지붕으로 올라가자 개가 쫓아 올라가지 못하고 지붕만 쳐다본다는 뜻으로, 애써 하던 일이 실패로 돌아가거나 남보다 뒤떨어져 어찌할 도리가 없이 됨을 이르는 말.

★ 말

17 가는 말이 고와야 오는 말이 곱다

교과 가는 말이 고와야 오는 말이 곱다고 네가 동생한테 잘 하면 동생도 더 이상 까불지 않을 거야. 〔 〕

18 낮말은 새가 듣고 밤말은 쥐가 듣는다

(1) 교과 낮말은 새가 듣고 밤말은 쥐가 듣는다고 어디서든 말조심을 해야 한다. 〔 〕

(2) 교과 낮말은 새가 듣고 밤말은 쥐가 듣는다더니 우리 둘이 화장실에서 몰래 한 이야기를 선생님이 어떻게 알고 계시지? 〔 〕

19 말이 씨가 된다

교과 말이 씨가 된다고 시험을 망칠 것 같다는 말을 자주 하면 진짜 시험 망친다. 〔 〕

20 발 없는 말이 천 리 간다

교과 발 없는 말이 천 리 간다더니 민경이에 대한 좋지 않은 소문이 벌써 전교에 다 퍼졌다. 〔 〕

① 아무도 안 듣는 데서라도 말조심해야 한다는 말.

② 늘 말하던 것이 마침내 사실대로 되었을 때를 이르는 말.

③ 아무리 비밀히 한 말이라도 반드시 남의 귀에 들어가게 된다는 말.

④ 자기가 남에게 말이나 행동을 좋게 하여야 남도 자기에게 좋게 한다는 말.

⑤ 말은 비록 발이 없지만 천 리 밖까지도 순식간에 퍼진다는 뜻으로, 말을 삼가야 함을 이르는 말.

300

어휘 209개 달성! 200

· 뜻풀이로 체크하기 ·

01 ~ 05 다음 빈칸에 알맞은 말을 넣어 뜻풀이에 해당하는 속담을 완성하시오.

01 고양이 목에 (   ) 달기: 실행하기 어려운 것을 공연히 의논함을 이르는 말.

02 말이 (   )가 된다: 늘 말하던 것이 마침내 사실 대로 되었을 때를 이르는 말.

03 다람쥐 (   ) 돌듯: 앞으로 나아가거나 발전하지 못하고 제자리걸음만 함을 이르는 말.

04 목구멍이 (   ): 먹고살기 위하여, 해서는 안 될 짓까지 하지 않을 수 없음을 이르는 말.

05 내리사랑은 있어도 (   )은 없다: 윗사람이 아랫 사람을 사랑하기는 하여도 아랫사람이 윗사람을 사랑 하기는 좀처럼 어렵다는 말.

06 ~ 10 다음 빈칸에 들어갈 알맞은 말을 〈보기〉에서 찾아 쓰시오.

┌─────────── 보기 ───────────┐
보람   살림   실패   자녀   배은망덕
└────────────────────────────┘

06 쥐면 꺼질까 불면 날까: 어린 (   )을/를 애지중지하여 기르는 부모의 사랑을 이르는 말.

07 눈 감고 아웅 한다: 실제로 (   )도 없을 일 을 공연히 형식적으로 하는 체하며 부질없는 짓을 함을 이르는 말.

08 개도 제 주인을 보면 꼬리 친다: 짐승인 개도 자기를 돌봐 주는 주인을 안다는 뜻으로, (   )한 사 람을 꾸짖어 이르는 말.

09 닭 쫓던 개 지붕 쳐다보듯: 개에게 쫓기던 닭이 지붕으로 올라가자 개가 쫓아 올라가지 못하고 지붕만 쳐다본 다는 뜻으로, 애써 하던 일이 (   )(으) 로 돌아가거나 남보다 뒤떨어져 어찌할 도리가 없이 됨을 이르는 말.

10 산 입에 거미줄 치랴: 거미가 사람의 입안에 거미줄을 치자면 사람이 아무것도 먹지 않아야 한다는 뜻으로, 아무리 (   )이/가 어려워 식량이 떨어 져도 사람은 그럭저럭 죽지 않고 먹고 살아가기 마련 임을 이르는 말.

· 문장으로 체크하기 ·

11 ~ 15 다음 빈칸에 들어갈 알맞은 속담을 〈보기〉에서 찾아 기호를 쓰시오.

┌─────────── 보기 ───────────┐
㉠ 바늘 도둑이 소도둑 된다
㉡ 발 없는 말이 천 리 간다
㉢ 가난 구제는 나라님도 못한다
㉣ 개같이 벌어서 정승같이 산다
㉤ 가는 말이 고와야 오는 말이 곱다
└────────────────────────────┘

11 교과 (   )고 노부부는 평생 막노동으로 모은 전 재산을 가난한 학생을 위해 써달라며 내놓았다.

12 교과 (   )고 남의 것을 몰래 가져오는 것은 나쁜 행동이야.

13 교과 (   )고 무슨 말이든 상대방이 기분 나쁘지 않게 부드럽게 하세요.

14 교과 (   )고 친구에게 입단속을 단단히 시켰는데 도 이미 소문이 쫙 퍼져 있었다.

15 교과 나는 경제적 약자를 돕기 위해 공무원이 됐지만, 빈곤층의 사정이 계속 나빠지는 것을 보며 (   ) 는 것을 느꼈다.

16 ~ 20 다음 문맥에 알맞은 속담을 고르시오.

16 교과 (같은 값이면 다홍치마 | 쥐면 꺼질까 불면 날까)라고 대다수의 사람들은 음식 맛이 같다면 손님 응대의 예절 이 좋은 식당을 선호한다.

17 학평 (눈 감고 아웅 한다 | 쌀독에서 인심 난다)고 살림이 넉넉한 마을에서는 동물에게도 각박하게 대하지 않 는다.

18 교과 (목구멍이 포도청이라더니 | 소 잃고 외양간 고친다더 니) 회사 기밀이 유출되고 나서야 보안 시스템을 강 화하겠다고 한다.

19 교과 개인위생을 위해 손 씻기를 생활화하자고 했지 만 많은 이들에게는 (고양이 목에 방울 달기 | 쇠귀에 경 읽기)였다.

20 교과 (낮말은 새가 듣고 밤말은 쥐가 듣는다 | 닭 쫓던 개 지 붕 쳐다본다)고 높은 자리에 오를수록 주변에 듣는 사 람이 많으니 더욱 말조심을 해야 합니다.

01 〈보기〉의 ㉠에 들어갈 수 있는 속담으로 적절하지 않은 것은?

문맥에 맞는 속담 찾기

● 보기 ●

속담은 추상적인 개념을 구체적인 사실로 드러내고, 고도의 논리와 범상한 설명을 평이한 직관과 돌발적인 상징으로 나타내어 표현 효과를 드러낸다. 예를 들면 '말을 조심하라.'는 의미는 속담 '발 없는 말이 천리를 가는' 경이(驚異) 속에 함축(含蓄)되고, 속담 '(㉠   )' 경이(驚異) 속에 실감(實感)되는 것이다.

① 말이 씨가 되는
② 관 속에 들어가도 막말은 마는
③ 낮말은 새가 듣고 밤말은 쥐가 듣는
④ 고기는 씹어야 맛이요, 말은 해야 맛인
⑤ 가루는 칠수록 고와지고 말은 할수록 거칠어지는

02 〈보기〉의 ⓐ에 들어갈 속담으로 적절한 것은?

문맥에 맞는 속담 찾기

● 보기 ●

모융은 불경에 밝았는데 유학자가 찾아오면 유학의 경전으로 불교를 설명하였다. 이에 한 유학자가 '당신은 불경이 큰 강과 바다 같다.'고 하면서도 유학의 경전으로 불교를 설명하냐고 따져 묻자 모융이 대답하였다.

"공명의가 소를 위해서 아름다운 음악을 연주해도 소가 풀만 뜯는 것은 소가 음악을 듣지 못함이 아니라 듣고자 하는 소리가 아니기 때문이오. 모기 따위의 소리나 송아지 우는 소리를 내면 꼬리를 젓고 귀를 세우며 듣겠지요. 이런 까닭에 유교 경전을 인용해 그대가 알 수 있도록 하는 것이오."

'소를 위해 아름다운 음악을 연주해도 소는 전혀 관심이 없다.'는 말에서 '대우탄금(對牛彈琴)'이 유래하였다. 비슷한 말로는 남의 말을 새겨듣지 않고 귓등으로 흘리는 것을 비유하는 말인 '마이동풍(馬耳東風)'과 (ⓐ   )라는 뜻의 '우이독경(牛耳讀經)'이 있다.

① 쇠귀에 경 읽기
② 소 잃고 외양간 고친다
③ 바늘 도둑이 소도둑 된다
④ 개같이 벌어서 정승같이 산다
⑤ 가난 구제는 나라님도 못한다

03 다음 중 속담의 쓰임이 적절하지 않은 것은?

속담의 쓰임 이해하기

① '눈 감고 아웅 한다'고 실속 없이 형식적으로만 일하는 척하는 자들도 있는 법이지.
② '닭 쫓던 개 지붕 쳐다보듯' 한다고 최선을 다하는 사람에게 욕을 할 수는 없는 법이지.
③ '내리사랑은 있어도 치사랑은 없다'고 아랫사람이 윗사람을 사랑하기는 쉽지 않은 법이지.
④ '고양이 목에 방울 달기'라고 실행하지도 못할 거면서 공연히 말만 앞세우는 자들도 있는 법이지.
⑤ '가난 구제는 나라님도 못한다'고 남의 가난한 살림을 도와주기란 끝이 없어 매우 힘든 법이지.

04 의미가 유사한 속담끼리 묶이지 않은 것은?

속담의 유사성 파악하기

① 소 잃고 외양간 고친다 – 꿩 잃고 매 잃는 셈
② 산 입에 거미줄 치랴 – 사람이 굶어 죽으란 법은 없다
③ 바늘 도둑이 소도둑 된다 – 바늘 쌈지에서 도둑이 난다
④ 개도 제 주인을 보면 꼬리 친다 – 강아지도 닷새면 주인을 안다
⑤ 개같이 벌어서 정승같이 산다 – 돈은 더럽게 벌어도 깨끗이 쓰면 된다

05 〈보기〉의 '부부'가 자식을 대하는 모습을 속담으로 표현한다고 할 때 가장 적절한 것은?

적절한 속담 활용하기

● 보기 ●

윗마을 사는 한림수좌와 아랫마을 사는 구에궁전 너설 부인은 극심한 흉년으로 걸식을 하러 다니게 되고, 그러다가 서로 만나 연분을 맺게 된다. 부부가 된 후로 그들은 딸 셋을 낳았는데, 큰딸은 인장애기, 둘째 딸은 놋장애기, 막내딸은 감은장애기라 이름 짓고는 금지옥엽처럼 키웠다.

– 작자 미상, 〈감은장애기〉

① '쥐면 꺼질까 불면 날까'하며 사랑으로 키웠군.
② '눈 감고 아웅 한다'고 보람 없이 애정만 쏟았군.
③ '같은 값이면 다홍치마'라고 딸이라서 더 귀하겠군.
④ '다람쥐 쳇바퀴 돌듯' 같은 일을 세 번이나 반복했군.
⑤ '쌀독에서 인심 난다'고 마을 사람들 인심 덕분에 편히 키웠군.

필수 어휘_고전 문학

※ 어휘의 사전적 의미에 해당하는 예문을 찾아 번호를 쓰고 빈칸을 채워 보세요.

01 **조아리다**	통 상대편에게 존경의 뜻을 보이거나 애원하느라고 이마가 바닥에 닿을 정도로 머리를 자꾸 숙이다.	〔 〕
02 **주술** 빌 呪 ｜ 꾀 術	명 불행이나 재해를 막으려고 주문을 외거나 술법을 부리는 일. 또는 그 술법.	〔 〕
03 **지그시**	부 슬며시 힘을 주는 모양.	〔 〕
04 **지척** 길이 咫 ｜ 자 尺	명 아주 가까운 거리.	〔 〕
05 **진압하다** 누를 鎭 ｜ 누를 壓 --	통 강압적인 힘으로 억눌러 진정시키다.	〔 〕

① 교과 왕은 가뭄 때 비를 내리게 하기 위하여 여러 가지 ☐☐을 행하도록 명하였다.

② 학평 해가 지면 말들이 구름같이 모여 파경노 앞에 늘어서서 머리를 ☐☐☐니 보는 이마다 신기함을 칭찬하지 않는 이 없더라.

③ 학평 "네 이놈! ☐☐에 임금님이 계시고 아래로 아비가 있는데, 네가 이렇듯 천고에 없는 죄를 지었으니 죽기를 겁내지 말라."

④ 교과 낭자는 입술을 ☐☐☐☐ 깨물며 바라보았다.

⑤ 학평 계월은 부모와 헤어졌지만, 여공의 구원으로 살아나고 그의 아들 보국과 함께 공부하여 과거에 급제한다. 이후 서달의 난을 ☐☐하고 부모와 재회하게 된다.

06 **차치하다** 또 且 ｜ 둘 置 --	통 내버려두고 문제 삼지 아니하다.	〔 〕
07 **채비**	명 어떤 일이 되기 위하여 필요한 물건, 자세 따위가 미리 갖추어져 차려지거나 그렇게 되게 함. 또는 그 물건이나 자세.	〔 〕
08 **처량하다** 바람 찰 凄 ｜ 서늘할 凉 --	(1) 형 마음이 구슬퍼질 정도로 외롭거나 쓸쓸하다.	〔 〕
	(2) 형 초라하고 가엾다.	〔 〕
09 **처소** 곳 處 ｜ 바 所	명 사람이 기거하거나 임시로 머무는 곳.	〔 〕
10 **철석같다** 쇠 鐵 ｜ 돌 石 --	형 마음이나 의지, 약속 따위가 매우 굳고 단단하다.	〔 〕

① 모평 정수정은 걱정을 덜며 떠날 ☐☐를 하게 된다.

② 수능 ☐☐하구나 각 새 소리. 조조가 듣더니 탄식한다.

③ 모평 최척은 홀로 선창에 기대어 있다가 이 소리를 듣고 자신의 신세가 ☐☐하게 느껴졌다.

④ 학평 '믿는 도끼에 발등 찍힌다'고 낭군이 ☐☐☐이 믿었던 사람들인데 도리어 배신하고 괴로움을 주었군.

⑤ 학평 그런 연유로 이 지경이 되었삽는데, 듣사오매 명사관께서 명사를 잘하신다 하오니, 살옥은 ☐☐하옵고 그 일부터 명사하옵소서.

⑥ 학평 네 낭군이 서울에 간 뒤로 혹 도적이 들까 하여 내가 집 안을 두루 돌아다녔는데, 네 ☐☐에서 남자의 목소리가 들려 이상하게 생각했노라.

11 **청정하다** 맑을 淸 ｜ 깨끗할 淨 --	형 맑고 깨끗하다.	〔 〕
12 **총명하다** 밝을 聰 ｜ 밝을 明 --	형 썩 영리하고 재주가 있다.	〔 〕
13 **총애하다** 괼 寵 ｜ 사랑 愛 --	통 남달리 귀여워하고 사랑하다.	〔 〕
14 **추모하다** 쫓을 追 ｜ 사모할 慕 --	통 죽은 사람을 그리며 생각하다.	〔 〕
15 **추수하다** 가을 秋 ｜ 거둘 收 --	통 가을에 익은 곡식을 거두어들이다.	〔 〕

① 학평 계모 박 씨도 ☐☐하여 곳간을 채우니 곡식이 수천 석이 되었다.

② 모평 민(閔) 영감은 어릴 때부터 매우 영리하고 ☐☐하며, 말을 잘하였다.

③ 학평 '월백'은 '홍진'과 대비되어 강호 공간의 ☐☐하고 순수한 이미지를 부각한다.

④ 학평 이때 예부 상서 진량을 황제 가장 ☐☐하시니 진량이 의기양양하고 교만 방자한지라.

⑤ 학평 장례를 지낸 뒤에도 이생은 여인을 ☐☐하고 생각하다가, 병을 얻어 수개월 만에 세상을 떠났다.

16	**탁월하다** 높을 卓 | 넘을 越 --	혱 남보다 두드러지게 뛰어나다.	〔 〕
17	**탄식하다** 탄식할 歎 | 숨쉴 息 --	동 한탄하여 한숨을 쉬다.	〔 〕
18	**패망하다** 패할 敗 | 망할 亡 --	동 싸움에 져서 망하다.	〔 〕
19	**풍류** 바람 風 | 흐를 流	명 멋스럽고 풍치가 있는 일. 또는 그렇게 노는 일.	〔 〕
20	**하염없다**	혱 시름에 싸여 멍하니 이렇다 할 만한 아무 생각이 없다.	〔 〕

① 수능 ㉣에는 운치 있는 ☐☐의 상황이 나타난다.

② 수능 '기운 집'은 되돌릴 길 없이 기울어 ☐☐한 국가를 나타내겠군.

③ 학평 김생은 크게 한숨을 내쉬며 ☐☐하였다. / "결국 하늘이 나를 죽게 하는구나!"

④ 모평 일반적으로 영웅 소설에서 주인공은 고난을 겪지만 조력자를 만나 병서나 무기 등을 얻어 ☐☐한 능력을 갖게 됩니다.

⑤ 교과 주군이 죽음에 이르렀다는 소식에 시름에 잠긴 신하들은 ☐☐☐☐ 하늘만 바라보았다.

21	**행실** 다닐 行 | 열매 實	명 실지로 드러나는 행동.	〔 〕
22	**행여** 다행 幸 -	부 어쩌다가 혹시.	〔 〕
23	**행차하다** 다닐 行 | 버금 次 --	동 웃어른이 차리고 나서서 길을 가다.	〔 〕
24	**허공** 빌 虛 | 빌 空	명 텅 빈 공중.	〔 〕
25	**허구** 빌 虛 | 얽을 構	명 사실에 없는 일을 사실처럼 꾸며 만듦.	〔 〕

① 모평 순간 강남홍이 쌍검을 휘두르며 ☐☐에 몸을 솟구쳤다.

② 모평 평국과 보국이 또한 엎드려 여공이 먼 길에 평안히 ☐☐하심을 치하하더라.

③ 수능 선생이 백공을 돌려보낸 후에 한림을 불러 앞으로 더욱 ☐☐을 닦을 것을 훈계하자 한림이 절을 하면서 명령을 받들었다.

④ 모평 피곤한 나귀 탓으로 시간을 넘겨 버렸기에 ☐☐ 못 만날까 염려하였더니 이곳에서 만나니 어찌 즐겁지 아니하겠습니까?

⑤ 수능 전쟁을 다룬 소설 중에는 실재했던 전쟁을 제재로 한 작품들이 있다. 이런 작품들은 ☐☐를 매개로 실재했던 전쟁을 새롭게 조명하고 있다.

26	**호령하다** 부르짖을 號 | 명령할 令 --	(1) 동 부하나 동물 따위를 지휘하여 명령하다.	〔 〕
		(2) 동 큰 소리로 꾸짖다.	〔 〕
27	**환송** 기뻐할 歡 | 보낼 送	명 떠나는 사람을 기쁜 마음으로 보냄.	〔 〕
28	**황송하다** 두려워할 惶 | 두려워할 悚 --	혱 분에 넘쳐 고맙고도 송구하다.	〔 〕
29	**황혼** 누를 黃 | 어두울 昏	명 해가 지고 어스름해질 때. 또는 그때의 어스름한 빛.	〔 〕
30	**휘젓다**	(1) 동 골고루 섞이도록 마구 젓다.	〔 〕
		(2) 동 마구 뒤흔들어 어지럽게 만들다.	〔 〕

① 교과 탕약이 잘 섞이도록 젓가락으로 ☐☐☐ 드십시오.

② 학평 달 없는 ☐☐에 허위허위 달려가서 / 굳게 닫은 문밖에 우두커니 혼자 서서

③ 교과 흥보 애걸하니 놀보 놈의 거동 보소. 성낸 눈을 부릅뜨고 볼을 올려 ☐☐하되,

④ 학평 춘향이 ☐☐하여 계단 아래 엎드리니 부인이 명령하시되, / "대전 위로 오르라."

⑤ 수능 용골대가 더욱 분기등등하여 군중에 ☐☐하여, "일시에 활을 당겨 쏘라." 하였다.

⑥ 학평 극한이 금산성 아래에 십만 병사를 나열한 후 호통을 지르며 달려가 명군을 ☐☐☐니, 명군이 불의의 습격에 어찌할 줄 몰라 하더라.

⑦ 교과 송별회가 끝나자 그는 여러 사람들의 ☐☐을 받으며 기차에 올랐다.

step 2 어휘력 체크

· 뜻풀이로 체크하기 ·

01 ~ 06 다음 빈칸에 들어갈 알맞은 말을 쓰시오.

01 허공: 텅 빈 ☐☐.

02 행여: 어쩌다가 ☐☐.

03 환송: 떠나는 사람을 ☐☐ 마음으로 보냄.

04 차치하다: 내버려두고 ☐☐ 삼지 아니하다.

05 처소: 사람이 ☐☐하거나 임시로 머무는 곳.

06 진압하다: 강압적인 힘으로 억눌러 ☐☐시키다.

07 ~ 12 다음 밑줄 친 어휘의 뜻풀이로 알맞은 것을 〈보기〉에서 찾아 기호를 쓰시오.

> **· 보기 ·**
> ㉠ 썩 영리하고 재주가 있다.
> ㉡ 분에 넘쳐 고맙고도 송구하다.
> ㉢ 마구 뒤흔들어 어지럽게 만들다.
> ㉣ 마음이나 의지, 약속 따위가 매우 굳고 단단하다.
> ㉤ 시름에 싸여 멍하니 이렇다 할 만한 아무 생각이 없다.
> ㉥ 상대편에게 존경의 뜻을 보이거나 애원하느라고 이마가 바닥에 닿을 정도로 머리를 자꾸 숙이다.

07 교과 어머니는 산마루를 넘는 아들의 뒷그림자를 <u>하염없이</u> 바라보았다. ( )

08 교과 김 진사의 외동딸 채봉은 어려서부터 <u>총명하여</u> 부모의 귀여움을 받고 자란다. ( )

09 교과 슬프다, 이런 공산 속에서는 아무리 <u>철석같은</u> 간장이라도 아니 울지는 못하리라. ( )

10 수능 북곽 선생이 머리를 <u>조아리고</u> 엉금엉금 기어 나와서 세 번 절하고 꿇어앉아 우러러 말했다. ( )

11 모평 소자가 보자기 속에서 십 년 동안 고행하였사오나 아무런 줄을 몰랐사오니 <u>황송함</u>을 이길 수 없사옵니다. ( )

12 교과 바깥에서 들려오는 싸움 소리가 깊은 새벽의 적막을 <u>휘저어</u> 놓았다. ( )

· 문장으로 체크하기 ·

13 ~ 18 다음 빈칸에 들어갈 알맞은 어휘에 ✓표 하시오.

13 모평 신하는 임금으로부터 권세를 빌려서 ☐☐을/를 받고 귀한 신분이 되는 것이다. ☐ 청정 ☐ 총애

14 교과 그 일은 내가 감당할 것이니, 공자는 ☐☐를 차려서 떠나되 더디 오지 마시오. ☐ 채비 ☐ 처소

15 교과 제자들은 몇 년 전에 돌아가신 스승을 ☐☐하는 마음으로 유고집을 만들었다. ☐ 추모 ☐ 추수

16 교과 첩이 ☐☐을/를 조심하지 못하여 이런 지경에 빠졌으니 무슨 면목으로 사람을 대하리오. ☐ 행실 ☐ 행차

17 모평 조정에 사람이 무수하거늘 어찌 구태여 중을 보내리오. 이는 더욱 나라가 ☐☐할 징조라. ☐ 탄식 ☐ 패망

18 모평 대원수 무사를 ☐☐하여 빨리 베라 하니 이윽고 무사 진량의 머리를 드리거늘, 대원수 제상을 차려 부친께 제사 지내더라. ☐ 호령 ☐ 환송

19 ~ 24 다음 빈칸에 들어갈 알맞은 어휘를 〈보기〉의 글자를 조합하여 쓰시오.

> **· 보기 ·**
> 량 류 식 지 차 처
> 척 탄 풍 행 혼 황

19 교과 그는 고국(故國)의 흥망을 ☐☐하며 여섯 수의 시를 잇달아 읊었다.

20 교과 네가 요즘은 ☐☐ 녘에 나갔다가 새벽에야 돌아오니 이게 어찌된 일이냐?

21 모평 대를 베어 단저를 만들어서 한 곡조를 부니 소리가 ☐☐하여 산천초목이 다 우짖는 듯하더라.

22 모평 진 소저는 공의 ☐☐이/가 이미 멀리까지 갔으리라 짐작하고 야밤에 간단하게 행장을 꾸렸다.

23 모평 우레 소리가 울리고 번갯불이 번쩍번쩍하더니 조용하고 컴컴해져 ☐☐을/를 분간할 수 없었다.

24 학평 이 작품을 통해 작가는 자연과 하나 되어 ☐☐을/를 즐기는 삶을 추구하고 있음을 보여 주고 있다.

어휘의 의미와 쓰임 이해하기

01 〈보기〉의 ㉠~㉤을 의미하는 어휘를 사용하여 만든 문장으로 적절하지 않은 것은?

─── 보기 ───

㉠ 맑고 깨끗하다.
㉡ 슬며시 힘을 주는 모양.
㉢ 가을에 익은 곡식을 거두어들이다.
㉣ 사실에 없는 일을 사실처럼 꾸며 만듦.
㉤ 불행이나 재해를 막으려고 주문을 외거나 술법을 부리는 일. 또는 그 술법.

① ㉠: 산속의 절은 인물이 전생의 죄를 씻고 영혼을 구할 수 있는 청정한 공간이다.
② ㉡: 동곽 선생이 지그시 눈을 감고 타이르듯이 말했다.
③ ㉢: 추수할 무렵, 들녘에 나가 논밭을 보니 잡초만 무성하고 곡식들도 쭉정이뿐이었다.
④ ㉣: 〈김유신 실기〉는 역사에 설화가 더해져 주인공의 행실을 다룬 전기 소설이다.
⑤ ㉤: 〈구지가〉는 집단 무요이자 주술의 성격을 지닌 노동요이다.

어휘의 의미와 쓰임 이해하기

02 〈보기〉의 ⓐ~ⓔ에 들어갈 어휘와 의미의 연결이 적절하지 않은 것은?

─── 보기 ───

• 학생들은 선생님의 약속을 (ⓐ) 믿고 있었다.
• 길동이 자라 여덟 살이 되자 (ⓑ)가 보통이 넘었다.
• 조정에 간신의 무리가 들끓으니 이는 나라가 (ⓒ) 징조이다.
• 국씨에 대한 임금의 (ⓓ)가 극도에 달하자 나라의 기강이 어지럽혀졌다.
• 이 글은 사별한 아내에 대한 사랑과 (ⓔ)의 마음을 진솔하게 표현하고 있다.

① ⓐ: 철석같이 – 마음이나 의지, 약속 따위가 매우 굳고 단단하게.
② ⓑ: 총명하기 – 썩 영리하고 재주가 있기.
③ ⓒ: 패망할 – 싸움에 져서 망할.
④ ⓓ: 총애 – 남달리 귀여워하고 사랑함.
⑤ ⓔ: 추모 – 한탄하여 한숨을 쉼.

어휘의 쓰임 이해하기

03 〈보기〉의 빈칸에 공통으로 들어갈 어휘로 가장 적절한 것은?

─── 보기 ───

• 청정이 김덕령을 보고 놀래어 수문장을 불러 ( )하였다. / "왜 진문을 허수이 하여 조선 사람을 들어오게 하느뇨?"
• 길동이 제장을 ( )하여 결박하라 하는 소리 추상같은지라.

① 채비   ② 행차   ③ 호령
④ 환송   ⑤ 황혼

한자 성어와 속담의 뜻풀이에 맞는 어휘 찾기

04 다음 한자 성어와 속담의 뜻풀이에서 ㉮와 ㉯에 들어갈 말이 바르게 나열된 것은?

─── 보기 ───

• 고두사은(叩頭謝恩): 머리를 (㉮) 은혜에 감사함.
• 정승 판서 사귀지 말고 제 입이나 잘 닦아라: 권세나 권세 있는 사람들의 도움에 헛된 욕심을 두지 말고 제 몸의 건강이나 바른 (㉯)을/를 위해 힘쓰라는 말.

	㉮	㉯		㉮	㉯
①	조아리며	행실	②	진압하며	지척
③	차치하며	채비	④	추모하며	처소
⑤	호령하며	풍류			

어휘의 사전적 의미 파악하기

05 Ⓐ~Ⓔ의 사전적 의미로 적절하지 않은 것은?

─── 보기 ───

• 뇌성벽력이 진동하여 Ⓐ지척을 분별치 못하였다.
• 그녀는 비록 어리지만 타고난 기개가 Ⓑ탁월하였다.
• 아이가 추위에 떨며 흐느끼는데 그 소리가 몹시 Ⓒ처량하였다.
• 그녀는 천자에게 반기를 든 반란군을 Ⓓ진압하기 위해 출정했다.
• 논란이 된 부분은 Ⓔ차치한다 하더라도 그의 주장에는 허점이 너무 많다.

① Ⓐ: 아주 가까운 거리.
② Ⓑ: 고상하고 기품이 있으며 아름답다.
⑤ Ⓒ: 초라하고 가엾다.
③ Ⓓ: 강압적인 힘으로 억눌러 진정시키다.
④ Ⓔ: 내버려 두고 문제 삼지 아니하다.

11 한자 성어

1주 완성

※ 한자 성어가 사용된 예문을 읽고 해당 뜻풀이를 찾아 번호를 쓰세요.

★ 변화, 발전

01 개과천선
고칠 改 | 지날 過 |
옮길 遷 | 착할 善

(모평) 너 같은 몹쓸 놈은 응당 죽일 것이로되 정상(情狀)이 불쌍하고 너의 처자 가여운 고로 놓아주니 돌아가 개과천선하라. 〔 〕

① 나날이 다달이 자라거나 발전함.

02 괄목상대
비빌 刮 | 눈 目 |
서로 相 | 대답할 對

(교과) 동우는 열심히 노력한 결과 피아노 연주 실력이 괄목상대했다. 〔 〕

② 지난날의 잘못이나 허물을 고쳐 올바르고 착하게 됨.

03 일취월장
날 日 | 나아갈 就 |
달 月 | 장수 將

(교과) 감독이 새로 부임한 그 팀은 지속적인 훈련으로 경기력이 일취월장했다. 〔 〕

③ 눈을 비비고 상대편을 본다는 뜻으로, 남의 학식이나 재주가 놀랄 만큼 부쩍 늘음을 이름.

★ 사람의 마음

04 연모지정
사모할 戀 | 사모할 慕 |
갈 之 | 뜻 情

(교과) 사랑하는 임에 대한 연모지정을 과장된 표현으로 절실하게 표현한다. 〔 〕

① 사람이면 누구나 가지는 보통의 마음.

05 인지상정
사람 人 | 갈 之 |
항상 常 | 뜻 情

(수능) 살고 싶고 죽기 싫은 것이 인지상정입니다. 〔 〕

② 이성을 사랑하여(사모하여) 간절히 그리워하는 마음.

06 일편단심
하나 一 | 조각 片 |
붉을 丹 | 마음 心

(모평) 죽기를 싫어하고 살기를 즐거워함은 인정에 당연커늘 일편단심에 양육하신 부친의 은덕을 죽음으로써 갚으려 하고, 한 가닥 쇠잔한 목숨을 스스로 끊으니, 〔 〕

③ 자기가 한 일에 대하여 스스로 미흡하게 여기는 마음.

07 자격지심
스스로 自 | 과격할 激 |
갈 之 | 마음 心

(수능) 자신의 용모와 학식에 대해 자격지심을 갖고 있다. 〔 〕

④ 한 조각의 붉은 마음이라는 뜻으로, 진심에서 우러나오는 변치 아니하는 마음을 이름.

★ 은혜

08 각골난망
새길 刻 | 뼈 骨 |
어려울 難 | 잊을 忘

(교과) 그동안 저를 보살펴 주신 선생님의 은혜는 정말이지 각골난망입니다. 〔 〕

① 남에게 입은 은혜가 뼈에 새길 만큼 커서 잊히지 아니함.

09 결초보은
맺을 結 | 풀 草 |
갚을 報 | 은혜 恩

(학평) 어린 인생을 이같이 관대하시니 은덕이 망극하거니와 동해 가는 길을 인도하시면 결초보은하리이다. 〔 〕

② 풀을 묶어 은혜를 갚는다는 뜻으로, 죽은 뒤에라도 은혜를 잊지 않고 갚음을 이름.

10 백골난망
흰 白 | 뼈 骨 |
어려울 難 | 잊을 忘

(학평) 그렇지, 사람을 살리는 부처로군요. 죽을 사람을 살려 주시니 은혜 백골난망이오. 〔 〕

③ 죽어서 백골이 되어도 잊을 수 없다는 뜻으로, 남에게 큰 은덕을 입었을 때 고마움의 뜻으로 이름.

★ 위급한 상황

11 명재경각
목숨 命 | 있을 在 |
발 넓이 단위 頃 | 새길 刻

수능 이 몸이 명재경각이라. 어찌 살기를 바라리오. 〔 〕

① 사느냐 죽느냐 하는 갈림길.

12 생사기로
날 生 | 죽을 死 |
갈림길 岐 | 길 路

교과 어제까지 생사기로에서 헤매었던 민지가 오늘 아침 극적으로 깨어났다. 〔 〕

② 목숨이 경각에 달려 있다는 뜻으로, 거의 죽게 되어 곧 숨이 끊어질 지경에 이름.

13 일촉즉발
하나 一 | 닿을 觸 |
곧 卽 | 필 發

교과 국경 지대에는 언제나 일촉즉발의 위기가 감돌았다. 〔 〕

③ 눈썹에 불이 붙었다는 뜻으로, 매우 급함을 이름.

14 절체절명
끊을 絕 | 몸 體 |
끊을 絕 | 목숨 命

교과 그는 절체절명의 위기 속에서 기지를 발휘하여 살아남은 사람이다. 〔 〕

④ 한 번 건드리기만 해도 폭발할 것같이 몹시 위급한 상태.

15 초미지급
그을릴 焦 | 눈썹 眉 |
갈 之 | 급할 急

교과 감염병이 국내로 확산되어 무엇보다 서민 경제가 초미지급의 상황에 놓이게 되었다. 〔 〕

⑤ 몸도 목숨도 다 되었다는 뜻으로, 어찌할 수 없는 절박한 경우를 이름.

★ 끈기, 노력

16 불철주야
아닐 不 | 거둘 撤 |
낮 晝 | 밤 夜

교과 그들은 외세에 빼앗긴 나라를 되찾기 위해 불철주야로 노력하였다. 〔 〕

① 온 마음과 온 힘.

17 십벌지목
열 十 | 칠 伐 |
갈 之 | 나무 木

교과 십벌지목이라 하니 포기하지 말고 몇 번만 더 시도해 보렴. 〔 〕

② 열 번 찍어 베는 나무라는 뜻으로, 열 번 찍어 안 넘어가는 나무가 없음을 이름.

18 우공이산
어리석을 愚 | 공변될 公 |
옮길 移 | 메 山

교과 철수는 우공이산을 마음속에 두고 묵묵히 일하고 있다. 〔 〕

③ 어떤 일에 몰두하여 조금도 쉴 사이 없이 밤낮을 가리지 아니함.

19 전심전력
온전할 全 | 마음 心 |
온전할 全 | 힘 力

교과 나라가 기울어졌는지 알지도 못하는 가운데서 혼자서 하는 노력, 거기 태공은 전심전력을 다 부었다. 〔 〕

④ 지극한 정성에는 하늘도 감동한다는 뜻으로, 무엇이든 정성껏 하면 하늘이 움직여 좋은 결과를 맺는다는 뜻.

20 지성감천
이를 至 | 정성 誠 |
느낄 感 | 하늘 天

교과 지성감천이라고 다리가 불편한 강아지를 지극 정성으로 돌봐서 이제는 걸을 수 있게 되었다. 〔 〕

⑤ 우공이 산을 옮긴다는 뜻으로, 어떤 일이든 끊임없이 노력하면 반드시 이루어짐을 이름.

01 ~ 06 다음 뜻풀이에 해당하는 한자 성어를 쓰시오.

01 눈썹에 불이 붙었다는 뜻으로, 매우 급함을 이름.

02 한 번 건드리기만 해도 폭발할 것같이 몹시 위급한 상태.

03 풀을 묶어 은혜를 갚는다는 뜻으로, 죽은 뒤에라도 은혜를 잊지 않고 갚음을 이름.

04 우공이 산을 옮긴다는 뜻으로, 어떤 일이든 끊임없이 노력하면 반드시 이루어짐을 이름.

05 눈을 비비고 상대편을 본다는 뜻으로, 남의 학식이나 재주가 놀랄 만큼 부쩍 늚을 이름.

06 어떤 일에 몰두하여 조금도 쉴 사이 없이 밤낮을 가리지 아니함.

07 ~ 11 다음 빈칸에 들어갈 알맞은 말을 〈보기〉에서 찾아 쓰시오.

> ● 보기 ●
>
> 갈림길   발전   은덕
> 진심   허물

07 생사기로: 사느냐 죽느냐 하는 (   ).

08 일취월장: 나날이 다달이 자라거나 (   )함.

09 개과천선: 지난날의 잘못이나 (   )을 고쳐 올바르고 착하게 됨.

10 일편단심: 한 조각의 붉은 마음이라는 뜻으로, (   )에서 우러나오는 변치 아니하는 마음을 이름.

11 백골난망: 죽어서 백골이 되어도 잊을 수 없다는 뜻으로, 남에게 큰 (   )을 입었을 때 고마움의 뜻으로 이름.

12 ~ 14 다음 대화 내용과 의미가 통하는 한자 성어를 〈보기〉에서 찾아 쓰시오.

> ● 보기 ●
>
> 자격지심   절체절명   지성감천

12 도영: 얼마 전에 날개 다친 새를 구조했다고 했었지? 지금은 상태가 어떠니?
   세준: 매일 치료해 주고 돌봐 주었더니 금방 회복해서 이제는 잘 날아다닐 수 있게 되었어.

13 기자: 태풍으로 강물이 크게 불어나 다리에 고립되었던 운전자가 극적으로 구조되었습니다.
   운전자: 다리 위까지 물이 차서 이대로 끝인가 싶었는데 구조대가 금방 도착해서 살 수 있었습니다.

14 세호: 나는 왜 이렇게 사람 보는 눈이 없을까? 매번 사람들에게 속는 걸 보면 나에게 문제가 있나 봐.
   재석: 아니야. 그런 일로 너 자신에게 실망하지 마. 네 잘못이 아니라 너를 속인 사람들이 잘못한 거야.

15 ~ 18 다음 상황과 의미가 통하는 한자 성어를 〈보기〉에서 찾아 쓰시오.

> ● 보기 ●
>
> 각골난망   명재경각   인지상정   전심전력

15 교과 부모라면 누구나 자기 자식이 건강한 사고방식을 갖추길 바란다. (   )

16 교과 그녀는 언제 죽을지 모를 만큼 위급한 상황에 놓여 있었지만 끝내 살아남았다. (   )

17 교과 이순신은 원칙을 중시하고 백성과 부하를 아끼는 마음으로 온 힘을 다해 국가적 위기를 극복한 위대한 명장이다. (   )

18 교과 가난했던 어린 시절에 친구 어머니께서 베풀어 주신 고봉밥과 따뜻했던 아랫목의 이부자리는 어른이 된 지금도 잊을 수 없다. (   )

step ③ 어휘력 완성

01 한자 성어의 쓰임 이해하기
다음 한자 성어의 쓰임이 적절하지 않은 것은?

① 경이 황상을 도우시면 천하를 반분(半分)하고 <u>결초보은 (結草報恩)</u>하리라.

② 이 등산 루트(route)는 수많은 산악인이 <u>생사기로(生死岐路)</u>를 넘나든 곳이다.

③ 희망이 점점 사라져 가는 그들에게 <u>불철주야(不撤畫夜)</u>의 위기가 닥쳐오고 있다.

④ 진짜 옹고집은 걸식 끝에 지난날을 뉘우치고 도사에게 용서받아 <u>개과천선(改過遷善)</u>한다.

⑤ 나라가 기울어졌는지 알지도 못하는 가운데서 하는 노력, 태공은 <u>전심전력(全心全力)</u>을 다 부었다.

02 속담에 맞는 한자 성어 찾기
한자 성어와 속담의 의미가 서로 부합하지 <u>않는</u> 것은?

① 초미지급(焦眉之急) – 눈썹에 불이 붙는다

② 괄목상대(刮目相對) – 아이 자라 어른 된다

③ 결초보은(結草報恩) – 머리털을 베어 신발을 삼다

④ 십벌지목(十伐之木) – 열 번 찍어 안 넘어가는 나무 없다

⑤ 백골난망(白骨難忘) – 밤 잔 원수 없고 날 샌 은혜 없다

03 한자 성어의 의미 이해하기
다음 중 내포적 의미가 '끊임없이 노력함.'과 거리가 <u>먼</u> 한자 성어는?

① 각고면려(刻苦勉勵) ② 불철주야(不撤畫夜)

③ 우공이산(愚公移山) ④ 일편단심(一片丹心)

⑤ 전심전력(全心全力)

04 한자 성어의 의미 이해하기
다음 한자 성어에 내포된 의미로 적절하지 <u>않은</u> 것은?

① 인지상정(人之常情) : 누구나 가지는 보통의 마음.

② 각골난망(刻骨難忘) : 남에게 입은 은혜를 잊지 않음.

③ 연모지정(戀慕之情) : 부모를 그리워하는 간절한 마음.

④ 일편단심(一片丹心) : 진심에서 나오는 변치 않는 마음.

⑤ 자격지심(自激之心) : 자기가 한 일을 미흡하게 여기는 마음.

05 상황에 맞는 한자 성어 찾기
〈보기〉에서 ㉠의 상황을 나타내는 한자 성어로 가장 적절한 것은?

> ● 보기 ●
>
> 많은 도적들이 갑자기 들이닥쳤습니다. 박살 날 것 같아 죽을 힘을 다해 달아나 겨우 목숨을 보존하게 되었습니다. 이 보물이 아니었다면 ㉠제가 어찌 이런 위험에 처했겠습니까?
>
> – 작자 미상, 〈운영전〉

① 결초보은(結草報恩) ② 명재경각(命在頃刻)

③ 우공이산(愚公移山) ④ 일취월장(日就月將)

⑤ 전심전력(全心全力)

06 한자 성어의 의미 이해하기
다음 중 내포적 의미가 가장 <u>이질적인</u> 것은?

① 누란지위(累卵之危) ② 백척간두(百尺竿頭)

③ 생사기로(生死岐路) ④ 절체절명(絕體絕命)

⑤ 지성감천(至誠感天)

12 개념어_운문 문학

1주 완성

※ 개념어가 사용된 예문을 읽고 해당 의미를 찾아 번호를 쓰세요.

★ 화자

01 시적 화자	[학평] 1행의 '네가 오기로 한'을 통해 시적 화자는 진정한 민주주의가 올 것이라는 긍정적 확신을 드러내고 있다. 〔 〕
02 시적 대상	[학평] 음성 상징어를 사용하여 시적 대상이 지닌 정서를 생동감 있게 드러내고 있다. 〔 〕
03 시적 상황	[학평] [B]에서는 당시에 흔히 볼 수 있는 모습을 제시하여 시적 상황이 현실과 밀접한 관련이 있음을 암시하고 있다. 〔 〕
04 정서	[학평] 시적 상황이 진행됨에 따라 화자의 정서나 태도가 변화하고 있다. 〔 〕
05 태도	[학평] (가)와 (나) 모두 반어적 표현을 활용하여 대상에 대한 이중적 태도를 드러내고 있다. 〔 〕
06 어조	[수능] 이 시는 어조의 변화를 통해 시적 긴장을 높이고 있다. 〔 〕

① 시인을 대리하여 시 속에서 말하는 사람. 시적 자아, 서정적 자아라고도 함.

② 화자 혹은 시적 대상이 처해 있는 시간적, 공간적, 심리적, 역사적, 사회적 상황.

③ 시에 드러나는 화자 특유의 말하는 방식이나 말씨. 독백적 어조, 예찬적 어조, 영탄적 어조 등이 있음.

④ 화자가 시적 대상이나 시적 상황에 대해 느끼는 감정이나 기분, 생각. 슬픔, 그리움, 희망 등이 있음.

⑤ 화자가 시적 대상이나 시적 상황에 대해 취하는 심리적 자세 또는 대응 방식. 비판적 태도, 반성적 태도, 자연 친화적 태도 등이 있음.

⑥ 시에서 화자가 노래하는 대상. 화자 자신, 특정 인물, 일상의 사물, 자연물, 인간의 감정이나 생각 등 모든 것이 시적 대상이 될 수 있음.

★ 운율

07 운율	[학평] 동일한 구절의 반복을 통해 운율을 형성하고 있다. 〔 〕
08 외형률	[교과] 자유시와 산문시에서는 운율이 겉으로 드러나는 외형률을 찾기 어렵다. 〔 〕
09 음위율	[교과] 〈남으로 창을 내겠소〉는 '-소, -요, -오'의 각운을 통해 음위율을 형성한다. 〔 〕
10 음수율	[교과] 정격 가사의 낙구(落句)에는 시조의 종장과 같은 3·5·4·3의 음수율이 사용되었다. 〔 〕
11 음보율	[학평] 서정 시가의 전통은 일반적으로 형식적 측면에서는 3음보, 또는 4음보의 율격을 바탕으로 한 규칙적인 음보율을 보이고 있다. 〔 〕
12 내재율	[교과] 이 시는 산문적 서술 형태이나, 쉼표의 적절한 사용을 통해 내재율이 형성되었다. 〔 〕

① 시에서 느껴지는 말의 가락. 시의 음악성을 형성함.

② 일정한 위치에 같거나 비슷한 음을 배치하여 생기는 운율.

③ 자유시나 산문시에서 은근히 느껴지는 주관적이고 개성적인 운율.

④ 글자 수를 규칙적으로 반복함으로써 형성되는 운율. 3·4(4·4)조, 7·5조가 대표적임.

⑤ 시의 겉에 드러나는 운율. 글자 수, 음보 등을 규칙적으로 반복하여 형성되며, 주로 정형시에 나타남.

⑥ 시를 읽을 때 한 호흡으로 끊어 읽는 단위인 음보를 규칙적으로 반복함으로써 형성되는 운율. 세 마디로 끊어 읽는 것이 반복되면 3음보이고, 네 마디로 끊어 읽는 것이 반복되면 4음보임.

★ 심상(이미지)

13 감각적 심상 (학평) 감각적 심상과 비유를 결합하여 주변 경관을 효과적으로 표현하고 있다. 〔   〕

14 공감각적 심상 (교과) 이 시는 청각의 시각화를 통해 공감각적 심상을 드러내고 있다. 〔   〕

① 시를 읽을 때 떠오르는 감각적인 모습이나 느낌. 시각적, 청각적, 후각적, 미각적, 촉각적 심상이 있음.
② 하나의 감각을 다른 감각으로 옮겨서 표현하는 '감각의 전이'를 통해 두 가지 이상의 감각이 동시에 떠오르게 하는 심상.

★ 시어, 소재

15 객관적 상관물 (교과) 〈황조가〉는 객관적 상관물인 정다운 '꾀꼬리'를 통해 임을 잃은 슬픔을 강조하고 있다. 〔   〕

16 감정 이입물 (교과) 〈청산별곡〉에서 우는 '새'는 화자의 슬픈 감정이 이입된 감정 이입물이다. 〔   〕

① 화자가 자신의 사상과 감정을 구체적인 사물을 통해 간접적으로 나타낼 때 활용되는 사물.
② 객관적 상관물 중에서 화자의 감정이 투영된 사물. 대상에 화자의 감정을 옮겨 넣어 서로 같은 감정이나 정서를 느끼고 있는 것처럼 표현하기 위해 사용함.

★ 시상 전개

17 시상 전개 방식 (모평) 화자가 '아버지'와 겪었던 유년 시절을 '어머님'에게 들려주는 시상 전개 방식으로 과거와 현재의 시간을 이어 준다. 〔   〕

18 시간의 변화 (모평) (가)~(다)에서는 시간의 변화를 중심으로 시상이 전개되고 있다. 〔   〕

19 공간의 변화 (학평) (가)는 하강적 이미지를 활용하여 시적 공간의 변화를 보여 주고 있다. 〔   〕

20 선경후정 (수능) (가)와 (나)는 선경후정의 방식으로 화자의 애상적 정서를 고조하고 있다. 〔   〕

21 수미상관 (모평) 수미상관의 방식으로 시상을 완결하여 구조적 안정감을 얻어 내고 있다. 〔   〕

22 대비 (모평) '월백'은 '홍진'과 대비되어 강호 공간의 청정하고 순수한 이미지를 부각한다. 〔   〕

23 기승전결 (학평) (가)와 달리 (나)는 기승전결의 한시 구조를 통해 주제를 이끌어 내고 있다. 〔   〕

24 시상의 전환 (교과) 1연에서 현실에 대한 부정적 인식이 4연에서 긍정적 인식으로 변화하며 시상의 전환을 보여 주고 있다. 〔   〕

① 시에서 화자의 정서나 태도 등이 앞과 다르게 변하는 것.
② 화자의 공간 이동이나 시선 이동에 따라 시상이 전개되는 방식.
③ 시의 처음과 끝에 형태적, 의미적으로 같거나 유사한 시구를 배열하는 시상 전개 방식.
④ 시인이 시를 통해 자신의 생각이나 느낌을 잘 전달하기 위해 선택하는 시의 조직 방법.
⑤ 시의 앞부분에서는 풍경을 그리듯이 보여 주고, 뒷부분에서는 화자의 정서를 표현하는 시상 전개 방식.
⑥ 이미지, 색채, 계절, 과거와 현재, 자연과 인간 등 둘 이상의 대상이 지닌 상반되는 특성을 견주어 표현하는 시상 전개 방식.
⑦ '시상의 제시 [기] → 시상의 발전·심화 [승] → 시상의 고조·전환 [전] → 시상의 마무리·정서 제시 [결]' 순으로 전개되는 방식.
⑧ 시간의 흐름에 따라 시상이 전개되는 방식. '과거 – 현재 – 미래'의 순차적 흐름에 따르는 것은 순행적 흐름에 따른 전개이고, 시간의 순서가 뒤바뀌어 전개되는 것은 역순행적 흐름에 따른 전개임.

어휘 283개 달성!
300
200

01 ~ 06 다음 빈칸에 들어갈 알맞은 말을 쓰시오.

01 음위율이란 일정한 (   )에 같거나 비슷한 음을 배치하여 생기는 운율이다.

02 내재율은 자유시나 산문시에서 은근히 느껴지는 주관적이고 (   )인 운율이다.

03 시적 화자는 (   )을 대리하여 시 속에서 말하는 사람으로, 시적 자아, 서정적 자아라고도 한다.

04 시상 전개 방식은 시인이 시를 통해 자신의 생각이나 느낌을 잘 전달하기 위해 선택하는 시의 (   ) 방법이다.

05 외형률은 시의 겉에 드러나는 운율로 글자 수, 음보 등을 규칙적으로 반복하여 형성되며, 주로 (   )에 나타난다.

06 화자가 자신의 사상과 감정을 구체적인 사물을 통해 (   )으로 나타낼 때 활용되는 사물을 객관적 상관물이라고 한다.

07 ~ 12 다음 설명에 알맞은 개념어를 〈보기〉에서 찾아 쓰시오.

> **보기**
>
> 어조   운율   음수율
> 정서   감각적 심상   공감각적 심상

07 시에 드러나는 화자 특유의 말하는 방식이나 말씨.
(   )

08 시에서 느껴지는 말의 가락. 시의 음악성을 형성함.
(   )

09 화자가 시적 대상이나 시적 상황에 대해 느끼는 감정이나 기분, 생각.   (   )

10 글자 수를 규칙적으로 반복함으로써 형성되는 운율. 3·4(4·4)조, 7·5조가 대표적임.   (   )

11 시를 읽을 때 떠오르는 감각적인 모습이나 느낌. 시각적, 청각적, 후각적, 미각적, 촉각적 심상이 있음.
(   )

12 하나의 감각을 다른 감각으로 옮겨서 표현하는 '감각의 전이'를 통해 두 가지 이상의 감각이 동시에 떠오르게 하는 심상.   (   )

13 ~ 20 (가)~(나)에 대한 설명으로 적절하면 ○에, 적절하지 않으면 ×에 표시하시오.

[가] 죽는 날까지 하늘을 우러러
　　한 점 부끄럼이 없기를, / 잎새에 이는 바람에도
　　나는 괴로워했다. / 별을 노래하는 마음으로
　　모든 죽어가는 것을 사랑해야지
　　그리고 나한테 주어진 길을 / 걸어가야겠다.

　　오늘 밤에도 별이 바람에 스치운다.　　ᅳ 윤동주, 〈서시〉

[나] 들길은 마을에 들자 붉어지고
　　마을 골목은 들로 내려서자 푸르러진다.
　　바람은 넘실 천 이랑 만 이랑 / 이랑 이랑 햇빛이 갈라지고
　　보리도 허리통이 부끄럽게 드러났다.
　　꾀꼬리는 여태 혼자 날아 볼 줄 모르나니
　　암컷이라 쫓길 뿐 / 수놈이라 쫓을 뿐
　　황금 빛난 길이 어지럴 뿐
　　얇은 단장하고 아양 가득 차 있는
　　산봉우리야 오늘 밤 너 어디로 가 버리련?

　　　　　　　　　　　　　　　ᅳ 김영랑, 〈오월〉

13 학평 (가)는 순행적인 시간의 변화에 따라 시상이 전개되고 있다.　　　　　　　　　　　(○ , ×)

14 학평 (가)는 시의 처음과 끝의 시구가 유사한 수미상관을 이루고 있다.　　　　　　　　　(○ , ×)

15 학평 (가)의 화자는 순수한 삶에 대한 소망을 의지적 태도로 노래하고 있다.　　　　　　　(○ , ×)

16 학평 (가)는 '희망, 이상 ↔ 어두움, 현실'의 대조적 이미지를 통해 시적 상황과 주제를 드러내고 있다.
　　　　　　　　　　　　　　　　　(○ , ×)

17 학평 (가)에는 1연에서 풍경을 그리듯이 보여 주고, 2연에서 정서를 드러내는 선경후정의 방식이 나타나 있다.　　　　　　　　　　　　　　(○ , ×)

18 교과 (나)는 시선의 이동에 따른 시상의 전개가 나타나고 있다.　　　　　　　　　　　　　(○ , ×)

19 교과 (나)의 1~2행에서는 색채 대비를 통해 풍경을 형상화하고 있다.　　　　　　　　　　(○ , ×)

20 교과 (나)의 마지막 행에서는 시상이 전환되면서 화자가 느끼는 외로움이 부각되고 있다.　　(○ , ×)

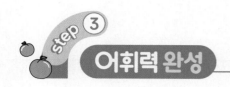

01 ~ 06 다음 글을 읽고 물음에 답하시오.

적객*에게 벗이 없어 공량(空樑)*의 Ⓐ제비로다
종일 하는 말이 무슨 사설 하는지고
어즈버 내 풀어낸 시름은 널로만 하노라* 〈제4장〉

㉠인간(人間)에 유정*한 벗은 ㉡명월밖에 또 있는가
천 리를 멀다 아녀 간 데마다 따라오니
어즈버 반가운 옛 벗이 다만 너인가 하노라 〈제5장〉

㉢설월(雪月)에 ㉣매화를 보려 잔을 잡고 창을 여니
섞인 꽃 여윈 속에 잦은 것이 향기로다
어즈버 ㉤호접*이 이 향기 알면 애 끊일까 하노라 〈제6장〉

– 이신의, 〈단가육장〉

* 적객: 귀양살이하는 사람.
* 공량: 들보.
* 널로만 하노라: 너보다 많도다.
* 유정: 인정이나 동정심이 있음.
* 호접: 나비.

01 이 글에서 〈보기〉의 ⓐ, ⓑ에 해당하는 것이 바르게 짝 지어진 것은?

시적 화자와 청자 파악하기

● 보기 ●
ⓐ 시적 화자: 시 속에서 시인을 대리하여 말하는 사람. 시적 자 아, 서정적 자아라고도 함.
ⓑ 청자: 시 속에서 시적 화자의 말을 듣는 존재.

	ⓐ	ⓑ		ⓐ	ⓑ
①	내	너	②	적객	말
③	매화	호접	④	인간	옛 벗
⑤	내	섞인 꽃			

02 이 글의 심상에 대한 이해로 적절하지 않은 것은?

시에 드러나는 심상 이해하기

〈제4장〉	• 중장에서 청각적 심상이 드러난다. ·········· ①
	• 종장에서 촉각적 심상이 드러난다. ·········· ②
〈제5장〉	• 초장에서 시각적 심상이 드러난다. ·········· ③
〈제6장〉	• 중장에서 시각적 심상과 후각적 심상이 드러 난다. ·········· ④
	• 종장에서 후각적 심상이 드러난다. ·········· ⑤

03 이 글의 운율에 대한 설명으로 적절하지 않은 것은?

시에 드러나는 운율 이해하기

① 전체적으로 4음보의 운율을 확인할 수 있다.
② 초장에서 3·4(4·4)조의 음수율을 확인할 수 있다.
③ 중장에서 글자 수를 압축한 음보율을 확인할 수 있다.
④ 종장의 마지막 구절에서 음위율을 확인할 수 있다.
⑤ 종장 첫 구절에서 외형률적 형식미를 확인할 수 있다.

04 Ⓐ에 대한 설명으로 적절하지 않은 것은?

시어의 의미와 특징 이해하기

① 화자가 자신과 비교하는 대상이다.
② 인격을 부여하여 사람처럼 형상화하였다.
③ 외로운 처지인 화자와 유사한 상황에 있다.
④ 시름에 빠진 화자의 감정이 이입된 대상이다.
⑤ 화자가 부러워하는 대상이자 지향하는 대상이다.

05 ㉠~㉤에 대한 이해로 적절하지 않은 것은?

시어 및 시적 대상의 의미 이해하기

① ㉠: 사람이 사는 세상을 의미한다.
② ㉡: 속세에 대한 그리움을 드러내는 객관적 상관물이다.
③ ㉢: 추운 겨울의 계절감을 나타내는 소재이다.
④ ㉣: 화자의 지조와 충절의 마음이 이입된 대상이다.
⑤ ㉤: 화자의 마음을 몰라주는 임금을 상징한다.

06 이 글의 표현 및 시상 전개 방식에 대한 설명으로 가장 적절한 것은?

표현 및 시상 전개 방식 이해하기

① 〈제4장〉은 동일한 시어를 반복하여 주제 의식을 강화하 고 있다.
② 〈제5장〉은 설의적 표현을 사용하여 화자의 정서를 효과 적으로 드러내고 있다.
③ 〈제6장〉은 점층적으로 시상을 전개하여 화자의 의지를 강조하고 있다.
④ 〈제4장〉과 〈제5장〉은 현재와 과거를 대조하여 화자의 내적 갈등을 드러내고 있다.
⑤ 〈제5장〉과 〈제6장〉은 색채의 대비를 활용하여 대상을 구체적으로 묘사하고 있다.

01 〈보기〉의 ㉠~㉤의 사전적 뜻풀이로 적절하지 <u>않은</u> 것은? 내신

● 보기 ●
- 사람들이 쉽게 지나치는 대상에 눈길을 주고 그 대상을 글감으로 ㉠발굴해 내려는 노력이 중요하다.
- 최대한 많은 자료를 수집하고 ㉡숙지했다는 것은 곧 글을 쓸 재료가 많고 이를 자유자재로 다룰 수 있다는 것이다.
- 항공 사진을 하나둘 맞춰 보니 당시 한강 물길이 한눈에 ㉢조감됐다.
- 애초 계획한 대로 '뽕밭이 콘크리트 숲으로'라는 제목 아래 ㉣상전벽해 같은 한강의 변화에 따라 주민들 삶이 어떻게 변했는지를 다루었다.
- 기사문에서 일반적으로 쓰이는 건조체를 ㉤지양하고 간결하되 부드럽게 쓰려고 노력했다.

① ㉠: 세상에 널리 알려지지 않거나 뛰어난 것을 찾아 밝혀내다.
② ㉡: 익숙하게 또는 충분히 알다.
③ ㉢: 새가 높은 하늘에서 아래를 내려다보는 것처럼 전체가 한눈으로 관찰되다.
④ ㉣: 세상일의 변천이 심함을 비유적으로 이르는 말.
⑤ ㉤: 더 높은 단계로 오르기 위하여 어떤 것을 하거나 뜻을 향하여 쏟다.

02 문맥상 〈보기〉의 ⓐ의 의미와 가장 가까운 것은? 모평

● 보기 ●
인터넷 검색 엔진은 검색어를 포함하는 웹 페이지를 찾아 화면에 보여 준다. 웹 페이지가 화면에 나타나는 순서를 정하기 위해 검색 엔진은 수백 개가 ⓐ넘는 항목을 고려한 다양한 방식을 사용한다. 대표적인 항목으로 중요도와 적합도가 있다.

① 공부를 하다 보니 시간은 자정이 넘었다.
② 그들은 큰 산을 넘어서 마을에 도착했다.
③ 철새들이 국경선을 넘어서 훨훨 날아갔다.
④ 선수들은 가까스로 어려운 고비를 넘었다.
⑤ 갑자기 냄비에서 물이 넘어서 좀 당황했다.

03 문맥상 〈보기〉의 ⓐ~ⓔ와 바꾸어 쓰기에 가장 적절한 것은? 모평

● 보기 ●
- 세계의 근원적 질서인 '이념'의 내적 구조도, 이념이 시·공간적 현실로서 드러나는 방식도 변증법적이기에, 이념과 현실은 하나의 체계를 이루며, 이 두 차원의 원리를 밝히는 철학적 논증도 변증법적 체계성을 ⓐ지녀야 한다.
- 절대정신은 절대적 진리인 '이념'을 인식하는 인간 정신의 영역을 ⓑ가리킨다.
- 종합의 범주는 두 대립적 범주 중 하나의 일방적 승리로 ⓒ끝나도 안 되고, 두 범주의 고유한 본질적 규정이 소멸되는 중화 상태로 나타나도 안 된다.
- 실질적 내용을 ⓓ보면 직관으로부터 사유에 이르는 과정에서는 외면성이 점차 지워지고 내면성이 점증적으로 강화·완성되고 있음이, 예술로부터 철학에 이르는 과정에서는 객관성이 점차 지워지고 주관성이 점증적으로 강화·완성되고 있음이 확연히 드러날 뿐, 진정한 변증법적 종합은 ⓔ이루어지지 않는다.

① ⓐ: 소지(所持)하여야
② ⓑ: 포착(捕捉)한다
③ ⓒ: 귀결(歸結)되어도
④ ⓓ: 간주(看做)하면
⑤ ⓔ: 결성(結成)되지

04 ㉠에 대해 〈보기〉처럼 이해한다고 할 때, 밑줄 친 곳에 들어갈 말로 가장 적절한 것은? 모평

장기적인 차원에서 ㉠수출 기업이 환율 상승에만 의존하여 품질 개선이나 원가 절감 등의 노력을 계속하지 않는다면 경쟁력을 잃어 경상 수지를 악화시킬 수도 있다.

● 보기 ●
_____더니, 수출 기업이 환율 상승만 믿고 경쟁력을 제고하기 위한 방책을 강구하지 않는다는 말이군.

① 감나무 밑에 누워 홍시 떨어지기를 바란다
② 소도 비빌 언덕이 있어야 비빈다
③ 가난 구제는 나라님도 못한다
④ 원숭이도 나무에서 떨어진다
⑤ 말 타면 경마 잡히고 싶다

05 ㉠의 상황을 두고 〈보기〉와 같이 이야기할 때 빈칸에 들어갈 말로 가장 적절한 것은? ^{학평}

마침 그 마을에 있는 부자 한 사람이 집안끼리 상의하기를
"양반은 비록 가난하지만 늘 존경을 받는데, ㉠우리는 비록 부자라 하지만 늘 천대만 받고 말 한번 타지도 못할 뿐더러 양반만 보면 굽실거리고 뜰 아래서 엎드려 절하고 코가 땅에 닿게 무릎으로 기어 다니니 이런 모욕이 어디 있단 말이오. 마침 양반이 가난해서 관곡을 갚을 도리가 없으므로 형편이 난처하게 되어 양반이란 신분마저 간직할 수 없게 된 모양이니 이것을 우리가 사서 가지도록 합시다."
말을 마친 후 부자는 양반을 찾아가서 빌린 곡식을 대신 갚아 주겠다고 청했다. 양반은 크게 기뻐하며 이를 허락했다. 그리고 부자는 곡식을 대신 갚아 주었다.
— 박지원, 〈양반전〉

● 보기 ●
"평생 양반에게 괄시받고 살았던 부자의 (   )이 느껴지는군."

① 함분축원(含憤蓄怨)　② 안분지족(安分知足)
③ 교언영색(巧言令色)　④ 수구초심(首丘初心)
⑤ 만시지탄(晩時之歎)

06 〈보기〉의 설명에 해당하는 예로 적절하지 <u>않은</u> 것은? ^{학평}

● 보기 ●
'보다', '듣다', '느끼다', '맛보다', '맡다'와 같은 단어들은 감각 기관을 통해 인식한 것을 표현하기도 하지만, 추상적인 인식이나 판단을 표현하기도 합니다. 그럼, 각각에 해당하는 예를 찾아볼까요?

① 보다 ┌ 다희를 보며 인상을 썼다.
　　　　└ 이 도시를 유통의 중심지로 본다.
② 듣다 ┌ 아이들의 웃음소리를 듣고 밖으로 나갔다.
　　　　└ 그는 종종 농담을 진담으로 듣는다.
③ 느끼다 ┌ 포근한 이불의 감촉을 느꼈다.
　　　　　└ 무릎에 통증을 느끼고 비명을 질렀다.
④ 맛보다 ┌ 찌개의 간이 어떤지 맛보았다.
　　　　　└ 인간은 때때로 상실감을 맛본다.
⑤ 맡다 ┌ 라일락 향기를 맡으니 봄이 온 것을 알겠다.
　　　　└ 형사는 그가 범인이라는 냄새를 맡았다.

07 ㉠에 대한 독자의 반응으로 가장 적절한 것은? ^{내신}

"십 년을 정성 들여 선생을 찾아왔는데 뵙지 못하오니, 바라옵건대 동자는 가신 곳을 가르쳐 주소서."
동자가 웃고 말하기를,
"나무꾼이 기러기를 쏘아 맞히지 못하매 제 공부 부족함을 깨닫지 못하고 활과 살을 꺾어 버리니, 그대도 나무꾼과 같도다. ㉠그대 정성이 부족한 줄 깨닫지 못하고 도리어 주인이 없음을 원망하니 매우 우습도다. 다만 선생께서는 이 산중에 계시건만 천봉이 높고 만학이 깊었으니 종적을 어찌 알리오?"
하거늘, 무료하여 다시 묻지 못하고 반나절을 기다렸으나 종적이 묘연한지라. 울적한 마음을 이기지 못해 붓을 잡아 못 보고 가는 뜻을 글로 쓰고 동자를 불러 하직하고 나오니 마음을 헤아리지 못할러라.
— 작자 미상, 〈조웅전〉

① '물이 깊어야 고기가 모인다'는 말처럼 덕망이 있어야 사람이 따른다는 것이군.
② '다리 아래서 원을 꾸짖는다'는 말처럼 들리지 않는 곳에서 남을 욕한다는 것이군.
③ '쟁기질 못하는 놈이 소 탓한다'는 말처럼 자신의 잘못을 남에게 돌리고 있다는 것이군.
④ '남의 제사에 감 놓아라 배 놓아라 한다'는 말처럼 남의 일에 공연히 간섭하고 나서고 있다는 것이군.
⑤ '가는 말이 고와야 오는 말이 곱다'는 말처럼 자기가 한 말이나 행동에 따라 상대의 반응도 달라진다는 것이군.

08 〈보기〉의 ㉮에 들어갈 말로 가장 적절한 것은? ^{학평}

● 보기 ●
"낭군이 대대 명가 자손으로 이렇듯 곤함은 모두 운명이라. 안심하여 개의치 마소서."
하거늘, 유 원수가 눈을 들어본즉 이는 평생에 전혀 알지 못한 사람이라. 손을 들어 칭찬하며,
"뉘신지는 모르거니와 뜻밖에 죽어 가는 사람을 살려 본국 귀신이 되게 하시니 (　㉮　)이오나, 이제 패군한 장수가 되어 군부(君父)를 욕되게 하오니 무슨 면목으로 군부를 뵈오리오? 차라리 이곳에서 죽어 죄를 갚을까 하나이다."
원수가 재삼 위로하며,
"장수 되어 일승일패(一勝一敗)는 병가상사(兵家常事)이오니 과히 번뇌치 마소서."
— 작자 미상, 〈백학선전〉

① 백골난망(白骨難忘)　② 사면초가(四面楚歌)
③ 어부지리(漁夫之利)　④ 이심전심(以心傳心)
⑤ 적반하장(賊反荷杖)

09 ㉠의 문맥적 의미와 가장 유사한 것은?

_{내신}

> 고대 그리스인들은 몸짓, 언어, 그리고 멜로디와 리듬으로 감정과 충동을 표현하는 활동에 심취하여 사제를 통해 신과 교감하는 상태인 엔투시아스모스에 이를 수 있다고 믿었다. 그리고 이러한 활동에서 춤, 시, 음악이 ㉠나왔다고 생각하였다.

① 이 상품은 시장에 나온 후에 바로 큰 인기를 끌었다.
② 상대가 비열하게 나오면 우리도 더 이상 참을 수 없다.
③ 우리 학교 신문에 내 친구의 사진이 큼지막하게 나왔다.
④ 그녀는 방에서 무슨 일을 하는지 도무지 밖으로 나오지 않는다.
⑤ 경기에서 상대에게 진 것은 욕심에서 나온 그의 행동 때문이다.

10 〈보기〉는 사전을 활용하여 의미를 파악하는 활동이다. 이에 대해 탐구한 내용으로 적절하지 않은 것은?

_{내신}

> ● 보기 ●
>
> **걷다 01** 동
> ㉠ 구름이나 안개 따위가 흩어져 없어지다.
> ㉡ 비가 그치고 맑게 개다.
>
> **걷다 02** 동
> ㉠ 다리를 움직여 바닥에서 발을 번갈아 떼어 옮기다.
> • 술에 취해 비틀거리며 걷다.
> ㉡【…을】전문직에 종사하다.
> • 의사의 길을 걷다.
>
> **걷다 03** 동【…을】
> ㉠ 늘어진 것을 말아 올리거나 열어 젖히다.
> • 소매를 걷어 올리다.
> ㉡ 널거나 깐 것을 다른 곳으로 치우거나 한곳에 두다.
> • 그만하면 말랐을 테니 가서 이불을 걷어 오너라.

① '걷다 01'과 '걷다 02'는 별개의 표제어로 기술된 것으로 보아 동음이의어로 볼 수 있군.
② '걷다 02 – ㉡'은 주어와 목적어를 필수적으로 요구하는 두 자리 서술어로 볼 수 있군.
③ '걷다 02'의 용례를 보니 ㉡의 용례로 '평생 교사의 길을 걷다.'를 추가할 수 있겠군.
④ '걷다 03 – ㉠'의 뜻풀이를 보니 용례인 '소매를 걷어 올리다.'의 '걷어'를 '거두어'로 교체하여 쓸 수 있겠군.
⑤ '걷다 03 – ㉡'의 뜻풀이와 용례를 보니 반의어로 '널다'를 제시하는 것이 가능하겠군.

11 ⓐ에 나타나는 실옹의 심리를 표현한 말로 가장 적절한 것은?

_{학평}

> 실옹을 불러 분부하되,
> "네가 흉측한 놈으로 음흉한 뜻을 두고 남의 세간 탈취하려 하니 네 죄상은 마땅히 법에 따라 귀양을 보낼 것이로되 가벼이 처벌하니 바삐 어서 물리쳐라."
> 대곤 삼십 도를 매우 쳐서 엄문죄목하되,
> "인제도 옹가라 하겠느냐?"
> 실옹이 생각하되 만일 옹가라 하다가는 곧장 밑에 죽을 듯하니,
> "ⓐ예, 옹가 아니오. 처분대로 하옵소서."
>
> – 작자 미상, 〈옹고집전〉

① 자중지란(自中之亂)　　② 과유불급(過猶不及)
③ 절치부심(切齒腐心)　　④ 괄목상대(刮目相對)
⑤ 자포자기(自暴自棄)

12 문맥상 〈보기〉의 ㉠~㉤과 바꾸어 쓰기에 적절하지 않은 것은?

_{모평}

> ● 보기 ●
>
> • 공포 소구 연구를 진척시킨 레벤달은 재니스의 연구가 인간의 감정적 측면에만 ㉠치우쳤다고 비판하며, 공포 소구의 효과는 수용자의 감정적 반응만이 아니라 인지적 반응과도 관련된다고 하였다.
> • 감정적 반응을 '공포 통제 반응', 인지적 반응을 '위험 통제 반응'이라 ㉡불렀다.
> • 수용자가 공포 소구에 담긴 위험을 자신이 ㉢겪을 수 있는 것이고 그 위험의 정도가 크다고 느끼면, 그 공포 소구는 위협의 수준이 높다.
> • 한 동호회에서 회원들에게 '모임에 꼭 참석해 주세요. 불참 시 회원 자격이 사라집니다.'라는 안내문을 ㉣보냈다고 하자.
> • 위협의 수준이 낮으면, 수용자는 그 위협이 자신에게 아무 영향을 ㉤주지 않는다고 느껴 효능감의 수준에 관계없이 공포 소구에 대한 반응이 없게 된다.

① ㉠: 편향(偏向)되었다고
② ㉡: 명명(命名)하였다
③ ㉢: 경험(經驗)할
④ ㉣: 발송(發送)했다고
⑤ ㉤: 기여(寄與)하지

13 ㉠의 상황을 가장 잘 드러낸 것은? _{학평}

> 춘풍이 황황하여 아뢰되,
> "나으리 덕택으로 호조 돈을 다 거두어 받으니 은혜 백골난망이로소이다. 경성 가서 댁에 먼저 문안하오리이다."
> 하고 여쭙더라.
> 비장이 감사께 여쭈되,
> "㉠추월에게 설욕하고 춘풍도 찾삽고 호조 돈도 거두어 받으니 은혜 감축 무지하온 중, 소인 몸이 외람되이 존중한 처소에 오래 있삽기 죄송하여 떠날 줄로 아뢰나이다."
> – 작자 미상, 〈이춘풍전〉

① 근묵자흑(近墨者黑) ② 백척간두(百尺竿頭)
③ 설상가상(雪上加霜) ④ 순망치한(脣亡齒寒)
⑤ 일거양득(一擧兩得)

14 ⓐ의 상황을 나타내기에 가장 적절한 것은? _{모평}

> ● 보기 ●
>
> [중략 부분 줄거리] 영어 실력 덕에 미군 통역관이 된 방삼복은 권력을 얻는다. 친일 행위로 모은 재산을 해방 이후에 모두 빼앗긴 백 주사는 방삼복을 만나 자신의 재산을 되찾아 달라고 부탁한다.
>
> 옛날의 영화가 꿈이 되고, 일보에 몰락하여 가뜩이나 초상집 개처럼 초라한 자기가 또 한번 어깨가 옴츠러듦을 느끼지 아니치 못하였다. 그런데다 이 녀석이, 언제 적 저라고 무엄스럽게 굴어 심히 불쾌하였고, 그래서 엔간히 자리를 털고 일어설 생각이 몇 번이나 나지 아니한 것도 아니었었다. 그러나 참았다.
> 보아 하니 큰 세도를 부리는 것이 분명하였다. 잘만 하면 그 힘을 빌려, 분풀이와 빼앗긴 재물을 도로 찾을 여망이 있을 듯싶었다. ⓐ분풀이를 하고, 더구나 재물을 도로 찾고 하는 것이라면야 코삐뚤이 삼복이는 말고, 그보다 더한 놈한테라도 머리 숙이는 것쯤 상관할 바 아니었다.
> – 채만식, 〈미스터 방〉

① 꿩 먹고 알 먹는다
② 되로 주고 말로 받는다
③ 소 잃고 외양간 고친다
④ 오는 말이 고와야 가는 말이 곱다
⑤ 종로에서 뺨 맞고 한강에서 눈 흘긴다

15 〈보기〉의 ⓐ, ⓑ와 바꾸어 쓰기에 가장 적절한 것은? _{모평}

> ● 보기 ●
> • 빅 데이터 보유자에게 소유권을 부여하면 빅 데이터의 생성 및 유통이 ⓐ쉬워져 데이터 관련 산업이 활성화된다고 주장한다.
> • 은행 간 약정에 ⓑ따라 부분적으로 시행한 조치였다.

	ⓐ	ⓑ
①	용이(容易)해져	근거(根據)하여
②	유력(有力)해져	근거(根據)하여
③	용이(容易)해져	의탁(依託)하여
④	원활(圓滑)해져	의탁(依託)하여
⑤	유력(有力)해져	기초(基礎)하여

16 다음은 '다리'의 의미 학습을 위해 활용한 사전의 일부분이다. 탐구 결과로 적절하지 <u>않은</u> 것은? _{내신}

> ● 보기 ●
>
> **다리 01** 명
> 「1」 사람이나 동물의 몸통 아래 붙어 있는 신체의 부분
>   ¶ 다리가 굵다
> 「2」 물체의 아래쪽에 붙어서 그 물체를 받치거나 직접 땅에 닿지 아니하게 하거나 높이 있도록 버티어 놓은 부분
>   ¶ ㉠
> 「3」 오징어나 문어 따위의 동물의 머리에 여러 개 달려 있어, 헤엄을 치거나 먹이를 잡거나 촉각을 가지는 기관
>   ¶ 그는 술안주로 오징어 다리를 씹었다.
>
> **다리 02** 명
> 「1」 물을 건너거나 또는 한편의 높은 곳에서 다른 편의 높은 곳으로 건너다닐 수 있도록 만든 시설물 ¶ 다리를 건너
> 「2」 둘 사이의 관계를 이어 주는 사람이나 사물을 비유적으로 이르는 말
>   ¶ 나는 그 사람을 잘 모르니, 자네가 다리가 되어 주게나.
> 「3」 중간에 거쳐야 될 단계나 과정
>   ¶ ㉡

① '다리 01'과 '다리 02'는 별개의 표제어로 구분되어 있으므로 동음이의어이군.
② '다리 01'과 '다리 02'는 각각 여러 개의 의미를 가진 다의어이군.
③ ㉠에는 '이 의자는 다리가 하나 부러졌다.'를 넣을 수 있겠군.
④ ㉡에는 '이 물건은 우리에게 오는 데 다리를 여럿 거친 것이다.'를 넣을 수 있겠군.
⑤ '다리 02'의 「2」는 「1」에 비해 중심적 의미를 가지고 있군.

17 〈보기〉의 ㉠과 문맥적 의미가 유사한 것은? ^{학평}

● 보기 ●

뒤프렌에 따르면 현전은 감상자가 작품의 감각적 특징에 신체적으로 반응하면서 주목하는 단계이다. 즉 색채, 명암, 질감 등에 매료되어 눈이 커지거나 고개를 내미는 등의 신체적 자세를 ㉠취하는 상태를 의미한다.

① 그는 모자라는 돈을 친구에게서 취했다.
② 그는 사진을 찍기 위해 포즈를 취하고 있었다.
③ 수술 후에 어머니는 병실에서 휴식을 취하고 계신다.
④ 물질적 이익만을 취하는 오류를 범하지 말아야 한다.
⑤ 그가 제시한 조건들 가운데서 마음에 드는 것만을 취했다.

18 (가)와 (나)에 대한 설명으로 적절하지 <u>않은</u> 것은? ^{수능}

● 보기 ●

[가] 이런들 어떠하며 저런들 어떠하료
　　　초야우생(草野愚生)이 이렇다 어떠하료
　　　하물며 천석고황(泉石膏肓)을 고쳐 므슴하료　　〈제1수〉

　　　연하(烟霞)로 집을 삼고 풍월(風月)로 벗을 삼아
　　　태평성대에 병으로 늙어 가네
　　　이 중에 바라는 일은 허물이나 없고자　　〈제2수〉
　　　　　　　　　　　　　　　　　　– 이황, 〈도산십이곡〉

[나] 옛 길을 새로 내고 작은 연못 파서
　　　활수를 끌어 들여 가는 것을 머물게 하니
　　　맑은 거울 티 없어 산 그림자 잠겨 있다
　　　　　　　　　　　　　　　　　　– 김득연, 〈지수정가〉

① (가)의 〈제1수〉 초장은 유사한 어휘의 반복을 통해 리듬감을 형성하고 있다.
② (가)의 〈제2수〉 초장은 〈제1수〉 종장의 시상을 이어받아 자연 친화적인 모습을 드러내고 있다.
③ (나)에서는 '산 그림자'가 담긴 '작은 연못'의 경관을 묘사하여 깨끗한 자연의 형상을 보여 주고 있다.
④ (가)의 '집을 삼고'와 '벗을 삼아'는 화자와 대상의 가까운 관계를, (나)의 '끌어 들여'와 '머물게 하니'는 화자가 대상을 가까이 하려는 행동을 제시하고 있다.
⑤ (가)의 '허물이나 없고자'는 미래에 대한 화자의 바람을, (나)의 '티 없어'는 대상을 관찰하기 전에 나타난 화자의 심리를 표현하고 있다.

19 ㉠과 ㉡을 비교한 내용으로 가장 적절한 것은? ^{수능}

● 보기 ●

구렁에 났는 ㉠풀이 봄비에 절로 길어
아는 일 업스니 긔 아니 조흘쏘냐
우리는 너희만 못ㅎ야 시름겨워 ㅎ노라　　〈제8수〉

조그만 이 한 몸이 하늘 밖에 떨어지니
오색구름 깊은 곳에 어느 것이 서울인고
바람에 지나는 ㉡검불 갓ㅎ야 갈 길 몰라 ㅎ노라　　〈제9수〉
　　　　　　　　　　　　　　　　　　– 이정환, 〈비가〉

① ㉠과 ㉡은 모두 화자가 경외감을 가지고 바라보는 소재이다.
② ㉠과 ㉡은 모두 세월의 흐름을 나타내어 인생의 무상함을 느끼게 하는 소재이다.
③ ㉠은 화자의 울분을 심화하는 소재로, ㉡은 화자의 울분을 완화하는 소재로 활용되고 있다.
④ ㉠은 현재의 상황에 대한 인식의 계기가, ㉡은 과거의 사건에 대한 회고의 계기가 된 소재이다.
⑤ ㉠은 화자의 처지와 대비되는 소재로, ㉡은 화자의 처지와 동일시되는 소재로 제시되고 있다.

20 〈보기〉에 대한 설명으로 적절하지 <u>않은</u> 것은? ^{수능}

● 보기 ●

해ㅅ살 피여 / 이윽한 후, //
머흘머흘 / 골을 옮기는 구름. //
길경(桔梗) 꽃봉오리 / 흔들려 씻기우고. //
차돌부리 / 촉 촉 죽순(竹筍) 돋듯. //
물소리에 / 이가 시리다. //
앉음새 갈히여 / 양지 쪽에 쪼그리고, //
서러운 새 되어 / 흰 밥알을 쫏다.
　　　　　　　　　　　　　　　　　　– 정지용, 〈조찬〉

① 선경후정의 방식을 활용하여 시상을 전개하고 있다.
② 모든 연을 2행으로 구성하여 형태적 통일성을 추구하고 있다.
③ 제2연에서는 명사로 연을 마무리하여 사물의 정적인 모습을 강조하고 있다.
④ 제2연에서 제3연으로 전개되면서 화자의 시선이 원경에서 근경으로 이동하고 있다.
⑤ 제4연에서는 비유적 표현을 활용하여 사물에 동적인 이미지를 부여하고 있다.

밥 어휘
어휘력 테스트

2주 완성 학습이 끝난 뒤에
QR 코드를 인식해 주세요!

2주
완성

※ 어휘의 사전적 의미에 해당하는 예문을 찾아 번호를 쓰고 빈칸을 채워 보세요.

01 **가장하다** 거짓 假 | 꾸밀 裝 ━━	통 태도를 거짓으로 꾸미다.	〔 〕	
02 **가혹하다** 가혹할 苛 | 혹독할 酷 ━━	형 몹시 모질고 혹독하다.	〔 〕	
03 **간주하다** 볼 看 | 지을 做 ━━	통 상태, 모양, 성질 따위가 그와 같다고 보거나 그렇다고 여기다.	〔 〕	
04 **간파하다** 볼 看 | 깨뜨릴 破 ━━	통 속내를 꿰뚫어 알아차리다.	〔 〕	
05 **거드름**	명 거만스러운 태도.	〔 〕	

① 모평 형이 동생의 심리 상태를 ☐☐하고 있다.

② 학평 외판원으로 생계를 이어 가야 하는 '그'의 모습을 통해 ☐☐한 현실을 엿볼 수 있군.

③ 모평 질문에 대꾸하지 않음으로써 상대가 같은 질문을 반복하도록 ☐☐☐을 피우고 있다.

④ 학평 노란 봉투를 통해 자신의 실체를 ☐☐하는 광순은 속물적인 면을 지닌 부정적인 인물이겠군.

⑤ 수능 '아내'는 '권 씨'가 '권 씨네'의 경제적 상황을 해결하고 있다는 이유로 여간내기가 아니라고 ☐☐한다.

06 **거추장스럽다**	(1) 형 물건 따위가 크거나 무겁거나 하여 다루기가 거북하고 주체스럽다.	〔 〕	
	(2) 형 일 따위가 성가시고 귀찮다.	〔 〕	
07 **겸연쩍다** 찐덥지않을 慊 | 그럴 然 ━━	형 쑥스럽거나 미안하여 어색하다.	〔 〕	
08 **경지** 지경 境 | 땅 地	(1) 명 학문, 예술, 인품 따위에서 일정한 특성과 체계를 갖춘 독자적인 범주나 부분.	〔 〕	
	(2) 명 몸이나 마음, 기술 따위가 어떤 단계에 도달해 있는 상태.	〔 〕	
09 **계승** 이을 繼 | 받들 承	명 조상의 전통이나 문화유산, 업적 따위를 물려받아 이어 나감.	〔 〕	
10 **고깝다**	형 섭섭하고 야속하여 마음이 언짢다.	〔 〕	

① 교과 나를 모르는 체하는 것이 ☐☐ 생각이 들었다.

② 교과 지하철을 여러 번 갈아타기가 ☐☐스러워서 택시를 불렀다.

③ 학평 여러 기록을 참고하며 자연의 새로운 ☐☐를 소개할 수 있어야 한다.

④ 모평 득음의 ☐☐를 찾아 떠돌았던 소리꾼의 얼굴에 묻어나는 삶의 비애를 감각적으로 표현하고 있다.

⑤ 학평 나는 왜놈들이 나를 ☐☐☐스러운 뭉우리돌로 취급하는 것이 나를 두려워하는 것이라 생각했기에 오히려 기뻤다.

⑥ 학평 노마는 ☐☐☐은 듯, 그러나 일변 반갑기도 한 듯 싱글싱글 웃으면서, / "이렇게 됐습니다, 나리. 많이 점 가르켜 줍쇼, 나리."

⑦ 학평 한국 서정 시가는 고대로부터 현대에 이르기까지 형식적 요소와 내용적 요소가 ☐☐되거나 새롭게 변용, 창조되면서 문학적 전통을 이어 왔다.

11 **골몰하다** 골몰할 汨 | 잠길 沒 ━━	통 다른 생각을 할 여유도 없이 한 가지 일에만 파묻히다.	〔 〕	
12 **곱씹다**	통 말이나 생각 따위를 곰곰이 되풀이하다.	〔 〕	
13 **과시하다** 자랑할 誇 | 보일 示 ━━	통 자랑하여 보이다.	〔 〕	
14 **관망하다** 볼 觀 | 바랄 望 ━━	통 한발 물러나서 어떤 일이 되어 가는 형편을 바라보다.	〔 〕	
15 **관용** 너그러울 寬 | 얼굴 容	명 남의 잘못 따위를 너그럽게 받아들이거나 용서함. 또는 그런 용서.	〔 〕	

① 수능 이후에는 방관적인 태도를 취하며 사태를 ☐☐한다.

② 학평 '나'는 예전에 ☐☐했던 일에 다시 집중하기 시작했다.

③ 학평 나는 책을 손에서 놓고서도 이런 생각을 며칠째 ☐☐어 보고 있다.

④ 모평 차에서 내려 상대에게 먼저 알은 체하며 동승자에게 자신의 인맥을 ☐☐하고 있다.

⑤ 모평 같은 인간으로서 지니는 측은지심을 드러냄으로써 ☐☐의 정신을 발휘하기도 한다.

16 **광활하다** 넓을 廣 | 트일 闊 ––	형 막힌 데가 없이 트이고 넓다. 〔 〕
17 **교감하다** 사귈 交 | 느낄 感 ––	동 서로 접촉하여 따라 움직임을 느끼다. 〔 〕
18 **교묘하다** 교묘할 巧 | 묘할 妙 ––	(1) 형 솜씨나 재주 따위가 재치 있게 약삭빠르고 묘하다. 〔 〕
	(2) 형 짜임새나 생김새 따위가 아기자기하게 묘하다. 〔 〕
19 **궁핍하다** 다할 窮 | 가난할 乏 ––	형 몹시 가난하다. 〔 〕
20 **긴박하다** 팽팽할 緊 | 닥칠 迫 ––	형 매우 다급하고 절박하다. 〔 〕

① 학평 때로는 점잖게 대우하는 척하면서 회유하는 □□한 방법을 쓰기도 했다.

② 학평 자연물에 인격을 부여하여 화자가 자연과 □□하는 모습을 보여 주고 있다.

③ 교과 사용자가 경영상의 이유에 의하여 근로자를 해고하려면 □□한 경영상의 필요가 있어야 한다.

④ 학평 (가)는 북방에 간 화자가 명멸하던 역사 속에서 우리 민족이 □□한 영토를 떠나오던 장면을 상상해 보고 있다.

⑤ 학평 이 작품은 일제 강점기 농촌을 배경으로 지주의 부당한 행위와 이로 인해 핍박받던 □□한 소작농들의 삶을 사실적으로 드러내고 있다.

⑥ 교과 서문을 나서서 백탑을 구경하니 그 제조의 □□하고 화려하며 웅장함이 가히 요동 벌판과 맞먹을 만하다.

21 **깃들다**	동 감정, 생각, 노력 따위가 어리거나 스미다. 〔 〕
22 **꺼림칙하다**	형 마음에 걸려서 언짢고 싫은 느낌이 있다. 〔 〕
23 **나불거리다**	동 입을 가볍게 함부로 자꾸 놀리다. 〔 〕
24 **난데없다**	형 갑자기 불쑥 나타나 어디서 왔는지 알 수 없다. 〔 〕
25 **내력** 올 來 | 지날 歷	명 지금까지 지내 온 경로나 경력. 〔 〕

① 교과 그녀가 입을 □□□□지 못하도록 입막음을 해야겠군.

② 교과 오늘따라 까마귀 우는 소리가 □□□하게 들려 잠을 설쳤다.

③ 수능 이상한 일도 많지. 거기서 □□□는 성 서방네 처녀와 마주쳤단 말이네.

④ 학평 자연과 관련된 인간의 □□□을 소재로 삼아 자신의 예술성을 표현할 수 있어야 한다.

⑤ 수능 허 생원에게 봉평은 가난하고 쓸쓸한 삶을 견디게 해 주는 추억이 □□어 있는 곳이지.

26 **내막** 안 內 | 막 幕	명 겉으로 드러나지 아니한 일의 속 내용. 〔 〕
27 **내색** – 빛 色	명 마음속에 느낀 것을 얼굴에 드러냄. 또는 그 낯빛. 〔 〕
28 **내외** 안 內 | 바깥 外	명 남의 남녀 사이에 서로 얼굴을 마주 대하지 않고 피함. 〔 〕
29 **너절하다**	(1) 형 허름하고 지저분하다. 〔 〕
	(2) 형 하찮고 시시하다. 〔 〕
30 **눈꼴사납다**	형 보기에 아니꼬워 비위에 거슬리게 밉다. 〔 〕

① 교과 그는 □□한 변명을 늘어놓았다.

② 학평 맹 순사는 □□을 아니 하고 소탈히 그러면서 같이 웃었다.

③ 교과 선생님께 잘 보이려고 애쓰는 은서의 꼴이 □□□□□다.

④ 교과 사내는 수염도 깎지 않은 □□한 차림으로 대문을 열고 들어섰다.

⑤ 수능 시간의 역전을 통해 인과 관계를 재구성한 서사를 함께 제시하여 사건의 □□을 감추고 있다.

⑥ 모평 이날은 웬일인지 성한 밥채로 밭머리에 곱게 내려놓았다. 그리고 또 □□를 해야 하니까 저만큼 떨어져 이쪽으로 등을 향하고 웅크리고 앉아서 그릇 나기를 기다린다.

·뜻풀이로 **체크하기**·

01 ~ 07 다음 뜻풀이에 해당하는 어휘를 쓰시오.

01 거만스러운 태도. ☐☐☐

02 쑥스럽거나 미안하여 어색하다. ☐☐☐

03 섭섭하고 야속하여 마음이 언짢다. ☐☐☐

04 감정, 생각, 노력 따위가 어리거나 스미다. ☐☐☐

05 갑자기 불쑥 나타나 어디서 왔는지 알 수 없다. ☐☐☐☐

06 다른 생각을 할 여유도 없이 한 가지 일에만 파묻히다. ☐☐☐☐

07 (1) 물건 따위가 크거나 무겁거나 하여 다루기가 거북하고 주체스럽다. (2) 일 따위가 성가시고 귀찮다. ☐☐☐☐☐

08 ~ 12 제시된 초성과 뜻풀이를 참고하여 빈칸에 들어갈 알맞은 어휘를 쓰시오.

08 ㄱㅁ 하다: 솜씨나 재주 따위가 재치 있게 약삭빠르고 묘하다.

(교과) 테러범은 ☐☐한 위장술을 동원해 현금 거래를 한다.

09 ㄲㄹㅊ 하다: 마음에 걸려서 언짢고 싫은 느낌이 있다.

(교과) 나는 그가 그 일을 알고 있다는 사실을 듣고 ☐☐☐하였다.

10 ㄱㅈ 하다: 태도를 거짓으로 꾸미다.

(교과) 범인은 애써 침착함을 ☐☐하려 했으나 눈동자는 매우 불안해 보였다.

11 ㄴㅁ : 겉으로 드러나지 아니한 일의 속 내용.

(학평) 그는 ☐☐을 숨긴 채 눈치를 보며 경계심을 드러내고 있다.

12 ㄱㅎ 하다: 막힌 데가 없이 트이고 넓다.

(모평) 첩첩한 산중에 수목이 빽빽한 곳을 깊이 들어가니 그 가운데 ☐☐하여 완연한 별세계라.

·문장으로 **체크하기**·

13 ~ 18 다음 문맥에 어울리는 어휘를 고르시오.

13 (수능) 상대방을 은근히 조롱하면서 자기를 (과시하고 | 내외하고) 있다.

14 (모평) 과거를 회상하며 멀리서 현실을 (가혹 | 관망)하는 태도를 드러내고 있다.

15 (학평) 이 작품은 잦은 장면 전환을 통해 (교묘 | 긴박)한 분위기를 조성하고 있다.

16 (모평) 순자의 학문을 (가장 | 계승)한 그는 한 고조의 치국 계책 요구에 부응해 『신어』를 저술하였다.

17 (학평) 치열한 경쟁을 하는 현대인을 비유한 것으로, 되로 받은 것을 말로 갚아 줄 것이라 (곱씹는 | 깃든) 강 선배의 모습에서 그런 태도를 엿볼 수 있어.

18 (학평) 고대 그리스인들에게 엔투시아스모스는 종교적인 행사에서 사제가 신의 메시지를 얻기 위해 신과 (간파 | 교감)하는 열광적인 상태를 의미하였다.

19 ~ 24 다음 빈칸에 들어갈 알맞은 어휘를 〈보기〉에서 찾아 쓰시오.

> ● 보기 ●
> 가혹   간파   경지
> 관용   궁핍   내색

19 (학평) 그는 상대의 내적 의도를 ( )하여 미리 대처하고 있다.

20 (교과) 변호인은 판사에게 피고의 딱한 사정을 살펴서 ( )을/를 베풀어 달라고 호소했다.

21 (수능) 아버지는 소주 두 병을 덜 받아 와서 곤란했지만, '나'에게 당황한 ( )을/를 하지 않았다.

22 (학평) 왜놈들은 신체적 고문을 ( )하게 하는 것은 기본이었고, 반항할 경우 음식을 반으로 줄이거나 굶기기도 했다.

23 (모평) 오랜 시간의 숙련 과정에서 다양한 갈등을 극복하며 ( )에 이른 장인은 자신이 제작하는 작품을 통해 예술가적 집념과 열의를 보여 준다.

24 (수능) 〈탄궁가〉는 향촌 공동체에서 경제적 기반이 취약한 사대부가 가정과 사회에 대한 책임을 다하기 어려운 자신의 ( )한 삶을 실감나게 그려 낸 작품이다.

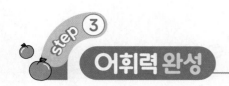

01 〈보기〉의 속담과 한자 성어의 뜻풀이에서 ㉠과 ㉡에 들어갈 말이 바르게 나열된 것은?

<속담과 한자 성어의 뜻풀이에 맞는 어휘 찾기>

━━━━● 보기 ●━━━━
- 씨는 속일 수 없다: 내림으로 이어받는 집안 (㉠)은/는 숨기려 해도 숨길 수 없음을 이르는 말.
- 조의조식(粗衣粗食): (㉡)하고 조잡한 옷을 입고 맛없는 음식을 먹음. 또는 그 옷이나 음식.

	㉠	㉡		㉠	㉡
①	경지	가혹	②	계승	골몰
③	내력	너절	④	내막	긴박
⑤	내색	내외			

02 문맥적 의미가 〈보기〉의 밑줄 친 어휘와 거리가 먼 것은?

<어휘의 문맥적 의미 파악하기>

━━━━● 보기 ●━━━━
나그네는 낡고 꾀죄죄한 차림으로 문 앞에 서 있다.

① 너절한   ② 더러운
③ 시시한   ④ 허름한
⑤ 지저분한

03 〈보기〉의 (ㄱ)~(ㅁ)과 관련된 설명으로 적절하지 않은 것은?

<어휘의 의미와 쓰임 이해하기>

━━━━● 보기 ●━━━━
- 그는 잘난 체하며 ㉠거드름을 피웠다.
- 돈벌이에 눈이 먼 그에게 윤리 도덕은 (㉡) 옷과도 같았다.
- 생원은 자신의 유식함을 ㉢과시하려고 시조 짓기를 제안했다.
- 막일을 한다고 다짜고짜 사람을 무시하는 그의 언행이 참 (㉣).
- 그는 큰소리를 쳐 놓고서 실수를 연발하는 것이 ㉤겸연쩍은지 괜히 뒷머리만 만졌다.

① 문맥상 (ㄱ)은 관용어 '목에 힘을 주었다'로 바꿔 쓸 수 있다.
② 문맥상 (ㄴ)에는 '일 따위가 성가시고 귀찮은'을 의미하는 '거추장스러운'을 넣을 수 있다.
③ 문맥상 (ㄷ)은 '내세우려고'로 바꿔 쓸 수 있다.
④ 문맥상 (ㄹ)에는 '섭섭하고 야속하여 마음이 언짢다.'를 의미하는 '고까웠다'를 넣을 수 있다.
⑤ 문맥상 (ㅁ)은 '쑥스러운지'로 바꿔 쓸 수 있다.

04 문맥상 밑줄 친 어휘와 바꿔 쓰기에 적절하지 않은 것은?

<적절한 어휘로 바꿔 쓰기>

① 어제 있었던 일을 처음부터 곱씹어 보았다. → 반성해
② 그 옷에는 아이와의 옛 추억이 깃들어 있었다. → 스며
③ 원산지 표시가 없는 식품은 먹기가 꺼림칙해요. → 찜찜해요
④ 난데없는 아우성 소리에 나는 무척 당황했다. → 갑작스러운
⑤ 어머니가 너절한 옷차림으로 외출하려는 그를 말렸다. → 지저분한

05 〈보기〉의 ⓐ~ⓔ를 사용하여 만든 문장으로 적절하지 않은 것은?

<어휘의 쓰임 이해하기>

━━━━● 보기 ●━━━━
- 쓸쓸한 운동장에는 깃발만 ⓐ나불거렸다.
- 그는 자신의 속마음을 잘 ⓑ내색하지 않는다.
- 그 사건의 ⓒ내막을 캐내기 위해 은밀히 조사를 시작했다.
- 같은 반의 학생들은 그를 범인으로 ⓓ간주하고 의심하기 시작했다.
- 조선달이란 사람은 어떠한 ⓔ내력을 지닌 사람인 줄 알 수가 없었다.

① ⓐ: 그가 더 이상 입을 나불거리지 못하게 하라.
② ⓑ: 그의 태도에 기분이 상했지만 나는 겉으로는 내색하지 않았다.
③ ⓒ: 참고인 진술만으로는 자세한 내막을 알 수가 없다.
④ ⓓ: 법원은 특정 상황에서는 뒤영벌을 어류로 간주할 수 있다는 판결을 내렸다.
⑤ ⓔ: 이 작품은 주인공의 출생 내력부터 소개하고 있다.

06 문맥상 밑줄 친 어휘의 쓰임이 적절하지 않은 것은?

<어휘의 쓰임 이해하기>

① 유학 좀 다녀왔다고 뻐기는 꼴이 아주 눈꼴사납다.
② 나와 그녀는 오래된 친구로 내외할 사이가 아니다.
③ 사람들은 전기수의 교묘한 강독술에 쉽게 매료된다.
④ 이 작품은 70년대 달동네 서민들의 궁핍한 생활을 보여 주고 있다.
⑤ 기획자는 관객과 연주자가 계승할 수 있는 공연을 만들고 싶어 했다.

02 한자 성어

2주 완성

※ 한자 성어가 사용된 예문을 읽고 해당 뜻풀이를 찾아 번호를 쓰세요.

★ 말

01 감언이설
달 甘 | 말씀 言 |
이로울 利 | 말씀 說

[교과] 정구는 떼돈을 벌게 해 주겠다는 업자의 감언이설에 속아 큰돈을 날리고 말았다. 〔 〕

① 호기롭고 자신 있게 말함. 또는 그 말.

02 구구절절
구절 句 | 구절 句 |
마디 節 | 마디 節

[교과] 진심이 담긴 친구의 조언은 구구절절 내 마음을 파고들었다. 〔 〕

② 모든 구절. 또는 말 한 마디 한 마디마다.

03 언중유골
말씀 言 | 가운데 中 |
있을 有 | 뼈 骨

[교과] "너 그게 무슨 소리니? 언중유골이라고 그 말 괜히 내게 하는 게 아니지?" 〔 〕

③ 귀가 솔깃하도록 남의 비위를 맞추거나 이로운 조건을 내세워 꾀는 말.

04 유구무언
있을 有 | 입 口 |
없을 無 | 말씀 言

[교과] 나는 그의 잘못을 하나하나 따져 물었지만 그는 유구무언이었다. 〔 〕

④ 입은 다르나 목소리는 같다는 뜻으로, 여러 사람의 말이 한결같음을 이름.

05 이구동성
다를 異 | 입 口 |
같을 同 | 소리 聲

[학평] 음식을 천천히 꼭꼭 씹어 먹는 것이 중요하다는 것을 강조한 TV 프로그램을 본 적이 있다. 전문가들이 이구동성으로 매우 좋은 식사 태도라고 평가했지만, 정작 본인들도 그것을 제대로 실천하지 못하고 있었다. 〔 〕

⑤ 입은 있어도 말은 없다는 뜻으로, 변명할 말이 없거나 변명을 하지 못함을 이름.

06 호언장담
호걸 豪 | 말씀 言 |
씩씩할 壯 | 말씀 談

[교과] 나는 자신만 믿고 따라오라고 호언장담하는 그가 탐탁지 않았다. 〔 〕

⑥ 말 속에 뼈가 있다는 뜻으로, 예사로운 말 속에 단단한 속뜻이 들어 있음을 이름.

★ 관계, 입장

07 견원지간
개 犬 | 원숭이 猿 |
갈 之 | 사이 間

[교과] 고대 그리스의 도시 국가인 아테네와 스파르타는 견원지간이라 끊임없이 전쟁을 벌였다. 〔 〕

① 처지를 바꾸어서 생각하여 봄.

08 생면부지
날 生 | 낯 面 |
아닌가 不 | 알 知

[교과] 고향을 떠나 새로 정착한 이 도시는 모두 생면부지의 낯선 사람들뿐이었다. 〔 〕

② 개와 원숭이의 사이라는 뜻으로, 사이가 매우 나쁜 두 관계를 이름.

09 역지사지
바꿀 易 | 땅 地 |
생각 思 | 갈 之

[모평] 반복을 통해 상대방에 대한 배신감을 드러내고, 역지사지를 가정하여 상대방을 질책하고 있다. 〔 〕

③ 서로 한 번도 만난 적이 없어서 전혀 알지 못하는 사람. 또는 그런 관계.

10 적반하장
도둑 賊 | 돌이킬 反 |
연 荷 | 지팡이 杖

[학평] 하물며 포악한 마음을 발하여 은혜 갚을 생각은 아니하고 오히려 관청에 송사를 이르고자 하니, 이는 이른바 적반하장이요, 은혜를 원수로 갚음이라. 〔 〕

④ 도둑이 도리어 매를 든다는 뜻으로, 잘못한 사람이 아무 잘못도 없는 사람을 나무람을 이름.

★ 성공

11 **금의환향** 비단 錦	옷 衣 돌아올 還	시골 鄉	모평 '남적'을 소탕하고 **금의환향**하는 유충렬을 백성들이 환대하는 것에서, 유충렬이 영웅으로 귀환하고 있음을 알 수 있군. 〔 〕
12 **대기만성** 큰 大	그릇 器 늦을 晚	이룰 成	교과 그 배우는 오랜 무명 시절을 보내고 연기력을 인정받은 **대기만성**의 전형이다. 〔 〕
13 **입신양명** 설 立	몸 身 오를 揚	이름 名	모평 전우치가 **입신양명**의 길을 선택하지 않은 것은 나라에 공을 세워 이름을 널리 떨치는 일반적인 영웅 소설과는 달라요. 〔 〕
14 **전도유망** 앞 前	길 途 있을 有	바랄 望	교과 학자들은 그가 매우 **전도유망**한 청년 사업가라고 칭찬하였다. 〔 〕

① 앞으로 잘될 희망이 있음.

② 출세하여 이름을 세상에 떨침.

③ 비단옷을 입고 고향에 돌아온다는 뜻으로, 출세를 하여 고향에 돌아가거나 돌아옴을 이름.

④ 큰 그릇을 만드는 데는 시간이 오래 걸린다는 뜻으로, 크게 될 사람은 늦게 이루어짐을 이름.

★ 원인과 결과

15 **명불허전** 이름 名	아닐 不 빌 虛	전할 傳	교과 우리나라 양궁 국가대표 선수들의 실력을 보니 과연 **명불허전**이다. 〔 〕
16 **인과응보** 인할 因	열매 果 응할 應	갚을 報	학평 심청이 환생하여 황후가 된 것은 불교의 '**인과응보**' 사상이 반영된 것이다. 〔 〕
17 **자승자박** 스스로 自	줄 繩 스스로 自	묶을 縛	교과 탐관오리의 가렴주구를 비판하는 어사또의 한시로 볼 때 변 사또의 운자(韻字) 제시는 **자승자박**에 해당한다. 〔 〕
18 **자업자득** 스스로 自	업 業 스스로 自	얻을 得	교과 공부를 제대로 안 해서 결국에는 성적이 떨어졌으니 **자업자득**이다. 〔 〕

① 자기가 저지른 일의 결과를 자기가 받음(얻음).

② 선을 행하면 선의 결과가, 악을 행하면 악의 결과가 반드시 뒤따름.

③ 명성이나 명예가 헛되이 퍼진 것이 아니라는 뜻으로, 이름날 만한 까닭이 있음을 이름.

④ 자기의 줄로 자기 몸을 옭아 묶는다는 뜻으로, 자기가 한 말과 행동에 자기 자신이 옭혀 곤란하게 됨을 이름.

★ 교훈

| 19 **반면교사**
돌이킬 反 | 낯 面
가르칠 敎 | 스승 師 | 교과 부정부패를 척결하지 않아서 패망한 나라를 **반면교사**로 삼아야 한다고 주장했다. 〔 〕 |
| 20 **타산지석**
다를 他 | 메 山
갈 之 | 돌 石 | 교과 다른 팀이 실패한 프로젝트를 **타산지석**으로 삼아 우리 프로젝트를 더 잘 진행하자. 〔 〕 |

① 사람이나 사물 따위의 부정적인 면에서 얻는 깨달음이나 가르침을 주는 대상을 이름.

② 다른 산의 나쁜 돌이라도 자기 산의 옥돌을 가는 데에 쓸모가 있다는 뜻으로, 남의 하찮은 말이나 행동도 자신을 수양하는 데에 도움이 될 수 있음을 이름.

· 뜻풀이로 체크하기 ·

01 ~ 03 다음 뜻풀이에 해당하는 한자 성어를 말상자에서 찾아 표시하시오.

감	언	이	설	자	승
인	중	응	보	역	절
과	유	원	간	지	견
적	골	구	일	사	생
사	반	하	무	지	박
교	면	담	장	언	호

01 처지를 바꾸어서 생각하여 봄.

02 귀가 솔깃하도록 남의 비위를 맞추거나 이로운 조건을 내세워 꾀는 말.

03 말 속에 뼈가 있다는 뜻으로, 예사로운 말 속에 단단한 속뜻이 들어 있음을 이름.

04 ~ 08 다음 빈칸에 들어갈 알맞은 말을 〈보기〉에서 찾아 쓰시오.

● 보기 ●
까닭   출세   희망
잘못한   부정적인

04 전도유망 : 앞으로 잘될 (   )이/가 있음.

05 반면교사 : 사람이나 사물 따위의 (   ) 면에서 얻는 깨달음이나 가르침을 주는 대상을 이름.

06 명불허전 : 명성이나 명예가 헛되이 퍼진 것이 아니라는 뜻으로, 이름날 만한 (   )이/가 있음을 이름.

07 금의환향 : 비단옷을 입고 고향에 돌아온다는 뜻으로, (   )을/를 하여 고향에 돌아가거나 돌아옴을 이름.

08 적반하장 : 도둑이 도리어 매를 든다는 뜻으로, (   ) 사람이 아무 잘못도 없는 사람을 나무람을 이름.

· 문장으로 체크하기 ·

09 ~ 13 다음 문맥에 알맞은 한자 성어를 고르시오.

09 교과 그 후보는 자신이 당선된다면 모든 공약을 지키겠다고 (반면교사 | 호언장담)하였다.

10 교과 애초에 너 자신이 선택한 길이었으므로, 이런 결과가 난 것은 (입신양명 | 자업자득)이다.

11 교과 전문가들은 이번 사건이 자연재해가 아닌 인재라고 (이구동성 | 적반하장)으로 답하였다.

12 교과 그 영화에는 (견원지간 | 금의환향)이었던 두 주인공이 서로를 이해하며 관계를 바로잡는 과정이 그려져 있다.

13 수능 고전 소설 중에는 천상계에서 죄를 지으면 지상계에서 벌을 받는 것으로 구현되는 (감언이설 | 인과응보)의 원리로 서사가 진행되는 작품들이 많다.

14 ~ 18 다음 상황과 의미가 통하는 한자 성어를 〈보기〉에서 찾아 쓰시오.

● 보기 ●
구구절절   생면부지
유구무언   입신양명   타산지석

14 교과 아버지와 대화하는 사람은 아버지의 지인이 아닌 오늘 처음 만난 사람이다.

☐☐☐☐

15 교과 그곳에 모인 사람들이 저마다 들려주는 사연 하나하나마다 내 마음에 와닿았다.

☐☐☐☐

16 교과 지수는 가희의 부적절한 행동을 보고 자신은 절대 그러지 않겠다고 다짐하였다.

☐☐☐☐

17 교과 기자 회견에서 이번 사고에 대한 책임 소재를 묻자 관계자들은 입을 꾹 닫은 채 아무 말이 없었다.

☐☐☐☐

18 교과 그는 불우한 가정 환경에서 자랐지만 피나는 노력을 하여 후에 많은 사람들에게 존경받는 인물이 되었다.

☐☐☐☐

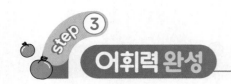

step ③ 어휘력 완성

01 〈보기〉의 ⓐ, ⓑ에 들어갈 한자 성어의 연결이 적절한 것은?
_{한자 성어의 의미 이해하기}

───── 보기 ─────

(ⓐ)은/는 '다른 산의 나쁜 돌멩이라도 자신의 산의 옥돌을 가는 데 쓸 수 있다.'는 시경의 구절에서 온 말로 하찮은 대상이나 나와 관계없어 보이는 일일지라도 자신의 인격을 수양하는 데에 도움이 될 수 있다는 뜻이고, (ⓑ)은/는 '잘못된 가르침을 주는 스승'이라는 말로 다른 사람의 부정적인 면을 거울삼아 나의 가르침으로 삼는다는 뜻이다. 두 한자 성어 모두 '대상의 부정적인 면에서 깨달음이나 가르침을 얻는다.'는 뜻이 담겨 있다.

	ⓐ	ⓑ		ⓐ	ⓑ
①	자업자득	인과응보	②	대기만성	입신양명
③	타산지석	반면교사	④	역지사지	적반하장
⑤	유구무언	호언장담			

02 문맥상 밑줄 친 한자 성어와 바꿔 쓰기에 적절하지 않은 것은?
_{한자 성어의 쓰임 이해하기}

① 국민들은 이구동성(異口同聲)으로 물가 안정을 호소했다. → 한목소리로
② 그와 나는 오늘 만나기 전까지는 생면부지(生面不知)의 사이였다. → 일면식도 없는
③ 감독은 이번 경기만은 결코 지지 않을 것이라고 호언장담(豪言壯談)을 했다. → 입찬소리를
④ 아랫집 김 영감과 윗집 민 영감은 견원지간(犬猿之間)이어서 만나기만 하면 서로 으르렁거렸다. → 앙숙이어서
⑤ 예로부터 재하자(在下者)는 유구무언(有口無言)이거늘 당돌하게 위를 범하려 하니 마땅히 죽일 만하다. → 기어오르기를 잘하거늘

03 짝을 이룬 한자 성어와 속담의 의미가 서로 부합하지 않는 것은?
_{속담에 맞는 한자 성어 찾기}

① 자승자박(自繩自縛) – 제 꾀에 제가 넘어간다
② 인과응보(因果應報) – 씨 뿌린 자는 거두어야 한다
③ 유구무언(有口無言) – 입이 열 개라도 할 말이 없다
④ 전도유망(前途有望) – 될성부른 나무는 떡잎부터 알아본다
⑤ 타산지석(他山之石) – 나는 바담 풍(風) 해도 너는 바람 풍 해라

04 문맥상 밑줄 친 한자 성어의 사용이 적절하지 않은 것은?
_{한자 성어의 쓰임 이해하기}

① 그는 떼돈을 벌어 주겠다는 감언이설(甘言利說)에 속아 큰돈을 떼이고 말았다.
② 공부는 안 하고 놀기만 해서 성적이 떨어졌으니 이게 다 자업자득(自業自得)이다.
③ 잘못은 자기가 했으면서 모두 내 잘못이라니, 적반하장(賊反荷杖)도 이만저만이 아니다.
④ 이곳 사람들은 그 남자와는 아무 인연이 없는 견원지간(犬猿之間)의 낯선 사람들뿐이었다.
⑤ 성진이 양소유로 환생하여 입신양명(立身揚名)해 부귀영화를 누리지만 깨어보니 한낱 꿈에 지나지 않았다.

05 다음 한자 성어에 내포된 의미로 적절하지 않은 것은?
_{한자 성어의 의미 이해하기}

① 금의환향(錦衣還鄉): 출세하여 고향에 돌아옴.
② 명불허전(名不虛傳): 명성이 헛되이 퍼진 게 아님.
③ 대기만성(大器晚成): 크게 될 인물은 늦게 이루어져 성공함.
④ 자업자득(自業自得): 자기가 저지른 일의 결과를 자기가 받음.
⑤ 자승자박(自繩自縛): 자기가 한 말과 행동에 끝까지 책임을 다함.

06 〈보기〉의 ⓐ와 바꿔 쓰기에 가장 적절한 것은?
_{상황에 맞는 한자 성어 찾기}

───── 보기 ─────

원수 장졸을 모으고 문 왈,
"너희들 밤에 무슨 꿈이 있더냐?"
ⓐ모두 답 왈
"꿈에 원수를 모시고 귀신 병졸과 더불어 싸워 이기고 장수를 생포하였나이다."

– 김만중, 〈구운몽〉

① 거두절미(去頭截尾)하여
② 이실직고(以實直告)하여
③ 호언장담(豪言壯談)하며
④ 구구절절(句句節節)으로
⑤ 이구동성(異口同聲)으로

03 속담

2주 완성

※ 속담이 사용된 예문을 읽고 해당 뜻풀이를 찾아 번호를 쓰세요.

★ 곤충

01 개미가 절구통 물고 나간다

교과 개미가 절구통 물고 나가듯 어린 동생이 제일 무거운 가방을 들고 나갔다. 〔　〕

02 메뚜기도 유월이 한철이다

(1) 교과 메뚜기도 유월이 한철이라고 선거철이 되니 정치인들은 장소를 불문하며 수단과 방법을 가리지 않고 선거 유세를 벌인다. 〔　〕

(2) 교과 메뚜기도 유월이 한철이라고 짧은 청춘을 허무하게 보내지 마렴. 〔　〕

03 벼룩의 간을 내먹는다

(1) 학평 데릴사위를 머슴처럼 부려 먹는 장인은 벼룩의 간을 내먹을 인색한 사람이다. 〔　〕

(2) 교과 벼룩의 간을 내먹는다더니 그는 돈 없는 학생들의 용돈까지 빼앗아 갔다. 〔　〕

04 빈대도 낯짝이 있다

교과 빈대도 낯짝이 있지, 내 책을 잃어버린 친구가 또 책을 빌려 달라고 하였다. 〔　〕

① 지나치게 염치가 없는 사람을 나무라는 말.

② 제때를 만난 듯이 한창 날뜀을 이르는 말.

③ 하는 짓이 몹시 잘거나 인색함을 이르는 말.

④ 어려운 처지에 있는 사람에게서 금품을 뜯어냄을 이르는 말.

⑤ 메뚜기도 음력 유월이 한창 활동할 시기라는 뜻으로, 누구나 한창 활동할 수 있는 시기는 얼마 되지 아니하니 그때를 놓치지 말라는 말.

⑥ 약하고 작은 사람이 힘에 겨운 큰일을 맡아 하거나, 무거운 것을 가지고 감을 이르는 말.

★ 사람의 성미

05 답답한 놈이 송사한다

교과 답답한 놈이 송사한다고 반품 처리를 위해 내가 직접 판매처를 찾아갔다. 〔　〕

06 번갯불에 콩 볶아 먹겠다

(1) 교과 일을 마치는 대로 퇴근시킨다고 하자 그는 번갯불에 콩 볶아 먹듯 일을 해치웠다. 〔　〕

(2) 교과 이사는 그렇게 번갯불에 콩 볶아 먹듯 하는 게 아니야. 급하게 굴지 마렴. 〔　〕

07 시집도 아니 가서 포대기 장만한다

교과 시집도 아니 가서 포대기 장만한다고 기차에 탑승하자마자 내릴 준비로 분주했다. 〔　〕

08 우물에 가 숭늉 찾는다

교과 우물에 가 숭늉 찾는다고 씨앗을 어제 심었는데 열매가 왜 안 열리냐고 묻는 거니? 〔　〕

09 찔러도 피 한 방울 안 나겠다

(1) 교과 아름이는 치밀하고 단단한 사람이라서 찔러도 피 한 방울 안 날 것이다. 〔　〕

(2) 교과 지우는 찔러도 피 한 방울 안 날 것 같지만 사실은 마음이 여리다. 〔　〕

10 키 크고 싱겁지 않은 사람 없다

교과 키 크고 싱겁지 않은 사람 없다는 말이 무색할 정도로 그는 키도 훤칠하고 손끝도 야무졌다. 〔　〕

① 일을 너무 일찍 서두름을 이르는 말.

② 도무지 빈틈이 없고 야무짐을 이르는 말.

③ 키 큰 사람의 행동은 야무지지 못하고 싱겁다는 말.

④ 냉혹하기 짝이 없어 인정이라고는 없음을 이르는 말.

⑤ 제일 급하고 일이 필요한 사람이 그 일을 서둘러 하게 되어 있다는 말.

⑥ 모든 일에는 질서와 차례가 있는 법인데 일의 순서도 모르고 성급하게 덤빔을 이르는 말.

⑦ 번쩍하는 번갯불에 콩을 볶아서 먹을 만하다는 뜻으로, 행동이 매우 민첩함을 이르는 말.

⑧ 하는 짓이 번갯불에 콩을 볶아 먹을 만큼 급하게 군다는 뜻으로, 어떤 행동을 당장 해치우지 못하여 안달하는 조급한 성질을 이르는 말.

★ 외면과 내면

11 등 치고 간 내먹다

교과 숙제를 도와준다더니 내 숙제를 베껴서 제출한 것은 등 치고 간 내먹는 행동이야. 〔　〕

12 뚝배기보다 장맛이 좋다

교과 뚝배기보다 장맛이 좋다고 낡고 보잘것없는 가게이지만 음식 맛이 좋아 항상 손님으로 북적인다. 〔　〕

13 보기 좋은 떡이 먹기도 좋다

(1) 교과 보기 좋은 떡이 먹기도 좋다고 어머니는 과일을 고를 때 흠집이 없는 것으로만 골라 담으신다. 〔　〕

(2) 교과 보기 좋은 떡이 먹기도 좋다고 하잖니, 책은 디자인도 예뻐야 공부할 맛이 더 나는 법이야. 〔　〕

14 빈 수레가 요란하다

교과 빈 수레가 요란하다고 그는 법에 대해 잘 알지도 못하면서 아는 체하고 시끄럽게 군다. 〔　〕

15 얌전한 고양이 부뚜막에 먼저 올라간다

교과 얌전한 고양이 부뚜막에 먼저 올라간다더니 제일 어수룩하게 행동하던 그가 실속은 제일 많이 챙겼다. 〔　〕

16 짖는 개는 물지 않는다

교과 짖는 개는 물지 않는다고 그 사람은 세상일 혼자 다 해낼 듯 떠들어 대지만 실제로는 할 줄 아는 게 없다. 〔　〕

① 내용이 좋으면 겉모양도 반반함을 이르는 말.

② 겉모양새를 잘 꾸미는 것도 필요함을 이르는 말.

③ 실속 없는 사람이 겉으로 더 떠들어 댐을 이르는 말.

④ 겉모양은 보잘것없으나 내용은 훨씬 훌륭함을 이르는 말.

⑤ 겉으로는 위하여 주는 체하면서 속으로는 해를 끼친다는 말.

⑥ 짖는 개는 짖기만 할 뿐 상대를 물지는 않는다는 뜻으로, 겉으로 떠들어 대는 사람은 도리어 실속이 없다는 말.

⑦ 겉으로는 얌전하고 아무것도 못 할 것처럼 보이는 사람이 딴짓을 하거나 자기 실속을 다 차리는 경우를 이르는 말.

★ 고생, 노력

17 고생 끝에 낙이 온다

교과 고생 끝에 낙이 온다고 힘든 수험 생활을 이겨 내고 합격의 기쁨을 맛보게 되었다. 〔　〕

18 공든 탑이 무너지랴

교과 '공든 탑이 무너지랴'는 말이 있잖아. 대회 준비에 최선을 다했으니 좋은 결과가 반드시 있을 거야. 〔　〕

19 구르는 돌은 이끼가 안 낀다

교과 구르는 돌은 이끼가 안 끼는 것처럼 쉬지 않고 연습하면 실력은 반드시 는다. 〔　〕

20 쥐구멍에도 볕 들 날 있다

교과 쥐구멍에도 볕 들 날 있다는데 우리도 언젠가는 배부른 소리를 하며 떵떵거리며 살날 오겠지. 〔　〕

① 몹시 고생을 하는 삶도 좋은 운수가 터질 날이 있다는 말.

② 부지런하고 꾸준히 노력하는 사람은 침체되지 않고 계속 발전한다는 말.

③ 어려운 일이나 고된 일을 겪은 뒤에는 반드시 즐겁고 좋은 일이 생긴다는 말.

④ 공들여 쌓은 탑은 무너질 리 없다는 뜻으로, 힘을 다하고 정성을 다하여 한 일은 그 결과가 반드시 헛되지 아니함을 이르는 말.

400

어휘 353개 달성!

300

01 ~ 05 다음 빈칸에 알맞은 말을 넣어 뜻풀이에 해당하는 속담을 완성하시오.

01 시집도 아니 가서 (   ): 일을 너무 일찍 서두름을 이르는 말.

02 (   ) 간 내먹다: 겉으로는 위하여 주는 체하면서 속으로는 해를 끼친다는 말.

03 (   ) 송사한다: 제일 급하고 일이 필요한 사람이 그 일을 서둘러 하게 되어 있다는 말.

04 개미가 (   ) 나간다: 약하고 작은 사람이 힘에 겨운 큰일을 맡아 하거나, 무거운 것을 가지고 감을 이르는 말.

05 (   ) 부뚜막에 먼저 올라간다: 겉으로는 얌전하고 아무것도 못 할 것처럼 보이는 사람이 딴짓을 하거나 자기 실속을 다 차리는 경우를 이르는 말.

06 ~ 10 다음 빈칸에 들어갈 알맞은 말을 〈보기〉에서 찾아 쓰시오.

> • 보기 •
> 순서   실속   행동
> 민첩함   훌륭함

06 뚝배기보다 장맛이 좋다: 겉모양은 보잘것없으나 내용은 훨씬 (   )을/를 이르는 말.

07 짖는 개는 물지 않는다: 겉으로 떠들어 대는 사람은 도리어 (   )이/가 없다는 말.

08 키 크고 싱겁지 않은 사람 없다: 키 큰 사람의 (   )은/는 야무지지 못하고 싱겁다는 말.

09 우물에 가 숭늉 찾는다: 모든 일에는 질서와 차례가 있는 법인데 일의 (   )도 모르고 성급하게 덤빔을 이르는 말.

10 번갯불에 콩 볶아 먹겠다: (1) 번쩍하는 번갯불에 콩을 볶아서 먹을 만하다는 뜻으로, 행동이 매우 (   )을/를 이르는 말. (2) 하는 짓이 번갯불에 콩을 볶아 먹을 만큼 급하게 군다는 뜻으로, 어떤 행동을 당장 해치우지 못하여 안달하는 조급한 성질을 이르는 말.

11 ~ 15 다음 빈칸에 들어갈 알맞은 속담을 〈보기〉에서 찾아 기호를 쓰시오.

> • 보기 •
> ㉠ 고생 끝에 낙이 온다
> ㉡ 벼룩의 간을 내먹는다
> ㉢ 메뚜기도 유월이 한철이다
> ㉣ 보기 좋은 떡이 먹기도 좋다
> ㉤ 찔러도 피 한 방울 안 나겠다

11 교과 (   )(라)고 연습생으로 입단한 그가 오랜 노력 끝에 팀 내 최고 연봉을 받는 선수가 되었다.

12 교과 (   )(라)고 생각하는 어머니는 언제나 빛깔 좋고 윤이 나는 과일만 사 드셨다.

13 교과 언니는 차가운 성격 때문에 (   )(라)는 말을 자주 듣는다.

14 교과 (   )(라)는 말처럼 경제 활동을 활발히 할 수 있는 시기는 지금이야.

15 교과 (   )(라)더니 그들은 홀로 지내는 시골 노인들을 상대로 불량 식품을 건강 식품이라고 속여 값비싸게 팔았다.

16 ~ 20 다음 문맥에 알맞은 속담을 고르시오.

16 교과 (빈 수레가 요란하다 | 키 크고 싱겁지 않은 사람 없다)고 아무것도 모르면서 시끄럽게 말로만 떠드는구나.

17 교과 네가 몇 년 동안 그렇게 열심히 노력했는데 (공든 탑이 무너지겠니 | 번갯불에 콩 볶아 먹겠니)?

18 교과 (뚝배기보다 장맛이 좋다 | 쥐구멍에도 볕 들 날 있다)더니 고생만 하던 명수에게 행운이 찾아왔다.

19 교과 (답답한 놈이 송사하지 | 빈대도 낯짝이 있지) 너는 내 부탁은 하나도 안 들어주면서 나에게 부탁만 하니?

20 교과 (구르는 돌은 이끼가 안 낀다 | 얌전한 고양이 부뚜막에 먼저 올라간다)라는 마음가짐으로 끊임없이 노력한 그는 최고의 배우가 되었다.

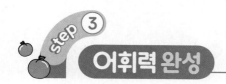

01 ⓐ~ⓔ의 쓰임에 대한 이해가 적절하지 <u>않은</u> 것은?   속담의 쓰임 이해하기

── 보기 ──
ⓐ 벼룩의 간을 내먹는다   ⓑ 짖는 개는 물지 않는다
ⓒ 고생 끝에 낙이 온다   ⓓ 개미가 절구통 물고 나간다
ⓔ 시집도 아니 가서 포대기 장만한다

① 하는 짓이 몹시 인색한 사람을 보았을 때, ⓐ를 사용하여 나타낼 수 있어.
② 겉으로 장황하게 떠들어 대기만 하고 실속은 없는 사람을 보았을 때, ⓑ를 사용하여 나타낼 수 있어.
③ 어렵고 고된 일을 잘 이겨 내고 좋은 일을 맞이하는 사람을 보았을 때, ⓒ를 사용하여 나타낼 수 있어.
④ 약한 사람이 감당하기 힘들어 보이는 큰일을 맡아 할 때, ⓓ를 사용하여 나타낼 수 있어.
⑤ 준비성이 철저하여 앞날에 미리 대비하는 사람을 보았을 때, ⓔ를 사용하여 나타낼 수 있어.

02 〈보기〉의 내용을 모두 포괄하여 나타낸 속담으로 적절한 것은?   제시된 정보로 속담 유추하기

── 보기 ──
• 성급하게 덤비는 행위
• '싸전에 가서 밥 달라고 한다'와 유사한 속담
• 일에는 질서와 차례가 있는 법이라는 뜻이 담긴 표현

① 빈 수레가 요란하다   ② 빈대도 낯짝이 있다
③ 답답한 놈이 송사한다   ④ 우물에 가 숭늉 찾는다
⑤ 쥐구멍에도 볕 들 날 있다

03 의미가 비슷한 속담끼리 묶은 것으로 볼 수 <u>없는</u> 것은?   속담의 유사성 파악하기

① 조급한 성질 : 번갯불에 콩 볶아 먹겠다 – 번갯불에 회쳐 먹겠다
② 실속 없이 떠들어 댐. : 빈 수레가 요란하다 – 소 잃고 외양간 고친다
③ 사람이 몹시 싱거움. : 키 크고 싱겁지 않은 사람 없다 – 싱겁기는 고드름장아찌라
④ 일이 필요한 사람이 그 일을 서둘러 함. : 답답한 놈이 송사한다 – 목마른 놈이 우물 판다
⑤ 겉모양보다 내용이 훨씬 훌륭함. : 뚝배기보다 장맛이 좋다 – 솥은 검어도 밥은 검지 않다

04 밑줄 친 속담의 쓰임이 적절하지 <u>않은</u> 것은?   속담의 쓰임 이해하기

① 겉으로만 위해 주는 척하면서 <u>등 치고 간 내먹는</u> 사람은 친구라고 할 수 없다.
② 저 사람은 성미가 모질고 인정이라고는 없어서 <u>찔러도 피 한 방울 안 날 것</u> 같다.
③ 아직 제대로 걷지도 못하는 아이에게 뛰기를 바라다니, <u>우물에 가 숭늉 찾는</u> 격이구나.
④ <u>보기 좋은 떡이 먹기도 좋다</u>고, 그 가게의 케이크들은 예쁜데 맛까지 있어 인기가 많다.
⑤ <u>빈대도 낯짝이 있다</u>더니, 손해를 크게 볼 수 있다는 것은 생각도 않고 무작정 덤비기만 하는구나.

05 〈보기〉의 ⓐ에 들어갈 속담으로 가장 적절한 것은?   문맥에 맞는 속담 찾기

── 보기 ──
(ⓐ   ), 새우젓 장수는 김장철에 제일 흥하고, 보일러 기사는 겨울이 바쁜 때이듯, 해수욕장 근처에서 아이스크림을 파는 그는 여름 휴가철이면 몸이 열 개라도 모자라다.

① 빈대도 낯짝이 있다고
② 뚝배기보다 장맛이 좋다고
③ 메뚜기도 유월이 한철이라고
④ 개미가 절구통 물고 나간다고
⑤ 얌전한 고양이 부뚜막에 먼저 올라간다고

06 〈보기〉의 독서 자세에 대해 말한 내용으로 적절한 것은?   적절한 속담 활용하기

── 보기 ──
독서를 할 때에는 결코 의문만 품으려고 해서는 안 된다. 〈중략〉 의문이 생기거든 되풀이하여 궁구하도록 한다. 이 경우 글에만 의거하지 말고 혹 일을 했던 경험으로 깨닫기도 하고 혹 노니는 중에 구하기도 하는 등, 무릇 다닐 때나 걸을 때나 앉을 때나 누울 때나 수시로 궁구할 일이다.   – 홍대용, 〈매헌에게 주는 글〉

① 쥐구멍에도 볕 들 날 있다고 의문은 되풀이해서 궁구해야 한다.
② 짖는 개는 물지 않는다고 힘을 다해 궁구하면 통하지 못할 것이 없다.
③ 의문만 품고 궁구하지 않는 사람은 우물에 가 숭늉 찾는 사람과 같다.
④ 보기 좋은 떡이 먹기도 좋다고 글보다는 경험에 의존하여 궁구해야 한다.
⑤ 구르는 돌은 이끼가 안 낀다고 수시로 궁구하다 보면 큰 깨달음을 얻을 수 있다.

※ 어휘의 사전적 의미에 해당하는 예문을 찾아 번호를 쓰고 빈칸을 채워 보세요.

| 01 | **능글맞다** | 형 태도가 음흉하고 능청스러운 데가 있다. | 〔 〕 |

① 교과 그는 엉큼하고 ☐☐☐은 웃음을 띠고 있었다.

| 02 | **다그치다** | 동 일이나 행동 따위를 요구하며 몰아붙이다. | 〔 〕 |

② 학평 용복은 버들댁이 주었던 돈을 ☐☐☐지 않게 여기고 있다.

| 03 | **대뜸** | 부 이것저것 생각할 것 없이 그 자리에서 곧. | 〔 〕 |

③ 수능 두 작품에서 사람들이 죽는 장소가 군사들이 ☐☐하는 전선만이 아니라는 점도 주목된다.

| 04 | **대수롭다** | 형 중요하게 여길 만하다. | 〔 〕 |

④ 교과 부장은 부하 직원들에게 맡은 일을 빨리 끝내라고 ☐☐☐다.

| 05 | **대치하다** 대답할 對 | 우뚝솟을 峙 -- | 동 서로 맞서서 버티다. | 〔 〕 |

⑤ 수능 그 심보를 눈치 채고 응칠이는 화를 벌컥 낸 것만은 좋으나 저도 모르게 ☐☐ 주먹뺨이 들어갔던 것이다.

| 06 | **덧없다** | (1) 형 알지 못하는 가운데 지나가는 시간이 매우 빠르다. | 〔 〕 |
| | | (2) 형 보람이나 쓸모가 없어 헛되고 허전하다. | 〔 〕 |

① 모평 이 시에는 ☐☐는 사랑을 인정하는 화자의 고백이 나타나고 있어.

| 07 | **돈독하다** 도타울 敦 | 도타울 篤 -- | 형 도탑고 성실하다. | 〔 〕 |

② 학평 글쓴이는 사업에 실패해서 낙향한 친구와 함께 시골에서 ☐☐한 우정을 나누었다.

| 08 | **동리** 고을 洞 | 마을 里 | 명 주로 시골에서, 여러 집이 모여 사는 곳. | 〔 〕 |

③ 모평 오죽해야 우리 ☐☐에서 누굴 물론하고 그에게 욕을 안 먹는 사람은 명이 짜르다 한다.

| 09 | **들뜨다** | 동 마음이나 분위기가 가라앉지 아니하고 조금 흥분되다. | 〔 〕 |

④ 교과 대학을 졸업한 게 엊그제 같은데 내 나이가 벌써 육십이라니, 세월이 참 ☐☐구나.

| 10 | **막연하다** 사막 漠 | 그럴 然 -- | (1) 형 갈피를 잡을 수 없게 아득하다. | 〔 〕 |
| | | (2) 형 뚜렷하지 못하고 어렴풋하다. | 〔 〕 |

⑤ 교과 팔 만한 물건도 모두 팔고 남은 것이 없으니 돈을 마련할 길이 ☐☐하였다.

⑥ 학평 그는 전쟁에 나간 아들이 돌아온다는 통지를 받고 마음이 ☐☐ 기차역 정거장으로 나갔다.

⑦ 교과 그는 ☐☐하나마 그녀를 이해할 것 같았다.

| 11 | **매정하다** | 형 얄미울 정도로 쌀쌀맞고 인정이 없다. | 〔 〕 |

① 교과 내 마음을 들킨 것이 ☐☐해서 웃고 말았다.

| 12 | **머쓱하다** | 형 무안을 당하거나 흥이 꺾여 어색하고 열없다. | 〔 〕 |

② 교과 지혜는 나의 간곡한 부탁을 ☐☐하게 거절해 버렸다.

| 13 | **면모** 낯 面 | 모양 貌 | (1) 명 얼굴의 모양. | 〔 〕 |
| | | (2) 명 사람이나 사물의 겉모습. 또는 그 됨됨이. | 〔 〕 |

③ 교과 주희는 걱정거리가 없어지더니 수척했던 ☐☐가 몰라보게 좋아졌다.

④ 학평 여기서 맹 순사는, 백성들이 순사를 ☐☐하는 눈으로 보는 연유를 또 한 가지 발견하여야 하였다.

| 14 | **멸시하다** 업신여길 蔑 | 볼 視 -- | 동 업신여기거나 하찮게 여겨 깔보다. | 〔 〕 |

⑤ 교과 ☐☐이 사장이기에 내심 뿌듯해하며 의욕적으로 일했다.

| 15 | **명색** 이름 名 | 빛 色 | 명 실속 없이 그럴듯하게 불리는 허울만 좋은 이름. | 〔 〕 |

⑥ 모평 사회적 지위가 상승한 인물들을 통해 1930년대 농촌 사회에 등장한 속물적 인물형의 ☐☐를 확인할 수 있다.

▶ 정답과 해설 18쪽

16 몰두하다
잠길 沒 | 머리 頭 ――
동 어떤 일에 온 정신을 다 기울여 열중하다. 〔 〕

17 무릅쓰다
동 힘들고 어려운 일을 참고 견디다. 〔 〕

18 무마하다
누를 撫 | 갈 摩 ――
동 분쟁이나 사건 따위를 어물어물 덮어 버리다. 〔 〕

19 무안하다
없을 無 | 얼굴 顔 ――
형 수줍거나 창피하여 볼 낯이 없다. 〔 〕

20 미심쩍다
아닐 未 | 살필 審 ――
형 분명하지 못하여 마음이 놓이지 않는 데가 있다. 〔 〕

① 소장과 노조 지부장은 만석을 이용해 상황을 □□ 하려 한다.
② 그의 신원이 □□□다고 의심하는 상황에서 그 외모가 의심을 가중했다는 생각이 담긴 말이다.
③ 안 먹으면 □□해할까 봐서 이걸 씹고 앉았노라면 으적으적 소리만 나고 돌을 먹는 겐지 밥을 먹는 겐지
④ 화자는 생활에 □□하려는 자아와 이러한 자아를 극복하고자 하면서 시를 새롭게 지향하려는 자아를 등장시킨다.
⑤ 장금이 위험을 □□□고 먹는 사람의 건강에 도움이 되는 음식을 고집하는 것에서 '음식을 하는 자의 도리'를 지키고자 하는 소신을 확인할 수 있군.

21 반감
돌이킬 反 | 느낄 感
명 반대하거나 반항하는 감정. 〔 〕

22 배회하다
노닐 徘 | 노닐 徊 ――
동 아무 목적도 없이 어떤 곳을 중심으로 어슬렁거리며 이리저리 돌아다니다. 〔 〕

23 번뇌
괴로워할 煩 | 괴로워할 惱
명 마음이 시달려서 괴로워함. 또는 그런 괴로움. 〔 〕

24 변모
변할 變 | 모양 貌
명 모양이나 모습이 달라지거나 바뀜. 또는 그 모양이나 모습. 〔 〕

25 변절
변할 變 | 마디 節
명 절개나 지조를 지키지 않고 바꿈. 〔 〕

① 이 소설의 주인공은 충직한 줄로만 알았는데 □□을 일삼아 자신의 부귀와 출세만을 노리는 인물이었군요.
② 영채는 진취적인 인물로, 구시대적인 권위나 특권에 대해 □□을 드러내고 있다.
③ 고민과 □□가 많았던 지난날, 내가 버틸 수 있었던 것은 그가 있었기 때문이다.
④ 거리를 □□하며 새로운 습관을 익히려는 김달채는 생활의 활기를 찾기 위해 비 오는 날을 기다린다.
⑤ '그'가 과거의 소극적인 태도를 버리고 이제는 적극적인 삶을 추구하는 인물로 □□되었음을 보여 주고자 하였다.

26 별안간
언뜻 볼 瞥 | 눈 眼 | 사이 間
명 갑작스럽고 아주 짧은 동안. 〔 〕

27 부인하다
아닐 否 | 알 認 ――
동 어떤 내용이나 사실을 옳거나 그러하다고 인정하지 아니하다. 〔 〕

28 분주하다
달아날 奔 | 달릴 走 ――
(1) 동 몹시 바쁘게 뛰어다니다. 〔 〕
(2) 형 이리저리 바쁘고 수선스럽다. 〔 〕

29 비정하다
아닐 非 | 뜻 情 ――
형 사람으로서의 따뜻한 정이나 인간미가 없다. 〔 〕

30 빈정대다
동 남을 은근히 비웃는 태도로 자꾸 놀리다. 〔 〕

① 출세의 욕망으로 □□하는 사람들 틈에 끼어 바둥거리는 자신의 모습이 애처롭게 느껴졌다.
② 예비 부부는 결혼 준비로 눈코 뜰 사이 없이 □□한 날들을 보내고 있다.
③ 그는 입을 쫑긋거리며 □□대는 조로 말했다.
④ 맹 순사는 과거의 행악을 생각하며 자신이 저지른 행동을 □□하고 있다.
⑤ "우리 인식이! 인식이!" / 하고 □□□ 훌쩍훌쩍 코를 들이마시기 시작한다.
⑥ 아내의 말은 □□한 현실 속에서도 따뜻한 인간미를 잃지 않는 모습을 보여 준다.

· 뜻풀이로 체크하기 ·

01 ~ 04 다음 뜻풀이에 해당하는 어휘를 제시된 초성을 참고하여 쓰시오.

01 중요하게 여길 만하다.

ㄷ ㅅ ㄹ ㄷ _____

02 갑작스럽고 아주 짧은 동안.

ㅂ ㅇ ㄱ _____

03 남을 은근히 비웃는 태도로 자꾸 놀리다.

ㅂ ㅈ ㄷ ㄷ _____

04 마음이 시달려서 괴로워함. 또는 그런 괴로움.

ㅂ ㄴ _____

05 ~ 06 다음 말상자를 완성하시오.

05 가로: 수줍거나 창피하여 볼 낯이 없다.

06 세로: 힘들고 어려운 일을 참고 견디다.

07 ~ 13 다음 빈칸에 들어갈 알맞은 말을 쓰시오.

07 대뜸: 이것저것 ☐☐할 것 없이 그 자리에서 곧.

08 능글맞다: 태도가 ☐☐하고 능청스러운 데가 있다.

09 다그치다: 일이나 행동 따위를 ☐☐하며 몰아붙이다.

10 명색: 실속 없이 그럴듯하게 불리는 ☐☐만 좋은 이름.

11 머쓱하다: ☐☐을 당하거나 흥이 꺾여 어색하고 열없다.

12 부인하다: 어떤 내용이나 사실을 옳거나 그러하다고 ☐☐하지 아니하다.

13 배회하다: 아무 ☐☐도 없이 어떤 곳을 중심으로 어슬렁거리며 이리저리 돌아다니다.

· 문장으로 체크하기 ·

14 ~ 18 다음 빈칸에 들어갈 알맞은 어휘에 ✓표 하시오.

14 교과 휴가철이 다가오자 상인들은 피서객들을 맞이하며 ☐☐한 시간을 보냈다. ☐배회 ☐분주

15 학평 그들은 호장 부부에 의해 쫓겨나고 인근 ☐☐ 사람들에게조차 외면을 당하였다. ☐동리 ☐면모

16 학평 이 글에서는 객지에서 몰려든 피란민에 대한 동네 사람들의 ☐☐을 엿볼 수 있다. ☐명색 ☐반감

17 학평 조선 시대 초상화는 시대의 추이에 따라 인물의 실체감을 더 강조하는 화법으로 ☐☐해 갔다. ☐번뇌 ☐변모

18 학평 최척과 옥영의 애정은 더욱 ☐☐해졌으며, 서로를 지음(知音)으로 자처하면서 하루도 떨어져 생활하는 일이 없었다. ☐돈독 ☐막연

19 ~ 24 다음 빈칸에 들어갈 알맞은 어휘를 〈보기〉의 글자를 조합하여 쓰시오.

┌─ 보기 ─┐
두 막 면 멸 모 몰
변 비 시 연 절 정
└─────┘

19 학평 애국지사 중에는 감옥에서 나간 뒤에 마음을 바꿔 ☐☐하는 사람도 있었다.

20 모평 여러분, 생각이나 감정을 표현하려고 하는데 어떻게 해야 할지 몰라 ☐☐했던 적 있으시죠?

21 수능 토끼의 근본 성품 무겁지 못한 것이 겸하여 몸집도 작으니 온 산중이 ☐☐하여 누가 대접하겠느냐.

22 학평 우화 소설은 동물을 소재로 하여 인간의 부정적인 ☐☐(이)나 봉건 사회의 부조리한 모습을 풍자한다.

23 모평 〈원미동 시인〉은 현실과의 불화로 소외된 '몽달씨'가 인간미가 상실된 ☐☐한 현실을 견디는 모습을 우의적으로 제시한 점이 특징적이다.

24 모평 그는 위험에 대한 공포가 내면화되면 사람들은 극복 의지도 잃고 공포로부터 도피하거나 소극적 자기 방어 행동에 ☐☐하게 된다고 보았다.

01 〈보기〉의 속담과 한자 성어의 뜻풀이에서 ⓐ와 ⓑ에 들
어갈 말이 바르게 나열된 것은? 속담과 한자 성어의 뜻풀이에 맞는 어휘 찾기

> ━━━● 보기 ●━━━
>
> • 서울 가서 김 서방 찾는다: 넓은 서울 장안에 가서 주소도 모르
> 고 덮어놓고 김 서방을 찾는다는 뜻으로, 주소도 이름도 모르
> 고 무턱대고 (ⓐ) 사람을 찾아가는 경우를 이르는 말.
> • 불철주야(不撤晝夜): 어떤 일에 (ⓑ) 조금도 쉴 사이 없
> 이 밤낮을 가리지 아니함.

	ⓐ	ⓑ		ⓐ	ⓑ
①	돈독하게	비정하여	②	막연하게	몰두하여
③	멸시하게	분주하여	④	무안하게	대치하여
⑤	미심쩍게	배회하여			

02 〈보기〉의 ㉠~㉤에 들어갈 어휘와 의미의 연결이 바르
지 않은 것은? 어휘의 의미와 쓰임 이해하기

> ━━━● 보기 ●━━━
>
> • 그는 나의 간곡한 부탁을 (㉠) 뿌리쳤다.
> • 여행을 간다는 생각에 (㉡) 잠을 이루지 못했다.
> • 점원을 의심하는 약국의 주인은 마음이 몹시 (㉢) 눈치
> 였다.
> • '귀를 재우다'라는 관용어는 '말썽을 (㉣) 평온하게 만들
> 다.'라는 뜻이다.
> • 조선으로 귀국하는 배에서 그는 조선인을 (㉤) 일본인들
> 의 태도에 분개했다.

① ㉠: 매정하게 – 얄미울 정도로 쌀쌀맞고 인정이 없게
② ㉡: 들떠서 – 마음이나 분위기가 가라앉지 아니하고 조
금 흥분되어
③ ㉢: 미심쩍은 – 어떤 내용이나 사실을 옳거나 그러하다
고 인정하지 않는
④ ㉣: 무마하여 – 분쟁이나 사건 따위를 어물어물 덮어
버려
⑤ ㉤: 멸시하는 – 업신여기거나 하찮게 여겨 깔보는

03 문맥상 밑줄 친 어휘와 바꿔 쓰기에 적절하지 않은 것은? 적절한 어휘로 바꿔 쓰기

① 그는 음흉하고 능글맞은 웃음을 흘렸다. → 능청스러운
② 중대장은 병사를 지휘하여 적군과 대치하였다. → 맞섰다
③ 세속적 욕망은 덧없는 것이니 그에 대한 집착은 버려야
한다. → 쏜살같은
④ 그 사람의 글을 보면 그 사람의 면모를 알 수 있는 경우
가 많다. → 됨됨이
⑤ 선생께선 어진 이와는 우정을 돈독하게 하고 간사한 이
는 물리치는 삶을 강조하셨다. → 도탑게

04 밑줄 친 두 어휘의 의미가 일치하지 않는 것은? 어휘의 의미와 쓰임 이해하기

① ㉠ 그는 엉큼하고 능글맞은 사내였다.
㉡ 그 배우는 능글맞은 사기꾼 역할을 맡았다.
② ㉠ 그는 동생의 실수를 대수롭지 않게 여겼다.
㉡ 대수로운 일이 아니니 괘념치 말라고 그를 위로했다.
③ ㉠ 그는 면박을 당하자 머쓱했는지 머리를 긁적였다.
㉡ 그는 키만 머쓱하게 컸지 제대로 할 줄 아는 건 없는
사람이다.
④ ㉠ 형이 집에 오자마자 나는 대뜸 화부터 냈다.
㉡ 화려한 비단옷을 입은 그녀에게 대뜸 "사치가 너무
심하다."라고 나무랐다.
⑤ ㉠ 그 동리에는 안씨 성을 가진 성미 고약한 할멈이 살
고 있었다.
㉡ 설이 되면 갓 쓰고 신도 새로 신고 동리 이웃 간을
두루 돌아다니며 새해 인사를 한다.

05 문맥적 의미가 〈보기〉의 밑줄 친 어휘와 가장 비슷한
것은? 어휘의 문맥적 의미 파악하기

> ━━━● 보기 ●━━━
>
> 형사는 용의자들을 다그치며 행적을 캐물었다.

① 달래며   ② 조르며
③ 추스르며   ④ 담금질하며
⑤ 몰아붙이며

05 헷갈리는 어휘_고유어

step 1 어휘력 학습

2주 완성

※ 헷갈리는 어휘의 각 예문을 읽고 해당 의미를 찾아 번호를 쓰세요.

★ 가늠 vs 가름 vs 갈음
Tip '가늠'은 무엇인가 헤아려 짐작하는 것, '가름'은 승부를 정하거나 나누는 것, '갈음'은 대신하는 것을 의미함.

01 가늠 수능 운동장의 넓이가 가늠이 안 된다. 〔　〕

02 가름 교과 승패의 가름은 동전 던지기로 하는 게 좋겠다. 〔　〕

03 갈음 교과 이번 학기말 고사는 과제물로 갈음을 할까 한다. 〔　〕

① 명 사물을 어림잡아 헤아림.

② 명 다른 것으로 바꾸어 대신함.

③ 명 승부나 등수 따위를 정하는 일.

★ 갑절 vs 곱절
Tip '갑절'은 2배의 의미로만, '곱절'은 2배의 의미 외에도 여러 배수의 의미로 쓰임.

04 갑절 학평 지게 위에 올려놓은 다음 엎디어 다시 지고 일어나려니 이게 웬일까, 아까 오던 때와는 갑절이나 무거웠다. 〔　〕

05 곱절 교과 친구의 홍보 전략 덕분에 판매량이 많게는 세 곱절로 증가하였다. 〔　〕

① 명 어떤 수나 양을 두 번 합한 만큼.

② 명 (흔히 고유어 수 뒤에 쓰여) 일정한 수나 양이 그 수만큼 거듭됨을 이르는 말.

★ 낫다 vs 낳다
Tip '낫다'는 병이나 상처가 고쳐졌을 때에, '낳다'는 생명체를 태어나게 할 때 쓰임.

06 낫다 모평 범이 일러 준 대로 상한 사람들을 치료하니 그 상처가 모두 낫다. 〔　〕

07 낳다 수능 옥영은 그달에 바로 잉태해 열 달 뒤 과연 아들을 낳았는데, 등에 어린아이 손바닥만 한 붉은 점이 있었다. 〔　〕

① 통 병이나 상처 따위가 고쳐져 본래대로 되다.

② 통 배 속의 아이, 새끼, 알을 몸 밖으로 내놓다.

★ 다르다 vs 틀리다
Tip '다르다'는 비교 대상이 서로 같지 않은 것, '틀리다'는 사실과 어긋나는 것을 의미함.

08 다르다 학평 장금과 덕구는 문제 상황에 대처하는 태도가 서로 다르다. 〔　〕

09 틀리다 모평 실험 참여자가 틀린 답을 하면 그때마다 정정해 주었다. 〔　〕

① 형 비교가 되는 두 대상이 서로 같지 아니하다.

② 통 셈이나 사실 따위가 그르게 되거나 어긋나다.

★ 다리다 vs 달이다
Tip '다리다'는 옷감의 구김을 펼 때, '달이다'는 약재를 물과 끓일 때 쓰임.

10 다리다 교과 어머니께서는 내일 등교하는 동생을 위해 교복을 다리고 계셨다. 〔　〕

11 달이다 교과 한의사는 불을 지펴 한약을 달인다. 〔　〕

① 통 약재 따위에 물을 부어 우러나도록 끓이다.
② 통 옷이나 천 따위의 주름이나 구김을 펴고 줄을 세우기 위하여 다리미나 인두로 문지르다.

★ 돋구다 vs 돋우다

Tip '돋구다'는 안경 도수를 높일 때에만, '돋우다'는 무언가를 위로 끌어 올려 높이거나 감정을 생겨나게 할 때 쓰임.

12 돋구다	교과 한나는 눈이 더 나빠져 안경의 도수를 돋궜다. 〔　〕	① 동 안경의 도수 따위를 더 높게 하다.
13 돋우다	(1) 교과 아이들은 발끝을 돋우며 창밖을 내다보기 위해 애썼다. 〔　〕	② 동 감정이나 기색 따위를 생겨나게 하다.
	(2) 모평 이제 그 뜻에 순종하여 화를 돋우게 하지 마라. 〔　〕	③ 동 위로 끌어 올려 도드라지거나 높아지게 하다.

★ 두껍다 vs 두텁다

Tip '두껍다'는 두께의 큰 정도, '두텁다'는 인간 관계의 깊이와 연관이 있음.

14 두껍다	(1) 학평 물체의 밀도가 크고 두께가 두꺼울수록 투과력은 감소한다. 〔　〕	① 형 두께가 보통의 정도보다 크다.
	(2) 교과 그 후보는 지지층이 두꺼워서 당선 가능성이 높다. 〔　〕	② 형 신의, 믿음, 관계, 인정 따위가 굳고 깊다.
15 두텁다	수능 동청은 재주가 있고 눈치가 빨라 매사를 한림의 뜻대로 챙기니 신임이 두터웠다. 〔　〕	③ 형 층을 이루는 사물의 높이나 집단의 규모가 보통의 정도보다 크다.

★ 띄다 vs 띠다

Tip '띄다'는 눈에 보이거나 두드러진다는 의미일 때, '띠다'는 색깔을 가지거나 감정을 나타낼 때 사용함.

16 띄다 ('뜨이다'의 준말)	(1) 교과 그런 사람들은 이곳저곳에서 드문드문 눈에 띄었다. 〔　〕	① 동 눈에 보이다.
	(2) 학평 학교 폭력 신고함을 각 교실마다 설치하고 수시로 확인하자 학교 폭력 건수가 눈에 띄게 감소하였다. 〔　〕	② 동 남보다 훨씬 두드러지다.
17 띠다	(1) 모평 방 안에서 보았을 때 창호지에 어리는 햇빛은 이른 아침에 청회색을 띤다. 〔　〕	③ 동 감정이나 기운 따위를 나타내다.
	(2) 수능 사람들이 모두 말해 주자, 자못 기쁨을 띠며 꽃가지를 꺾어 외청으로 갔다. 〔　〕	④ 동 빛깔이나 색채 따위를 가지다.

★ 맞추다 vs 맞히다

Tip '맞추다'는 둘 이상의 대상을 비교할 때, '맞히다'는 문제의 답을 틀리지 않게 한다는 의미로 쓰임.

18 맞추다	수능 친구와 서로 일정을 맞추어 보니 목요일이 여행 가기에 딱 좋다. 〔　〕	① 동 문제에 대한 답을 틀리지 않게 하다.
19 맞히다	모평 취기재의 이름을 맞히는 능력이 향상되면 그 취기재의 탐지 역치를 낮출 수 있다. 〔　〕	② 동 둘 이상의 일정한 대상들을 나란히 놓고 비교하여 살피다.

★ 매다 vs 메다

Tip '매다'는 끈이 풀어지지 않게 묶을 때, '메다'는 어깨에 무언가를 걸칠 때 쓰임.

20 매다	(1) 교과 약속 시간이 다 되어 가서 신발 끈을 제대로 매지도 못하고 집을 나섰다. 〔　〕	① 동 논밭에 난 잡풀을 뽑다.
	(2) 교과 아낙네들은 아침마다 콩밭을 매고 있었다. 〔　〕	② 동 어깨에 걸치거나 올려놓다.
21 메다	학평 흰 옷을 입은 여승이 바랑을 메고 있었다. 〔　〕	③ 동 끈이나 줄 따위의 두 끝을 엇걸고 잡아당기어 풀어지지 아니하게 마디를 만들다.

· 뜻풀이로 체크하기 ·

01 ~ 06 다음 빈칸에 들어갈 알맞은 말을 〈보기〉에서 찾아 쓰시오.

┌─────── ● 보기 ●───────┐
│   수   양   줄   감정   │
│ 규모   높이   승부   어깨 │
└──────────────────────┘

01 메다: (   )에 걸치거나 올려놓다.

02 가름: (   )(이)나 등수 따위를 정하는 일.

03 갑절: 어떤 (   )(이)나 (   )을/를 두 번 합한 만큼.

04 돋우다: (1) 위로 끌어 올려 도드라지거나 높아지게 하다. (2) (   )(이)나 기색 따위를 생겨나게 하다.

05 다리다: 옷이나 천 따위의 주름이나 구김을 펴고 (   )을/를 세우기 위하여 다리미나 인두로 문지르다.

06 두껍다: (1) 두께가 보통의 정도보다 크다. (2) 층을 이루는 사물의 (   )(이)나 집단의 (   ) 이/가 보통의 정도보다 크다.

07 ~ 12 다음 뜻풀이에 해당하는 어휘를 고르시오.

07 남보다 훨씬 두드러지다. (띄다 | 띠다)

08 다른 것으로 바꾸어 대신함. (가름 | 갈음)

09 안경의 도수 따위를 더 높게 하다. (돋구다 | 돋우다)

10 문제에 대한 답을 틀리지 않게 하다. (맞추다 | 맞히다)

11 배 속의 아이, 새끼, 알을 몸 밖으로 내놓다. (낫다 | 낳다)

12 셈이나 사실 따위가 그르게 되거나 어긋나다. (다르다 | 틀리다)

· 문장으로 체크하기 ·

13 ~ 17 다음 문맥에 알맞은 어휘를 고르시오.

13 수능 그는 곡괭이의 날을 댈 위치를 (가늠 | 가름)하고 있었다.

14 학평 노을은 산과 가까운 쪽일수록 강렬한 금빛을 (띠고 | 띄고) 있다.

15 교과 옷고름을 (매는 | 메는) 방법을 배우기 전에 한복을 입는 방법부터 배우는 것이 어떨까?

16 모평 인동차는 한약재로도 쓰이는 인동의 줄기와 잎사귀를 말려 (다려 | 달여) 먹는 차이다.

17 학평 집으로 돌아온 최척은 며칠 동안 몸을 조리하고 난 뒤에 점차 병이 (낫기 | 낳기) 시작하였다.

18 ~ 22 다음 밑줄 친 어휘의 쓰임이 적절하면 ○에, 적절하지 않으면 ×에 표시하시오.

18 교과 시간이 지날수록 그들의 대화는 점점 열기를 띠기 시작하였다. (○, ×)

19 교과 그는 물품을 물품 목록과 일일이 맞추어 확인한 후 퇴근하였다. (○, ×)

20 학평 계절에 따라 잘 보이는 별자리가 틀리다는 것을 책에서 읽은 적이 있어. (○, ×)

21 교과 그 회사는 직원에 대한 사장의 신뢰가 두꺼워 매번 높은 실적을 거두고 있다. (○, ×)

22 교과 천으로 만을 대항하기도 어려운 노릇인데, 하물며 만의 네 곱절인 사만 명이랴. (○, ×)

01 〈보기〉의 ⓐ~ⓔ가 올바른 문장이 되도록 고친 내용으로 적절하지 <u>않은</u> 것은?

<small>올바른 어휘로 고치기</small>

― 보기 ―

ⓐ 나는 너와 생각이 틀려.
ⓑ 쌍둥이인데도 성격이 너무 다르네.
ⓒ 첫 출근 날 입을 옷을 달여 줄을 세웠다.
ⓓ 엄마가 정성껏 보약을 다려 아이에게 먹였다.
ⓔ 요즘 들어 아이들의 행동이 눈에 띠게 달라졌다.

① ⓐ: '틀려'를 '달라'로 고친다.
② ⓑ: '다르네'를 '틀리네'로 고친다.
③ ⓒ: '달여'를 '다려'로 고친다.
④ ⓓ: '다려'를 '달여'로 고친다.
⑤ ⓔ: '띠게'를 '띄게'로 고친다.

02 밑줄 친 어휘의 쓰임과 표기가 적절하지 <u>않은</u> 것은?

<small>어휘의 쓰임과 표기 이해하기</small>

① 깨진 접시 조각을 다른 조각에 <u>맞춰서</u> 붙였다.
② 그는 열 문제 중에서 겨우 두 개만 답을 <u>맞혔다</u>.
③ 그는 화살을 열 번 쏘면 아홉 번은 과녁에 <u>맞힌다</u>.
④ 시험이 끝나고 서로 답을 <u>맞추어</u> 보느라 정신이 없었다.
⑤ 화분에 비를 <u>맞추지</u> 말고 안으로 들여놓으라고 당부했다.

03 문맥상 알맞은 어휘에 ○표 한 것으로 적절하지 <u>않은</u> 것은?

<small>문맥에 알맞은 어휘 찾기</small>

① 이곳에서 저곳까지 길이를 한번 (⟨가늠⟩/ 가름 / 갈음) 해 보자.
② 연장전이 끝나고도 승패의 (가늠 /⟨가름⟩/ 갈음)이 나지 않았다.
③ 그의 얼굴 표정만으로는 속마음을 (가늠 / 가름 /⟨갈음⟩) 하기 어렵다.
④ 피리 소리만으로는 적군의 위치를 (⟨가늠⟩/ 가름 / 갈음) 하기 힘들었다.
⑤ 제가 좋아하는 명언으로 오늘 인사 말씀을 (가늠 / 가름 /⟨갈음⟩)하겠습니다.

04 밑줄 친 어휘의 쓰임이 적절하지 <u>않은</u> 것은?

<small>헷갈리는 어휘의 쓰임 이해하기</small>

① 그 프로 팀은 선수층도 <u>두껍고</u>, 선수에 대한 감독의 신뢰도 <u>두텁다</u>.
② 올해 신년회를 봉사 활동으로 <u>갈음</u>하자는 결정이 투표로 <u>가름</u>이 났다.
③ 농악 소리는 신명을 <u>돋우고</u>, 걸쭉한 막걸리는 노인들의 입맛을 <u>돋구었다</u>.
④ '다르다'는 '같다'와 반의 관계의 단어이고, '틀리다'는 '맞다'와 반의 관계의 단어이다.
⑤ 새 농법을 적용한 덕분에 생산량이 작년보다 <u>갑절</u>이나 늘어 소득도 몇 <u>곱절</u> 늘었다.

05 〈보기〉의 ㉠~㉣에 들어갈 내용으로 적절하지 <u>않은</u> 것은?

<small>헷갈리는 어휘의 쓰임 이해하기</small>

― 보기 ―

학생: 선생님, '운동화 끈을 ○다.'에는 '매다'를 쓰나요, '메다'를 쓰나요?
선생님: '(㉠)'는 '어깨에 걸치거나 올려놓다.'라는 뜻으로 '군인들이 배낭을 ○고 행군한다.'와 같이 쓰이고, '(㉡)'는 '끈이나 줄 따위의 두 끝을 엇걸고 잡아당기어 풀어지지 아니하게 마디를 만들다.'라는 뜻으로 '넥타이를 ○다.'와 같이 쓰이지. 따라서 '운동화 끈을 (㉢)다.'와 '엿장수가 엿판을 (㉣)다.'로 쓸 수 있어. 한편, '논밭에 난 잡풀을 뽑다.'라는 뜻의 '○다'는 '사래 긴 밭을 (㉤)다.'와 같이 쓰인다는 것도 알아둬.

① ㉠: 메다   ② ㉡: 매다   ③ ㉢: 매-
④ ㉣: 메-   ⑤ ㉤: 메-

06 〈보기〉의 ⓐ~ⓔ를 참고할 때 밑줄 친 어휘의 사용이 적절하지 <u>않은</u> 것은?

<small>어휘의 문맥적 의미 파악하기</small>

― 보기 ―

ⓐ 보다 더 좋거나 앞서 있다.
ⓑ 어떤 결과를 이루거나 가져오다.
ⓒ 병이나 상처 따위가 고쳐져 본래대로 되다.
ⓓ 배 속의 아이, 새끼, 알을 몸 밖으로 내놓다.
ⓔ 신체 표면이나 땅 위에 솟아나다.

① ⓐ: 언니보다 동생의 노래 실력이 더 <u>나을걸</u>?
② ⓑ: 최선을 다한 노력이 최고의 결과를 <u>낳았다</u>.
③ ⓒ: 몸살이 <u>낳은</u> 것 같더니 다시 도졌다.
④ ⓓ: 우리 집 닭은 매일 알을 <u>낳는다</u>.
⑤ ⓔ: 깨 밭에 난 잡초들을 뽑아야 하는데 시간이 없다.

06 관용어

2주 완성

※ 관용어가 사용된 예문을 읽고 해당 뜻풀이를 찾아 번호를 쓰세요.

★ 손

01 손에 익다

예문 은진이는 이제 일이 손에 익어서 일을 빠르고 정확하게 처리할 수 있다. 〔　〕

02 손에 잡히다

예문 입원한 동생 때문에 그는 일이 손에 잡히지 않는다. 〔　〕

03 손을 끊다

예문 나는 질 나쁜 친구들과 손을 끊고 새 친구를 사귀었다. 〔　〕

04 손을 내밀다

예문 그는 일할 생각은 안 하고 돈이 떨어지면 부모님께 손을 내밀었다. 〔　〕

05 손을 놓다

학평 그렇다면 빨래로부터 주부들의 손을 놓게 한 전자동 세탁기는 어떻게 빨래를 하는가? 〔　〕

06 손이 크다

예문 어머니께서는 손이 커서 집에 손님이 오시면 언제나 음식을 푸짐하게 차리셨다. 〔　〕

07 손때가 묻다

예문 아버지는 손때가 묻은 만년필을 정말 아끼셨다. 〔　〕

08 손발이 맞다

예문 예린이와 가인이는 여러 면에서 손발이 척척 잘 맞는다. 〔　〕

---

① 씀씀이가 후하고 크다.

② 일이 손에 익숙해지다.

③ 교제나 거래 따위를 중단하다.

④ 하던 일을 그만두거나 잠시 멈추다.

⑤ 무엇을 달라고 요구하거나 구걸하다.

⑥ 마음이 차분해져 일할 마음이 내키고 능률이 나다.

⑦ 그릇, 가구 따위를 오래 써서 길이 들거나 정이 들다.

⑧ 함께 일을 하는 데에 마음이나 의견, 행동 방식 따위가 서로 맞다.

★ 배

09 배가 등에 붙다

예문 이틀 동안 아무것도 먹지 못하고 산속을 헤매었더니 배가 등에 붙었다. 〔　〕

10 배가 아프다

예문 그는 친구가 잘되는 것을 보고 무척 배가 아팠다. 〔　〕

11 배꼽을 잡다

예문 사람들이 그의 재미있는 말을 듣고 배꼽을 잡아도 그는 안색 하나 변하지 않았다. 〔　〕

12 배알이 꼴리다

예문 그가 비아냥거리던 소리를 떠올릴수록 배알이 꼴렸다. 〔　〕

---

① 비위에 거슬려 아니꼽다.

② 남이 잘되어 심술이 나다.

③ 웃음을 참지 못하여 배를 움켜잡고 크게 웃다.

④ 먹은 것이 없어서 배가 홀쭉하고 몹시 허기지다.

★ 머리

13 머리가 굳다

교과 나이가 드니 머리가 굳어 어제 일도 잘 생각나지 않는다. 〔　〕

14 머리가 무겁다

교과 며칠 동안 아이 문제로 신경을 썼더니 머리가 무겁다. 〔　〕

15 머리가 수그러지다

교과 그 선생님의 학문적 열정에 절로 머리가 수그러진다. 〔　〕

16 머리를 맞대다

모평 모두가 만족하는 대책을 찾기 위해 머리를 맞대었다. 〔　〕

17 머리를 싸매다

교과 민지는 머리를 싸매고 시험 준비를 했다. 〔　〕

18 머리를 쓰다

교과 나는 머리를 쓰는 일은 자신이 없어서 몸을 많이 쓰는 일을 하고 싶었다. 〔　〕

① 기억력 따위가 무디다.

② 존경하는 마음이 일어나다.

③ 있는 힘을 다하여 노력하다.

④ 기분이 좋지 않거나 골이 띵하다.

⑤ 어떤 일을 의논하거나 결정하기 위하여 서로 마주 대하다.

⑥ 어떤 일에 대하여 이모저모 깊게 생각하거나 아이디어를 찾아내다.

★ 발

19 발 벗고 나서다

교과 많은 사람들이 수해 복구를 위해 발 벗고 나섰다. 〔　〕

20 발을 끊다

학평 소희는 용돈을 모으려고 학교 매점에 발을 끊었다. 〔　〕

21 발을 빼다

교과 동희는 도박에서 완전히 발을 빼고 성실하게 살아간다. 〔　〕

22 발이 넓다

교과 경민이가 그 방면으로 발이 넓으니 네가 도움을 받을 수 있을 것이다. 〔　〕

23 발등을 찍히다

교과 연아는 믿었던 친구에게 발등을 찍히고 말았다. 〔　〕

24 발등의 불을 끄다

교과 그는 지금 자기 발등의 불을 끄느라 남을 신경 쓸 겨를이 없다. 〔　〕

① 적극적으로 나서다.

② 남에게 배신을 당하다.

③ 오가지 않거나 관계를 끊다.

④ 어떤 일에서 관계를 완전히 끊고 물러나다.

⑤ 사귀어 아는 사람이 많아 활동하는 범위가 넓다.

⑥ 눈앞에 닥친 절박한 일이나 어려운 일을 처리하거나 해결하다.

500

어휘 428개 달성!

400

step ② 어휘력 체크

· 뜻풀이로 체크하기 ·

01 ~ 07 다음 뜻풀이에 해당하는 관용어를 쓰시오.

01 적극적으로 나서다.

_____

02 일이 손에 익숙해지다.

_____

03 존경하는 마음이 일어나다.

_____

04 무엇을 달라고 요구하거나 구걸하다.

_____

05 먹은 것이 없어서 배가 홀쭉하고 몹시 허기지다.

_____

06 눈앞에 닥친 절박한 일이나 어려운 일을 처리하거나 해결하다.

_____

07 함께 일을 하는 데에 마음이나 의견, 행동 방식 따위가 서로 맞다.

_____

· 문장으로 체크하기 ·

14 ~ 18 다음 빈칸에 들어갈 알맞은 관용어를 〈보기〉에서 찾아 기호를 쓰시오.

┌──── 보기 ────┐
㉠ 손을 놓고   ㉡ 머리를 쓰면
㉢ 배가 아파서   ㉣ 배꼽을 잡고
㉤ 머리를 맞대고
└──────────────┘

14 교과 그 문제는 조금만 (   ) 해결할 수 있다.

15 교과 그 이야기를 듣자 모두들 (   ) 깔깔댔다.

16 교과 나는 친구들과 한참 동안 (   ) 문제에 대해 고민했다.

17 교과 재희는 자신보다 열심히 안 한 친구가 상을 타자 (   ) 참을 수 없었다.

18 교과 정부 당국에서는 전셋값 폭등에 사실상 (   ) 있다.

08 ~ 13 다음 빈칸에 들어갈 알맞은 말을 〈보기〉에서 찾아 쓰시오.

┌──── 보기 ────┐
관계   배신   비위   차분
기억력   씀씀이
└──────────────┘

08 머리가 굳다: (   ) 따위가 무디다.

09 손이 크다: (   )이/가 후하고 크다.

10 발등을 찍히다: 남에게 (   )을/를 당하다.

11 배알이 꼴리다: (   )에 거슬려 아니꼽다.

12 발을 빼다: 어떤 일에서 (   )을/를 완전히 끊고 물러나다.

13 손에 잡히다: 마음이 (   )해져 일할 마음이 내키고 능률이 나다.

19 ~ 24 다음 문맥에 알맞은 관용어를 고르시오.

19 학평 어제부터 모두들 불친절한 그 식당에 (발등의 불을 껐다 | 발을 끊었다).

20 교과 수홍이는 (발을 빼서 | 발이 넓어서) 전교생을 거의 다 알 정도이다.

21 교과 그는 ○○ 거래처와 손을 (끊고 | 내밀고) △△ 거래처와 일을 시작하였다.

22 교과 어머니는 할머니의 (손때가 묻은 | 손발이 맞는) 반짇고리를 소중하게 여기신다.

23 교과 나는 이번 시험 성적을 올리기 위해 혼자 머리를 (맞대고 | 싸매고) 공부하였다.

24 교과 양원이는 오전 내내 컴퓨터를 하더니 오후에는 계속 머리가 지끈거리고 (굳었다 | 무겁다)고 했다.

01 〈보기〉에서 제시한 뜻풀이를 참고할 때 ㉠과 ㉡에 활용할 수 있는 관용어로 적절한 것은? 제시된 정보로 관용어 유추하기

─● 보기 ●─

• [뜻풀이] 기억력 따위가 무디다.
  [예문] 환갑이 넘으니 (㉠) 자꾸 깜빡깜빡한다.
• [뜻풀이] 일이 손에 익숙해지다.
  [예문] 이제는 일이 (㉡) 눈 감고도 처리한다.

	㉠	㉡
①	머리가 굳다	손에 익다
②	머리를 쓰다	손때가 묻다
③	머리를 맞대다	손을 끊다
④	머리가 무겁다	손에 잡히다
⑤	머리를 싸매다	손을 놓다

02 〈보기〉의 빈칸에 들어갈 관용어로 적절한 것은? 문맥에 맞는 관용어 파악하기

─● 보기 ●─

장인님이 아들은 없고 딸만 있는 고로 그담 딸을 데릴사위를 해 올 때까지는 부려 먹지 않으면 안 된다. 물론 머슴을 두면 좋지만 그건 돈이 드니까, 일 잘하는 놈을 고르느라고 연방 바꿔 들였다. 또 한편, 놈들이 욕만 줄창 퍼붓고 심히도 부려 먹으니까 ( ) 달아나기도 했겠지. 점순이는 둘째 딸인데, 내가 일테면 그 세 번째 데릴사위로 들어온 셈이다.

– 김유정, 〈봄·봄〉

① 발이 넓어서   ② 배가 아파서
③ 배알이 꼴려서   ④ 배가 등에 붙어서
⑤ 머리가 수그러져서

03 〈보기〉로 볼 때 밑줄 친 부분이 관용어가 아닌 것은? 관용어의 사례 파악하기

─● 보기 ●─

'관용어'는 '두 개 이상의 단어로 이루어져 있으면서 그 단어들의 의미만으로는 전체의 의미를 알 수 없는, 특수한 의미를 나타내는 어구(語句)'이다. '배꼽을 잡다'는 '웃음을 참지 못하여 배를 움켜잡고 크게 웃다.'를 뜻하는 것 따위이다.

① 그는 이제 주식 투자에는 손을 끊었다.
② 어머니는 손이 커서 언제나 음식을 푸짐하게 차린다.
③ 앓아 누운 아이 때문에 그는 일이 손에 잡히지 않았다.
④ 주인공이 먼저 무대에 올라가 여배우에게 손을 내밀었다.
⑤ 회사가 어려워지자 손을 놓고 있던 기술자들도 팔소매를 걷고 나섰다.

04 관용어를 사용하여 ㉮~㉰의 문장을 완성할 때 빈칸에 들어갈 말로 가장 적절한 것은? 문맥에 맞는 관용어 파악하기

─● 보기 ●─

㉮ 나는 취직 시험에 합격하기 위해 머리를 ( ).
㉯ 끼니도 거른 채 하루 종일 일에만 신경썼더니 머리가 ( ).
㉰ 우리가 아무리 머리를 서로 ( ) 끙끙대도 이 난관을 타개할 묘수가 떠오르지 않았다.

	㉮	㉯	㉰
①	썼다	굳었다	싸매고
②	썼다	수그러졌다	맞대고
③	맞댔다	무겁다	쓰고
④	싸맸다	무겁다	맞대고
⑤	싸맸다	수그러졌다	쓰고

05 〈보기〉와 같이 관용어가 쓰인 부분을 바꿔 표현한 것으로 적절하지 않은 것은? 관용어의 의미와 쓰임 이해하기

─● 보기 ●─

맡은 업무가 손에 익을 만하면 다른 곳으로 전출을 가야 했다.
→ 익숙해질

① 그 친구와 크게 다툰 뒤 서로 발을 끊었다. → 왕래를 중단했다
② 그는 취약·소외 계층 돕기에 발 벗고 나섰다. → 적극적으로 나섰다
③ 그는 범죄 조직에서 기적적으로 발을 뺐다. → 관계를 끊고 물러났다
④ 그는 믿었던 직장 동료들에게 결국 발등을 찍히고 말았다. → 배신을 당하고
⑤ 당장은 발등의 불을 끄고 나서 근본 대책을 강구하는 게 옳다. → 남보다 일을 먼저 시작하고

필수 어휘_현대 문학

※ 어휘의 사전적 의미에 해당하는 예문을 찾아 번호를 쓰고 빈칸을 채워 보세요.

01 사소하다
적을 些 | 적을 少 ——
형 보잘것없이 작거나 적다.
〔 〕

02 삭막하다
동아줄 索 | 없을 莫 ——
형 쓸쓸하고 막막하다.
〔 〕

03 상념
생각 想 | 생각할 念
명 마음속에 품고 있는 여러 가지 생각.
〔 〕

04 선망
부러워할 羨 | 바랄 望
명 부러워하여 바람.
〔 〕

05 세태
세대 世 | 모양 態
명 사람들의 일상생활. 풍습 따위에서 보이는 세상의 상태나 형편.
〔 〕

① (모평) 풍자적 어조를 통해 □□를 우회적으로 비판하고 있다.

② (수능) 비유를 활용하여 대상의 속성과 관련된 글쓴이의 □□을 표현하고 있다.

③ (모평) 그의 행동은 그가 □□한 일도 쉽게 지나치지 않는 빈틈없고 까다로운 인물임을 보여 준다.

④ (교과) 컴퓨터 게이머는 많은 젊은이들에게 □□의 직업이다.

⑤ (모평) 화자는 □□한 도시 환경에도 불구하고 고통을 참아 내며 꽃을 피우는 모습을 나무의 반어법으로 인식한다.

06 쇠락하다
쇠할 衰 | 떨어질 落 ——
동 쇠약하여 말라서 떨어지다.
〔 〕

07 수금
거둘 收 | 쇠 金
명 받을 돈을 거두어들임. 또는 그런 돈.
〔 〕

08 수락
받을 受 | 대답할 諾
명 요구를 받아들임.
〔 〕

09 순종하다
순할 順 | 좇을 從 ——
동 순순히 따르다.
〔 〕

10 실없다
열매 實 ——
형 말이나 하는 짓이 실답지 못하다.
〔 〕

① (수능) (가), (다)에서는 모두 자연물이 □□하는 과정을 제시하여 인생에 대한 무상감을 드러내고 있다.

② (모평) '요구 조건'의 □□ 여부를 둘러싼 '안승학'과 '다섯 사람' 간의 갈등 양상이 긴장된 분위기를 자아냈다.

③ (학평) 감옥에서 왜놈들에게 갖은 학대를 당한 애국지사 중에는 세상에 나가서 오히려 그들에게 □□하는 자도 있었다.

④ (학평) 어느 날 영감님의 심부름으로 거래처에서 □□을 하던 중, 세워 둔 자전거가 바람에 넘어져 자동차에 작은 흠집을 내게 되어 곤경에 처한다.

⑤ (교과) 혜진이는 아침부터 □□는 농담을 내뱉는 석구를 살짝 노려보았다.

11 아첨하다
언덕 阿 | 아첨할 諂 ——
동 남의 환심을 사거나 잘 보이려고 알랑거리다.
〔 〕

12 안간힘
명 어떤 일을 이루기 위해서 몹시 애쓰는 힘.
〔 〕

13 안달
명 속을 태우며 조급하게 구는 일.
〔 〕

14 안위
편안할 安 | 위태할 危
명 편안함과 위태함을 아울러 이르는 말.
〔 〕

15 암담하다
어두울 暗 | 물 맑을 澹 ——
(1) 형 어두컴컴하고 쓸쓸하다.
〔 〕
(2) 형 희망이 없고 절망적이다.
〔 〕

① (교과) 비 뿌리는 객창의 □□한 등잔 아래 가을밤만 깊어 간다.

② (교과) 직장을 잃은 그는 앞으로 먹고살 길이 □□하였다.

③ (학평) 삶에 대한 진지한 성찰의 자세를 잃어 버렸으며, 자신의 □□만을 걱정하는 소시민적 삶에 매몰되어 갔다.

④ (학평) 어머니가 □□을 쓰고 있는 이유가 자식 때문이라는 점에서 매미의 허물과 어머니를 동일시하고 있다.

⑤ (학평) □□하는 사람들은 진심이 담긴 칭찬보다 거짓말이나 과장된 표현으로 상대를 기쁘게 합니다. 따라서 이러한 사람들은 멀리해야 합니다.

⑥ (학평) 호드기를 불며 닭싸움을 시키던 점순이가 되고, 장가를 들지 못해 □□을 내는 '나'가 된다.

16 **애잔하다**	형 애처롭고 애틋하다.	〔　〕
17 **애환** 슬플 哀｜기뻐할 歡	명 슬픔과 기쁨을 아울러 이르는 말.	〔　〕
18 **어감** 말씀 語｜느낄 感	명 말소리나 말투의 차이에 따른 느낌과 맛.	〔　〕
19 **어수룩하다**	형 겉모습이나 언행이 치밀하지 못하여 순진하고 어설픈 데가 있다.	〔　〕
20 **어슴푸레하다**	(1) 형 빛이 약하거나 멀어서 어둑하고 희미하다.	〔　〕
	(2) 형 기억이나 의식이 분명하지 못하고 희미하다.	〔　〕

① 교과 날이 새었지만 밖은 아직 ☐☐☐☐하였다.

② 교과 그의 ☐☐한 눈빛을 보니 나도 모르게 눈물이 났다.

③ 수능 '아버지'에게 돌다리는 삶의 추억과 ☐☐이 투영된 장소애의 대상이다.

④ 교과 내가 일도 참 잘하고 그리고 사람이 좀 ☐☐☐하니까 장인님이 잔뜩 붙들고 놓질 않는다.

⑤ 학평 '찰랑찰랑'에서 '출렁출렁'으로의 ☐☐ 변화를 통해 화자의 정서가 심화되었음을 드러내고 있다.

⑥ 교과 잊고 있었는데 지금 네 말을 듣고 보니 술에서 막 깨어난 듯 ☐☐☐☐하게 생각이 날 듯 말 듯 하네.

21 **어우러지다**	(1) 동 여럿이 조화를 이루거나 섞이다.	〔　〕
	(2) 동 여럿이 자연스럽게 사귀어 조화를 이루거나 일정한 분위기에 같이 휩싸이다.	〔　〕
22 **언짢다**	형 마음에 들지 않거나 좋지 않다.	〔　〕
23 **엉겁결**	명 미처 생각하지 못하거나 뜻하지 아니한 순간.	〔　〕
24 **여느**	관 그 밖의 예사로운. 또는 다른 보통의.	〔　〕
25 **여물다**	동 과실이나 곡식 따위가 알이 들어 딴딴하게 잘 익다.	〔　〕

① 교과 여기는 아이들이 함께 ☐☐☐져 서로 유대감을 확인하는 공간이다.

② 모평 1연의 1행은 '별배채'가 ☐☐어 가는 때라는 의미로 '산'과 '별'의 계절적 배경을 드러낸다.

③ 모평 방삼복의 제안에 ☐☐☐에 따라가는 모습을 통해 인물이 얼떨떨한 상태임을 보여 준다.

④ 교과 아버지는 집안 분위기가 좋지 않아서 ☐☐으신 모양이야.

⑤ 교과 파도 소리, 뱃고동 소리, 사람들 소리가 ☐☐☐졌다.

⑥ 모평 묵란화는 사군자의 하나인 난초에 관념을 투영하여 형상화한 그림으로, ☐☐ 사군자화와 마찬가지로 군자가 마땅히 지녀야 할 품성을 담고 있다.

26 **여운** 남을 餘｜운 韻	명 아직 가시지 않고 남아 있는 운치.	〔　〕
27 **역경** 거스를 逆｜지경 境	명 일이 순조롭지 않아 매우 어렵게 된 처지나 환경.	〔　〕
28 **연민** 불쌍히 여길 憐｜근심할 憫	명 불쌍하고 가련하게 여김.	〔　〕
29 **연상** 잇닿을 聯｜생각 想	명 하나의 관념이 다른 관념을 불러 일으키는 현상.	〔　〕
30 **오만하다** 거만할 傲｜게으를 慢 ——	형 태도나 행동이 건방지거나 거만하다.	〔　〕

① 교과 그 정치인은 눈은 내리깔고 턱을 ☐☐하게 높이 쳐들었다.

② 학평 추측을 나타내는 표현으로 시상을 종결하여 시적 ☐☐을 자아내고 있다.

③ 학평 자신과 같이 억울한 처지에 놓인 사람들에 대한 ☐☐의 감정을 드러내고 있다.

④ 수능 자신에게 험난한 ☐☐이 다가오고 있음을 자연 현상에 비유하여 표현하고 있다.

⑤ 모평 '낙엽'을 '망명 정부의 지폐'에 연결하여 낙엽의 이미지에서 ☐☐되는 무상감을 드러내고 있군.

· 뜻풀이로 **체크하기** ·

01 ~ 07 다음 뜻풀이에 해당하는 어휘를 말상자에서 찾아 표시하시오.

수	애	환	어	막	룩
금	잔	희	연	상	장
암	안	사	민	념	엉
담	정	달	감	세	태
안	간	힘	안	위	결
조	용	역	경	여	운

01 속을 태우며 조급하게 구는 일.

02 아직 가시지 않고 남아 있는 운치.

03 마음속에 품고 있는 여러 가지 생각.

04 받을 돈을 거두어들임. 또는 그런 돈.

05 어떤 일을 이루기 위해서 몹시 애쓰는 힘.

06 하나의 관념이 다른 관념을 불러일으키는 현상.

07 사람들의 일상생활, 풍습 따위에서 보이는 세상의 상태나 형편.

08 ~ 14 다음 빈칸에 들어갈 알맞은 말을 쓰시오.

08 선망: ☐☐☐하여 바람.

09 삭막하다: 쓸쓸하고 ☐☐하다.

10 애잔하다: 애처롭고 ☐☐하다.

11 안위: 편안함과 ☐☐☐을 아울러 이르는 말.

12 오만하다: 태도나 행동이 건방지거나 ☐☐하다.

13 어수룩하다: 겉모습이나 언행이 ☐☐하지 못하여 순진하고 어설픈 데가 있다.

14 암담하다: (1) 어두컴컴하고 ☐☐하다. (2) 희망이 없고 ☐☐적이다.

· 문장으로 **체크하기** ·

15 ~ 19 다음 문장의 문맥에 알맞은 어휘를 고르시오.

15 [학평] 숲을 배경으로 해, 하늘, 나무, 꽃, 흙 등이 (어우러지는 | 여무는) 조화로움을 보여 준다.

16 [학평] 냉·난방기의 온도를 적정하게 설정하는 (사소 | 삭막)한 생활 습관이 에너지 절약의 디딤돌이 된다.

17 [수능] 이 작품의 '찻길'은 일제가 우리 민족을 수탈하기 위해 만든 신작로로 부정적인 (어감 | 여운)을 띠게 된다.

18 [학평] 행인 1 역을 맡은 배우는 술에 취해 비틀거리는 행인 2를 한심한 듯 보며 (아첨 | 언짢아)하는 마음이 잘 드러나도록 연기해 주세요.

19 [학평] '잠노래'는 바쁜 낮의 일과를 보내고 나서도 밤늦게까지 남은 집안일을 해야 했던 옛날 우리나라 여인들의 (안위 | 애환)이/가 담겨 있는 노래이다.

20 ~ 24 다음 빈칸에 들어갈 알맞은 어휘를 〈보기〉에서 찾아 쓰시오.

● 보기 ●

쇠락   순종   아첨   역경   연민

20 [학평] 앞도 잘 못 볼 만큼 늙으신 할머니의 모습이 ( )해 가는 고향처럼 다가와 마음이 아팠습니다.

21 [모평] 진실로 뛰어난 효녀로서 은혜를 갚을 줄 아는 사람이로구나. 이제 그 뜻에 ( )하여 화를 돋우게 하지 마라.

22 [학평] 작가는 그런 인물들을 ( )의 시선으로 바라봄으로써 인물이 겪는 문제의 원인이 개인이 아니라 부조리한 사회에 있음을 보여 준다.

23 [수능] 네가 평소에 천하의 악명을 모아 망령되게 내게 덮어씌우더니, 이제 사정이 급해지자 면전에서 ( )을 떠니 누가 곧이듣겠느냐.

24 [학평] 글쓴이는 작은 키로는 견디기 어려운 쌓인 눈을 녹이고 꽃을 피운 모습에서, ( )을 이겨 내는 생명력을 '복수초'의 속성으로 인식하고 있군.

01 〈보기〉의 ⓐ~ⓔ를 사용하여 만든 문장으로 적절하지 않은 것은?

어휘의 쓰임 이해하기

— 보기 —
• 허 생원은 술에 취해 ⓐ <u>실없는</u> 말을 늘어놓았다.
• 회사 측이 노조 측의 요구 조건을 모두 ⓑ <u>수락하였다.</u>
• 옥수수 중에서도 알이 ⓒ <u>여물게</u> 굳고 잘 생긴 것이 인기가 좋다.
• 파장 무렵 장터에서는 ⓓ <u>사소한</u> 시비가 큰 싸움으로 번지기도 한다.
• 회의실의 어두운 조명이 내부 풍경을 ⓔ <u>어슴푸레하게</u> 드러내 비추고 있다.

① ⓐ: 최 노인은 말이나 행동이 늘 <u>실없어</u> 보인다.
② ⓑ: 김 과장은 거래처에 밀린 대금을 <u>수락하러</u> 갔다.
③ ⓒ: 묵은 곡식은 거의 떨어졌는데 보리는 아직 <u>여물지도</u> 않았다.
④ ⓓ: 작고 <u>사소한</u> 행동이 큰 사고를 미연에 방지하기도 한다.
⑤ ⓔ: 대나무밭과 솔밭 사이로 <u>어슴푸레하게</u> 보이는 것이 그녀의 집이다.

02 다음 밑줄 친 어휘와 바꿔 쓰기에 적절하지 않은 것은?

적절한 어휘로 바꿔 쓰기

① 요즘 십 대들에게 연예인은 <u>선망</u>의 직업이다. → 동경 (憧憬)의
② 할머니는 <u>여느</u> 사람이 누리는 것과 같은 즐거움을 누리셨다. → 보통의
③ 정신이 없는 가운데 엉겁결에 그 일을 <u>허락해</u> 버리고 말았다. → 엉뚱하게
④ 고려 왕이 힘을 다하여 하늘의 명에 <u>순종하니</u> 정성이 지극하더라. → 따르니
⑤ 기차가 출발하고 그는 잠든 어머니의 모습을 보며 <u>상념</u>에 잠긴다. → 생각에

03 문맥상 알맞은 어휘에 ○표 한 것으로 적절하지 않은 것은?

어휘의 문맥적 의미 이해하기

① 궁지에 몰렸다 해도 양심을 팔아 (안위 / 애환)을/를 돌볼 생각은 없다.
② 임금은 간사하고 (쇠락 / 아첨)하는 자를 곁에 두고 가까이 하였다.
③ 미술에서 '종말'은 부정적 (어감 / 여운)과는 달리 개방적이고 생산적인 상황을 뜻한다.
④ 그녀는 낭랑한 목소리를 내 보려고 (안간힘 / 안달)을 써 보았으나 끝내 실패하고 말았다.
⑤ 고생 끝에 동전 한 닢을 갖게 된 그의 이야기는 독자에게 (역경 / 연민)의 감정을 불러일으킨다.

04 〈보기〉의 한자 성어의 뜻풀이에서 ⓐ에 들어갈 어휘와 의미로 적절한 것은?

한자 성어의 뜻풀이에 맞는 어휘 찾기

— 보기 —
영고성쇠(榮枯盛衰): 인생이나 사물의 번성함과 (ⓐ)함이 서로 바뀜. [유의어]흥망성쇠(興亡盛衰)

① 암담(暗澹): 희망이 없고 절망적임.
② 쇠락(衰落): 쇠약하여 말라서 떨어짐.
③ 안달: 속을 태우며 조급하게 구는 일.
④ 역경(逆境): 일이 순조롭지 않아 매우 어렵게 된 처지나 환경.
⑤ 세태(世態): 사람들의 일상생활, 풍습 따위에서 보이는 세상의 상태나 형편.

05 문맥상 〈보기〉의 밑줄 친 어휘와 반의 관계인 것은?

어휘의 의미 관계 파악하기

— 보기 —
그는 별이라고는 찾아볼 수 없는 밤하늘보다 더 <u>암담한</u> 빈 들판을 바라보았다.

① 삭막(索莫)한: 쓸쓸하고 막막한
② 요란(搖亂)한: 시끄럽고 떠들썩한
③ 분주(奔走)한: 이리저리 바쁘고 수선스러운
④ 오만(傲慢)한: 태도나 행동이 건방지거나 거만한
⑤ 찬란(燦爛)한: 빛깔이나 모양 따위가 매우 화려하고 아름다운

08 한자 성어

2주 완성

※한자 성어가 사용된 예문을 읽고 해당 뜻풀이를 찾아 번호를 쓰세요.

★ 평범한 사람들

01 갑남을녀
갑옷 甲 | 사내 男 |
새 乙 | 계집 女

교과 좋은 사회란 몇몇의 뛰어난 사람이 잘사는 사회가 아니라 갑남을녀가 골고루 평화롭게 살아가는 사회다. 〔　〕

02 장삼이사
베풀 張 | 석 三 |
오얏 李 | 넉 四

교과 할머니께서는 평화로운 시대에 태어나 장삼이사로 살다 가는 것이 좋다고 하셨다. 〔　〕

03 초동급부
땔나무 樵 | 아이 童 |
길을 汲 | 아내 婦

교과 여염집 골목길에서 초동급부의 서로 주고받는 노래가 비록 저속하다고 하여도 사대부들의 시부(詩賦)와 같은 입장에서 논할 수는 없다. 〔　〕

04 필부필부
짝 匹 | 남편 夫 |
짝 匹 | 아내 婦

교과 옛 말씀에 '만승지군은 빼앗기 쉬우나 필부필부의 뜻은 빼앗지 못한다.' 하였으니, 이제 왕명으로 죽이시면 진실로 달게 여기는 바이오나 〔　〕

① 한 쌍의 남편과 아내라는 뜻으로, 평범한 남녀를 이름.

② 갑이란 남자와 을이란 여자라는 뜻으로, 평범한 사람들을 이름.

③ 땔나무를 하는 아이와 물을 긷는 아낙네라는 뜻으로, 평범한 사람을 이름.

④ 장씨(張氏)의 셋째 아들과 이씨(李氏)의 넷째 아들이라는 뜻으로, 이름이나 신분이 특별하지 아니한 평범한 사람들을 이름.

★ 자연

05 만경창파
일만 萬 | 밭 넓이 단위 頃 |
푸를 蒼 | 물결 波

모평 다만 바람이 차면 밤인 줄 알고 일기가 따스한 즉 낮인 줄 짐작하나 만경창파에 금수 소리도 없는지라. 〔　〕

06 엄동설한
엄할 嚴 | 겨울 冬 |
눈 雪 | 찰 寒

학평 아홉 아들과 열두 딸을 거느린 장끼와 까투리가 엄동설한에 먹을 것을 찾다가 붉은 콩 하나를 발견한다. 〔　〕

07 천고마비
하늘 天 | 높을 高 |
말 馬 | 살찔 肥

교과 무더운 여름이 가고 풍요로운 천고마비의 계절이 왔다. 〔　〕

08 청풍명월
맑을 淸 | 바람 風 |
밝을 明 | 달 月

학평 공명도 날 꺼리고 부귀도 날 꺼리니 / 청풍명월 외에 어떤 벗이 있사올꼬 〔　〕

① 맑은 바람과 밝은 달.

② 눈 내리는 깊은 겨울의 심한 추위.

③ 만 이랑의 푸른 물결이라는 뜻으로, 한없이 넓고 넓은 바다를 이름.

④ 하늘이 높고 말이 살찐다는 뜻으로, 하늘이 맑아 높푸르게 보이고 온갖 곡식이 익는 가을철을 이름.

★ 무식함

09 목불식정
눈 目 | 아닐 不 |
알 識 | 고무래 丁

교과 소년은 야학에서 겨우 글을 배워 목불식정을 면하였을 뿐이었다. 〔　〕

10 일자무식
하나 一 | 글자 字 |
없을 無 | 알 識

학평 학식이 많은 의사는 일자무식인 덕순이 내외보다는 더 많이 알 것이니 생명이 한 이레를 못 가리라던 그 말을 어째 볼 도리가 없다. 〔　〕

① 글자를 한 자도 모를 정도로 무식함. 또는 그런 사람.

② 아주 간단한 글자인 '丁' 자를 보고도 그것이 '고무래'인 줄을 알지 못한다는 뜻으로, 아주 까막눈임을 이름.

★ 비슷한 실력

11 난형난제 어려울 難 | 형 兄 어려울 難 | 아우 弟	학평 익중이 들어오니 난형난제되어 어느 것이 참 익중이며 어느 것이 거짓 익중인지 알기 어려웠다. 〔 　〕	① 더 낫고 더 못함의 차이가 거의 없음.
12 막상막하 없을 莫 | 위 上 없을 莫 | 아래 下	교과 두 팀의 실력이 막상막하여서 좀처럼 승부가 나지 않는다. 〔 　〕	② 용과 범이 서로 싸운다는 뜻으로, 강자끼리 서로 싸움을 이름.
13 백중지간 맏 伯 | 버금 仲 갈 之 | 사이 間	교과 결승에서 만난 두 팀은 백중지간이라 승패를 점치기 어렵다. 〔 　〕	③ 양쪽 뿔이 크기나 생김새에서 큰 차이가 없다는 뜻으로, 역량이 서로 비슷비슷한 위세를 이름.
14 용호상박 용 龍 | 범 虎 서로 相 | 칠 搏	교과 두 선수는 또다시 결승전에서 용호상박의 경기를 펼쳤다. 〔 　〕	④ 맏이와 둘째처럼 큰 차이가 없는 사이라는 뜻으로, 서로 우열을 가리기 힘든 형세를 이름.
15 호각지세 서로 互 | 뿔 角 갈 之 | 기세 勢	교과 한, 일 양국은 첨단 산업 분야에서 호각지세를 이루고 있다. 〔 　〕	⑤ 누구를 형이라 하고 누구를 아우라 하기 어렵다는 뜻으로, 두 사물이 비슷하여 낫고 못함을 정하기 어려움을 이름.

★ 군사, 전략

16 고군분투 외로울 孤 | 군사 軍 떨칠 奮 | 싸움 鬪	(1) 교과 아군은 고군분투하였으나 끝내 패하고 말았다. 〔 　〕 (2) 학평 조용한 방 한 칸을 구하기 위해 '나'는 여름 내내 고군분투한다. 〔 　〕	① 공격하기가 어려워 쉽사리 함락되지 아니함.
17 난공불락 어려울 難 | 칠 攻 아닐 不 | 떨어질 落	교과 장군의 뛰어난 전략으로 난공불락의 요새라던 그 성을 점령할 수 있었다. 〔 　〕	② 남의 도움을 받지 아니하고 힘에 벅찬 일을 잘해 나감을 이름.
18 동정서벌 동녘 東 | 칠 征 서녘 西 | 칠 伐	교과 대장부가 세상에 나서 공맹을 본받지 못할 바에야, 차라리 병법이라도 익혀 동정서벌하여 나라에 큰 공을 세우고 이름을 만대에 빛내는 것이 장부의 통쾌한 일이 아니겠는가. 〔 　〕	③ 대를 쪼개는 기세라는 뜻으로, 적을 거침없이 물리치고 쳐들어가는 기세를 이름.
19 성동격서 소리 聲 | 동녘 東 부딪칠 擊 | 서녘 西	교과 적군은 성동격서의 전술에 말려들어 패배하였다. 〔 　〕	④ 따로 떨어져 도움을 받지 못하게 된 군사가 많은 수의 적군과 용감하게 잘 싸움.
20 파죽지세 깨뜨릴 破 | 대 竹 갈 之 | 기세 勢	교과 아군은 파죽지세로 적군을 격파해 버리고 대승을 거두었다. 〔 　〕	⑤ 동쪽을 정복하고 서쪽을 친다는 뜻으로, 이리저리로 여러 나라를 정벌함을 이름. ⑥ 동쪽에서 소리를 내고 서쪽에서 적을 친다는 뜻으로, 적을 유인하여 이쪽을 공격하는 체하다가 그 반대쪽을 치는 전술을 이름.

· 뜻풀이로 체크하기 ·

01 ~ 06 다음 뜻풀이에 해당하는 한자 성어를 쓰시오.

01 맑은 바람과 밝은 달. ☐☐☐☐

02 한 쌍의 남편과 아내라는 뜻으로, 평범한 남녀를 이름. ☐☐☐☐

03 글자를 한 자도 모를 정도로 무식함. 또는 그런 사람. ☐☐☐☐

04 대를 쪼개는 기세라는 뜻으로, 적을 거침없이 물리치고 쳐들어가는 기세를 이름. ☐☐☐☐

05 동쪽을 정복하고 서쪽을 친다는 뜻으로, 이리저리로 여러 나라를 정벌함을 이름. ☐☐☐☐

06 양쪽 뿔이 크기나 생김새에서 큰 차이가 없다는 뜻으로, 역량이 서로 비슷비슷한 위세를 이름. ☐☐☐☐

07 ~ 11 다음 빈칸에 들어갈 알맞은 말을 〈보기〉에서 찾아 쓰시오.

─── ● 보기 ● ───
소리   용감   우열
유인   평범   가을철

07 갑남을녀: 갑이란 남자와 을이란 여자라는 뜻으로, (   )한 사람들을 이름.

08 백중지간: 맏이와 둘째처럼 큰 차이가 없는 사이라는 뜻으로, 서로 (   )을/를 가리기 힘든 형세를 이름.

09 천고마비: 하늘이 높고 말이 살찐다는 뜻으로, 하늘이 맑아 높푸르게 보이고 온갖 곡식이 익는 (   )을/를 이름.

10 성동격서: 동쪽에서 (   )을/를 내고 서쪽에서 적을 친다는 뜻으로, 적을 (   )하여 이쪽을 공격하는 체하다가 그 반대쪽을 치는 전술을 이름.

11 고군분투: (1) 따로 떨어져 도움을 받지 못하게 된 군사가 많은 수의 적군과 (   )하게 잘 싸움. (2) 남의 도움을 받지 아니하고 힘에 벅찬 일을 잘해 나감을 이름.

· 문장으로 체크하기 ·

12 ~ 14 다음 대화 내용과 의미가 통하는 한자 성어를 〈보기〉에서 찾아 쓰시오.

─── ● 보기 ● ───
난공불락   용호상박   초동급부

12 승엽: 어제 야구 경기 봤어? 결승전이라 두 팀이 얼마나 열심히 싸우는지 아주 흥미진진했어.
대호: 맞아. 9회 말까지 누가 우승할지 결과를 예측할 수 없을 정도였지. ☐☐☐☐

13 채현: 이번 수학 시험은 정말 어려웠어. 공부를 많이 했어도 마지막 문제는 아마 다들 틀렸을 거야.
수완: 너도 그랬구나. 마지막 문제를 풀려고 하는데 정말 풀리지가 않더라. ☐☐☐☐

14 기자: 이번 지하철 사고 현장에서 위험에 처한 아이를 구하신 후 영웅이라 불리시는데요. 소감이 어떠세요?
시민: 저는 그저 보통 사람일 뿐입니다. 위기의 순간에 누구나 그렇게 했을 거예요. ☐☐☐☐

15 ~ 18 다음 빈칸에 들어갈 알맞은 한자 성어를 〈보기〉에서 찾아 쓰시오.

─── ● 보기 ● ───
막상막하   만경창파   목불식정   엄동설한

15 (학평) 이 비단으로 옷을 지어 입으면 ☐☐☐☐(이)라도 춥지 않을 것이요.

16 (교과) 결승전에서 맞붙는 두 선수는 모든 면에서 ☐☐☐☐여서 누가 이길지 예측하기 어렵다.

17 (모평) 순은 그릇과 도량이 크고 깊었다. 출렁대고 넘실거림이 ☐☐☐☐와/과 같으며, 맑게 하려 해도 더는 맑아질 수 없고 뒤흔든대도 흐려지지 않았다.

18 (교과) 어떤 사람들은 지식이 부족한 사람을 두고 ☐☐☐☐(이)라며 비아냥대지만, 살아가는 데에는 단순한 지식만이 아니라 경험에서 우러난 지혜가 필요할 때도 많다.

01 〈보기〉의 ㉠, ㉡을 나타내는 한자 성어가 바르게 짝지어진 것은?

한자 성어의 쓰임 이해하기

> ──● 보기 ●──
>
> 소유는 본디 하남 땅 벼슬 없이 지내던 가난한 선비라. 성천자 은혜를 입어 벼슬이 장상(將相)에 이르고, 여러 낭자가 서로 좇아 은혜로운 마음이 백 년이 하루 같으니, 만일 전생 숙연으로 모여 인연이 다하면 각각 돌아감은 천지에 떳떳한 일이라. 우리 백 년 후 높은 대 무너지고 굽은 못이 이미 메이고 가무하던 땅이 이미 변하여 거친 산과 시든 풀이 되었는데, ㉠초부와 목동이 오르내리며 탄식하여 가로되, '이것이 양 승상이 여러 낭자로 더불어 놀던 곳이라. 승상의 부귀 풍류와 여러 낭자의 아름다운 모습은 이제 어디 갔느뇨?' 하리니, ㉡어찌 인생이 덧없지 않으리오?
>
> — 김만중, 〈구운몽〉

	㉠	㉡
①	갑남을녀(甲男乙女)	청풍명월(淸風明月)
②	부귀영화(富貴榮華)	일장춘몽(一場春夢)
③	인생무상(人生無常)	초동급부(樵童汲婦)
④	일자무식(一字無識)	필부필부(匹夫匹婦)
⑤	초동급부(樵童汲婦)	인생무상(人生無常)

02 다음 한자 성어 중 '평범한 사람들'이라는 내포적 의미로 묶기 어려운 것은?

한자 성어의 의미 이해하기

① 갑남을녀(甲男乙女) ② 난형난제(難兄難弟)
③ 장삼이사(張三李四) ④ 초동급부(樵童汲婦)
⑤ 필부필부(匹夫匹婦)

03 '가을'의 계절감을 나타낼 수 있는 한자 성어로 적절한 것은?

한자 성어의 의미 이해하기

① 녹양방초(綠楊芳草) ② 만경창파(萬頃蒼波)
③ 엄동설한(嚴冬雪寒) ④ 천고마비(天高馬肥)
⑤ 청풍명월(淸風明月)

04 다음 중 비슷한 의미로 사용되는 한자 성어가 아닌 것은?

한자 성어의 의미 이해하기

① 고군분투(孤軍奮鬪) – 난공불락(難攻不落)
② 난형난제(難兄難弟) – 호각지세(互角之勢)
③ 백중지간(伯仲之間) – 막상막하(莫上莫下)
④ 엄동설한(嚴冬雪寒) – 동빙한설(凍氷寒雪)
⑤ 파죽지세(破竹之勢) – 일사천리(一瀉千里)

05 〈보기〉의 ⓐ에 들어갈 한자 성어로 적절한 것은?

유래에 맞는 한자 성어 찾기

> ──● 보기 ●──
>
> 한나라의 유방과 초나라의 항우가 싸우던 중에 위나라의 왕인 표가 항우에게 항복하였다. 이에 유방은 한신에게 적을 공격하게 하였다. 한신은 병사들에게 낮에는 큰 소리로 훈련하도록 하고 밤에는 불을 밝혀 적극적으로 공격하는 것처럼 보이게 하였다. 위나라의 군대가 경계를 느슨히 하자 한신은 비밀리에 군대를 이끌고 황허강을 건너서 빠르게 침투하여 위나라 왕 표의 후방 본거지를 점령하였다. (ⓐ)는 병법의 한 가지로, 한쪽을 공격할 듯하면서 상대편의 방비가 허술한 틈을 타 재빠르게 다른 쪽을 공격하여 적을 무찌르는 것을 이르는 말이다.

① 각개격파(各個擊破) ② 동정서벌(東征西伐)
③ 백의종군(白衣從軍) ④ 백전백승(百戰百勝)
⑤ 성동격서(聲東擊西)

06 다음 한자 성어 중 '무식함 또는 어리석음'이라는 내포적 의미와 거리가 먼 것은?

한자 성어의 의미 이해하기

① 목불식정(目不識丁) ② 숙맥불변(菽麥不辨)
③ 우이독경(牛耳讀經) ④ 인자무적(仁者無敵)
⑤ 일자무식(一字無識)

09 속담

2주 완성

※ 속담이 사용된 예문을 읽고 해당 뜻풀이를 찾아 번호를 쓰세요.

★ **자연(나무, 돌, 식물)**

01 가지 많은 나무에 바람 잘 날이 없다

교과 가지 많은 나무에 바람 잘 날이 없다고 우리 집은 형제가 많아 그만큼 부모님 마음이 편하신 날이 없다. 〔 〕

02 돌다리도 두들겨 보고 건너라

교과 준수는 잘 아는 업무라도 돌다리도 두들겨 보고 건너듯 신중하게 한다. 〔 〕

03 열 번 찍어 아니 넘어가는 나무 없다

교과 열 번 찍어 아니 넘어가는 나무 없다하니 어머니께 우리 여행 계획을 이야기하면서 한 번만 더 설득해 보자. 〔 〕

04 오르지 못할 나무는 쳐다보지도 마라

교과 오르지 못할 나무는 쳐다보지도 마라고 저 큰 집에서 사는 것은 지금 내 처지로는 불가능하니 꿈도 꾸지 말자. 〔 〕

05 원숭이도 나무에서 떨어진다

교과 원숭이도 나무에서 떨어진다더니 수학 선생님이 계산 실수를 하는 바람에 시험 문제에 오류가 생겼다. 〔 〕

06 콩 심은 데 콩 나고 팥 심은 데 팥 난다

교과 콩 심은 데 콩 나고 팥 심은 데 팥 난다고 네가 열심히 하지 않았기 때문에 좋은 결과가 나오지 않은 거야. 〔 〕

① 잘 아는 일이라도 세심하게 주의를 하라는 말.

② 아무리 익숙하고 잘하는 사람이라도 간혹 실수할 때가 있음을 이르는 말.

③ 모든 일은 근본에 따라 거기에 걸맞은 결과가 나타나는 것임을 이르는 말.

④ 자기의 능력 밖의 불가능한 일에 대해서는 처음부터 욕심을 내지 않는 것이 좋다는 말.

⑤ 아무리 뜻이 굳은 사람이라도 여러 번 권하거나 꾀고 달래면 결국은 마음이 변한다는 말.

⑥ 가지가 많고 잎이 무성한 나무는 살랑거리는 바람에도 잎이 흔들려서 잠시도 조용한 날이 없다는 뜻으로, 자식을 많이 둔 어버이에게는 근심, 걱정이 끊일 날이 없음을 이르는 말.

★ **분수를 모름, 욕심**

07 개구리 올챙이 적 생각 못 한다

교과 개구리 올챙이 적 생각 못 한다고 그는 살기 어려웠던 자신의 과거는 생각도 안 하고 남들 앞에서 허세를 부렸다. 〔 〕

08 기지도 못하면서 뛰려 한다

교과 처음 자전거를 탈 때에는 중심을 잡는 것부터 해야지, 무작정 달리려는 것은 기지도 못하면서 뛰려 하는 것이다. 〔 〕

09 뱁새가 황새를 따라가면 다리가 찢어진다

교과 뱁새가 황새를 따라가면 다리가 찢어진다고 하잖아. 꼴찌인 네가 무작정 1등이 푸는 문제집을 따라 풀려고 하면 안 돼. 〔 〕

10 옆찔러 절받기

교과 옆찔러 절받기라고 친구에게 내 생일 선물을 사 달라고 졸라서 결국 선물을 받아 냈다. 〔 〕

① 힘에 겨운 일을 억지로 하면 도리어 해만 입는다는 말.

② 쉽고 작은 일도 해낼 수 없으면서 어렵고 큰 일을 하려고 나섬을 이르는 말.

③ 상대편은 마음에 없는데 자기 스스로 요구하여 대접을 받는 경우를 이르는 말.

④ 형편이나 사정이 전에 비하여 나아진 사람이 지난날의 미천하거나 어렵던 때의 일을 생각지 아니하고 처음부터 잘난 듯이 뽐냄을 이르는 말.

★ 참견

11 걱정도 팔자다

🔲 시험이 한 달이나 남았는데 벌써부터 망칠까봐 두려워하다니 걱정도 팔자다.　〔　　〕

12 남의 잔치에 감 놓아라 배 놓아라 한다

🔲 책임 못 질 남의 삶에 '감 놓아라 배 놓아라' 하는 것은 꼴같잖아 봐줄 수가 없다.　〔　　〕

① 남의 일에 공연히 간섭하고 나섬을 이르는 말.

② 하지 않아도 될 걱정을 하거나 관계도 없는 남의 일에 참견하는 사람에게 놀림조로 이르는 말.

★ 모름

13 말 안 하면 귀신도 모른다

🔲 말 안 하면 귀신도 모른다고 그 사람한테 네 마음을 솔직하게 털어 놓는 게 좋겠어.　〔　　〕

14 맥도 모르고 침통 흔든다

🔲 맥도 모르고 침통 흔든다고 문제의 원인 파악도 못한 지자체장이 해결 방안을 제시하는 회견을 하겠다고 나섰다.　〔　　〕

15 하나만 알고 둘은 모른다

🔲 하나만 알고 둘은 모르는 식당 주인은 단골손님을 늘려 갈 생각은 않고 당장의 수익을 내는 데만 골몰한다.　〔　　〕

① 제대로 알지도 못하면서 일을 하려고 함을 이르는 말.

② 마음속으로만 애태울 것이 아니라 시원스럽게 말을 하여야 한다는 말.

③ 사물의 한 측면만 보고 두루 보지 못한다는 뜻으로, 생각이 밝지 못하여 도무지 융통성이 없고 미련하다는 말.

★ 어려움

16 등잔 밑이 어둡다

🔲 등잔 밑이 어둡다고 옆집에 유명한 분이 살고 있다는 것을 동네에서 나만 모르고 있었네.　〔　　〕

17 마른하늘에 날벼락

🔲 마른하늘에 날벼락이라더니 잘 다니고 있던 회사에서 해고를 당했다.　〔　　〕

18 배보다 배꼽이 더 크다

🔲 배보다 배꼽이 더 크다고 음식 배달비가 음식 값이랑 별반 차이가 없었다.　〔　　〕

19 사공이 많으면 배가 산으로 간다

🔲 사공이 많으면 배가 산으로 간다고 조별 과제에서 모두 리더만 하려고 해서 모임이 엉망이 되고 말았다.　〔　　〕

20 산 넘어 산이다

🔲 산 넘어 산이라고 풍랑에 죽을 고비를 겨우 넘겼더니 해적선이 나타났다.　〔　　〕

① 뜻하지 아니한 상황에서 뜻밖에 입는 재난을 이르는 말.

② 갈수록 더욱 어려운 지경에 처하게 되는 경우를 이르는 말.

③ 배보다 거기에 있는 배꼽이 더 크다는 뜻으로, 기본이 되는 것보다 덧붙이는 것이 더 많거나 큰 경우를 이르는 말.

④ 대상에서 가까이 있는 사람이 도리어 대상에 대하여 잘 알기 어렵다는 말.

⑤ 여러 사람이 저마다 제 주장대로 배를 몰려고 하면 결국에는 배가 물로 못 가고 산으로 올라간다는 뜻으로, 주관하는 사람 없이 여러 사람이 자기주장만 내세우면 일이 제대로 되기 어려움을 이르는 말.

어휘 498개 달성!
500
400

· 뜻풀이로 체크하기 ·

01 ~ 05 다음 빈칸에 알맞은 말을 넣어 뜻풀이에 해당하는 속담을 완성하시오.

01 (   ) 산이다: 갈수록 더욱 어려운 지경에 처하게 되는 경우를 이르는 말.

02 맥도 모르고 (   ) 흔든다: 제대로 알지도 못하면서 일을 하려고 함을 이르는 말.

03 (   ) 밑이 어둡다: 대상에서 가까이 있는 사람이 도리어 대상에 대하여 잘 알기 어렵다는 말.

04 개구리 (   ) 적 생각 못 한다: 형편이나 사정이 전에 비하여 나아진 사람이 지난날의 미천하거나 어렵던 때의 일을 생각지 아니하고 처음부터 잘난 듯이 뽐냄을 이르는 말.

05 (   )에 바람 잘 날이 없다: 가지가 많고 잎이 무성한 나무는 살랑거리는 바람에도 잎이 흔들려서 잠시도 조용한 날이 없다는 뜻으로, 자식을 많이 둔 어버이에게는 근심, 걱정이 끊일 날이 없음을 이르는 말.

06 ~ 10 다음 빈칸에 들어갈 알맞은 말을 〈보기〉에서 찾아 쓰시오.

┌─────── 보기 ───────┐
│ 간섭   걱정   관계   대접   마음   측면   융통성 │
└────────────────────┘

06 남의 잔치에 감 놓아라 배 놓아라 한다: 남의 일에 공연히 (   )하고 나섬을 이르는 말.

07 옆찔러 절받기: 상대편은 마음에 없는데 자기 스스로 요구하여 (   )을/를 받는 경우를 이르는 말.

08 걱정도 팔자다: 하지 않아도 될 (   )을/를 하거나 (   )도 없는 남의 일에 참견하는 사람에게 놀림조로 이르는 말.

09 열 번 찍어 아니 넘어가는 나무 없다: 아무리 뜻이 굳은 사람이라도 여러 번 권하거나 꾀고 달래면 결국은 (   )이/가 변한다는 말.

10 하나만 알고 둘은 모른다: 사물의 한 (   )만 보고 두루 보지 못한다는 뜻으로, 생각이 밝지 못하여 도무지 (   )이/가 없고 미련하다는 말.

· 문장으로 체크하기 ·

11 ~ 15 다음 빈칸에 들어갈 알맞은 속담을 〈보기〉에서 찾아 기호를 쓰시오.

┌─────── 보기 ───────┐
│ ㉠ 마른하늘에 날벼락 │
│ ㉡ 배보다 배꼽이 더 크다 │
│ ㉢ 기지도 못하면서 뛰려 한다 │
│ ㉣ 원숭이도 나무에서 떨어진다 │
│ ㉤ 돌다리도 두들겨 보고 건너라 │
└────────────────────┘

11 교과 (   )(이라)고 예고도 없이 갑자기 쪽지 시험을 보았다.

12 교과 (   )(이라)고 숫자에 밝은 은행원들도 바쁜 월말에는 간혹 계산을 잘못하기도 한다.

13 교과 (   )(이라)고 많은 돈을 투자할 때는 신중하고 꼼꼼하게 검토할 필요가 있다.

14 교과 (   )(이라)고 키보드에 물을 엎질렀는데, 수리비가 키보드를 구매했던 가격보다 더 나왔다.

15 교과 탁구의 시작은 올바른 자세를 익히는 것인데, (   )(이라)고 공격하는 방법부터 배우려 하다니.

16 ~ 20 다음 문맥에 알맞은 속담을 고르시오.

16 교과 오늘은 반장 없이 학급 회의를 하니 (배보다 배꼽이 더 크다 | 사공이 많아 배가 산으로 간다).

17 교과 (말 안 하면 귀신도 모른다 | 맥도 모르고 침통 흔든다)고 가만히 있으면 내가 너의 생각을 어떻게 알겠니?

18 교과 (돌다리도 두들겨 보고 건너라 | 콩 심은 데 콩 나고 팥 심은 데 팥 난다)고 노력하지 않고 어찌 좋은 결과를 얻을 수 있겠니?

19 교과 (개구리 올챙이 적 생각 못 한다 | 뱁새가 황새를 따라가면 다리가 찢어진다)고 욕심을 부려 난도가 높은 운동을 고집하다가는 몸만 망가진다.

20 교과 조연 배우로도 인정받지 못하는데 주연 배우 자리를 탐내다니(열 번 찍어 아니 넘어가는 나무 없다 | 오르지 못할 나무는 쳐다보지도 마라)는 말도 모르나?

01 〈보기〉의 한자 성어와 의미가 통하는 속담을 연결한 것으로 적절하지 <u>않은</u> 것은?

한자 성어에 맞는 속담 찾기

━━━━ ● 보기 ● ━━━━

ⓐ 청천벽력(靑天霹靂): 뜻밖에 일어난 큰 변고나 사건.
ⓑ 등하불명(燈下不明): 가까이에 있는 것을 잘 찾지 못함.
ⓒ 청출어람(靑出於藍): 제자나 후배가 스승이나 선배보다 나음.
ⓓ 설상가상(雪上加霜): 난처한 일이나 불행한 일이 잇따라 일어남.
ⓔ 십벌지목(十伐之木): 어려운 일이라도 여러 번 시도하면 이룰 수 있음.

① ⓐ: 마른하늘에 날벼락
② ⓑ: 등잔 밑이 어둡다
③ ⓒ: 배보다 배꼽이 더 크다
④ ⓓ: 산 넘어 산이다
⑤ ⓔ: 열 번 찍어 아니 넘어가는 나무 없다

02 다음 중 제시된 상황에서 쓰이기에 적절한 속담이 <u>아닌</u> 것은?

속담의 쓰임 이해하기

① 세심하게 주의가 요구되는 상황에서 '돌다리도 두들겨 보고 건너라'라는 속담을 쓴다.
② 근심 걱정이 끊일 날이 없는 상황에서 '가지 많은 나무에 바람 잘 날이 없다'라는 속담을 쓴다.
③ 힘에 겨운 일을 하다 해만 입는 상황에서 '뱁새가 황새를 따라가면 다리가 찢어진다.'라는 속담을 쓴다.
④ 잘하는 사람도 실수할 때가 있는 상황에서 '열 번 찍어 아니 넘어가는 나무 없다'라는 속담을 쓴다.
⑤ 작은 일도 해내지 못하면서 큰 일을 하려고 나서는 상황에서 '기지도 못하면서 뛰려 한다'라는 속담을 쓴다.

03 〈보기〉의 한자 성어와 의미가 통하는 속담으로 적절한 것은?

한자 성어에 맞는 속담 찾기

━━━━ ● 보기 ● ━━━━

천려일실(千慮一失): 천 번 생각에 한 번 실수라는 뜻으로, 슬기로운 사람이라도 여러 가지 생각 가운데에는 잘못되는 것이 있을 수 있음을 이르는 말.

① 걱정도 팔자다
② 말 안 하면 귀신도 모른다
③ 원숭이도 나무에서 떨어진다
④ 개구리 올챙이 적 생각 못 한다
⑤ 남의 잔치에 감 놓아라 배 놓아라 한다

04 다음 중 의미가 유사한 속담끼리 묶은 것으로 적절하지 <u>않은</u> 것은?

속담의 유사성 파악하기

① 걱정도 팔자다: 남의 일에 쓸데없이 걱정함을 의미하는 '남 떡 먹는데 팥고물 떨어지는 걱정 한다'와 묶는다.
② 돌다리도 두들겨 보고 건너라: 잘 아는 일도 세심한 주의가 필요함을 의미하는 '아는 길도 물어 가랬다'와 묶는다.
③ 오르지 못할 나무는 쳐다보지도 마라: 얻지 못하거나 잃은 것을 더 아쉬워함을 의미하는 '놓친 고기가 더 커 보인다'와 묶는다.
④ 콩 심은 데 콩 나고 팥 심은 데 팥 난다: 근본에 따라 걸맞은 결과가 나타남을 의미하는 '배나무에 배 열리지 감 안 열린다'와 묶는다.
⑤ 사공이 많으면 배가 산으로 간다: 여러 사람이 간섭을 하여 일을 그르치게 됨을 의미하는 '상좌가 많으면 가마솥을 깨뜨린다'와 묶는다.

05 〈보기〉의 빈칸에 들어갈 속담으로 가장 적절한 것은?

문맥에 맞는 속담 찾기

━━━━ ● 보기 ● ━━━━

끊임없이 변화하는 시대의 추세를 살피지 못하고 당장 눈앞의 이해만 따지고 드는 태도로는 미래 사회에 적응하며 살기 어려울지 모른다. 다양성을 존중하고 개인의 가치를 소중하게 여기며 소수자를 따뜻한 시선으로 바라보는 자세가 중시되는 요즘이다. (   )라는 속담이 뜻하는 근시안적 태도와 융통성이 없이 널리 보지 못하는 미련함으로 다가올 미래를 잘 살아갈 수 있을지 고민해 보아야 한다.

① 옆찔러 절받기
② 등잔 밑이 어둡다
③ 배보다 배꼽이 더 크다
④ 맥도 모르고 침통 흔든다
⑤ 하나만 알고 둘은 모른다

※ 어휘의 사전적 의미에 해당하는 예문을 찾아 번호를 쓰고 빈칸을 채워 보세요.

01 **왁자하다**	형 정신이 어지러울 만큼 떠들썩하다. 〔 〕
02 **음미하다** 읊을 吟 | 맛 味 --	(1) 동 시가를 읊조리며 그 맛을 감상하다. 〔 〕
	(2) 동 어떤 사물 또는 개념의 속 내용을 새겨서 느끼거나 생각하다. 〔 〕
03 **음침하다** 응달 陰 | 잠길 沈 --	(1) 형 성질이 명랑하지 못하고 의뭉스럽다. 〔 〕
	(2) 형 분위기가 어두컴컴하고 스산하다. 〔 〕
04 **자조하다** 스스로 自 | 비웃을 嘲 --	동 자기를 비웃다. 〔 〕
05 **적적하다** 고요할 寂 | 고요할 寂 --	형 조용하고 쓸쓸하다. 〔 〕

① 모평 그는 □□하게 들어온 '욕객'을 의식해 말을 멈춘다.
② 학평 '나'는 도시인의 소시민적 근성을 지닌 자신에 대해 □□하고 있다.
③ 학평 할아버지는 풍경을 바라보며 가락을 □□하고 계셨다.
④ 교과 그 범인은 □□한 표정으로 구석에 서 있었다.
⑤ 수능 호흡을 느리게 하여 과거의 경험을 □□하는 듯한 느낌을 준다.
⑥ 학평 △△학교는 개교한 지가 오래돼 다소 □□한 느낌을 주는 곳이었다.
⑦ 교과 그녀는 가족도 없이 혼자 외로이 □□한 생활을 하고 있다.

06 **전모** 온전할 全 | 모양 貌	명 전체의 모습. 또는 전체의 내용. 〔 〕
07 **제지하다** 억제할 制 | 그칠 止 --	동 막거나 말려서 하지 못하게 하다. 〔 〕
08 **조바심**	명 조마조마하여 마음을 졸임. 또는 그렇게 졸이는 마음. 〔 〕
09 **주눅**	명 기운을 제대로 펴지 못하고 움츠러드는 태도나 성질. 〔 〕
10 **줄행랑** - 다닐 行 | 복도 廊	(1) 명 대문의 좌우로 죽 벌여 있는 종의 방. 〔 〕
	(2) 명 '도망'을 속되게 이르는 말. 〔 〕

① 학평 제천인지로 □□□을 놓은 건 그 다음 날이었나?
② 모평 이 글은 자기 경험을 직접 서술하여 사건의 □□를 드러낸다.
③ 학평 사건의 정황을 빨리 확인하고 싶은 '나'의 □□□이 드러나 있다.
④ 교과 대문을 중심으로 좌우의 □□□ 문이 다급하게 열리면서 종들이 배웅을 나왔다.
⑤ 학평 피문오에게서 수모를 당하는 지욱이 항변도 못하고 □□이 든 상태를 나타낸다.
⑥ 학평 사장을 반드시 만나고자 하는 권 씨를 □□하기에는 역부족이었다고 해명하고 있다.

11 **중턱** 가운데 中 -	명 산이나 고개, 바위 따위의 중간쯤 되는 곳. 〔 〕
12 **진솔하다** 참 眞 | 거느릴 率 --	형 진실하고 솔직하다. 〔 〕
13 **천대** 천할 賤 | 기다릴 待	명 업신여기어 천하게 대우하거나 푸대접함. 〔 〕
14 **초월하다** 넘을 超 | 넘을 越 --	동 어떠한 한계나 표준을 뛰어넘다. 〔 〕
15 **치욕** 부끄러워할 恥 | 욕될 辱	명 수치와 욕됨. 〔 〕

① 학평 사회적으로 □□받는 아버지의 모습에 대한 '나'의 수치심이 나타나 있다.
② 학평 〈영영전〉은 궁녀인 영영과 선비인 김생의 신분을 □□한 사랑을 그린 작품이다.
③ 학평 〈시집살이 노래〉는 고통스러운 시집살이를 하는 아녀자들의 생활을 □□하게 표현한 민요이다.
④ 교과 왜왕의 굴욕적인 모습을 통해 임진왜란의 □□을 심리적으로 보상받으려는 민중 의식이 반영된 것이다.
⑤ 교과 산 □□을 지나면서 비에 젖은 몸 때문에 추위가 느껴졌지만 마음 한편에는 잘 해냈다는 뿌듯함이 있었다.

16 **타작** 칠 打 | 지을 作	몡 곡식의 이삭을 떨어서 낟알을 거두는 일. 〔 〕
17 **터무니없다**	혱 허황하여 전혀 근거가 없다. 〔 〕
18 **터전**	(1) 몡 살림의 근거지가 되는 곳. 〔 〕 (2) 몡 일의 토대. 〔 〕
19 **투영** 던질 投 | 그림자 影	몡 어떤 일을 다른 일에 반영하여 나타냄을 비유적으로 이르는 말. 〔 〕
20 **표출하다** 겉 表 | 날 出 --	동 겉으로 나타내다. 〔 〕

① 〔교과〕 올해 벼 □□은 긴 장마 끝이라 수확이 그렇게 좋지 못했다.
② 〔학평〕 그는 이상과 현실의 괴리에 대한 절망적인 심경을 밖으로 □□하고 있다.
③ 〔교과〕 그는 우리 지역에 요식업계가 번영할 수 있는 □□을 마련하였다.
④ 〔학평〕 그녀는 새로 이사 온 나를 호출해 □□□는 자릿세를 또 요구한다.
⑤ 〔교과〕 어부들에게는 바다가 삶의 □□이라 할 수 있다.
⑥ 〔교과〕 노인의 고독한 삶이 이 그림 속에 □□되어 있다.

21 **풍기다**	(1) 동 냄새가 나다. 또는 냄새를 퍼뜨리다. 〔 〕 (2) 동 (비유적으로) 어떤 분위기가 나다. 또는 그런 것을 자아내다. 〔 〕
22 **풍속** 바람 風 | 풍속 俗	몡 옛날부터 그 사회에 전해 오는 생활 전반에 걸친 습관 따위를 이르는 말. 〔 〕
23 **풍족하다** 풍년 豊 | 발 足 --	혱 매우 넉넉하여 부족함이 없다. 〔 〕
24 **한산하다** 한가할 閑 | 흩을 散 --	(1) 혱 일이 없어 한가하다. 〔 〕 (2) 혱 인적이 드물어 한적하고 쓸쓸하다. 〔 〕
25 **허위** 빌 虛 | 위엄 威	몡 실속이 없이 겉으로만 꾸민 위세. 〔 〕

① 〔교과〕 식당 주인은 오늘 따라 손님이 없어 □□한 편이라고 말했다.
② 〔모평〕 특정 계절의 □□을 화자의 시선 이동에 따라 묘사하고 있다.
③ 〔교과〕 추운 날씨에 바닷가는 무척 □□하였습니다.
④ 〔수능〕 □□한 결실을 거두지 못한 상황에서 자신이 처한 현실 너머를 꿈꾸는 소년의 모습을 보여 준다.
⑤ 〔모평〕 3연의 '오래여 삭은 장목들'과 '풍설에 깎이어 날선 봉우리'를 통해, 자연의 유구함에서 □□는 분위기를 표상하고 있다.
⑥ 〔학평〕 누더기를 걸친 노숙자의 몸에서는 하수구에서 나는 듯한 지독한 악취가 □□어서 도저히 참을 수가 없었다.
⑦ 〔학평〕 부정적 인물이 스스로를 긍정적으로 인식하는 모습을 제시한 뒤 그의 실상을 드러내는 방법을 통해 인물의 □□와 위선을 고발하고 있다.

26 **허탕**	몡 어떤 일을 시도하였다가 아무 소득이 없이 일을 끝냄. 또는 그렇게 끝낸 일. 〔 〕
27 **호의** 좋을 好 | 뜻 意	몡 친절한 마음씨. 또는 좋게 생각하여 주는 마음. 〔 〕
28 **회상하다** 돌아올 回 | 생각 想 --	동 지난 일을 돌이켜 생각하다. 〔 〕
29 **흥정**	몡 물건을 사거나 팔기 위하여 품질이나 가격 따위를 의논함. 〔 〕
30 **힘겹다**	혱 힘에 부쳐 능히 당하여 내기 어렵다. 〔 〕

① 〔모평〕 이 작품은 과거를 □□하는 방식으로 현재의 의미를 나타내고 있다.
② 〔학평〕 이 작품의 화자는 □□□ 상황 속에서도 희망과 꿈을 품었던 과거 자신의 삶을 그리워한다.
③ 〔교과〕 인도의 길거리 시장에서는 □□을 하지 않으면 바가지를 쓸 수 있다.
④ 〔학평〕 대학까지 나온 그는 직장에서 해고된 뒤 다른 직장을 구하기 위해 신문에 나는 곳마다 이력서를 내었지만 모두 □□을 친다.
⑤ 〔학평〕 그는 절망적인 상황에서 벗어나게 해 준 그녀의 □□에 보답한다며 영화 구경을 시켜 주고 그녀가 퇴근할 때마다 매번 데리러 간다.

· 뜻풀이로 **체크하기** ·

01 ~ 07 다음 빈칸에 들어갈 알맞은 말을 쓰시오.

01 치욕: ☐☐와 욕됨.

02 허위: 실속이 없이 겉으로만 꾸민 ☐☐.

03 왁자하다: 정신이 어지러울 만큼 ☐☐☐하다.

04 천대: 업신여기어 천하게 대우하거나 ☐☐☐함.

05 흥정: 물건을 사거나 팔기 위하여 ☐☐이나 가격 따위를 의논함.

06 풍속: 옛날부터 그 사회에 전해 오는 생활 전반에 걸친 ☐☐ 따위를 이르는 말.

07 허탕: 어떤 일을 시도하였다가 아무 ☐☐이 없이 일을 끝냄. 또는 그렇게 끝낸 일.

08 ~ 13 다음 밑줄 친 어휘의 뜻풀이로 알맞은 것을 〈보기〉에서 찾아 기호를 쓰시오.

─── ● 보기 ● ───
㉠ 자기를 비웃다.
㉡ 조용하고 쓸쓸하다.
㉢ 허황하여 전혀 근거가 없다.
㉣ 분위기가 어두컴컴하고 스산하다.
㉤ 냄새가 나다. 또는 냄새를 퍼뜨리다.
㉥ 힘에 부쳐 능히 당하여 내기 어렵다.

08 (학평) 덕순 내외가 겪는 삶의 <u>힘겨움</u>과 가혹한 현실을 드러낸다. ( )

09 (모평) 주인공은 자기 정체성에 대해 책상물림이라고 <u>자조하고</u> 있다. ( )

10 (교과) 유안이가 정신을 차리고 눈을 떠 보니 어느 <u>음침</u>하고 낯선 건물 안이었다. ( )

11 (수능) 사관은 소문이나 억측, <u>터무니없는</u> 일을 기록하여 후세의 사람에게 전달하지 않습니다. ( )

12 (교과) 김 진사 내외는 오래도록 <u>적적하게</u> 지내다가, 뒤늦게 채봉을 얻게 되고 금지옥엽으로 기른다. ( )

13 (모평) 냄새의 존재 유무를 탐지할 수는 있어도 냄새를 <u>풍기는</u> 취기재의 정체를 인식하지는 못하는 상태가 된다. ( )

· 문장으로 **체크하기** ·

14 ~ 18 다음 빈칸에 들어갈 알맞은 어휘에 ✓표 하시오.

14 (학평) '국서'는 '말뚱이'를 ☐☐하여 상황이 악화되는 것을 막으려 하고 있다. ☐ 자조 ☐ 제지

15 (교과) 앞에 제시한 여섯 가지 질문에 대해 ☐☐하게 답해 주시기 바랍니다. ☐ 음침 ☐ 진솔

16 (교과) 하룻밤 묵어가기를 청하는 하생을 시비가 거절하나 여인의 ☐☐로 묵게 된다. ☐ 허위 ☐ 호의

17 (모평) 화자는 금강산으로 가는 길에서 만난 자연의 모습을 자신의 내면에 ☐☐하여 형상화하고 있다. ☐ 투영 ☐ 표출

18 (모평) 교 씨는 사 씨를 시기하여 한림에게 여러 번 비방을 했지만 여의치 못하자 ☐☐☐이 들어 다시 십랑을 불러 물었다. ☐ 조바심 ☐ 줄행랑

19 ~ 24 다음 빈칸에 들어갈 알맞은 어휘를 〈보기〉의 글자를 조합하여 쓰시오.

─── ● 보기 ● ───
| 눅 | 모 | 미 | 상 | 음 | 월 |
| 전 | 주 | 초 | 출 | 표 | 회 |

19 (모평) 시름을 일시적으로나마 잊고자 하는 화자의 의도가 겉으로 ☐☐된다.

20 (모평) 자신의 초라한 처지를 방삼복과 비교하면서 ☐☐이 들었음을 보여 준다.

21 (학평) 장면마다 서술자를 달리 설정하여 사건의 ☐☐를 명확히 드러내고 있다.

22 (수능) 음악은 언어가 표현할 수 없는 것을 보여 준다는 점에서 언어를 ☐☐하는 예술이다.

23 (학평) '나'는 미송이가 종이비행기를 날리던 일을 ☐☐하며 인지하지 못했던 것을 깨닫는다.

24 (수능) 보쟁의 정물화 속에 그려진 하나하나의 감각을 ☐☐하다 보면 매우 은은하고 차분한 느낌과 함께 일종의 명상에 젖게 된다.

01 〈보기〉의 빈칸에 들어갈 어휘와 의미의 연결이 적절하지 <u>않은</u> 것은?

어휘의 의미와 쓰임 이해하기

----- 보기 -----

ⓐ 경찰은 사건 현장으로 들어오려는 기자들의 행동을 (   ).

ⓑ 청중들은 낭송되는 시 구절을 하나하나 (   )하며 들었다.

ⓒ 아주 (   ) 외로운 풍경을 적막강산(寂寞江山)이라고 표현한다.

ⓓ 해진 그물은 (   ) 내거나 신경질 부리지 않고 수선을 해야 한다.

ⓔ 마루 밑과 같은 (   ) 곳에도 볕이 들 때가 있는 것처럼 세상에 고정불변한 것은 없다.

① ⓐ : 제지했다 – 말려서 못 하게 했다.

② ⓑ : 음미 – 시가를 읊조리며 그 맛을 감상함.

③ ⓒ : 적적하고 – 조용하며 쓸쓸하고

④ ⓓ : 조바심 – 앞일에 대해 여러 가지로 걱정함.

⑤ ⓔ : 음침한 – 분위기가 어두컴컴하고 스산한

02 다음 밑줄 친 어휘와 바꿔 쓰기에 적절하지 <u>않은</u> 것은?

적절한 어휘로 바꿔 쓰기

① 외삼촌의 말에 온 식구가 <u>와자하게</u> 웃음보를 터뜨렸다.
→ 잠잠하게

② 그는 번잡한 도시를 떠나 <u>한산한</u> 곳에서 살고자 하였다.
→ 한적한

③ 가을걷이로 한창 바쁜 시기라 친구에게 벼 <u>타작</u>을 도와달라고 부탁했다. → 바심

④ 이튿날 상급한 수만 냥으로 전답을 장만하니 의식이 <u>풍족</u>하게 되었다. → 넉넉하게

⑤ 조 선달과 허 생원이 산 <u>중턱</u>을 지나는 모습을 감각적인 표현으로 묘사한 구절이다. → 중허리를

03 밑줄 친 어휘의 쓰임이 적절하지 <u>않은</u> 것은?

어휘의 쓰임 이해하기

① 옹고집은 탁발승을 <u>천대</u>하였다가 징벌을 받았다.

② 그녀와 그 남자는 동지애를 <u>초월</u>하여 이성 간의 애정을 확인하였다.

③ 사대부들이 남한산성에서 오랑캐에게 당했던 <u>치욕</u>을 씻어보고자 일어섰다.

④ 미스터 방은 힘겨운 자랑을 떠벌리고 거드럭거리며 허풍 떨기를 좋아한다.

⑤ 글쓴이는 돌아가신 아버지에 대한 애틋한 그리움을 <u>진솔</u>하게 표현하고 있다.

04 밑줄 친 두 어휘의 의미가 일치하지 <u>않는</u> 것은?

어휘의 문맥적 의미 파악하기

① (ㄱ) 부럼깨기 <u>풍속</u>은 중국에서도 찾아볼 수 있다.

(ㄴ) 옥련이는 어린 몸에 일본 <u>풍속</u>에 젖은 아이라 일본말로 작별 인사를 한다.

② (ㄱ) 이 대도시 한복판에 인외경(人外境)의 감을 <u>풍기는</u> 공지가 있다는 것은 기적이다.

(ㄴ) 황톳길로 버스가 지나가자 마른 먼지가 확 <u>풍겼다</u>.

③ (ㄱ) 아이들은 꿩알을 줍기 위해 뒷산으로 올라갔으나 <u>허탕</u>을 쳤다.

(ㄴ) 범인을 잡기 위해 경찰들이 모두 나서서 수색해 보았지만 <u>허탕</u>이었다.

④ (ㄱ) 할머니는 자신의 뜻을 따르지 않고 항변하는 손주에게 분노를 <u>표출</u>한다.

(ㄴ) 작가는 자연물에 인간적 생명력과 의지를 부여하여 자신의 세계관을 <u>표출</u>했다.

⑤ (ㄱ) 작가는 우화적인 기법으로 권력의 위선과 <u>허위</u>를 풍자하고 있다.

(ㄴ) 벽계수와 같은 <u>허위</u>와 위선에 가득 찬 인물들과 주인공의 행동이 대조를 이룬다.

05 〈보기〉의 속담 뜻풀이에서 ㉠, ㉡에 들어갈 말이 바르게 나열된 것은?

속담 뜻풀이에 맞는 어휘 찾기

----- 보기 -----

• 산 밖에 난 범이요 물 밖에 난 고기라 : 범이 자기의 (㉠)인 산에서 나와 옴짝달싹 못 하게 되고 물고기가 물 밖으로 나와 옴짝달싹 못 하게 되었다는 뜻으로, 의지할 곳을 잃어 옴짝달싹 못 하게 됨을 이르는 말.

• 삼십육계 (㉡)이 제일 : 위험이 닥쳐 몸을 피해야 할 때에는 싸우거나 다른 계책을 세우기보다 우선 피하는 것이 상책이라는 말.

	㉠	㉡		㉠	㉡
①	터전	줄행랑	②	중턱	줄행랑
③	터전	조바심	④	중턱	조바심
⑤	전모	조바심			

한자 성어

11
2주 완성

※ 한자 성어가 사용된 예문을 읽고 해당 뜻풀이를 찾아 번호를 쓰세요.

★ 뛰어난 능력, 인재

01 군계일학
무리 群 | 닭 鷄 |
하나 一 | 학 鶴

교과 올해 수석 입학한 수희는 입학생들 사이에서 단연 군계일학이다. 〔　　〕

02 능소능대
능할 能 | 작을 小 |
능할 能 | 큰 大

교과 가영이는 모든 일에 능소능대한 실력자이다. 〔　　〕

03 동량지재
마룻대 棟 | 들보 梁 |
갈 之 | 재목 材

교과 어린이들이 올바른 인성을 갖춘 동량지재가 되어 미래 사회를 주도할 수 있도록 어른들은 적극적인 관심을 가져야 한다. 〔　　〕

04 태산북두
클 泰 | 메 山 |
북녘 北 | 말 斗

교과 학자들 역시 그를 태산북두라 부르며 우러러보았다. 〔　　〕

① 모든 일에 두루 능함.

② 닭의 무리 가운데에서 한 마리의 학이란 뜻으로, 많은 사람 가운데서 뛰어난 인물을 이름.

③ '태산'과 '북두칠성'이라는 뜻으로, 세상 사람들로부터 존경받는 사람을 이름.

④ 마룻대와 들보로 쓸 만한 재목이라는 뜻으로, 집안이나 나라를 떠받치는 중대한 일을 맡을 만한 인재를 이름.

★ 오만함, 뻔뻔함

05 기고만장
기운 氣 | 높을 高 |
일만 萬 | 어른 丈

교과 월등하게 이기고 있던 토끼는 기고만장하여 바위 위에 앉아 느리게 언덕을 오르고 있는 거북을 내려다보았다. 〔　　〕

06 방약무인
곁 傍 | 같을 若 |
없을 無 | 사람 人

교과 민호는 선배들의 꾸짖음에도 아랑곳하지 않고 방약무인한 태도로 떠들어댔다. 〔　　〕

07 안하무인
눈 眼 | 아래 下 |
없을 無 | 사람 人

교과 최근 안하무인으로 행동하는 일부 학부모들에 대한 문제가 심각하다. 〔　　〕

① 일이 뜻대로 잘될 때, 우쭐하여 뽐내는 기세가 대단함.

② 눈 아래에 사람이 없다는 뜻으로, 방자하고 교만하여 다른 사람을 업신여김을 이름.

③ 곁에 사람이 없는 것처럼 아무 거리낌 없이 함부로 말하고 행동하는 태도가 있음.

★ 걱정과 불안

08 노심초사
수고로울 勞 | 마음 心 |
탈 焦 | 생각 思

교과 부모님은 나의 시험 결과 발표를 노심초사하며 기다렸다. 〔　　〕

09 식자우환
알 識 | 글자 字 |
근심 憂 | 근심 患

교과 식자우환이라고 세상의 이치를 알아 갈수록 점점 우리의 앞날이 걱정된다. 〔　　〕

10 좌불안석
앉을 坐 | 아닐 不 |
편안할 安 | 자리 席

교과 어머니는 해외로 배낭여행을 간 딸 걱정에 좌불안석하는 모습이 역력했다. 〔　　〕

① 학식이 있는 것이 오히려 근심을 사게 됨.

② 몹시 마음을 쓰며 애를 태움.

③ 앉아도 자리가 편안하지 않다는 뜻으로, 마음이 불안하거나 걱정스러워서 한군데에 가만히 앉아 있지 못하고 안절부절못하는 모양을 이름.

★ 계책, 해결

11 고육지책
괴로울 苦 | 고기 肉 | 갈 之 | 꾀 策

학평 〈별주부전〉에서 토끼는 원래의 목적을 성취하기 위해 고육지책을 모색하고 있다. 〔　〕

12 궁여지책
다할 窮 | 남을 餘 | 갈 之 | 꾀 策

교과 위기에 몰린 그는 궁여지책으로 살림집을 팔아 사업비용을 조달하였다. 〔　〕

13 발본색원
뺄 拔 | 근본 本 | 막힐 塞 | 근원 源

교과 경찰은 이번 사건에 연루된 범죄 조직을 끝까지 발본색원하겠다고 발표하였다. 〔　〕

14 이열치열
써 以 | 더울 熱 | 다스릴 治 | 더울 熱

교과 삼복더위를 이겨 내기 위해 뜨거운 삼계탕을 먹는 것은 이열치열의 방식이다. 〔　〕

15 임기응변
임할 臨 | 틀 機 | 응할 應 | 변할 變

학평 토끼는 임기응변으로 당장 자신이 처한 위기에서 벗어나려 하는군. 〔　〕

① 궁한 나머지 생각다 못하여 짜낸 계책.

② 좋지 않은 일의 근본 원인이 되는 요소를 완전히 없애 버려서 다시는 그러한 일이 생길 수 없도록 함.

③ 그때그때 처한 사태에 맞추어 즉각 그 자리에서 결정하거나 처리함.

④ 자기 몸을 상해 가면서까지 꾸며 내는 계책이라는 뜻으로, 어려운 상태를 벗어나기 위해 어쩔 수 없이 꾸며 내는 계책을 이름.

⑤ 열은 열로써 다스림. 곧 열이 날 때에 땀을 낸다든지, 더위를 뜨거운 차를 마셔서 이긴다든지, 힘은 힘으로 물리친다는 따위를 이를 때에 흔히 쓰는 말임.

★ 마음에서 마음으로 전함

16 교외별전
가르칠 敎 | 바깥 外 | 다를 別 | 전할 傳

교과 그가 얼마나 억울해하는지 그의 눈빛만 봐도 교외별전으로 알 수가 있었다. 〔　〕

17 불립문자
아닐 不 | 설 立 | 글월 文 | 글자 字

교과 불립문자와 같이 진실은 때로 말없이 마음으로 전해진다. 〔　〕

18 심심상인
마음 心 | 마음 心 | 서로 相 | 도장 印

교과 그들은 아무 말을 주고받지 않고도 심심상인으로 서로의 처지를 이해할 수 있었다. 〔　〕

19 염화미소
집을 拈 | 빛날 華 | 작을 微 | 웃을 笑

교과 붓다가 설법을 하실 때 그 말을 이해하고 염화미소를 띤 제자는 마하가섭뿐이라고 한다. 〔　〕

20 이심전심
써 以 | 마음 心 | 전할 傳 | 마음 心

교과 세준이와 나는 이심전심으로 모든 것이 잘 통한다. 〔　〕

① 마음과 마음이 서로 마주 찍힌다는 뜻으로, 말없이 마음과 마음으로 뜻을 전함.

② 마음에서 마음으로 전한다는 뜻으로, 마음과 마음으로 서로 뜻이 통함을 이름.

③ 경전(經典) 바깥의 특별한 가르침이라는 뜻으로, 부처의 가르침을 말이나 글자에 의하지 않고 마음에서 마음으로 진리를 깨닫게 한다는 말.

④ 글자로는 부처님의 진리를 알지 못한다는 뜻으로, 불도의 깨달음은 마음에서 마음으로 전하는 것이므로 말이나 글에 의지하지 않는다는 말.

⑤ 말로 통하지 아니하고 마음에서 마음으로 전하는 일. 석가모니가 연꽃 한 송이를 대중에게 보이자 마하가섭만이 그 뜻을 깨닫고 미소 지으므로 그에게 불교의 진리를 주었다고 하는 데서 유래함.

01 ~ 04 다음 뜻풀이에 해당하는 한자 성어를 말상자에서 찾아 표시하시오.

동	식	자	우	심	전
기	량	초	환	이	능
고	육	지	책	열	소
만	염	군	재	치	능
장	여	미	소	열	대
궁	화	심	심	상	인

01 모든 일에 두루 능함.

02 마음과 마음이 서로 마주 찍힌다는 뜻으로, 말없이 마음과 마음으로 뜻을 전함.

03 마룻대와 들보로 쓸 만한 재목이라는 뜻으로, 집안이나 나라를 떠받치는 중대한 일을 맡을 만한 인재를 이름.

04 자기 몸을 상해 가면서까지 꾸며 내는 계책이라는 뜻으로, 어려운 상태를 벗어나기 위해 어쩔 수 없이 꾸며 내는 계책을 이름.

05 ~ 09 빈칸에 들어갈 알맞은 말을 〈보기〉에서 찾아 쓰시오.

● 보기 ●
말   결정   근본   방자   사태   진리

05 임기응변: 그때그때 처한 (   )에 맞추어 즉각 그 자리에서 (   )하거나 처리함.

06 안하무인: 눈 아래에 사람이 없다는 뜻으로, (   )하고 교만하여 다른 사람을 업신여김을 이름.

07 불립문자: 불도의 깨달음은 마음에서 마음으로 전하는 것이므로 (   )(이)나 글에 의지하지 않는다는 말.

08 교외별전: 부처의 가르침을 말이나 글자에 의하지 않고 마음에서 마음으로 (   )을/를 깨닫게 한다는 말.

09 발본색원: 좋지 않은 일의 (   ) 원인이 되는 요소를 완전히 없애 버려서 다시는 그러한 일이 생길 수 없도록 함.

10 ~ 13 다음 문맥에 알맞은 한자 성어를 고르시오.

10 모평 왕 부인은 집을 떠나는 아들이 걱정되어 (교외별전 | 노심초사)하였다.

11 교과 구제역이 발생하자 전국의 축산 농가들은 빠르게 확산되는 구제역 공포에 (궁여지책 | 좌불안석)이다.

12 교과 이황은 관직에서 물러난 뒤 도산 서당을 짓고 많은 제자들을 길렀으며, 많은 학자들에게 (기고만장 | 태산북두)(이)라 할 만한 우러름을 받았다.

13 교과 많은 사람들 틈에서 그는 키로 보나 얼굴로 보나 품격으로 보나 단연 (군계일학 | 불립문자)이다.

14 ~ 18 다음 상황과 의미가 통하는 한자 성어를 〈보기〉에서 찾아 쓰시오.

● 보기 ●
궁여지책   기고만장
식자우환   이심전심   이열치열

14 교과 나는 위기에서 벗어나기 위해 어쩔 수 없이 거짓된 변명거리를 늘어놓았다. □□□□

15 교과 그는 선생님께 칭찬을 들었다고 우쭐해져서 친구들에게 잘난 척하기 시작했다. □□□□

16 교과 무더운 날에 뜨거운 물로 목욕을 하며 땀을 냈더니 더위가 한결 가시는 듯하다. □□□□

17 교과 두 사람은 어제 처음 만난 사이지만 어느덧 마음이 통하여 우정이 싹트고 있었다. □□□□

18 교과 허생은 글을 아는 사람들은 근심을 불러일으킬 수 있다고 생각하여 글을 모르는 도둑들만 섬에 정착시켰다. □□□□

01 〈보기〉의 빈칸에 들어갈 한자 성어로 적절한 것은? <small>한자 성어의 의미 이해하기</small>

> ── 보기 ──
>
> 독을 없애기 위하여 다른 독을 쓴다는 뜻의 '이독제독(以毒制毒)'이나 오랑캐로 오랑캐를 무찌른다는 뜻의 '이이제이(以夷制夷)', 열은 열로써 다스린다는 뜻의 '(　　　　　　　)' 등은 의미는 다르지만 구조가 유사한 한자 성어들이다.

① 기고만장(氣高萬丈)　　② 능소능대(能小能大)
③ 동량지재(棟梁之材)　　④ 발본색원(拔本塞源)
⑤ 이열치열(以熱治熱)

02 다음 중 내포적 의미가 '마음에서 마음으로 뜻을 전함'과 거리가 먼 것은? <small>한자 성어의 의미 이해하기</small>

① 교외별전(敎外別傳)　　② 노심초사(勞心焦思)
③ 불립문자(不立文字)　　④ 염화미소(拈華微笑)
⑤ 이심전심(以心傳心)

03 〈보기〉의 빈칸에 들어갈 한자 성어로 적절한 것은? <small>유래에 맞는 한자 성어 찾기</small>

> ── 보기 ──
>
> 한유(韓愈)는 당나라 사대 시인의 한 사람이다. 벼슬이 이부 상서에까지 올랐으나 황제의 뜻에 반대하다가 조주자사로 쫓겨났고, 그곳에서 학문 발전에 힘써 후학들의 존경을 받았다. 한유가 세상을 떠난 뒤, 학문은 더욱 흥성했고 학자들은 (　　　　　　)을/를 우러러 보듯 그를 존경해 마지않았다.

① 고육지책(苦肉之策)　　② 불립문자(不立文字)
③ 식자우환(識字憂患)　　④ 안하무인(眼下無人)
⑤ 태산북두(泰山北斗)

04 다음 한자 성어의 의미로 적절하지 않은 것은? <small>한자 성어의 의미 이해하기</small>

① 식자우환(識字憂患): 학식이 있는 것이 오히려 근심을 사게 됨.
② 방약무인(傍若無人): 곁에 사람이 없는 것처럼 아무 거리낌 없이 함부로 말하고 행동하는 태도가 있음.
③ 안하무인(眼下無人): 눈 아래에 사람이 없다는 뜻으로, 방자하고 교만하여 다른 사람을 업신여김을 이름.
④ 군계일학(群鷄一鶴): 닭에게 밤 시각을 알리는 일을 맡기는 것처럼 알맞은 인재에 적합한 일을 맡김을 이름.
⑤ 좌불안석(坐不安席): 앉아도 자리가 편안하지 않다는 뜻으로, 마음이 불안하거나 걱정스러워서 한군데에 가만히 앉아 있지 못하고 안절부절못하는 모양을 이름.

05 다음 중 비슷한 의미를 지닌 한자 성어끼리 묶이지 않은 것은? <small>한자 성어의 의미 이해하기</small>

① 고육지책(苦肉之策) – 궁여지책(窮餘之策)
② 노심초사(勞心焦思) – 좌불안석(坐不安席)
③ 발본색원(拔本塞源) – 임기응변(臨機應變)
④ 방약무인(傍若無人) – 안하무인(眼下無人)
⑤ 이심전심(以心傳心) – 심심상인(心心相印)

06 〈보기〉의 빈칸에 들어갈 한자 성어로 적절한 것은? <small>상황에 맞는 한자 성어 찾기</small>

> ── 보기 ──
>
> 두 사람의 말은 옳지 않다. 구슬이 서 말이라도 꿰어야 보배라 할 것이니, 자와 가위를 활용하여 마름질에 (　　　　　　) 하다 하나 바늘이 없다면 옷 만드는 일을 어찌하리오. 잘게 누빈 옷, 중간으로 누빈 옷, 짧은 솔의 옷을 이루어 냄이 나의 날래고 빠름이 아니면 어찌 마음대로 하리오.
>
> — 작자 미상, 〈규중칠우쟁론기〉

① 궁여지책(窮餘之策)　　② 능소능대(能小能大)
③ 이심전심(以心傳心)　　④ 임기응변(臨機應變)
⑤ 좌불안석(坐不安席)

12 개념어_산문 문학

2주 완성

※ 개념어가 사용된 예문을 읽고 해당 의미를 찾아 번호를 쓰세요.

★ 소설의 인물

01 중심인물	학평 김유정 작품의 특징은 중심인물들이 대부분 순박하고 어리숙하다는 점이다. 〔 〕

| 02 주변 인물 | 수능 주변 인물들이 양생과 여인의 만남에 자연스럽게 반응하는 장면을 제시하여, 둘의 사랑이 시청자들에게 평범한 일상으로 다가서게 하면 좋겠어. 〔 〕 |

| 03 주동 인물 | 학평 〈춘향전〉은 여성이 주동 인물로 등장하는 소설이다. 〔 〕 |

| 04 반동 인물 | 교과 이 글에서 악행을 저지르는 심 씨는 반동 인물에 해당한다. 〔 〕 |

| 05 평면적 인물 | 학평 고전 소설 대부분의 등장인물이 성격의 변화가 없는 평면적 인물이며, 주인공은 외모가 출중하고 재주가 남다르다. 〔 〕 |

| 06 입체적 인물 | 교과 강 씨는 전처 자식들을 내쫓고 자신의 아들로 가권을 계승시키려는 악인이지만 후에 죄를 반성하는 입체적 인물이다. 〔 〕 |

| 07 전형적 인물 | 모평 돈키호테와 놀부는 각각 중세 기사와 양반 지배층의 전형적 인물이다. 〔 〕 |

| 08 개성적 인물 | 교과 소설 〈광장〉의 주인공인 '이명준'은 남과 북에 환멸을 느껴 어느 쪽에도 속하지 않고 제3국을 택하는 개성적 인물이다. 〔 〕 |

① 작품에서 차지하는 비중이 크지 않은 보조적 인물.

② 작품 속 상황이나 환경에 따라 성격이 변화하는 인물.

③ 작품에서 처음부터 끝까지 성격이 변화하지 않는 인물.

④ 특정 부류나 계층에 속하지 않는 독자적인 성격을 지닌 인물.

⑤ 어떤 계층이나 집단의 특징을 잘 나타내어 대표성을 지니는 인물.

⑥ 작가가 전달하려는 주제와 같은 방향으로 움직이는 인물. 작품의 주인공이자 중심인물임.

⑦ 작가가 전달하려는 주제와 반대로 움직이는 인물. 주동 인물과 대립하여 갈등을 일으킴.

⑧ 작품에서 차지하는 비중이 큰 중요한 인물. 주인공 또는 그와 비슷한 비중을 갖는 인물임.

★ 소설의 사건과 갈등

09 사건	모평 꿈과 현실을 교차하여 사건을 입체적으로 구성한다. 〔 〕

| 10 복선 | 모평 불길한 일을 암시하는 복선 역할을 하여 긴장감을 조성한다. 〔 〕 |

| 11 내적 갈등 | 수능 '나'가 '권 씨네'를 의식하면서도 '권 씨네'의 상황에 거리를 두려는 것은 소시민의 내적 갈등을 보여 주는군. 〔 〕 |

| 12 외적 갈등 | 수능 [A]는 공간 이동에 따라 일어나는 사건을 통해, [B]는 공간에 대한 묘사를 통해 인물들의 외적 갈등을 심화하고 있다. 〔 〕 |

① 인물의 마음속에서 두 가지 이상의 생각이 부딪쳐 일어나는 심리적 갈등.

② 등장인물들이 겪거나 벌이는 일들. 작품 속 사건을 시간 순서대로 나열하면 줄거리가 됨.

③ 앞으로 일어날 사건에 대해 독자에게 넌지시 암시하는 것. 사건에 필연성을 부여하는 장치임.

④ 인물과 그 인물을 둘러싼 외부 요인 사이에서 발생하는 갈등. 인물이 다른 인물, 사회, 자연, 운명 등과 대립하여 발생함.

★ 소설의 서술자와 시점

13 서술자

(학평) 이야기 속 서술자의 자기 고백적 진술을 통해 내면을 제시하고 있다. 〔   〕

14 시점

(모평) '그날 밤'과 '며칠 전' 장면은 서술자의 시점이 서로 다르다. 〔   〕

15 1인칭 주인공 시점

(교과) 1인칭 주인공 시점은 '나'의 내면세계가 잘 드러나 독자에게 신뢰감과 친근감을 준다. 〔   〕

16 1인칭 관찰자 시점

(모평) 1인칭 관찰자 시점으로 전환하여 상황을 실감 나게 묘사한다. 〔   〕

17 전지적 작가 시점

(학평) 서술자가 전지적 작가 시점에서 등장인물의 심리를 서술하고 있다. 〔   〕

18 작가 관찰자 시점

(교과) 작가 관찰자 시점의 서술은 서술자의 감정이나 판단이 개입되어 있지 않다는 점이 특징이다. 〔   〕

① 소설에서 인물이나 사건을 바라보는 서술자의 위치와 태도.

② 작품 밖의 서술자가 관찰자의 입장에서 인물과 사건 등을 객관적으로 서술하는 시점.

③ 작품 밖의 서술자가 신처럼 인물의 행동, 심리, 사건 등을 모두 꿰뚫어 보며 서술하는 시점.

④ 작품 속의 주인공인 '나'가 자신의 이야기를 서술하는 시점. 독자는 주인공이 보고 느낀 것만을 알게 됨.

⑤ 소설 내용을 독자에게 이야기해 주는 사람. 작품 속에 직접 등장할 수도 있고, 작품 밖에 위치할 수도 있음.

⑥ 작품 속 인물인 '나'가 관찰자의 입장에서 중심인물에 대해 서술하는 시점. '나'가 관찰한 내용만 전달하므로 중심인물의 내면이 직접 제시되지 않음.

★ 배경

19 시간적 배경

(학평) 시간적 배경을 묘사하여 낭만적 분위기를 형성하고 있다. 〔   〕

20 공간적 배경

(수능) 이명준이 활동한 공간적 배경이 된 곳을 실제로 답사하여 현장 체험을 한다. 〔   〕

21 사회적 배경

(교과) 〈두껍전〉의 사회적 배경은 조선 후기로, 인물을 우스꽝스럽게 표현하여 당시 사회의 단면을 풍자하고 있다. 〔   〕

① 사건이 발생하고 인물이 행동하는 장소나 지역.

② 인물을 둘러싼 사회 현실과 시대적·역사적 환경.

③ 사건이 발생하고 인물이 행동하는 시간이나 시대, 계절.

어휘 572개 달성!
600
500

★ 서술 방식

22 서술

(학평) 특정 인물의 시각에서 사건을 서술하여 인물의 내면을 드러내고 있다. 〔   〕

23 대화

(학평) 인물 간의 대화를 통해 인물들의 성격 변화를 드러내고 있다. 〔   〕

24 묘사

(학평) 인물의 내면 심리 묘사를 통해 현실에 대한 부정적 인식을 보여 주고 있다. 〔   〕

① 인물들이 주고받는 말을 통해 사건을 전개하고 인물의 심리를 드러내는 방식.

② 서술자가 인물, 사건, 배경 등을 그림 그리듯이 구체적이고 감각적으로 나타내는 방식.

③ 서술자가 독자에게 인물, 사건, 배경 등을 직접 설명하는 방식으로, 대화와 묘사가 아닌 것을 모두 일컬음.

• 개념으로 체크하기 •

01 ~ 06 다음 설명에 알맞은 개념어를 쓰시오.

01 작품에서 차지하는 비중이 크지 않은 보조적 인물.
( )

02 작품 속 상황이나 환경에 따라 성격이 변화하는 인물.
( )

03 작품에서 처음부터 끝까지 성격이 변화하지 않는 인물.
( )

04 특정 부류나 계층에 속하지 않는 독자적인 성격을 지닌 인물.
( )

05 어떤 계층이나 집단의 특징을 잘 나타내어 대표성을 지니는 인물.
( )

06 작가가 전달하려는 주제와 같은 방향으로 움직이는 인물. 작품의 주인공이자 중심인물임.
( )

07 ~ 12 다음 빈칸에 들어갈 알맞은 말을 〈보기〉에서 찾아 쓰시오.

━━━● 보기 ●━━━
그림   독자   서술
객관적   이야기   사회 현실

07 인물을 둘러싼 ( )와/과 시대적·역사적 환경을 사회적 배경이라고 한다.

08 서술자가 인물, 사건, 배경 등을 ( ) 그리듯이 구체적이고 감각적으로 나타내는 방식을 묘사라고 한다.

09 작가 관찰자 시점은 작품 밖의 서술자가 관찰자의 입장에서 인물과 사건 등을 ( )(으)로 서술하는 시점이다.

10 ( )(이)란 서술자가 독자에게 인물, 사건, 배경 등을 직접 설명하는 방식으로, 대화와 묘사가 아닌 것을 모두 일컫는다.

11 서술자는 소설 내용을 독자에게 ( )해 주는 사람으로, 작품 속에 직접 등장할 수도 있고 작품 밖에 위치할 수도 있다.

12 1인칭 주인공 시점은 작품 속의 주인공인 '나'가 자신의 이야기를 서술하는 시점으로 ( )은/는 주인공이 보고 느낀 것만을 알게 된다.

• 작품으로 체크하기 •

13 ~ 16 다음 글을 읽고 물음에 답하시오.

"당초에 이 도령 만날 때 지닌 태산같이 굳은 마음, 소첩의 한마음 정절, 맹분 같은 용맹으로도 못 빼앗을 것이요, 소진과 장의 같은 말재주로도 첩의 마음 바꾸지 못할 것이요, 제갈공명 높은 재주는 동남풍을 빌었지만 일편단심 소녀의 마음은 굴복시키지 못하리다. 〈중략〉 사람의 첩이 되어 지아비를 배반하고 가정을 버리는 것은 벼슬하는 사또께서 나라를 버리고 임금을 배신하는 것과 같사오니 마음대로 하옵소서."
사또는 화가 치밀었다.
"네 이년, 들어라. 반역을 꾀하는 죄는 능지처참하게 되어 있고, 나라의 관리를 조롱하고 거역하는 죄는 중형에 처하고 유배를 보내라고 법률에 정해져 있으니 죽어도 서러워 마라."
춘향이 악을 쓰며,
"유부녀에게 함부로 하는 것은 죄가 아니고 무엇이오?"
사또가 기가 막혀 얼마나 분하던지 책상을 탕탕 두드리며 탕건이 벗겨지고, 상투 고가 탁 풀리고, 첫마디에 목이 쉬었다.
"이년을 잡아 내려라."
호령이 떨어지니 골방에 있던 통인이 달려들어 머리채를 잡고 끌어내렸다.
– 작자 미상, 〈춘향전〉

13 이 글에 드러나는 주된 갈등 유형으로 적절한 것은?
① 인물의 내적 갈등
② 인물과 인물 간의 외적 갈등
③ 인물과 사회 간의 외적 갈등

14 '춘향'의 인물 유형으로 적절하지 <u>않은</u> 것은?
① 주인공이자 중심인물
② 지조와 절개를 지키는 평면적 인물
③ 작가가 전하려는 주제와 반대로 움직이는 인물

15 '사또'에 대한 설명으로 가장 적절한 것은?
① 당대의 탐관오리를 대표하는 전형적 인물이다.
② 작가가 전하려는 주제와 같은 방향으로 움직인다.
③ 앞으로 일어날 사건을 암시하는 복선 역할을 한다.

16 이 글의 시점에 대한 설명으로 적절하지 <u>않은</u> 것은?
① 서술자가 작품 밖에 위치한다.
② 서술자가 관찰한 내용을 객관적으로 전달한다.
③ 서술자가 인물의 심리까지 모두 꿰뚫어 보고 있다.

STEP 3 어휘력 완성

01 ~ 03 다음 글을 읽고 물음에 답하시오.

[가] 처음 것, 둘째 것으로 고만 만족하였음일까? 아니다. 결코 아니다. 이상하게도 꼬리를 맞물고 덤비는 이 행운 앞에 조금 겁이 났다. 그리고 집을 나올 제 아내의 부탁이 마음이 켕기었다. ─ 앞집 마마님한테서 부르러 왔을 제 병인은 그 뼈만 남은 얼굴에 유일의 샘물 같은 유달리 크고 움푹한 눈에 애걸하는 빛을 띄우며,
"오늘은 나가지 마세요. 제발 덕분에 집에 붙어 있어요. 내가 이렇게 아픈데……."
라고 모깃소리같이 중얼거리고 숨을 걸그렁걸그렁하였다.

[나] "이 눈깔! 이 눈깔! 왜 나를 바라보지 못하고 천장만 바라보느냐, 응." / 하는 말끝엔 목이 메었다. 그러자 산 사람의 눈에서 떨어진 닭의 똥 같은 눈물이 죽은 이의 뻣뻣한 얼굴을 어룽어룽 적시었다. 문득 김 첨지는 미친 듯이 제 얼굴을 죽은 이의 얼굴에 한데 비비대며 중얼거렸다.
"설렁탕을 사다 놓았는데 왜 먹지를 못하니, 왜 먹지를 못하니……. 괴상하게도 오늘은! 운수가, 좋더니만……."

– 현진건, 〈운수 좋은 날〉

01 *소설의 인물 유형 파악하기*
'김 첨지'의 인물 유형으로 적절한 것은?

① 주인공이자 주변 인물
② 하층민을 대표하는 전형적 인물
③ 주제와 반대로 움직이는 반동 인물
④ 작품에서 비중이 크지 않은 주동 인물
⑤ 상황에 따라 성격이 변화하는 개성적 인물

02 *소설의 시점 파악하기*
이 글의 서술상 특징에 대한 설명으로 적절한 것은?

① 서술자는 작품 속 주인공이다.
② '김 첨지'가 주요 인물을 관찰하여 전달한다.
③ 작품 속 주인공이 자신의 이야기를 서술한다.
④ 작품 밖의 서술자가 관찰한 내용만 서술한다.
⑤ 작품 밖의 서술자가 인물의 행동과 심리를 서술한다.

03 *갈등 양상 파악하기*
(가)에 드러나는 주된 갈등 유형으로 적절한 것은?

① 인물의 내적 갈등   ② 서술자의 내적 갈등
③ 인물 간의 외적 갈등   ④ 사회와 인물 간의 외적 갈등
⑤ 인물과 운명 간의 외적 갈등

04 ~ 05 다음 글을 읽고 물음에 답하시오.

[가] 송도에 이생(李生)이라는 사람이 낙타교 옆에 살았다. 나이는 열여덟, 풍모가 맑고도 말쑥하였으며, 타고난 재주가 대단히 뛰어났다. 그는 국학에 다니면서, 길가에서 시를 읽고는 하였다.

[나] 어느 날 이생은 담장 안을 들여다보았다. 거기에는 이름난 꽃들이 만발하였고 벌과 새들이 다투어 재잘거리고 있었다. 담장 곁에는 작은 누각이 꽃떨기 사이로 은은히 비치는데, 주렴이 반쯤 내려져 있고 비단 휘장은 낮게 드리워져 있었다. 거기에 한 미인이 있었다.

[다] 밤중이 거의 되자 희미한 달빛이 들보를 비춰 주는데 복도에서 발자국 소리가 들려왔다. 그 소리는 먼 데서 차차 가까이 다가왔다. 살펴보니 사랑하는 최 여인이 거기 있었다. 이생은 그녀가 이미 이승에 없는 사람임을 알고 있었으나 너무나 사랑하는 마음에 반가움이 앞서 의심도 하지 않고 말했다.

[라] 어느덧 두서너 해가 지난 어떤 날 저녁에 여인은 이생에게 말했다.
"세 번째나 가약을 맺었습니다마는 세상일이 뜻대로 되지 않았으므로 즐거움도 다하기 전에 슬픈 이별이 갑자기 닥쳐왔습니다."
하고는 마침내 목메어 울었다. 이생은 깜짝 놀라면서 물었다.
"무슨 까닭으로 그런 말씀을 하시오?"

– 김시습, 〈이생규장전〉

04 *소설의 서술 방식 파악하기*
이 글의 서술 방식에 대한 설명으로 적절한 것은?

① 주로 대화를 통해 사건이 전개된다.
② (가)에는 계절적 배경이 제시된다.
③ (나)에는 공간에 대한 묘사가 드러난다.
④ (다)에는 편집자적 논평이 두드러지게 드러난다.
⑤ (라)에는 인물의 심리 묘사가 구체적으로 드러난다.

05 *소설의 구성과 특징 이해하기*
(가)와 (다)에 나타나는 특징으로 적절한 것은?

① (가)에는 시간적·공간적 배경이 제시된다.
② (가)에는 권선징악의 교훈적 주제가 드러난다.
③ (다)에는 사회적 배경이 제시된다.
④ (다)에는 전기적(傳奇的) 요소가 드러난다.
⑤ (가)와 (다)에는 인물의 외적 갈등이 드러난다.

주 완성 실전 대비 기출 모의고사

01 〈보기〉의 ⓐ~ⓔ의 사전적 의미로 적절하지 않은 것은? [학평]

— 보기 —

• 미학에서 우아함, 장엄함 등 소위 미적 속성이라 ⓐ간주되는 것들에 관한 논쟁 중 하나는 대상에 대하여 어떤 미적 판단을 진술할 때 그 진술이 가리키는 속성, 즉 미적 속성이 대상에 실재하느냐에 관한 것이다.

• '운명 교향곡'에 대한 미적 판단이 일치하는 이유는 우리가 모두 비슷한 미적 감수성을 ⓑ형성했고, 그 결과 그 음악에 비슷하게 반응했기 때문이라는 것이다.

• '수반'이라는 개념은 어떤 속성들과 다른 속성들 사이의 관계를 설명하는 용어인데, 윤리학 분야에서 ⓒ논의되기 시작하여 다른 분야로 확산되었다.

• 시블리에 따르면 미적 속성은 감상자가 미적 감수성을 ⓓ발휘해야 지각할 수 있는 속성이고, 비미적 속성은 시각과 청각 등의 지각 능력을 발휘하면 충분히 지각할 수 있는 속성이다.

• 미적 수반론은 미적 판단의 정당화 문제에 대하여 미적 실재론자들에게 단서를 ⓔ제공할 수 있다는 점에서 의의가 있다.

① ⓐ: 상태, 모양, 성질 따위가 그와 같다고 봄. 또는 그렇다고 여김.

② ⓑ: 완전히 다 이룸.

③ ⓒ: 어떤 문제에 대하여 서로 의견을 내어 토의함. 또는 그런 토의.

④ ⓓ: 재능, 능력 따위를 떨치어 나타냄.

⑤ ⓔ: 무엇을 내주거나 갖다 바침.

02 다음 밑줄 친 어휘 중, 〈보기〉의 ㉠과 문맥적 의미가 가장 가까운 것은? [모평]

— 보기 —

"불효자 충렬이 남적을 소멸하고 오는 길에 회수에 와 모친을 기리는 제사를 지내다가, 천행인지, 뜻밖에도 죽은 줄 알았던 모친을 만나 모시고 왔습니다!"

하니, 연왕이 반가움을 ㉠이기지 못하여 말하였다.

– 작자 미상, 〈유충렬전〉

① 나는 분을 이기지 못하고 울음을 터뜨렸다.
② 친구는 제 몸을 이기지 못하고 비틀거렸다.
③ 형은 온갖 역경을 이기고 마침내 성공했다.
④ 우리 팀이 상대를 큰 차이로 이기고 우승했다.
⑤ 삼촌은 병을 이기고 마침내 건강을 회복하였다.

03 문맥상 〈보기〉의 ㉠~㉤과 바꿔 쓰기에 적절하지 않은 것은? [학평]

— 보기 —

• 인간은 자신의 의사와 관계없이 하나의 개체로 존재하다가 어디로 향하는지도 모르는 채 ㉠소멸되어 버리는 운명에 처해 있다.

• 춘추 시대 이후 공자의 사상을 ㉡계승한 학자들의 관심은 절대적 존재와의 수직적 관계로부터 인간과 다른 인간들과의 수평적 관계인 인아(人我) 관계로 ㉢이동해 갔다.

• 불안을 ㉣해소하기 위해 절대적 존재와의 관계를 외면하고 집단 내에서 개체 간의 모순을 해결하는 데에만 집중한다는 점에서 부분적인 해결에 불과하다는 한계를 가진다.

• 인간이 가진 ㉤월등한 지각이라는 것도 사실은 실존적 불안을 해소하지 못한다는 측면에서 볼 때 다른 동물의 특화된 생존 능력과 크게 다를 바가 없는 것이다.

① ㉠: 사라져   ② ㉡: 이어받은
③ ㉢: 옮겨   ④ ㉣: 바로잡기
⑤ ㉤: 뛰어난

04 문맥상 의미가 ⓐ와 가장 가까운 것은? [모평]

모션 트래킹 시스템이 사용자의 동작 정보를 컴퓨터에 전달하면, 컴퓨터는 사용자가 움직이는 방향과 속도에 ⓐ맞춰 트레드밀의 바닥을 제어한다.

① 그 연주자는 피아노를 언니의 노래에 정확히 맞추어 쳤다.
② 아내는 집 안에 있는 물건들의 색깔을 조화롭게 맞추었다.
③ 우리는 다음 주까지 손발을 맞추어 작업을 마치기로 했다.
④ 그 동아리는 신입 회원을 한 명 더 뽑아 인원을 맞추었다.
⑤ 동생은 중간고사를 보고 나서 친구와 답을 맞추어 보았다.

05 〈보기〉의 ㉮를 나타내기에 가장 적절한 한자 성어는? [학평]

— 보기 —

채란이 명을 받들어 즉시 가서 데려왔거늘, 양후가 귓속말로 가로되, "㉮이제 남을 해하려다가 우리가 도리어 근심을 맡았도다. 이 일을 장차 어찌하면 좋을꼬?"

– 작자 미상, 〈금우태자전〉

① 방약무인(傍若無人)   ② 자승자박(自繩自縛)
③ 자포자기(自暴自棄)   ④ 호가호위(狐假虎威)
⑤ 표리부동(表裏不同)

06 ㉠에서 '사씨'가 '한림'에게 하려는 말과 그 뜻이 가장 가까운 것은? [모평]

● 보기 ●

하루는 유 한림이 일을 마치고 집에 돌아오니 석 낭중이란 사람이 편지를 보내 남쪽 지방이 고향인 동청이란 자를 천거했다. 〈중략〉 유 한림은 마침 마땅한 사람을 구하던 차였다. 동청을 만나보니 말하는 것이 흐르는 물과 같고 풍모도 반듯하여 흔쾌히 서사(書士)의 직분을 맡겼다. 동청은 재주가 있고 눈치가 빨라 매사를 한림의 뜻대로 챙기니 신임이 두터웠다.

이를 본 사씨가 한림에게 말했다.

"첩이 듣기로 동청은 정직하지 않아 여러 곳에서 배척을 받았다 하옵니다. 그러니 머무르게 하지 말고 빨리 내보내소서."

유 한림이 말했다. / "동청을 머물게 하는 것은 단지 글을 구함이지 벗을 삼으려는 것이 아니오. 무슨 상관이 있겠소?"

사씨가 말했다. / ㉠"비록 벗은 아니지만 좋지 않은 사람과 같이 있으면 자연히 잘못된 길로 빠질 수 있습니다. 이런 사람을 집안에 두어 법도가 잘못될까 걱정하는 것이옵니다."

– 김만중, 〈사씨남정기〉

① '뱁새가 황새 따라가면 다리가 찢어진다'고 하니 그와 어울리지 마세요.

② '먹을 가까이 하면 검어진다'고 하니 악인을 가까이 하지 마세요.

③ '가는 말이 고와야 오는 말이 곱다'고 하니 좋은 말로 거절하세요.

④ '동냥치가 동냥치 꺼린다'고 하니 그를 받아들일 수는 없어요.

⑤ '가재는 게 편'이라고 하니 '석 낭중'을 보아 그를 믿으세요.

07 ㉮의 의미를 포함하고 있는 말로 볼 수 없는 것은? [수능]

● 보기 ●

어떤 대상의 물리량을 측정하려면 되도록 그 대상을 교란하지 않아야 한다. 측정 오차를 줄이기 위해 과학자들은 주의 깊게 실험을 설계하고 더 나은 기술을 사용함으로써 이러한 교란을 줄여 나갔다. 그들은 원칙적으로 ㉮측정의 정밀도를 높이는 데 한계가 없다고 생각했다. 그러나 물리학자들은 소립자의 세계를 다루면서 이러한 생각이 잘못임을 깨달았다.

① 단위를 10개로 잡을 때 200개는 20단위이다.

② 수확량을 대중해 보니 작년보다 많겠다.

③ 바지 길이를 대충 재어 보고 샀다.

④ 운동장의 넓이를 가늠할 수 없다.

⑤ 건물의 높이를 어림하여 보았다.

08 관용적 표현과 관용적 표현이 아닌 경우를 구별하여 사용한 예로 적절하지 않은 것은? [내신]

① (ㄱ) 그는 사람들의 세찬 비난에도 눈도 깜짝 안 하였다.

(ㄴ) 진아는 눈 한 번 깜짝이지 않고 눈싸움에서 이겼다.

② (ㄱ) 나와 헤어진 사람이 잘되는 것을 보고 배가 아팠다.

(ㄴ) 출산 예정일이 되자 거짓말처럼 배가 아파오기 시작했다.

③ (ㄱ) 취직도 했으니 이제 국수 먹는 일만 남았구나.

(ㄴ) 점심으로 국수를 먹고 싶은데 어떤 식당이 좋을까?

④ (ㄱ) 한번 시작한 일이니 바닥을 봐야지 여기서 끝내면 안 된다.

(ㄴ) 나는 떨어진 사인펜을 찾기 위해 교실 바닥을 보았다.

⑤ (ㄱ) 어수선하던 집안일을 정리하고 나자 회사 일이 손에 잡혔다.

(ㄴ) 아이가 입원해 있는 동안에는 일이 전혀 손에 잡히지 않았다.

09 ⓐ에 나타난 인물의 심리를 설명하는 말로 가장 적절한 것은? [모평]

● 보기 ●

수레바퀴 소리, 증기와 전기 기관 소리, 쇠 마차 소리 ……. 이러한 모든 소리가 합하여서 비로소 찬란한 문명을 낳는다. 실로 현대의 문명은 소리의 문명이라. 서울도 아직 소리가 부족하다. 종로나 남대문통에 서서 서로 말소리가 아니 들리리 만큼 문명의 소리가 요란하여야 할 것이다. 그러나 불쌍하다. 서울 장안에 사는 삼십여 만 흰옷 입은 사람들은 이 소리의 뜻을 모른다. 또 이 소리와는 상관이 없다. 그네는 이 소리를 들을 줄 알고, 듣고 기뻐할 줄 알고, 마침내 제 손으로 이 소리를 내도록 되어야 한다. 저 플랫폼에 분주히 왔다 갔다 하는 사람들 중에 몇 사람이나 이 분주한 뜻을 아는지, 왜 저 전등이 저렇게 많이 켜지며, 왜 저 전보 기계와 전화 기계가 저렇게 불분주하고 때각거리며, 왜 저 흉물스러운 기차와 전차가 주야로 달아나는지……. 이 뜻을 아는 사람이 몇몇이나 되는가.

ⓐ이렇게 북적북적하는 속에 영채는 행여나 누가 자기의 얼굴을 볼까 하여 가만히 고개를 숙이고 앉았다.

– 이광수, 〈무정〉

① 좌불안석(坐不安席)　　② 간담상조(肝膽相照)

③ 전전반측(輾轉反側)　　④ 침소봉대(針小棒大)

⑤ 절치부심(切齒腐心)

10 ⓐ~ⓔ의 사전적 의미로 적절하지 않은 것은? _{모평}

벡은 핵무기와 원전 누출 사고, 환경 재난 등 예측 불가능한 위험이 현실화될 가능성이 있는데도 삶의 편의와 풍요를 위해 이를 ⓐ방치(放置)함으로써 위험이 체계적이고도 항시적으로 존재하게 된 현대 사회를 '위험 사회'라고 규정한 바 있다. 현대의 위험은 과거와 달리 국가와 계급을 가리지 않고 파괴적으로 영향을 미친다는 것이 벡의 관점이다. 그런데 벡은 현대인들이 개체화되어 있다는 바로 그 조건 때문에 오히려 전 지구적 위험에 의한 불안에 대응하기 위해 초계급적, 초국가적으로 ⓑ연대(連帶)할 가능성이 있다고 보았다. 특히 벡은 그들이 과학 기술의 발전뿐 아니라 그 파괴적 결과까지 인식하여 대안을 모색하는 '성찰적 근대화'의 실천 주체로서 일상생활에서의 요구를 모아 정치적으로 ⓒ표출(表出)하는 등 행동에 나서야 한다고 주장한다.

바우만은 우선 세계화의 흐름 속에서 소수의 특권 계급을 제외한 대다수의 사람들이 무한 경쟁에 내몰리고 빈부 격차에 따라 생존 자체를 위협받는 등 잉여 인간으로 ⓓ전락(轉落)하고 있다고 본다. 그러나 그가 더 치명적으로 본 것은 협력의 고리를 찾지 못하게 된 현대인들이 개인 수준에서 위기에 대처해야 하는 상황에 빠져 버렸다는 점이다. 더구나 그는 위험에 대한 공포가 내면화되면 사람들은 극복 의지도 잃고 공포로부터 도피하거나 소극적 자기 방어 행동에 ⓔ몰두(沒頭)하게 된다고 보았다.

① ⓐ: 쫓아내거나 몰아냄.
② ⓑ: 여럿이 함께 무슨 일을 하거나 함께 책임을 짐.
③ ⓒ: 겉으로 나타냄.
④ ⓓ: 나쁜 상태나 타락한 상태에 빠짐.
⑤ ⓔ: 어떤 일에 온 정신을 다 기울여 열중함.

11 〈보기〉의 ㉠과 문맥적 의미가 가장 유사한 것은? _{수능}

● 보기 ●

잡초가 우거졌다가 우거진 채 말라서 일면이 세피아 빛으로 덮인 실로 황량한 공지인 것이다. 입추의 여지가 가히 없는 이 대도시 한복판에 이런 인외경(人外境)의 감을 ㉠풍기는 적지 않은 공지가 있다는 것은 기적 아닐 수 없다.

– 이상, 〈조춘점묘〉

① 키로 까불러서 검불을 풍기는 어머니의 모습을 떠올렸다.
② 이국의 정취가 풍기는 아름다운 거리를 한없이 걸어갔다.
③ 진한 향기를 풍기는 붉은 해당화가 마음을 설레게 했다.
④ 총소리가 풀숲에 숨어 있던 새들을 풍겼다.
⑤ 시골길로 버스가 지나가자 먼지가 풍겼다.

12 ⓐ~ⓔ를 바꿔 쓸 수 있는 말로 적절하지 않은 것은? _{학평}

20세기에 들어 음악 미학에 급격한 변화가 나타나면서 목적론적 시간성에서 ⓐ벗어난 음악들이 나타나기 시작했다.

치머만은 과거, 현재, 미래가 우주적 차원에서는 연속성을 띠며 진행하지만 정신적 차원에서는 그렇지 않다는 생각에 이르러, 시간을 '공' 모양을 하고 있는 것으로 인식했다. 이는 시간이 선적인 진행에서 벗어나 과거, 현재, 미래의 순서가 ⓑ달라질 수 있으며, 또한 동시적으로 진행될 수 있다는 것을 의미하였다.

복합적인 시간성은 그의 '다원적 작곡 기법'으로 구현되었다. 그는 이 기법을 음악에 나타나는 여러 가지 시간의 층이 ⓒ겹친 것으로 설명하였다. 그는 자신의 대표작인 '병사들'에서 역사적으로 의미 있는 음악가들의 악곡 일부를 그대로 자신의 작품에 가져다 쓰는 콜라주 기법을 ⓓ써서 서로 다른 시간의 층을 동시에 보여 주었다.

케이지는 그의 작품에서 유일하게 한 번만 존재하는 음악의 시간성을 표현했다. 이러한 그의 음악은 비의도적이려는 의도 외에는 아무 의도 없이 만든 음악으로, 완성보다는 과정에 치중하는 비결정성을 띠는 것이었다. 비결정성을 띠는 음악은 예측할 수 없기 때문에 필연적으로 실험적이며, 똑같이 반복될 수 없기 때문에 필연적으로 유일하다. 지금까지 음악을 시간의 연속성으로 이해했다면, 이제 그 연속성은 완전히 뒤죽박죽되었다. 음악의 시간성이 작품의 구조와 관련이 있는 만큼, 그의 음악에서는 전통적 시간성이 ⓔ무너졌다고 볼 수 있다.

① ⓐ: 탈피한   ② ⓑ: 변모할   ③ ⓒ: 중첩된
④ ⓓ: 활용하여   ⑤ ⓔ: 와해되었다고

13 〈보기〉의 ㉠을 나타내기에 가장 적절한 한자 성어는? _{학평}

● 보기 ●

밤이 이미 다하여 손님들이 모두 취했을 때입니다. ㉠제가 벽에 구멍을 뚫고 엿보니 진사 역시 제 뜻을 알고 모퉁이를 향해 앉아 있더군요. 저는 봉한 편지를 구멍 사이로 던졌습니다.

– 작자 미상, 〈운영전〉

① 이심전심(以心傳心)   ② 인과응보(因果應報)
③ 견물생심(見物生心)   ④ 역지사지(易地思之)
⑤ 수구초심(首丘初心)

14 ⓐ~ⓔ의 사전적 의미로 적절하지 <u>않은</u> 것은? [학평]

3D 프린팅은 대상이 되는 3차원 물체의 형상을 실제로 ⓐ재현하는 기술이며, 3D 프린팅을 실현하는 프린터를 3D 프린터라고 부른다. 3D 프린팅을 위해서는 물체의 표면을 3차원 공간에 표현한 데이터가 필요하다.

폴리곤 메시 데이터는 다시 물체를 얇은 층의 적층물 형태로 표현하는 데이터로 ⓑ변환하여야 한다. 폴리곤 메시의 좌푯값을 이용하여 아래층부터 위층으로 순서대로 각 층의 데이터를 만들어 낸다.

데이터를 만든 후에는 이를 3D 프린터에 전송하여 결과물을 만들어 내는데, 물체를 어떤 재료로 어떤 방식에 의해 만들어 내느냐에 따라 여러 가지 3D 프린팅을 ⓒ구현할 수 있다.

이 중에서 광경화성 수지를 사용하는 3D 프린터는 잉크젯 프린터처럼 액체를 이용하는 방식이다. 액체 상태의 광경화성 수지를 프린터 내부에 있는 판에 머리카락의 십분의 일 정도의 두께로 미세하게 ⓓ도포하여 물체의 층을 만든다. 프린터 헤드에서 분사된 액체 상태의 원료는 헤드 양옆에 달려 있는 자외선램프에 의해 ⓔ분사 직후 굳는다.

① ⓐ 재현(再現) : 다시 나타냄.
② ⓑ 변환(變換) : 다르게 하여 바꿈.
③ ⓒ 구현(具現) : 어떤 내용이 구체적인 사실로 나타나게 함.
④ ⓓ 도포(塗布) : 약 따위를 겉에 바름.
⑤ ⓔ 분사(噴射) : 물기나 습기를 말려서 없앰.

15 밑줄 친 어휘의 쓰임이 바르지 <u>않은</u> 것은? [내신]

① 내가 <u>가진</u> 돈이 없었더라면 우리는 <u>갖은</u> 고생을 했을 것이다.
② 세 <u>걸음</u>을 걸을 때마다 <u>거름</u>을 한 줌씩 뿌리면 적당한 양일 것입니다.
③ 2의 <u>곱절</u>은 4이고, 네 <u>갑절</u>은 8이니까 헷갈리지 말고 계산을 잘해라.
④ 그 점원이 고객들과 친분을 <u>두텁게</u> 유지한 덕분에 가게의 고객층이 <u>두꺼워졌다</u>.
⑤ 배는 고픈데 돈이 없어 빵을 그저 바라만 보고 있었더니, 주인이 빵을 <u>거저</u> 주었다.

16 〈보기〉의 ㉠~㉢에 들어갈 말을 바르게 나열한 것은? [내신]

● 보기 ●

• 보고서에서 전문가의 글을 (㉠)하면 글의 신뢰도를 높일 수 있다.
• 최소한의 가구만으로 꾸며진 방이 그 사람의 소박한 성격을 (㉡)하는 듯하다.
• 잠깐 본 그림을 그대로 재현해 내는 그녀의 (㉢)이/가 예사롭지 않다.

	㉠	㉡	㉢
①	발췌(拔萃)	방증(傍證)	눈대중
②	발췌(拔萃)	증거(證據)	눈대중
③	인용(引用)	증명(證明)	눈짐작
④	인용(引用)	반증(反證)	눈썰미
⑤	인용(引用)	방증(傍證)	눈썰미

17 ⓐ~ⓔ를 사용하여 만든 문장으로 적절하지 <u>않은</u> 것은? [수능]

● 보기 ●

보험은 같은 위험을 보유한 다수인이 위험 공동체를 형성하여 보험료를 납부하고 보험 사고가 발생하면 보험금을 지급받는 제도이다. 보험 상품을 구입한 사람은 장래의 우연한 사고로 인한 경제적 손실에 ⓐ대비할 수 있다.

보험 가입자들이 자신이 가진 위험의 정도에 대해 진실한 정보를 알려 주지 않는 한, 보험사는 보험 가입자 개개인이 가진 위험의 정도를 정확히 ⓑ파악하여 거기에 상응하는 보험료를 책정하기 어렵다. 이러한 이유로 사고 발생 확률이 비슷하다고 예상되는 사람들로 구성된 어떤 위험 공동체에 사고 발생 확률이 더 높은 사람들이 동일한 보험료를 납부하고 진입하게 되면, 그 위험 공동체의 사고 발생 빈도가 높아져 보험사가 지급하는 보험금의 총액이 증가한다. 보험사는 이를 보전하기 위해 구성원이 납부해야 할 보험료를 ⓒ인상할 수밖에 없다.

계약 당시에 보험사가 고지 의무 위반에 대한 사실을 알았거나 중대한 과실로 인해 알지 못한 경우에는 보험 가입자가 고지 의무를 위반했어도 보험사의 해지권은 ⓓ배제된다. 이는 보험 가입자의 잘못보다 보험사의 잘못에 더 책임을 둔 것이라 할 수 있다.

보험에서 고지 의무는 보험에 가입하려는 사람의 특성을 검증함으로써 다른 가입자에게 보험료가 부당하게 ⓔ전가되는 것을 막는 기능을 한다.

① ⓐ : 지난해의 이익과 손실을 대비해 올해 예산을 세웠다.
② ⓑ : 일을 시작하기 전에 상황을 파악하는 것이 중요하다.
③ ⓒ : 임금이 인상되었다는 소식에 많은 사람들이 기뻐했다.
④ ⓓ : 이번 실험이 실패할 가능성을 전혀 배제할 수는 없다.
⑤ ⓔ : 그는 자신의 실수에 대한 책임을 동료에게 전가했다.

다음 글을 읽고 물음에 답하시오.

───────────────────

"적장 벤 장수 성명이 무엇이냐? 빨리 모시고 들어오라."

충렬이 말에서 내려 천자 앞에서 땅에 엎드리니, 천자 급히 물어 말하기를, / "그대는 뉘신데 죽을 사람을 살리는가?"

충렬이 부친 유심의 죽음과 어려서 홀로 된 자신을 길러 준 장인 강희주의 죽음을 몹시 원통하고 분하게 여겨 통곡하며 여쭈되,

[A]
"소장은 동성문 안에 살던 유심의 아들 충렬입니다. 사방을 떠돌아다니면서 빌어먹으며 만 리 밖에 있다가 아비의 원수를 갚으려고 여기 왔습니다. 폐하께서 정한담에게 핍박을 당하리라곤 꿈에도 생각지 못했습니다. 예전에 정한담과 최일귀를 충신이라 하시더니 충신도 역적이 될 수 있습니까? 그자의 말을 듣고 충신을 멀리 귀양 보내어 죽이고 이런 환난을 만나시니, 천지가 아득하고 해와 달이 빛을 잃은 듯합니다."

하고, 슬피 통곡하며 머리를 땅에 두드리니, 산천초목이 슬퍼하며 진중의 군사들도 눈물을 흘리지 않는 이가 없더라. 천자도 이 말을 들으시고 후회가 막급하나 할 말 없어 우두커니 앉아 있더라.

한편 적진에 잡혀갔던 태자는, 본진에서 문걸의 목을 베는 것을 보고 급히 도주해 와서 천자 곁에 앉아 있다가, 충렬의 말을 듣고 버선발로 내려와서 충렬의 손을 붙들고 말하였다.

[B]
"경이 이게 웬 말인가? 옛날 주나라 성왕도 관숙과 채숙의 말을 듣고 주공을 의심하다가 잘못을 깨닫고 스스로 꾸짖어 훌륭한 임금이 되었으니, 충신이 죽는 것은 모두 다 하늘에 달린 일이라. 그런 말을 말고 온 힘으로 충성을 다하여 천자를 도우시면, 태산 같은 그대 공로는 천하를 반분하고, 하해 같은 그 은혜는 죽은 뒤에라도 풀어 갚으리라."

충렬이 울음을 그치고 태자의 얼굴을 보니, 천자의 기상이 뚜렷하고 한 시대의 성군이 될 듯하여 투구를 벗어 땅에 놓고 천자 앞에 사죄하여 말하였다. / "소장이 아비의 죽음을 한탄하여 분한 마음이 있는 까닭에 격절한 말씀을 폐하께 아뢰었으니 죄가 무거워 죽어도 안타깝지 아니합니다. 소장이 죽을지언정 어찌 폐하를 돕지 아니하겠습니까?"

천자가 충렬의 말을 듣고 친히 계단 아래로 내려와서 투구를 씌우고 대원수를 명하며 손을 잡고 하는 말이,

"과인은 보지 말고 그대 선조의 입국 공업을 생각하여 나라를 도와주면, 태자가 말한 대로 그대의 공을 갚으리라."

[이후 줄거리] 유충렬은 남적의 선봉장이 된 정한담과의 대결에서 승리하고, 다시금 위기에 처했던 천자·황후·태후·태자를 구출한다. 이후, 유심과 강희주를 구하고 모친과 부인을 찾은 후 장안으로 돌아온다.

– 작자 미상, 〈유충렬전〉

───────────────────

18 이 글에 대한 설명으로 가장 적절한 것은?

① 시간적 배경을 묘사하여 사건의 사실성을 높인다.
② 꿈과 현실을 교차하여 사건을 입체적으로 구성한다.
③ 초월적 공간을 설정하여 사건을 새로운 국면으로 전환한다.
④ 서술자의 개입과 인물의 발화를 통해 인물의 심리를 드러낸다.
⑤ 전쟁 장면의 구체적인 묘사를 통해 사건의 긴박감을 고조한다.

19 이 글의 내용에 대한 이해로 적절하지 <u>않은</u> 것은?

① '천자'가 '장수'에게 "그대는 뉘신데 죽을 사람을 살리는가?"라고 말하는 것으로 보아, '천자'는 '장수'의 능력에 놀라움을 표하고 있다.
② '유충렬'이 '천자' 앞에서 '유심'이 죽었다며 원통해하는 것으로 보아, '유충렬'은 부친이 죽은 것으로 잘못 알고 있다.
③ '군사들' 중에 '유충렬'의 말을 듣고 '눈물을 흘리지 않는 이'가 없는 것으로 보아, '군사들'은 '유충렬'의 심정에 공감하고 있다.
④ '유충렬'이 '천자'를 도와 전쟁에 나가겠다고 약속하는 것으로 보아, '유충렬'은 '태자'의 말과 기상에 감화되어 스스로를 반성하고 있다.
⑤ '천자'가 '유충렬'에게 '과인은 보지 말고' 나라를 구하라고 권유하는 것으로 보아, '천자'는 '유심'의 귀양에 대한 자신의 과오를 인정하지 않고 있다.

20 [A], [B]에 대한 분석으로 적절하지 <u>않은</u> 것은?

① [A]에서는 자신의 정체를 밝히면서 상대방에 대한 원망을 드러낸다.
② [A]에서는 비유적 표현을 통해 상대방에게 자신의 심경을 토로한다.
③ [B]에서는 역사적인 사실을 근거로 하여 상대방의 견해를 옹호한다.
④ [B]에서는 보답의 의지를 표명하여 상대방의 태도 변화를 촉구한다.
⑤ [B]에서는 상대방에게 자신의 역할과 본분에 충실할 것을 강조한다.

3주
완성

※ 어휘의 사전적 의미에 해당하는 예문을 찾아 번호를 쓰고 빈칸을 채워 보세요.

01 **가담하다** 더할 加ㅣ멜 擔 --	통 같은 편이 되어 일을 함께 하거나 돕다.	〔 〕
02 **각광** 다리 脚ㅣ빛 光	명 사회적 관심이나 흥미.	〔 〕
03 **간수하다**	통 물건 따위를 잘 보호하거나 보관하다.	〔 〕
04 **강압** 강할 強ㅣ누를 壓	명 강한 힘이나 권력으로 강제로 억누름.	〔 〕
05 **거들다**	(1) 통 남이 하는 일을 함께 하면서 돕다.	〔 〕
	(2) 통 남의 말이나 행동에 끼어들어 참견하다.	〔 〕

① (교과) 국산 제품들이 해외에서 〔 〕을 받으며 인기를 끌고 있다.

② (모평) 일반 백성들이 의병에 〔 〕한 동기를 설명하는 데에는 충분치 못하다.

③ (학평) 보존은 훼손된 문화재가 더 이상 훼손되지 않도록 잘 〔 〕하는 것을 의미한다.

④ (모평) 이 작품은 새로운 권력 집단이 등장해서 〔 〕 통치를 했던 시대와 관련이 깊습니다.

⑤ (교과) 혼내는 시어머니보다 옆에서 〔 〕는 시누이가 더욱 알미웠다.

⑥ (학평) 우선 많은 학생들이 급식 준비와 정리 과정을 〔 〕어 보면, 음식을 대하는 태도도 달라질 것이다.

06 **결부** 맺을 結ㅣ줄 付	명 일정한 사물이나 현상을 서로 연관시킴.	〔 〕
07 **고루하다** 굳을 固ㅣ좁을 陋 --	형 낡은 관념이나 습관에 젖어 고집이 세고 새로운 것을 잘 받아들이지 아니하다.	〔 〕
08 **고수하다** 굳을 固ㅣ지킬 守 --	통 차지한 물건이나 형세 따위를 굳게 지키다.	〔 〕
09 **공경하다** 공손할 恭ㅣ공경할 敬 --	통 공손히 받들어 모시다.	〔 〕
10 **공세** 칠 攻ㅣ기세 勢	명 공격하는 태세. 또는 그런 세력.	〔 〕

① (교과) 회견문 낭독을 마치자 기자들이 질문 〔 〕를 퍼부었다.

② (교과) 폐쇄 정책을 〔 〕하던 나라들이 개방 정책으로 방향을 선회하였다.

③ (교과) 최만리를 비롯한 〔 〕한 유학자들의 빗발치는 상소에도 세종대왕은 한글 창제의 뜻을 굽히지 않았다.

④ (모평) 그는 사회 안정을 위해 사적인 욕망과 〔 〕된 이익의 추구는 '의'에서 배제되어야 한다고 주장하였다.

⑤ (모평) 그는 부모에게 효도하는 것은 '인'이고, 형을 〔 〕하는 것은 '의'라고 하여 '의'를 가족 성원 간에도 지켜야 할 규범이라고 규정하였다.

11 **군림하다** 임금 君ㅣ임할 臨 --	(1) 통 임금으로서 나라를 거느려 다스리다.	〔 〕
	(2) 통 어떤 분야에서 절대적인 세력을 가지고 남을 압도하다.	〔 〕
12 **규명하다** 꼴 糾ㅣ밝을 明 --	통 어떤 사실을 자세히 따져서 바로 밝히다.	〔 〕
13 **균등하다** 고를 均ㅣ같을 等 --	형 고르고 가지런하여 차별이 없다.	〔 〕
14 **긍지** 불쌍히 여길 矜ㅣ가질 持	명 자신의 능력을 믿음으로써 가지는 당당함.	〔 〕
15 **논설** 논의할 論ㅣ말씀 說	명 어떤 주제에 관하여 자기의 생각이나 주장을 체계적으로 밝혀 쓴 글.	〔 〕

① (교과) 세계 최강국으로 〔 〕하던 나라가 허망하게 무너지고 말았다.

② (학평) 통치자는 권력을 유지하기 위해 한정된 재화의 〔 〕한 분배에 힘써야 한다.

③ (학평) 일탈의 원인을 〔 〕하려는 이러한 연구는 크게 개인적 관점과 사회적 관점으로 나뉜다.

④ (교과) 십사 년간 〔 〕하였던 임금이 붕어하자 온 백성들은 슬픔에 빠졌다.

⑤ (학평) 독립신문에서는 〔 〕을 1면 첫머리에 실어 조선 사회 전반의 문제를 다루면서 당시의 조선 현실을 날카롭게 비판하기도 하였다.

⑥ (학평) A 씨는 아버지의 장인정신을 계승한 도예가가 되었고, 장인정신을 중시하는 도예가 협회로부터 올해의 장인으로 선정되어 〔 〕를 느꼈다.

16	**논의** 논의할 論 | 의논할 議	명 어떤 문제에 대하여 서로 의견을 내어 토의함. 또는 그런 토의.	〔　　〕
17	**느닷없다**	형 나타나는 모양이 아주 뜻밖이고 갑작스럽다.	〔　　〕
18	**당면하다** 마땅할 當 | 낯 面	동 바로 눈앞에 당하다.	〔　　〕
19	**동요하다** 움직일 動 | 흔들릴 搖	(1) 동 물체 따위가 흔들리고 움직이다.	〔　　〕
		(2) 동 생각이나 처지가 확고하지 못하고 흔들리다.	〔　　〕
20	**동조하다** 같을 同 | 고를 調	동 남의 주장에 자기의 의견을 일치시키거나 보조를 맞추다.	〔　　〕

① 교과 심한 풍랑으로 배가 크게 □□하자 승객들은 두려움에 떨었다.

② 모평 놀부 자식들은 어머니의 의견에 □□하여 차별화된 의견을 제시하지 않는다.

③ 모평 예술 작품을 어떻게 감상하고 비평해야 하는지에 대해 다양한 □□들이 있다.

④ 수능 독서는 자신을 둘러싼 현실을 올바로 인식하고 □□한 문제를 해결할 논리와 힘을 지니게 한다.

⑤ 학평 그는 허일정을 심(心)을 비우고 한 곳에 집중하게 하며, 고요함의 상태에서 외적 사물에 □□하지 않고 심의 평정을 유지하는 것으로 보았다.

⑥ 모평 미리 대비하지 못하고 □□□이 임진왜란을 당했던 데다가, 전쟁 중에 보였던 조정의 무책임한 행태로 인해 당시 민심은 상당히 부정적이었다.

21	**되새기다**	(1) 동 입안의 음식을 자꾸 내씹다.	〔　　〕
		(2) 동 지난 일을 다시 떠올려 곰곰히 생각하다.	〔　　〕
22	**두서없다** 머리 頭 | 실마리 緒	형 일의 차례나 갈피를 잡을 수 없다.	〔　　〕
23	**매료** 도깨비 魅 | 마칠 了	명 사람의 마음을 완전히 사로잡아 홀리게 함.	〔　　〕
24	**맹목적** 소경 盲 | 눈 目 | 과녁 的	관·명 주관이나 원칙이 없이 덮어놓고 행동하는. 또는 그런 것.	〔　　〕
25	**면밀히** 이어질 綿 | 빽빽할 密	부 자세하고 빈틈이 없이.	〔　　〕

① 교과 노인은 입맛이 없는지 밥을 삼키지 못하고 □□□□만 한다.

② 교과 그의 말은 너무 □□□어서 도대체 무슨 이야기를 하는지 모르겠다.

③ 모평 형벌에 관한 논리 정연하고 새로운 주장들에 유럽의 지식 사회가 □□된 것이다.

④ 학평 수익금을 활동비와 기부금으로 이원화하는 것도 지난 축제의 의미를 □□□는 좋은 방법이라고 생각합니다.

⑤ 수능 참되게 알고 참되게 행하는 것이 어려우니, 우리 학문의 여러 경전으로부터 널리 배우고 □□□ 익혀야 할 것이다.

⑥ 모평 이때 마음은 자신이 원하는 하나의 대상에만 과도하게 집착하여 그 어떤 것도 돌아보지 못하는 □□□ 욕망일 뿐이다.

26	**명시하다** 밝을 明 | 보일 示	동 분명하게 드러내 보이다.	〔　　〕
27	**무모하다** 없을 無 | 꾀할 謀	형 앞뒤를 잘 헤아려 깊이 생각하는 신중성이나 꾀가 없다.	〔　　〕
28	**미덥다**	형 믿음이 가는 데가 있다.	〔　　〕
29	**박애** 넓을 博 | 사랑 愛	명 모든 사람을 평등하게 사랑함.	〔　　〕
30	**반박하다** 돌이킬 反 | 얼룩말 駁	동 어떤 의견, 주장, 논설 따위에 반대하여 말하다.	〔　　〕

① 교과 그 의사는 □□를 실천하며 환자를 치료하는 데에 일생을 바쳤다.

② 수능 동료 선수와 협동하지 않고 □□한 공격을 감행한 축구 선수 A와 B가 있다.

③ 모평 그는 날아간 돌이 엄연히 존재한다는 점을 근거로 버클리의 주장을 □□하고자 한 것이다.

④ 모평 공자는 군자가 되기 위해서는 항상 마음이 참되고 □□운 상태가 되도록 자신의 내면을 잘 살피라고 하였다.

⑤ 수능 11세기경부터 사용된 음자리표는 고정된 음높이를 □□하는 기능을 해, 음의 높낮이를 명확하게 재현할 수 있게 되었다.

· 뜻풀이로 체크하기 ·

01 ~ 07 다음 뜻풀이에 해당하는 어휘를 쓰시오.

01 사회적 관심이나 흥미. ☐☐

02 자세하고 빈틈이 없이. ☐☐☐

03 공격하는 태세. 또는 그런 세력. ☐☐

04 물건 따위를 잘 보호하거나 보관하다. ☐☐☐☐

05 나타나는 모양이 아주 뜻밖이고 갑작스럽다. ☐☐☐☐

06 주관이나 원칙이 없이 덮어놓고 행동하는. 또는 그런 것. ☐☐☐

07 낡은 관념이나 습관에 젖어 고집이 세고 새로운 것을 잘 받아들이지 아니하다. ☐☐☐☐

08 ~ 12 제시된 초성과 뜻풀이를 참고하여 빈칸에 들어갈 알맞은 어휘를 쓰시오.

08 ㄷㅅㅇ다: 일의 차례나 갈피를 잡을 수 없다.

(교과) ☐☐☐는 글은 읽는 사람을 피로하게 만든다.

09 ㄴㅇ: 어떤 문제에 대하여 서로 의견을 내어 토의함. 또는 그런 토의.

(모평) 자연 현상과 인간사를 인과 관계로 설명하는 동아시아의 대표적 ☐☐는 재이론(災異論)이다.

10 ㅁㄷ다: 믿음이 가는 데가 있다.

(학평) '나는 안다'를 반복하는 것은 '나'를 ☐☐운 단골로 여기는 '최 씨 아주머니'에게 미안함을 느꼈기 때문이다.

11 ㅂㅂ하다: 어떤 의견, 주장, 논설 따위에 반대하여 말하다.

(수능) 아리스토텔레스는 자연물의 물질적 구성 요소를 알면 그것의 본성을 모두 설명할 수 있다는 엠페도클레스의 견해를 ☐☐했다.

12 ㄱㅇ: 강한 힘이나 권력으로 강제로 억누름.

(학평) 독일의 철학자 피히테는 기술이 인간을 자연의 ☐☐으로부터 해방시켜 줄 것이라는 믿음에서, 기술을 통한 자연의 정복을 선(善)으로 규정하였다.

· 문장으로 체크하기 ·

13 ~ 18 다음 문장의 문맥에 알맞은 어휘를 고르시오.

13 (학평) 과학 기술의 시대에 인류가 (당면 | 반박)한 여러 문제들은 매우 복합적이다.

14 (교과) 계약서에 (동요 | 명시)된 계약 기간이 지나면 계약서를 새로 작성해야 한다.

15 (모평) 이렇게 받은 A의 값은 A가 링크한 다른 웹 페이지들에 (고루 | 균등)하게 나눠진다.

16 (학평) 재수생인 그는 용돈을 벌기 위해 철새들을 박제하는 일에 (가담 | 고수)하게 된다.

17 (학평) 토스카니니는 베토벤이 악보에 적어 놓은 그대로 바순으로 연주하는 데 (군림 | 동조)했겠군.

18 (모평) 인물들의 심리 상태를 공간적 거리와 (간수하여 | 결부하여) 인물 간의 심리적 거리감을 보여 주고 있다.

19 ~ 24 다음 빈칸에 들어갈 알맞은 어휘를 〈보기〉에서 찾아 쓰시오.

┌─── 보기 ───┐
고수   공경   규명
긍지   논설   매료
└──────────┘

19 (교과) 그의 죽음에 대한 진상을 (_____)하자는 목소리가 높아졌다.

20 (모평) 율곡은 많은 (_____)에서 법제 개혁론을 펼쳤는데, 이는 〈만언봉사〉에서 잘 나타난다.

21 (모평) 두 작품 모두 자연물이 지닌 덕성을 부각하여 인간적 삶에 대한 (_____)을/를 드러내고 있다.

22 (학평) 이러한 초상화는 제사를 지내는 사람들이 마음속으로 (_____)할 수 있도록 사당이나 서원에 걸렸다.

23 (수능) 아리스토텔레스의 형이상학을 (_____)하는 다수 지식인과 종교 지도자들은 그의 이론을 받아들이려 하지 않았었다.

24 (수능) 서양 과학에 (_____)된 학자들은 서양 과학과 중국 전통 사이의 적절한 관계 맺음을 통해 이 문제를 해결하고자 하였다.

01 어휘의 의미와 쓰임 이해하기

〈보기〉의 (a)∼(e)의 뜻을 지닌 어휘를 활용하여 만든 문장으로 적절하지 <u>않은</u> 것은?

> ● 보기 ●
>
> (a) 바로 눈앞에 당하다.
> (b) 믿음이 가는 데가 있다.
> (c) 지난 일을 다시 떠올려 골똘히 생각하다.
> (d) 어떤 체제나 상황 따위가 혼란스럽고 술렁이다.
> (e) 앞뒤를 잘 헤아려 깊이 생각하는 신중성이나 꾀가 없다.

① (a): 막상 선생님을 당면하고 나서야 두려움을 떨칠 수 있게 되었다.
② (b): 그의 일솜씨가 미더운 것은 아니었지만 일단 일을 맡겨 보기로 했다.
③ (c): 어제 있었던 일을 처음부터 되새겨 보았다.
④ (d): 조선 후기에는 신분 질서가 동요하고 중인 계층이 성장하였다.
⑤ (e): 인플레이션을 야기하는 무모한 재정 정책은 국채의 신뢰를 훼손하게 된다.

02 어휘의 의미와 쓰임 이해하기

〈보기〉의 빈칸에 들어갈 어휘와 의미의 연결이 적절하지 <u>않은</u> 것은?

> ● 보기 ●
>
> ㉠ 미술 양식의 변화는 사회, 역사와 밀접하게 (   ) 있다.
> ㉡ 그 회사의 제품이 최근 해외 시장에서 (   )을 받기 시작했다.
> ㉢ 상속세에는 부의 편중을 막고 (   ) 출발선을 보장한다는 취지가 담겨 있다.
> ㉣ 그와 대화하다 보면 이야기가 너무 (   ) 도대체 무슨 말을 하는지 알 수 없다.
> ㉤ 건국 신화는 우리 민족이 천손의 혈통임을 밝혀 민족적 (   )를 높이는 의의가 있다.

① ㉠: 결부되어 – 일정한 사물이나 현상이 서로 연관되어.
② ㉡: 각광 – 어떤 일에 대한 마음가짐이나 자세 따위가 유달리 특별함.
③ ㉢: 균등한 – 어느 한쪽으로 더하거나 덜함이 없이 고르고 가지런한.
④ ㉣: 두서없어 – 일의 차례나 갈피를 잡을 수 없어.
⑤ ㉤: 긍지 – 자신의 능력을 믿음으로써 가지는 당당함.

03 한자 성어의 뜻풀이에 맞는 어휘 찾기

다음 한자 성어의 뜻풀이에서 ⓐ와 ⓑ에 들어갈 말을 바르게 나열한 것은?

> ● 보기 ●
>
> • 맹동주의(盲動主義): 아무런 원칙과 주견이 없이 덮어놓고 남이 하는 대로 (ⓐ   )으로 따라 움직이는 경향.
> • 허황지설(虛荒之說): 헛되고 황당하여 (ⓑ   ) 아니한 말.

① 맹목적 – 미덥지
② 강압적 – 공경하지
③ 공세적 – 매료되지
④ 논설적 – 면밀하지
⑤ 논의적 – 명시하지

04 어휘의 쓰임 이해하기

문맥상 밑줄 친 어휘의 쓰임이 적절하지 <u>않은</u> 것은?

① 그녀의 아버지는 항일 운동에 <u>가담</u>했다가 옥사를 하였다.
② 선친께서 주신 옥가락지는 상자 속에 고이 <u>간수</u>하였나이다.
③ 동네 사람들은 그의 뜻에 <u>동조</u>하고, 힘을 합쳐 문제를 극복하기로 하였다.
④ 율곡은 폐단이 있는 법령들은 <u>균등</u>할 것이 아니라 바꾸어야 한다고 주장했다.
⑤ 철학적 인간학의 대표적 학자인 플레스너는 다른 생명체와 차별화된 인간의 본질을 <u>규명</u>하고자 했다.

05 어휘의 문맥적 의미 파악하기

밑줄 친 어휘와 문맥적 의미가 가장 가까운 것은?

> ● 보기 ●
>
> 그는 주말마다 부모님의 가게 일을 <u>거들고</u> 있다.

① 돕고   ② 채우고   ③ 거느리고
④ 계승하고   ⑤ 휘어잡고

02 다의어

3주 완성

※ 다의어의 각 예문을 읽고 해당 뜻풀이를 찾아 번호를 쓰세요.

01 내리다

(1) 학평 봄비가 내리는 쓸쓸한 분위기를 나타내고 있다. 〔　〕

(2) 학평 그들은 결국 진리는 없어 보인다는 결론을 내리게 된 것이다. 〔　〕

(3) 교과 아버지는 트럭에서 짐을 내리다가 허리를 삐끗하셨다. 〔　〕

(4) 학평 온도를 올리고 내리고 다시 올리는 3단계를 한 주기로 반복하도록 고안한 방법이 PCR이다. 〔　〕

① 통 눈, 비, 서리, 이슬 따위가 오다.

② 통 위에 있는 것을 아래로 옮겨 놓다.

③ 통 판단, 결정을 하거나 결말을 짓다.

④ 통 값이나 수치, 온도, 성적 따위가 이전보다 떨어지거나 낮아지다. 또는 그렇게 하다.

02 너르다

(1) 수능 숲 속의 빈 땅, 너른 풀밭, 어두운 숲 등은 그 빛과 어둠으로 존재의 슬픈 마음을 비춘다. 〔　〕

(2) 교과 너른 마음으로 세상을 바라보면 여유를 가질 수 있을 것이다. 〔　〕

① 형 공간이 두루 다 넓다.

② 형 마음을 쓰는 것이나 생각하는 것이 너그럽고 크다.

03 녹다

(1) 학평 비커를 계속 가열하여 얼음이 모두 녹아 물이 된 후에는 다시 온도가 올라가기 시작한다. 〔　〕

(2) 교과 그의 진심어린 사과를 듣는 순간 언짢았던 마음이 스르르 녹아 버렸다. 〔　〕

(3) 학평 화자는 '그륵'이라는 말에 어머니의 따스한 정성과 사랑이 담겨 있고 삶이 녹아 있었음을 깨닫고 있군. 〔　〕

① 통 감정이 누그러지다.

② 통 어떤 물체나 현상 따위에 스며들거나 동화되다.

③ 통 얼음이나 얼음같이 매우 차가운 것이 열을 받아 액체가 되다.

04 높다

(1) 교과 굽이 높은 구두는 발 건강에 좋지 않다. 〔　〕

(2) 교평 취기재의 정체를 인식하려면 취기재의 농도가 탐지 역치보다 3배가량은 높아야 한다. 〔　〕

(3) 학평 전문가의 견해를 인용해서 내용의 신뢰성이 높다. 〔　〕

(4) 교과 스위스는 물가가 비싸기로 악명이 높은 여행지이다. 〔　〕

① 형 아래에서 위까지의 길이가 길다.

② 형 이름이나 명성 따위가 널리 알려진 상태에 있다.

③ 형 품질, 수준, 능력, 가치 따위가 보통보다 위에 있다.

④ 형 수치로 나타낼 수 있는 온도, 습도, 압력 따위가 기준치보다 위에 있다.

05 다부지다

(1) 교과 타향에서 터를 잡으려면 마음을 다부지게 먹어야 한다. 〔　〕

(2) 교과 당당하고 다부진 체격의 남자가 앞으로 나오자 아무도 먼저 나서려 하지 않았다. 〔　〕

① 형 생김새가 옹골차다.

② 형 벅찬 일을 견디어 낼 만큼 굳세고 야무지다.

06 닦다

(1) 학평 구두 닦는 행위가 간절한 염원을 담은 행위임을 나타내고 있다. 〔　〕

(2) 학평 설낭자는 번개 같은 두 눈을 뜨더니 구슬 같은 눈물을 닦고 단호히 말했다. 〔　〕

(3) 학평 풀 베고 터를 닦아 큰 집을 지어 내고 / 써레 보습 쟁기 소로 전답을 경작하니 〔　〕

(4) 수능 '교목'은 오랜 세월 덕을 닦아 임금을 도(道)로써 보필하여 나라를 떠받치는 신하를 의미한다. 〔　〕

① 통 거죽의 물기를 훔치다.

② 통 품행이나 도덕을 바르게 다스려 기르다.

③ 통 건물 따위를 지을 터전을 평평하게 다지다.

④ 통 때, 먼지, 녹 따위의 더러운 것을 없애거나 윤기를 내려고 거죽을 문지르다.

07 담다

(1) [학평] 장자쥐 화각(畫角) 모반에 황금 스무 냥을 담아 서대쥐 앞에 드리니 〔　〕

(2) [수능] 이 시에서 우물 속의 자상화는 자신의 존재에 대한 화자의 인식과 태도를 다층적으로 담아내고 있는 그림이다. 〔　〕

① [동] 어떤 물건을 그릇 따위에 넣다.

② [동] 어떤 내용이나 사상을 그림, 글, 말, 표정 따위 속에 포함하거나 반영하다.

08 덜다

(1) [교과] 동생은 그릇을 꺼내 밥을 덜었다. 〔　〕

(2) [모평] 그는 상황을 요약하여 제시해 줌으로써 우리의 수고를 덜어 주었다. 〔　〕

① [동] 행위나 상태를 적게 하다.

② [동] 일정한 수량이나 정도에서 얼마를 떼어 줄이거나 적게 하다.

09 돌다

(1) [학평] 돌고 있는 팽이에 마찰력이 일으키는 돌림힘을 포함하여 어떤 돌림힘도 작용하지 않으면 팽이는 영원히 돈다. 〔　〕

(2) [교과] 프로그램에 오류가 생겼는지 컴퓨터가 돌지 않는다. 〔　〕

(3) [교과] 시험이 끝나자 학생들의 얼굴에 생기가 돌았다. 〔　〕

(4) [교과] 사거리에서 오른쪽으로 돌아 쭉 가면 학교가 나온다. 〔　〕

① [동] 방향을 바꾸다.

② [동] 기능이나 체제가 제대로 작용하다.

③ [동] 어떤 기운이나 빛이 겉으로 나타나다.

④ [동] 물체가 일정한 축을 중심으로 원을 그리면서 움직이다.

10 두다

(1) [교과] 화재에 대비해 소화기는 눈에 잘 띄는 곳에 두어야 한다. 〔　〕

(2) [모평] 이 영화는 역사적 고증에 바탕을 두고 당시 사건과 생활상을 충실히 재현하였다. 〔　〕

(3) [교과] 건드리지 말고 가만히 두시오. 〔　〕

① [동] 일정한 곳에 놓다.

② [동] 어떤 대상을 일정한 상태로 있게 하다.

③ [동] 행위의 준거점, 목표, 근거 따위를 설정하다.

11 마음

(1) [교과] 가윤이가 본래의 착한 마음을 찾으면 정말 좋겠어요. 〔　〕

(2) [학평] 두 작품에는 마음에 담아 둔 말을 실컷 전하고 싶어 하는 화자의 바람이 담겨 있다. 〔　〕

(3) [교과] 마음은 청춘이지만 몸은 늙어 예전 같지가 않다. 〔　〕

① [명] 사람이 본래부터 지닌 성격이나 품성.

② [명] 사람의 생각, 감정, 기억 따위가 생기거나 자리 잡는 공간이나 위치.

③ [명] 사람이 다른 사람이나 사물에 대하여 감정이나 의지, 생각 따위를 느끼거나 일으키는 작용이나 태도.

12 막다

(1) [수능] 간신히 기어올라 머리를 내밀고 바라보니 한 범이 길을 막고 있었다. 〔　〕

(2) [학평] 뒤쪽의 산들이 뒤를 막아서 피난처로 안성맞춤이군. 〔　〕

(3) [교과] 층간 소음을 막기 위해 실내화를 알아봐야겠다고 생각했어요. 〔　〕

① [동] 트여 있는 곳을 가리게 둘러싸다.

② [동] 어떤 현상이 일어나지 못하게 하다.

③ [동] 길, 통로 따위가 통하지 못하게 하다.

· 뜻풀이로 체크하기 ·

01 ~ 05 다음 밑줄 친 어휘의 뜻풀이에 들어갈 알맞은 말을 〈보기〉에서 찾아 쓰시오.

──── ● 보기 ● ────

감정   반영   보통   생각   터전

01 교과 막상 그를 만나 보니 서운한 마음이 <u>녹아</u> 버렸다.
→ 녹다: (   )이 누그러지다.

02 교과 아버지는 새 집을 짓기 위해 터를 <u>닦으셨다.</u>
→ 닦다: 건물 따위를 지을 (   )을 평평하게 다지다.

03 학평 비자나무 바둑판은 연하고 탄력이 있어 바둑판으로서의 가치가 <u>높다.</u>
→ 높다: 품질, 수준, 능력, 가치 따위가 (   )보다 위에 있다.

04 교과 폭우로 인해 열차가 지연되고 있사오니 너른 마음으로 양해 부탁드립니다.
→ 너르다: 마음을 쓰는 것이나 (   )하는 것이 너그럽고 크다.

05 학평 창작성이란 남의 것을 단순히 베끼지 않고 최소한의 개성을 <u>담아야</u> 함을 의미한다.
→ 담다: 어떤 내용이나 사상을 그림, 글, 말, 표정 따위 속에 포함하거나 (   )하다.

06 ~ 09 다음 밑줄 친 어휘의 뜻풀이로 알맞은 것을 고르시오.

06 교과 아이를 절대로 그 상태로 <u>두어서는</u> 안 된다.
① 일정한 곳에 놓다.
② 어떤 대상을 일정한 상태로 있게 하다.

07 교과 성호는 마음이 <u>다부져서</u> 어려운 일도 척척 해낸다.
① 생김새가 옹골차다.
② 벅찬 일을 견디어 낼 만큼 굳세고 야무지다.

08 모평 정수정은 걱정을 <u>덜며</u> 떠날 채비를 하게 된다.
① 행위나 상태를 적게 하다.
② 일정한 수량이나 정도에서 얼마를 떼어 줄이거나 적게 하다.

09 교과 정부에서는 물가를 <u>내리려고</u> 노력하고 있다.
① 판단, 결정을 하거나 결말을 짓다.
② 값이나 수치, 온도, 성적 따위가 이전보다 떨어지거나 낮아지다. 또는 그렇게 하다.

· 문장으로 체크하기 ·

10 ~ 13 다음 밑줄 친 어휘가 제시된 의미로 사용된 문장을 고르시오.

10 돌다 : 방향을 바꾸다.
① 교과 저 길에서 왼쪽으로 <u>돌면</u> 집이 보일 것이다.
② 교과 나는 반질반질 윤기가 <u>도는</u> 사과 하나를 땄다.

11 내리다 : 눈, 비, 서리, 이슬 따위가 오다.
① 교과 형은 선반에 있는 상자를 <u>내려서</u> 나에게 주었다.
② 학평 해와 달과 별이 움직이고 비가 <u>내리고</u> 바람이 분다.

12 마음 : 사람이 본래부터 지닌 성격이나 품성.
① 교과 안 좋은 일을 <u>마음</u>에 담아 두면 병이 된다.
② 모평 인간이라면 누구나 도덕 행위를 할 수 있는 선한 <u>마음</u>이 선천적으로 내면에 갖춰져 있다고 주장했다.

13 닦다 : 때, 먼지, 녹 따위의 더러운 것을 없애거나 윤기를 내려고 거죽을 문지르다.
① 학평 밤에 홀로 유리를 <u>닦는</u> 것은 / 외로운 황홀한 심사이어니
② 모평 '수기'는 사물을 탐구하고 앎을 투철히 하고 뜻을 성실하게 하고 마음을 바르게 하여 자신을 <u>닦는</u> 일이다.

14 ~ 16 다음 밑줄 친 어휘가 제시된 문장의 밑줄 친 어휘와 유사한 의미로 사용된 문장을 고르시오.

14 모평 뿌리가 길게 뻗으면 지맥을 <u>막아</u> 번식이 힘들다.
① 교과 화재를 확실히 <u>막고자</u> 한다.
② 수능 물길을 <u>막아</u> 거스르게 하면 산 위로 올라갈 수도 있지만, 이것이 어찌 물의 본성이겠는가?

15 교과 귤은 당도가 <u>높은</u> 과일이기 때문에 반려 동물에게 주지 않는 것이 좋다.
① 수능 친구는 이 분야의 전문가로서 이름이 <u>높다.</u>
② 수능 기체의 온도를 일정하게 하고 부피를 줄이면 압력은 <u>높아진다.</u>

16 학평 처마에선 눈 <u>녹은</u> 물이 떨어지고 있다.
① 학평 북극곰이 마른 이유는 지구 온난화로 북극에 얼음이 <u>녹아</u> 먹잇감이 부족하기 때문입니다.
② 수능 의인화된 고양이들의 삶과 내면이 노래들 속에 <u>녹아</u> 있어서 인간을 진지하게 성찰하는 기회가 되었다.

01 〈보기〉에서 어휘의 의미에 따른 예문의 제시가 적절하지 <u>않은</u> 것은?

예문의 적절성 판단하기

─── 보기 ───

너르다

공간이 두루 다 넓다.

• 이 집은 예전 집보다 마루가 훨씬 너르다. ·········· ①

마음을 쓰는 것이나 생각하는 것이 너그럽고 크다.

• 너른 마음씨를 가진 이를 만나면 기쁘다. ·········· ②

덜다

일정한 수량이나 정도에서 얼마를 떼어 줄이거나 적게 하다.

• 허리의 부담을 덜어 주기 위해 싱크대 높이를 높였다. ·········· ③

• 밥그릇에서 밥을 덜었다. ·········· ④

(주로 행위나 상태를 나타내는 명사와 함께 쓰여) 그러한 행위나 상태를 적게 하다.

• 학생들은 농촌의 바쁜 일손을 덜어 주기 위해 바쁘게 움직였다. ·········· ⑤

02 〈보기〉에 제시된 어휘의 의미에 맞는 예문의 제시로 적절하지 <u>않은</u> 것은?

예문의 적절성 판단하기

─── 보기 ───

돌다 동

(1) 방향을 바꾸다.

(2) 어떤 기운이나 빛이 겉으로 나타나다.

(3) 어떤 장소의 가장자리를 따라 움직이다.

(4) 일정한 범위 안을 이리저리 왔다 갔다 하다.

(5) 물체가 일정한 축을 중심으로 원을 그리면서 움직이다.

① (1): 오른쪽으로 돌아 계속 가면 극장이 나온다.

② (2): 여인의 두 눈에는 슬픔의 눈물이 핑 돌았다.

③ (3): 아낙네는 아기를 등에 업고 마당을 한 바퀴 돈다.

④ (4): 경비를 돌던 병사들도 모닥불 곁으로 모여들었다.

⑤ (5): 낡은 방앗간 옆에서 물레방아가 돌고 있었다.

03 밑줄 친 두 어휘의 의미가 일치하는 것은?

어휘의 문맥적 의미 파악하기

① (ㄱ) 이 도시에는 <u>높은</u> 건물들이 즐비하게 서 있다.

(ㄴ) 운경은 인재를 알아보는 안목이 <u>높은</u> 인물이다.

② (ㄱ) 그동안에 쌓인 눈이 <u>녹았다</u>.

(ㄴ) 이 글에는 작가의 문, 사, 철이 그대로 <u>녹아</u> 있다.

③ (ㄱ) 안 좋은 일을 <u>마음</u>에 오래 담아 두면 병이 된다.

(ㄴ) 할머니는 인자한 모습만큼이나 <u>마음</u>이 따뜻하시다.

④ (ㄱ) 운동으로 다져진 그의 몸은 아주 <u>다부졌다</u>.

(ㄴ) 그는 어려서부터 겁이 많고 행동이 <u>다부지지</u> 못했다.

⑤ (ㄱ) 이 설화에는 화재를 <u>막아</u> 보려는 의식이 반영되어 있다.

(ㄴ) 질주하는 자동차의 소음을 <u>막을</u> 방법이 없다.

04 어휘의 사전적 의미에 맞는 예문으로 적절하지 <u>않은</u> 것은?

사전적 의미와 예문의 적절성 파악하기

① 닦다: 거죽의 물기를 훔치다. 예 이마에 흐르는 땀을 연신 <u>닦았다</u>.

② 녹다: 감정이 누그러지다. 예 모닥불을 쬐니 몸이 <u>녹기</u> 시작했다.

③ 높다: 아래에서 위까지의 길이가 길다. 예 저 산이 우리나라에서 제일 <u>높다</u>.

④ 담다: 어떤 물건을 그릇 따위에 넣다. 예 타작을 끝내고 벼를 가마니에 <u>담았다</u>.

⑤ 내리다: 탈것에서 밖이나 땅으로 옮아가다. 예 나는 멀미가 나서 빨리 차에서 <u>내리고</u> 싶었다.

05 밑줄 친 어휘 중 문맥상 〈보기〉의 ⓐ와 가장 가까운 의미로 쓰인 것은?

어휘의 문맥적 의미 파악하기

─── 보기 ───

정부의 관직을 ⓐ <u>두고</u> 정기적으로 시행되는 공개 시험인 과거제가 도입되었다.

① 지나간 일에는 미련을 <u>두지</u> 마라.

② 그 일은 <u>두었다가</u> 나중에 다시 합시다.

③ 동생이 열쇠를 책상 위에 <u>두고</u> 계속 찾는다.

④ 그 팀은 이번 리그 우승을 눈앞에 <u>두고</u> 있다.

⑤ 이 치료법은 목의 통증 완화에 목적을 <u>두고</u> 있다.

03 동음이의어

3주 완성

※ 동음이의어의 각 예문을 읽고 해당 뜻풀이를 찾아 번호를 쓰세요.

★ 듣다

01 듣다¹

(1) 수능 음악은 소리를 다양하게 변형시켜 그것을 듣는 인간의 정서를 순화시킨다. 〔　〕

(2) 교과 네가 결혼을 한다는 말을 그에게서 들었어. 〔　〕

02 듣다²

교과 빗방울이 듣기 시작하더니 장대비가 쏟아진다. 〔　〕

> ① 동 눈물, 빗물 따위의 액체가 방울져 떨어지다.
> ② 동 다른 사람에게서 일정한 내용을 가진 말을 전달받다.
> ③ 동 사람이나 동물이 소리를 감각 기관을 통해 알아차리다.

★ 들다

03 들다¹

학평 들길은 마을에 들자 붉어지고 / 마을 골목은 들로 내려서자 푸르러졌다. 〔　〕

04 들다²

교과 날이 드니 빨래가 금방 말랐다. 〔　〕

05 들다³

교과 마른 대나무 토막을 잘 드는 낫으로 잘랐다. 〔　〕

06 들다⁴

(1) 수능 속으로 놀라 창틈으로 엿보니 파경노가 꽃을 들고 서 있었다. 〔　〕

(2) 모평 제일은 이 앞에 초부석(樵夫石)이란 돌이 있으되 무게 천 근이라, 능히 그 돌을 들면 우리 우두머리를 삼을 것이요. 〔　〕

> ① 동 손에 가지다.
> ② 동 아래에 있는 것을 위로 올리다.
> ③ 동 비나 눈이 그치고 날이 좋아지다.
> ④ 동 날이 날카로워 물건이 잘 베어지다.
> ⑤ 동 밖에서 속이나 안으로 향해 가거나 오거나 하다.

★ 맞다

07 맞다¹

(1) 교과 우리 둘 중에 누구의 답이 맞는지 선생님께 여쭈어보자. 〔　〕

(2) 학평 소녀의 육감이 맞는 것을 신기해하고 있다. 〔　〕

08 맞다²

(1) 수능 사 씨는 두 부인을 맞아 절을 올린 후 말했다. 〔　〕

(2) 교과 새해를 맞아 새롭게 바뀌는 법규와 제도를 확인해 두자. 〔　〕

09 맞다³

모평 가족들은 죽을 매를 맞고, 백선봉은 처가로, 백 주사는 서울로 각기 피신하여 목숨만 우선 보전하였다. 〔　〕

> ① 동 말이나 생각 따위가 틀리지 아니하다.
> ② 동 문제에 대한 답이 틀리지 아니하다.
> ③ 동 오는 사람이나 물건을 예의로 받아들이다.
> ④ 동 시간이 흐름에 따라 오는 어떤 때를 대하다.
> ⑤ 동 외부로부터 어떤 힘이 가해져 몸에 해를 입다.

★ 묻다

10 묻다¹

교과 흰색 운동화에 검은색 잉크가 묻었다. 〔　〕

11 묻다²

(1) 학평 이생은 그녀의 유골을 거두어 부모의 묘소 곁에 묻었다. 〔　〕

(2) 교과 형은 지금까지 가슴 깊이 묻어 두었던 말을 하나둘씩 쏟아 놓았다. 〔　〕

12 묻다³

수능 파경노는 이 말을 듣고 사람들에게 왜 우는지를 물었다. 〔　〕

> ① 동 일을 드러내지 아니하고 속 깊이 숨기어 감추다.
> ② 동 물건을 흙이나 다른 물건 속에 넣어 보이지 않게 쌓아 덮다.
> ③ 동 가루, 풀, 물 따위가 그보다 큰 다른 물체에 들러붙거나 흔적이 남게 되다.
> ④ 동 무엇을 밝히거나 알아내기 위하여 상대편의 대답이나 설명을 요구하는 내용으로 말하다.

★ 마르다

13 마르다¹	(1) 교과 가뭄이 계속되자 나뭇잎들이 누렇게 말라 버렸다. 〔 〕
	(2) 학평 김생은 마침내 몸이 비쩍 마르고 병이 들어 자리에 누워 있었다. 〔 〕
14 마르다²	학평 가위로 싹둑싹둑 옷감을 마르노라면 / 추운 밤에 손끝이 곱아오네. 〔 〕

① 통 살이 빠져 야위다.

② 통 물기가 다 날아가서 없어지다.

③ 통 옷감이나 재목 따위의 재료를 치수에 맞게 자르다.

★ 머리

15 머리¹	(1) 수능 사 씨가 다소곳이 일어나 머리를 조아리고 말했다. 〔 〕
	(2) 교과 윤하는 머리가 좋아서 남들보다 암기를 잘한다. 〔 〕
16 머리²	교과 기부금 중에 가장 큰 머리는 우리 사장님의 것이다. 〔 〕

① 명 생각하고 판단하는 능력.

② 명 사람이나 동물의 목 위의 부분.

③ 명 덩어리를 이룬 수량의 정도를 나타내는 말.

★ 먹다

17 먹다¹	교과 이 사람은 귀가 먹어서 우리가 하는 말을 잘 못들으니 큰 소리로 말씀해 주세요. 〔 〕
18 먹다²	(1) 모평 내일 경기를 위해 잘 먹고 잘 쉬어 둬라. 〔 〕
	(2) 모평 자고로 여자가 나쁜 마음을 먹으면 못할 일이 없는 법이라. 〔 〕

① 통 어떤 마음이나 감정을 품다.

② 통 음식 따위를 입을 통하여 배 속에 들여보내다.

③ 통 귀나 코가 막혀서 제 기능을 하지 못하게 되다. 또는 그렇게 되게 하다.

700

어휘 638개 달성!

600

★ 받다

19 받다¹	(1) 교과 제일 친한 친구에게 생일 선물을 받았다. 〔 〕
	(2) 수능 그의 파격적인 주장은 학계의 큰 주목을 받았다. 〔 〕
20 받다²	교과 운전 중 갑자기 튀어나온 동물을 피하려다가 전봇대를 받았다. 〔 〕

① 통 머리나 뿔 따위로 세차게 부딪치다.

② 통 다른 사람이 주거나 보내오는 물건 따위를 가지다.

③ 통 다른 사람이나 대상이 가하는 행동, 심리적인 작용 따위를 당하거나 입다.

★ 발

21 발¹	수능 복잡한 지하철에서 누군가에게 떠밀린 사람이 어쩔 수 없이 앞사람의 발을 밟게 되었다. 〔 〕
22 발²	교과 햇빛을 가리기 위해 창에 발을 치고 문을 열었다. 〔 〕
23 발³	교과 그 가게에서 파는 국수의 발은 쫀득쫀득하다. 〔 〕
24 발⁴	교과 단 한 발의 총알도 과녁을 빗나가지 않았다. 〔 〕

① 명 사람이나 동물의 다리 맨 끝부분.

② 명 총알, 포탄, 화살 따위를 세는 단위.

③ 명 실이나 국수 따위의 가늘고 긴 물체의 가락.

④ 명 가늘고 긴 대를 줄로 엮거나, 줄 따위를 여러 개 나란히 늘어뜨려 만든 물건. 주로 무엇을 가리는 데 쓴다.

01 ~ 05 다음 밑줄 친 어휘의 뜻풀이에 들어갈 알맞은 말을 〈보기〉에서 찾아 쓰시오.

─ 보기 ─

날　말　해　능력　치수

01 교과 나는 머리가 나빠서 중요한 일도 금방 잊는다.

→ 머리 : 생각하고 판단하는 (　　　　　).

02 교과 재단사는 적당한 길이로 옷감을 마르고 있었다.

→ 마르다 : 옷감이나 재목 따위의 재료를 (　　　　　)에 맞게 자르다.

03 학평 칠 척이나 되고 용무늬 새겨져 있는 잘 드는 칼로 이 배를 갈랐으면 그런 영화 있겠느냐?

→ 들다 : (　　　　　)이/가 날카로워 물건이 잘 베어지다.

04 수능 경업이 여러 번 맞아 중상하매 자점이 용사들을 분부하여 경업을 옥에 가두고 금부로 가니라.

→ 맞다 : 외부로부터 어떤 힘이 가해져 몸에 (　　　　　)을/를 입다.

05 수능 이웃 사람들이 그에게서 이를 듣고는 양홍의 처나 포선의 아내도 이보다 낫지 않을 것이라고 했다.

→ 듣다 : 다른 사람에게서 일정한 내용을 가진 (　　　　　)을/를 전달받다.

06 ~ 09 다음 밑줄 친 어휘의 뜻풀이로 알맞은 것을 고르시오.

06 수능 하루는 노파가 병(瓶)을 들고 와서 말했다.

① 손에 가지다.

② 아래에 있는 것을 위로 올리다.

07 학평 옛날 속담이 맞는 경우가 많다.

① 문제에 대한 답이 틀리지 아니하다.

② 말이나 생각 따위가 틀리지 아니하다.

08 교과 비가 내리는지 밖에서 빗물이 듣는 소리가 난다.

① 눈물, 빗물 따위의 액체가 방울져 떨어지다.

② 사람이나 동물이 소리를 감각 기관을 통해 알아차리다.

09 수능 볼펜은 글씨를 쓸 때 볼과 종이의 마찰에 의해 볼의 잉크가 종이에 묻으며 글씨가 써집니다.

① 일을 드러내지 아니하고 속 깊이 숨기어 감추다.

② 가루, 풀, 물 따위가 그보다 큰 다른 물체에 들러붙거나 흔적이 남게 되다.

10 ~ 13 다음 밑줄 친 어휘가 제시된 의미로 사용된 문장을 고르시오.

10 마르다 : 물기가 다 날아가서 없어지다.

① 교과 선풍기를 쐬자 비에 젖은 옷이 다 말랐다.

② 교과 동생은 며칠간 제대로 먹지 못해 전보다 말랐다.

11 먹다 : 어떤 마음이나 감정을 품다.

① 수능 병이 위독하니 이 물을 먹으면 좋아지리라.

② 학평 유복이 분한 마음을 먹고 다른 곳으로 가서 헌 거적을 얻어 깔고 앉았다.

12 받다 : 다른 사람이나 대상이 가하는 행동, 심리적인 작용 따위를 당하거나 입다.

① 학평 그 아이는 막내로 집에서 귀염을 받고 자랐다.

② 학평 공장이 정부로부터 보조금을 받으면 총비용을 감소시키는 효과를 가져올 수 있다.

13 머리 : 덩어리를 이룬 수량의 정도를 나타내는 말.

① 교과 남은 돈 중에서 제일 큰 머리를 형이 가져갔다.

② 모평 촛불을 대하여 두 무릎 마주 꿇고 머리를 숙이고 한숨을 길게 쉬니, 아무리 효녀라도 마음이 온전할쏘냐.

14 ~ 16 다음 밑줄 친 어휘가 제시된 문장의 밑줄 친 어휘와 유사한 의미로 사용된 문장을 고르시오.

14 교과 할아버지께서는 평상에 앉아 발을 짜고 계셨다.

① 교과 나는 햇빛이 강해지자 발을 내렸다.

② 수능 바람이 자꾸 부는데 / 내 발이 반석 위에 섰다.

15 교과 지난 부끄러운 일들을 과거 속에 묻어 두고 싶다.

① 학평 다람쥐가 도토리를 땅에 묻었다.

② 교과 그는 자신이 들은 비밀 이야기를 가슴속에 묻었다.

16 모평 황제 백관을 거느려 대원수를 맞아 치하하시고 좌각로 평북후를 봉하시니 대원수 사은하고 청주로 가니라.

① 모평 나를 따뜻하게 맞아 주던 숲을 기억하면서 나도 다른 사람들에게 향기로운 사람이 되려고 노력할 것이다.

② 학평 군인이 입대하여 멀리 고향을 떠나와 지내다가 변방에서 또 봄을 맞아 풀이 무성히 돋는 걸 보면 마음이 한스러워진다.

01 다음 밑줄 친 어휘 중 〈보기〉의 ⓐ와 문맥적 의미가 같게 쓰인 것은?

어휘의 문맥적 의미 파악하기

> ── 보기 ──
>
> 옥련이가 수건으로 눈을 씻고 대답을 아니 하는데, 서생이 말을 더 ⓐ 묻고 싶으나 곁의 사람들이 옥련이와 서생을 유심히 보는지라.
> ─ 이인직, 〈혈의 누〉

① 얼굴에 진흙이 묻었다.
② 텃밭을 파고 항아리를 묻었다.
③ 그는 떨어져 깨진 사과 값을 물어 주었다.
④ 아가는 엄마의 등에 얼굴을 묻고 잠이 들었다.
⑤ 차가 멈추고 승객은 운전사에게 요금이 얼마냐고 물었다.

02 밑줄 친 어휘의 의미를 〈보기〉에서 찾아 연결한 것으로 적절하지 <u>않은</u> 것은?

예문의 적절성 판단하기

> ── 보기 ──
>
> **들다 01** 동
> ⑴ 밖에서 속이나 안으로 향해 가거나 오거나 하다.
> ⑵ 어떤 일에 돈, 시간, 노력, 물자 따위가 쓰이다.
> ⑶ 나이가 많아지다.
>
> **들다 02** 동
> 비나 눈이 그치고 날이 좋아지다.
>
> **들다 03** 동
> 날이 날카로워 물건이 잘 베어지다.
>
> **들다 04** 동
> 아래에 있는 것을 위로 올리다.

① 낫이 잘 안 들어 숫돌에 갈았다. ─ 들다 03
② 부엌에 들자 훈김이 느껴졌다. ─ 들다 01 ⑴
③ 그는 나이가 많이 들어 보인다. ─ 들다 01 ⑶
④ 힘이 센 그는 무거운 바위도 번쩍 들었다. ─ 들다 04
⑤ 뒤뜰에 해가 잘 안 들어 흙이 늘 축축하다. ─ 들다 02

03 문맥상 밑줄 친 어휘의 쓰임이 적절하지 <u>않은</u> 것은?

어휘의 쓰임 이해하기

① 네 말이 맞다.
② 숙제 검사를 맞다.
③ 음식 맛이 내 입에 맞다.
④ 밤을 새우고 아침을 맞다.
⑤ 부모님의 말씀은 항상 맞다.

04 밑줄 친 두 어휘의 의미가 일치하지 <u>않는</u> 것은?

어휘의 문맥적 의미 파악하기

① (ㄱ) 발이 커서 신이 작다.
　(ㄴ) 실수로 옆 사람의 발을 밟았다.
② (ㄱ) 화분의 꽃이 말라 죽었다.
　(ㄴ) 김발에 널었던 김이 바싹 말랐다.
③ (ㄱ) 뒤쪽에서 몇 발의 요란한 총소리가 들렸다.
　(ㄴ) 그의 총에는 탄환 한 발이 장전되어 있었다.
④ (ㄱ) 차가 들어오니 한 발 뒤로 물러서세요.
　(ㄴ) 열두 발의 긴 상모를 돌리면 커다란 원이 생긴다.
⑤ (ㄱ) 친구로부터 그가 최근에 미국에 갔다고 들었다.
　(ㄴ) 그녀에게서 듣기로는 그 사람은 일을 잘하는 사람이야.

05 밑줄 친 어휘의 사전적 의미가 적절하지 <u>않은</u> 것은?

어휘의 사전적 의미 파악하기

① 사방이 갑자기 어두워지더니 빗방울이 듣기 시작했다.
　─ 눈물, 빗물 따위의 액체가 방울져 떨어지다.
② 할머니께서는 손이 저리다며 자주 수지침을 맞으신다.
　─ 외부로부터 어떤 힘이 가해져 몸에 해를 입다.
③ 이 사람은 귀가 먹어서 잘 듣지를 못한다. ─ 귀나 코가 막혀서 제 기능을 하지 못하게 되다. 또는 그렇게 되게 하다.
④ 요즘에는 해당 관청 대신 은행에서도 공과금을 받는다.
　─ 다른 사람이 바치거나 내는 돈이나 물건을 책임 아래 맡아 두다.
⑤ 엄마는 아랫목 이불 밑에 아버지의 밥주발을 묻어 놓았다. ─ 물건을 흙이나 다른 물건 속에 넣어 보이지 않게 쌓아 덮다.

06 다음 중 문맥적 의미가 나머지 넷과 동음이의 관계에 있는 것은?

동음이의 관계 파악하기

① 그는 부모를 닮아 머리가 뛰어나다.
② 그는 머리를 숙여 공손하게 인사했다.
③ 붉은 댕기 머리를 한 소녀가 걸어가고 있다.
④ 매일 야근을 하여 일의 큰 머리는 대충 끝이 났다.
⑤ 저 멀리 연기를 뿜으며 달려가는 기차의 머리가 보인다.

01 **발췌하다** 뺄 拔	모일 萃 --	통 책, 글 따위에서 필요하거나 중요한 부분을 가려 뽑아내다.	〔　〕

| 02 **방안**
모 方 | 책상 案 | 명 일을 처리하거나 해결하여 나갈 방법이나 계획. | 〔　〕 |

| 03 **배척**
물리칠 排 | 물리칠 斥 | 명 따돌리거나 거부하여 밀어 내침. | 〔　〕 |

| 04 **변론하다**
말 잘할 辯 | 논의할 論 -- | 통 사리를 밝혀 옳고 그름을 따지다. | 〔　〕 |

| 05 **변혁하다**
변할 變 | 가죽 革 -- | 통 급격하게 바꾸어 아주 달라지게 하다. | 〔　〕 |

※ 어휘의 사전적 의미에 해당하는 예문을 찾아 번호를 쓰고 빈칸을 채워 보세요.

① (수능) 인물 간의 대화를 통해 사건 해결의 〔　　〕을 제시하고 있다.

② (수능) 중국에서는 주로 서적에서 〔　　〕한 내용을 비교하고 해석을 덧붙여 유서를 편찬하였다.

③ (학평) 그는 노동을 통한 인간의 자아실현을 완성하기 위해서는 사회 구조를 〔　　〕해야 한다고 역설했다.

④ (모평) 첩이 듣기로 동청은 정직하지 않아 여러 곳에서 〔　〕을 받았다 하옵니다. 그러니 머무르게 하지 말고 빨리 내보내소서.

⑤ (모평) 옳고 그름을 〔　　〕하지 못하고, 왕실이 어지러워져도 붙들지 못하여 마침내 천하의 웃음거리가 되었으니, 산도(山濤)의 말을 족히 믿을 만하다.

06 **보전하다** 보전할 保	온전할 全 --	통 온전하게 보호하여 유지하다.	〔　〕

| 07 **분별하다**
나눌 分 | 다를 別 -- | (1) 통 서로 다른 일이나 사물을 구별하여 가르다. | 〔　〕 |
| | | (2) 통 세상 물정에 대한 바른 생각이나 판단을 하다. | 〔　〕 |

| 08 **비교하다**
견줄 比 | 견줄 較 -- | 통 둘 이상의 사물을 견주어 서로 간의 유사점, 차이점, 일반 법칙 따위를 고찰하다. | 〔　〕 |

| 09 **비중**
견줄 比 | 무거울 重 | 명 다른 것과 비교할 때 차지하는 중요도. | 〔　〕 |

| 10 **사리**
일 事 | 다스릴 理 | 명 일의 이치. | 〔　〕 |

① (교과) 그의 말이 조금도 〔　　〕에 맞지 않아서 실망스러웠다.

② (수능) 다량의 한자어들이 들어와 한자어가 전체 어휘에서 차지하는 〔　　〕이 매우 높다.

③ (학평) A 법률에 따르면, 국가는 도시 환경을 〔　　〕하기 위해 개발 제한 구역을 지정할 수 있다.

④ (모평) 두 눈이 어두웠으니 만물을 어찌 알리오. 동서남북을 어찌 〔　　〕하며 흑백장단을 어이 알리오.

⑤ (모평) 자신의 삶을 옛사람과 〔　　〕하며 스스로를 풍월주인이라 여기는 데에서 화자의 자부심이 드러나는군.

⑥ (학평) 옳고 그름을 분간하지 못하는 이들을 비판하면서 〔　　〕할 줄 아는 삶의 자세에 대한 의지도 드러낸다.

11 **사족** 뱀 蛇	발 足	명 뱀을 다 그리고 나서 있지도 아니한 발을 덧붙여 그려 넣는다는 뜻으로, 쓸데없는 군짓을 하여 도리어 잘못되게 함을 이르는 말.	〔　〕

| 12 **산물**
낳을 産 | 만물 物 | (1) 명 일정한 곳에서 생산되어 나오는 물건. | 〔　〕 |
| | | (2) 명 어떤 것에 의하여 생겨나는 사물이나 현상을 비유적으로 이르는 말. | 〔　〕 |

| 13 **생소하다**
날 生 | 트일 疏 -- | 형 어떤 대상이 친숙하지 못하고 낯이 설다. | 〔　〕 |

| 14 **선입견**
먼저 先 | 들 入 | 볼 見 | 명 어떤 대상에 대하여 이미 마음속에 가지고 있는 고정적인 관념이나 관점. | 〔　〕 |

| 15 **성찰**
살필 省 | 살필 察 | 명 자기의 마음을 반성하고 살핌. | 〔　〕 |

① (교과) 〔　　〕을 붙이지 말고 묻고 있는 말 위주로만 답을 하렴.

② (모평) 우주는 이러한 원자들에 의해 이루어졌으므로, 우주 역시 우연의 〔　　〕이라고 본다.

③ (모평) 독자의 경험과 책에 담긴 수많은 경험들의 만남은 〔　　〕의 기회를 제공하여 독자의 내면을 성장시킨다.

④ (모평) 눈동자 움직임에 주목한 연구에 따르면, 글을 읽을 때 독자는 자신이 중요하다고 판단한 단어나 〔　　〕하다고 생각한 단어를 중심으로 읽는다.

⑤ (학평) 자기 검열은 〔　　〕이나 감정을 배제하고 자신이 지향하는 목표와 관련하여 자신이 놓여 있는 상황과 현재 자신의 행동을 감독, 관찰하는 것을 말한다.

⑥ (수능) 우리나라에서는 자기가 사는 지역에서 많이 나는 〔　　〕을 다른 데서 산출되는 필요한 물건과 교환하여 풍족하게 살려는 백성이 많으나 힘이 미치지 못한다.

16	**세심하다** 가늘 細ㅣ마음 心 --	형 작은 일에도 꼼꼼하게 주의를 기울여 빈틈이 없다.	〔　〕
17	**쇄신** 쓸 刷ㅣ새로울 新	명 그릇된 것이나 묵은 것을 버리고 새롭게 함.	〔　〕
18	**수록하다** 거둘 收ㅣ기록할 錄 --	동 책이나 잡지에 싣다.	〔　〕
19	**수양** 닦을 修ㅣ기를 養	명 몸과 마음을 갈고닦아 품성이나 지식, 도덕 따위를 높은 경지로 끌어 올림.	〔　〕
20	**순응하다** 순할 順ㅣ응할 應 --	동 환경이나 변화에 적응하여 익숙하여지거나 체계, 명령 따위에 적응하여 따르다.	〔　〕

① 교과 한 권의 책에 백여 편에 달하는 시를 □□하였다.

② 교과 신임 사장은 분위기 □□ 차원에서 조직 개편을 단행하였다.

③ 학평 백성은 보살핌과 가르침을 받는 존재로서 통치에 □□해야 한다고 보았다.

④ 학평 이황은 인간이 '이'를 깨우치고 실행하기 위해서는 학문과 □□에 힘써야 한다고 생각하였다.

⑤ 모평 선행하는 요소들을 충분히 검토하였는지, 인식하지 못해 누락시킨 요소는 없는지를 □□하게 검토해야 한다.

21	**안락하다** 편안할 安ㅣ즐길 樂 --	형 몸과 마음이 편안하고 즐겁다.	〔　〕
22	**안목** 눈 眼ㅣ눈 目	명 사물을 보고 분별하는 견식.	〔　〕
23	**엄습하다** 닫을 掩ㅣ엄습할 襲 --	동 감정, 생각, 감각 따위가 갑작스럽게 들이닥치거나 덮치다.	〔　〕
24	**연마하다** 갈 硏ㅣ갈 磨 --	(1) 동 주로 돌이나 쇠붙이, 보석, 유리 따위의 고체를 갈고 닦아서 표면을 반질반질하게 하다.	〔　〕
		(2) 동 학문이나 기술 따위를 힘써 배우고 닦다.	〔　〕
25	**용인** 얼굴 容ㅣ알 認	명 용납하여 인정함.	〔　〕

① 교과 이 공장에서는 대리석을 □□해 바닥재를 만든다.

② 교과 수치와 당혹감이 가시자 이내 공포감이 □□하였다.

③ 수능 책은 세상에 대한 □□을 키우는 데 필요한 지식을 담고 있다.

④ 모평 이 고향의 풍속 이야기는 일탈이 □□되는 유쾌한 축제로 그려진다.

⑤ 모평 훈련과 반복을 통하여 그런 행위들을 □□하다 보면 그것들을 점점 더 쉽게 하게 된다.

⑥ 학평 라이트는 그의 대표작인 '낙수장'을 계곡의 폭포 바로 위에 세움으로써 피신처에서 느끼는 □□한 기분을 한층 강화시켰다.

26	**유보하다** 머무를 留ㅣ보전할 保 --	동 어떤 일을 당장 처리하지 아니하고 나중으로 미루어 두다.	〔　〕
27	**응시하다** 엉길 凝ㅣ볼 視 --	동 눈길을 모아 한 곳을 똑바로 바라보다.	〔　〕
28	**일가견** 하나 一ㅣ집 家ㅣ볼 見	명 어떤 문제에 대하여 독자적인 경지나 체계를 이룬 견해.	〔　〕
29	**일구다**	(1) 동 논밭을 만들기 위하여 땅을 파서 일으키다.	〔　〕
		(2) 동 현상이나 일 따위를 일으키다.	〔　〕
30	**자임하다** 스스로 自ㅣ맡길 任 --	동 임무를 자기가 스스로 맡다.	〔　〕

① 교과 의장은 전날까지 □□해 두었던 보좌관의 사표를 수리하였다.

② 수능 거친 땅이나 버려진 땅을 □□어 논밭이나 쓸모 있는 땅으로 만들었다.

③ 교과 촬영 감독은 대학 시절부터 영상 촬영에 □□□이 있었던 것으로 알려졌다.

④ 수능 풍경을 관조적으로 □□하는 시선으로 중심 제재의 외적 아름다움을 표현하고 있다.

⑤ 모평 유학의 영향력이 약화되고 있다고 판단한 맹자는 유학의 수호자를 □□하며 공자의 사상을 계승하였다.

⑥ 수능 셋째 집단은 다른 지역인 티그리스, 유프라테스 강 유역으로 이주한 다음, 농경 생활을 선택하여 새로운 고대 문명을 □□었다.

· 뜻풀이로 체크하기 ·

01 ~ 04 다음 뜻풀이에 해당하는 어휘를 제시된 초성을 참고하여 쓰시오.

01 용납하여 인정함.
　○ ○　　_____

02 책이나 잡지에 싣다.
　ㅅ ㄹ ㅎ ㄷ　　_____

03 감정, 생각, 감각 따위가 갑작스럽게 들이닥치거나 덮치다.
　○ ㅅ ㅎ ㄷ　　_____

04 책, 글 따위에서 필요하거나 중요한 부분을 가려 뽑아내다.
　ㅂ ㅊ ㅎ ㄷ　　_____

05 ~ 06 다음 말상자를 완성하시오.

05 가로: 일을 처리하거나 해결하여 나갈 방법이나 계획.

06 세로: 몸과 마음이 편안하고 즐겁다.

07 ~ 13 다음 빈칸에 들어갈 알맞은 말을 쓰시오.

07 성찰: 자기의 마음을 ☐☐하고 살핌.

08 자임하다: ☐☐를 자기가 스스로 맡다.

09 변론하다: ☐☐를 밝혀 옳고 그름을 따지다.

10 변혁하다: ☐☐하게 바꾸어 아주 달라지게 하다.

11 쇄신: ☐☐된 것이나 묵은 것을 버리고 새롭게 함.

12 응시하다: 눈길을 모아 한 곳을 ☐☐☐ 바라보다.

13 일가견: 어떤 문제에 대하여 ☐☐☐인 경지나 체계를 이룬 견해.

· 문장으로 체크하기 ·

14 ~ 18 다음 빈칸에 들어갈 알맞은 어휘에 ✓표 하시오.

14 (모평) 물음에 대한 답변을 ☐☐하며 사촌 동생의 결혼을 만류하고 있다.　☐용인 ☐유보

15 (모평) 이들은 ☐☐ 판별을 돕는 인물이나 주변 인물의 도움을 받기도 한다.　☐사리 ☐사족

16 (수능) 죽은 이와의 사랑은 다소 ☐☐한 소재이지만 원작에 최대한 충실하려 한다.　☐생소 ☐세심

17 (학평) 인문 고전 서적이라고 하면 어렵다는 ☐☐☐을 품은 사람이 많지만, 실제로 읽어본 뒤 쉽고 재미있다고 말하는 사람도 많다.　☐선입견 ☐일가견

18 (모평) 인간의 본성에 깃든 이성, 다시 말해 참과 거짓, 선과 악을 ☐☐할 수 있는 인간만의 자질은 자연법을 발견해 낼 수 있는 수단이 된다.　☐보전 ☐분별

19 ~ 24 다음 빈칸에 들어갈 알맞은 어휘를 〈보기〉의 글자를 조합하여 쓰시오.

─── 보기 ───
목　배　보　비　세　수　심　안　양　전　중　척

19 (모평) 인간은 노동을 통해 필요한 물품과 적절한 생활 환경을 마련하며 생명을 ☐☐한다.

20 (학평) 의지적인 어조를 활용하여 학문 ☐☐을 게을리하지 않으려는 자세를 드러내고 있다.

21 (학평) 시인은 간장 게장이 만들어지는 과정을 ☐☐하게 관찰한 후에 새로운 의미를 부여하였다.

22 (모평) 석가탑이 가지는 이러한 아름다움을 통해 옛사람들의 뛰어난 ☐☐과 미감을 느낄 수 있다.

23 (학평) 한 가정에 속한 기존 인물들이 그 가정에 편입하려는 인물을 ☐☐하려는 선과 악의 대립이 나타난다.

24 (모평) 상대적으로 사격 기술을 익히기 어렵고 주요 재료를 구하기 어려웠던 활 대신, 조총이 차지하는 ☐☐이 점점 증가했다.

01 어휘의 의미와 쓰임 이해하기
〈보기〉의 ⓐ~ⓔ의 뜻을 지닌 어휘를 활용하여 만든 문장으로 적절하지 않은 것은?

─── 보기 ───
ⓐ 책이나 잡지에 싣다.
ⓑ 임무를 자기가 스스로 맡다.
ⓒ 안에서 밖으로 밀어 내보내다.
ⓓ 다른 것과 비교할 때 차지하는 중요도.
ⓔ 어떤 대상이 친숙하지 못하고 낯이 설다.

① ⓐ: 이 설화집은 항간에 떠돌던 풍자적인 이야기를 수록하였다.
② ⓑ: 그는 양국 간의 중재자 역할을 자임하고 나섰다.
③ ⓒ: 조선 시대에는 불교를 배척하고 유교를 숭상하였다.
④ ⓓ: 마찰 항력이 전체 항력에 기여하는 비중은 무시할 만하다.
⑤ ⓔ: 나는 시골에서 자라지 않아서 농사일이 생소하다.

02 적절한 어휘로 바꿔 쓰기
문맥상 밑줄 친 어휘와 바꿔 쓰기에 적절하지 않은 것은?

① 나는 문제점을 분석하고 해결 방안을 제시했다. → 방도
② 슬기로운 사람은 이치에 순응하므로 성공한다. → 따르므로
③ 삼촌은 시골에 머무를 때 열심히 서예를 연마하고 계셨다. → 갈고닦고
④ 이 글은 영화와 역사를 비교하여 그 특징을 자세히 밝히고 있다. → 견주어
⑤ 그가 한 일들 중 사리에 어긋난다고 생각되는 경우는 한 번도 없었다. → 과정

03 적절한 어휘로 바꿔 쓰기
문맥상 〈보기〉의 ⓐ, ⓑ와 바꿔 쓰기에 적절한 것은?

─── 보기 ───
• 마루에 있는 손님들이 모두 소저를 ⓐ응시하고 있었다.
• 조종실에 들어오면 가슴을 짓누르는 긴장감이 ⓑ엄습한다.

	ⓐ	ⓑ		ⓐ	ⓑ
①	분별하고	강타한다	②	비교하고	누른다
③	변론하고	들이친다	④	순응하고	닥쳐온다
⑤	바라보고	덮친다			

04 어휘의 쓰임 이해하기
문맥상 밑줄 친 어휘의 쓰임이 적절하지 않은 것은?

① 가우디는 세심한 실험을 통해 다중 현수선 모형을 고안하였다.
② 인터넷의 발달은 우리 사회 전반에 걸쳐 커다란 변혁을 가져왔다.
③ 생명체는 모두 소중하므로 일가견을 갖지 말고 본질을 보아야 한다.
④ 그녀는 사리를 분별할 줄 알며 가부장적인 권위 의식에 항거하는 인물이다.
⑤ 그는 황폐한 들에 숨어 목숨을 보전하다가 부모님이 살던 옛집을 찾아갔다.

05 어휘의 쓰임 이해하기
문맥상 〈보기〉의 ⓐ, ⓑ에 들어갈 적절한 어휘끼리 짝지어진 것은?

─── 보기 ───
• 견우는 가시밭 황무지를 (ⓐ) 농사를 짓고 집을 지었다.
• 탐관오리들의 호화로운 잔치는 백성들의 고통의 (ⓑ)(으)로 이해할 수 있다.

	ⓐ	ⓑ		ⓐ	ⓑ
①	들먹여	배척	②	메꾸어	용인
③	일구어	산물	④	순응하여	비중
⑤	자임하여	사족			

06 속담의 뜻풀이에 맞는 어휘 찾기
다음 속담의 뜻풀이에서 ㉠과 ㉡에 들어갈 말을 적절하게 나열한 것은?

─── 보기 ───
• 사람은 늙어 죽도록 배운다: 사람은 일생 동안 끊임없이 배우고 (㉠)을 쌓아야 함을 이르는 말.
• 예황제 부럽지 않다: 생활이 매우 (㉡)을 비유적으로 이르는 말.

	㉠	㉡		㉠	㉡
①	성찰	유보함	②	쇄신	엄습함
③	순응	자임함	④	안목	생소함
⑤	수양	안락함			

05 한자 성어

3주 완성

step ①
어휘력 학습

※ 한자 성어가 사용된 예문을 읽고 해당 뜻풀이를 찾아 번호를 쓰세요.

★ 사람의 특성

01 금지옥엽
쇠 金 | 가지 枝 |
구슬 玉 | 나뭇잎 葉

〔교과〕 뒤늦게 자식을 얻은 그 부부는 아이를 금지옥엽으로 길렀다. 〔　〕

02 삼척동자
석 三 | 자 尺 |
아이 童 | 아들 子

〔학평〕 그렇게 쉬운 것은 삼척동자도 알겠다. 〔　〕

03 오합지졸
까마귀 烏 | 합할 合 |
갈 之 | 마칠 卒

〔교과〕 그들은 군사적으로 기율이 없는 오합지졸에 불과하였다. 〔　〕

04 외유내강
바깥 外 | 부드러울 柔 |
안 內 | 굳셀 剛

〔교과〕 연서는 겉으로는 온화해 보여도 심지가 굳은 외유내강의 인물이다. 〔　〕

05 천진무구
하늘 天 | 참 眞 |
없을 無 | 때 垢

〔교과〕 아이는 천진무구한 얼굴로 천 원짜리 지폐를 꼭 쥐고 있었다. 〔　〕

① 조금도 때 묻음이 없이 아주 순진함.

② 겉으로는 부드럽고 순하게 보이나 속은 곧고 굳셈.

③ 키가 석 자 정도밖에 되지 않는 어린아이라는 뜻으로, 철없는 어린아이를 이름.

④ (1) 금으로 된 가지와 옥으로 된 잎이라는 뜻으로, 임금의 가족을 높여 이름. (2) 귀한 자손을 이름.

⑤ 까마귀가 모인 것처럼 질서가 없이 모인 병졸이라는 뜻으로, 임시로 모여들어서 규율이 없고 무질서한 병졸 또는 군중을 이름.

★ 운수, 인생의 변화

06 길흉화복
길할 吉 | 흉할 凶 |
재앙 禍 | 복 福

〔학평〕 어리석고 세상 물정 어둡기는 나보다 더한 이 없다 / 길흉화복을 하늘에 맡겨 두고 / 누항(陋巷) 깊은 곳에 초가를 지어 두고 〔　〕

07 새옹지마
변방 塞 | 늙은이 翁 |
갈 之 | 말 馬

〔교과〕 인간사는 새옹지마라고 우리에게도 볕 들 날이 있겠지. 〔　〕

08 원화소복
멀 遠 | 재앙 禍 |
부를 召 | 복 福

〔교과〕 동짓날 팥죽을 먹는 행위에는 화를 물리치고 복을 불러들인다는 원화소복의 의미가 담겨 있다. 〔　〕

09 전화위복
구를 轉 | 재앙 禍 |
할 爲 | 복 福

〔교과〕 회사는 이번 화재 사건을 전화위복의 계기로 삼아 화재에 취약한 설비를 모두 교체하기로 하였다. 〔　〕

10 천우신조
하늘 天 | 도울 佑 |
귀신 神 | 도울 助

〔교과〕 도적을 만나 죽을 위기에 처했던 충렬은 천우신조로 살아나 재상의 사위가 된다. 〔　〕

① 길흉과 화복을 아울러 이름.

② 화를 물리치고 복을 불러들임.

③ 하늘이 돕고 신령이 도움. 또는 그런 일.

④ 재앙과 근심, 걱정이 바뀌어 오히려 복이 됨.

⑤ '변방에 사는 노인의 말'에서 유래한 것으로 인생의 길흉화복은 변화가 많아서 예측하기가 어려움.

★ 겉과 속이 다름

11 구밀복검
입 口 | 꿀 蜜 |
배 腹 | 칼 劍

[교과] 사업 제안자의 말이 너무 번드르르해서 미덥지가 않으니, 혹시 구밀복검인지 살펴보자. 〔   〕

① 겉으로는 복종하는 체하면서 내심으로는 배반함.

12 면종복배
낮 面 | 좇을 從 |
배 腹 | 등 背

[교과] 말뚝이는 등치고 배 문지르는 식의 면종복배의 태도로 양반 삼 형제를 조롱한다. 〔   〕

② 겉으로 드러나는 언행과 속으로 가지는 생각이 다름.

13 표리부동
겉 表 | 속 裏 |
아닌가 不 | 같을 同

[모평] 그가 표리부동한 사람으로 소문이 나자 사람들이 그를 대하는 태도가 달라졌다. 〔   〕

③ 입에는 꿀이 있고 배 속에는 칼이 있다는 뜻으로, 말로는 친한 듯하나 속으로는 해칠 생각이 있음을 이름.

★ 놀라움

14 경천동지
놀랄 驚 | 하늘 天 |
움직일 動 | 땅 地

[교과] 사회 유력층 인사가 깊숙이 연루된 경천동지할 부패 스캔들이 폭로되었다. 〔   〕

① 몹시 놀라 얼굴빛이 하얗게 질림.

15 대경실색
큰 大 | 놀랄 驚 |
잃을 失 | 빛 色

[학평] 황제가 대경실색하여 좌우에 있는 사람으로 하여금 여우를 끌어내라 하고 겨우 정신을 진정하였다. 〔   〕

② 뜻밖의 일에 말을 잃고 얼굴빛이 변할 정도로 놀람.

16 아연실색
벙어리 啞 | 그럴 然 |
잃을 失 | 빛 色

[교과] 그의 무례한 행동에 아연실색하여 아무 말도 할 수 없었다. 〔   〕

③ 혼백이 어지러이 흩어진다는 뜻으로, 몹시 놀라 넋을 잃음을 이름.

17 혼비백산
넋 魂 | 날 飛 |
넋 魄 | 흩을 散

[학평] '해룡'의 갑작스런 공격으로 진번 군사들은 전의를 잃고 혼비백산하여 달아난다. 〔   〕

④ 하늘을 놀라게 하고 땅을 뒤흔든다는 뜻으로, 세상을 몹시 놀라게 함을 이름.

★ 흥함과 쇠함

18 권불십년
권세 權 | 아닐 不 |
열 十 | 해 年

[교과] 창검으로 백성을 지배하던 폭군이 폐위되는 모습은 권불십년이라는 말을 실감나게 한다. 〔   〕

① 흥하고 망함과 성하고 쇠함.

19 화무십일홍
꽃 花 | 없을 無 | 열 十 |
날 日 | 붉을 紅

[학평] 화무십일홍이요, 달도 차면 기우는 법인데, 한때 잘들 해먹었으니 인제는 그 대갚음도 받아야겠지. 〔   〕

② 권세는 십 년을 가지 못한다는 뜻으로, 아무리 높은 권세라도 오래가지 못함을 이름.

20 흥망성쇠
일어날 興 | 망할 亡 |
성할 盛 | 쇠할 衰

[수능] 사백 년 사직을 뉘라서 붙들랴. 이 애야, 저 애야. 흥망성쇠는 불관하다마는 당상 부모 모셨어라. 〔   〕

③ 열흘 동안 붉은 꽃은 없다는 뜻으로, 한 번 성한 것이 얼마 못 가서 반드시 쇠하여짐을 이름.

STEP ②
어휘력 체크

〈뜻풀이로 체크하기〉

01 ~ 06 다음 뜻풀이에 해당하는 한자 성어를 쓰시오.

01 화를 물리치고 복을 불러들임. ⬚⬚⬚⬚

02 몹시 놀라 얼굴빛이 하얗게 질림. ⬚⬚⬚⬚

03 키가 석 자 정도밖에 되지 않는 어린아이라는 뜻으로, 철없는 어린아이를 이름. ⬚⬚⬚⬚

04 권세는 십 년을 가지 못한다는 뜻으로, 아무리 높은 권세라도 오래가지 못함을 이름. ⬚⬚⬚⬚

05 (1) 금으로 된 가지와 옥으로 된 잎이라는 뜻으로, 임금의 가족을 높여 이름. (2) 귀한 자손을 이름. ⬚⬚⬚⬚

06 입에는 꿀이 있고 배 속에는 칼이 있다는 뜻으로, 말로는 친한 듯하나 속으로는 해칠 생각이 있음을 이름. ⬚⬚⬚⬚

07 ~ 11 다음 빈칸에 들어갈 알맞은 말을 〈보기〉에서 찾아 쓰시오.

─● 보기 ●─
변화   복종
세상   열흘   무질서

07 면종복배: 겉으로는 (   )하는 체하면서 내심으로는 배반함.

08 경천동지: 하늘을 놀라게 하고 땅을 뒤흔든다는 뜻으로, (   )을/를 몹시 놀라게 함을 이름.

09 화무십일홍: (   ) 동안 붉은 꽃은 없다는 뜻으로, 한 번 성한 것이 얼마 못 가서 반드시 쇠하여짐을 이름.

10 새옹지마: '변방에 사는 노인의 말'에서 유래한 것으로 인생의 길흉화복은 (   )이/가 많아서 예측하기가 어려움.

11 오합지졸: 까마귀가 모인 것처럼 질서가 없이 모인 병졸이라는 뜻으로, 임시로 모여들어서 규율이 없고 (   )한 병졸 또는 군중을 이름.

〈문장으로 체크하기〉

12 ~ 14 다음 대화 내용과 의미가 통하는 한자 성어를 〈보기〉에서 찾아 쓰시오.

─● 보기 ●─
외유내강   전화위복   표리부동

12 아현: 대나무는 가늘어서 연약해 보여도, 바람에 꺾이질 않더라.
희연: 맞아. 흔들리긴 해도 멀쩡하더라고.
⬚⬚⬚⬚

13 현채: 겉으로는 웃으면서 속으로는 남에게 해를 끼칠 생각을 하는 사람들을 보면서 상처를 받았어.
은비: 자기 이익을 위해 이기적인 본모습을 숨기고 접근하는 사람들을 조심해야 해.
⬚⬚⬚⬚

14 신희: 어제 눈앞에서 버스를 놓쳐서 택시를 탔는데, 나중에 보니 그 버스가 고장 나서 사거리에 멈춰 있더라. 그걸 탔으면 꼼짝없이 지각했을 거야.
보미: 어휴, 오히려 버스를 놓쳐서 다행이었네.
⬚⬚⬚⬚

15 ~ 18 다음 빈칸에 들어갈 알맞은 한자 성어를 〈보기〉에서 찾아 쓰시오.

─● 보기 ●─
길흉화복   천우신조   천진무구   혼비백산

15 교과 운동장에서 뛰어노는 ⬚⬚⬚⬚한 아이들을 보니 미소가 번진다.

16 교과 풍수지리설은 땅의 기운에 의해서 인간의 ⬚⬚⬚⬚이/가 결정된다는 이론이다.

17 교과 두 차례 연쇄 지진이 발생하자 ⬚⬚⬚⬚한 시민들이 급히 건물 밖으로 나와 대피했다.

18 학평 ⬚⬚⬚⬚하여 어진 시댁을 만났사와 일평생을 모시고자 하였사오나, 이런 악명을 입사오니 다시 무슨 말씀을 하오리까?

138 3주 완성

01 〈보기〉의 속담에 공통적으로 어울리는 한자 성어로 가장 적절한 것은? <small>속담에 맞는 한자 성어 찾기</small>

● 보기 ●

• 불면 꺼질까 쥐면 터질까
• 제 새끼 밉다는 사람 없다
• 호랑이 제 새끼 안 잡아먹는다
• 자식 둔 부모 근심 놓을 날 없다

① 삼척동자(三尺童子)
② 천우신조(天佑神助)
③ 경천동지(驚天動地)
④ 금지옥엽(金枝玉葉)
⑤ 천진무구(天眞無垢)

02 다음 한자 성어의 쓰임이 적절하지 <u>않은</u> 것은? <small>한자 성어의 쓰임 이해하기</small>

① 산길에서 호랑이와 마주친 나그네들은 혼비백산(魂飛魄散)하여 줄행랑을 놓았다.
② 그는 자신이 한 유명 인사의 경천동지(驚天動地)할 비리를 알고 있다고 주장했다.
③ 그는 겉보기에는 부드러우나 속마음은 매우 엄격한 외유내강(外柔內剛)의 인물이다.
④ 의사 선생님은 진심으로 환자를 위하는 구밀복검(口蜜腹劍)의 자세로 따뜻한 충고의 말을 해 주었다.
⑤ 어찌 보면 이번 실패가 전화위복(轉禍爲福)의 계기가 되어 앞길을 헤쳐 나가게 하는 자극제가 될 것으로 보인다.

03 〈보기〉의 이야기에서 유래된 한자 성어로 적절한 것은? <small>유래에 맞는 한자 성어 찾기</small>

● 보기 ●

변방에 점을 치는 노인이 살았다. 어느 날 그의 말이 달아나 사람들이 노인을 위로하자, 그는 이것이 어떤 복이 될지 어찌 알겠느냐고 했다. 얼마 지나 그 말이 준마를 데리고 돌아왔다. 사람들이 축하하자 이번에는 이것이 무슨 화가 될지 어찌 알겠느냐고 했다. 그러던 어느 날 노인의 아들이 준마를 타고 달리다 떨어져 다리를 못 쓰게 되었다. 세월이 흘러 전쟁이 일어나고 마을 장정들이 징병되어 갔는데, 노인의 아들만 무사할 수 있었다.

① 오합지졸(烏合之卒)
② 새옹지마(塞翁之馬)
③ 천우신조(天佑神助)
④ 아연실색(啞然失色)
⑤ 원화소복(遠禍召福)

04 다음 중 한자 성어의 내포적 의미가 '겉과 속이 다름'과 거리가 <u>먼</u> 것은? <small>한자 성어의 의미 이해하기</small>

① 구밀복검(口蜜腹劍)
② 표리부동(表裏不同)
③ 면종복배(面從腹背)
④ 천우신조(天佑神助)
⑤ 외화내빈(外華內貧)

05 〈보기 1〉의 시적 상황과 화자의 정서를 〈보기 2〉와 같이 표현했을 때 ⓐ에 들어갈 말로 적절한 것은? <small>상황에 맞는 한자 성어 찾기</small>

● 보기 1 ●

흥망이 유수(有數)하니 *만월대도 추초(秋草) ㅣ로다
오백 년 왕업이 *목적(牧笛)에 부쳐시니
석양에 지나는 객(客)이 눈물계워 ᄒ노라

– 원천석

* 만월대: 개성에 있는 고려의 왕궁 터
* 목적: 목동이 부는 피리

● 보기 2 ●

화자는 황폐해진 고려의 왕궁 터를 돌아보면서 고려 왕조의 (ⓐ)을/를 회고하며 무상감을 노래하고 있다.

① 흥망성쇠(興亡盛衰)
② 혼비백산(魂飛魄散)
③ 표리부동(表裏不同)
④ 전화위복(轉禍爲福)
⑤ 외유내강(外柔內剛)

06 〈보기〉의 밑줄 친 내용을 나타내는 한자 성어로 가장 적절한 것은? <small>상황에 맞는 한자 성어 찾기</small>

● 보기 ●

"너는 무엇 하는 사람이며 이 물건은 어디서 났느냐?"
하였다. 하생이 답하기를,
"저는 태학생이고 이것은 무덤 안에서 얻었습니다."
하였다. 시중이 말하기를,
<u>"네가 입으로는 시(詩)와 예(禮)를 말하면서 행실이 무덤이나 파는 도적과 같으니 될 말인가?"</u>

– 신광한, 〈하생기우전〉

① 권불십년(權不十年)
② 화무십일홍(花無十日紅)
③ 표리부동(表裏不同)
④ 대경실색(大驚失色)
⑤ 길흉화복(吉凶禍福)

06 관용어

※ 관용어가 사용된 예문을 읽고 해당 뜻풀이를 찾아 번호를 쓰세요.

★ 코

01 코가 꿰이다

📖 태희는 경수에게 무슨 코가 꿰이었는지 그의 말을 묵묵히 따랐다. 〔   〕

02 코가 납작해지다

📖 주책없이 굴던 시어머니는 며느리 앞에서 그렇게 무안을 당했으니 코가 납작해질 만도 하였다. 〔   〕

03 코가 비뚤어지게

📖 그는 금요일마다 코가 비뚤어지게 술을 마시고 돌아갔다. 〔   〕

04 코를 납작하게 만들다

📖 만년 꼴찌만 하던 팀이 우승 후보 팀을 꺾어 우승 후보 팀의 코를 납작하게 만들었다. 〔   〕

05 코끝도 안 보인다

📖 바쁠 때는 코끝도 안 보이다가 한가해지자 어슬렁거리며 나타난다. 〔   〕

06 콧대가 높다

📖 진경이는 콧대가 높아 어지간한 남자는 아예 거들떠보지도 않는다. 〔   〕

07 콧방귀를 뀌다

📖 은혜의 말이 몹시 불쾌한 듯 춘식은 콧방귀를 탁 뀌고 몸을 일으켰다. 〔   〕

---

① 기를 죽이다.

② 약점이 잡히다.

③ 몹시 취할 정도로.

④ 도무지 모습을 나타내지 않다.

⑤ 잘난 체하고 뽐내는 태도가 있다.

⑥ 몹시 무안을 당하거나 기가 죽어 위신이 뚝 떨어지다.

⑦ 아니꼽거나 못마땅하여 남의 말을 들은 체 만 체 말대꾸를 아니 하다.

★ 혀

08 혀가 꼬부라지다

📖 평소에는 술을 입에 대지도 않다가 한번 댔다 하면 혀가 꼬부라지게 마신다. 〔   〕

09 혀가 빠지게

📖 혀가 빠지게 일을 해도 진급 심사에서 매년 누락된다. 〔   〕

10 혀를 깨물다

📖 혀를 깨물며 노력해 봤자 그녀에게 돌아오는 것은 아무 것도 없었다. 〔   〕

11 혀를 내두르다

📖 황 정승은 소년의 해박한 지식에 혀를 내두르며 놀랐다. 〔   〕

12 혀끝에 놀아나다

📖 임금은 간신의 혀끝에 놀아나다가 결국 쫓겨나고 말았다. 〔   〕

---

① 몹시 힘을 들여.

② 남의 말을 따라 움직이다.

③ 어떤 일을 힘들게 억지로 참다.

④ 몹시 놀라거나 어이없어서 말을 못 하다.

⑤ 병이 들거나 술에 취하여 발음이 똑똑하지 아니하다.

▶ 정답과 해설 32쪽

★ 가슴

13 가슴에 불붙다

(학평) 슬피 서서 통곡하니 눈물은 못이 되고 한숨은 비바람이 되는구나. 애고, 가슴에 불이 붙네. 이내 평생 어찌할꼬? 〔   〕

14 가슴에 새기다

(교과) 성하는 부모님의 말씀을 가슴에 새기고 집을 떠났다. 〔   〕

15 가슴을 펴다

(교과) 그는 어려운 상황이지만 가슴을 펴고 자신의 의견을 제시했다. 〔   〕

16 가슴이 뜨겁다

(교과) 윤지는 어려운 시절에 자신을 도와준 친구들을 떠올리니 가슴이 뜨거워졌다. 〔   〕

17 가슴이 무겁다

(교과) 내가 당장 그를 도울 방법이 없어서 가슴이 무거워졌다. 〔   〕

① 감정이 격해지다.

② 굽힐 것 없이 당당하다.

③ 잊지 않게 단단히 마음에 기억하다.

④ 슬픔이나 걱정으로 마음이 가라앉다.

⑤ 깊고 큰 사랑과 배려를 받아 고마움으로 마음의 감동이 크다.

800

어휘
712개
달성!

700

★ 간

18 간을 졸이다

(교과) 어머니는 아이가 길을 잘 찾아 갈까 하는 걱정에 간을 졸였다. 〔   〕

19 간이 붓다

(교과) 대훈이는 간이 부었는지 선생님께 대들기 시작했다. 〔   〕

20 간이 오그라들다

(교과) 갑작스러운 천둥 소리에 다들 간이 오그라들었다. 〔   〕

21 간이 작다

(교과) 송희는 간이 작아서 앞으로 큰일은 못할 거야. 〔   〕

22 간이 타다

(교과) 어제 출발한 일행이 아직도 도착하지 않아 모두 간이 타는 얼굴이었다. 〔   〕

23 간이 크다

(교과) 학교를 그만두고 해외로 오지 탐험을 나선다니 간도 크다. 〔   〕

24 간장이 썩다

(모평) 간장이 다 썩어 넋조차 그쳤으니 천 줄기 원루는 피 되어 솟아나고 〔   〕

① 마음이 몹시 상하다.

② 지나치게 대담해지다.

③ 겁이 없고 매우 대담하다.

④ 몹시 두려워지거나 무서워지다.

⑤ 대담하지 못하고 몹시 겁이 많다.

⑥ 너무 근심스럽고 안타까워 속이 타는 듯하다.

⑦ 매우 걱정되고 불안스러워 마음을 놓지 못하다.

· 뜻풀이로 체크하기 ·

01 ~ 07 다음 뜻풀이에 해당하는 관용어를 쓰시오.

01 기를 죽이다. _____

02 몹시 취할 정도로. _____

03 굽힐 것 없이 당당하다. _____

04 어떤 일을 힘들게 억지로 참다.

_____

05 잊지 않게 단단히 마음에 기억하다.

_____

06 너무 근심스럽고 안타까워 속이 타는 듯하다.

_____

07 매우 걱정되고 불안스러워 마음을 놓지 못하다.

_____

08 ~ 13 다음 빈칸에 들어갈 알맞은 말을 〈보기〉에서 찾아 쓰시오.

┌─────── 보기 ───────┐
　　걱정　　대담　　마음
　　발음　　약점　　말대꾸
└──────────────────┘

08 코가 꿰이다 : (　　　　)이/가 잡히다.

09 간장이 썩다 : (　　　　)이/가 몹시 상하다.

10 간이 작다 : (　　　　)하지 못하고 몹시 겁이 많다.

11 가슴이 무겁다 : 슬픔이나 (　　　　)(으)로 마음이 가라앉다.

12 혀가 꼬부라지다 : 병이 들거나 술에 취하여 (　　　　)이/가 똑똑하지 아니하다.

13 콧방귀를 뀌다 : 아니꼽거나 못마땅하여 남의 말을 들은 체 만 체 (　　　　)을/를 아니 하다.

· 문장으로 체크하기 ·

14 ~ 18 다음 빈칸에 들어갈 알맞은 관용어를 〈보기〉에서 찾아 기호를 쓰시오.

┌─────── 보기 ───────┐
ㄱ 간이 부었는지　　　ㄴ 콧대가 높아서
ㄷ 혀끝에 놀아나　　　ㄹ 가슴이 뜨거워져
ㅁ 코끝도 안 보이니
└──────────────────┘

14 (교과) 그는 (　　) 공부도 안 하고 시험을 치러 갔다.

15 (교과) 우리는 한 친구의 (　　) 서로를 오해하고 말았다.

16 (교과) 6시에 돌아온다는 아이가 (　　) 걱정되기 시작했다.

17 (교과) 그 선수는 뛰어난 실력만큼 (　　) 영입하기 쉽지 않을 거야.

18 (교과) 나는 독립 기념관에서 독립운동가들의 활동을 자세히 살펴보고 (　　) 눈물이 흘렸다.

19 ~ 24 다음 문맥에 알맞은 관용어를 고르시오.

19 (교과) 그는 여리고 순한 외모와 다르게 보기보다 (간이 크다 | 간을 졸인다).

20 (교과) 혀가 (빠지게 | 꼬부라지게) 일해도 빚을 갚느라 남는 게 없어서 너무 슬퍼.

21 (교과) 이번 운동회에서는 우리 반이 우승을 하여 다른 반들의 코가 (납작해졌다 | 비뚤어졌다).

22 (교과) 혼자 있던 집에서 갑자기 인기척이 느껴져 간이 (부어 | 오그라들어) 움직일 수가 없었어.

23 (교과) 비록 이번에는 떨어졌지만 다음에는 꼭 합격하겠다는 생각이 가슴에 (불붙었다 | 새겼다).

24 (교과) 화가는 초등학생이 빚어낸 놀라운 색채를 보고 혀를 (깨물며 | 내두르며) 칭찬을 아끼지 않았다.

01 제시된 뜻풀이를 참고할 때 ㉠과 ㉡에 들어갈 말로 적절한 것은? _{제시된 정보로 관용어 유추하기}

─● 보기 ●─

• [뜻풀이] 슬픔이나 걱정으로 마음이 가라앉다.
 [예문] 아직 해결하지 못한 문제 때문에 가슴이 (㉠).
• [뜻풀이] 지나치게 대담해지다.
 [예문] 그 사람은 간이 (㉡) 웬만한 일에는 눈도 깜짝하지 않는다.

	㉠	㉡		㉠	㉡
①	아렸다	벌름거려	②	서늘했다	녹아
③	뜨거웠다	떨려	④	무거웠다	부어
⑤	찢어졌다	서늘해			

02 〈보기〉를 참고할 때 밑줄 친 부분이 관용어가 아닌 것은? _{관용어의 사례 파악하기}

─● 보기 ●─

　관용어는 사람들이 관습적으로 널리 쓰는 말로, 구(句)를 구성하는 각 형태소의 의미의 조합으로는 설명될 수 없는 특수한 의미를 나타내는 어구를 말한다. 문법적·구조적인 면에서 비문법적이고 내용적·도덕적인 면에서 비속한 느낌이 강하다. 수사법상으로는 은유적·과장적 성격이 강하다.

① 그는 건강을 위해 <u>가슴을 펴고</u> 걷기를 자주 한다.
② 학생들은 선생님의 당부를 <u>가슴에 새기고</u> 졸업하였다.
③ 우리 팀의 우승으로 인해 상대 팀 감독의 <u>코가 납작해</u>졌다.
④ 허풍스러운 그의 자랑에 사람들은 하나같이 <u>콧방귀를 뀌었다.</u>
⑤ 그는 김 씨에게 무슨 <u>코가 꿰이었는지</u> 김 씨가 하자는 대로 질질 끌려다닌다.

03 밑줄 친 관용어의 쓰임이 적절하지 않은 것은? _{관용어의 쓰임 이해하기}

① 그는 <u>간이 커서</u> 세상에 무서울 것이 없었다.
② 그는 <u>간이 작아서</u> 큰일을 하기 어려울 것이다.
③ 호국 영령들의 위패를 보니 <u>가슴이 뜨거워졌다.</u>
④ 종일 아이와 연락이 되지 않자 엄마는 <u>간이 탔다.</u>
⑤ 그와 나는 <u>간을 졸이고</u> 이야기하는 돈독한 사이다.

04 관용어를 사용하여 ⓐ~ⓒ의 문장을 완성할 때 빈칸에 들어갈 말로 가장 적절한 것은? _{문맥에 맞는 관용어 파악하기}

─● 보기 ●─

ⓐ 술을 한 잔만 마셨는데도 그의 혀가 ( ).
ⓑ 그가 저지른 어처구니없는 실수에 모두 혀를 ( ).
ⓒ 행여나 지각한 것을 선생님께 들킬까 봐 간이 ( ).

	ⓐ	ⓑ	ⓒ
①	굳었다	찼다	녹았다
②	돌았다	놀렸다	철렁했다
③	빠졌다	굴렸다	벌름거렸다
④	닳았다	깨물었다	서늘했다
⑤	꼬부라졌다	내둘렀다	오그라들었다

05 〈보기〉와 같이 관용어가 쓰인 부분을 바꾸어 표현한 것으로 적절하지 않은 것은? _{관용어의 의미와 쓰임 이해하기}

─● 보기 ●─

　그는 오랜만에 <u>코가 비뚤어지게</u> 술을 마셨다. → 몹시 취할 정도로

① 그는 매일 <u>혀가 빠지게</u> 일을 했다. → 되는대로 마구
② 나흘이 가고 닷새가 지났는데도 그는 여전히 <u>코끝도 안 보이고</u> 있다. → 모습을 보이지 않는다
③ 평소에 <u>콧대가 높은</u> 그 선수도 세계 챔피언 앞에서는 태도가 달라졌다. → 도도하기 그지없는
④ 훈련이 힘들어 포기하고 싶을 때도 많았지만, 그는 <u>혀를 깨물며</u> 노력하였다. → 억지로 참으면서
⑤ 이 사업을 반드시 일으켜서 나를 무시했던 그의 <u>코를 납작하게 만들어</u> 주리라 마음먹었다. → 기를 꺾어 주리라

07 필수 어휘_인문

STEP 1 어휘력 학습

※ 어휘의 사전적 의미에 해당하는 예문을 찾아 번호를 쓰고 빈칸을 채워 보세요.

01	**재앙** 재앙 災 | 재앙 殃	몡 뜻하지 아니하게 생긴 불행한 변고. 또는 천재지변으로 인한 불행한 사고.	〔 〕
02	**저의** 밑 底 | 뜻 意	몡 겉으로 드러나지 아니한, 속에 품은 생각.	〔 〕
03	**전승** 전할 傳 | 받들 承	몡 문화, 풍속, 제도 따위를 이어받아 계승함. 또는 그것을 물려주어 잇게 함.	〔 〕
04	**절제** 마디 節 | 억제할 制	몡 정도에 넘지 아니하도록 알맞게 조절하여 제한함.	〔 〕
05	**정독하다** 찧을 精 | 읽을 讀 ──	통 뜻을 새겨 가며 자세히 읽다.	〔 〕

① [학평] 감정의 [ ][ ]를 통해 사건을 객관적으로 바라보고 있다.

② [교과] 나는 그가 왜 갑자기 친한 척하는지 그 [ ][ ]를 모르겠다.

③ [학평] 처음엔 다소 느리고 답답하더라도 책을 [ ][ ]하는 습관을 길러야 한다.

④ [학평] 고려 시대에 종이 소형화되면서 신라 종의 조형 양식이 [ ][ ]되지 못했기 때문이다.

⑤ [학평] 사람이 받게 되는 [ ][ ]과 복의 원인도 모두 자신에게 있을 뿐 불변의 질서를 갖고 있는 하늘에 있지 않다.

06	**정적** 고요할 靜 | 고요할 寂	몡 고요하여 괴괴함.	〔 〕
07	**조장하다** 도울 助 | 길 長 ──	통 바람직하지 않은 일을 더 심해지도록 부추기다.	〔 〕
08	**중시하다** 무거울 重 | 볼 視 ──	통 가볍게 여길 수 없을 만큼 매우 크고 중요하게 여기다.	〔 〕
09	**증진하다** 더할 增 | 나아갈 進 ──	통 기운이나 세력 따위를 점점 더 늘려 가고 나아가게 하다.	〔 〕
10	**지위** 땅 地 | 자리 位	몡 개인의 사회적 신분에 따르는 위치나 자리.	〔 〕

① [학평] 주민들이 벽화를 보고 즐거워한다면 지역 공동체의 행복을 [ ][ ]할 수도 있습니다.

② [학평] 외모 지상주의를 [ ][ ]할 수도 있으므로 그에 대한 대책 마련이 필요함을 지적하였다.

③ [학평] 이 판결의 내용은 [ ][ ]의 높고 낮음보다 생명의 가치를 존중하는 작가의 의식을 드러내고 있다.

④ [학평] 왕 진사가 송 부인을 수죄하는 장면에서, 여성의 정절을 [ ][ ]하는 남성 중심 사회의 모습을 짐작할 수 있겠군.

⑤ [모평] 달리 말해, 이는 텅 빈 마음이 되었다는 말이며 흔히 명경지수(明鏡止水)의 비유로 표현되는 [ ][ ]의 상태를 뜻한다.

11	**직관** 곧을 直 | 볼 觀	몡 감각, 경험, 연상, 판단, 추리 따위의 사유 작용을 거치지 아니하고 대상을 직접적으로 파악하는 작용.	〔 〕
12	**직면하다** 곧을 直 | 낯 面 ──	통 어떠한 일이나 사물을 직접 당하거나 접하다.	〔 〕
13	**진지하다** 참 眞 | 잡을 摯 ──	혱 마음 쓰는 태도나 행동 따위가 참되고 착실하다.	〔 〕
14	**철칙** 쇠 鐵 | 법칙 則	몡 바꾸거나 어길 수 없는 중요한 법칙.	〔 〕
15	**축약** 오그라들 縮 | 맺을 約	몡 줄여서 간략하게 함.	〔 〕

① [교과] 절대 권력은 반드시 부패한다는 말은 동서고금을 막론하고 [ ][ ]이 되어 왔다.

② [학평] [ ][ ]을 통해 자연에 대한 솔직한 감각을 드러낼 수 있어야 한다.

③ [교과] 그 소설가는 편집자가 임의로 내용을 [ ][ ], 수정하여 작품의 완성도가 훼손되었다고 주장했다.

④ [학평] '나'는 성년이 되면서 엄마가 애써 마련해 준 환경에서 벗어나 새로운 환경에 [ ][ ]하게 된다.

⑤ [학평] 다매체 환경에서의 글 읽기는 느리고 [ ][ ]한 글 읽기에서 빠르고 가벼운 글 읽기로 변모할 것이다.

16 취지
빨리갈 趣 | 맛있을 旨
명 어떤 일의 근본이 되는 목적이나 긴요한 뜻. 〔　〕

17 치유하다
다스릴 治 | 병 나을 癒 ――
동 치료하여 병을 낫게 하다. 〔　〕

18 친교
친할 親 | 사귈 交
명 친밀하게 사귐. 또는 그런 교분. 〔　〕

19 케케묵다
(1) 동 물건 따위가 아주 오래되어 낡다. 〔　〕
(2) 동 일, 지식 따위가 아주 오래되어 시대에 뒤떨어진 데가 있다.

20 쾌락
쾌할 快 | 즐길 樂
명 유쾌하고 즐거움. 또는 그런 느낌. 〔　〕

① 교과 이사를 하면서 □□□은 옷은 모두 버렸다.
② 교과 그런 □□은 사고방식으로 요즘 젊은이들과 대화가 되겠니?
③ 모평 이렇게 보면 근대 도시는 어떠한 □□과 환상도 끼어들지 못하는 거대한 생산 기계인 듯하다.
④ 학평 그는 성인의 정신 질환을 □□하기 위해서는 무의식 속 과거의 상처를 의식의 세계로 끌어내는 과정이 필요하다고 주장하였다.
⑤ 모평 예사 낮춤 말 '자네'는 '당신'보다는 낮고 '너'보다는 높은 말이다. 연배가 있는 사람이 □□가 있는 동년배나 손아랫사람에게 쓰는 말이다.
⑥ 학평 세종은 세상에 효행의 풍습을 널리 알릴 수 있는 서적을 간행해서 백성들이 항상 읽게 하는 것이 좋겠다는 □□에서 《삼강행실도》를 만들었다.

21 타당성
온당할 妥 | 마땅할 當 | 성품 性
명 사물의 이치에 맞는 옳은 성질. 〔　〕

22 타파
칠 打 | 깨뜨릴 破
명 부정적인 규정, 관습, 제도 따위를 깨뜨려 버림. 〔　〕

23 태생
아이 밸 胎 | 날 生
명 어떠한 곳에 태어남. 〔　〕

24 통찰
꿰뚫을 洞 | 살필 察
명 예리한 관찰력으로 사물을 꿰뚫어 봄. 〔　〕

25 통치하다
거느릴 統 | 다스릴 治 ――
동 나라나 지역을 도맡아 다스리다. 〔　〕

① 교과 그는 한국 □□의 미국 애니메이션 감독이다.
② 교과 이 책에는 삶에 대한 작가의 깊은 □□이 녹아들어 있다.
③ 모평 옛 국가의 역사를 거울삼아 새 국가를 안정적으로 □□하도록 한다.
④ 수능 책을 읽을 때는 자신의 관점에서 각 관점들을 비교·대조하면서 정보의 □□□을 비판적으로 검토하고 평가한 내용을 통합한다.
⑤ 학평 제국주의의 침탈과 분단을 겪은 20세기에 단일 민족의식은 민족의 단결을 고취하고, 신분 의식 □□에 기여하는 등 긍정적인 역할을 수행했다.

26 파생
물갈래 派 | 날 生
명 사물이 어떤 근원으로부터 갈려 나와 생김. 〔　〕

27 편협하다
치우칠 偏 | 좁을 狹 ――
동 한쪽으로 치우쳐 도량이 좁고 너그럽지 못하다. 〔　〕

28 폐허
폐할 廢 | 터 墟
명 건물이나 성 따위가 파괴되어 황폐하게 된 터. 〔　〕

29 합일하다
합할 合 | 하나 ――
동 둘 이상이 합하여 하나가 되다. 또는 그렇게 만들다. 〔　〕

30 혼란
섞을 混 | 어지러울 亂
명 뒤죽박죽이 되어 어지럽고 질서가 없음. 〔　〕

① 교과 교육 정책의 변화로 학부모와 학생, 학교는 큰 □□에 빠졌다.
② 교과 전쟁의 참화를 입은 마을은 □□로 변해 버렸다.
③ 모평 만물과 조화롭게 □□한다는 '물아일체'로 호접몽 이야기를 끝맺는 까닭이 여기에 있다.
④ 수능 특정한 철학적 방법에서 □□된 미학 이론을 바탕으로 예술 장르를 범주적으로 유형화하고 있다.
⑤ 수능 서로 다른 관점을 비교·대조하면서 검토함으로써 □□한 시각에서 벗어나 문제를 폭넓게 보아야겠군.

step ❷ 어휘력 체크

· 뜻풀이로 **체크하기** ·

01 ~ 06 다음 뜻풀이에 해당하는 어휘를 말상자에서 찾아 표시하시오.

위	타	당	성	친	외
헌	협	생	태	직	교
재	앙	타	파	정	관
저	의	철	칙	적	전
소	식	통	취	절	연
축	약	찰	치	일	제

01 고요하여 괴괴함.

02 사물의 이치에 맞는 옳은 성질.

03 예리한 관찰력으로 사물을 꿰뚫어 봄.

04 겉으로 드러나지 아니한, 속에 품은 생각.

05 부정적인 규정, 관습, 제도 따위를 깨뜨려 버림.

06 정도에 넘지 아니하도록 알맞게 조절하여 제한함.

07 ~ 13 다음 빈칸에 들어갈 알맞은 말을 쓰시오.

07 축약: 줄여서 □□하게 함.

08 철칙: 바꾸거나 어길 수 없는 중요한 □□.

09 혼란: 뒤죽박죽이 되어 어지럽고 □□가 없음.

10 취지: 어떤 일의 □□이 되는 목적이나 긴요한 뜻.

11 폐허: 건물이나 성 따위가 □□되어 황폐하게 된 터.

12 재앙: 뜻하지 아니하게 생긴 불행한 변고. 또는 □□□□으로 인한 불행한 사고.

13 케케묵다: ⑴ □□ 따위가 아주 오래되어 낡다. ⑵ 일, 지식 따위가 아주 오래되어 □□에 뒤떨어진 데가 있다.

· 문장으로 **체크하기** ·

14 ~ 18 다음 문맥에 알맞은 어휘를 고르시오.

14 학평 골동품적 역사는 오래된 과거를 찾아 보존하면서 (전승 | 절제)하는 역사이다.

15 학평 사회 현상에 대해 한쪽 면만 보고 (축약된 | 편협한) 생각을 하는 것은 문제가 있어.

16 학평 세종대왕은 책 겉가죽이 떨어질 정도로 백 번을 읽고 백 번을 쓰면서 책 내용을 (정독 | 직관)하였다.

17 모평 사회의 형성과 지속을 위한 조건이라 할 법은 저마다의 행복을 (증진 | 직면)시킬 때 가장 잘 준수된다.

18 학평 이신의는 충절과 신의를 (중시 | 타파)했던 사대부로, 인목대비 폐위에 반대하는 글을 올렸다는 이유로 귀양을 가게 된다.

19 ~ 24 다음 빈칸에 들어갈 알맞은 어휘를 〈보기〉에서 찾아 쓰시오.

— 보기 —

조장   직면   치유   통치   파생   합일

19 교과 내 세계관과 그의 세계관을 (   )하는 것은 불가능하다.

20 학평 상호 간에 우열을 가리게 되어 경쟁적인 분위기를 (   )하고 있다.

21 모평 '치인'은 집안을 바르게 하고 나라를 (   )하고 세상을 평화롭게 하는 것을 의미한다.

22 학평 현재의 '나'는 과거의 상처와 마주하면서 정체성을 확인하고 상처가 (   )되어 가는 모습을 보여 준다.

23 수능 청의 번영은 지속되지 않았고, 19세기에 접어들 무렵부터는 심각한 내외의 위기에 (   )해 급속한 하락의 시대를 겪게 된다.

24 수능 각 이야기는 그 자체로 완결성을 갖추고 있어 독립적이지만, 혼사나 그로부터 (   )된 각각의 갈등이 동일한 가문 내에서 전개된다는 점에서 연결된다.

01 다음 속담의 뜻풀이에서 ㉠과 ㉡에 공통으로 들어갈 어휘로 적절한 것은?

어휘의 뜻풀이에 맞는 어휘 찾기

● 보기 ●
• 혀 아래 도끼 들었다: 말을 잘못하면 (㉠)을/를 받게 되니 말조심을 하라는 말.
• 불난 집에 부채질한다: 남의 (㉡)을/를 점점 더 커지도록 만들거나 성난 사람을 더욱 성나게 함을 이르는 말.

① 재앙(災殃)
② 절제(節制)
③ 지위(地位)
④ 직관(直觀)
⑤ 철칙(鐵則)

02 문맥상 밑줄 친 어휘와 바꿔 쓰기에 적절하지 않은 것은?

적절한 어휘로 바꿔 쓰기

① 그는 어촌 태생이나 자라기는 농촌에서 자랐다. → 출신
② 고구려의 전통은 발해를 통해 고려에 전승되었다. → 계승되었다
③ 마을 이장은 관대하고 감정을 잘 절제하는 사람이다. → 제어하는
④ 신채호는 일본 제국주의의 침략에 직면하여 신국민이라는 새로운 개념을 제시하였다. → 교차하여
⑤ 뒤르켐은 공리주의가 개인의 이기심을 전제로 하고 있기에 아노미를 조장할 뿐이라고 생각했다. → 부추길

03 ⓐ~ⓔ의 사전적 의미로 적절하지 않은 것은?

어휘의 사전적 의미 파악하기

● 보기 ●
• 무의미하게 살며 ⓐ쾌락만을 좇는 현대인들이 많다.
• 그 정치인은 ⓑ케케묵은 지역감정을 들먹여 여론이 나빠졌다.
• 객관적 ⓒ타당성은 이성의 미덕인 동시에 한계가 되기도 한다.
• 간접 광고 제도를 도입한 궁극적 ⓓ취지는 방송 광고 사업을 활성화하겠다는 것이다.
• 〈홍길동전〉은 적서 차별을 ⓔ타파하고 부패한 정치를 뜯어고쳐야 한다는 작가의 개혁 사상을 담고 있다.

① ⓐ: 유쾌하고 즐거움. 또는 그런 느낌.
② ⓑ: 일, 지식 따위가 아주 오래되어 시대에 뒤떨어진 데가 있다.
③ ⓒ: 사물의 이치에 맞는 옳은 성질.
④ ⓓ: 어떠한 일을 이루고자 하는 마음.
⑤ ⓔ: 부정적인 규정, 관습, 제도 따위를 깨뜨려 버리다.

04 문맥상 〈보기〉의 빈칸에 들어갈 어휘로 적절한 것은?

어휘의 쓰임 이해하기

● 보기 ●
사회 현상에 대해 한쪽 면만 보고 치우친 생각을 하는 것은 바람직하지 않다. 그런 (   ) 사고방식에서 벗어나 현상을 두루 살피고 폭넓은 관점을 가져야 한다.

① 진지한
② 파생된
③ 편협한
④ 합일된
⑤ 혼란한

05 문맥상 〈보기〉의 밑줄 친 어휘와 반의 관계인 것은?

어휘의 의미 관계 파악하기

● 보기 ●
양반들은 물질적 이득보다는 명분을 중시하였다.

① 거역(拒逆)
② 경배(敬拜)
③ 경시(輕視)
④ 종속(從屬)
⑤ 증폭(增幅)

06 문맥상 〈보기〉의 밑줄 친 어휘와 바꿔 쓰기에 가장 적절한 것은?

적절한 어휘로 바꿔 쓰기

● 보기 ●
수년 간 긴장을 고조시키다가 갑자기 대화를 하자는 저의가 의심스럽다.

① 이내가
② 속말이
③ 속내가
④ 잣대가
⑤ 근본이

08 한자 성어

3주 완성

※ 한자 성어가 사용된 예문을 읽고 해당 뜻풀이를 찾아 번호를 쓰세요.

★ 이제까지 없었던 일

01 전대미문
앞 前 | 대신할 代 |
아닐 未 | 들을 聞

(학평) 옥영과 최척이 타국에서 극적으로 재회한 것은 전대미문의 사건이라고 할 수 있다. 〔 〕

02 전무후무
앞 前 | 없을 無 |
뒤 後 | 없을 無

(고교) 여자 양궁 국가대표 팀은 올림픽 9연패라는 전무후무의 대기록을 세웠다. 〔 〕

03 전인미답
앞 前 | 사람 人 |
아닐 未 | 밟을 踏

(고교) 제임스는 NBA 사상 최초로 전인미답의 경지인 4만 득점 고지에 올랐다. 〔 〕

① 이제까지 들어 본 적이 없음.

② 이전에도 없었고 앞으로도 없음.

③ 이제까지 그 누구도 손을 대어 본 일이 없음.

★ 분노, 원한

04 각골통한
새길 刻 | 뼈 骨 |
아플 痛 | 한할 恨

(고교) 이곳은 연해주 고려인들이 강제 이주되어 정착한 지역으로 이주민들의 각골통한의 아픔이 서린 곳이다. 〔 〕

05 비분강개
슬플 悲 | 성낼 憤 |
강개할 慷 | 분개할 慨

(고교) 도탄에 빠진 민중의 현실을 목도하면서 김삿갓은 비분강개를 금하지 못하였다. 〔 〕

06 절치부심
끊을 切 | 이 齒 |
썩을 腐 | 마음 心

(고교) 무릇 혈기 있는 자라면 누가 팔을 걷고 절치부심하며 왜놈의 그 살을 찢고 싶지 않겠는가! 〔 〕

① 슬프고 분하여 마음이 북받침.

② 몹시 분하여 이를 갈며 속을 썩임.

③ 뼈에 사무칠 만큼 원통하고 한스러움. 또는 그런 일.

★ 가망 없는 일, 무리한 행동

07 백년하청
일백 百 | 해 年 |
강물 河 | 맑을 淸

(고교) 투명하지 않은 낙하산 인사가 반복되는 한 공공 기관의 신뢰 확보는 백년하청이라고 비판했다. 〔 〕

08 상산구어
위 上 | 메 山 |
구할 求 | 물고기 魚

(고교) 요즘 같은 세계화 시대에 무한정으로 국가 봉쇄령을 유지하겠다는 것은 상산구어나 마찬가지이다. 〔 〕

09 연목구어
인연 緣 | 나무 木 |
구할 求 | 물고기 魚

(고교) 나라의 인재를 제대로 쓸 길을 막고서 인재가 없다고 탄식하거나 남쪽 나라를 치러 가면서 북쪽으로 수레를 내달리는 것이 연목구어와 무엇이 다르겠느냐. 〔 〕

10 육지행선
뭍 陸 | 땅 地 |
다닐 行 | 배 船

(고교) 개별화된 도시에서 주민 공동체 의식을 회복시키겠다는 게 육지행선이 아닐까 하는 걱정이 든다. 〔 〕

① 육지에서 배를 저으려 한다는 뜻으로, 안 되는 일을 억지로 하려고 함을 이름.

② 산 위에 올라가 물고기를 구한다는 뜻으로, 도저히 불가능한 일을 굳이 하려 함을 이름.

③ 나무에 올라가서 물고기를 구한다는 뜻으로, 도저히 불가능한 일을 굳이 하려 함을 이름.

④ 중국의 황허강(黃河江)이 늘 흐려 맑을 때가 없다는 뜻으로, 아무리 오랜 시일이 지나도 어떤 일이 이루어지기 어려움을 이름.

★ 아름다운 사람

11 경국지색
기울 傾 | 나라 國 |
갈 之 | 빛 色

(교과) 최국낭은 조성로의 딸이 천하 경국지색이란 말을 듣고 중매를 놓아 구혼하니 조 공이 즉시 허락한다. 〔　〕

12 녹의홍상
초록빛 綠 | 옷 衣 |
붉을 紅 | 치마 裳

(학평) 평양감사로 갔을 때에 마침 중추 팔월이라 연광정에 놀음하고 여러 기생을 녹의홍상에 초립을 씌워 좌우에 앉히고 〔　〕

13 빙자옥질
얼음 氷 | 맵시 姿 |
구슬 玉 | 바탕 質

(모평) 빙자옥질이여 눈 속에 네로구나 / 가만히 향기 놓아 황혼월을 기약하니 / 아마도 아치 고절은 너뿐인가 하노라 〔　〕

14 섬섬옥수
가늘 纖 | 가늘 纖 |
구슬 玉 | 손 手

(학평) 춘향이 할 수 없어 삼단같이 흩은 머리 제색으로 집어 꽂고 난이며 봉을 새긴 비단 치마를 섬섬옥수로 잡아 걸쳐 맵시 있게 비켜섰다. 〔　〕

① 가냘프고 고운 손을 이름.

② 얼음같이 맑고 깨끗한 살결과 구슬같이 아름다운 자질.

③ (1) 연두저고리와 다홍치마. (2) 곱게 차려입은 젊은 여자의 옷차림을 이름.

④ 임금이 혹하여 나라가 기울어져도 모를 정도의 미인이라는 뜻으로, 뛰어나게 아름다운 미인을 이름.

★ 행동의 양상

15 동분서주
동녘 東 | 달아날 奔 |
서녘 西 | 달릴 走

(수능) 그는 회사의 자금 충당 방안을 마련하느라 동분서주했다. 〔　〕

16 막무가내
없을 莫 | 없을 無 |
옳을 可 | 어찌 奈

(교과) 막무가내로 떼를 쓰고 울어 대는 동생을 달래기란 쉽지 않은 일이다. 〔　〕

17 부화뇌동
붙을 附 | 화목할 和 |
우레 雷 | 같을 同

(교과) 그는 귀가 얇아서 조금만 부추기면 부화뇌동으로 이리저리 날뛰기를 잘한다. 〔　〕

18 수수방관
소매 袖 | 손 手 |
곁 傍 | 볼 觀

(교과) 불법 시설이 판을 쳐도 시 당국은 수수방관하는 자세만 취하고 있다. 〔　〕

19 자화자찬
스스로 自 | 그림 畫 |
스스로 自 | 기릴 讚

(교과) 대체로 남에게 무엇을 빌리러 오는 사람은 으레 허장성세하고, 자화자찬하기 마련인데 저 객은 얼굴에서 대범함이 드러난다. 〔　〕

20 좌지우지
왼쪽 左 | 갈 之 |
오른쪽 右 | 갈 之

(수능) 사람들 사이에서는 그가 나랏일을 좌지우지한다는 말도 있지만, 사실은 그렇지 않습니다. 〔　〕

① 달리 어찌할 수 없음.

② 줏대 없이 남의 의견에 따라 움직임.

③ 팔짱을 끼고 보고만 있다는 뜻으로, 간섭하거나 거들지 아니하고 그대로 버려둠을 이름.

④ 자기가 그린 그림을 스스로 칭찬한다는 뜻으로, 자기가 한 일을 스스로 자랑함을 이름.

⑤ 동쪽으로 뛰고 서쪽으로 뛴다는 뜻으로, 사방으로 이리저리 몹시 바쁘게 돌아다님을 이름.

⑥ 왼쪽으로 했다가 오른쪽으로 했다가 하는 모습을 뜻하는 말로, 이리저리 제 마음대로 휘두르거나 다룸을 이름.

· 뜻풀이로 **체크하기** ·

01 ~ 04 다음 뜻풀이에 해당하는 한자 성어를 말상자에서 찾아 표시하시오.

수	통	청	막	녹	미
화	한	전	무	후	무
육	비	상	가	자	부
우	지	목	내	옥	화
문	분	행	색	주	뇌
인	부	구	선	대	동

01 달리 어찌할 수 없음.

02 이전에도 없었고 앞으로도 없음.

03 줏대 없이 남의 의견에 따라 움직임.

04 육지에서 배를 저으려 한다는 뜻으로, 안 되는 일을 억지로 하려고 함을 이름.

05 ~ 09 다음 빈칸에 들어갈 알맞은 말을 〈보기〉에서 찾아 쓰시오.

─● 보기 ●─
손   간섭
구슬   사방   물고기

05 전인미답: 이제까지 그 누구도 (   )을/를 대어 본 일이 없음.

06 빙자옥질: 얼음같이 맑고 깨끗한 살결과 (   ) 같이 아름다운 자질.

07 상산구어: 산 위에 올라가 (   )을/를 구한다는 뜻으로, 도저히 불가능한 일을 굳이 하려 함을 이름.

08 수수방관: 팔짱을 끼고 보고만 있다는 뜻으로, (   )하거나 거들지 아니하고 그대로 버려둠을 이름.

09 동분서주: 동쪽으로 뛰고 서쪽으로 뛴다는 뜻으로, (   )(으)로 이리저리 몹시 바쁘게 돌아다님을 이름.

· 문장으로 **체크하기** ·

10 ~ 14 다음 문맥에 알맞은 한자 성어를 고르시오.

10 교과 시에서는 사랑하는 이와 이별한 후의 (각골통한 | 경국지색)의 심정을 표현하고 있다.

11 학평 (녹의홍상 | 전인미답)으로 단장한 낭자가 방문을 열고 들어와서 두 번 절하고 옆에 앉았다.

12 교과 그는 자신이 회사 내에서 최고의 인재라며 시도 때도 없이 (육지행선 | 자화자찬)을 늘어놓는다.

13 교과 기후가 안 맞는 추운 산지에서 열대 과일 농사를 짓겠다고 나서는 것은 (수수방관 | 연목구어)(이)나 다름없다.

14 교과 그녀는 2009년 세계 선수권 대회에서 여자 선수로서는 최초로 200점대를 돌파하는 (비분강개 | 전대미문)의 기록을 세웠다.

15 ~ 18 다음 상황과 의미가 통하는 한자 성어를 〈보기〉에서 찾아 쓰시오.

─● 보기 ●─
백년하청   섬섬옥수   절치부심   좌지우지

15 교과 그들의 관계가 예전처럼 좋게 회복되는 것은 이루어지기 어려울 것이다.
☐☐☐☐

16 교과 옛날이야기에서는 공주님의 고운 손을 보는 것만으로도 사랑에 빠진 왕자들이 많이 등장한다.
☐☐☐☐

17 교과 〈까치전〉에서 남편을 억울하게 잃은 암까치는 삼년상을 치르면서 남편의 원수 갚기를 다짐하였다.
☐☐☐☐

18 교과 세도 정치는 정조 때 홍국영에서 비롯하였는데, 조선 후기에 들어서는 안동 김씨, 풍양 조씨와 같은 왕의 외척 세력이 권력을 잡은 후에 임금을 마음대로 휘두르게 되었다.
☐☐☐☐

01 다음 중 내포적 의미가 '여인의 아름다움'과 거리가 먼 것은? 주제에 맞는 한자 성어 찾기

① 경국지색(傾國之色)　② 녹의홍상(綠衣紅裳)
③ 전대미문(前代未聞)　④ 단순호치(丹脣皓齒)
⑤ 빙자옥질(氷姿玉質)

02 짝을 이룬 한자 성어와 속담의 의미가 서로 부합하지 않는 것은? 한자 성어에 맞는 속담 찾기

① 백년하청(百年河淸) – 도저히 불가능한 일을 바라고 기다림을 비웃는 말의 뜻을 지닌 '뿔 떨어지면 구워 먹지'
② 육지행선(陸地行船) – 도저히 되지 아니할 일을 억지로 하려고 함을 비꼬는 말의 뜻을 지닌 '쥐구멍으로 소 몰려 한다'
③ 상산구어(上山求魚) – 도저히 불가능한 일을 하려고 애쓰는 어리석음을 비유적으로 이르는 말의 뜻을 지닌 '산에서 물고기 잡기'
④ 절치부심(切齒腐心) – 너무나 분한 일을 당하여 어이가 없고 기가 막혀 눈에 독기가 서린다는 말의 뜻을 지닌 '눈구석에 쌍가래톳이 선다'
⑤ 연목구어(緣木求魚) – 사람도 좋은 환경에서 교육을 잘 받아야 훌륭한 사람으로 자라날 수 있다는 말의 뜻을 지닌 '고기도 큰물에서 노는 놈이 크다'

03 〈보기〉의 ㉠에 들어갈 한자 성어로 적절한 것은? 시적 상황에 맞는 한자 성어 찾기

> ● 보기 ●
>
> 안민영은 시조 〈매화사〉에서 '(　㉠　)(이)여 눈 속에 네로구나 / 가만히 향기 놓아 황혼월을 기약하니'라고 하였다. 이는 매화를 깨끗하고 맑은 살결과 구슬같이 아름다운 모습을 한 여인으로 형상화한 것이다.

① 비분강개(悲憤慷慨)　② 독야청청(獨也靑靑)
③ 오상고절(傲霜孤節)　④ 세한고절(歲寒孤節)
⑤ 빙자옥질(氷姿玉質)

04 다음 한자 성어의 쓰임이 적절하지 않은 것은? 한자 성어의 쓰임 이해하기

① 그는 부족한 사업 자금을 마련하느라 동분서주(東奔西走)했다.
② 여자 양궁 국가 대표 팀이 올림픽 5연패라는 전무후무(前無後無)한 기록을 세웠다.
③ 황제 뒤에서 환관 한 명이 나랏일을 좌지우지(左之右之)하니 천하가 조용할 날이 없었다.
④ 소작인들은 한 해만 더 농사짓게 해 달라고 애원하였으나 지주 영감은 막무가내(莫無可奈)였다.
⑤ 그 사람은 자신에게 불리할 때만 원칙을 강조하는 전인미답(前人未踏)의 대표적 인물로 평가된다.

05 〈보기〉의 밑줄 친 내용과 어울리는 한자 성어로 적절한 것은? 상황에 맞는 한자 성어 찾기

> ● 보기 ●
>
> "곡식들이 김을 매 주어도 죽을 것이고 김을 매 주지 않아도 역시 죽을 것이다. 그러나 그냥 팔짱 끼고 앉아서 죽어 가는 것을 쳐다만 보고 있기보다는 그래도 있는 힘을 다해 살리려고 애를 써 보는 것이 나을 것이다. 그러다가 만에 하나라도 비가 오면 전혀 보람 없는 일이 되지는 않으리라."
> – 성현, 〈한 삼태기의 흙〉

① 섬섬옥수(纖纖玉手)　② 동분서주(東奔西走)
③ 수수방관(袖手傍觀)　④ 연목구어(緣木求魚)
⑤ 각골통한(刻骨痛恨)

06 밑줄 친 ⓐ~ⓔ의 표현에 어울리는 한자 성어의 연결이 적절하지 않은 것은? 상황에 맞는 한자 성어 찾기

> ● 보기 ●
>
> 대체로 남에게 무엇을 빌리러 오는 사람은 ⓐ으레 자기 뜻을 대단히 선전하고, ⓑ신용을 자랑하면서도 ⓒ비굴한 빛이 얼굴에 나타나고, 말을 중언부언하게 마련이다. 그런데 저 객은 ⓓ형색은 허술하지만, 말이 간단하고, 눈을 오만하게 뜨며, 얼굴에 부끄러운 기색이 없는 것으로 보아, ⓔ재물이 없어도 스스로 만족할 수 있는 사람이다.
> – 박지원, 〈허생전〉

① ⓐ: 허장성세(虛張聲勢)　② ⓑ: 자화자찬(自畵自讚)
③ ⓒ: 교언영색(巧言令色)　④ ⓓ: 부화뇌동(附和雷同)
⑤ ⓔ: 안분지족(安分知足)

09 헷갈리는 어휘_고유어

3주 완성

step 1 어휘력 학습

※ 헷갈리는 어휘의 각 예문을 읽고 해당 의미를 찾아 번호를 쓰세요.

★ **바라다 vs 바래다** ⓣⁱᵖ '바라다'는 기원이나 소망의 의미를, '바래다'는 변화의 의미를 담고 있음.

| 01 바라다 | 교과 대학에 합격하기를 바란다. | 〔 〕 |
| 02 바래다 | 교과 책의 표지가 누렇게 바랬다. | 〔 〕 |

① 통 볕이나 습기를 받아 색이 변하다.

② 통 생각이나 바람대로 어떤 일이나 상태가 이루어지거나 그렇게 되었으면 하고 생각하다.

★ **바치다 vs 받치다 vs 받히다** ⓣⁱᵖ '드릴' 때는 '바치다', '갖다 댈' 때는 '받치다', '세게 부딪힐' 때는 '받히다'

03 바치다	(1) 교과 산신께 송아지 한 마리를 제물로 바쳤다.	〔 〕
	(2) 교과 장군은 조국의 광복을 위해 몸을 바쳤다.	〔 〕
04 받치다	수능 거기 사람 처음 인사 차 한 그릇 갖다 준다 / 화찻종에 대를 받쳐 가득 부어 권하거늘	〔 〕
05 받히다	교과 영상에는 소에게 받혀서 큰 부상을 입은 사람들이 나왔다.	〔 〕

① 통 머리나 뿔 따위에 세차게 부딪히다.

② 통 신이나 웃어른에게 정중하게 드리다.

③ 통 물건의 밑이나 옆 따위에 다른 물체를 대다.

④ 통 무엇을 위하여 모든 것을 아낌없이 내놓거나 쓰다.

★ **봉오리 vs 봉우리** ⓣⁱᵖ 작고 귀여운 느낌의 '꽃'에는 '봉오리', 우람하고 큼직한 느낌의 '산'에는 '봉우리'

| 06 봉오리 | 학평 '노래를 불렀으니'는 '봉오리들'을 피우기 위한 화자의 행위이다. | 〔 〕 |
| 07 봉우리 | 교과 봉우리는 하늘에 닿을 듯 장엄한 모습을 뽐내고 있다. | 〔 〕 |

① 명 산에서 뾰족하게 높이 솟은 부분.

② 명 망울만 맺히고 아직 피지 아니한 꽃.

★ **부치다 vs 붙이다** ⓣⁱᵖ 무언가를 보낼 때는 '부치다', 무언가를 달라붙게 할 때는 '붙이다'

| 08 부치다 | 교과 도시로 유학을 떠난 아들에게 학비와 용돈을 부쳤다. | 〔 〕 |
| 09 붙이다 | 교평 이 부적을 몸에 붙이고 네 집에 돌아가면 괴이한 일 있으리라. | 〔 〕 |

① 통 맞닿아 떨어지지 않게 하다.

② 통 편지나 물건 따위를 일정한 수단이나 방법을 써서 상대에게로 보내다.

★ **썩이다 vs 썩히다** ⓣⁱᵖ 마음과 관련되어 있을 때는 '썩이다', 음식과 관련되어 있을 때는 '썩히다'

| 10 썩이다 | 학평 이렇게 근심 걱정을 하며 속을 썩이고 있을 때 부인이 종을 시켜 왕생을 불렀다. | 〔 〕 |
| 11 썩히다 | 교과 음식물 쓰레기를 썩혀 거름을 만드는 방법이 있다. | 〔 〕 |

① 통 걱정이나 근심 따위로 마음이 몹시 괴로운 상태가 되게 만들다.

② 통 유기물이 부패 세균에 의하여 분해됨으로써 원래의 성질을 잃어 나쁜 냄새가 나고 형체가 뭉개지는 상태가 되게 하다.

★ 새다 vs 세다 vs 쇠다　Tip '밝다', '지새다'의 의미에는 '새다', '희어지다'의 의미에는 '세다', '특별한 날'의 의미에는 '쇠다'

12 **새다**	교과 그날 밤이 새도록, 그는 자기의 과거를 일일이 다 이야기하였다.	〔　〕	① 동 날이 밝아 오다.
13 **세다**	교과 허옇게 센 머리카락이 늘어만 가서 속상하다.	〔　〕	② 동 머리카락이나 수염 따위의 털이 희어지다.
14 **쇠다**	교과 여러분 덕분에 가족과 함께 설을 잘 쇠었습니다.	〔　〕	③ 동 명절, 생일, 기념일 같은 날을 맞이하여 지내다.

★ 여위다 vs 여의다　Tip 살이 빠졌을 때는 '여위다', 부모나 사랑하는 사람과 이별했을 때는 '여의다'

15 **여위다**	학평 이후로 딸들이 살찌고 여윈 말이 없었다.	〔　〕	① 동 몸의 살이 빠져 파리하게 되다.
16 **여의다**	학평 거울을 고치다 깨뜨렸으니 파경녀라 불러 주시옵고, 일찍 부모를 여의고 갈 곳이 없나이다.	〔　〕	② 동 부모나 사랑하는 사람이 죽어서 이별하다.

800

어휘
784개
달성!

700

★ 잃어버리다 vs 잊어버리다　Tip '물건'이 사라져 버렸을 때는 '잃어버리다', '생각이나 기억'이 사라져 버렸을 때는 '잊어버리다'

17 **잃어버리다**	수능 병과 정은 공동 발표 내용을 기록한 흰색 수첩 하나를 잃어버렸다는 것을 알게 되었다.	〔　〕	① 동 기억하여 두어야 할 것을 한순간 전혀 생각하여 내지 못하다.
18 **잊어버리다**	교과 그는 일에 정신이 팔려 친구와 한 약속을 새까맣게 잊어버렸다.	〔　〕	② 동 가졌던 물건이 자신도 모르게 없어져 그것을 아주 갖지 아니하게 되다.

★ 좇다 vs 쫓다　Tip 정신이나 사상 등 관념적인 것에는 '좇다', 구체적 행동이나 물리적 공간의 이동과 관련된 것에는 '쫓다'

19 **좇다**	모평 아무리 어렵더라도 당신이 좇는 꿈을 끝까지 추구하십시오.	〔　〕	① 동 목표, 이상, 행복 따위를 추구하다.
20 **쫓다**	교과 쫓고 쫓기는 추격전이 영화가 끝날 때까지 지속되었다.	〔　〕	② 동 어떤 대상을 잡거나 만나기 위하여 뒤를 급히 따르다.

★ 홀몸 vs 홑몸　Tip '홀몸'과 '홑몸' 모두 '혼자'이지만, 임산부가 아님을 나타낼 때는 '홑몸'

21 **홀몸**	교과 3년 전에 사고로 남편을 잃고 홀몸이 되었다.	〔　〕	① 명 아이를 배지 아니한 몸.
22 **홑몸**	교과 아내는 홑몸이 아니라서 장시간의 여행은 무리이다.	〔　〕	② 명 배우자나 형제가 없는 사람.

· 뜻풀이로 체크하기 ·

01 ~ 06 다음 빈칸에 들어갈 알맞은 말을 〈보기〉에서 찾아 쓰시오.

———— • 보기 • ————
| 빠져 | 맞닿아 | 아낌없이 |
| 부딪히다 | 추구하다 | 희어지다 |

01 붙이다: (　　　　　　) 떨어지지 않게 하다.

02 좇다: 목표, 이상, 행복 따위를 (　　　　　).

03 여위다: 몸의 살이 (　　　　　) 파리하게 되다.

04 받히다: 머리나 뿔 따위에 세차게 (　　　　　).

05 세다: 머리카락이나 수염 따위의 털이 (　　　　　).

06 바치다: (1) 신이나 웃어른에게 정중하게 드리다. (2) 무엇을 위하여 모든 것을 (　　　　　) 내놓거나 쓰다.

07 ~ 12 다음 뜻풀이에 해당하는 어휘를 고르시오.

07 아이를 배지 아니한 몸. (홀몸 | 홑몸)

08 산에서 뾰족하게 높이 솟은 부분. (봉오리 | 봉우리)

09 명절, 생일, 기념일 같은 날을 맞이하여 지내다. (새다 | 쇠다)

10 걱정이나 근심 따위로 마음이 몹시 괴로운 상태가 되게 만들다. (썩이다 | 썩히다)

11 가졌던 물건이 자신도 모르게 없어져 그것을 아주 갖지 아니하게 되다. (잃어버리다 | 잊어버리다)

12 생각이나 바람대로 어떤 일이나 상태가 이루어지거나 그렇게 되었으면 하고 생각하다. (바라다 | 바래다)

· 문장으로 체크하기 ·

13 ~ 17 다음 문맥에 알맞은 어휘를 고르시오.

13 학평 일찍이 어머니를 (여위었으며 | 여의었으며) 형제도 없었다.

14 교과 음식이 항상 남아서 (썩여 | 썩혀) 버릴 때마다 스트레스가 쌓인다.

15 교과 사냥꾼과 몰이꾼은 눈 위에 번진 핏자국을 따라 사슴을 (좇았다 | 쫓았다).

16 교과 잠시 후 어머니가 손바닥에 국수 한 그릇을 (받쳐 | 받혀) 들고 들어오셨다.

17 모평 형은 약한 부인을 무단히 버리고 십일 년에 이르도록 한 번 편지를 (부치는 | 붙이는) 일이 없었소.

18 ~ 22 다음 밑줄 친 어휘의 쓰임이 적절하면 ○에, 적절하지 않으면 ×에 표시하시오.

18 모평 식음을 전폐하고 앉아 밤이 <u>새기</u>를 기다렸다. (○, ×)

19 교과 언니는 <u>홀몸</u>이 아니어서 무리한 운동을 삼가고 태교에 신경 쓰고 있다. (○, ×)

20 교과 그것은 사진이 아니라 누렇게 <u>바랜</u> 선거 벽보였다. (○, ×)

21 수능 그는 순간, 사물함의 비밀번호를 <u>잊어버려</u> 고민하다가 여러 번호를 입력해 보았다. (○, ×)

22 모평 지금 복숭아나무가 잎이 막 싹을 틔우고 꽃이 또 <u>봉오리</u>를 맺으니, 그 열매가 익기를 기다리면 먹을 수 있을 것입니다. (○, ×)

01 밑줄 친 어휘의 쓰임이 적절하지 <u>않은</u> 것은?   헷갈리는 어휘의 쓰임 이해하기

① <u>홀몸</u>이 아닌 그녀는 남편을 잃고 <u>홀몸</u>이 되었다.
② 그 시절에는 번 돈을 <u>세느라</u> 날이 <u>새는지도</u> 몰랐어.
③ 올해 설을 쇠고 나면 흰머리가 더 허옇게 <u>세겠구나</u>.
④ 그는 아버지를 <u>여윈</u> 뒤 얼굴이 홀쭉하게 <u>여의어</u> 있었다.
⑤ 양손으로 제물을 <u>받쳐</u> 들고 나와 신께 <u>바치고</u> 엎드려 절을 하였다.

02 다음 중 문맥에 알맞은 어휘에 ○표 한 것으로 적절하지 <u>않은</u> 것은?   문맥에 알맞은 어휘 찾기

① 동생이 부모님 속을 (⟨썩혀요⟩/ 썩여요).
② '어공미'는 임금에게 (⟨바치던⟩/ 받치던) 쌀이다.
③ 그는 진심으로 그녀가 행복하기를 (⟨바란다⟩/ 바랜다).
④ 그는 밥을 먹는 것도 (잃어버리고 /⟨잊어버리고⟩) 게임만 했다.
⑤ 고개를 흔들고 팔뚝을 꼬집으며 애써 잠을 (좇았다 / ⟨쫓았다⟩).

03 〈보기〉의 ㉠~㉤이 올바른 문장이 되도록 고친 내용으로 적절하지 <u>않은</u> 것은?   올바른 어휘로 고치기

> ── 보기 ──
> ㉠ 어제 버스 안에서 지갑을 잊어버렸다.
> ㉡ 양지바른 곳의 진달래는 벌써 봉우리를 맺었다.
> ㉢ 그는 명예만을 쫓아 살아온 삶이 후회스러웠다.
> ㉣ 아침부터 들판에 나가 벼를 쪼아 대는 참새를 좇았다.
> ㉤ 아버지는 <u>홀몸</u>으로 우리를 키우며 힘든 생활을 하셨다.

① ㉠의 '잊어버렸다'는 '잃어버렸다'로 고쳐야 해.
② ㉡의 '봉우리'는 '봉오리'로 고쳐야 해.
③ ㉢의 '쫓아'는 '좇아'로 고쳐야 해.
④ ㉣의 '좇았다'는 '쫓았다'로 고쳐야 해.
⑤ ㉤의 '홀몸'은 '홑몸'으로 고쳐야 해.

04 밑줄 친 어휘의 쓰임과 표기가 적절하지 <u>않은</u> 것은?   어휘의 쓰임과 표기 이해하기

① 오래 쓴 수건이 누렇게 <u>바랬다</u>.
② 의회는 중요 안건을 신속하게 표결에 <u>부쳤다</u>.
③ 상처에 붙여 둔 반창고가 어느새 떨어져 있었다.
④ 영감은 짊어진 지게를 내린 후 작대기를 <u>받쳤다</u>.
⑤ 노인이 달려오던 자전거에 <u>바쳐서</u> 꼼짝도 못 한다.

05 〈보기〉의 ⓐ에 들어갈 단어의 뜻으로 적절한 것은?   어휘의 의미와 쓰임 이해하기

> ── 보기 ──
> 질문자: 사고로 인해 기력을 회복하지 못하는 경우에 '기력을 잃어버리다'인가요? 아니면 '기력을 잊어버리다'인가요?
> 답변자: (ⓐ   )라는 뜻의 '잃어버리다'를 쓰는 것이 적절하겠습니다.

① 의식이나 감정 따위가 아주 사라지다.
② 어떤 사람과의 관계가 아주 끊어지거나 헤어지게 되다.
③ 몸의 일부분이 잘려 나가거나 본래의 기능을 전혀 발휘하지 못하다.
④ 가졌던 물건이 자신도 모르게 없어져 그것을 아주 갖지 아니하게 되다.
⑤ 어떤 대상이 본디 지녔던 모습이나 상태를 아주 유지하지 못하게 되다.

06 〈보기〉의 단어의 뜻에 어울리는 용례의 제시로 적절하지 <u>않은</u> 것은?   어휘의 의미와 쓰임 이해하기

> ── 보기 ──
> ㉠ 사물의 수효를 헤아리거나 꼽다.
> ㉡ 머리카락이나 수염 따위의 털이 희어지다.
> ㉢ 행동하거나 밀고 나가는 기세 따위가 강하다.
> ㉣ 물건이나 사람 또는 사람의 재능 따위가 쓰여야 할 곳에 제대로 쓰이지 못하고 내버려진 상태로 있게 하다.
> ㉤ 유기물이 부패 세균에 의하여 분해됨으로써 원래의 성질을 잃어 나쁜 냄새가 나고 형체가 뭉개지는 상태가 되게 하다.

① ㉠: 운동장에 모인 사람 수를 <u>세다</u>.
② ㉡: 눈썹이 희끗희끗하게 <u>세다</u>.
③ ㉢: 그는 뚝심이 무척 <u>세다</u>.
④ ㉣: 기술자가 없어서 기계를 <u>썩히다</u>.
⑤ ㉤: 장마철에 보리를 <u>썩히다</u>.

10 필수 어휘_예술

3주 완성

어휘력 학습

※ 어휘의 사전적 의미에 해당하는 예문을 찾아 번호를 쓰고 빈칸을 채워 보세요.

01	걸맞다	형 두 편을 견주어 볼 때 서로 어울릴 만큼 비슷하다.	〔 〕
02	관례 버릇 慣|법식 例	명 전부터 해 내려오던 전례(前例)가 관습으로 굳어진 것.	〔 〕
03	구도 얽을 構|그림 圖	명 그림에서 모양, 색깔, 위치 따위의 짜임새.	〔 〕
04	그을다	동 햇볕이나 불, 연기 따위를 오래 쬐어 검게 되다.	〔 〕
05	기발하다 기이할 奇|뺄 拔 ──	(1) 형 유달리 재치가 뛰어나다.	〔 〕
		(2) 형 진기하게 빼어나다.	〔 〕

① 교과 만든 의도는 모르겠으나 공을 많이 들였을 것 같은 ☐☐한 작품이다.

② 교과 누군가의 ☐☐한 아이디어에서 시작된 이 작품은 많은 사람들에게 큰 인기를 끌었다.

③ 학평 화재로 인해 손상된 미술품을 복원하기 위해서는 검게 ☐☐ 이물질을 제거해야 한다.

④ 교과 부정부패에 몰두하던 수령들은 고을 수령이 바뀔 때마다 ☐☐처럼 공덕비를 세우곤 했다.

⑤ 수능 기발한 조명과 의상이 사용된 것을 보고, 원작의 심오한 주제에 ☐☐은 연출 방식이구나 하며 감탄했어요.

⑥ 학평 국가의 공식 행사를 사실대로 기록하는 화원이었던 단원은 계산된 ☐☐로 전대에 비해 더욱 치밀하고 박진감 넘치는 화풍을 보였다.

06	다채롭다 많을 多|채색 彩 ──	형 여러 가지 색채나 형태, 종류 따위가 한데 어울리어 호화스럽다.	〔 〕
07	단서 바를 端|실마리 緒	명 어떤 문제를 해결하는 방향으로 이끌어 가는 일의 첫 부분.	〔 〕
08	답습 밟을 踏|엄습할 襲	명 예로부터 해 오던 방식이나 수법을 좇아 그대로 행함.	〔 〕
09	대담하다 큰 大|쓸개 膽 ──	형 담력이 크고 용감하다.	〔 〕
10	모호하다 법 模|풀 糊 ──	형 말이나 태도가 흐리터분하여 분명하지 않다.	〔 〕

① 수능 음악 소재를 개발하고 그것을 ☐☐☐게 처리하는 창작 기법의 탁월함으로 설명될 수 있다.

② 모평 추사체라는 필법을 새롭게 창안했다는 것은 전통의 ☐☐에 머무르지 않았음을 의미하는군.

③ 수능 당시의 시대상이 음악에 반영된다는 점에서 음악 외적 상황은 음악 이해에 중요한 ☐☐가 된다.

④ 학평 색채도 실제보다 더 강하게 과장해서 그리거나 대비되는 원색을 ☐☐하게 사용하는 등의 방법을 통해 자신의 감정과 충동을 표현했다.

⑤ 학평 그림자의 검은색으로 인해 대상이 가진 고유의 색이 파괴되거나 ☐☐하게 표현된다고 생각했기 때문에 그림에 그림자를 거의 표현하지 않았다.

11	발굴 필 發|팔 掘	(1) 명 땅속이나 큰 덩치의 흙, 돌 더미 따위에 묻혀 있는 것을 찾아서 파냄.	〔 〕
		(2) 명 세상에 널리 알려지지 않거나 뛰어난 것을 찾아 밝혀냄.	〔 〕
12	발상 필 發|생각 想	명 어떤 생각을 해 냄. 또는 그 생각.	〔 〕
13	봉합 봉할 封|합할 合	명 봉하여 붙임.	〔 〕
14	산만하다 흩을 散|질펀할 漫 ──	형 어수선하여 질서나 통일성이 없다.	〔 〕
15	승화 오를 昇|빛날 華	명 어떤 현상이 더 높은 상태로 발전하는 일.	〔 〕

① 교과 전통 자개 공예로 만든 손거울을 함에 담아 ☐☐을 하고 띠지를 둘렀다.

② 교과 참신하고 능력 있는 신인 ☐☐을 위한 노력이 심사 위원들의 역할이다.

③ 모평 ☐☐로 얻어지는 유물은 과거 인간의 삶에 대한 단편적인 정보를 담고 있다.

④ 교과 경쟁이 치열한 광고업계에서 살아남으려면 기발한 생각과 독창적인 ☐☐이 필요하다.

⑤ 학평 ☐☐한 혼란으로 나타나는 무질서적 비대칭과 달리 그 나름대로 고도의 질서를 구성하는 또 하나의 대칭이다.

⑥ 모평 종종 예술은 쓸모없는 것으로 평가절하되기도 하지만, 현실의 모든 긴장과 갈등으로부터 벗어날 수 있는 해방 공간으로 ☐☐되기도 한다.

16	**아우르다**	동 여럿을 모아 한 덩어리나 한 판이 되게 하다.	〔 〕
17	**암묵** 어두울 暗│잠잠할 默	명 자기 의사를 밖으로 나타내지 아니함.	〔 〕
18	**언저리**	(1) 명 둘레의 가 부분.	〔 〕
		(2) 명 어떤 나이나 시간의 전후.	〔 〕
19	**오인하다** 그릇할 誤│알 認 －－	동 잘못 보거나 잘못 생각하다.	〔 〕
20	**왜곡** 비뚤 歪│굽을 曲	명 사실과 다르게 해석하거나 그릇되게 함.	〔 〕

① [교과] 이 소설에는 □□□된 역사가 바로잡혀 있다.
② [교과] 그림 속 아이의 나이는 열 살 □□□로 보인다.
③ [학평] 사람들은 어떤 공간의 한복판보다는 □□□를 선호할 것이다.
④ [학평] 더욱 큰 문제는 전통 한복을 입어 본 경험이 없는 사람들이 전통 한복도 퓨전 한복과 같이 불편할 것이라고 □□한다는 것이다.
⑤ [수능] 베토벤의 신화를 이해하기 위해서는 19세기 초 음악사의 중심에 서고자 했던 독일 민족의 □□의 염원을 들여다볼 필요가 있다.
⑥ [모평] 미술, 연극, 문학, 음악 등이 서로 이질적이어서 전체를 □□□서 예술이라 정의할 수 있는 공통 요소를 갖지 않는다는 예술 정의 불가론이다.

21	**운치** 운 韻│이를 致	명 고상하고 우아한 멋.	〔 〕
22	**전형** 법 典│거푸집 型	명 같은 부류의 특징을 가장 잘 나타내고 있는 본보기.	〔 〕
23	**절묘하다** 끊을 絶│묘할 妙 －－	형 비할 데가 없을 만큼 아주 묘하다.	〔 〕
24	**정갈하다**	형 깨끗하고 깔끔하다.	〔 〕
25	**정교하다** 찧을 精│교묘할 巧 －－	(1) 형 솜씨나 기술 따위가 정밀하고 교묘하다.	〔 〕
		(2) 형 내용이나 구성 따위가 정확하고 치밀하다.	〔 〕

① [모평] 풍경화 속 그 정원은 □□가 있어 보인다.
② [교과] 조각가는 작품에 □□한 무늬를 새겨 넣었다.
③ [교과] 이 다리를 건너면 조선시대 사대부 가옥의 □□을 확인할 수 있는 강릉 선교장이 나온다.
④ [교과] 그 작품은 화려한 색채와 □□한 구성 등으로 평단의 주목을 받았다.
⑤ [학평] 디카시는 기존의 문자시와 달리 사진 이미지와 언어 표현을 □□하게 연결하여 사람들의 예술적 감수성을 키워 줍니다.
⑥ [모평] 화면에 공간감과 입체감을 부여하는 잎새들은 가지런하면서도 완만한 곡선을 따라 늘어져 있으며, 꽃은 소담하고 □□하게 피어 있다.

26	**주목하다** 물댈 注│눈 目 －－	동 관심을 가지고 주의 깊게 살피다.	〔 〕
27	**채색하다** 채색 彩│빛 色 －－	동 그림 따위에 색을 칠하다.	〔 〕
28	**청중** 들을 聽│무리 衆	명 강연이나 설교, 음악 따위를 듣기 위하여 모인 사람들.	〔 〕
29	**통속** 통할 通│풍속 俗	명 비전문적이고 대체로 저속하며 일반 대중에게 쉽게 통할 수 있는 일.	〔 〕
30	**통풍** 통할 通│바람 風	명 바람이 통함. 또는 그렇게 함.	〔 〕

① [교과] 그는 말초적 자극을 일으키는 □□ 소설을 써서 밥벌이를 한다.
② [학평] □□들은 연주를 기다리며 웅성거리다가 4분 33초가 흘러 피아니스트가 퇴장하자 크게 술렁거렸다.
③ [모평] 작가주의적 비평은 영화 비평계에 중요한 영향을 끼쳤는데, 그중에서도 □□할 점은 할리우드 영화를 재발견한 것이다.
④ [모평] 합성수지, 폴리에스터, 유리 섬유 등을 사용하고 에어브러시로 □□하여 사람 피부의 질감과 색채를 똑같이 재현하였다.
⑤ [학평] 품질이 떨어지는 퓨전 한복으로 인해 문제가 발생하고 있다. □□이 되지 않거나 거친 원단으로 불편을 겪는 사례가 늘고 있는 것이다.

· 뜻풀이로 체크하기 ·

01 ~ 06 다음 빈칸에 들어갈 알맞은 말을 쓰시오.

01 대담하다: 담력이 크고 □□하다.

02 산만하다: □□□하여 질서나 통일성이 없다.

03 승화: 어떤 현상이 더 높은 상태로 □□하는 일.

04 관례: 전부터 해 내려오던 □□가 관습으로 굳어진 것.

05 아우르다: □□을 모아 한 덩어리나 한 판이 되게 하다.

06 전형: 같은 부류의 특징을 가장 잘 나타내고 있는 □□.

07 ~ 12 다음 밑줄 친 어휘의 뜻풀이로 알맞은 것을 〈보기〉에서 찾아 기호를 쓰시오.

┌─ 보기 ─
㉠ 그림 따위에 색을 칠함.
㉡ 관심을 가지고 주의 깊게 살피다.
㉢ 비할 데가 없을 만큼 아주 묘하다.
㉣ 두 편을 견주어 볼 때 서로 어울릴 만큼 비슷하다.
㉤ 강연이나 설교, 음악 따위를 듣기 위하여 모인 사람들.
㉥ 여러 가지 색채나 형태, 종류 따위가 한데 어울리어 호화스럽다.
└─

07 교과 그의 마지막 작품은 다채롭고 현란한 색채로 이루어져 있었다. ( )

08 학평 사위로 삼는다 해도 문제될 건 전혀 없지만 집안이 서로 걸맞지 않네요. ( )

09 학평 주로 청색[동], 백색[서], 주색[남], 흑색[북], 황색[중앙] 등 5방색(五方色)으로 채색되었다. ( )

10 수능 정서론에서는 웅변가가 청중의 마음을 움직이듯 음악가도 청자들의 정서를 움직여야 한다고 본다. ( )

11 학평 체험 코드 이론은 문화를 체험하는 개인주의적인 성향이 전 세계적으로 확대되고 있다는 점에 주목한다. ( )

12 수능 흥미로운 것은 새의 울음을 표현한 말소리들이 서사적 상황과 절묘하게 연결되면서 전쟁 상황에 얽힌 의미를 표출한다는 사실이다. ( )

· 문장으로 체크하기 ·

13 ~ 18 다음 빈칸에 들어갈 알맞은 어휘에 ✓표 하시오.

13 교과 그 문제를 풀기 위해서 결정적인 □□을/를 찾아라! □단서 □전형

14 교과 역사 □□이/가 심한 드라마여서 시청하지 않았어요. □구도 □왜곡

15 수능 각 꽃살문에는 꽃잎 하나하나까지 □□하게 조각되어 있었다. □모호 □정교

16 교과 서른 □□의 젊은 여자가 양옆에 어린 아이들을 데리고 장을 보고 있었다. □그을음 □언저리

17 학평 여러분들도 □□하고 독특하게 디자인한 업사이클링 패션 소품을 보신 적이 있을 것입니다. □기발 □오인

18 모평 미시사 연구에서 재판 기록, 일기, 편지 등의 자료에 주목한 것도 사료 □□을 위한 노력의 결과이다. □발굴 □발상

19 ~ 24 다음 빈칸에 들어갈 알맞은 어휘를 〈보기〉의 글자를 조합하여 쓰시오.

┌─ 보기 ─
갈 그 모 발 오 상 운 은 인 정 치 호
└─

19 학평 뙤약볕에 까맣게 □□ 누나 얼굴이 떠올랐다.

20 교과 그 집은 울타리가 가지런하고 마당이며 쪽마루가 반듯하고 □□하다.

21 학평 예로부터 □□ 있는 사람들과 절개 있는 선비들 거의 대부분이 대나무를 사랑하였다.

22 모평 일인 주주가 회사를 대표하는 기관이 되면 경영의 주체가 개인인지 회사인지 □□해진다.

23 모평 히치콕은 관객을 □□에 빠뜨린 뒤 막바지에 진실을 규명하여 충격적인 반전을 이끌어 냈다.

24 학평 시인은 간장게장이 만들어지는 과정을 '꽃게'의 입장에서 생각해 보는 □□의 전환을 시도했다.

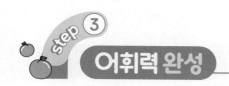
01 문맥상 밑줄 친 어휘의 쓰임이 적절하지 <u>않은</u> 것은?　어휘의 쓰임 이해하기

① 우리집 앞마당은 특히 가을에 <u>운치</u>가 있다.
② 나를 쌍둥이 형으로 <u>오인하는</u> 사람들이 많다.
③ 작가는 <u>기발한</u> 상상으로 현대인들의 각박한 삶을 보여 주고 있다.
④ 난의 잎새들은 완만하게 늘어져 있으며 꽃은 <u>소담하고</u> 대담하게 피어 있다.
⑤ 대체로 사실주의 영화는 현실 세계에서 소재를 선택하되, <u>왜곡</u>을 최소화하여 현실 세계의 모습을 그대로 재현하고자 한다.

02 문맥상 밑줄 친 어휘와 바꿔 쓰기에 적절하지 <u>않은</u> 것은?　적절한 어휘로 바꿔 쓰기

① 그는 내 말을 듣고 <u>모호한</u> 웃음을 지었다. → 애매한
② 그 애는 아이답지 않게 <u>대담한</u> 구석이 있다. → 용감한
③ 새로운 문화재를 <u>발굴하기</u> 위한 노력이 계속되고 있다. → 찾아내기
④ 연휴를 맞아 우리 시에서는 전통 공연이 <u>다채롭게</u> 펼쳐진다. → 풍요롭게
⑤ 감사가 이상한 기운이 느껴져 하인에게 그 <u>언저리</u>를 찾아보게 했다. → 가장자리

03 다음 속담과 단어의 뜻풀이에서 ㉠과 ㉡에 들어갈 말을 바르게 나열한 것은?　속담과 단어의 뜻풀이에 맞는 어휘 찾기

— 보기 —
• 봄볕에 그을리면 보던 임도 몰라본다: 봄볕에 쬐이면 모르는 사이에 까맣게 (　㉠　)을 비유적으로 이르는 말.
• 가정 소설(家庭小說): 가정에서 읽을 수 있도록 (　㉡　)이면서도 건전한 내용으로 쓴 소설.

① 걸맞음 – 관례적
② 그을림 – 통속적
③ 아우름 – 전형적
④ 산만함 – 발상적
⑤ 정갈함 – 승화적

04 〈보기〉의 ⓐ~ⓔ의 뜻을 지닌 어휘를 활용하여 만든 문장으로 적절하지 <u>않은</u> 것은?　어휘의 의미와 쓰임 이해하기

— 보기 —
ⓐ 봉하여 붙이다.
ⓑ 쓸쓸하고 막막하다.
ⓒ 어떤 생각을 해 냄. 또는 그 생각.
ⓓ 어떤 현상이 더 높은 상태로 발전하다.
ⓔ 자기의 의사를 밖으로 나타내지 아니한 것.

① ⓐ: 정리한 문서를 서류 봉투에 넣은 뒤 잘 <u>봉합</u>하였다.
② ⓑ: 정신이 <u>산만</u>해서 일에 집중할 수가 없다.
③ ⓒ: 엑스레이 아트는 <u>발상</u>의 전환을 통해 미적 감수성을 불러일으킨다.
④ ⓓ: 이 글은 간신배들에 대한 분노를 소설로 <u>승화</u>한 작품이다.
⑤ ⓔ: 기업 간의 담합은 정보 교환을 매개로 하여 <u>암묵적</u>으로 이루어지는 경우가 많다.

05 〈보기〉의 ⓐ~ⓔ를 사용하여 만든 문장으로 적절하지 <u>않은</u> 것은?　어휘의 쓰임 이해하기

— 보기 —
• 이 글에서는 장국진의 아내인 계양을 ⓐ <u>주목</u>할 필요가 있다.
• 글쓴이는 위협과 회유를 ⓑ <u>절묘</u>하게 섞어 상대를 설득하고 있다.
• 브레송은 회화의 황금 분할 ⓒ <u>구도</u>에 기초하여 3:2의 비율로 화면을 분할하였다.
• 작곡가가 악보를 ⓓ <u>정교</u>하게 그려도 연주자에게 자신이 의도한 음악을 정확히 전달할 수는 없다.
• 감독은 사건 해결의 확실한 ⓔ <u>단서</u>처럼 보였던 소품을 일순간 허망한 것으로 만들어 관객을 당혹시켰다.

① ⓐ: 이 책은 금주의 <u>주목</u>할 신간으로 선정되었다.
② ⓑ: 그의 그림에는 나무와 새, 문자가 <u>절묘</u>하게 어우러져 있다.
③ ⓒ: 노승은 <u>구도</u>를 위해 깊은 산속의 토굴로 들어갔다.
④ ⓓ: 로봇 수술에서 로봇 팔은 떨림 없이 <u>정교</u>한 수술을 가능하게 한다.
⑤ ⓔ: 경찰은 사건 현장에서 결정적인 <u>단서</u>를 찾아냈다.

11 다의어

3주 완성

※ 다의어의 각 예문을 읽고 해당 뜻풀이를 찾아 번호를 쓰세요.

01 만들다

(1) 수능 코페르니쿠스는 태양을 우주의 중심에 고정하고 그 주위를 지구를 비롯한 행성들이 공전하며 지구가 자전하는 우주 모형을 만들었다. 〔　〕

(2) 교과 각 학급에서는 학생들이 지켜야 할 규칙을 만들었다. 〔　〕

(3) 교과 그의 깐족대는 태도가 유권자들의 혈압을 올라가게 만든다. 〔　〕

① 통 그렇게 되게 하다.

② 통 규칙이나 법, 제도 따위를 정하다.

③ 통 노력이나 기술 따위를 들여 목적하는 사물을 이루다.

02 맑다

(1) 모평 날 두고 가겠으면 영천수(穎川水) 맑은 물에다 / 던지겠으면 던지고나 가시오. 〔　〕

(2) 교과 푸른 바다와 맑은 하늘이 함께 했던 행복한 여행이었다. 〔　〕

(3) 학평 귀뚜라미 맑은 소리 벽간의 들거고나 〔　〕

(4) 교과 이 음악과 함께 맑은 정신으로 하루를 시작해 봅시다. 〔　〕

① 형 정신이 흐리지 아니하고 또렷하다.

② 형 잡스럽고 탁한 것이 섞이지 아니하다.

③ 형 구름이나 안개가 끼지 아니하여 햇빛이 밝다.

④ 형 소리 따위가 가볍고 또랑또랑하여 듣기에 상쾌하다.

03 모르다

(1) 교과 그가 언제 사망했는지 아무도 모른다. 〔　〕

(2) 교과 나는 중국어를 할 줄 모른다. 〔　〕

(3) 교과 그 배우는 평생 연기밖에 모르고 살았다. 〔　〕

① 통 사실을 알지 못하다.

② 통 어떤 지식이나 기능을 가지고 있지 못하다.

③ 통 어떤 것 외에 다른 것을 소중하게 여기지 않다.

04 무너지다

(1) 수능 광산에서 갱도가 무너지는 매몰 사고가 발생한다. 〔　〕

(2) 교과 기강이 무너진 군대는 오합지졸에 불과하다. 〔　〕

(3) 교과 착지하는 동작에서 자세가 무너지지 않아야 좋은 점수를 받을 수 있다. 〔　〕

① 통 질서, 제도, 체제 따위가 파괴되다.

② 통 쌓여 있거나 서 있는 것이 허물어져 내려앉다.

③ 통 일정한 형태나 태도, 정적인 상태 따위가 깨지다.

05 밑

(1) 학평 인덕션 레인지는 표면이 세라믹 글라스 판으로 되어 있고 그 밑에 나선형 코일이 설치되어 있다. 〔　〕

(2) 교과 과장은 부장보다 밑이다. 〔　〕

(3) 교과 나는 할머니 밑에서 자라며 아르바이트를 수없이 많이 했다. 〔　〕

① 명 물체의 아래나 아래쪽.

② 명 나이, 정도, 지위, 직위 따위가 적거나 낮음.

③ 명 그 명사의 지배, 보호, 영향 따위를 받는 처지임을 나타내는 말.

06 바꾸다

(1) 수능 아이가 헌 옷으로 바꾸어 입고 거울 고치는 장사라 속이는 장면은 최치원이 치밀한 면모를 지닌 인물임을 보여 주는군. 〔　〕

(2) 교과 친구와 서로 옷을 바꾸어 입었다. 〔　〕

(3) 학평 글쓴이는 '늙는 것만 자랑하여 팔다리를 게을리 움직이'는 사람들에게 삶의 태도를 바꾸도록 권하고 싶어 한다. 〔　〕

① 통 원래의 내용이나 상태를 다르게 고치다.

② 통 원래 있던 것을 없애고 다른 것으로 채워 넣거나 대신하게 하다.

③ 통 자기가 가진 물건을 다른 사람에게 주고 대신 그에 필적할 만한 다른 사람의 물건을 받다.

07 밝다

(1) 교과 새벽닭이 울고 날이 밝아 왔다. 〔　〕

(2) 모평 맨눈으로 보이는 별의 밝기에 따라 가장 밝은 1등급부터 가장 어두운 6등급까지 6개의 등급으로 구분하였다. 〔　〕

(3) 수능 무섬증에 언덕을 달려 오른 유년의 화자에게 또렷하게 인식된 이웃들의 밝은 웃음을 부각하고 있군. 〔　〕

① 형 불빛 따위가 환하다.

② 동 밤이 지나고 환해지며 새날이 오다.

③ 형 분위기, 표정 따위가 환하고 좋아 보이거나 그렇게 느껴지는 데가 있다.

08 밟다

(1) 수능 복잡한 지하철에서 누군가에게 떠밀린 사람이 어쩔 수 없이 앞사람의 발을 밟게 되었다. 〔　〕

(2) 학평 사다리를 밟고 오르는 남자 〔　〕

(3) 학평 노비가 국가에 큰 공로를 세워 정규 관직인 유품직을 받기도 하였으나 이때는 반드시 양인이 되는 종량 절차를 먼저 밟아야 했다. 〔　〕

① 동 어떤 대상을 디디거나 디디면서 걷다.

② 동 어떤 일을 위하여 순서나 절차를 거쳐 나가다.

③ 동 발을 들었다 놓으면서 어떤 대상 위에 대고 누르다.

09 변변하다

(1) 교과 변변한 자식 놈을 둔 것도 아니면서 어지간한 며느릿감은 달갑잖게 여긴다. 〔　〕

(2) 학평 오늘은 소인의 생일이옵기에 변변하지 못하오나 음식을 조금 준비하였습니다. 〔　〕

① 형 제대로 갖추어져 충분하다.

② 형 됨됨이나 생김새 따위가 흠이 없고 어지간하다.

10 보다

(1) 수능 소저가 슬피 울다가 문득 벽에 걸린 거울에 비친 그림자를 보았다. 〔　〕

(2) 학평 그림을 보는 이들이 폭포수의 감흥에 집중할 수 있도록 실재하는 폭포 너머의 봉우리를 과감히 생략했다. 〔　〕

(3) 교과 주말마다 아이를 봐 줄 사람을 구해야 한다. 〔　〕

(4) 교과 이제 우리 볼 일이 없지 않나요? 〔　〕

① 동 사람을 만나다.

② 동 맡아서 보살피거나 지키다.

③ 동 눈으로 대상을 즐기거나 감상하다.

④ 동 눈으로 대상의 존재나 형태적 특징을 알다.

11 비다

(1) 모평 한편 영상을 보정하는 과정에서 영상을 회전하면 프레임에서 비어 있는 공간이 나타난다. 〔　〕

(2) 교과 가슴 한구석이 텅 비는 듯한 쓸쓸함이 밀려왔다. 〔　〕

(3) 교과 거스름돈을 받으면 돈이 비지 않는지 반드시 확인한다. 〔　〕

① 동 일정한 액수나 수량에서 얼마가 모자라게 되다.

② 동 일정한 공간에 사람, 사물 따위가 들어 있지 아니하게 되다.

③ 동 사람의 마음이 의지할 대상이나 보람으로 여길 만한 것이 없어 외롭고 쓸쓸하게 되다.

12 뽑다

(1) 학평 플러그를 자주 뽑았다 꽂으면 전기 요금이 많이 나온다고 생각하시는 분들이 계신데, 이는 근거가 없습니다. 〔　〕

(2) 모평 대부분의 민주주의 국가에서 국민은 자신의 대표자를 뽑아 국정의 운영을 맡기는 제도를 채택하고 있다. 〔　〕

(3) 교과 자라가 목을 길게 뽑고 주변을 살폈다. 〔　〕

① 동 길게 늘이어 솟구다.

② 동 여럿 가운데에서 골라내다.

③ 동 박힌 것을 잡아당기어 빼내다.

· 뜻풀이로 **체크하기** ·

01 ~ 05 다음 밑줄 친 어휘의 뜻풀이에 들어갈 알맞은 말을 〈보기〉에서 찾아 쓰시오.

─────── • 보기 • ───────
대고   알지
쓸쓸하게   보살피거나   또랑또랑하여

01 교과 엄마가 다녀올 동안 집 잘 <u>보고</u> 있으렴.
→ 보다: 맡아서 (   ) 지키다.

02 교과 홍수로 아랫동네가 물난리가 난 사실을 <u>모르니</u>?
→ 모르다: 사실을 (   ) 못하다.

03 학평 종달새가 새벽부터 <u>맑은</u> 소리로 울었다.
→ 맑다: 소리 따위가 가볍고 (   ) 듣기에 상쾌하다.

04 교과 신호에 걸려서 브레이크를 <u>밟았는데</u> 차에서 소리가 납니다.
→ 밟다: 발을 들었다 놓으면서 어떤 대상 위에 (   ) 누르다.

05 학평 보람 없이 바쁘게만 살았다는 생각에 텅 <u>빈</u> 마음의 공허함을 느꼈다.
→ 비다: 사람의 마음이 의지할 대상이나 보람으로 여길 만한 것이 없어 외롭고 (   ) 되다.

06 ~ 09 다음 밑줄 친 어휘의 뜻풀이로 알맞은 것을 고르시오.

06 교과 내가 장도리로 반대쪽 못을 <u>뽑았다</u>.
① 길게 늘이어 솟구다.
② 박힌 것을 잡아당기어 빼내다.

07 학평 날이 <u>밝아</u> 올 무렵 여인은 짐을 쌌다.
① 불빛 따위가 환하다.
② 밤이 지나고 환해지며 새날이 오다.

08 학평 벼농사를 지을 줄 <u>모르면</u> 우리가 가르쳐 주겠다.
① 어떤 지식이나 기능을 가지고 있지 못하다.
② 어떤 것 외에 다른 것을 소중하게 여기지 않다.

09 학평 처마 <u>밑</u>에 서서 그는 소리 없이 울었다.
① 물체의 아래나 아래쪽.
② 그 명사의 지배, 보호, 영향 따위를 받는 처지임을 나타내는 말.

· 문장으로 **체크하기** ·

10 ~ 13 다음 밑줄 친 어휘가 제시된 의미로 사용된 문장을 고르시오.

10 바꾸다: 원래의 내용이나 상태를 다르게 고치다.
① 학평 그는 그녀의 인식을 <u>바꾸려</u> 하고 있다.
② 교과 이 소파를 잘 사용해 왔지만 새것으로 <u>바꾸고</u> 싶어 주문했습니다.

11 보다: 눈으로 대상을 즐기거나 감상하다.
① 교과 수상한 사람을 <u>보면</u> 신고해 주세요.
② 학평 영화를 <u>보면서</u> 거기에 담긴 의미를 구성해 내는 것은 관객의 몫으로 남게 된다.

12 밟다: 어떤 대상을 디디거나 디디면서 걷다.
① 학평 많은 층계를 우리는 <u>밟고</u> 오르며 산다.
② 모평 시비가 자율적으로 해소되지 않으면 법적인 절차를 <u>밟아</u> 갈등을 해소해야 한다.

13 맑다: 잡스럽고 탁한 것이 섞이지 아니하다.
① 교과 아침에는 비가 쏟아지더니 오후는 하늘이 <u>맑</u>네요.
② 모평 '싱건탕'과 '싱건김치' 간에는 국물이 <u>맑다</u>는 유사한 속성을 찾을 수 있겠군.

14 ~ 16 다음 밑줄 친 어휘가 제시된 문장의 밑줄 친 어휘와 유사한 의미로 사용된 문장을 고르시오.

14 교과 <u>변변한</u> 가재도구 하나 없이 신혼살림을 시작했다.
① 교과 부모의 모습이 저 모양이니 자식들 인격이 <u>변변할까</u>?
② 교과 대학에 진학하였지만 교재며 필기구가 <u>변변할</u> 리 없었다.

15 학평 신분 질서가 <u>무너져</u> 가는 시대상을 반영한다.
① 교과 봉건 제도가 <u>무너지면서</u> 왕권이 강화되기 시작하였다.
② 학평 시간이 지나면서 불안정한 더미는 <u>무너져서</u> 자연스럽게 새로운 경사를 만들게 된다.

16 교과 비가 오니 따뜻한 국물이 생각나서 칼국수를 <u>만들었다</u>.
① 교과 그 지역은 해저 터널을 <u>만든</u> 후에 관광객이 많아졌다.
② 모평 이 규정이 <u>만들어진</u> 것으로 볼 때, 하도급 거래 과정에서 발생하는 기술 자료 유용은 적발 가능성이 매우 낮은 불법 행위에 해당되겠군.

어휘력 완성

01 〈보기〉의 ⓐ와 문맥적 의미가 가장 유사한 것은?

어휘의 문맥적 의미 파악하기

● 보기 ●

과시적 소비는 일부 상류층과 신흥 부유층을 중심으로 일어나는 것이 보통이지만 주위 사람들이 이를 흉내 내면서 사회 전체로 퍼져 나가는 현상을 밴드왜건 효과라고 이름 붙인 것이다. 밴드왜건은 행진할 때 대열의 선두에서 행렬을 이끄는 악대 차를 의미하는데 악단이 지나가면 사람들이 영문도 ⓐ모르고 무작정 뒤따르면서 군중들이 더욱더 불어나는 것에 비유한 것으로 밴드왜건 효과는 '모방 효과'라고도 부른다.

① 구두쇠 영감은 돈밖에 모른다.
② 나는 악기 연주를 할 줄 모른다.
③ 그가 다시 돌아왔을지도 모른다.
④ 그 일이 잘못되어도 나는 모른다.
⑤ 이 가방의 주인이 누구인지 아무도 모른다.

02 밑줄 친 두 어휘의 사전적 의미가 일치하는 것은?

어휘의 사전적 의미 파악하기

① ㉠ 창문을 통해 밝은 햇살이 비치고 있다.
　 ㉡ 이번 송년 모임의 분위기는 아주 밝았다.
② ㉠ 주말에는 주로 영화를 본다.
　 ㉡ 사무실에는 회계를 보는 직원만 남아 있었다.
③ ㉠ 병원에 가서 썩은 이를 뽑았다.
　 ㉡ 당내 경선을 통해 국회의원 후보를 뽑기로 했다.
④ ㉠ 나는 빈 그릇들을 모아 개수대로 가져갔다.
　 ㉡ 하루 종일 굶어서 지금 속이 텅 비어 있는 상태이다.
⑤ ㉠ 소년은 자전거 페달을 힘껏 밟기 시작했다.
　 ㉡ 40여 분의 비행 끝에 드디어 제주 땅을 밟게 되었다.

03 밑줄 친 어휘의 사전적 의미가 적절하지 않은 것은?

어휘의 사전적 의미 파악하기

① 그녀와 더 이상 볼 일이 없기를 바란다. – 사람을 만나다.
② 그는 하는 짓마다 나의 혈압을 올라가게 만든다. – 그렇게 되게 하다.
③ 나들이 갈 때 입을 만한 변변한 외출복 한 벌이 없다. – 됨됨이나 생김새가 흠이 없고 어지간하다.
④ 선생님이 나가시자 교실의 침묵이 일순간에 무너졌다. – 일정한 형태나 태도, 정적인 상태 따위가 깨지다.
⑤ 훌륭한 지도자 밑에서 배운 선수는 뭐가 달라도 다르다. – 그 명사의 지배, 보호, 영향 따위를 받는 처지임을 나타내는 말.

04 밑줄 친 두 어휘의 의미가 일치하지 않는 것은?

어휘의 문맥적 의미 파악하기

① ㉠ 잃어버렸던 지갑을 침대 밑에서 찾았다.
　 ㉡ 나는 나이가 그보다 한참 밑이다.
② ㉠ 어젯밤 공사장 옹벽이 무너졌다.
　 ㉡ 이번 장마에 마을의 다리가 무너졌다.
③ ㉠ 밤이 가고 아침이 밝았다.
　 ㉡ 내일 날이 밝는 대로 여기를 떠나겠다.
④ ㉠ 시계의 건전지를 새것으로 바꿨다.
　 ㉡ 여행을 떠나기 전에 원화를 엔화로 바꿨다.
⑤ ㉠ 이순신은 왜군을 무찌르기 위해 거북선을 만들었다.
　 ㉡ 길동은 무쇠로 오백 근이나 나가는 철관을 만들었다.

05 〈보기〉의 ⓐ～ⓔ의 의미에 따른 예문의 제시가 적절하지 않은 것은?

예문의 적절성 판단하기

● 보기 ●

맑다 〔형〕
ⓐ 살림이 넉넉하지 못하고 박하다.
ⓑ 정신이 흐리지 아니하고 또렷하다.
ⓒ 잡스럽고 탁한 것이 섞이지 아니하다.
ⓓ 구름이나 안개가 끼지 아니하여 햇빛이 밝다.
ⓔ 소리 따위가 가볍고 또랑또랑하여 듣기에 상쾌하다.

① ⓐ: 맑은 살림이라 집안을 꾸려 가기가 고단하다.
② ⓑ: 오늘따라 그녀는 티 없이 맑은 얼굴을 하고 있다.
③ ⓒ: 소녀의 눈이 수정과 같이 맑았다.
④ ⓓ: 내리던 비가 그치고 하늘이 맑게 개었다.
⑤ ⓔ: 노새의 맑은 방울 소리가 산비탈 아래에서 들려왔다.

06 〈보기〉의 ⓐ와 문맥적 의미가 가장 유사한 것은?

어휘의 문맥적 의미 파악하기

● 보기 ●

여러 규칙 중 사회 구성원들의 합의에 따라 ⓐ만들어지고 강제성을 가진 규칙을 법이라고 한다.

① 그는 밤을 새워 노래를 만들었다.
② 그녀는 정성을 다해 음식을 만들었다.
③ 그는 짬을 만들어 그녀를 만나러 갔다.
④ 올해부터 새로 만든 경기 규칙을 적용한다.
⑤ 그는 심혈을 기울여 어휘 교재를 만들었다.

12 배경지식 용어_인문·예술

3주 완성

step 1
어휘력 학습

★ 서양 철학

01 실존주의

현대 과학 기술 문명과 전쟁 속에서 비인간화되어 가는 현실을 고발하는 과정에서 등장한 철학 사조로, 개인으로서의 인간의 주체적 존재성을 강조한다. 니체, 하이데거, 사르트르 등이 대표적인 실존주의 철학자이다.

교과 1950년대의 실존주의는 한국전쟁과 관련이 있다. 전쟁의 폐허와 죽음은 공동체가 붕괴되어 고립된 개체의 실존 문제로 모든 관심이 집중된다.

02 공리주의

어떤 행위의 옳고 그름이 공리에 따라, 즉 그 행위가 인간의 이익과 행복을 늘리는 데 결과적으로 얼마나 기여하는가에 따라 결정된다고 보는 이론을 말한다.

모평 이처럼 베카리아는 잔혹한 형벌을 반대하여 휴머니스트로, 최대 다수의 최대 행복을 말하여 공리주의자로, 자유로운 인간들 사이의 합의를 바탕으로 논의를 전개하여 사회 계약론자로 이해된다.

03 형이상학적 이원론

세계를 경험의 세계와 경험을 초월한 세계로 나누고, 사물의 본질과 존재의 근본 원리를 개념, 구성, 판단 등 인간의 이성 작용을 통해 연구하는 이론을 말한다.

학평 우리가 살고 있는 현실 세계가 유일한 세계라면서 '신은 죽었다'라고 선언하며 형이상학적 이원론이 말하는 진리, 신 중심의 초월적 세계, 합리적 이성 체계 모두를 부정했다.

04 도덕적 원칙주의

합리적인 이성을 통해 찾을 수 있는 선험적인 도덕 법칙이 있다고 보는 관점이다. 인간의 합리적인 이성을 신뢰하고 이를 통해 윤리적으로 올바른 삶이란 무엇인가를 규명하려고 했다는 점에서 의의가 있다.

학평 도덕적 원칙주의자는 갈등 상황이 생겼을 때 주관적 욕구나 개인이 처한 상황을 고려하지 말고 도덕 법칙에 따라 행동하라고 말한다.

05 도덕적 자유주의

선험적인 도덕 법칙이 존재하지 않는다고 보는 관점이다. 대신 개인들이 합의를 통해 만든 상위 원리를 바탕으로 갈등을 해결해야 한다고 주장한다.

학평 도덕적 자유주의는 인간의 자율성을 보장하면서 갈등 상황을 해결할 수 있는 현실적인 방법을 만들어 냈다는 데 의의가 있다.

06 스트로크

남들이 자기를 알아봐 주면 좋겠다는 인정의 욕구로 인해 서로 상대방을 인지한다는 신호를 보내는 행위를 이른다. 언어로 신호를 보내는 언어적 스트로크, 몸짓·표정 등으로 신호를 보내는 비언어적 스트로크, 상대방을 즐겁게 하는 긍정적 스트로크와 고통스럽게 하는 부정적 스트로크로 나뉜다.

학평 일반적으로 사람들은 상대로부터 긍정적 스트로크를 받기 원하지만, 긍정적 스트로크가 충분하지 않다고 여기면 부정적 스트로크라도 얻으려고 한다.

★ 서양 철학가

07 플라톤

고대 그리스의 철학자로, 소크라테스의 제자이다. 존재를 끊임없이 변하는 존재와 영원히 변하지 않는 존재로 나누었고, 우리가 경험하는 현실 세계의 존재는 변한다고 생각했다. 현실 세계에 존재하는 모든 것의 근원을 이데아로 상정하고 이데아를 영원하고 불변하는 존재, 그 자체로 완전한 진리로 여겼다.

학평 플라톤은 이 세계를 이데아계와 현상계로 나누고, 현상계는 이데아계를 본떠서 생겨난 것이라고 생각했는데, 플로티노스도 플라톤과 마찬가지로 세상을 이데아계인 예지계와 감각 세계인 현상계로 구분했다.

08 스피노자의 코나투스

스피노자는 인간은 자신의 충동, 즉 욕망을 의식할 수 있고, 인간에게 코나투스란 삶을 지속하고자 하는 욕망을 의미한다고 하였다.

학평 스피노자에 따르면 실존하는 모든 사물은 자신의 존재를 유지하기 위해 노력하는데, 이것이 바로 그 사물의 본질인 코나투스라는 것이다.

09 데카르트의 직관

데카르트는 직관을 '순수한 정신의 의심할 여지없는 파악이며, 오직 이성의 빛에서 유래하는 것', 즉 그 어떤 의심 없이 분명한 인식을 얻을 수 있는 것으로 보았다.

교과 데카르트는 직관을 통해 진리를 명료하게 인식하면 연역을 통해 그 진리에서 더 많고 질서 있는 탐구가 가능할 것으로 생각했다.

10 흄의 경험론

이성만 중시했던 당시 철학 사조에 반기를 들고, 모든 지식은 경험에서 나온다고 주장하면서 경험을 중심으로 지식 및 진리의 문제를 탐구했다.

수능 흄은 과거의 경험을 근거로 미래를 예측하는 귀납이 정당한 추론이 되려면 미래의 세계가 과거에 우리가 경험해 온 세계와 동일하다는 자연의 일양성, 곧 한결같음이 가정되어야 한다고 보았다.

164   3주 완성

★ 논리학

11 전통 논리학

아리스토텔레스는 참과 거짓을 판별할 수 있는 문장 중에서 '주어 – 술어'로 이루어진 것을 정언 문장이라고 하였는데, 정언 문장으로 이루어진 연역 논증을 중심으로 논리학을 연구한 것을 전통 논리학이라고 부른다.

[수능] 전통 논리학에서는 "만약 A이면 B이다."라는 형식의 명제는 A가 거짓인 경우에는 B의 참 거짓에 상관없이 참이라고 규정한다.

12 명제 논리학

독일의 논리학자 프레게가 소명사, 대명사, 중명사를 중심으로 논증의 타당성을 검토하는 정언 삼단 논증의 한계를 지적하며 명제를 단위로 논증을 분석하는 명제 논리학을 제안하였다.

[학평] 명제 논리학에서는 명제들의 진릿값과 논리적 연결사에 의존하여 논증의 타당성을 평가했다.

★ 동양 철학

13 맹자의 성선설

모든 인간은 선한 본성을 지녔고 이 선한 본성의 실현은 주체 자신의 노력에 의해서만 가능하다는 것으로, 개체가 외부의 강제적인 간섭 없이도 '정치적 질서'를 낳고 유지할 수 있다고 보았다.

[학평] 맹자의 성선설이 국가 공권력에 저항하기 위해 호족들 및 지주들이 선한 본성을 갖춘 자신들을 간섭하지 말라는 이념적 논거로 사용되었다면, 순자나 법가의 성악설은 군주가 국가 공권력을 정당화할 때 그 논거로서 사용되었다.

14 고자의 성무선악설

선과 악은 인간이 타고난 본성이 아니라는 학설로, 인간의 본성은 선과 악으로 고정되어 있지 않으며, 후천적인 환경이나 행위에 따라 달라진다고 주장했다.

[학평] 고자는 성무선악설을 통해 인간이 가지고 있는 식욕과 같은 자연적인 욕구가 본성이므로 이를 정치적이면서 동시에 윤리적인 범주로서의 선과 악의 개념으로 다룰 수 없다고 주장했다.

15 순자의 성악설

인간의 본성은 악하다는 것으로, 외부의 간섭이 없을 경우 개체는 '정치적 무질서'를 초래할 존재라고 본다.

[학평] 국가 질서와 사회 규범을 정당화하기 위한 순자의 견해는 성악설뿐만 아니라 현실주의적 인간관에서 비롯되었다.

900

어휘
846개
달성!

800

★ 예술

16 인상주의

19세기 후반 프랑스에서 일어난 근대 미술의 한 경향으로, 사물의 고유색을 부정하고 태양 광선에 의해 시시각각으로 변해 보이는 대상의 순간적인 색채를 포착하여 그렸다. 모네, 드가, 르누아르 등이 대표적 화가이다.

[모평] 르네상스 시대의 화가들은 원근법을 사용하여 '세상을 향한 창'과 같은 사실적인 그림을 그렸다. 현대 회화를 출발시켰다고 평가되는 인상주의자들이 의식적으로 추구한 것도 이러한 사실성이었다.

17 모네

인상주의 화가로, 대상의 전체적인 느낌과 분위기, 빛의 효과에 주목하여 빛의 화가라 불리었다. 거친 붓 자국과 물감을 덩어리로 찍어 바른 경우가 많은데, 이로 인해 대상의 윤곽이 뚜렷하지 않아 색채 효과가 형태 묘사를 압도하는 느낌을 준다.

[모평] 빛을 받는 대상이면 무엇이든 주제가 될 수 있었고, 대상의 고유한 색 같은 것은 부정되었다. 햇빛의 조건에 따라 다르게 그려진 모네의 '낟가리' 연작이 그 예이다.

18 세잔

후기 인상주의 화가로, 대상을 전통적 원근법에 억지로 맞추지 않고 이중 시점을 적용하여 다른 각도에서 바라보려 하였다. 사물은 본질적으로 구, 원통, 원뿔의 단순한 형태로 이루어졌다고 보았으며, 이를 구현하기 위해 형태를 단순화하고 윤곽선을 강조하여 대상의 본질과 존재감을 표현하려 했다.

[모평] 세잔의 생각은 달랐다. "모네는 눈뿐이다."라고 평했던 그는 그림의 사실성이란 우연적 인상으로서의 사물의 외관보다는 '그 사물임'을 드러낼 수 있는 본질이나 실재에 더 다가감으로써 얻게 되는 것이라고 생각하였다.

19 조리개와 셔터

조리개는 카메라에서, 렌즈를 통과하는 광선의 양을 조절하는 기계 장치를 말한다. 셔터는 카메라에서, 필름에 적당한 양의 빛을 비추기 위하여 렌즈의 뚜껑을 재빨리 여닫는 장치를 말한다.

[학평] 셔터 속도가 너무 느리면 빛의 노출이 과도할 수 있습니다. 이때에는 조리개 구경을 조절하여 적당한 노출량을 찾아야 합니다.

20 노출

조리개와 셔터가 결정하는 것으로, 필름에 입사되는 빛의 양을 말한다. 노출이 과하면 사진이 허옇게 번져 나오고, 부족하면 사진이 어둡게 된다.

[학평] 셔터 속도에 따라 조리개의 구경을 조절하면 전체 빛의 노출량을 비슷하게 유지할 수 있습니다.

·지식으로 체크하기·

01 ~ 07 다음 의미에 알맞은 용어를 쓰시오.

01 선험적인 도덕 법칙이 존재하지 않는다고 보는 관점.
도덕적 ☐☐☐☐

02 카메라의 렌즈를 통과하는 광선의 양을 조절하는 기계 장치.
☐☐☐

03 합리적인 이성을 통해 찾을 수 있는 선험적인 도덕 법칙이 있다고 보는 관점.
도덕적 ☐☐☐☐

04 필름에 적당한 양의 빛을 비추기 위하여 카메라 렌즈의 뚜껑을 재빨리 여닫는 장치.
☐☐

05 비인간화되어 가는 현실을 고발하는 과정에서 등장한, 인간의 주체적 존재성을 강조하는 철학 사조.
☐☐☐☐

06 사물은 본질적으로 구, 원통, 원뿔의 단순한 형태로 이루어졌다고 보고 이를 구현하기 위해 노력한 인상주의 화가.
☐☐

07 '순수한 정신의 의심할 여지없는 파악이며, 오직 이성의 빛에서 유래하는 것', 즉 그 어떤 의심 없이 분명한 인식을 얻을 수 있는 것.
☐☐☐☐의 직관

08 ~ 14 다음 설명이 적절하면 ○에, 적절하지 않으면 ×에 표시하시오.

08 스트로크는 상대방을 인지한다는 신호를 보내는 행위이다. (○, ×)

09 공리주의는 행위의 옳고 그름이 공리에 따라 결정된다고 보는 이론이다. (○, ×)

10 인상주의는 각각의 사물이 지닌 고유색을 그려 내고자 한 미술 경향이다. (○, ×)

11 노출은 카메라의 필름에 입사되는 빛의 양으로 조리개와 셔터가 결정한다. (○, ×)

12 정언 문장으로 이루어진 연역 논증을 중심으로 논리학을 연구한 것을 전통 논리학이라고 한다. (○, ×)

13 플라톤은 존재를 변하는 존재와 변하지 않는 존재로 나누었는데, 현실 세계의 존재는 변하지 않는다고 생각했다. (○, ×)

14 형이상학적 이원론은 세계를 둘로 나누고 사물의 본질과 존재의 근본 원리를 인간의 이성 작용을 통해 연구하는 이론이다. (○, ×)

·지문으로 체크하기·

15 ~ 18 다음 글의 빈칸에 들어갈 알맞은 용어를 쓰시오.

15 [학평] 전통 논리학에서는 정언 문장을 명사 단위로 나누어서 분석하였지만, (   )에서는 명제 자체를 논증의 기본 단위로 삼았다. 그리고 더 이상 분해할 수 없는 명제를 단순 명제라 하여 'p, q, r' 등의 기호로 표시하고, 단순 명제에 논리적 연결사인 '∨(또는)', '∧(그리고)', '→(만약 …이면 …이다)', '~(…가 아니다)' 등을 사용하여 복합 명제를 만들었다.

16 [학평] (   )는 코나투스인 욕망을 긍정하고 욕망에 따라 행동하라고 이야기한다. 슬픔은 거부하고 기쁨을 지향하라는 것, 그것이 곧 선의 추구라는 것이다. 그리고 코나투스는 타자와의 관계에 영향을 받으므로 인간에게는 타자와 함께 자신의 기쁨을 증가시킬 수 있는 공동체가 필요하다고 말한다. 그 안에서 자신과 타자 모두의 코나투스를 증가시킬 수 있는 기쁨의 관계를 형성하라는 것이 (   )의 윤리학이 우리에게 하는 당부이다.

17 [학평] 이 그림은 (   )의 대표작인 〈수련〉입니다. 이 그림은 그가 평생 추구한 빛과 색채의 철학이 집약된 그림이라는 평가를 받고 있습니다. 그는 같은 수련이라도 아침, 점심, 해가 질 때 등 시간에 따라 다르게 보이는 모습을 화폭에 담았습니다. 그래서 그를 빛의 화가라고 부르는 것입니다. 19세기 이전의 사실주의 화가들과 달리 그는 사물에는 고유색이 없고 우리가 보는 것은 사물의 표면에 반사된 빛에 지나지 않는다고 생각했습니다.

18 [학평] 중국 역사에서 전국 시대는 전쟁으로 점철된 시대였다. 여러 사상가들이 혼란한 정국을 수습하고 백성들을 고통에서 벗어나게 하기 위한 대안을 마련하였는데, 이 과정에서 그들의 이론을 뒷받침할 형이상학적 체계로서의 인성론이 대두되었다. 인성론은, 인간의 본성은 선하다는 (   ), 인간의 본성이 악하다는 (   ), 인간의 본성에는 애초에 선과 악이라는 구분이 전혀 없다는 (   ) 등으로 분류될 수 있다.

01 〈보기〉에 대한 이해로 적절하지 <u>않은</u> 것은? 세부 정보 추론하기

● 보기 ●

• 자아상태 모델은 인간의 성격을 A(어른), P(어버이), C(어린이)의 세 가지 자아상태로 설명하며, 건강하고 균형 잡힌 성격이 되려면 이 세 가지 자아상태를 모두 필요로 한다고 본다. 이때 자아상태란 특정 순간에 보이는 일련의 행동, 사고, 감정의 총체를 일컫는 것이므로 특정 순간마다 자아상태는 달라질 수 있다.
• 의사소통 과정에서 자신이 기대하는 반응이 올 수도 있고, 기대하지 않는 반응이 올 수도 있다. 우리는 남들이 자기를 알아봐 줬으면 좋겠다는 인정의 욕구로 인해 서로 상대방을 인지한다는 신호를 보낸다. 이런 행위를 '스트로크(stroke)'라 부른다.
• 사람들은 상대로부터 긍정적 스트로크를 받기 원하지만, 이것이 충분하지 않다고 여기면 부정적 스트로크라도 얻으려고 한다.

① 한 사람의 자아상태가 고정되어 있는 것은 아니다.
② 스트로크는 상대를 인지한다는 신호를 보내는 행위이다.
③ 인간은 부정적 스트로크보다는 무관심과 무반응을 기대하는 경향이 있다.
④ 세 가지의 자아상태 중 한 가지라도 결핍되면 건강한 성격이라 볼 수 없다.
⑤ 의사소통의 과정에서 자신이 기대하지 않는 자아상태의 반응이 올 수도 있다.

02 〈보기〉에 대해 이해한 내용으로 적절한 것은? 세부 정보 추론하기

● 보기 ●

흄은 과거의 경험을 근거로 미래를 예측하는 귀납이 정당한 추론이 되려면 미래의 세계가 과거에 우리가 경험해 온 세계와 동일하다는 자연의 일양성, 곧 한결같음이 가정되어야 한다고 보았다. 그런데 자연의 일양성은 선험적으로 알 수 있는 것이 아니라 경험에 기대어야 알 수 있는 것이다. 즉 "귀납이 정당한 추론이다."라는 주장은 "자연은 일양적이다."라는 다른 지식을 전제로 하는데 그 지식은 다시 귀납에 의해 정당화되어야 하는 경험적 지식이므로 귀납의 정당화는 순환 논리에 빠져 버린다는 것이다.

① 귀납의 정당화는 귀납에 의한 정당화를 필요로 하는 지식에 근거해야 가능하다.
② 흄은 귀납이 정당한 추론이 되려면 자연이 한결같지 않아도 됨을 전제하고 있다.
③ 흄은 자연이 일양적인지 그렇지 않은지는 선험적으로 알 수 있다고 주장한다.
④ 자연이 일양적인지 그렇지 않은지 알 수 없는 상황에서는 귀납을 사용하는 것이 옳은 선택이다.
⑤ 귀납이 전제로 하는 지식이 귀납에 의해 정당화되어야 하는 경험적 지식이면 순환 논리 문제가 해소된다.

03 〈보기〉에 나타난 순자의 생각을 이해한 내용으로 적절한 것은? 정보를 바탕으로 추론적 사고하기

● 보기 ●

순자가 생각한 하늘은 별, 해와 달, 사계절, 추위와 더위, 바람 등의 모든 자연 현상을 가리킨다. 사람이 받게 되는 재앙과 복의 원인도 모두 자신에게 있을 뿐 불변의 질서를 갖고 있는 하늘에 있지 않다고 주장한다. 천체의 운행은 불변의 정규 궤도에 따른 것이고 천재지변이 일어난다고 해서 하늘의 뜻이 무엇인지 알려고 노력할 필요가 없다고 말한다. 사람들은 자연 현상에 대해 특별한 의미를 부여하지 말고 오직 인간 사회에서 스스로가 해야 할 일을 열심히 해야 한다고 본다. 즉 재앙이 닥치면 적극적인 행위로 그것을 이겨 내야 한다는 것이다. 하늘은 혈기나 욕구를 지닌 존재가 아니고 그저 만물을 생성해 내는 자연일 뿐이라고 생각한다.

① 순자는 하늘이 인간의 도덕 근거로서의 의미를 지닌다고 생각한다.
② 순자는 인간에 내재하는 가장 본질적인 근원이 하늘이라고 생각한다.
③ 순자는 재앙이 닥쳤을 때 하늘에 기대기보다 인간들의 의지를 강조한다.
④ 순자는 인간이 하늘의 덕성을 본받아 자신의 능력을 발휘해야 한다고 본다.
⑤ 순자는 비가 내리고 바람이 부는 것이 하늘의 도덕적 의지의 표현이라고 본다.

04 〈보기〉의 내용으로 볼 때 ㉠의 특징에 대한 설명으로 가장 적절한 것은? 핵심 정보 이해하기

● 보기 ●

㉠세잔의 작품은 예술가의 주관적 인상을 붉은색과 회색 등의 색채와 기하학적 형태로 표현한 미메시스일 수 있다. 다시 말해 세잔의 작품은 눈에 보이는 특정의 사과가 아닌 예술가의 시선에 포착된 세계의 참모습, 곧 자연의 생명력과 그에 얽힌 농부의 삶 그리고 이를 응시하는 예술가의 사유를 재현한 것이 된다.

① 개인의 감상 능력의 표준화의 결정체
② 문화 산업에 의해 양산되는 대중 예술
③ 세계를 바라보는 주체의 관념을 재현한 것
④ 구성에서 표현까지 표준화되어 생산되는 상품
⑤ 사회적인 것인 동시에 사회의 본질을 직시하는 것

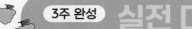

01 〈보기〉의 ⓐ~ⓔ의 사전적 의미로 적절하지 <u>않은</u> 것은? 〔학평〕

— 보기 ●—

· 상도는 일반 상황에서의 원칙론으로서 지속적으로 지켜야 하는 보편적 규범이고, 권도는 특수한 상황에서의 상황론으로 그 상황에 일시적으로 ⓐ대응하는 개별적 규범이다.
· 맹자는 권도를 일종의 도덕적 딜레마 상황에서 ⓑ해법으로 제시한다.
· 병자호란 당시 청이 조선에 제시한 강화 조건은 조선이 ⓒ고수해 왔던 명에 대한 의리, 곧 대명의리를 부정하는 내용으로 채워져 있었다.
· 이들이 우려한 것은 명의 ⓓ문책이라기보다는 대명의리라는 보편적 규범의 포기에 따르는 도덕 윤리의 붕괴였다고 할 수 있다.
· 유학자 호안국은 천하 인심이 오랑캐에게 굽힌 것을 불평하고 있었으니 한번 후련히 설욕하고자 한 심정은 이해할 만하지만 정치적 대처 면에서 나라를 망하게 한 죄는 ⓔ속죄될 수 없다고 경연광을 비판했다.

① ⓐ : 어떤 일이나 사태에 맞추어 태도나 행동을 취함.
② ⓑ : 해내기 어렵거나 곤란한 일을 푸는 방법.
③ ⓒ : 차지한 물건이나 형세 따위를 굳게 지킴.
④ ⓓ : 자신의 잘못에 대하여 스스로 깊이 뉘우치고 자신을 책망함.
⑤ ⓔ : 지은 죄를 물건이나 다른 공로 따위로 비겨 없앰.

02 문맥상 ㉠~㉤과 바꿔 쓰기에 적절하지 <u>않은</u> 것은? 〔학평〕

— 보기 ●—

· 국민들이 언론 매체가 아닌 다른 수단을 통해 자신의 의견을 표명하려고 해도 매스미디어에 ㉠견주면 그 전달 범위가 극히 제한적이라고 보았다.
· 언론 매체 접근·이용권은 국민의 언론의 자유를 보장하고 민주주의 실현에 ㉡이바지하는 중요한 권리이다.
· 언론 매체 접근·이용권은 언론 매체가 신문 등의 표현 내용을 결정하는 권리인 편집권과 ㉢맞부딪칠 수도 있다.
· 언론사가 청구를 수용한다면 청구를 받은 날부터 7일 이내에 정정 또는 반론 보도문을 방송하거나 ㉣실게 된다.
· 정정 보도 청구권 및 반론 보도 청구권은 피해를 입은 개인의 입장을 제공하게 하여 개인의 피해 회복을 ㉤돕고 우리 사회가 진실을 발견하고 올바른 여론을 형성하는 데 일조한다.

① ㉠ : 비하면
② ㉡ : 기여하는
③ ㉢ : 충돌할
④ ㉣ : 게재하게
⑤ ㉤ : 증진하고

03 문맥상 ㉮의 의미와 가장 가까운 것은? 〔학평〕

— 보기 ●—

결과적으로 국가는 조직이 SOP에 따라 처리한 제한된 정보만으로 정책 행위를 탐색하고 결정한다는 점에서 이 모델은 제한적 합리성에 기반을 ㉮둔다고 할 수 있다.

① 기준을 어디에 <u>두느냐</u>가 중요하다.
② 주말에 바둑을 <u>두는</u> 것이 취미이다.
③ 앞의 사람과 간격을 <u>두며</u> 줄을 섰다.
④ 위험물을 여기 그대로 <u>두면</u> 안 된다.
⑤ 그 사건은 평생을 <u>두고</u> 잊을 수 없다.

04 〈보기〉의 ⓐ~ⓔ를 한자어로 바꾼 것으로 적절하지 <u>않은</u> 것은? 〔모평〕

— 보기 ●—

공자는 예에 기반을 둔 정치는 정명(正名)에서 시작한다고 하며, 정명을 실현할 주체로서 군자를 제시하였다. 정명이란 '이름을 바로잡는다'라는 뜻으로, 다양한 사회적 관계 속에서 자신이 마땅히 해야 할 도리를 행하는 것을 의미한다. 군주는 군주다운 덕성을 갖추고 그에 ⓐ맞는 예를 실천해야 하며, 군주뿐만 아니라 신하, 부모 자식도 그러해야 한다. 만일 군주가 예에 의하지 아니하고 법과 형벌에 ⓑ기대어 정치를 한다면, 백성들은 형벌을 면하기 위해 법을 지킬 뿐, 무엇이 옳고 그른지 스스로 판단하려 하지 않는 문제가 생길 것이라고 공자는 보았다.

공자가 제시한 군자는 도덕적 인격을 완성하기 위해 애쓰는 사람이기도 하면서 자신의 도덕적 수양을 통해 예를 실현하는 사람이다. 원래 군자는 정치적 지배 계층을 ⓒ가리키는 말로 일반 서민을 가리키는 소인과 대비되는 개념이었다. 공자는 이러한 개념을 확장하여 군자와 소인을 도덕적으로도 구별하였다. 사리사욕에 ⓓ사로잡혀 자신의 이익과 욕심을 채우는 데만 몰두하는 소인과 도덕적 수양을 최우선으로 삼는 군자를 도덕적으로 차별화한 것이다.

공자는 군자가 되기 위해서는 항상 마음이 참되고 미더운 상태가 되도록 자신의 내면을 잘 ⓔ살피라고 하였다. 이렇게 도덕적 수양을 할 뿐만 아니라 옛 성현의 책을 읽고 육예(六藝)를 고루 익혀 다양한 학문적 소양을 갖춰야 한다고 하였다.

① ⓐ : 합당(合當)한
② ⓑ : 의거(依據)하여
③ ⓒ : 지칭(指稱)하는
④ ⓓ : 매수(買收)되어
⑤ ⓔ : 성찰(省察)하라고

05 문맥상 ⓐ~ⓔ의 단어와 가장 가까운 의미로 쓰인 것은? (수능)

— 보기 —

- 채무자가 채권을 ⓐ가진 이에게 급부를 이행하면 채권에 대응하는 채무는 소멸한다.
- 선정된 업체가 급식을 제공하고 대금을 ⓑ받기로 하는 본계약 체결을 요청하면 회사는 이에 응할 의무를 진다.
- 예약에서 예약상의 급부나 본계약상의 급부가 이행되지 않는 문제가 ⓒ생길 수 있는데, 예약의 유형에 따라 발생 문제의 양상이 다르다.
- 만약 타인이 고의나 과실로 예약상 권리자가 가진 권리 실현을 방해했다면 예약상 권리자는 그에게도 책임을 ⓓ물을 수 있다.
- 법률에 의하면 누구든 고의나 과실에 의해 타인에게 피해를 ⓔ끼치는 행위를 하고 그 행위의 위법성이 인정되면 불법 행위 책임이 성립하여, 가해자는 피해자에게 손해를 돈으로 배상할 채무를 지기 때문이다.

① ⓐ: 자신의 일에 자부심을 가지는 것이 중요하다.
② ⓑ: 올해 생일에는 고향 친구에게서 편지를 받았다.
③ ⓒ: 기차역 주변에 새로 생긴 상가에 가 보았다.
④ ⓓ: 나는 도서관에서 책 빌리는 방법을 물어 보았다.
⑤ ⓔ: 바닷가의 찬바람을 쐬니 온몸에 소름이 끼쳤다.

07 문맥상 ㉠~㉤의 단어와 가장 가까운 의미로 쓰인 것은? (수능)

— 보기 —

- 많은 전통적 인식론자는 임의의 명제에 대해 우리가 세 가지 믿음의 태도 중 하나만을 ㉠가질 수 있다고 본다.
- 조건화 원리에 ㉡따르면, 어떤 명제가 참인지 거짓인지 새롭게 알게 되더라도 그 명제와 관련 없는 명제에 대한 믿음의 정도는 변하지 않아야 한다.
- 베이즈주의자는 특별한 이유가 없는 한 우리의 믿음의 정도는 유지되어야 한다고 ㉢본다.
- 베이즈주의자는 이렇게 상식적으로 당연하게 여겨지는 생각을 정당화하기 위해 기존의 믿음의 정도를 유지함으로써 ㉣얻을 수 있는 실용적 효율성에 호소할 수 있다.
- 베이즈주의자는 특별한 이유 없이 기존의 믿음의 정도를 ㉤바꾸는 것도 이와 유사하게 에너지를 불필요하게 소모한다고 볼 수 있다.

① ㉠: 어제 친구들과 함께 만나는 자리를 가졌다.
② ㉡: 법에 따라 모든 절차가 공정하게 진행됐다.
③ ㉢: 우리는 지금 아이를 봐 줄 분을 찾고 있다.
④ ㉣: 그는 젊었을 때 얻은 병을 아직 못 고쳤다.
⑤ ㉤: 두 사람이 서로 자리를 바꾸어 앉았다.

06 밑줄 친 단어의 문맥적 의미가 ㉮와 거리가 먼 것은? (수능)

— 보기 —

화면이 단순할수록 또 규칙적일수록 화소 간 중복이 많아서, 제거 가능한 성분들이 많아진다. 다만 이들 성분을 너무 많이 제거하면 화면이 흐려지거나 얼룩이 ㉮지는 등 동영상의 화질이 나빠진다.

① 돌을 던지자 고요한 호수에 파문이 일었다.
② 눈 내린 마당에 강아지 발자국이 나 있다.
③ 주머니에 구멍이 생겨 동전을 잃어버렸다.
④ 새로 산 차에 흠이 가서 속상하다.
⑤ 그는 나이가 차 장가를 들었다.

08 문맥상 ⓐ의 의미와 가장 가까운 것은? (학평)

— 보기 —

청약과 승낙의 합치에 의해 성립하는 계약이 실시간 의사소통에 의해 이루어질 때는 청약자가 청약을 받은 이에게서 승낙의 의사가 담긴 말을 ⓐ들은 시점에 계약이 성립한다.

① 굵은 빗방울이 지붕에 든다.
② 그 약은 다른 약보다 내게 잘 든다.
③ 나는 아내에게서 그 소식을 듣고 기뻤다.
④ 그녀는 고지식해서 농담까지도 진담으로 듣는다.
⑤ 운전 중에 브레이크가 말을 듣지 않아 사고가 날 뻔했다.

09 〈보기〉의 ⓐ~ⓔ의 사전적 의미로 적절하지 <u>않은</u> 것은? _{학평}

● 보기 ●
- 그는 인간을 무의식의 지배를 받는 비합리적 존재로 간주하고, 정신 분석 이론을 통해 인간의 정신세계를 ⓐ규명하려 하였다.
- 억압은 자아가 수용하기 힘든 욕구를 무의식 속으로 억누르는 것을, 승화는 그러한 욕구를 예술과 같이 가치 있는 활동으로 ⓑ전환하는 것을 의미한다.
- 프로이트의 이론은 기존의 이론에서 ⓒ간과한 무의식에 대한 탐구를 통해 인간 이해에 대한 지평을 넓혔다는 평을 받고 있다.
- 개인 무의식은 의식에 의해 ⓓ배제된 생각이나 감정, 기억 등이 존재하는 영역이다.
- 자아는 자신의 또 다른 모습인 그림자와 ⓔ대면하게 되고, 집단 무의식에 존재하는 여러 원형들을 발견하게 된다.

① ⓐ: 어떤 사실을 자세히 따져서 바로 밝힘.
② ⓑ: 주기적으로 자꾸 되풀이하여 돎.
③ ⓒ: 큰 관심 없이 대강 보아 넘김.
④ ⓓ: 받아들이지 아니하고 물리쳐 제외함.
⑤ ⓔ: 서로 얼굴을 마주 보고 대함.

10 문맥상 ㉠~㉤을 바꿔 쓰기에 가장 적절한 것은? _{모평}

● 보기 ●
유학자들은 자신이 먼저 인격자가 될 것을 강조하지만 궁극적으로는 자신뿐 아니라 백성 또한 올바른 행동을 할 수 있도록 ㉠이끌어야 한다는 생각을 원칙으로 삼는다. 주희도 자신이 명덕을 밝힌 후에는 백성들도 그들이 지닌 명덕을 밝혀 새로운 사람이 될 수 있도록 ㉡가르쳐야 한다고 본다. 백성을 가르쳐 그들을 새롭게 만드는 것이 바로 '신민(新民)'이다. 주희는 『대학』을 새로 편찬하면서 고본(古本) 『대학』의 '친민'을 '신민'으로 ㉢고쳤다.
주희는 개인이 마음을 어떻게 수양하여 도덕적 완성에 ㉣이를 것인가에 관심을 둔 반면, 정약용은 당대의 학자들이 마음 수양에 치우쳐 개인과 사회를 위한 구체적인 덕행의 실천에는 한 걸음도 나아가지 못하는 문제를 ㉤바로잡고자 하는 데 관심이 있었다.

① ㉠: 인도(引導)해야
② ㉡: 지시(指示)해야
③ ㉢: 개편(改編)했다
④ ㉣: 도착(到着)할
⑤ ㉤: 쇄신(刷新)하고자

11 〈보기〉의 ㉮와 문맥적 의미가 가장 유사한 것은? _{학평}

● 보기 ●
투표는 주요 쟁점에 대해 견해를 표현하고 정치권력을 통제할 수 있는 행위로, 일반 유권자가 할 수 있는 가장 보편적인 정치 참여 방식이다. 그래서 정치학자와 선거 전문가들은 선거와 관련하여 유권자들의 투표 행위에 대해 연구해 왔다. 이 연구는 일반적으로 유권자들의 투표 성향, 즉 투표 참여 태도나 동기 등을 조사하여, 이것이 투표 결과와 어떤 상관관계가 있는가를 ㉮밝힌다.

① 그는 돈과 지위를 지나치게 <u>밝힌다</u>.
② 그녀는 경찰에게 이름과 신분을 <u>밝혔다</u>.
③ 동생이 불을 <u>밝혔는지</u> 장지문이 환해졌다.
④ 학계에서는 사태의 진상을 <u>밝히기</u> 위해 애썼다.
⑤ 할머니를 간호하느라 가족 모두 뜬눈으로 밤을 <u>밝혔다</u>.

12 〈보기〉의 ⓐ를 표현하기에 가장 적절한 한자 성어는? _{모평}

● 보기 ●
하루는 광한전 옥진 부인이 오신다 하니 수궁이 뒤눕는 듯 용왕이 겁을 내어 사방이 분주했다. 원래 이 부인은 심 봉사의 처 곽씨 부인이 죽어 광한전 옥진 부인이 되었더니, 그 딸 심 소저가 수궁에 왔다는 말을 듣고, 상제께 말미를 얻어 모녀 상봉하려고 온 것이었다.
심 소저는 뉘신 줄 모르고 멀리 서서 바라볼 따름이었다. 오색구름이 어린 오색 가마를 옥기린에 높이 싣고 벽도화 단계화를 좌우에 벌여 꽂고, 각 궁 시녀들은 옆에서 모시고, 청학 백학들은 앞에서 모시며, 봉황은 춤을 추고, 앵무는 말을 전하는데, 보던 중 처음이더라.
이윽고 교자에서 내려 섬돌에 올라서며,
"내 딸 심청아!"
하고 부르는 소리에 모친인 줄 알고 왈칵 뛰어 나서며,
"어머니 어머니, ⓐ나를 낳고 초칠일 안에 죽었으니 지금까지 십오 년을 얼굴도 모르오니 천지간 끝없이 깊은 한이 갤 날이 없었습니다. 오늘날 이곳에 와서야 어머니와 만날 줄을 알았더라면, 오던 날 부친 앞에서 이 말씀을 여쭈었더라면 날 보내고 설운 마음 적이 위로했을 것을……. 우리 모녀는 서로 만나 보니 좋지만은 외로우신 부친은 뉘를 보고 반기시리까. 부친 생각이 새롭습니다."

– 작자 미상, 〈심청전〉(완판본, 71장)

① 각골통한(刻骨痛恨)
② 물아일체(物我一體)
③ 이심전심(以心傳心)
④ 진퇴양난(進退兩難)
⑤ 천우신조(天佑神助)

13 〈보기〉의 ㉠~㉤의 사전적 의미로 적절하지 <u>않은</u> 것은? (학평)

— 보기 —

- 어떠한 법 제도가 사회적으로 바람직한지에 대해 ㉠논의하기 위해서는 먼저 바람직함의 판단 기준이 필요하다.
- 근로 의욕의 저하와 절도 방지 비용 지출은 사회적 후생 증가에 ㉡기여하지 못한다.
- 창작과 관련하여 지식 재산권을 인정하지 않는다면 당사자의 창작 유인책이 ㉢저하되어 애초에 창작이 일어나지 않을 수 있다.
- 법원의 오류 가능성에도 불구하고 가해자는 효율적인 1수준의 주의를 한다. 그러나 이러한 결과가 항상 ㉣성립하는 것은 아니다.
- 위 사례에서 ㉤주목할 점은 가해자에게 사고 방지 주의 수준에 관한 적정한 유인책을 제공하기 위해서는 제1종 오류를 줄이는 것이 더 중요한가 아니면 제2종 오류를 줄이는 것이 더 중요한가 하는 점이다.

① ㉠ : 여러 사람이 마음을 한데 합함.
② ㉡ : 도움이 되도록 이바지함.
③ ㉢ : 정도, 수준, 능률 따위가 떨어져 낮아짐.
④ ㉣ : 일이나 관계 따위가 제대로 이루어짐.
⑤ ㉤ : 관심을 가지고 주의 깊게 살핌. 또는 그 시선.

14 〈보기〉의 ㉠의 의미와 가장 유사한 것은? (학평)

— 보기 —

유학자들은 인간을 무한한 가능체(可能體)로 파악했다. 유학자들은 인간을 누구나 가르침과 배움을 통해 덕을 이룰 수 있는 가능성이 있는 존재로 보았다. 그리고 이 덕을 사회생활에 실천하여 군자나 성인이 될 수 있는 존재라고 ㉠보고 있다.

① 오늘은 끝장을 <u>보고</u> 말겠다고 다짐하였다.
② 그들은 증인의 진술이 거짓이라고 <u>보고</u> 있다.
③ 원장님께서는 주로 오전에만 환자를 <u>보십니다</u>.
④ 아내는 어머니께서 주무실 자리를 <u>보고</u> 있었다.
⑤ 결국은 손해를 <u>보고</u> 집을 처분할 수밖에 없었다.

15 문맥상 ⓐ~ⓔ와 바꿔 쓰기에 적절하지 <u>않은</u> 것은? (학평)

— 보기 —

영화에 제시되는 시각적 정보는 이미지 트랙에, 청각적 정보는 사운드 트랙에 ⓐ실려 있다. 이 중 사운드 트랙에 담긴 영화 속 소리를 통틀어 영화 음향이라고 한다.

영화 속 현실에서는 발생할 수 없는 소리, 즉 배경 음악처럼 영화 밖에서 조작되어 들어온 소리를 '외재 음향'이라고 한다. 이와 달리 영화 속 현실에서 발생한 소리는 모두 '내재 음향'이다. 이러한 음향들은 감독의 표현 의도에 맞게 단독으로, 혹은 적절히 ⓑ합쳐져 활용된다.

의도적으로 소리를 없앨 수도 있다. 이른바 '데드 트랙(Dead Track)'은 강렬한 인상의 음향만큼 효과적이다. 갑자기 의도적으로 소리를 제거한 영상이 나올 때, 관객은 주의를 집중하여 화면을 더 자세히 보게 된다. 이로써 인물이 처한 상황에 ⓒ빠져들게 되어 인물의 심리를 더 깊이 이해하게 된다.

장면과 장면의 소리가 ⓓ겹쳐지게 할 수도 있다. 가령 아침에 알람 소리와 함께 시계로 손을 뻗는 인물의 모습을 제시한 후, 오후에 전화벨 소리와 함께 전화기로 손을 뻗는 동작을 보여 주면 두 장면이 자연스럽게 이어진다.

영화의 화면이 누군가의 얼굴이라면 음향은 그 사람의 목소리이다. 목소리를 듣지 않고 표정만으로는 그 내면을 온전히 알기 어렵듯, 음향이 빠진 화면만으로는 관객이 그 화면에 담긴 내적 의미를 ⓔ알기 어렵다.

① ⓐ : 수록(收錄)되어   ② ⓑ : 결합(結合)되어
③ ⓒ : 몰입(沒入)하게   ④ ⓓ : 첨가(添加)되게
⑤ ⓔ : 파악(把握)하기

16 문맥상 ⓐ의 의미와 가장 가까운 것은? (모평)

— 보기 —

노동은 신이 만든 자연을 인간이 자신에게 유용하게 만드는 속된 과정이다. 이는 원래 자연의 모습을 훼손하는 것이기에 신에게 죄를 짓는 것이다. 이러한 죄를 씻기 위해 유용하게 만든 사물을 다시 원래의 상태로 되돌리는 집단적 놀이가 ⓐ바로 제의였다.

① 집에 도착하거든 <u>바로</u> 전화해 주십시오.
② 청소년의 미래는 <u>바로</u> 나라의 미래이다.
③ 마음을 <u>바로</u> 써야 복을 받는다고들 한다.
④ 우리는 국기를 <u>바로</u> 다는 방법을 배웠다.
⑤ 학생들은 모자를 <u>바로</u> 쓰고 단정히 앉았다.

17 〈보기〉의 ⓐ~ⓔ의 사전적 의미로 적절하지 <u>않은</u> 것은?

● 보기 ●

- 정당성, 참, 믿음이라는 세 가지 요소가 ⓐ충족된다면 우리가 지식을 갖는다고 할 수 있다.
- 다음의 예를 통해 그가 ⓑ제기한 반론을 이해해 보자.
- 치지란 나의 지식을 극한까지 ⓒ연마하고 확장하여 앎의 내용에 미진한 바가 없는 것을 의미한다.
- 즉 사람이 사물을 인식하고자 하면 사물에 ⓓ내재한 리가 마음에 이른다는 것이다.
- 퇴계가 리의 능동성을 무한정 ⓔ허용한 것은 아니다.

① ⓐ: 일정한 분량을 채워 모자람이 없게 함.
② ⓑ: 무엇을 내주거나 갖다 바침.
③ ⓒ: 학문이나 기술 따위를 힘써 배우고 닦음.
④ ⓓ: 어떤 사물이나 범위의 안에 들어 있음.
⑤ ⓔ: 허락하여 너그럽게 받아들임.

18 문맥상 ㉠~㉤과 바꿔 쓰기에 적절하지 <u>않은</u> 것은?

● 보기 ●

경쟁 정책은 본래 독점이나 담합 등과 같은 반경쟁적 행위를 국가가 규제함으로써 시장에서 경쟁이 활발하게 이루어지도록 하는 데 중점을 둔다. 경쟁 정책이 소비자 권익에 ㉠기여하는 모습은 생산적 효율과 배분적 효율의 두 측면에서 살펴볼 수 있다.

시장이 경쟁적이면 개별 기업은 생존을 위해 비용 절감과 같은 생산적 효율을 추구하게 되고, 거기서 창출된 여력은 소비자의 선택을 받고자 품질을 향상시키거나 가격을 ㉡인하하는 데 활용될 것이다.

전체 소비자를 기준으로 볼 때 경쟁 정책이 소비자 이익을 ㉢증진하더라도, 일부 소비자에게는 불이익이 되는 경우도 있다. 예를 들어, 경쟁 때문에 시장에서 ㉣퇴출된 기업의 제품은 사후 관리가 되지 않아 일부 소비자가 피해를 보는 일이 있다. 그렇다고 해서 경쟁 정책 자체를 포기하면 전체 소비자에게 불리한 결과가 되므로, 국가는 경쟁 정책을 ㉤유지할 수밖에 없는 것이다.

① ㉠: 이바지하는　　② ㉡: 내리는
③ ㉢: 늘리더라도　　④ ㉣: 밀려난
⑤ ㉤: 세울

19 문맥상 ⓐ~ⓔ의 의미와 가장 가까운 것은?

● 보기 ●

- 법조문에는 구체적 상황을 고려해야 그 상황에 ⓐ맞는 진정한 의미가 파악되는 불확정 개념이 사용될 수 있기 때문이다.
- 개인 간 법률관계를 규율하는 민법에서 불확정 개념이 사용된 예로 '손해 배상 예정액이 부당히 과다한 경우에는 법원은 적당히 감액할 수 있다.'라는 조문을 ⓑ들 수 있다.
- 채무자의 잘못으로 계약 내용이 실현되지 못하여 계약 위반이 발생하면, 이로 인해 손해를 ⓒ입은 채권자가 손해 액수를 증명해야 그 액수만큼 손해 배상금을 받을 수 있다.
- 법령상 요건이 충족되더라도 그 효과인 행정 작용의 구체적 내용을 ⓓ고를 수 있는 재량이 행정청에 주어져 있을 때, 이러한 재량을 행사하는 행정 작용은 재량 행위이다.
- 행정청은 평등 원칙을 ⓔ지켜야 하기 때문이다.

① ⓐ: 이것이 네가 찾는 자료가 <u>맞는지</u> 확인해 보아라.
② ⓑ: 그 부부는 노후 대책으로 적금을 <u>들고</u> 안심했다.
③ ⓒ: 학생들은 왜 교복을 <u>입어야</u> 하는가를 생각했다.
④ ⓓ: 형은 땀 흘려 울퉁불퉁한 땅을 평평하게 <u>골랐다</u>.
⑤ ⓔ: 그분은 우리에게 한 약속을 반드시 <u>지킬</u> 것이다.

20 ㉠의 상황에서 왕비가 〈보기〉와 같이 말했다고 할 때, 빈칸에 들어갈 말로 가장 적절한 것은?

궁녀 등이 황송하와 머리를 숙이더라. 왕비 즉시 기러기를 어루만지며 가로되, / "네 비록 미물이나 네 임자 있는 곳을 알지니 서천에 들어가 살았느냐. 망망대해 중에 어별(魚鼈)의 밥이 되었느냐? 만일 살았거든 내 앞에서 세 번 울라."
이르시니, 기러기 목을 늘이어 세 번 울거늘 왕비 기뻐하시어 가로되, / "네 아는도다." / 이로써 즉시 한 봉 서찰을 쓰시며 가로되, / "네 임자가 살았거든 이 편지를 전할소냐?"
기러기 세 번 머리를 조아리거늘, 왕비 즉시 서찰을 기러기 다리에 매고 경계하여 가로되,
"네 두 날개로 만 리를 가는 재주라 부디 이 글을 잘 전하라."
이르니, ㉠기러기 세 번 소리하고 두 날개를 치며 청천에 올라 <u>운간(雲間)으로 서북을 향하여 가는지라.</u>

– 작자 미상, 〈적성의전〉

● 보기 ●

"(　　　　　)(으)로 내 아들 성의의 소식을 들었으면 좋겠구나."

① 고식지계(姑息之計)　　② 설상가상(雪上加霜)
③ 어부지리(漁夫之利)　　④ 천우신조(天佑神助)
⑤ 타산지석(他山之石)

밥 어휘
어휘력 테스트

4주 완성 학습이 끝난 뒤에
QR 코드를 인식해 주세요!

4주
완성

필수 어휘_과학

4주 완성

※ 어휘의 사전적 의미에 해당하는 예문을 찾아 번호를 쓰고 빈칸을 채워 보세요.

01 간척
방패 干 | 헤칠 拓
명 육지에 면한 바다나 호수의 일부를 둑으로 막고, 그 안의 물을 빼내어 육지로 만드는 일. 〔 〕

02 검증
검사할 檢 | 증거 證
명 검사하여 증명함. 〔 〕

03 경각심
경계할 警 | 깨달을 覺 | 마음 心
명 정신을 차리고 주의 깊게 살피어 경계하는 마음. 〔 〕

04 경시
가벼울 輕 | 볼 視
명 대수롭지 않게 보거나 업신여김. 〔 〕

05 관여하다
빗장 關 | 더불 與 ––
동 어떤 일에 관계하여 참여하다. 〔 〕

① 교과 지난 여행에서 새만금 □□ 사업 홍보관을 다녀왔다.

② 학평 위(胃)의 운동에 □□하는 오렉신은 전두 연합 영역에서 분비된다.

③ 모평 인디언들은 초자연적인 힘에 의해 연어가 회귀한다고 믿고 있었는데, 과학자들은 이러한 설명이 경험적으로 □□ 될 수 없다고 생각했다.

④ 학평 제품을 사용할 때 지구 환경을 해치는 이산화 탄소의 배출량을 보여 줌으로써, 에너지 소비에 대한 □□□을 일깨워 주기 위해서입니다.

⑤ 학평 열악한 시설이나 관리 시스템의 문제로 인해 동물권이 □□되는 동물원이 이제 인간과 동물이 공존할 수 있는 동물원으로 변화되어야 한다.

06 굴절하다
굽을 屈 | 꺾을 折 ––
동 광파, 음파, 수파 따위가 한 매질에서 다른 매질로 들어갈 때 경계면에서 그 진행 방향이 바뀌다. 〔 〕

07 극명하다
이길 克 | 밝을 明 ––
형 매우 분명하다. 〔 〕

08 기승
기운 氣 | 이길 勝
명 기운이나 힘 따위가 성해서 좀처럼 누그러들지 않음. 또는 그 기운이나 힘. 〔 〕

09 난류
따뜻할 暖 | 흐를 流
명 적도 부근의 저위도 지역에서 고위도 지역으로 흐르는 따뜻한 해류. 〔 〕

10 남용하다
넘칠 濫 | 쓸 用 ––
동 일정한 기준이나 한도를 넘어서 함부로 쓰다. 〔 〕

① 교과 □□와 한류가 만나는 동해에서 물고기가 많이 잡힌다.

② 모평 이때 공기층을 지나는 빛은 밀도가 다른 경계 면을 통과하면서 □□한다.

③ 교과 에너지 전환에 대한 양측의 □□한 시각 차이와 입장 차이를 확인할 수 있다.

④ 교과 전국 대부분 지역에 폭염 특보가 내려진 가운데 며칠 동안 미세 먼지까지 □□을 부리고 있다.

⑤ 학평 약을 장기간 □□하게 되면 수용체의 민감도가 떨어지게 되어, 결과적으로 기존과 동일한 효과를 내기 위해서 더 많은 약을 필요로 하게 된다.

11 농축하다
짙을 濃 | 오그라들 縮 ––
동 액체를 진하게 또는 바짝 졸이다. 〔 〕

12 다분하다
많을 多 | 나눌 分 ––
형 그 비율이 어느 정도 많다. 〔 〕

13 단정하다
끊을 斷 | 정할 定 ––
동 딱 잘라서 판단하고 결정하다. 〔 〕

14 돌출
부딪칠 突 | 날 出
명 쑥 내밀거나 불거져 있음. 〔 〕

15 동반하다
같을 同 | 짝 伴 ––
(1) 동 일을 하거나 길을 가는 따위의 행동을 할 때 함께 짝을 하다. 〔 〕

(2) 동 어떤 사물이나 현상이 함께 생기다. 〔 〕

① 교과 연구진은 시료에서 확보한 추출물을 □□하여 약효 성분을 높이는 방법을 개발했다.

② 교과 환경오염 문제에 대한 탐구 학습이 가능한 과학 프로그램에는 자녀과 □□하여 참여하는 부모들이 많다.

③ 모평 과학 기술의 발달로 인해 미래에는 인공 지능이 더 많은 일을 대신해 줄 가능성이 □□하다.

④ 학평 자동차의 배기가스가 대기 오염의 원인 중 하나라는 것은 인정하지만 주범이라고 □□할 수는 없습니다.

⑤ 모평 관의 바깥쪽으로 □□된 밝고 붉은색의 깃털구조는 아가미와 같은 역할을 하며, 이산화 탄소와 산소, 그리고 황화수소를 교환한다.

⑥ 학평 우리 몸에 상처가 났을 때 피가 멈춘 후에도 다친 부위가 빨갛게 부어오르고 열과 통증을 □□하기도 하며, 고름이 생기기도 한다.

16 **동지** 겨울 冬 | 이를 至	명 이십사절기의 하나로 12월 22일이나 23일경. 북반구에서는 일 년 중 낮이 가장 짧고 밤이 가장 길다. 〔 〕
17 **만성** 게으를 慢 | 성품 性	(1) 명 버릇이 되다시피 하여 쉽게 고쳐지지 아니하는 상태나 성질. 〔 〕
	(2) 명 병이 급하거나 심하지도 아니하면서 쉽게 낫지도 아니하는 성질. 〔 〕
18 **매캐하다**	형 연기나 곰팡이 따위의 냄새가 약간 맵고 싸하다. 〔 〕
19 **무려** 없을 無 | 생각할 慮	부 그 수가 예상보다 상당히 많음을 나타내는 말. 〔 〕
20 **박멸하다** 칠 撲 | 멸망할 滅 --	동 모조리 잡아 없애다. 〔 〕

① 교과 이온으로 세균을 [ ][ ]하는 공기 살균기가 개발되어 관심을 모으고 있다.

② 교과 지나친 잔소리 등으로 아이와의 갈등이 [ ][ ]이 되면 엄마는 무력감을 경험하게 된다.

③ 학평 언론 보도를 통해 많이들 접하셨겠지만 고카페인 음료는 [ ][ ] 피로와 불면증을 유발한다고 합니다.

④ 교과 여러 가지 화학 물질이 섞여서 화학 반응이 일어나면 [ ][ ]한 냄새와 함께 독성 기체가 발생할 수 있다.

⑤ 수능 결국 증명 과정은 컴퓨터에 의존할 수밖에 없었으며, 컴퓨터도 이를 해결하는 데 [ ][ ] 1,200시간이나 걸렸다.

⑥ 학평 북반구에서 관측한 태양은 [ ][ ] 즈음에 가장 빠르게 운행하는 것으로 보이고, 하지 즈음에 가장 느리게 운행하는 것으로 보인다.

21 **발산하다** 필 發 | 흩을 散 --	(1) 동 감정 따위가 밖으로 드러나 해소되거나 분위기 따위가 한껏 드러나다. 또는 그렇게 되게 하다. 〔 〕
	(2) 동 냄새, 빛, 열 따위가 사방으로 퍼져 나가다. 또는 그렇게 되게 하다. 〔 〕
22 **부응하다** 버금 副 | 응할 應 --	동 어떤 요구나 기대 따위에 좇아서 응하다. 〔 〕
23 **사태** 일 事 | 모양 態	명 일이 되어 가는 형편이나 상황. 또는 벌어진 일의 상태. 〔 〕
24 **산발적** 흩을 散 | 필 發 | 과녁 的	명 때때로 여기저기 흩어져 발생하는 것. 〔 〕
25 **삼림** 나무 빽빽할 森 | 수풀 林	명 나무가 많이 우거진 숲. 〔 〕

① 교과 우울하면 그 감정을 적당하게 [ ][ ]해야 육체적 건강도 유지할 수 있다.

② 교과 소비자들의 높은 기대에 [ ][ ]하기 위해 기술 개발에 노력을 다하고 있다.

③ 교과 서쪽에서 기압골이 접근하여 오전에는 [ ][ ][ ]으로 비가 내리다가 오후에는 차차 맑아지겠다.

④ 수능 이때 체내에서 생성한 열량은 일정한 체온에서 체외로 [ ][ ]하는 열량과 같다.

⑤ 교과 감염병 확산 [ ][ ]를 가볍게 보았다가는 해결할 수 없는 지경에 이를 수 있다.

⑥ 교과 [ ][ ] 파괴로 인해 멧돼지와 노루 등의 개체수가 줄어든다는 연구 결과가 나왔다.

26 **생장** 날 生 | 길 長	명 나서 자람. 또는 그런 과정. 〔 〕
27 **섣부르다**	형 솜씨가 설고 어설프다. 〔 〕
28 **속박** 묶을 束 | 묶을 縛	명 물체의 운동이 다른 물체나 전자기장에 제한을 받아 어떤 공간에 갇히는 현상. 〔 〕
29 **수상하다** 받을 受 | 상줄 賞 --	동 상을 받다. 〔 〕
30 **수혜** 받을 受 | 은혜 惠	명 은혜를 입음. 또는 혜택을 받음. 〔 〕

① 학평 식물의 [ ][ ]에는 물이 필수적이다.

② 교과 수입 수송기에 대한 정비 권한이 확보되면 관련한 국내 부품 업체들의 [ ][ ]가 예상된다.

③ 교과 [ ][ ] 규제보다 기술 개발에 집중할 수 있는 환경을 제공하는 것이 미래 차 개발에 도움이 되는 방향이다.

④ 모평 순수한 규소는 원자의 결합에 관여하는 전자인 최외각 전자가 4개이며 최외각 전자들은 원자에 [ ][ ]되어 있어 전류가 흐르기 힘들다.

⑤ 수능 이 방정식은 실제 기체의 압력, 온도, 부피의 상관관계를 잘 표현할 수 있게 해 주었으며, 반데르발스가 노벨상을 [ ][ ]하는 계기가 되었다.

step 2
어휘력 체크

· 뜻풀이로 **체크하기** ·

01~07 다음 뜻풀이에 해당하는 어휘를 쓰시오.

01 딱 잘라서 판단하고 결정하다. ☐☐☐☐

02 은혜를 입음. 또는 혜택을 받음. ☐☐

03 액체를 진하게 또는 바짝 졸이다. ☐☐☐☐

04 일정한 기준이나 한도를 넘어서 함부로 쓰다. ☐☐☐☐

05 정신을 차리고 주의 깊게 살피어 경계하는 마음. ☐☐☐

06 육지에 면한 바다나 호수의 일부를 둑으로 막고, 그 안의 물을 빼내어 육지로 만드는 일. ☐☐

07 이십사절기의 하나로 12월 22일이나 23일경. 북반구에서는 일 년 중 낮이 가장 짧고 밤이 가장 길다. ☐☐

08~12 제시된 초성과 뜻풀이를 참고하여 빈칸에 들어갈 알맞은 어휘를 쓰시오.

08 ㅅㅈ : 나서 자람. 또는 그런 과정.
학평 식물은 잎에서 광합성을 통해 ☐☐에 필요한 양분을 만들어 낸다.

09 ㄷㅊ : 쑥 내밀거나 불거져 있음.
수능 승선교의 홍예 천장에는 용머리 모양의 장식 돌이 물길을 향해 ☐☐되어 있다.

10 ㅅㅌ : 일이 되어 가는 형편이나 상황. 또는 벌어진 일의 상태.
모평 그 피의자는 아무리 ☐☐가 불리하더라도 1년 미만 징역에 2년 집행 유예로 풀려날 줄 알았다.

11 ㄱㅈ : 검사하여 증명함.
모평 기억이나 구술 증언은 거짓이거나 변형될 가능성이 있기 때문에 다른 자료와 비교하여 진위 여부를 ☐☐한 후에야 사료로 사용이 가능하다.

12 ㅂㅅ 하다: 냄새, 빛, 열 따위가 사방으로 퍼져 나가다. 또는 그렇게 되게 하다.
수능 항온 동물은 체온을 일정하게 유지하기 위해서 몸에서 끊임없이 에너지를 생산하고 ☐☐해야만 한다.

· 문장으로 **체크하기** ·

13~18 다음 문맥에 어울리는 어휘를 고르시오.

13 교과 그녀는 그 작품을 발표하여 문학상을 (검증 | 수상)했다.

14 학평 적정 기술은 시대적 요구에 (동반 | 부응)하면서 다양하게 발전하였다.

15 교과 출처를 알 수 없는 거짓 정보가 온라인에서 (기승 | 사태)을/를 부려 문제가 심각하다.

16 모평 소유권 박탈은 거래 안전에만 치중하고 원래 소유자의 권리 보호를 (경시 | 생장)한 것이 되어 바람직하지 않다고 볼 수 있다.

17 학평 '비만의 역설'은 비만이 특정 (돌출 | 만성) 질환을 겪는 사람들의 건강 및 생존에 긍정적인 영향을 미친다는 의학적 가설이다.

18 모평 여러 개의 양성자를 가진 원자에서는 같은 양전기를 띠고 있는 양성자들이 서로 밀어내려 하는데, 이러한 반발력보다 더 큰 힘이 있어야만 여러 개의 양성자가 핵에 (간척 | 속박)될 수 있다.

19~24 다음 빈칸에 들어갈 알맞은 어휘를 〈보기〉에서 찾아 쓰시오.

● 보기 ●
관여   굴절   다분   동반   매캐   무려

19 학평 굴뚝에서 나오는 (   )한 연기 냄새가 마을을 휩싸고 있었다.

20 학평 업체들은 아이를 (   )한 고객들과 일반 고객의 공간을 분리해 준다.

21 학평 빛이 투명체를 지날 때 (   )되면서 진동수에 따라 다양한 광선으로 분리된다.

22 수능 직접성은 정부가 공공 활동의 수행과 재원 조달에 직접 (   )하는 정도를 의미한다.

23 학평 그 기사는 그릇된 인상을 줄 염려가 (   )하게 매우 애매한 서술 방식을 취하고 있었다.

24 학평 이 나무는 키가 (   ) 112m에 이르며, 뿌리는 땅속으로 약 15m까지 뻗어 있다고 한다.

01 문맥상 밑줄 친 어휘의 쓰임이 적절하지 <u>않은</u> 것은? 어휘의 쓰임 이해하기

① 빛은 파장이 짧을수록 <u>굴절하는</u> 각이 크다.
② 이번 사건을 계기로 느슨해진 <u>경각심</u>을 높여야 한다.
③ 암벽이 <u>기승한</u> 포구 쪽으로 돛단배 한 척이 가고 있다.
④ 할리우드 영화의 제작자는 감독의 작업 과정에 <u>관여하</u>게 되었다.
⑤ 1446년에 반포된 한글은 당시에는 지배 계층 사이에서 <u>경시되었다.</u>

02 문맥상 밑줄 친 어휘와 바꿔 쓰기에 적절하지 <u>않은</u> 것은? 적절한 어휘로 바꿔 쓰기

① 브라질의 <u>삼림</u> 자원이 급속도로 훼손되고 있다. → 나무 숲
② 농업 연구소에서 <u>생장</u> 기간이 짧은 품종을 개발하였다. → 생육
③ 그는 반항기가 <u>다분하여</u> 어른들의 말씀을 잘 안 듣는다. → 농후하여
④ A 회사는 익충은 살리고 해충은 <u>박멸하는</u> 약품을 개발하고 있다. → 없애는
⑤ 신여성들은 여성을 <u>속박하는</u> 사회 규범에 맞서 여성 해방을 주장하였다. → 관리하는

03 문맥상 〈보기〉의 밑줄 친 어휘와 반의 관계인 것은? 어휘의 의미 관계 파악하기

— 보기 —
눈이 짙게 쌓인 골짜기에서 <u>산발적</u>으로 총성이 울렸다.

① 지능적   ② 지배적
③ 지속적   ④ 지역적
⑤ 지엽적

04 〈보기〉의 ⓐ∼ⓔ를 사용하여 만든 문장으로 적절하지 <u>않은</u> 것은? 어휘의 쓰임 이해하기

— 보기 —
• 안으로 들어서자 ⓐ<u>매캐한</u> 냄새가 코를 찔렀다.
• 노벨 평화상은 세계 식량 계획(WFP)이 ⓑ<u>수상</u>했다.
• 그는 입학 성적이 우수하여 장학금 ⓒ<u>수혜</u> 대상자가 되었다.
• 노인은 노래 자랑 대회에 출연하여 넘치는 흥과 끼를 ⓓ<u>발산</u>했다.
• 케인즈는 ⓔ<u>만성적</u>인 경기 침체의 원인이 수요의 부족에 있다고 생각했다.

① ⓐ: 소각장에서 쓰레기 타는 냄새가 <u>매캐하게</u> 풍긴다.
② ⓑ: 한국 대표팀은 국제 대회에서 대상을 <u>수상하는</u> 영예를 안았다.
③ ⓒ: 택배 산업의 활성화로 인한 박스의 수요 증가로 제지 업종의 <u>수혜</u>가 예상된다.
④ ⓓ: 항온 동물의 열 <u>발산</u>은 몸의 표면에서 이루어진다.
⑤ ⓔ: 그 가게들은 오랫동안 이어 온 <u>만성적</u>인 적자로 정부의 지원이 절실하다.

05 〈보기〉의 빈칸에 들어갈 어휘와 의미의 연결이 적절하지 <u>않은</u> 것은? 어휘의 의미와 쓰임 이해하기

— 보기 —
ⓐ 나는 부모님의 기대에 (   )하기 위해 최선을 다했다.
ⓑ 회사 대표가 사적 이익을 추구하는 데 권한을 (   )하였다.
ⓒ 작가는 두 중심인물의 인식 차이를 (   )하게 대비하고 있다.
ⓓ 그대 용모가 (   )하고 말씀이 민첩하니 헛되이 늙지 않을 것이다.
ⓔ 환율 상승이 수출을 증대시키는 효과도 (   )하므로 정책 당국은 외환 시장 개입에 신중해야 한다.

① ⓐ: 부응 – 어떤 요구나 기대 따위에 좇아서 응함.
② ⓑ: 남용 – 권리나 권한 따위를 본래의 목적이나 범위를 벗어나 함부로 행사함.
③ ⓒ: 극명 – 매우 분명함.
④ ⓓ: 단정 – 딱 잘라서 판단하고 결정함.
⑤ ⓔ: 동반 – 어떤 사물이나 현상이 함께 생김.

02 한자 성어

4주 완성

※ 한자 성어가 사용된 예문을 읽고 해당 뜻풀이를 찾아 번호를 쓰세요.

★ 고난

01 구사일생
아홉 九 | 죽을 死 |
하나 一 | 날 生

〈교과〉 그는 전쟁터에 끌려갔다가 해방이 되어 구사일생으로 살아 돌아왔다.　〔　〕

02 내우외환
안 內 | 근심 憂 |
바깥 外 | 근심 患

〈교과〉 세계 경제의 둔화와 내수 부진이라는 내우외환에 휩싸인 한국 경제는 돌파구를 찾아내야 한다.　〔　〕

03 산전수전
메 山 | 싸울 戰 |
물 水 | 싸울 戰

〈교과〉 산전수전 다 겪고 칼날 밑에서와 총부리 앞에서 목숨을 내걸어 보기 수없던 윤 직원 영감입니다.　〔　〕

04 천신만고
일천 千 | 매울 辛 |
일만 萬 | 괴로울 苦

〈교과〉 선관의 도움으로 서방 세계에 이른 성의는 천신만고 끝에 일영주를 얻지만 형 항의에게 빼앗기고 만다.　〔　〕

① 나라 안팎의 여러 가지 어려움.

② 산에서도 싸우고 물에서도 싸웠다는 뜻으로, 세상의 온갖 고생과 어려움을 다 겪었음을 이름.

③ 아홉 번 죽을 뻔하다 한 번 살아난다는 뜻으로, 죽을 고비를 여러 차례 넘기고 겨우 살아남을 이름.

④ 천 가지 매운 것과 만 가지 쓴 것이라는 뜻으로, 온갖 어려운 고비를 다 겪으며 심하게 고생함을 이름.

★ 여러 가지 사물과 현상

05 무릉도원
굳셀 武 | 큰 언덕 陵 |
복숭아나무 桃 | 근원 源

〈수능〉 무릉도원을 예 듣고 못 봤더니 / 이제야 알겠구나 이 진짜 거기로다　〔　〕

06 박주산채
얇을 薄 | 술 酒 |
메 山 | 나물 菜

〈교과〉 솔불 혀지 마라 어제 진 달 도다 온다 / 아이야 박주산채일망정 없다 말고 내여라　〔　〕

07 방방곡곡
동네 坊 | 동네 坊 |
굽을 曲 | 굽을 曲

〈학평〉 유생이 길을 나선 뒤 팔도강산 방방곡곡과 사해팔방으로 두루 돌아다니며 산속이든 바닷가든 아니 간 곳이 없었다.　〔　〕

08 십중팔구
열 十 | 가운데 中 |
여덟 八 | 아홉 九

〈교과〉 아이들에게 가장 무서운 주사가 무어냐고 물으면 십중팔구는 불주사라고 대답한다.　〔　〕

09 이왕지사
이미 已 | 갈 往 |
갈 之 | 일 事

〈교과〉 이왕지산데 이제 와서 왈가왈부해 봐야 무슨 소용이 있는가?　〔　〕

10 천재일우
일천 千 | 실을 載 |
하나 一 | 만날 遇

〈교과〉 이무기는 옥황상제를 만나기 위해 승천할 수 있는 천재일우의 기회를 맞았다.　〔　〕

① 이미 지나간 일.

② 맛이 변변하지 못한 술과 산나물.

③ 한 군데도 빠짐이 없는 모든 곳(온 마을).

④ 도연명의 〈도화원기〉에 나오는 말로, '이상향', '별천지'를 이름.

⑤ 열 가운데 여덟이나 아홉 정도로 거의 대부분이거나 거의 틀림없음.

⑥ 천 년 동안 단 한 번 만난다는 뜻으로, 좀처럼 만나기 어려운 좋은 기회를 이름.

★ 자기 본위, 세태의 비정함

11 감탄고토
달 甘 | 삼킬 呑 |
괴로울 苦 | 토할 吐

교과 이 작품에 등장하는 백 주사는 감탄고토를 서슴지 않고 돈과 권력을 좇는 친일파의 전형이다. 〔 　 〕

12 견강부회
끌 牽 | 강할 強 |
붙을 附 | 모일 會

교과 따오기의 뇌물을 받은 황새는 꾀꼬리와 뻐꾹새, 따오기의 소리 겨룸에서 따오기의 소리가 상성이라는 견강부회의 판결을 내린다. 〔 　 〕

13 아전인수
나 我 | 밭 田 |
끌 引 | 물 水

교과 노인은 아전인수식으로 점쟁이의 점괘를 해석하며 행방불명된 아들이 살아 돌아오기만 학수고대하고 있다. 〔 　 〕

14 염량세태
불탈 炎 | 서늘할 涼 |
세대 世 | 모양 態

교과 가난할 때는 거들떠보지도 않다가 성공한 기업가가 되니까 청탁이 쇄도하니 염량세태가 따로 있는 게 아니구나. 〔 　 〕

15 토사구팽
토끼 兎 | 죽을 死 |
개 狗 | 삶을 烹

교과 명 태조의 천하통일을 도왔던 개국공신과 가족들은 태조에게 토사구팽을 당한다. 〔 　 〕

① 이치에 맞지 않는 말을 억지로 끌어 붙여 자기에게 유리하게 함.

② 자기 논에 물 대기라는 뜻으로, 자기에게만 이롭게 되도록 생각하거나 행동함을 이름.

③ 세력이 있을 때는 아첨하여 따르고 세력이 없어지면 푸대접(냉대)하는 세상인심을 이름.

④ 달면 삼키고 쓰면 뱉는다는 뜻으로, 자신의 비위에 따라서 사리의 옳고 그름을 판단함을 이름.

⑤ 토끼가 죽으면 토끼를 잡던 사냥개도 필요 없게 되어 주인에게 삶아 먹히게 된다는 뜻으로, 필요할 때는 쓰고 필요 없을 때는 야박하게 버리는 경우를 이름.

★ 자연과 어울림

16 강호지인
강 江 | 호수 湖 |
갈 之 | 사람 人

교과 그는 속세를 떠나 자연에 살고자 했던 강호지인의 풍류를 보여 준다. 〔 　 〕

17 물아일체
만물 物 | 나 我 |
하나 一 | 몸 體

모평 만물과 조화롭게 합일한다는 물아일체로 호접몽 이야기를 끝맺는 까닭이 여기에 있다. 〔 　 〕

18 연하고질
연기 煙 | 놀 霞 |
고질 痼 | 병 疾

모평 화자는 자연에 몰입하여 살다 보니 연하고질이 생겼고, 자신의 삶을 높은 벼슬과 절대로 바꾸지 않겠다고 강조한다. 〔 　 〕

19 천석고황
샘 泉 | 돌 石 |
기름 膏 | 명치끝 肓

수능 이런들 어떠하며 저런들 어떠하료 / 초야우생이 이렇다 어떠하료 / 하물며 천석고황을 고쳐 무슴하료

20 풍월주인
바람 風 | 달 月 |
주인 主 | 사람 人

모평 자신의 삶을 옛사람과 비교하며 스스로를 풍월주인이라 여기는 데에서 화자의 자부심이 드러나는군. 〔 　 〕

① 벼슬하지 아니하고 자연을 벗 삼아 강호에 묻혀 사는 사람.

② 맑은 바람과 밝은 달 따위의 아름다운 자연을 즐기는 사람.

③ 외물(外物)과 자아, 객관과 주관, 또는 물질계와 정신계가 어울려 하나가 됨.

④ 자연의 아름다운 경치를 몹시 사랑하고 즐기는 마음이 고질병처럼 깊음을 이름.

⑤ 샘과 돌이 몸속 깊은 곳에 들었다는 뜻으로, 산수를 즐기고 사랑하는 것이 정도에 지나쳐 마치 고치기 어려운 깊은 병과 같음을 이름.

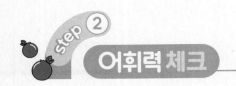

step 2 어휘력 체크

·뜻풀이로 체크하기·

01 ~ 06 다음 뜻풀이에 해당하는 한자 성어를 쓰시오.

01 이미 지나간 일. ☐☐☐☐

02 한 군데도 빠짐이 없는 모든 곳(온 마을). ☐☐☐☐

03 맑은 바람과 밝은 달 따위의 아름다운 자연을 즐기는 사람. ☐☐☐☐

04 벼슬하지 아니하고 자연을 벗 삼아 강호에 묻혀 사는 사람. ☐☐☐☐

05 도연명의 〈도화원기〉에 나오는 말로, '이상향', '별천지'를 이름. ☐☐☐☐

06 산에서도 싸우고 물에서도 싸웠다는 뜻으로, 세상의 온갖 고생과 어려움을 다 겪었음을 이름. ☐☐☐☐

07 ~ 11 다음 빈칸에 들어갈 알맞은 말을 〈보기〉에서 찾아 쓰시오.

보기
병 비위 아첨
산나물 어려움

07 내우외환: 나라 안팎의 여러 가지 (   ).

08 박주산채: 맛이 변변하지 못한 술과 (   ).

09 염량세태: 세력이 있을 때는 (   )하여 따르고 세력이 없어지면 푸대접(냉대)하는 세상인심을 이름.

10 감탄고토: 달면 삼키고 쓰면 뱉는다는 뜻으로, 자신의 (   )에 따라서 사리의 옳고 그름을 판단함을 이름.

11 천석고황: 샘과 돌이 몸속 깊은 곳에 들었다는 뜻으로, 산수를 즐기고 사랑하는 것이 정도에 지나쳐 마치 고치기 어려운 깊은 (   )와/과 같음을 이름.

·문장으로 체크하기·

12 ~ 14 다음 대화 내용과 의미가 통하는 한자 성어를 〈보기〉에서 찾아 쓰시오.

보기
물아일체 천재일우 토사구팽

12 채현: 너는 산을 참 좋아하는 것 같아.
유나: 산에 들어가서 가만히 꽃과 나무를 바라보면 나도 산의 일부가 되어 함께 숨을 쉬는 것 같거든. ☐☐☐☐

13 민아: 원하는 회사에 합격했다면서?
규리: 응. 그 회사에 들어가기 쉽지 않아서 걱정했는데, 정말 어렵게 얻은 기회이니 최선을 다해 일해야겠어. ☐☐☐☐

14 아림: 태종 이방원이 왕위에 오르기까지 아내인 원경 왕후와 처남들이 크게 기여했어.
희현: 하지만 태종은 왕위에 오르자 원경 왕후를 멀리하고 처남들을 차례로 제거했어. 너무 야박하지 않니? ☐☐☐☐

15 ~ 18 다음 빈칸에 들어갈 알맞은 한자 성어를 〈보기〉에서 찾아 쓰시오.

보기
구사일생 십중팔구 아전인수 연하고질

15 교과 나는 ☐☐☐☐이/가 오래되어, 빌딩 숲에서 벗어나 자연에 파묻혀 살고 싶은 마음이 간절하다.

16 교과 아침을 먹지 않고 등교하는 학생들 중에 ☐☐☐☐은/는 아침 식사보다 아침잠을 더 소중히 여길 것이다.

17 교과 가득 찬 쓰레기봉투를 남의 집 앞에 내놓는 행동은 자기 집 앞만 깨끗하게 하려는 ☐☐☐☐ 격 행동이다.

18 교과 갯바위에서 낚시를 즐기던 한 남성이 갑작스러운 파도에 휩쓸려 해상으로 추락했으나 해경의 극적인 구조 덕분에 ☐☐☐☐(으)로 살았다.

01 한자 성어의 의미 이해하기
다음 중 내포적 의미가 '비정한 세태'와 거리가 <u>먼</u> 한자 성어는?

① 토사구팽(兔死狗烹)　② 수주대토(守株待兔)
③ 염량세태(炎凉世態)　④ 감탄고토(甘呑苦吐)
⑤ 견강부회(牽强附會)

02 시적 상황에 맞는 한자 성어 찾기
주제 의식을 고려할 때 〈보기〉의 화자의 정서 및 태도와 거리가 <u>먼</u> 한자 성어는?

> ● 보기 ●
> 십 년을 경영하여 초려삼간 지어 내니,
> 나 한 칸, 달 한 칸에 청풍 한 칸 맡겨 두고,
> 강산(江山)은 들일 데 없으니 둘러 두고 보리라
> － 송순

① 만경창파(萬頃蒼波)　② 물아일체(物我一體)
③ 연하고질(煙霞痼疾)　④ 안분지족(安分知足)
⑤ 풍월주인(風月主人)

03 한자 성어의 쓰임 이해하기
다음 중 한자 성어의 쓰임이 적절하지 <u>않은</u> 것은?

① 그 가게에서 판매하는 보석들은 십중팔구(十中八九)가 가짜다.
② 그는 징용으로 끌려갔다가 광복이 되어 구사일생(九死一生)으로 살아 돌아왔다.
③ 다 지난 일을 들춰 뭐 하겠어. 이왕지사(已往之事) 이렇게 된 일 후회해도 소용이 없네.
④ 결정적인 기회가 반복해서 온다면 그걸 어찌 천재일우(千載一遇)의 기회라고 하겠는가?
⑤ 그의 천석고황(泉石膏肓)의 꿈은 판검사가 되는 게 아니라 장사를 하여 돈을 버는 것이었다.

04 시적 상황에 맞는 한자 성어 찾기
다음 중 밑줄 친 부분을 나타내기에 가장 적절한 한자 성어는?

> ● 보기 ●
> 두류산 양단수를 녜 듣고 이제 보니
> 도화 뜬 맑은 물에 산영조차 잠겨셰라
> 아희야 무릉이 어디메오 나는 <u>옌가</u> 하노라
> － 조식

① 아전인수(我田引水)　② 방방곡곡(坊坊曲曲)
③ 박주산채(薄酒山菜)　④ 산전수전(山戰水戰)
⑤ 무릉도원(武陵桃源)

05 상황에 맞는 한자 성어 찾기
〈보기〉의 '황새'의 태도를 비판할 때 사용하기에 적절한 한자 성어는?

> ● 보기 ●
> 　꾀꼬리, 뻐꾹새, 따오기가 자기의 우는 소리가 최고라고 다투다가 황새를 찾아가 송사를 제기한다. 따오기는 황새가 좋아하는 여러 곤충을 잡아 황새에게 뇌물을 먹인다. 황새는 가장 아름답지 못한 따오기의 소리를 듣고도, "쾌재(快哉)며 장자(長者)로다. 황장군의 위풍이요, 장익덕의 호통이로다. 네 소리 가장 웅장하니 짐짓 대장부의 기상이로다."라며 따오기의 소리를 가장 좋은 소리라고 판결한다.

① 강호지인(江湖之人)　② 산전수전(山戰水戰)
③ 견강부회(牽强附會)　④ 내우외환(內憂外患)
⑤ 천신만고(千辛萬苦)

06 시적 상황에 맞는 한자 성어 찾기
소박한 삶을 지향하는 화자의 태도를 고려할 때 ㉠에 어울리는 한자 성어는?

> ● 보기 ●
> 짚방석 내지 마라 낙엽엔들 못 안즈랴
> 솔불 혀지 마라 어제 진 달 도다 온다
> 아이야 (　㉠　)일망정 없다 말고 내여라
> － 한호

① 고량진미(膏粱珍味)　② 박주산채(薄酒山菜)
③ 산해진미(山海珍味)　④ 진수성찬(珍羞盛饌)
⑤ 양두구육(羊頭狗肉)

03 헷갈리는 어휘_한자어

4주 완성

step 1 어휘력 학습

※ 헷갈리는 어휘의 각 예문을 읽고 해당 의미를 찾아 번호를 쓰세요.

★ 개시 vs 게시 vs 계시　(Tip) '시작'은 '개시', '보여 주는 행위'는 '게시', '신의 가르침'은 '계시'

01 개시 열 開 | 비로소 始	학평 수사 개시의 단서로는 고소, 고발, 인지가 있다. 〔　〕	① 몡 행동이나 일 따위를 시작함.
02 게시 들 揭 | 보일 示	모평 각 입찰 참여자는 자신의 입찰가를 감추기 위해 논스의 해시 값과, 입찰가에 논스를 더한 것의 해시 값을 함께 게시판에 게시를 한다. 〔　〕	② 몡 사람의 지혜로써는 알 수 없는 진리를 신(神)이 가르쳐 알게 함.
03 계시 열 啓 | 보일 示	교과 그녀는 신의 계시를 받은 듯, 거침없이 산을 올라갔다. 〔　〕	③ 몡 여러 사람에게 알리기 위하여 내붙이거나 내걸어 두루 보게 함. 또는 그런 물건.

★ 개발 vs 계발　(Tip) 인간의 영역 외 사물의 영역에서도 사용이 가능한 것은 '개발', 인간의 영역에서만 사용이 가능한 것은 '계발'

04 개발 열 開 | 필 發	(1) 교과 경제 개발을 내부 자본만으로 충당할 수 없어 외부 자본을 도입했다. 〔　〕	① 몡 산업이나 경제 따위를 발전하게 함.
	(2) 학평 시중 은행에 저축하려는 사람들이 늘어날 수 있으니, 다양한 상품의 개발을 통해 고객을 유치해야겠군. 〔　〕	② 몡 슬기나 재능, 사상 따위를 일깨워 줌.
05 계발 열 啓 | 필 發	학평 선진국에서는 학교에서 청소년들을 위해 다양한 문화 활동 프로그램을 마련하여 적성 계발의 기회를 제공하고 있다. 〔　〕	③ 몡 새로운 물건을 만들거나 새로운 생각을 내어놓음.

★ 게재 vs 기재　(Tip) 글이나 그림이 신문이나 잡지에 실리는 경우는 '게재', 문서에 기록하여 올리는 경우는 '기재'

| 06 게재
들 揭 \| 실을 載 | 학평 무분별한 기사 게재로 인한 위험성에 대해 더 중요하게 생각해야 함을 주장하였다. 〔　〕 | ① 몡 문서 따위에 기록하여 올림. |
| 07 기재
기록할 記 \| 실을 載 | 학평 배심원의 평결 결과와 다른 판결을 선고할 때에는 피고인에게 반드시 그 이유를 설명하고 판결서에서도 그 이유가 기재되어야 한다. 〔　〕 | ② 몡 글이나 그림 따위를 신문이나 잡지 따위에 실음. |

★ 년도 vs 연도　(Tip) '년도'는 보통 '해'를 뜻하는 단어나 숫자 뒤에 붙여서 사용, '연도'는 보통 단어 뒤에 띄어서 사용

| 08 년도
해 年 \| 법도 度 | 교과 그녀는 1970년도 출생자로 부산에서 태어났다. 〔　〕 | ① 의·몡 일정한 기간 단위로서의 그해. |
| 09 연도
해 年 \| 법도 度 | 교과 서울시의 청소년 체력 등급 연도별 비율은 다음과 같다. 〔　〕 | ② 몡 사무나 회계 결산 따위의 처리를 위하여 편의상 구분한 일 년 동안의 기간. 또는 앞의 말에 해당하는 그해. |

★ 단합 vs 담합　(Tip) '집단'을 합하는 의미에는 '단합', '이야기'를 합하는 의미에는 '담합'

| 10 단합
둥글 團 \| 합할 合 | 학평 '현장 체험 학습'에서는 우리 반끼리 단합도 도모하고, 우리 반만의 특색을 살렸으면 좋겠습니다. 〔　〕 | ① 몡 서로 의논하여 합의함. |
| 11 담합
말씀 談 \| 합할 合 | 모평 기업들의 담합으로 제품 가격을 인상했다가 적발된 경우가 있다. 〔　〕 | ② 몡 많은 사람이 마음과 힘을 한데 뭉침. |

★ 복구 vs 복귀 (Tip) '회복'이나 '복원'의 의미에는 '복구', '원 자리나 상태로 되돌아 감.'의 의미에는 '복귀'

12 복구 돌아올 復 | 옛 舊	교과 이번 태풍으로 인해 피해를 입은 지역의 복구가 가장 시급하다. 〔　〕	① 명 손실 이전의 상태로 회복함.
13 복귀 돌아올 復 | 돌아올 歸	수능 ⓐ는 '강호'에서의 은거를 마친 '내'의 정치 현실로의 복귀 의지를 나타낸다. 〔　〕	② 명 본디의 자리나 상태로 되돌아감.

★ 일절 vs 일체 (Tip) '일절'은, '아주, 전혀, 절대로'를 뜻하는 표현, '일체'는 '전부'를 나타내는 표현

14 일절 하나 一 | 끊을 切	모평 감사는 송(채봉)이 있는 별당은 외인 출입을 일절 엄금하니, 필성은 송을 만날 길이 없어 수심으로 지내더라. 〔　〕	① 명 모든 것.
15 일체 하나 一 | 모두 切	학평 대궐 안에서 일상적으로 쓰는 물건들 일체를 삼분의 일 줄이십시오. 〔　〕	② 부 아주, 전혀, 절대로의 뜻으로, 흔히 행위를 그치게 하거나 어떤 일을 하지 않을 때에 쓰는 말.

★ 조정 vs 조종 (Tip) '조정'은 '어떤 기준에 맞게 무언가를 정리한다.'의 의미, '조종'은 '무언가를 다룬다.'는 의미

16 조정 고를 調 | 가지런할 整	모평 채권의 신용 등급은 신용 위험의 변동에 따라 조정될 수 있다. 〔　〕	① 명 어떤 기준이나 실정에 맞게 정돈함.
17 조종 잡을 操 | 늘어질 縱	(1) 수능 교재로 항공기 조종 교육을 실시하였다. 〔　〕 (2) 교과 제가 누구의 조종이나 받는 꼭두각시인 줄 아나요? 〔　〕	② 명 다른 사람을 자기 마음대로 다루어 부림. ③ 명 비행기나 선박, 자동차 따위의 기계를 다루어 부림.

★ 지양 vs 지향 (Tip) '지양'은 부정적인 의미로 하지 않아야 하는 일을 표현할 때, '지향'은 긍정적인 의미로 목표하는 점에 대해 표현할 때 사용

18 지양 그칠 止 | 오를 揚	교과 세상을 선과 악으로 이분하는 태도는 지양되어야 한다. 〔　〕	① 명 더 높은 단계로 오르기 위하여 어떠한 것을 하지 아니함.
19 지향 뜻 志 | 향할 向	학평 ㉠은 화자가 지향을 하는 이상 실현의 존재이다. 〔　〕	② 명 어떤 목표로 뜻이 쏠리어 향함. 또는 그 방향이나 그쪽으로 쏠리는 의지.

★ 체격 vs 체력 (Tip) '체격'은 몸 전체의 형상과 크기를 의미, '체력'은 종합적인 신체 능력을 의미

20 체격 몸 體 | 격식 格	모평 체격이 작고 약하여 혹 미심하거니와 아직은 누설하지 말라. 〔　〕	① 명 근육, 골격, 영양 상태 따위로 나타나는 몸 전체의 외관적 형상.
21 체력 몸 體 | 힘 力	학평 운동 부족으로 체력이 약해진 갑은 독서보다 운동이 절실하게 필요해졌다. 〔　〕	② 명 육체적 활동을 할 수 있는 몸의 힘. 또는 질병이나 추위 따위에 대한 몸의 저항 능력.

★ 출연 vs 출현 (Tip) 보통 '작품'에 나타나는 것은 '출연', 보통 '장소'에 나타나는 것은 '출현'

22 출연 날 出 | 멀리 흐를 演	모평 일부 유명인들은 여러 상품의 광고에 중복하여 출연을 한다. 〔　〕	① 명 나타나거나 또는 나타나서 보임.
23 출현 날 出 | 나타날 現	학평 주변을 항상 경계하면서 포식자의 출현을 사전에 알아채야 하는 생존 방식과 관련이 있다. 〔　〕	② 명 연기, 공연, 연설 따위를 하기 위하여 무대나 연단에 나감.

1000

어휘 919개 달성! 900

· 뜻풀이로 체크하기 ·

01 ~ 06 다음 빈칸에 들어갈 알맞은 말을 〈보기〉에서 찾아 쓰시오.

─── ● 보기 ● ───

오르기   외관적   이전의

일깨워   마음대로   내붙이거나

01 복구: 손실 (   ) 상태로 회복함.

02 계발: 슬기나 재능, 사상 따위를 (   ) 줌.

03 지양: 더 높은 단계로 (   ) 위하여 어떠 한 것을 하지 아니함.

04 체격: 근육, 골격, 영양 상태 따위로 나타나는 몸 전체 의 (   ) 형상.

05 게시: 여러 사람에게 알리기 위하여 (   ) 내걸어 두루 보게 함. 또는 그런 물건.

06 조종: ⑴ 비행기나 선박, 자동차 따위의 기계를 다루 어 부림. ⑵ 다른 사람을 자기 (   ) 다 루어 부림.

07 ~ 12 다음 뜻풀이에 해당하는 어휘를 고르시오.

07 모든 것.   (일절 | 일체)

08 일정한 기간 단위로서의 그해.   (년도 | 연도)

09 많은 사람이 마음과 힘을 한데 뭉침.
(단합 | 담합)

10 글이나 그림 따위를 신문이나 잡지 따위에 실음.
(게재 | 기재)

11 연기, 공연, 연설 따위를 하기 위하여 무대나 연단에 나감.   (출연 | 출현)

12 사람의 지혜로써는 알 수 없는 진리를 신(神)이 가르 쳐 알게 함.   (개시 | 계시)

· 문장으로 체크하기 ·

13 ~ 17 다음 문맥에 어울리는 어휘를 고르시오.

13 교과 그 게임에서는 공격을 (개시 | 게시)하는 시간이 정해져 있어.

14 학평 요즘 들어 (체격 | 체력) 저하 때문에 쉽게 피곤 해하거나 아픈 학생들이 부쩍 늘었습니다.

15 모평 베바시주맙은 대장암의 치료제로 (개발 | 계발) 되었지만 다른 여러 종류의 암에도 효과가 있다.

16 수능 시인들은 시 속에 형상화된 세계를 통해 인간이 (지양 | 지향)해야 할 바람직한 삶의 방향을 모색한다.

17 학평 유배객이 많았던 조선 시대의 유배 시가에는 정 적에 대한 원망, 결백의 호소, 정계 (복구 | 복귀)에 대한 소망 등이 주로 표현되었다.

18 ~ 22 다음 밑줄 친 어휘의 쓰임이 적절하면 ○에, 적절하 지 않으면 ×에 표시하시오.

18 학평 여권에 기재되는 정보에는 어떤 것들이 있을까 요?   (○, ×)

19 학평 무료 접종 대상자는 1950연도 이전 출생자 어르 신들이다.   (○, ×)

20 학평 어느 날부턴가 저승사자는 우리 동네 근처에 일 절 범접하지 않게 되었다.   (○, ×)

21 교과 버스 노선 조종과 관련한 자세한 사항은 버스 정 보 홈페이지를 통해 확인하시기 바랍니다. (○, ×)

22 모평 4세기경부터 출연한 바실리카식 성당은 이후 평 면 형태의 부분적 변화를 겪으면서 중세 시대에 절정 을 이루었다.   (○, ×)

헷갈리는 어휘의 쓰임 이해하기

01 밑줄 친 어휘의 쓰임이 적절하지 <u>않은</u> 것은?

① 선박을 조종(操縱)하던 김 씨는 회사의 구조 조정(調整)으로 일자리를 잃었다.

② 그는 콘서트 출현(出現) 요청을 거절하고 광고 출연(出演) 제의는 받아들였다.

③ 음료 종류 일체(一切)를 갖추고 있는 이 가게는 외부 음료의 반입을 일절(一切) 금하고 있다.

④ 남과 북의 이질화를 지양(止揚)하고 평화와 안정을 지향(志向)하는 정책을 펼쳐 나가야 한다.

⑤ 천 리 행군은 체력(體力)의 소모가 많은 훈련이라서 다부진 체격(體格)의 군인들도 힘들어한다.

어휘의 쓰임 이해하기

02 어휘에 대한 이해로 적절하지 <u>않은</u> 것은?

① 상상력이나 외국어 능력은 '계발(啓發)'하고, 신제품은 '개발(開發)'하는 거야.

② 여럿이 마음과 힘을 한데 뭉치는 것은 '단합(團合)'이고, 서로 의논해서 합의하는 것은 '담합(談合)'이야.

③ 총을 쏘기 시작하는 것은 사격 '게시(揭示)', 일정표를 내걸어 두루 보게 하는 것은 일정표 '개시(開始)'라고 해.

④ '기재(記載)'는 문서에 기록하여 올리는 경우에 사용하고, '게재(揭載)'는 글, 사진 등을 신문이나 잡지에 싣는 경우에 사용해.

⑤ 휴가를 나온 병사가 부대로 돌아가는 것은 '복귀(復歸)'이고, 홍수나 가뭄 등의 피해를 손실 이전 상태로 회복하는 것은 '복구(復舊)'야.

문맥에 알맞은 어휘 찾기

03 문맥상 알맞은 어휘에 ○표 한 것으로 적절하지 <u>않은</u> 것은?

① 과제를 자료실에 (개시(開始) / <u>게시(揭示)</u>)해 놓았다.

② 지진 피해 (<u>복구(復舊)</u> / 복귀(復歸))에 많은 군 병력이 동원되었다.

③ 꿈에 나타난 도사의 (게시(揭示) / <u>계시(啓示)</u>)에 따라 길을 나섰다.

④ 몸살감기의 후유증으로 (체격(體格) / <u>체력(體力)</u>)이 급격히 저하되었다.

⑤ 그 회사들은 물건값을 (<u>단합(團合)</u> / 담합(談合))한 혐의로 조사를 받고 있다.

문맥에 알맞은 어휘 찾기

04 다음 중 〈보기〉의 ㉠~㉤에 들어갈 어휘로 적절하지 <u>않은</u> 것은?

━━━━ ● 보기 ● ━━━━

• 요즘 도심에 멧돼지 떼가 자주 (㉠)한다.
• 꿈에 신의 (㉡)를 받고 종교에 귀의했다.
• 이번 사건은 배후에서 (㉢)하는 세력이 있다.
• 젊은 세대는 자기 능력의 (㉣)에 관심이 많다.
• 아파트 단지 내에서는 흡연이 (㉤) 금지되어 있다.

① ㉠: 출연(出演)　　　　② ㉡: 계시(啓示)

③ ㉢: 조종(操縱)　　　　④ ㉣: 계발(啓發)

⑤ ㉤: 일절(一切)

어문 규범에 따른 어휘의 표기 이해하기

05 다음 중 〈보기〉의 ⓐ~ⓔ에 들어갈 어휘로 적절하지 <u>않은</u> 것은?

━━━━ ● 보기 ● ━━━━

　한글 맞춤법에서는 한자음 '녀, 뇨, 뉴, 니'가 단어 첫머리에 올 적에는, 두음 법칙에 따라 '여, 요, 유, 이'로 적는다고 규정되어 있다. 즉 '(ⓐ), (ⓑ)' 등의 명사는 두음 법칙이 적용된다.
　다만, 의존 명사에서는 이러한 두음 법칙이 적용되지 않는다. 따라서 '年, 年度'가 의존 명사로 쓰이는 경우에는 '(ⓒ), (ⓓ)'와 같이 적는다.
　그리고 단어의 첫머리 이외의 경우에는 '(ⓔ)'처럼 본음대로 적는다.

① ⓐ: 연도(年度)　　　　② ⓑ: 연세(年歲)

③ ⓒ: 일 년(一年)　　　　④ ⓓ: 2025년도(年度)

⑤ ⓔ: 신여성(新女性)

필수 어휘_과학

※ 어휘의 사전적 의미에 해당하는 예문을 찾아 번호를 쓰고 빈칸을 채워 보세요.

---

01 습성
익힐 習 | 성품 性

(1) 몡 습관이 되어 버린 성질. 〔　〕

(2) 몡 동일한 동물종(動物種) 내에서 공통되는 생활 양식이나 행동 양식. 〔　〕

02 시급하다
때 時 | 급할 急 ──

몡 시각을 다툴 만큼 몹시 절박하고 급하다. 〔　〕

03 압도하다
누를 壓 | 넘어질 倒 ──

동 보다 뛰어난 힘이나 재주로 남을 눌러 꼼짝 못 하게 하다. 〔　〕

04 양상
모양 樣 | 서로 相

몡 사물이나 현상의 모양이나 상태. 〔　〕

05 양성
기를 養 | 이룰 成

몡 가르쳐서 유능한 사람을 길러 냄. 〔　〕

---

06 억제하다
누를 抑 | 억제할 制 ──

동 감정이나 욕망, 충동적 행동 따위를 내리눌러서 그치게 하다. 〔　〕

07 영위하다
경영할 營 | 할 爲 ──

동 일을 꾸려 나가다. 〔　〕

08 완만하다
느릴 緩 | 게으를 慢 ──

(1) 형 움직임이 느릿느릿하다. 〔　〕

(2) 형 경사가 급하지 않다. 〔　〕

09 완수하다
완전할 完 | 이룰 遂 ──

동 뜻한 바를 완전히 이루거나 다 해내다. 〔　〕

10 융합하다
녹을 融 | 합할 合 ──

동 다른 종류의 것이 녹아서 서로 구별이 없게 하나로 합하여지다. 또는 다른 종류의 것을 녹여서 서로 구별이 없게 하나로 합하다. 〔　〕

---

11 인지하다
알 認 | 알 知 ──

동 어떤 사실을 인정하여 알다. 〔　〕

12 저하
낮을 低 | 아래 下

몡 정도, 수준, 능률 따위가 떨어져 낮아짐. 〔　〕

13 접경
접할 接 | 지경 境

몡 경계가 서로 맞닿음. 또는 그 경계. 〔　〕

14 증식
더할 增 | 번성할 殖

몡 생물이나 조직 세포 따위가 세포 분열을 하여 그 수를 늘려 감. 또는 그런 현상. 〔　〕

15 증폭
더할 增 | 폭 幅

몡 라디오 따위에서 전압, 전류의 진폭이 늘어 감도(感度)가 좋아지거나 진폭을 늘여 감도를 좋게 함. 또는 그 일. 〔　〕

---

① 교과 돌봄 로봇은 혼자 사는 고령층의 □□과 습관을 인공 지능으로 학습하도록 만들어졌다.

② 학평 지속 감염은 바이러스의 발현 □□에 따라 잠복 감염과 만성 감염, 지연 감염으로 나뉜다.

③ 모평 분자들이 맞닿을 정도가 되면 반발력이 급격하게 증가하여 반발력이 인력을 □□하게 된다.

④ 모평 생물 다양성 보존을 위한 연구 기관을 건립하고 전문 인력의 □□ 체계를 갖추어야 할 것이다.

⑤ 학평 현재 우리나라에는 청소년을 대상으로 한 다양한 신체 활동 프로그램이 부족한 상황이므로 국가 차원의 프로그램 마련이 □□합니다.

⑥ 학평 동물 한 마리 한 마리의 권리를 모두 신경 쓰는 것은 동물을 과잉보호하는 것이며, 오히려 동물의 □□을 잃어버리게 하는 것입니다.

---

① 교과 배가 □□한 속도로 항구를 빠져나가고 있다.

② 교과 분노를 □□하고 충동을 조절하는 방법에 호흡 이완 훈련이 있다.

③ 수능 조각류의 발자국은 세 개의 뭉툭한 발가락이 앞으로 향해 있고 발뒤꿈치는 □□한 곡선을 이룬다.

④ 학평 비바이러스성 벡터가 자신의 임무를 □□하기 위해서는 리소좀에 의해 분해되기 전에 세포막 주머니로부터 나와야 한다.

⑤ 학평 결국 인간의 뇌는 큰 규모의 집단 내에서 효과적인 집단생활을 □□하고 사회적인 문제들을 해결하는 역할을 하는 셈입니다.

⑥ 학평 양(+)의 전하를 띤 원자핵은 음(−)의 전하를 띤 전자와 전기적 인력에 의해 단단히 결합되어 있어서 일반적인 상태에서 원자핵이 □□하는 것은 불가능하다.

---

① 교과 일본은 유라시아판과 태평양판의 □□지대에 있어 지진 피해가 많다.

② 학평 방사선 영상 □□ 장치로 정확한 통증 부위를 찾아낼 수 있다.

③ 교과 멜라닌 세포가 바깥층에서 □□하여 점이 생긴다.

④ 학평 신체의 면역력이 □□되면 피부에 통증과 수포가 생겨날 수 있는데, 이를 대상 포진이라 한다.

⑤ 학평 'C형 간염 바이러스(HCV)'에 감염된 환자의 약 80%는 해당 바이러스를 보유하고도 증세가 나타나지 않아 감염 여부를 □□하기 어렵다.

16 진단하다 볼 診 | 끊을 斷 --	동 의사가 환자의 병 상태를 판단하다.	〔 　 〕
17 착지하다 붙을 着 | 땅 地 --	동 공중에서 땅으로 내리다.	〔 　 〕
18 채집하다 캘 採 | 모을 集 --	동 널리 찾아서 얻거나 캐거나 잡아 모으다.	〔 　 〕
19 첨단 뾰족할 尖 | 바를 端	명 시대 사조, 학문, 유행 따위의 맨 앞장.	〔 　 〕
20 출몰하다 날 出 | 잠길 沒 --	동 어떤 현상이나 대상이 나타났다 사라졌다 하다.	〔 　 〕

① 교과 달 착륙선이 달 표면에 사선 방향으로 〔　〕〔　〕하는 과정에서 암석에 걸려 쓰러졌다.

② 교과 그 지역은 천연기념물인 반달가슴곰이 자주 〔　〕〔　〕하는 곳이다.

③ 교과 곤충학자는 벌을 〔　〕〔　〕해서 핀으로 꽂아 표본을 만들었다.

④ 모평 실시간 PCR를 이용하면 바이러스의 감염 여부를 초기에 정확하고 빠르게 〔　〕〔　〕할 수 있다.

⑤ 수능 〔　〕〔　〕 과학의 발전에도 불구하고 생명체의 존재 원리와 이유를 정확히 규명하는 과제는 아직 진행 중이다.

21 치료하다 다스릴 治 | 병 고칠 療 --	동 병이나 상처 따위를 잘 다스려 낫게 하다.	〔 　 〕
22 터득하다 펼 攄 | 얻을 得 --	동 깊이 생각하여 이치를 깨달아 알아내다.	〔 　 〕
23 턱없다	형 수준이나 분수에 맞지 아니하다.	〔 　 〕
24 통념 통할 通 | 생각할 念	명 일반적으로 널리 통하는 개념.	〔 　 〕
25 퇴적 흙무더기 堆 | 쌓을 積	명 암석의 파편이나 생물의 유해(遺骸) 따위가 물이나 빙하, 바람 따위의 작용으로 운반되어 일정한 곳에 쌓이는 일.	〔 　 〕

① 학평 체지방에 대한 잘못된 〔　〕〔　〕을 다양한 근거로 비판하고 있다.

② 수능 이글루에는 극한 지역에서 살아가는 사람들이 경험을 통해 〔　〕〔　〕한 삶의 지혜가 담겨 있다.

③ 학평 사구는 바람이 불어오는 부분에서 침식이 일어나고 바람이 불어나가는 부분에서 〔　〕〔　〕이 되면서 천천히 움직이기 시작한다.

④ 학평 과학자들은 여러 가지 실험을 통해 오토파지를 활성화시키는 방법을 연구하거나 오토파지를 이용해 병을 〔　〕〔　〕하는 방법을 찾고 있다.

⑤ 수능 왜 글을 읽고 있는 동안 책이 움직이는 것을 볼 수 없을까? 그것은 빛이 가하는 충격이 책에 의미 있는 운동을 일으키기에는 〔　〕〔　〕〔　〕 작기 때문이다.

26 판가름하다	(1) 동 사실의 옳고 그름이나 어떤 대상의 나음과 못함, 가능성 따위를 판단하여 가르다.	〔 　 〕
	(2) 동 승패나 생사존망을 결판내다.	〔 　 〕
27 편견 치우칠 偏 | 볼 見	명 공정하지 못하고 한쪽으로 치우친 생각.	〔 　 〕
28 하구 강물 河 | 입 口	명 강물이 바다로 흘러 들어가는 어귀.	〔 　 〕
29 해빙 바다 海 | 얼음 氷	명 바닷물이 얼어서 생긴 얼음.	〔 　 〕
30 후세 뒤 後 | 세대 世	명 다음에 오는 세상. 또는 다음 세대의 사람들.	〔 　 〕

① 교과 강과 바다가 마주치는 넓은 〔　〕〔　〕에는 많은 물새가 서식한다.

② 교과 우주 발사체의 발사 도약 16분 후면 성공 여부를 〔　〕〔　〕할 수 있다.

③ 교과 심장 마비와 같은 응급 질환은 1초의 시간이 생사 여부를 〔　〕〔　〕〔　〕하기도 한다.

④ 학평 〔　〕〔　〕은 바다 위에 떠 있기에 물에 잠긴 정육면체 얼음과 달리 바닥 부분만 바닷물과 접촉하고 있다.

⑤ 학평 항생제에 대한 〔　〕〔　〕으로 인해 증상이 호전되는 것 같다고 판단해서 임의로 복용을 중단하면, 더 위험할 수 있다.

⑥ 학평 우리 모두 자가용 승용차의 차량 부제 의무화에 적극 동참하여 쾌적한 환경을 〔　〕〔　〕에 물려줄 수 있도록 노력해야 할 것이다.

step ② 어휘력 체크

·뜻풀이로 **체크하기**·

01 ~ 06 다음 뜻풀이에 해당하는 어휘를 제시된 초성을 참고하여 쓰시오.

01 일을 꾸려 나가다.
ㅇ ㅇ ㅎ ㄷ   (   )

02 어떤 사실을 인정하여 알다.
ㅇ ㅈ ㅎ ㄷ   (   )

03 가르쳐서 유능한 사람을 길러 냄.
ㅇ ㅅ   (   )

04 의사가 환자의 병 상태를 판단하다.
ㅈ ㄷ ㅎ ㄷ   (   )

05 생물이나 조직 세포 따위가 세포 분열을 하여 그 수를 늘려 감. 또는 그런 현상.
ㅈ ㅅ   (   )

06 정도, 수준, 능률 따위가 떨어져 낮아짐.
ㅈ ㅎ   (   )

07 ~ 08 다음 말상자를 완성하시오.

07 가로: (1) 움직임이 느릿느릿하다. (2) 경사가 급하지 않다.

08 세로: 뜻한 바를 완전히 이루거나 다 해내다.

09 ~ 14 다음 빈칸에 들어갈 알맞은 말을 쓰시오.

09 해빙: 바닷물이 얼어서 생긴 □□.

10 착지하다: 공중에서 □으로 내리다.

11 턱없다: 수준이나 □□에 맞지 아니하다.

12 하구: 강물이 □□로 흘러 들어가는 어귀.

13 터득하다: 깊이 생각하여 □□를 깨달아 알아내다.

14 판가름하다: (1) □□의 옳고 그름이나 어떤 대상의 나음과 못함, 가능성 따위를 판단하여 가르다. (2) 승패나 □□□을 결판내다.

·문장으로 **체크하기**·

15 ~ 19 다음 빈칸에 들어갈 알맞은 어휘에 ✓표 하시오.

15 (모평) 우리나라 삼국을 다룬 고기(古記)는 길이 □□에 전할 만하다.
□접경 □후세

16 (학평) 학교 내의 언어폭력 문제를 해결하기 위한 대책 마련이 □□한 실정이다.
□시급 □완만

17 (학평) 신경이 날카로워져 있을 때는 흥분 작용을 □□해 주는 대추차가 적당하다.
□억제 □진단

18 (학평) 항생제는 우리 몸에 들어온 세균을 죽이거나 세균의 생장을 억제하는 물질로, 질병을 빠르게 □□하는 데 도움이 된다.
□인지 □치료

19 (학평) 하나의 상황에 서로 다른 심리가 복합적으로 얽혀 있는 □□을 읽어 내는 것은 판소리계 소설의 문학성을 이해하는 요건 가운데 하나이다.
□양상 □양성

20 ~ 24 다음 빈칸에 들어갈 알맞은 어휘를 〈보기〉의 글자를 조합하여 쓰시오.

┌──────── 보기 ────────┐
견   념   단   도   습
성   압   첨   통   편
└────────────────────┘

20 (교과) 웃어른에게 예의 없이 구는 행동은 사회적 □□에 어긋난다고 생각한다.

21 (학평) 모든 동물들의 □□을 고려하여 동물원을 짓는다는 것은 현실적으로 불가능하다.

22 (수능) 산업 전체로는 □□ 기술 산업이지만 그 안에 얼마든지 저급 기술 기업이 있을 수 있다.

23 (학평) 인간의 마음은 기존의 지식에 영향을 받아 □□이 생기고 공정성을 잃어버릴 수 있다.

24 (모평) 주변을 □□하는 세계 지배자의 기마상을 올려다보는 순간 그 위계감은 한층 더 고조된다.

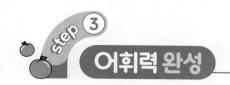
01 다음 중 밑줄 친 어휘의 쓰임이 적절하지 <u>않은</u> 것은?   어휘의 쓰임 이해하기

① 이곳에는 주로 무거운 물질이 <u>퇴적</u>하였다.
② 한두 표 차이로 당락이 <u>판가름</u> 날 수 있다.
③ 강 <u>하구</u>에 생기는 부채꼴의 땅이 삼각주이다.
④ 나는 사고 후유증으로 꾸준히 <u>치료</u>를 받고 있다.
⑤ 그는 전국을 다니며 희귀한 나비를 <u>증폭하는</u> 데 평생을 바쳤다.

02 〈보기〉의 ⓐ~ⓔ의 뜻을 지닌 어휘를 활용하여 만든 문장으로 적절하지 <u>않은</u> 것은?   어휘의 의미와 쓰임 이해하기

───── 보기 ●─────

ⓐ 일을 꾸려 나가다.
ⓑ 어떤 사실을 인정하여 알다.
ⓒ 바닷물이 얼어서 생긴 얼음.
ⓓ 경계가 서로 맞닿음. 또는 그 경계.
ⓔ 의사가 환자의 병 상태를 판단하다.

① ⓐ: 청학동은 속세를 등진 사람들이 삶을 <u>영위하던</u> 곳이다.
② ⓑ: 사람들은 외물이 본래 자신의 것이 아님을 <u>인지하지</u> 못하며 자신의 소유로 착각한다.
③ ⓒ: 관계가 경색되었던 양국 간에 <u>해빙</u>의 분위기가 조성되었다.
④ ⓓ: 경상도와 전라도의 <u>접경</u>에 흥보와 놀보가 살았다.
⑤ ⓔ: 그는 환자의 얼굴색을 살피고 맥을 짚어 보더니 몸을 보양하는 일이 급하다고 <u>진단하였다.</u>

03 다음 한자 성어의 뜻풀이에서 ㉠과 ㉡에 공통으로 들어갈 어휘로 적절한 것은?   한자 성어의 뜻풀이에 맞는 어휘 찾기

───── 보기 ●─────

• 유방백세(流芳百世): 꽃다운 이름이 (㉠)에 길이 전함.
• 유취만년(遺臭萬年): 더러운 이름을 (㉡)에 오래도록 남김.

① 후계(後繼)
② 후미(後尾)
③ 후배(後輩)
④ 후세(後世)
⑤ 후사(後事)

04 문맥상 밑줄 친 어휘와 바꿔 쓰기에 적절하지 <u>않은</u> 것은?   적절한 어휘로 바꿔 쓰기

① 들어열개로 대청 전면을 개방하면 환기가 <u>원활해진다.</u> → 완만해진다
② 기법에만 의존하지 말고 원리를 <u>터득해</u> 보는 것이 중요하다. → 깨달아
③ 이 글은 인물의 삶을 그려 내며 인간 생활의 <u>양상</u>을 통시적으로 살펴보고 있다. → 양태를
④ 광고에서는 다른 광고와의 차별화를 위해 <u>통념</u>에 어긋나는 표현도 자주 활용한다. → 상식
⑤ 세포는 DNA를 복제하여 <u>증식</u>하고 번식하는 과정을 통해 DNA를 후세에 전달한다. → 늘리고

05 문맥상 〈보기〉의 ⓐ, ⓑ에 들어갈 적절한 어휘끼리 짝지어진 것은?   어휘의 쓰임 이해하기

───── 보기 ●─────

• 장부가 남의 천대를 받음이 불가한지라, 소자는 설움을 (ⓐ) 하지 못하여 모친 슬하를 떠나려 하옵니다.
• 이 작품은 여성 주인공이 남성 주인공을 (ⓑ)하는 뛰어난 능력으로 공을 세우는 여성 영웅 소설이다.

	ⓐ	ⓑ		ⓐ	ⓑ
①	편견	첨단	②	착지	저하
③	터득	시급	④	억제	압도
⑤	출몰	증식			

06 문맥상 〈보기〉의 밑줄 친 어휘와 유의 관계인 것은?   어휘의 의미 관계 파악하기

───── 보기 ●─────

그의 최대 관심사는 맡은 임무를 실수 없이 <u>완수(完遂)</u>하는 것이다.

① 성대(盛大)하는
② 성립(成立)하는
③ 성취(成就)하는
④ 성장(成長)하는
⑤ 성찰(省察)하는

05 한자 성어

4주 완성

step 1 어휘력 학습

※ 한자 성어가 사용된 예문을 읽고 해당 뜻풀이를 찾아 번호를 쓰세요.

★ 공익, 의로움

01 공명정대
공변될 公 | 밝을 明 |
바를 正 | 큰 大

교과 유권자들은 이번 선거가 부정이 없이 공명정대하게 치러지길 바라고 있다. 〔　〕

① 공평하여 사사로움이 없음.

02 공평무사
공변될 公 | 평평할 平 |
없을 無 | 사사로울 私

교과 공직자는 자신이 맡은 일에 대하여 열과 성의를 다하고 공평무사하게 일을 처리해야 한다. 〔　〕

② 사욕을 버리고 공익을 위하여 힘씀.

03 멸사봉공
멸망할 滅 | 사사로울 私 |
받들 奉 | 공변될 公

교과 신임 대표는 회사의 발전을 위해 멸사봉공의 자세로 최선을 다하겠다고 다짐했다. 〔　〕

③ 공적인 일을 먼저 하고 사사로운 일은 뒤로 미룸.

04 선공후사
먼저 先 | 공변될 公 |
뒤 後 | 사사로울 私

교과 나라가 위기에 놓일 때마다 의병들은 선공후사의 정신으로 일어나 나라를 구하는 데 앞장섰다. 〔　〕

④ 하는 일이나 태도가 사사로움이나 그릇됨이 없이(바르고 밝은 마음으로) 아주 정당하고 떳떳함.

★ 소문

05 가담항설
거리 街 | 말씀 談 |
거리 巷 | 말씀 說

교과 단순히 가담항설만 가지고 특정한 증거도 없이 소환을 한 것이라면 심각한 인권 유린일 수 있다. 〔　〕

① 거리나 항간에 떠도는 소문.

06 도청도설
길 道 | 들을 聽 |
진흙 塗 | 말씀 說

교과 아무 생각 없이 도청도설을 일삼는다면 무고한 사람이 피해를 입을 수도 있다. 〔　〕

② 아무 근거 없이 널리 퍼진 소문.

07 유언비어
흐를 流 | 말씀 言 |
바퀴 蜚 | 말씀 語

교과 언론이 통제될 때는 종종 유언비어가 사람들 사이에 번지기도 한다. 〔　〕

③ 길에서 듣고 길에서 말한다는 뜻으로, 길거리에 퍼져 돌아다니는 뜬소문을 이름.

★ 주의를 기울이지 않음

08 등한시
같을 等 | 한가할 閑 |
볼 視

학평 이와 같은 입장은 산업적 이익을 우선시하여 개인 정보 보호에 관한 개인의 기본권을 등한시하는 결과를 초래할 수 있다. 〔　〕

① 소홀하게 보아 넘김.

09 마이동풍
말 馬 | 귀 耳 |
동녘 東 | 바람 風

교과 내 충고를 마이동풍으로 흘려 듣더니 결국 곤란한 상황에 처해 버렸구나. 〔　〕

② 동풍이 말의 귀를 스쳐 간다는 뜻으로, 남의 말을 귀담아듣지 아니하고 지나쳐 흘려버림을 이름.

10 주마간산
달릴 走 | 말 馬 |
볼 看 | 메 山

교과 서울을 제대로 여행하려면 5일은 돼야 하고 주마간산으로 보더라도 3일은 걸린다. 〔　〕

③ 말을 타고 달리며 산천을 구경한다는 뜻으로, 자세히 살피지 아니하고 대충대충 보고 지나감을 이름.

★ 아첨, 간사함

11 곡학아세
굽을 曲 | 배울 學 |
아첨할 阿 | 세대 世

[교과] 학문을 왜곡해 권력에 아첨하는 **곡학아세**를 일삼는 무리들은 비난받아야 한다. 〔 　 〕

12 교언영색
교묘할 巧 | 말씀 言 |
명령할 令 | 빛 色

[교과] 〈호질〉에서 북곽 선생은 범에게 **교언영색**으로 목숨을 구걸하며 아첨한다. 〔 　 〕

13 조삼모사
아침 朝 | 석 三 |
저물 暮 | 넉 四

[교과] 늘어난 기초 연금 수령액만큼 기초 생활 수령액을 줄여 결국 이전과 같은 실수령액을 받게 하는 정책을 펴자 수급자들은 **조삼모사**라며 불만을 토로했다. 〔 　 〕

14 지록위마
가리킬 指 | 사슴 鹿 |
할 爲 | 말 馬

[교과] 윗사람을 농락하여 권세를 마음대로 휘두른다는 의미의 '**지록위마**'는 진나라 환관 조고의 고사에서 유래한다. 〔 　 〕

15 호가호위
여우 狐 | 거짓 假 |
범 虎 | 위엄 威

[수능] 토끼는 다른 짐승의 위세를 빌려 **호가호위**하고 있다. 〔 　 〕

① 바른길에서 벗어난 학문으로 세상 사람에게 아첨함.

② 말을 교묘하게 하고 얼굴빛을 꾸민다는 뜻으로, 아첨하는 말과 알랑거리는 태도를 이름.

③ 남의 권세를 빌려 위세를 부림. 여우가 호랑이의 위세를 빌려 호기를 부린다는 데서 유래함.

④ 윗사람을 농락하여 권세를 마음대로 함을 이름. 중국 진나라의 조고가 자신의 권세를 시험하여 보고자 황제 호해에게 사슴을 가리키며 말이라고 한 데서 유래함.

⑤ 간사한 꾀로 남을 속여 희롱함을 이름. 먹이를 아침에 세 개, 저녁에 네 개씩 주겠다는 말에는 원숭이들이 적다고 화를 내더니 아침에 네 개, 저녁에 세 개씩 주겠다는 말에는 좋아하였다는 데서 유래함.

★ 세상의 이치

16 거자필반
갈 去 | 놈 者 |
반드시 必 | 돌아올 返

[교과] 너무 슬퍼하지 마세요. **거자필반**이라는 말이 있듯이 그녀는 꼭 당신에게 다시 돌아올 거예요. 〔 　 〕

17 고진감래
괴로울 苦 | 다할 盡 |
달 甘 | 올 來

[교과] 포기나 좌절하고 싶은 마음이 들 때마다 **고진감래**라는 말을 생각하며 참아 냈다. 〔 　 〕

18 사필귀정
일 事 | 반드시 必 |
돌아올 歸 | 바를 正

[교과] 고전 소설은 대개 악한 사람이 벌을 받고 선한 사람이 복을 받는 권선징악과 **사필귀정**으로 끝을 맺는다. 〔 　 〕

19 회자정리
모일 會 | 놈 者 |
정할 定 | 떠날 離

[교과] 대회 15일간의 열전을 마무리한 선수들은 폐회식을 맞이하여 **회자정리**의 아쉬움을 달래고 있다. 〔 　 〕

20 흥진비래
일어날 興 | 다할 盡 |
슬플 悲 | 올 來

[교과] 승상 부부가 팔십여 세의 복을 누리니 만조와 일국이 추앙하는 바라. **흥진비래**는 예로부터 흔한 일이라 승상 부부가 우연히 병을 얻어 세상을 떠난다. 〔 　 〕

① 모든 일은 반드시 바른길로 돌아감.

② 만난 자는 반드시 헤어짐(떠남). 모든 것이 무상함을 나타내는 말.

③ 쓴 것이 다하면 단 것이 온다는 뜻으로, 고생 끝에 즐거움이 옴을 이름.

④ 즐거운 일이 다하면 슬픈 일이 닥쳐온다는 뜻으로, 세상일은 순환되는 것임을 이름.

⑤ 떠난 사람은 반드시 돌아오게 된다는 뜻으로, 만남과 이별이 반복되는 세상의 이치를 들어 헤어짐에 대한 아쉬움을 달래는 말.

· 뜻풀이로 체크하기 ·

01 ~ 04 다음 뜻풀이에 해당하는 한자 성어를 말상자에서 찾아 표시하시오.

평	마	사	담	리	청
공	언	이	정	한	마
명	삼	자	동	록	가
정	회	진	필	풍	비
대	곡	학	아	세	무
봉	후	항	설	도	시

01 바른길에서 벗어난 학문으로 세상 사람에게 아첨함.

02 만난 자는 반드시 헤어짐(떠남). 모든 것이 무상함을 나타내는 말.

03 하는 일이나 태도가 사사로움이나 그릇됨이 없이(바르고 밝은 마음으로) 아주 정당하고 떳떳함.

04 동풍이 말의 귀를 스쳐 간다는 뜻으로, 남의 말을 귀 담아듣지 아니하고 지나쳐 흘려버림을 이름.

05 ~ 09 다음 빈칸에 들어갈 알맞은 말을 〈보기〉에서 찾아 쓰시오.

— 보기 —
공익   순환
뜬소문   윗사람   대충대충

05 멸사봉공: 사욕을 버리고 (   )을 위하여 힘씀.

06 지록위마: (   )을 농락하여 권세를 마음대로 함을 이름.

07 도청도설: 길에서 듣고 길에서 말한다는 뜻으로, 길거리에 퍼져 돌아다니는 (   )을 이름.

08 흥진비래: 즐거운 일이 다하면 슬픈 일이 닥쳐온다는 뜻으로, 세상일은 (   )되는 것임을 이름.

09 주마간산: 말을 타고 달리며 산천을 구경한다는 뜻으로, 자세히 살피지 아니하고 (   ) 보고 지나 감을 이름.

· 문장으로 체크하기 ·

10 ~ 14 다음 문맥에 알맞은 한자 성어를 고르시오.

10 교과 세상이 어지러운 난세일수록 남을 비방하는 (유언비어 | 호가호위)가 여기저기 난무한다.

11 교과 사업을 하며 어려운 일이 닥칠 때마다 그는 (고진감래 | 선공후사)라는 말을 되새기며 극복해 냈다.

12 교과 황 씨에게 의견을 물으면 늘 (공평무사 | 가담항설)한 판단을 내려 주기에, 마을 사람들은 시비를 가리기 어려울 때면 으레 그를 찾는다.

13 교과 평일에 30분씩 초과 근무를 하고 대신 금요일에 2시간 단축 근무를 하자는 주장에 대해 (공명정대 | 조삼모사)식 방법이라는 비판이 거세다.

14 교과 중요하지만 성과 측정이 어려워 충분히 보상받지 못하는 업무를 근로자들이 (등한시 | 회자정리)하게 되면 기업 전체의 성과에 해로운 결과를 초래하게 된다.

15 ~ 18 다음 상황과 의미가 통하는 한자 성어를 〈보기〉에서 찾아 쓰시오.

— 보기 —
거자필반   교언영색   사필귀정   선공후사

15 교과 지우는 갑작스런 수아의 전학 소식에 아쉬웠지만 나중에 대학생이 되면 같은 대학에서 만날 것을 믿었다.
□□□□

16 교과 〈사씨남정기〉의 교 씨는 아름다운 외모로 사 씨 앞에서는 온순한 척하고 유 한림의 비위를 극진히 맞추면서 사 씨를 몰아낼 궁리를 하는 인물이다.
□□□□

17 교과 기다리고 기다리던 영화가 내일 개봉하지만 축제 준비로 모두 고생하니까 내일은 학생회 모임에 가서 축제 준비를 돕고 영화는 다음에 보러 가야겠다.
□□□□

18 교과 내가 본 영화에서 주인공을 괴롭히는 악역 때문에 화가 났지만 결국 정직한 주인공이 성공하고 악역은 죗값을 치르게 되니 속이 다 시원했다.
□□□□

01 다음 중 내포적 의미가 '공익·공평함·의로움'과 거리가 먼 한자 성어는?

① 공명정대(公明正大)　　② 공평무사(公平無私)
③ 회자정리(會者定離)　　④ 선공후사(先公後私)
⑤ 멸사봉공(滅私奉公)

02 〈보기〉의 이야기에서 유래한 한자 성어로 볼 수 있는 것은?

─ 보기 ─

옛날에 원숭이를 여러 마리 기르는 저공이 있었다. 어느 해 흉년이 들어 원숭이의 먹이를 줄여야 하는 상황이 되었다. 원숭이들이 말을 잘 듣지 않을 것을 두려워한 저공이 "너희에게 먹이를 아침에 세 개 주고 저녁에 네 개 주려는데 괜찮으냐?"라고 말했다. 여러 원숭이가 화를 내자, 저공이 "그럼 아침에 네 개 주고 저녁에 세 개를 주면 좋겠느냐?" 하니 여러 원숭이가 머리를 조아리며 기뻐했다.

① 사필귀정(事必歸正)　　② 지록위마(指鹿爲馬)
③ 멸사봉공(滅私奉公)　　④ 유언비어(流言蜚語)
⑤ 조삼모사(朝三暮四)

03 〈보기〉의 빈칸에 공통으로 들어갈 한자 성어로 가장 적절한 것은?

─ 보기 ─

• (　　　　)은/는 논어(論語)에 나오는 '길에서 듣고 길에서 이야기하는 것은 덕(德)을 버리는 짓이다.'라는 문장에서 유래하였다.
• *반고(班固)는 소설(小說)에 대해 '소설(小說)은 *패관(稗官)으로부터 나왔으며, 가담항설(街談巷說)과 (　　　　)(으)로 만들어졌다.'라고 설명하였다.

* 반고(班固): 중국 후한 초기의 역사가·문학가. 자는 맹견(孟堅).
* 패관(稗官): 중국 한나라 이후 민간에 떠도는 풍설(風說)과 소문을 수집하는 일을 맡던 임시 벼슬.

① 고진감래(苦盡甘來)　　② 주마간산(走馬看山)
③ 멸사봉공(滅私奉公)　　④ 도청도설(道聽塗說)
⑤ 선공후사(先公後私)

04 짝을 이룬 한자 성어와 속담이 의미상 서로 부합하지 않는 것은?

① 주마간산(走馬看山) - 수박 겉핥기
② 고진감래(苦盡甘來) - 고생 끝에 낙이 온다
③ 호가호위(狐假虎威) - 원님 덕에 나팔 분다
④ 거자필반(去者必返) - 적을 얕보면 반드시 패한다
⑤ 마이동풍(馬耳東風) - 한 귀로 듣고 한 귀로 흘린다

05 〈보기〉의 이야기에서 유래한 한자 성어로 볼 수 있는 것은?

─ 보기 ─

진나라 시황제가 죽자 환관 조고는 어리고 어리석은 호해를 세워 황제로 삼는다. 조고는 이사를 비롯한 많은 구신(舊臣)들을 죽이고 승상이 된다. 역심이 생긴 조고는 자기를 반대하는 자를 가려내기 위해 호해에게 사슴을 말이라고 하며 바친다. 호해는 사슴을 가지고 말이라 한다며 신하들의 의견을 물었고, 조고는 말이 아니라 사슴이라고 답하는 신하를 기억해 두었다가 나중에 죄를 씌워 모두 죽인다. 이후 천하는 혼란에 빠지고 호해를 죽인 조고는 부소의 아들 자영을 황제로 삼았다가 자신이 자영에게 주살당한다.

① 마이동풍(馬耳東風)　　② 지록위마(指鹿爲馬)
③ 공평무사(公平無私)　　④ 회자정리(會者定離)
⑤ 곡학아세(曲學阿世)

06 다음 한자 성어의 쓰임이 적절하지 않은 것은 ?

① 그는 악성 유언비어(流言蜚語)에 대해 단호히 대처하겠다고 밝혔다.
② 진실을 외면한 채 시류에 따라 곡학아세(曲學阿世)를 일삼는 학자들이 판을 치고 있다.
③ 운동선수는 학업을 등한시(等閑視)해도 된다는 소수의 잘못된 생각은 바로잡혀야 한다.
④ 자신의 결백함이 밝혀질 것이라는 흥진비래(興盡悲來)의 신념 하나로 그는 오늘 하루도 버티며 살고 있다.
⑤ 자기 한 몸의 이익을 위해 교언영색(巧言令色)을 마다하지 않고 온갖 듣기 좋은 말을 꾸며 대는 사람들을 보면 치가 떨린다.

06 속담

4주 완성

※ 속담이 사용된 예문을 읽고 해당 뜻풀이를 찾아 번호를 쓰세요.

★ 음식

01 굿이나 보고 떡이나 먹지

교과 두기는 제일선에 나서서 거악에 대항해 싸우기는커녕 굿이나 보고 떡이나 먹겠다는 심정으로 팔짱 끼고 방관만 하고 있다. 〔   〕

02 금강산도 식후경

교과 금강산도 식후경이라는데 밥부터 먹고 본격적으로 일을 시작하자. 〔   〕

03 떡 줄 사람은 꿈도 안 꾸는데 김칫국부터 마신다

교과 떡 줄 사람은 꿈도 안 꾸는데 김칫국부터 마신다고 이적 제의도 받지 못한 선수가 새로운 팀의 주전이나 된 것처럼 행동하고 있다. 〔   〕

04 미운 아이 떡 하나 더 준다

교과 하는 짓이 마음에 들지 않더라도 미운 아이 떡 하나 더 준다는 심정으로 대하다 보면 관계가 좀 나아질 거야. 〔   〕

05 셋이 먹다가 둘이 죽어도 모른다

교과 우리 집 앞 식당의 닭갈비는 너무 맛있어서 셋이 먹다가 둘이 죽어도 모른다. 〔   〕

06 싼 것이 비지떡

교과 싼 게 비지떡이라고 할인된 가격에 저렴하게 구입한 세탁기가 금방 고장이 났다. 〔   〕

① 음식이 아주 맛있음을 이르는 말.

② 값이 싼 물건은 품질도 그만큼 나쁘게 마련이라는 말.

③ 미운 사람일수록 잘해 주고 감정을 쌓지 않아야 한다는 말.

④ 해 줄 사람은 생각지도 않는데 미리부터 다 된 일로 알고 행동한다는 말.

⑤ 남의 일에 쓸데없는 간섭을 하지 말고 되어 가는 형편을 보고 있다가 이익이나 얻도록 하라는 말.

⑥ 아무리 재미있는 일이라도 배가 불러야 흥이 나지 배가 고파서는 아무 일도 할 수 없음을 이르는 말.

★ 이익

07 간에 붙었다 쓸개에 붙었다 한다

교과 그는 자신에게 이익이 된다면 간에 붙었다 쓸개에 붙었다 할 파렴치한 작자야. 〔   〕

08 달면 삼키고 쓰면 뱉는다

학평 달면 삼키고 쓰면 뱉는다고 베풀어 준 은혜도 모르고 낭군이 어려울 때 헌신짝처럼 도리를 저버렸군. 〔   〕

09 도랑 치고 가재 잡는다

교과 휴양하러 간 여행지에서 뜻밖에도 사업 아이템을 얻게 되었으니 도랑 치고 가재 잡은 격이지 뭐야. 〔   〕

10 원님 덕에 나팔 분다

교과 형의 생일날 피자집에 가자고 엄마가 말하자 원님 덕에 나팔 불게 생겼다며 동생이 더 신나 한다. 〔   〕

① 옳고 그름이나 신의를 돌보지 않고 자기의 이익만 꾀함을 이르는 말.

② 자기에게 조금이라도 이익이 되면 지조 없이 이편에 붙었다 저편에 붙었다 함을 이르는 말.

③ (1) 일의 순서가 바뀌었기 때문에 애쓴 보람이 나타나지 않음을 이르는 말. (2) 한 가지 일로 두 가지 이익을 봄을 이르는 말.

④ 사또와 동행한 덕분에 나팔 불고 요란히 맞아 주는 호화로운 대접을 받는다는 뜻으로, 남의 덕으로 당치도 아니한 행세를 하게 되거나 그런 대접을 받고 우쭐대는 모양을 이르는 말.

★ 물, 비

11 가랑비에 옷 젖는 줄 모른다

(학평) 가랑비에 옷 젖는 줄 모른다는 말처럼 어려서부터 익숙해진 잘못된 소비 습관은 사회 발전을 저해하는 경제 문맹의 원인이 된다. 〔　〕

12 비 온 뒤에 땅이 굳어진다

(교과) 비 온 뒤에 땅이 굳어진다고 서산댁과 당진댁은 머리끄덩이를 잡고 싸움을 한 뒤에 더 가까워졌다. 〔　〕

13 열 길 물속은 알아도 한 길 사람의 속은 모른다

(수능) 열 길 물속은 알아도 한 길 사람 속은 모르니 사람을 잘 살펴보아야 하네. 〔　〕

14 윗물이 맑아야 아랫물이 맑다

(교과) 윗물이 맑아야 아랫물이 맑다는데 윗선이 청렴하지 못하면서 아랫선이 정직하기를 기대하는 것은 옳지 못하다. 〔　〕

15 제 논에 물 대기

(교과) 여와 야는 제 논에 물 대기 격으로 선거 결과가 자신들의 압승이라고 우겼다. 〔　〕

① 사람의 속마음을 알기란 매우 힘듦을 이르는 말.

② 자기에게만 이롭도록 일을 하는 경우를 이르는 말.

③ 윗사람이 잘하면 아랫사람도 따라서 잘하게 된다는 말.

④ 비에 젖어 질척거리던 흙도 마르면서 단단하게 굳어진다는 뜻으로, 어떤 시련을 겪은 뒤에 더 강해짐을 이르는 말.

⑤ 가늘게 내리는 비는 조금씩 젖어 들기 때문에 여간해서도 옷이 젖는 줄을 깨닫지 못한다는 뜻으로, 아무리 사소한 것이라도 그것이 거듭되면 무시하지 못할 정도로 크게 됨을 이르는 말.

어휘 989개 달성!

★ 인내

16 우물을 파도 한 우물을 파라

(교과) 우물을 파도 한 우물을 파라는데 그렇게 이것저것 시도만 해보다가는 성공하기 어렵다. 〔　〕

17 참을 인(忍) 자 셋이면 살인도 피한다

(수능) 참는 데 복이 있다네. 그저 참는 것이 제일이야. 참을 인(忍) 자가 셋이면 살인도 피한다는 말이 있지 않나. 〔　〕

18 첫술에 배부르랴

(교과) 첫술에 배부르지 않으니 지금 하던 일을 좀 더 해보고 나서 어떻게 할지 결정하는 게 좋겠구나. 〔　〕

① 어떤 일이든지 단번에 만족할 수는 없다는 말.

② 어떤 경우에도 끝까지 참으면 무슨 일이든 이루지 못할 것이 없다는 말.

③ 일을 너무 벌여 놓거나 하던 일을 자주 바꾸어 하면 아무런 성과가 없으니 어떠한 일이든 한 가지 일을 끝까지 하여야 성공할 수 있다는 말.

★ 지식

19 서당 개 삼 년에 풍월 읊는다

(교과) 서당 개 삼 년에 풍월 읊는다고 미용실에서 보조로 오래 일한 혜리는 이젠 혼자서도 손님 머리를 깎을 수 있게 되었다. 〔　〕

20 알아야 면장을 하지

(교과) 알아야 면장을 하지. 낙하산 인사로 내려온 비전문가가 무슨 일을 제대로 하겠어. 〔　〕

① 어떤 일이든 그 일을 하려면 그것에 관련된 학식이나 실력을 갖추고 있어야 함을 이르는 말.

② 서당에서 삼 년 동안 살면서 매일 글 읽는 소리를 듣다 보면 개조차도 글 읽는 소리를 내게 된다는 뜻으로, 어떤 분야에 대하여 지식과 경험이 전혀 없는 사람이라도 그 부문에 오래 있으면 얼마간의 지식과 경험을 갖게 된다는 것을 이르는 말.

step 2
어휘력 체크

·뜻풀이로 **체크하기**·

01 ~ 05 다음 빈칸에 알맞은 말을 넣어 뜻풀이에 해당하는 속담을 완성하시오.

01 제 논에 (　　　　　) 대기: 자기에게만 이롭도록 일을 하는 경우를 이르는 말.

02 열 길 물속은 알아도 (　　　　　)은 모른다: 사람의 속마음을 알기란 매우 힘듦을 이르는 말.

03 달면 삼키고 (　　　　　) 뱉는다: 옳고 그름이나 신의를 돌보지 않고 자기의 이익만 꾀함을 이르는 말.

04 (　　　　　)은 꿈도 안 꾸는데 김칫국부터 마신다: 해 줄 사람은 생각지도 않는데 미리부터 다 된 일로 알고 행동한다는 말.

05 금강산도 (　　　　　): 아무리 재미있는 일이라도 배가 불러야 흥이 나지 배가 고파서는 아무 일도 할 수 없음을 이르는 말.

06 ~ 10 다음 빈칸에 들어갈 알맞은 말을 〈보기〉에서 찾아 쓰시오.

● 보기 ●

감정　　만족

보람　　시련　　이익

---

06 첫술에 배부르랴: 어떤 일이든지 단번에 (　　　　　) 할 수는 없다는 말.

07 미운 아이 떡 하나 더 준다: 미운 사람일수록 잘해 주고 (　　　　　)을 쌓지 않아야 한다는 말.

08 굿이나 보고 떡이나 먹지: 남의 일에 쓸데없는 간섭을 하지 말고 되어 가는 형편을 보고 있다가 (　　　　　)이나 얻도록 하라는 말.

09 도랑 치고 가재 잡는다: ⑴ 일의 순서가 바뀌었기 때문에 애쓴 (　　　　　)이 나타나지 않음을 이르는 말. ⑵ 한 가지 일로 두 가지 이익을 봄을 이르는 말.

10 비 온 뒤에 땅이 굳어진다: 비에 젖어 질척거리던 흙도 마르면서 단단하게 굳어진다는 뜻으로, 어떤 (　　　　　)을 겪은 뒤에 더 강해짐을 이르는 말.

·문장으로 **체크하기**·

11 ~ 15 다음 빈칸에 들어갈 알맞은 속담을 〈보기〉에서 찾아 기호를 쓰시오.

● 보기 ●

㉠ 싼 것이 비지떡
㉡ 서당 개 삼 년에 풍월 읊는다
㉢ 윗물이 맑아야 아랫물이 맑다
㉣ 간에 붙었다 쓸개에 붙었다 한다
㉤ 참을 인(忍) 자 셋이면 살인도 피한다

---

11 교과 (　　　　　)(이라)고 차라리 좀 더 값비싼 것으로 살 걸 그랬다.

12 교과 (　　　　　)(이라)고 저 친구는 항상 지조 없이 행동해서 믿음직스럽지가 않다.

13 교과 (　　　　　)(이라)는데 우리들이 먼저 모범을 보여야 후배들이 잘 따라올 것이다.

14 교과 (　　　　　)(이라)고 빵 가게에서 몇 년 동안 일했던 승아는 직접 빵 가게를 차리게 되었다.

15 교과 (　　　　　)(이라)고 화를 참고 끝까지 대화로 갈등을 풀어냄으로써 문제를 잘 해결할 수 있었다.

16 ~ 20 다음 문맥에 알맞은 속담을 고르시오.

16 교과 그렇게 여러 가지 일을 벌여 놓지 말고 (달면 삼키고 쓰면 뱉으렴 | 우물을 파도 한 우물을 파렴).

17 교과 (알아야 면장을 하지 | 굿이나 보고 떡이나 먹지), 공부를 열심히 해야 그 꿈을 향해 나아갈 수 있다.

18 교과 유명 요리사가 운영하는 음식점의 대표 메뉴는 (미운 아이 떡 하나 더 줄 | 셋이 먹다가 둘이 죽어도 모를) 정도로 훌륭했다.

19 교과 (가랑비에 옷 젖는 줄 모른다 | 비 온 뒤에 땅이 굳어진다)고 게임을 하다가 천 원씩 소액 결제를 했는데 다 합쳐보니 백만 원이 넘었다.

20 교과 (원님 덕에 나팔 분다 | 참을 인(忍) 자 셋이면 살인도 피한다)고 친구가 구해 온 공연 티켓으로 인기 있는 뮤지컬을 볼 수 있게 되어 기뻤다.

step ③ 어휘력 완성

▶ 정답과 해설 45쪽

속담의 유사성 파악하기

01 의미가 유사한 속담끼리 묶이지 <u>않은</u> 것은?

① 금강산도 식후경 – 꽃구경도 식후사(食後事)

② 알아야 면장을 하지 – 남의 속에 있는 글도 배운다

③ 서당 개 삼 년에 풍월 읊는다 – 독서당 개가 맹자 왈 한다

④ 미운 아이 떡 하나 더 준다 – 미운 사람에게는 쫓아가 인사한다

⑤ 떡 줄 사람은 꿈도 안 꾸는데 김칫국부터 마신다 – 떡방아 소리 듣고 김칫국 찾는다

상황에 어울리는 속담 찾기

02 〈보기〉의 밑줄 친 부분을 나타낸 속담으로 적절한 것은?

● 보기 ●

백호산군이 서대주의 소지를 본 후 말이 없더니, 이윽고 제사를 부르매 그 제사에 가로되,

"예로부터 일렀으되 아랫것들은 입이 있어도 말이 없는 것이어늘, 당돌히 위를 범하여 나의 덕화 없음을 꾸짖으니 죄는 마땅히 만 번이라도 죽일 만하다. 그러나 <u>임금이 어질어야 신하가 곧다</u> 하였나니, 위(魏)나라 임좌는 그 임금 측천무후의 그름을 말하였고 하나라 신하 주운은 그 임금 한제의 그름을 말하였더니, 너는 이제 나의 덕이 없음을 말하니 너는 진실로 임좌와 주운이 되고 나는 진실로 무후와 한제가 되리니, 너같이 곧은 자 어찌 다람쥐의 양식을 도적하리오."

– 작자 미상, 〈서동지전〉

① 원님 덕에 나팔 분다

② 우물을 파도 한 우물을 파라

③ 윗물이 맑아야 아랫물이 맑다

④ 간에 붙었다 쓸개에 붙었다 한다

⑤ 열 길 물속은 알아도 한 길 사람의 속은 모른다

속담의 쓰임 이해하기

03 제시된 상황에서 쓰이기에 적절한 속담이 <u>아닌</u> 것은?

① 저렴한 물건을 샀더니 금방 망가짐. → 싼 것이 비지떡

② 큰일을 겪고 나니 더 강해짐. → 비 온 뒤에 땅이 굳어진다

③ 주문한 음식의 양이 아주 적음. → 셋이 먹다가 둘이 죽어도 모른다

④ 하던 일을 자꾸 바꾸면 성과가 없음. → 우물을 파도 한 우물을 파라

⑤ 끝까지 참으면 해내지 못할 일이 없음. → 참을 인(忍) 자 셋이면 살인도 피한다

속담에 맞는 한자 성어 찾기

04 다음 중 속담과 유사한 의미를 가진 한자 성어의 연결이 적절하지 <u>않은</u> 것은?

① 제 논에 물 대기 – 아전인수(我田引水)

② 원님 덕에 나팔 분다 – 호가호위(狐假虎威)

③ 도랑 치고 가재 잡는다 – 일석이조(一石二鳥)

④ 달면 삼키고 쓰면 뱉는다 – 감탄고토(甘呑苦吐)

⑤ 간에 붙었다 쓸개에 붙었다 한다 – 간담상조(肝膽相照)

문맥에 맞는 속담 찾기

05 〈보기〉의 ⓐ에 들어갈 속담으로 가장 적절한 것은?

● 보기 ●

'시작이 반이다', '천 리 길도 한 걸음부터', '(ⓐ)'은/는 '시작'과 관련된 속담들이다. 앞의 두 속담은 '시작의 중요성'을, 뒤의 속담은 '과정과 인내의 중요성'을 강조할 때 사용하기에 적절하다.

① 제 논에 물 대기

② 금강산도 식후경

③ 첫술에 배부르랴

④ 굿이나 보고 떡이나 먹지

⑤ 가랑비에 옷 젖는 줄 모른다

상황에 어울리는 속담 찾기

06 〈보기〉의 밑줄 친 부분에 담긴 '나'의 심정을 나타낼 수 있는 속담으로 가장 적절한 것은?

● 보기 ●

나의 생각에 장모님은 제 남편이니까 역성을 할는지도 모른다. 그러나 점순이는 내 편을 들어서 속으로 고수해서 하겠지……. 대체 이게 웬 속인지(지금까지도 난 영문을 모른다.) 아버질 혼내 주기는 제가 내래 놓고 이제 와서는 달겨들며, / "에그머니! 이 망할 게 아버지 죽이네!" / 하고 내 귀를 뒤로 잡아댕기며 마냥 우는 것이 아니냐. 〈중략〉 이렇게 꼼짝 못 하게 해 놓고 장인님은 지게막대기를 들어서 사뭇 나려조겼다. 그러나 <u>나는 구태여 피하려 하지도 않고 암만해도 그 속 알 수 없는 점순이의 얼굴만 멀거니 들여다보았다.</u>

– 김유정, 〈봄·봄〉

① 달면 삼키고 쓰면 뱉는다

② 비 온 뒤에 땅이 굳어진다

③ 가랑비에 옷 젖는 줄 모른다

④ 참을 인(忍) 자 셋이면 살인도 피한다

⑤ 열 길 물속은 알아도 한 길 사람의 속은 모른다

06 속담 **197**

필수 어휘_기술

※ 어휘의 사전적 의미에 해당하는 예문을 찾아 번호를 쓰고 빈칸을 채워 보세요.

01	**가공하다** 더할 加 | 장인 工 --	통 원자재나 반제품을 인공적으로 처리하여 새로운 제품을 만들거나 제품의 질을 높이다.	〔　〕
02	**감지하다** 느낄 感 | 알 知 --	통 느끼어 알다.	〔　〕
03	**개조하다** 고칠 改 | 지을 造 --	통 고쳐 만들거나 바꾸다.	〔　〕
04	**거듭하다**	통 어떤 일을 자꾸 되풀이하다.	〔　〕
05	**거머쥐다**	(1) 통 틀어잡거나 휘감아 쥐다.	〔　〕
		(2) 통 무엇을 완전히 소유하거나 장악하다.	〔　〕

① 모평 원유를 〔　　〕하지 않고 그대로 유통하게 되면 유해 미생물이 빠르게 증식할 위험이 있다.

② 교과 SF 영화에서는 복제 인간이 인간의 멱살을 〔　　〕〔　〕며 덤비는 충격적인 장면도 나온다.

③ 교과 반도체 분야에서는 기술 개발에 꾸준히 매진해야 세계 1위를 〔　　〕〔　〕 수 있다.

④ 모평 OIS 기술이 작동되면 자이로 센서가 카메라의 움직임을 〔　　〕하여 방향과 속도를 제어 장치에 전달한다.

⑤ 모평 인간 사회와 더불어 오래 전부터 존재해 온 기술은 산업 혁명 이후 매우 빠른 속도로 발전을 〔　　〕해 왔다.

⑥ 학평 그가 살았던 1900년대 바르셀로나에서는 위생적이지 못한 도시 환경을 〔　　〕하기 위해 '에이샴플라'라는 이름의 도시 계획 공모전을 열었다.

06	**결딴나다**	통 어떤 일이나 물건 따위가 아주 망가져서 도무지 손을 쓸 수 없는 상태가 되다.	〔　〕
07	**고정하다** 굳을 固 | 정할 定 --	통 한곳에 꼭 붙어 있거나 붙어 있게 하다.	〔　〕
08	**과잉** 지날 過 | 남을 剩	명 예정하거나 필요한 수량보다 많아 남음.	〔　〕
09	**굴착** 팔 掘 | 뚫을 鑿	명 땅이나 암석 따위를 파고 뚫음.	〔　〕
10	**근사하다** 가까울 近 | 같을 似 --	형 거의 같다.	〔　〕

① 교과 지질학 연구에서는 퇴적 환경 등을 조사하기 위해 〔　　〕 공사가 진행되기도 한다.

② 교과 비윤리적 연구 행태가 확인되면 연구 조직이 〔　　〕날 수 있다.

③ 교과 마일즈 장비와 같은 전투 훈련 장비를 활용하면 실전에 〔　　〕하게 모의 전투를 진행할 수 있다.

④ 학평 보통 2개의 철침으로 표지와 내지를 〔　　〕하지만 떨어지는 경우가 잦아 철침을 4개로 박기도 하였다.

⑤ 학평 체지방이 〔　　〕 축적된 상태인 비만은 여러 가지 질병을 유발할 수 있으므로 체지방을 조절해야 한다.

11	**기반** 터 基 | 소반 盤	명 기초가 되는 바탕. 또는 사물의 토대.	〔　〕
12	**남짓**	의·명 크기, 수효, 부피 따위가 어느 한도에 차고 조금 남는 정도임을 나타내는 말.	〔　〕
13	**도맡다**	통 혼자서 책임을 지고 몰아서 모든 것을 돌보거나 해내다.	〔　〕
14	**도사리다**	(1) 통 마음이나 생각 따위가 깊숙이 자리 잡다.	〔　〕
		(2) 통 장차 일어날 일의 기미가 다른 사물 속에 숨어 있다.	〔　〕
15	**도외시하다** 법도 度 | 바깥 外 | 볼 視 --	통 상관하지 아니하거나 무시하다.	〔　〕

① 모평 돔 지붕이 지름 45m 〔　　〕의 넓은 원형 내부 공간과 이어지도록 하였다.

② 교과 스페인에서는 작물 수확과 선별까지 〔　　〕아 하는 농업용 로봇이 실용화되었다.

③ 교과 환경 문제를 〔　　〕한 무분별한 개발 행위로 인해 매년 세계의 습지가 사라지고 있다.

④ 교과 새로 개발된 백신은 시민들 가슴속에 〔　　〕고 있는 공포감을 없애 주었다.

⑤ 모평 실내에서 위치 측정에 사용 가능한 방법으로는 블루투스 〔　　〕의 비콘을 활용하는 기술이 있다.

⑥ 수능 기술 혁신의 과정은 과다한 비용 지출이나 실패의 위험이 〔　　〕고 있는 험난한 길이기도 하다.

▶ 정답과 해설 46쪽

16 **도용하다** 도둑 盜	쓸 用 --	동 남의 물건이나 명의를 몰래 쓰다. 〔　〕
17 **돌격** 부딪칠 突	부딪칠 擊	명 공격 전투의 마지막 단계에 적진으로 돌진하여 공격함. 또는 그런 일. 〔　〕
18 **둔탁하다** 무딜 鈍	흐릴 濁 --	형 소리가 굵고 거칠며 깊다. 〔　〕
19 **몰입하다** 잠길 沒	들 入 --	동 깊이 파고들거나 빠지다. 〔　〕
20 **무방하다** 없을 無	방해할 妨 --	형 거리낄 것이 없이 괜찮다. 〔　〕

① 교과 콩과 같은 식물성 원료로 고기와 똑같은 질감과 맛을 내고 있으니 식물성 고기라고 해도 □□할 것이다.

② 교과 기기 안에 내장된 스피커를 바꿔서 □□하던 음질을 개선하였다.

③ 학평 타인의 아이디를 □□하여 게시물을 등록한 경우 그 이용자에게 경고한다.

④ 모평 감각 전달 장치와 공간 이동 장치는 사용자가 메타버스에 □□할 수 있게 한다.

⑤ 모평 조선 전기 조선군의 전술에서는 기병을 동원한 활쏘기와 □□, 그리고 이를 뒷받침하는 보병의 다양한 화약 병기 및 활의 사격 지원을 중시했다.

21 **방대하다** 두터울 厖	큰 大 --	형 규모나 양이 매우 크거나 많다. 〔　〕
22 **번갈다** 차례 番 --	(1) 동 일정한 시간 동안 한 사람씩 차례를 바꾸다. 〔　〕
	(2) 동 일정한 시간 동안 어떤 행동이 되풀이되어 미치는 대상들의 차례를 바꾸다. 〔　〕
23 **보고** 보배 寶	곳집 庫	명 귀중한 것이 많이 나거나 간직되어 있는 곳을 비유적으로 이르는 말. 〔　〕
24 **부식** 썩을 腐	갉아먹을 蝕	명 금속이 산화 따위의 화학 작용에 의하여 금속 화합물로 변화되는 일. 또는 그런 현상. 〔　〕
25 **분류하다** 나눌 分	무리 類 --	동 종류에 따라서 가르다. 〔　〕

① 교과 생태계의 □□인 비무장 지대에서 일부 멸종 위기종 생물에 대한 연구 노력이 활발하다.

② 교과 □□된 낡은 상수도관을 신속하게 교체하는 기술을 발명하여 특허를 출원하였다.

③ 수능 날씨는 '맑음', '흐림', '비', '눈'으로만 □□하며, 각 날씨의 발생 확률은 모두 같다.

④ 학평 일반인의 참여만으로 항목 수가 2백만 개에 이르는 □□한 규모의 사전이 만들어졌다.

⑤ 모평 A와 B를 일정한 시간 간격을 두고 □□아 실행하면 두 프로그램이 동시에 실행되는 것처럼 보인다.

⑥ 모평 사해 용왕이 다 각기 시녀를 보내어 아침저녁으로 문안하고, □□아 당번을 서서 문안하고 호위하였다.

26 **분석하다** 나눌 分	가를 析 --	동 얽혀 있거나 복잡한 것을 풀어서 개별적인 요소나 성질로 나누다. 〔　〕
27 **사방** 넉 四	모 方	명 여러 곳. 〔　〕
28 **사장** 죽을 死	감출 藏	명 사물 따위를 필요한 곳에 활용하지 않고 썩혀 둠. 〔　〕
29 **살포** 뿌릴 撒	베 布	명 액체, 가루 따위를 흩어 뿌림. 〔　〕
30 **상호** 서로 相	서로 互	명 상대가 되는 이쪽과 저쪽 모두. 〔　〕

① 교과 파종과 농약 □□ 등이 가능한 드론이 개발되어 현장에서 사용되고 있다.

② 교과 연구 기관에서 개발된 많은 원천 기술들이 상용화되지 못하고 □□되고 있다.

③ 모평 가상 현실 장갑을 착용하면 사용자와 아바타는 □□ 간에 감각 반응을 주고받을 수 있다.

④ 모평 항원-항체 반응을 응용하여 시료에 존재하는 성분을 □□하는 다양한 형태의 키트가 개발되고 있다.

⑤ 모평 비콘들은 동일한 세기의 신호를 □□으로 보내지만 비콘으로부터 거리가 멀어질수록, 벽과 같은 장애물이 많을수록 신호의 세기가 약해진다.

· 뜻풀이로 체크하기 ·

01 ~ 06 다음 뜻풀이에 해당하는 어휘를 말상자에서 찾아 표시하시오.

아	둔	도	과	거	남
보	탁	외	잉	굴	짓
고	돌	시	상	호	착
몰	격	부	식	근	사
입	미	류	방	기	현
래	살	포	대	반	재

01 상관하지 아니하거나 무시함.

02 액체, 가루 따위를 흩어 뿌림.

03 땅이나 암석 따위를 파고 뚫음.

04 기초가 되는 바탕. 또는 사물의 토대.

05 귀중한 것이 많이 나거나 간직되어 있는 곳을 비유적으로 이르는 말.

06 금속이 산화 따위의 화학 작용에 의하여 금속 화합물로 변화되는 일. 또는 그런 현상.

07 ~ 13 다음 빈칸에 들어갈 알맞은 말을 쓰시오.

07 도용하다: 남의 물건이나 □□를 몰래 쓰다.

08 고정하다: □□에 꼭 붙어 있거나 붙어 있게 하다.

09 사장: 사물 따위를 필요한 곳에 □□하지 않고 썩혀 둠.

10 도맡다: 혼자서 □□을 지고 몰아서 모든 것을 돌보거나 해내다.

11 돌격: 공격 전투의 □□□ 단계에 적진으로 돌진하여 공격함. 또는 그런 일.

12 결딴나다: 어떤 일이나 물건 따위가 아주 □□□서 도무지 손을 쓸 수 없는 상태가 되다.

13 도사리다: (1) 마음이나 생각 따위가 □□□ 자리 잡다. (2) 장차 일어날 일의 □□가 다른 사물 속에 숨어 있다.

· 문장으로 체크하기 ·

14 ~ 18 다음 문장의 문맥에 알맞은 어휘를 고르시오.

14 모평 매일 쏟아지는 수많은 우편물들은 발송 지역별로 (고정 | 분류)되어야 한다.

15 학평 담긴 정보량에 비해 부피가 (근사 | 방대)하였고 그로 인해 보존과 가독에 어려움을 겪었다.

16 모평 압력 센서는 지면과 발바닥 사이의 압력을 (감지 | 굴착)하여 사용자가 뛰는 힘을 파악할 수 있다.

17 모평 상품이 넘칠 듯이 가득한 쇼핑 카트를 밀고 있는 구도는 물질적 풍요 속에서의 (과잉 | 기반) 소비 성향을 보여 준다.

18 모평 생활 속에서 나트륨을 줄이기에는 한계가 있으므로 식품업계 차원에서 저염 식품을 (가공 | 몰입)하여 판매할 수 있도록 유도한다.

19 ~ 24 다음 빈칸에 들어갈 알맞은 어휘를 〈보기〉에서 찾아 쓰시오.

┌─────── 보기 ───────┐
거듭   개조   남짓
분석   사방   상호
└───────────────────┘

19 교과 ( ) 이해는 소통의 핵심 원리이다.

20 수능 주위가 1리 ( )하고 수면이 담담한데 반은 물이고 반은 얼음이었다.

21 수능 클라이버는 생쥐부터 코끼리까지 다양한 크기의 동물의 기초 대사량 측정 결과를 ( )했다.

22 수능 공장을 미술관으로 ( )하고 보행자 전용의 아름다운 현수교를 세워 관광객을 유치하고 고용도 창출하고 있다.

23 수능 이후 진화 과정이 ( )되면서 호흡계와 소화계가 접하는 지점이 콧구멍 바로 아래로부터 목 깊숙한 곳으로 이동하였다.

24 학평 위에서 아래 방향으로만 작용하는 수직 하중과 달리 수평 하중은 ( )에서 작용하는 힘이기 때문에 초고층 건물의 안전에 미치는 영향이 수직 하중보다 훨씬 크다.

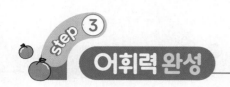

어휘의 쓰임 이해하기

01 〈보기〉의 ⓐ~ⓔ를 사용하여 만든 문장으로 적절하지 **않은** 것은?

---- 보기 ----

• 이 섬에는 열 가구 ⓐ남짓의 세대가 살고 있다.
• 이번 태풍에 농작물이 완전히 ⓑ결딴나고 말았다.
• 그 실험 결과는 어느 정도 예상에 ⓒ근사하게 맞아떨어졌다.
• 문제를 상정하고 그와 유사한 상황을 ⓓ분석하여 대안을 모색했다.
• 상상력에 의존하여 ⓔ가공의 인물과 사건을 덧대는 서술 방식을 취할 수도 있다.

① ⓐ: 가난한 집에 자식은 해마다 낳아서 한 서른 남짓 되었다.
② ⓑ: 무분별한 개발로 인해 억겁의 세월을 흘러온 강이 결딴나 버렸다.
③ ⓒ: 수능 시험에 거의 근사한 모의고사를 치렀다.
④ ⓓ: 이 글은 간접 광고에 관한 이론의 발전과 변화 과정을 분석하고 있다.
⑤ ⓔ: 우리 도시에 첨단 소재의 식품 가공 시설이 들어선다.

적절한 어휘로 바꿔 쓰기

02 문맥상 밑줄 친 어휘와 바꿔 쓰기에 적절하지 **않은** 것은?

① 그는 수동 톱을 자동 톱으로 개조했다. → 고쳤다
② 하루에도 몇 번씩 환율이 등락을 거듭했다. → 반복했다
③ 그는 아직도 일의 심각성을 감지하지 못했다. → 느끼지
④ 인터넷을 활용하면 여러 정보를 상호 교환할 수 있다.
  → 각자
⑤ 글쓴이는 중심 화제에 대한 다양한 사례들을 제시한 후 이를 유형별로 분류하고 있다. → 나누고

어휘의 쓰임 이해하기

03 문맥상 밑줄 친 어휘의 쓰임이 적절하지 **않은** 것은?

① 그는 마을의 궂은일을 도맡아 해결하였다.
② 비무장 지대는 자연 생태계의 보고로 손꼽힌다.
③ 시에서는 낡고 부식된 상수도관을 새것으로 교체하였다.
④ 다산 정약용은 유배지에서 귀양살이를 하면서 방대한 저술을 남겼다.
⑤ 컴퓨터 보조 기억 장치인 HDD의 대안으로 제시된 SSD는 작동 소음이 작고 전력 살포가 적다.

속담의 뜻풀이에 맞는 어휘 찾기

04 다음 속담의 뜻풀이에서 ㉠과 ㉡에 들어갈 말이 바르게 나열된 것은?

---- 보기 ----

• 봄물에 방게 기어 나오듯: 봄물이 지자 때를 만난 방게가 (㉠)으로 정신없이 기어 나오듯 한다는 뜻으로, 여기저기서 많이 나오는 모양을 이르는 말.
• 귀양이 홑벽에 가렸다: 귀양 갈 곳이 먼 데 있는 것이 아니라 홑벽 하나를 사이에 두고 있다는 뜻으로, 재앙이나 화는 늘 가까운 곳에 (㉡) 있으니 모든 일에 늘 조심하라는 말.

① 사방 – 도사리고   ② 기반 – 거머쥐고
③ 과잉 – 도용하고   ④ 굴착 – 둔탁하고
⑤ 돌격 – 사장하고

어휘의 의미와 쓰임 이해하기

05 〈보기〉의 (a)~(e)의 의미를 지닌 어휘를 활용하여 만든 문장으로 적절하지 **않은** 것은?

---- 보기 ----

(a) 깊이 파고들거나 빠짐.
(b) 거리낄 것이 없이 괜찮다.
(c) 상관하지 아니하거나 무시하다.
(d) 한곳에 꼭 붙어 있거나 붙어 있게 하다.
(e) 일정한 시간 동안 한 사람씩 차례를 바꾸다.

① (a): 그는 발견의 기쁨은 몰입에서 온다고 말한다.
② (b): 간단한 증거만으로 쉽게 밝힐 수 있는 사실은 굳이 논리성을 따지지 않아도 무방하다.
③ (c): 인간을 도외시한 기술 발전은 오히려 인간의 삶에 불편을 초래할 수 있다.
④ (d): 중철은 두 개의 철심으로 표지와 내지를 고정한다.
⑤ (e): 중년의 남자가 간판과 세탁소를 번갈아 살피며 가게로 들어왔다.

08 관용어

4주 완성

※ 관용어가 사용된 예문을 읽고 해당 뜻풀이를 찾아 번호를 쓰세요.

★ 목

01 목에 거미줄 치다

예문 "여러 날 동안에 볼 수 없더니 형편이 어떤가?" / "형편이 다 무엇입니까? 요새 같아서는 목에 거미줄 치기가 알맞습니다." 〔　〕

02 목에 힘을 주다

예문 목에 힘을 주고 호기롭게 회의장에 들어섰지만 아무도 그를 알아주지 않았다. 〔　〕

03 목을 걸다

(1) 예문 노국 공주의 영전(影殿) 건립을 추진한 공민왕에게 시중 유탁은 목을 걸고 간(諫)하였다. 〔　〕

(2) 예문 그는 목을 걸고 회사의 부당한 대우를 폭로하였다. 〔　〕

04 목이 빠지게 기다리다

예문 저녁 무렵이 되면 동생은 동구 밖에 나가 시장에 간 엄마가 돌아오기를 목이 빠지게 기다리곤 하였다. 〔　〕

05 목덜미를 잡히다

예문 끈질긴 경찰의 수사 끝에 보이스 피싱범들의 범죄 행각이 목덜미를 잡히고 말았다. 〔　〕

① 몹시 안타깝게 기다리다.

② 목숨을 바칠 각오를 하다.

③ 직장에서 쫓겨나는 것을 무릅쓰다.

④ 피할 수 없이 죄가 드러나게 되다.

⑤ 곤궁하여 아무것도 먹지 못하는 처지가 되다.

⑥ 거드름을 피우거나 남을 깔보는 듯한 태도를 취하다.

★ 피

06 피가 거꾸로 솟다

예문 아이들이 학대받는 영상을 보고 피해 아동 부모들은 피가 거꾸로 솟는 듯한 분노를 느꼈다. 〔　〕

07 피가 끓다

예문 그곳은 피가 끓는 청춘들이 모인 곳이라 늘 떠들썩하고 생기가 넘친다. 〔　〕

08 피가 마르다

예문 순일은 하루가 멀다 하고 걸려 오는 채무 독촉 전화에 피가 마를 지경이다. 〔　〕

09 피도 눈물도 없다

예문 평소 선한 역할을 주로 맡았던 배우가 이번 영화에서는 피도 눈물도 없는 악한으로 변신하였다. 〔　〕

10 피로 물들이다

예문 전쟁이 시작되자 그 마을은 하룻밤 사이에 피로 물들었다. 〔　〕

11 피를 보다

예문 그는 엉뚱한 소문을 믿고 거액을 투자했다가 피를 보고 말았다. 〔　〕

12 피를 토하다

예문 국내 3·1운동에 호응해서 북간도 지방의 1만여 교포들이 피를 토하는 마음으로 만세 운동을 전개했다. 〔　〕

① 조금도 인정이 없다.

② 젊고 혈기가 왕성하다.

③ 사상자가 많이 생기다.

④ 격렬한 의분을 터뜨리다.

⑤ 몹시 괴롭거나 애가 타다.

⑥ 크게 봉변을 당하거나 손해를 보다.

⑦ 피가 머리로 모인다는 뜻으로, 매우 흥분한 상태를 이르는 말.

★ 입

13 입만 살다

교과 그 애는 입만 살아서 자기가 뭐라도 되는 것처럼 떠들어 댄다. [ ]

14 입만 아프다

교과 출생률 저하 문제에 대한 대비가 필요하다고 말을 해 봐야 입만 아프다. [ ]

15 입에 침이 마르다

교과 조 대비도 입에 침이 마르도록 칭찬한 만치, 그는 첫눈에 대비의 마음을 샀다. [ ]

16 입을 막다

교과 밀수단은 수익금의 일부를 조력자들에게 주어 입을 막아 왔던 것으로 드러났다. [ ]

17 입을 맞추다

교과 그와 나는 안건에 대해 입을 맞춘 후 회의에 들어가기로 했다. [ ]

18 입을 모으다

교과 아이들은 교실 안이 너무 덥다고 입을 모아 말했다. [ ]

19 입이 떨어지다

모평 나는 어안이 벙벙하여 도통 입이 떨어지지 않았다. [ ]

20 입이 짧다

교과 혜리는 입이 짧아서 음식을 조금 먹다가 그만둔다. [ ]

21 입맛대로 하다

교과 회원들은 동아리 운영을 자기 입맛대로 하는 회장이 마음에 안 들었다. [ ]

① 입에서 말이 나오다.

② 저 좋은 대로 마음대로 하다.

③ 서로의 말이 일치하도록 하다.

④ 여러 사람이 같은 의견을 말하다.

⑤ 음식을 심하게 가리거나 적게 먹다.

⑥ 다른 사람이나 물건에 대하여 거듭해서 말하다.

⑦ 말에 따르는 행동은 없으면서 말만 그럴듯하게 잘하다.

⑧ 시끄러운 소리나 자기에게 불리한 말을 하지 못하게 하다.

⑨ 여러 번 말하여도 받아들이지 아니하여 말한 보람이 없다.

★ 모습, 상태

22 구미가 당기다

교과 그의 계획을 들어보니 나도 꽤나 구미가 당겼다. [ ]

23 날개가 돋치다

교과 어린이날이 다가오자 완구 제품들이 날개가 돋친 듯 팔려 나갔다. [ ]

24 밑천이 드러나다

모평 그는 거짓말을 자주 하는 자신의 밑천이 드러날까 봐 사람들 앞에서 말을 조심했다. [ ]

① 욕심이나 관심이 생기다.

② 상품이 시세를 만나 빠른 속도로 팔려 나가다.

③ 평소에 숨겨져 있던 제 바탕이나 성격이 표면에 나타나다.

어휘력 체크

· 뜻풀이로 체크하기 ·

01 ~ 07 다음 뜻풀이에 해당하는 관용어를 쓰시오.

01 사상자가 많이 생기다. _____

02 몹시 안타깝게 기다리다. _____

03 격렬한 의분을 터뜨리다. _____

04 저 좋은 대로 마음대로 하다.

_____

05 서로의 말이 일치하도록 하다.

_____

06 평소에 숨겨져 있던 제 바탕이나 성격이 표면에 나타나다. _____

07 여러 번 말하여도 받아들이지 아니하여 말한 보람이 없다. _____

08 ~ 13 다음 빈칸에 들어갈 알맞은 말을 〈보기〉에서 찾아 쓰시오.

┌─────── 보기 ───────┐
죄   목숨   음식
의견   인정   직장   혈기
└──────────────────┘

08 피가 끓다: 젊고 ( )이/가 왕성하다.

09 피도 눈물도 없다: 조금도 ( )이/가 없다.

10 입을 모으다: 여러 사람이 같은 ( )을/를 말하다.

11 입이 짧다: ( )을/를 심하게 가리거나 적게 먹다.

12 목덜미를 잡히다: 피할 수 없이 ( )이/가 드러나게 되다.

13 목을 걸다: (1) ( )을/를 바칠 각오를 하다.
(2) ( )에서 쫓겨나는 것을 무릅쓰다.

· 문장으로 체크하기 ·

14 ~ 18 다음 빈칸에 들어갈 알맞은 관용어를 〈보기〉에서 찾아 기호를 쓰시오.

┌─────── 보기 ───────┐
㉠ 구미가 당겨   ㉡ 입을 막아서
㉢ 목에 힘을 주며   ㉣ 입에 침이 마르게
㉤ 피가 거꾸로 솟는
└──────────────────┘

14 교과 내 친구를 모함하는 헛소문이 돌자 나는 ( ) 기분이었다.

15 교과 그는 친구들의 ( ) 자신이 저지른 잘못이 들키지 않길 바랐다.

16 교과 최 씨는 이번에 돈을 좀 벌었다면서 ( ) 식당 안으로 들어왔다.

17 교과 아리는 고민이었던 부분이기에 ( ) 하던 일을 멈추고 후기를 읽기 시작했다.

18 교과 그 교수는 2시간 동안 ( ) 자신이 세운 공로에 대해 이야기했다.

19 ~ 24 다음 문맥에 알맞은 관용어를 고르시오.

19 교과 내 친구는 입만 (살아서 | 아파서) 매일 자기 자랑만 늘어놓는다.

20 교과 그는 돈을 불려 주겠다는 지인에게 속아 피를 (보고 | 토하고) 말았다.

21 교과 주연이는 중요한 발표를 앞두고 긴장이 되어 피가 (끓는 | 마르는) 듯했다.

22 교과 나는 쑥대밭이 된 우리 집을 보고 한동안 (입에 침이 마르지 | 입이 떨어지지) 않았다.

23 교과 인기 있는 배우가 광고하는 제품이 요즘 (구미가 당기듯 | 날개가 돋친 듯) 팔리고 있다.

24 교과 그는 다니던 회사가 하루아침에 문을 닫아서 지금 목에 (거미줄 치는 | 힘을 주는) 신세이다.

01 〈보기〉와 같이 관용어가 쓰인 부분을 바꾸어 표현한 것으로 적절하지 <u>않은</u> 것은?　관용어의 의미와 쓰임 이해하기

> ● 보기 ●
>
> 목에 칼이 들어와도 너를 배신하지 않겠다. → 어떤 어려움이 있어도

① 장사가 되지 않아서 목에 거미줄 치게 생겼다. → 굶주리는 처지가 되게
② 그는 나라를 팔아먹는 짓은 할 수 없다며 피를 토했다. → 끝까지 저항했다
③ 아이는 혼자 숙제를 하면서 엄마가 돌아오길 목이 빠지게 기다렸다. → 몹시 애타게
④ 피가 끓는 청년들이 향촌으로 돌아다니며 권학을 부르짖었다. → 젊고 혈기가 왕성한
⑤ 여럿이 함께 하는 일인데도 그는 번번이 자기 입맛대로 하려고 한다. → 마음대로 하려고

02 밑줄 친 부분이 관용어가 <u>아닌</u> 것은?　관용어의 사례 파악하기

① 설명을 들으면 들을수록 그 계획에 구미가 당겼다.
② 나쁜 소문일수록 날개가 돋친 듯 퍼져 나가기 마련이다.
③ 그는 잠에서 깨어 방긋 웃는 아기의 볼에 입을 맞추었다.
④ 그는 요즘 운영 중인 가게의 매출이 계속 떨어져서 피가 말랐다.
⑤ 경찰의 끈질긴 수사 끝에 결국 그의 사기 행각이 목덜미를 잡히고 말았다.

03 밑줄 친 관용어의 뜻풀이가 적절하지 <u>않은</u> 것은?　관용어의 의미 파악하기

① 오 과장은 사장의 지시에 목을 걸고 반대했다. : 직장에서 쫓겨나는 것을 무릅쓰다.
② 아기는 반찬 투정도 심하고 입이 짧았다. : 음식을 적게 먹거나 가려 먹는 버릇이 있다.
③ 지식인으로 거짓 행세한 그는 자기 밑천이 드러날까 불안해했다. : 이야깃거리가 궁해지다.
④ 노인은 출세한 자식 이야기를 하면서 목에 힘을 주며 호기롭게 말한다. : 거만스러운 태도를 취하다.
⑤ 순간의 잘못된 판단으로 이렇게 피를 볼 줄 알았으면 투자에 좀 더 신중했을 것이다. : 크게 봉변을 당하거나 손해를 보다.

04 〈보기〉의 빈칸에 들어갈 관용어로 가장 적절한 것은?　문맥에 맞는 관용어 파악하기

> ● 보기 ●
>
> 한 반려견 행동 전문가는 반려견이 낯선 사람 또는 보호자를 위협하거나, 반려견을 보호자가 통제하지 못할 때에는 (　　　　　) 반려견을 압박하고 엄하게 훈련시킨다고 말했다.

① 피가 끓게　　　　② 피가 마르게
③ 피로 물들이게　　④ 피도 눈물도 없이
⑤ 피가 거꾸로 솟게

05 제시된 뜻풀이를 참고할 때, ㉠과 ㉡에 들어갈 관용어로 적절한 것은?　제시된 정보로 관용어 유추하기

> ● 보기 ●
>
> • [뜻풀이] 입에서 말이 나오다.
>   [예 문] 그의 병이 위중하다는 소식을 전하려니 차마 (　㉠　) 않았다.
> • [뜻풀이] 여러 사람이 같은 의견을 말하다.
>   [예 문] 많은 사람들이 기초 과학 분야에 과감히 투자해야 한다고 (　㉡　) 말한다.

	㉠	㉡
①	입을 막지	입만 살아
②	입이 떨어지지	입을 모아
③	구미가 당기지	피가 끓게
④	날개가 돋치지	피를 토하며
⑤	입맛대로 하지	입만 아프게

06 〈보기〉의 빈칸에 들어갈 관용어로 가장 적절한 것은?　문맥에 맞는 관용어 파악하기

> ● 보기 ●
>
> 촬영 현장에서 그 배우와 호흡을 맞춘 다른 배우들은 그의 진심과 열정, 그리고 제작진까지 하나하나 챙기는 모습 등을 거론하며 (　　　　　) 칭찬하기 바빴다.

① 목을 걸고　　　　② 입만 아프게
③ 목에 힘을 주며　④ 피가 거꾸로 솟게
⑤ 입에 침이 마르게

※ 다의어의 각 예문을 읽고 해당 뜻풀이를 찾아 번호를 쓰세요.

01 사이

(1) 교과 지구와 달 사이 거리는 네가 생각한 것보다 훨씬 멀어. 〔　〕

(2) 교과 오후 11시에서 12시 사이에 우리는 청소를 했다. 〔　〕

(3) 모평 그들이 부부 사이라는 것을 알고 사람마다 서로 돌아보며 소리쳐 말했다. 〔　〕

① 명 한때로부터 다른 때까지의 동안.

② 명 서로 맺은 관계. 또는 사귀는 정분.

③ 명 한곳에서 다른 곳까지, 또는 한 물체에서 다른 물체까지의 거리나 공간.

02 살다

(1) 수능 식욕은 인간이 사는 데 필요한 영양분을 얻기 위해서 반드시 필요하다. 〔　〕

(2) 학평 너의 이름은 무엇이며 어디에 살고 있느냐? 〔　〕

(3) 학평 속세를 벗어나 자연의 아름다움을 즐기면서 유유자적한 삶을 살고자 하는 화자의 모습이 드러나 있다. 〔　〕

(4) 교과 어렸을 때 할아버지가 불러 주신 노랫가락이 아직도 마음속에 살아 있다. 〔　〕

① 동 생명을 지니고 있다.

② 동 어떤 생활을 영위하다.

③ 동 어느 곳에 거주하거나 거처하다.

④ 동 마음이나 의식 속에 남아 있거나 생생하게 일어나다.

03 생각

(1) 학평 아내가 무슨 생각을 하였는지 나를 보며 훌쩍훌쩍 울기 시작했다. 〔　〕

(2) 교과 할머니께서는 고향 생각에 잠겨 한동안 창밖을 바라보셨다. 〔　〕

(3) 학평 변 씨는 어떻게든 해룡을 죽여 없앨 생각으로 이리저리 궁리하였다. 〔　〕

(4) 교과 지각을 너무 많이 해서 창피하다는 생각이 듭니다. 〔　〕

① 명 사물을 헤아리고 판단하는 작용.

② 명 어떤 사람이나 일 따위에 대한 기억.

③ 명 어떤 일을 하려고 마음을 먹음. 또는 그런 마음.

④ 명 어떤 일에 대한 의견이나 느낌을 가짐. 또는 그 의견이나 느낌.

04 서다

(1) 교과 너는 차렷 자세로 얼마나 오래 서 있을 수 있니? 〔　〕

(2) 모평 화자는 멀리 서 있는 나무들의 위치를 확인함으로써 대상과 자신의 거리를 좁히려 하고 있다. 〔　〕

(3) 교과 앞차가 갑자기 서서 하마터면 사고가 날 뻔했다. 〔　〕

① 동 부피를 가진 어떤 물체가 땅 위에 수직의 상태로 있게 되다.

② 동 어떤 곳에서 다른 곳으로 가던 대상이 어느 한 곳에서 멈추다.

③ 동 사람이나 동물이 발을 땅에 대고 다리를 쭉 뻗으며 몸을 곧게 하다.

05 섞다

(1) 교과 어머니께서 쌀에 콩을 섞어 밥을 지으셨다. 〔　〕

(2) 교과 장식이는 군대에서 겪은 경험을 적당히 과장을 섞어 가며 장황하게 늘어놓았다. 〔　〕

① 동 두 가지 이상의 것을 한데 합치다.

② 동 어떤 말이나 행동에 다른 말이나 행동을 함께 나타내다.

06 섬세하다
가늘 織 | 가늘 細 ──

(1) 학평 사진 속 할머니의 모습은 무척이나 섬세했다. 〔　〕

(2) 교과 윤재는 주변 사람들에게 섬세하게 마음을 쓴다. 〔　〕

① 형 매우 찬찬하고 세밀하다.

② 형 곱고 가늘다.

▶ 정답과 해설 47쪽

07 식다

(1) 교과 동생은 식은 밥은 먹기 싫었는지 다시 따뜻하게 데웠다. 〔　〕

(2) 교과 모든 사람이 나이를 먹는다고 열정이 식거나 사라지는 것은 아니다. 〔　〕

① 통 더운 기가 없어지다.

② 통 어떤 일에 대한 열의나 생각 따위가 줄거나 가라앉다.

08 아래

(1) 학평 토끼가 영문을 몰라 섬돌 아래에 기고 있는데 문지기가 달려 들어왔다. 〔　〕

(2) 교과 그는 나보다 네 살 아래인데도 나와 같은 직급이다. 〔　〕

(3) 수능 독자는 자신이 속한 사회나 시대의 영향 아래 필자가 속해 있거나 드러내고자 하는 사회나 시대를 경험한다. 〔　〕

① 명 어떤 기준보다 낮은 위치.

② 명 조건, 영향 따위가 미치는 범위.

③ 명 신분, 연령, 지위, 정도 따위에서 어떤 것보다 낮은 쪽.

09 알다

(1) 모평 학습 경험과 독서 경험이 쌓이면서 글의 구조에 대한 지식과 아는 단어, 배경지식이 늘어나기 때문이다. 〔　〕

(2) 교과 사람이 부끄러움을 알지 못하면 짐승과 다를 바가 없다. 〔　〕

(3) 학평 맹자는 순자와 달리 자연의 힘을 이용할 줄 아는 인간의 주체적, 능동적 노력을 강조하였다. 〔　〕

(4) 교과 동근이는 공부만 알고 세상 물정을 전혀 모른다. 〔　〕

① 통 어떤 일을 할 능력이나 소양이 있다.

② 통 심리적 상태를 마음속으로 느끼거나 깨닫다.

③ 통 어떤 사람이나 사물에 대하여 소중히 생각하다.

④ 통 교육이나 경험, 사고 행위를 통하여 사물이나 상황에 대한 정보나 지식을 갖추다.

10 암울하다

어두울 暗 | 막힐 鬱 --

(1) 교과 불경기일수록 암울한 색조의 화장품 판매가 증가한다고 한다. 〔　〕

(2) 모평 '검은 절경'은 아름다움을 잃은 풍경에서 느껴지는 암울한 심정을 드러내고 있다. 〔　〕

① 형 절망적이고 침울하다.

② 형 어두컴컴하고 답답하다.

11 어둡다

(1) 교과 어두운 밤길! 스마트폰 '안전 귀가 서비스'로 안전하게 귀가하세요. 〔　〕

(2) 교과 언니는 안 좋은 일이 있는지 얼굴이 몹시 어두웠다. 〔　〕

(3) 교과 불황이 장기화됨에 따라 유통 업계의 경기 전망이 어둡다. 〔　〕

(4) 학평 어리석고 세상 물정 어둡기는 나보다 더한 이 없다. 〔　〕

① 형 빛이 없어 밝지 아니하다.

② 형 희망이 없이 참담하고 막막하다.

③ 형 어떤 분야에 대하여 잘 알지 못하다.

④ 형 분위기나 표정, 성격 따위가 침울하고 무겁다.

12 오다

(1) 모평 명일 유시에 안평국 왕자 내게 올 것이니 오는 즉시 아뢰라. 〔　〕

(2) 교과 여름이 오자 얇은 옷을 입고 다니는 사람이 늘었다. 〔　〕

(3) 학평 전반적인 물가 수준이 상승한 경우에도 그것이 선호도 변화에서 온 것으로 판단하여 상품 생산량을 늘릴 수 있다. 〔　〕

① 통 어떤 현상이 어떤 원인에서 비롯하여 생겨나다.

② 통 어떤 때나 계절 따위가 말하는 시점을 기준으로 현재나 가까운 미래에 닥치다.

③ 통 어떤 사람이 말하는 사람 혹은 기준이 되는 사람이 있는 쪽으로 움직여 위치를 옮기다.

1100

어휘
1055개
달성!

1000

· 뜻풀이로 **체크하기** ·

01 ~ 05 다음 밑줄 친 어휘의 뜻풀이에 들어갈 알맞은 말을 〈보기〉에서 찾아 쓰시오.

● 보기 ●
분야   침울   판단   소중히   생생하게

01 교과 그녀는 오랜 <u>생각</u> 후에 나의 말에 대답했다.
→ 생각: 사물을 헤아리고 (   )하는 작용.

02 교과 은아는 이 동네 지리에 <u>어두워서</u> 길을 헤맸다.
→ 어둡다: 어떤 (   )에 대하여 잘 알지 못하다.

03 교과 아버지께서는 평생 가족만 <u>알고</u> 살아오셨다.
→ 알다: 어떤 사람이나 사물에 대하여 (   ) 생각하다.

04 교과 그의 이야기는 여전히 우리 가슴속에 <u>살아</u> 있다.
→ 살다: 마음이나 의식 속에 남아 있거나 (   ) 일어나다.

05 학평 잠들지 못한 '오랩동생'의 태도는 민족의 <u>암울한</u> 현실을 극복하기 위한 고뇌와 연결된다.
→ 암울하다: 절망적이고 (   )하다.

06 ~ 09 다음 밑줄 친 어휘의 뜻풀이로 알맞은 것을 고르시오.

06 학평 그녀의 손은 <u>섬세하고</u> 길다.
① 곱고 가늘다.
② 매우 찬찬하고 세밀하다.

07 교과 송혜는 커피가 <u>식는</u> 줄도 모르고 독서에 몰두했다.
① 더운 기가 없어지다.
② 어떤 일에 대한 열의나 생각 따위가 줄거나 가라앉다.

08 학평 '나'에게 '옛 우물'은 금빛 잉어가 <u>살고</u> 있다고 생각되는 공간이다.
① 어떤 생활을 영위하다.
② 어느 곳에 거주하거나 거처하다.

09 학평 이러한 기술을 가진 이는 그 조화의 비밀을 <u>아는</u> 이가 아닌가!
① 심리적 상태를 마음속으로 느끼거나 깨닫다.
② 교육이나 경험, 사고 행위를 통하여 사물이나 상황에 대한 정보나 지식을 갖추다.

· 문장으로 **체크하기** ·

10 ~ 13 다음 밑줄 친 어휘가 제시된 의미로 사용된 문장을 고르시오.

10 어둡다: 희망이 없이 참담하고 막막하다.
① 수능 밤이 깊어 <u>어둡고</u> 사방은 아득하다.
② 교과 우리는 국권을 상실한 <u>어두운</u> 시기를 견뎠다.

11 섞다: 두 가지 이상의 것을 한데 합치다.
① 교과 그는 여러 나라의 말을 <u>섞어</u> 말한다.
② 학평 액체가 된 상변화 물질이 <u>섞인</u> 물은 인근 지역 공동 주택 기계실의 열 교환기로 이동한다.

12 서다: 부피를 가진 어떤 물체가 땅 위에 수직의 상태로 있게 되다.
① 교과 벼랑 끝에 <u>서</u> 있는 나무가 위태로워 보인다.
② 학평 여동이 앞에 <u>서서</u> 춘향을 인도하여 문 밖에 세워 두고 대전에 고하였다.

13 아래: 조건, 영향 따위가 미치는 범위.
① 모평 감독 위원회는 소령을 파견하여 소장 관할 <u>아래</u> 사건을 조사하게 한다.
② 학평 양반은 특권과 명예를 독점적으로 누리면서 그 <u>아래</u>인 중인, 평민, 천민과는 격을 달리 했다.

14 ~ 16 다음 밑줄 친 어휘가 제시된 문장의 밑줄 친 어휘와 유사한 의미로 사용된 문장을 고르시오.

14 학평 비록 한 고을에 한 서울 관리 <u>온다</u>고 해도 / 서울 관리는 귀가 없고 백성은 입이 없다네
① 수능 화자는 낙엽 소리를 임이 <u>오는</u> 소리로 착각했다.
② 학평 이 사람은 투자에서 실패했을 때 <u>오는</u> 불만족을 더 크게 인식한다.

15 수능 화자는 하늘의 달과 강물에 비친 달 <u>사이</u>에 놓임으로써 '월궁'에 오른 듯한 신비로움을 표현하고 있다.
① 학평 영구 자석 <u>사이</u>에는 자기장이 형성되어 있다.
② 학평 유생이 비몽사몽한 <u>사이</u>에 문득 금산사 부처님이 나타나 말하였다.

16 학평 화자는 '허공'을 황량한 <u>생각</u>이 드러나는 공허한 이미지로 활용하였다.
① 학평 옥영도 남편 <u>생각</u>에 감회가 일어 절로 시를 읊게 되었던 것이다.
② 수능 글쓴이는 악한 <u>생각</u>을 버리고 착한 마음을 자라게 하는 변화가 가능하다고 여겼다.

01 〈보기〉의 밑줄 친 어휘와 같은 의미로 쓰인 것은?   _{어휘의 문맥적 의미 파악하기}

● 보기 ●

자신의 삶을 주체적으로 살 수 있는 길을 찾자.

① 옆집 김 씨네는 삼대가 한집에 산다.
② 그는 사기죄로 감옥에서 2년 형을 살았다.
③ 글쓴이의 개성이 살아 있는 글이 좋은 글이다.
④ 그는 어려운 이웃을 보살피는 삶을 살고 싶어 한다.
⑤ 낙천적인 성격을 가진 사람일수록 오래 산다고 한다.

02 밑줄 친 어휘의 사전적 의미로 적절하지 않은 것은?   _{어휘의 사전적 의미 파악하기}

① 어두운 골목은 혼자보다 둘이 걷는 게 낫다. → 빛이 없어 밝지 아니하다.
② 그는 무슨 걱정이 있는지 몹시 어두운 표정을 하고 있다. → 표정이 침울하고 무겁다.
③ 새벽 아침 깜깜한 거리엔 암울하고 칙칙한 안개만 자욱했다. → 어두컴컴하고 답답하다.
④ 우리 야구장에 갈 건데 너도 생각이 있으면 같이 갈래? → 어떤 사람이나 일 따위에 대한 기억.
⑤ 아무리 흉허물 없는 사이라 할지라도 사적인 편지를 보여 줄 수는 없다. → 서로 맺은 관계. 또는 사귀는 정분.

03 〈보기〉의 ⓐ~ⓔ 중 어휘의 의미에 따른 예문으로 적절하지 않은 것은?   _{예문의 적절성 판단하기}

● 보기 ●

알다
「1」 심리적 상태를 마음속으로 느끼거나 깨닫다.
　ⓐ 그가 떠난 후에야 그의 소중함을 알았다.
　ⓑ 그와 이별한 뒤에야 그를 사랑했음을 알았다.
「2」 어떤 일을 할 능력이나 소양이 있다.
　ⓒ 나는 피아노를 칠 줄 안다.
오다
일정한 목적을 가진 모임에 참석하기 위하여 말하는 사람이 있는 쪽으로 위치를 옮기다.
　ⓓ 이번 동창회에 오면 선생님을 뵐 수 있다.
　ⓔ 목적지에 다 왔으니 조금 쉬어 가자.

① ⓐ　　　　② ⓑ　　　　③ ⓒ
④ ⓓ　　　　⑤ ⓔ

04 밑줄 친 두 어휘의 문맥적 의미가 가장 가까운 것은?   _{어휘의 문맥적 의미 파악하기}

① (ㄱ) 여름이 가고 벌써 가을이 왔다.
　(ㄴ) 부단한 노력으로부터 성공이 온다.
② (ㄱ) 햇빛 아래에 오래 있었더니 얼굴이 탔다.
　(ㄴ) 나무 그늘 아래에서 땀을 식히고 있다.
③ (ㄱ) 그 일은 식은 죽 먹기보다 쉽다.
　(ㄴ) 군불을 지펴 식은 아랫목을 다시 데웠다.
④ (ㄱ) 어두운 밤길을 혼자 걷는 건 매우 쓸쓸해.
　(ㄴ) 올해 우리나라의 수출 전망은 매우 어둡다.
⑤ (ㄱ) 손님이 계속 와서 편하게 앉아 있을 사이가 없다.
　(ㄴ) 우리 가게는 오후 1시에서 2시 사이가 제일 바쁘다.

05 다음 중 (a)~(e)의 밑줄 친 어휘와 문맥적 의미가 같게 쓰인 것은?   _{어휘의 문맥적 의미 파악하기}

● 보기 ●

(a) 너무 늦었으니 지금 나갈 생각 마라.
(b) 노파는 돈만 아는 구두쇠라고 소문이 났다.
(c) 잘 달리던 자동차가 갑자기 그 자리에 섰다.
(d) 단원은 부드럽고 섬세한 필치로 인물을 묘사하고 있다.
(e) 지하철에 승객이 너무 많아 한 시간 동안 서서 왔다.

① (a): 그는 고향 생각에 잠겼다.
② (b): 어휘의 뜻을 알아야 문장의 뜻을 이해할 수 있다.
③ (c): 벽시계의 작은 시침바늘은 12시에 서 있었다.
④ (d): 그 가수는 관객을 존중하고 섬세하게 배려한다.
⑤ (e): 비틀거리던 팽이가 곧게 서서 돌고 있다.

06 문맥상 (a)~(e)의 밑줄 친 어휘와 바꿔 쓰기에 적절하지 않은 것은?   _{적절한 어휘로 바꿔 쓰기}

● 보기 ●

(a) 미음에 영양식 죽을 섞어 환자에게 먹였다.
(b) 그는 갖은 해산물을 섞어 해물 잡탕밥을 완성했다.
(c) 그는 다니던 직장을 그만두고 시골에 내려가 산다.
(d) 아침부터 점심 먹기 전까지는 쉴 사이 없이 일한다.
(e) 남북문제를 해결하는 방법에 대한 두 전문가의 생각이 서로 달랐다.

① (a): 결합(結合)하여　　② (b): 합(合)해
③ (c): 거주(居住)한다　　④ (d): 겨를
⑤ (e): 의견(意見)

10 필수 어휘_기술

4주 완성

※ 어휘의 사전적 의미에 해당하는 예문을 찾아 번호를 쓰고 빈칸을 채워 보세요.

01 **소모** 꺼질 消ㅣ빌 耗	명 써서 없앰.	〔　〕
02 **속성** 빠를 速ㅣ이룰 成	명 빨리 이루어짐. 또는 빨리 깨침.	〔　〕
03 **승차하다** 탈 乘ㅣ수레 車 ——	동 차를 타다.	〔　〕
04 **식별** 알 識ㅣ다를 別	명 분별하여 알아봄.	〔　〕
05 **아담하다** 아담할 雅ㅣ맑을 淡 ——	형 적당히 자그마하다.	〔　〕

① 학평 P 자동차의 고객들은 첫 번째 구매 요인으로 연비를 꼽았고, 다음으로는 □□할 때의 편리성을 꼽았다.

② 교과 LED 조명을 이용해 각종 채소를 □□ 재배하는 식물 공장이 문을 열었다.

③ 학평 프리스틀리는 실험 과정 중 가연성 공기가 □□되어 수위가 상승한다고 이해하였다.

④ 학평 마을 입구에는 □□한 초가 사이로 점잖은 선비처럼 멀쑥한 옥수수 대가 줄지어 서 있답니다.

⑤ 모평 비콘은 비콘마다 정해진 □□ 번호와 위치 정보가 포함된 신호를 주기적으로 보내는 기기이다.

06 **얽매이다**	동 마음대로 행동할 수 없도록 몹시 구속되다.	〔　〕
07 **예리하다** 날카로울 銳ㅣ이로울 利 ——	형 관찰이나 판단이 정확하고 날카롭다.	〔　〕
08 **원활하다** 둥글 圓ㅣ미끄러울 滑 ——	(1) 형 모난 데가 없고 원만하다.	〔　〕
	(2) 형 거침이 없이 잘 나가는 상태에 있다.	〔　〕
09 **유입** 흐를 流ㅣ들 入	(1) 명 액체나 기체, 열 따위가 어떤 곳으로 흘러듦.	〔　〕
	(2) 명 돈, 물품 따위의 재화가 들어옴.	〔　〕
10 **유출** 흐를 流ㅣ날 出	(1) 명 밖으로 흘러 나가거나 흘려 내보냄.	〔　〕
	(2) 명 귀중한 물품이나 정보 따위가 불법적으로 나라나 조직의 밖으로 나가 버림. 또는 그것을 내보냄.	〔　〕

① 학평 서버가 해킹 당할 경우 개인 정보가 □□될 수 있다.

② 교과 시스템 엔지니어는 □□한 관찰력으로 자동차의 성능을 점검했다.

③ 교과 해외로부터 □□되는 제품에 대한 정보 공유가 이루어져야 한다.

④ 수능 국제간의 □□한 교류를 위해서는 언어 간의 차이를 줄여 가야 한다.

⑤ 학평 물이 눈 벽돌 사이를 메우면서 얼어 만들어진 얼음 벽은 내부의 에너지 □□을 막는다.

⑥ 학평 가우디는 기존 건축의 어떠한 흐름에도 □□지 않은 역사상 가장 창의적인 건축가였다.

⑦ 모평 스퍼터 이온 펌프는 진공 통 내부의 기체 분자가 펌프 내부로 □□되도록 진공 통과 연결하여 사용한다.

⑧ 학평 버퍼는 패킷이 □□하게 전송될 수 있도록 먼저 도착한 패킷을 보내고 나머지 패킷들을 잠시 저장해 둔다.

11 **일환** 하나 一ㅣ고리 環	명 서로 밀접한 관계로 연결되어 있는 여러 것 가운데 한 부분.	〔　〕
12 **자제하다** 스스로 自ㅣ억제할 制 ——	동 자기의 감정이나 욕망을 스스로 억제하다.	〔　〕
13 **잣대**	명 어떤 현상이나 문제를 판단하는 데 의거하는 기준을 비유적으로 이르는 말.	〔　〕
14 **저급** 낮을 低ㅣ등급 級	명 내용, 성질, 품질 따위의 정도가 낮음.	〔　〕
15 **접합하다** 접할 接ㅣ합할 合 ——	동 한데 대어 붙다. 또는 한데 대어 붙이다.	〔　〕

① 모평 발광 다이오드는 p형, n형 두 종류의 반도체를 □□하여 만든다.

② 교과 과도한 개발 욕구를 □□하지 못해서 많은 문제들이 일어나기도 합니다.

③ 모평 구체적인 법 조항을 통해 광고를 규제하는 법적 규제는 광고 또한 사회적 활동의 □□이라는 점에 근거한다.

④ 학평 대규모 교통 시설이 입지하는 곳에는 경공업 지구가, 그 주변은 지대가 싼 □□ 주거 지구가 형성된다고 보았다.

⑤ 모평 자동차의 에너지 효율은 연료량 대비 운행 거리의 비율인 연비로 나타내며, 이는 자동차의 성능을 평가하는 중요한 □□이다.

16 **정밀하다** 찧을 精 | 빽빽할 密 --	형 아주 정교하고 치밀하여 빈틈이 없고 자세하다.	〔 〕
17 **정박하다** 닻 碇 | 배댈 泊 --	동 배가 닻을 내리고 머무르다.	〔 〕
18 **정화하다** 깨끗할 淨 | 될 化 --	동 불순하거나 더러운 것을 깨끗하게 하다.	〔 〕
19 **제재하다** 억제할 制 | 마를 裁 --	동 일정한 규칙이나 관습의 위반에 대하여 제한하거나 금지하다.	〔 〕
20 **조성하다** 지을 造 | 이룰 成 --	동 무엇을 만들어서 이루다.	〔 〕

① (교과) 선박 회사들은 출항과 입항은 물론 ☐☐하는 과정 모두 사람의 도움을 받지 않고 스스로 운항하는 완전 자율 운항 선박 기술에 관심이 높다.

② (수능) 모델링 방식으로 복잡한 굴곡이 있는 표면도 ☐☐하게 표현할 수 있다.

③ (학평) '영역성의 원리'는 안과 밖이라는 공간 영역을 ☐☐하여 외부인의 침범 기준을 명확히 확립하는 것을 말한다.

④ (학평) 오염된 물을 사용 목적에 맞게 ☐☐하는 정수 처리 기술에서 침전 과정은 부유하는 오염 물질을 가라앉혀 물의 탁도를 제거하는 것을 목적으로 한다.

⑤ (학평) 명예 훼손에 해당한다고 소명한 정보에 대해 삭제 또는 차단을 요청할 수 있지만, 정보 통신 서비스 사업자가 이에 불응할 경우에 ☐☐할 조항이 없다.

21 **종속** 좇을 從 | 무리 屬	명 자주성이 없이 주가 되는 것에 딸려 붙음.	〔 〕
22 **지탱하다** 지탱할 支 | 버팀목 撑 --	동 오래 버티거나 배겨 내다.	〔 〕
23 **진풍경** 보배 珍 | 바람 風 | 경치 景	명 구경거리가 될 만한 보기 드문 광경.	〔 〕
24 **철통같다** 쇠 鐵 | 통 桶 --	형 준비나 대책이 튼튼하고 치밀하여 조금도 허점이 없다.	〔 〕
25 **초빙하다** 부를 招 | 부를 聘 --	동 예를 갖추어 불러 맞아들이다.	〔 〕

① (교과) 인간이 주체성을 상실한다면 과학 기술에 ☐☐되는 현상을 초래할 수 있다.

② (교과) 액체 연료를 사용하는 로켓이 발사될 때에는 로켓 표면에서 하얀 성에가 떨어져 나가는 ☐☐☐을 볼 수 있다.

③ (교과) 산업 기술 유출을 막기 위해 ☐☐☐은 보안이 기술 개발만큼이나 중요하다.

④ (모평) 사보아 주택은 기둥만으로 건물 본체의 하중을 ☐☐하도록 설계되어 건물이 공중에 떠 있는 듯한 느낌을 준다.

⑤ (교과) 연구소 측은 이웃 나라에서 로켓 엔진을 사 왔고 현지의 기술자들도 ☐☐했다.

26 **취합하다** 모일 聚 | 합할 合 --	동 모아서 합치다.	〔 〕
27 **쾌거** 쾌할 快 | 들 擧	명 통쾌하고 장한 행위.	〔 〕
28 **쾌속** 쾌할 快 | 빠를 速	명 속도가 매우 빠름. 또는 그 속도.	〔 〕
29 **하달하다** 아래 下 | 통할 達 --	동 상부나 윗사람의 명령, 지시, 결정 및 의사 따위를 하부나 아랫사람에게 내리거나 전달하다.	〔 〕
30 **현저히** 나타날 顯 | 나타날 著 -	부 뚜렷이 드러날 정도로.	〔 〕

① (모평) 초음파 진단 장치는 이러한 동물들의 놀라운 능력을 모방한 생체 모방 기술의 ☐☐이다.

② (교과) 물류 창고 관리 AI에게 가장 효율적인 지시를 ☐☐하면 제품의 하역 및 보관에 관한 업무 효율성을 개선할 수 있다.

③ (교과) 국내 압력밥솥들은 대부분 10분 내외의 ☐☐ 취사 기능을 갖고 있다.

④ (교과) 자율 주행의 핵심은 데이터를 ☐☐하고 분석하며, 관제 시스템을 통해 운영하는 기술이라고 할 수 있다.

⑤ (학평) 상변화 물질을 활용한 열 수송 방식을 사용하면 온수 공급관을 통해 보내는 물의 온도를 ☐☐☐ 낮출 수 있어 열 수송의 효율성이 개선된다.

· 뜻풀이로 체크하기 ·

01 ~ 07 다음 빈칸에 들어갈 알맞은 말을 쓰시오.

01 아담하다: 적당히 □□하다.

02 정박하다: 배가 □을 내리고 머무르다.

03 초빙하다: □를 갖추어 불러 맞아들이다.

04 진풍경: 구경거리가 될 만한 보기 드문 □□.

05 예리하다: 관찰이나 판단이 □□하고 날카롭다.

06 자제하다: 자기의 감정이나 욕망을 스스로 □□하다.

07 제재하다: 일정한 규칙이나 관습의 □□에 대하여 제한하거나 금지하다.

08 ~ 13 다음 밑줄 친 어휘의 뜻풀이로 알맞은 것을 〈보기〉에서 찾아 기호를 쓰시오.

───── 보기 ─────
㉠ 모아서 합치다.
㉡ 뚜렷이 드러날 정도로.
㉢ 내용, 성질, 품질 따위의 정도가 낮다.
㉣ 불순하거나 더러운 것을 깨끗하게 하다.
㉤ 한데 대어 붙임. 또는 한데 닿아 붙음.
㉥ 마음대로 행동할 수 없도록 몹시 구속되다.

08 교과 이 가구는 저급한 자재로 만든 탓에 내구성이 약하다. ( )

09 교과 우리 팀은 소비자들의 요구 사항을 취합하여 신제품에 적용할 예정이다. ( )

10 모평 최한기의 인체관은 서양 의학과 신기 개념의 접합을 통해 새롭게 정립된 것이었다. ( )

11 모평 수소 전기차에 사용되는 수소는 온실가스의 배출이 적고 공기를 정화하는 기능도 한다. ( )

12 모평 미토콘드리아의 유전자의 많은 부분이 세포핵의 DNA로 옮겨 가 미토콘드리아의 DNA 길이가 현저히 짧아졌다. ( )

13 수능 인구 구성과 소비 가치가 변화함에 따라서 과거의 고정관념에 얽매이지 않는 수많은 새로운 산업이 나타나고 있다. ( )

· 문장으로 체크하기 ·

14 ~ 18 다음 빈칸에 들어갈 알맞은 어휘에 ✓표 하시오.

14 모평 평평하고 넓은 지붕에는 정원이 □□되어 있었다. □정박 □조성

15 모평 혈액의 응고 및 □□한 순환에 비타민 K가 중요한 역할을 한다. □예리 □원활

16 교과 이번 인공위성 발사는 우주 시장을 향해 첫발을 내디딘 □□(으)로 평가된다. □쾌거 □쾌속

17 수능 모든 장면은 하나의 서사적 구조에 □□되지 않으며, 나름대로의 독자성을 지닌다. □유출 □종속

18 학평 벨트 트러스는 철골을 사용하여 건물의 외부 기둥들을 삼각형 구조의 트러스로 짜서 벨트처럼 둘러싼 것으로 수평 하중을 □□하는 역할을 한다. □지탱 □초빙

19 ~ 24 다음 빈칸에 들어갈 알맞은 어휘를 〈보기〉의 글자를 조합하여 쓰시오.

───── 보기 ─────
| 모 | 밀 | 별 | 소 | 속 | 식 |
| 유 | 일 | 입 | 정 | 쾌 | 환 |

19 교과 앞서 달리던 차는 큰길로 나오자 □□으로 질주하기 시작했다.

20 학평 흑백의 명암 차를 분석하면 육안으로 □□할 수 없는 미술품의 손상 부위도 찾아낼 수 있다.

21 수능 향후 유전체 분석 기술이 더욱 발전하면 미생물의 종을 보다 □□하게 구분할 수 있을 것이다.

22 학평 스페인의 바르셀로나 시는 스마트 시티 프로젝트의 □□으로 스마트 주차 시스템을 도입하였다.

23 학평 실내로 □□되는 빛의 양이 많아지면 실내에 있는 공기 정화 식물은 광합성 속도가 빨라져서 더 많은 오염 물질을 없애 준다.

24 수능 바퀴가 회전자를 돌리는 데에는 에너지가 □□되므로 바퀴의 운동 에너지가 감소하면서 제동 효과가 발생한다.

01 문맥상 밑줄 친 어휘의 쓰임이 적절하지 <u>않은</u> 것은?

어휘의 쓰임 이해하기

① 밀린 집안일을 하는 데 하루를 전부 <u>소모했다</u>.

② 옥천교는 인위적으로 <u>조성한</u> 금천(禁川) 위에 놓여 있다.

③ 역풍을 만난 배는 조그만 섬에 <u>정박하여</u> 순풍을 기다렸다.

④ 매출액의 감소는 비효과적인 광고나 저급한 품질 따위에서 <u>비롯한다</u>.

⑤ 음색은 선택된 서로 다른 악기들이 만들어 내는 <u>종속</u> 가능한 소리의 특색이다.

02 문맥상 밑줄 친 어휘와 바꿔 쓰기에 적절하지 <u>않은</u> 것은?

적절한 어휘로 바꿔 쓰기

① 그는 <u>정밀한</u> 실험을 통해 필요한 측정값을 확보하였다. → 정교한

② 보행 중 스마트폰 사용을 <u>자제하지</u> 못하는 사람들이 많다. → 삼가지

③ 그가 어질다는 소문을 들은 현감은 그를 <u>초빙하였다</u>. → 초청하였다

④ 박테리오파지의 머릿속에 있는 유전 물질은 꼬리를 통해 세균 안으로 <u>유입</u>된다. → 배출

⑤ 인터넷에 직접 접속은 안 되고 내부 네트워크에서만 서로를 <u>식별할</u> 수 있는 IP 주소도 있다. → 분별할

03 〈보기〉의 ⓐ~ⓔ를 사용하여 만든 문장으로 적절하지 <u>않은</u> 것은?

어휘의 쓰임 이해하기

— 보기 —

• ⓐ<u>승차</u>하기 전에 승차권을 제시하시기 바랍니다.

• 한 가지 ⓑ<u>잣대</u>로 그 사람의 능력을 평가해서는 안 된다.

• 국내 자본의 해외 ⓒ<u>유출</u>을 막을 방안이 마련되어야 한다.

• 내일까지 주둔지를 버리고 퇴각하라는 명령이 ⓓ<u>하달</u>되었다.

• 상변화 물질을 활용하면 온수 공급관을 통해 보내는 물의 온도를 ⓔ<u>현저히</u> 낮출 수 있다.

① ⓐ : 할머니가 무거운 짐을 들고 버스에 <u>승차</u>하셨다.

② ⓑ : 한의학은 현대 과학의 <u>잣대</u>로만 재단되어 비과학적이라고 치부되고 있다.

③ ⓒ : 유능한 인재가 외국 기업으로 <u>유출</u>되는 사례가 빈번하다.

④ ⓓ : 각 구단은 협회로부터 <u>하달</u>된 공문을 공유했다.

⑤ ⓔ : 최근 우리나라의 물가 상승률은 다른 나라에 비해 <u>현저히</u> 높다.

04 관용구와 속담의 뜻풀이에서 ㉠, ㉡에 들어갈 말이 바르게 나열된 것은?

관용구와 속담의 뜻풀이에 맞는 어휘 찾기

— 보기 —

• 두 눈에서 불이 번쩍나게 : 두 눈에서 불이 일도록 날래거나 (㉠).

• 사나운 말에는 특별한 길마 지운다 : 사나운 말은 여느 말과 다른 길마를 지워서 단단히 다룬다는 뜻으로, 사람도 성격이 거칠고 행실이 사나우면 그에 맞는 특별한 (㉡)을/를 받게 됨을 이르는 말.

① 아담하게 – 제재　　② 아담하게 – 쾌거

③ 예리하게 – 제재　　④ 예리하게 – 쾌거

⑤ 예리하게 – 쾌속

05 〈보기〉의 빈칸에 들어갈 어휘와 의미의 연결이 바르지 <u>않은</u> 것은?

어휘의 의미와 쓰임 이해하기

— 보기 —

㉠ 그곳에는 (　　　) 아름다운 집 한 채가 있었다.

㉡ 정책 신뢰성을 위해 중앙은행이 준칙에 (　　　) 필요는 없다.

㉢ M램은 두 장의 자성 물질 사이에 절연막을 (　　　) 구조로 되어 있다.

㉣ 로마의 캄피돌리오 광장은 집중성과 확장성이라는 두 가지 (　　　)을 갖고 있다.

㉤ 17세기 초부터 (　　　)되기 시작한 서양 과학 지식은 조선의 지식인에게 지적 충격을 주었다.

① ㉠ : 아담하고 – 적당히 자그마하고

② ㉡ : 얽매일 – 마음대로 행동할 수 없도록 몹시 구속될

③ ㉢ : 접합(接合)한 – 한데 대어 붙인

④ ㉣ : 속성(速成) – 빨리 이루어짐. 또는 빨리 깨침.

⑤ ㉤ : 유입(流入) – 문화, 지식, 사상 따위가 들어옴.

06 문맥상 〈보기〉의 빈칸에 들어갈 어휘로 적절한 것은?

어휘의 쓰임 이해하기

— 보기 —

이 성은 수비가 (　　　) 엄청난 대군으로 공격하여도 함락시킬 수가 없다.

① 자잘해서　　　② 청결해서

③ 청정해서　　　④ 철통같아서

⑤ 청승맞아서

11 한자 성어

4주 완성

step 1

어휘력 학습

※ 한자 성어가 사용된 예문을 읽고 해당 뜻풀이를 찾아 번호를 쓰세요.

★ 굳은 각오, 의지

01 권토중래
말 捲 | 흙 土 |
무거울 重 | 올 來

〔학평〕 권토중래의 마음으로 지난날의 실패를 만회하려 하는군.　〔　〕

02 배수지진
등 背 | 물 水 |
갈 之 | 진칠 陣

〔교과〕 탈락 위기로 물러설 곳이 없는 그 축구팀은 배수지진의 각오로 경기에 임했다.　〔　〕

03 사생결단
죽을 死 | 날 生 |
결정할 決 | 끊을 斷

〔교과〕 원수와의 이번 싸움에서 내 모든 것을 걸고 사생결단을 내야지.　〔　〕

04 와신상담
누울 臥 | 땔나무 薪 |
맛볼 嘗 | 쓸개 膽

〔학평〕 현재의 굴욕적인 상황을 참아 내며 와신상담하고 있군.　〔　〕

① 죽고 사는 것을 돌보지 않고 끝장을 내려고 함.

② (1) 강이나 바다를 등지고 치는 진.
(2) 어떤 일을 성취하기 위하여 더 이상 물러설 수 없음을 이름.

③ 불편한 섶에 몸을 눕히고 쓸개를 맛본다는 뜻으로, 원수를 갚거나 마음먹은 일을 이루기 위하여 온갖 어려움과 괴로움을 참고 견딤을 이름.

④ (1) 땅을 말아 일으킬 것 같은 기세로 다시 온다는 뜻으로, 한 번 실패하였으나 힘을 회복하여 다시 쳐들어옴을 이름.
(2) 어떤 일에 실패한 뒤에 힘을 가다듬어 다시 그 일에 착수함을 이름.

★ 여유, 즐거움

05 미음완보
작을 微 | 읊을 吟 |
느릴 緩 | 걸음 步

〔학평〕 어른은 지팡이 짚고 아이는 술동이 메고 미음완보하여 시냇가에 혼자 앉아 맑은 물을 바라본다.　〔　〕

06 우화등선
깃 羽 | 될 化 |
오를 登 | 신선 仙

〔교과〕 부진을 씻고 만루 홈런을 친 타자는 우화등선할 것 같은 얼굴로 인터뷰에 응했다.　〔　〕

07 음풍농월
읊을 吟 | 바람 風 |
희롱할 弄 | 달 月

〔교과〕 고향 생각나면 음풍농월하고 심심하면 글을 외우니 변경 지대의 외로운 몸이지만 편한 나날을 보내네.　〔　〕

08 한중진미
한가할 閑 | 가운데 中 |
참 眞 | 맛 味

〔모평〕 소요음영ᄒᆞ야 산일(山日)이 적적ᄒᆞᆫ듸
한중진미ᄅᆞᆯ 알 니 업시 호재로다　〔　〕

① 한가한 가운데 깃드는 참다운 맛.

② 작은 소리로 읊으며 천천히 거넒.

③ 사람의 몸에 날개가 돋아 하늘로 올라가 신선이 됨.

④ 맑은 바람과 밝은 달을 대상으로 시를 짓고 흥취를 자아내어 즐겁게 놂.

★ 욕심

09 견물생심
볼 見 | 만물 物 |
날 生 | 마음 心

〔교과〕 견물생심이라고 진열된 상품을 보게 하여 소비자의 구매 욕구가 일어나게 하는 것이 '넛지 효과'라고 할 수 있다.　〔　〕

10 소탐대실
작을 小 | 탐할 貪 |
큰 大 | 잃을 失

〔교과〕 허생에게 두 배의 값으로 과일을 팔았던 상인들은 소탐대실하다가 도리어 열 배의 값을 주고 허생에게 다시 과일을 사게 되었다.　〔　〕

① 작은 것을 탐하다가 큰 것을 잃음.

② 어떠한 실물을 보게 되면 그것을 가지고 싶은 욕심이 생김.

★ 사물의 양상

11 대동소이
큰 大 | 같을 同
작을 小 | 다를 異
교과 두 노래가 대동소이하여 구별하기가 쉽지 않네요. 〔   〕

12 만고상청
일만 萬 | 옛 古
항상 常 | 푸를 靑
학평 청산(靑山)은 어찌하여 만고(萬古)에 푸르르며 / 유수(流水)는 어찌하여 주야(晝夜)에 그치지 않는고 / 우리도 그치지 마라 만고상청하리라 〔   〕

13 사상누각
모래 沙 | 위 上
다락 樓 | 문설주 閣
교과 우리 문화의 밑받침이 없이 추진하는 국제화는 사상누각에 불과하다고 지적했다. 〔   〕

14 우후죽순
비 雨 | 뒤 後
대 竹 | 죽순 筍
교과 캠핑을 즐기는 사람들이 많아짐에 따라 캠핑장이 우후죽순처럼 늘었다. 〔   〕

15 일사불란
하나 一 | 실 絲
아닐 不 | 어지러울 亂
교과 학생들은 민방위 훈련을 알리는 사이렌이 울리자 하던 일을 멈추고 일사불란하게 대피했다. 〔   〕

16 천의무봉
하늘 天 | 옷 衣
없을 無 | 꿰맬 縫
교과 고려 불화의 섬세한 선묘와 깊은 색감에 대하여는 천의무봉이라는 표현이 가장 잘 어울린다. 〔   〕

① 큰 차이 없이 거의 같음.

② 아주 오랜 세월 동안 변함없이 언제나 푸름.

③ 비가 온 뒤에 여기저기 솟는 죽순이라는 뜻으로, 어떤 일이 한때에 많이 생겨남을 이름.

④ 한 오리 실도 엉키지 아니함이란 뜻으로, 질서가 정연하여 조금도 흐트러지지 아니함을 이름.

⑤ 모래 위에 세운 누각이라는 뜻으로, 기초가 튼튼하지 못하여 오래 견디지 못할 일이나 물건을 이름.

⑥ 천사의 옷은 꿰맨 흔적이 없다는 뜻으로, 일부러 꾸민 데 없이 자연스럽고 아름다우면서 완전함을 이름.

★ 협동

17 고장난명
외로울 孤 | 손바닥 掌
어려울 難 | 울 鳴
교과 생활 밀착형 범죄 예방을 위한 민관 협력 강화를 고장난명 극복의 사례로 제시했다. 〔   〕

18 상부상조
서로 相 | 도울 扶
서로 相 | 도울 助
교과 농번기 때 농사일을 서로 돕는 두레의 상부상조 전통은 우리나라의 아름다운 미풍양속이다. 〔   〕

19 십시일반
열 十 | 숟가락 匙
하나 一 | 밥 飯
교과 불우 이웃 돕기 성금을 십시일반으로 모아 자선 단체에 기탁했다. 〔   〕

20 일심동체
하나 一 | 마음 心
같을 同 | 몸 體
교과 IMF 외환 위기가 발생하자 국민들은 일심동체가 되어 금 모으기 운동에 동참하였다. 〔   〕

① 서로서로 도움.

② 한마음 한 몸이라는 뜻으로, 서로 굳게 결합함을 이름.

③ 밥 열 술이 한 그릇이 된다는 뜻으로, 여러 사람이 조금씩 힘을 합하면 한 사람을 돕기 쉬움을 이름.

④ 외손뼉만으로는 소리가 울리지 아니한다는 뜻으로, 혼자의 힘만으로 어떤 일을 이루기 어려움을 이름.

• 뜻풀이로 체크하기 •

01 ~ 06 다음 뜻풀이에 해당하는 한자 성어를 쓰시오.

01 서로서로 도움. ⬜⬜⬜⬜

02 한가한 가운데 깃드는 참다운 맛. ⬜⬜⬜⬜

03 작은 소리로 읊으며 천천히 거닒. ⬜⬜⬜⬜

04 작은 것을 탐하다가 큰 것을 잃음. ⬜⬜⬜⬜

05 아주 오랜 세월 동안 변함없이 언제나 푸름. ⬜⬜⬜⬜

06 한마음 한 몸이라는 뜻으로, 서로 굳게 결합함을 이름. ⬜⬜⬜⬜

07 ~ 11 다음 빈칸에 들어갈 알맞은 말을 〈보기〉에서 찾아 쓰시오.

┌─────── 보기 ───────┐
날개   모래
성취   욕심   천사
└──────────────────┘

07 우화등선: 사람의 몸에 (   )이/가 돋아 하늘로 올라가 신선이 됨.

08 견물생심: 어떠한 실물을 보게 되면 그것을 가지고 싶은 (   )이/가 생김.

09 사상누각: (   ) 위에 세운 누각이라는 뜻으로, 기초가 튼튼하지 못하여 오래 견디지 못할 일이나 물건을 이름.

10 배수지진: (1) 강이나 바다를 등지고 치는 진. (2) 어떤 일을 (   )하기 위하여 더 이상 물러설 수 없음을 이름.

11 천의무봉: (   )의 옷은 꿰맨 흔적이 없다는 뜻으로, 일부러 꾸민 데 없이 자연스럽고 아름다우면서 완전함을 이름.

• 문장으로 체크하기 •

12 ~ 14 다음 대화 내용과 의미가 통하는 한자 성어를 〈보기〉에서 찾아 쓰시오.

┌─────── 보기 ───────┐
대동소이   십시일반   와신상담
└──────────────────┘

12 준우: 그 선수는 신인 시절에 온갖 무시를 당했다지.
태오: 응. 하지만 악착같이 실력을 쌓아서 세계적인 선수로 성장할 수 있었지. ⬜⬜⬜⬜

13 나은: 지금 이 옷이랑 아까 입어 본 옷 중에 어떤 게 나한테 더 잘 어울려?
채아: 글쎄, 아까도 빨간색 원피스 아니었나? 뭐가 다른지 잘 모르겠는데. ⬜⬜⬜⬜

14 이준: 집중 호우로 인해 덕만이네 집이 침수 피해를 크게 입었대.
도하: 맞아. 그래서 자원 봉사자들이 복구를 돕고 마을 사람들은 조금씩 성금을 모아 덕만이네 집에 전달했어. ⬜⬜⬜⬜

15 ~ 18 다음 빈칸에 들어갈 알맞은 한자 성어를 〈보기〉에서 찾아 쓰시오.

┌─────── 보기 ───────┐
고장난명   권토중래   사생결단   우후죽순
└──────────────────┘

15 교과 ⬜⬜⬜⬜(이)라고 아무리 좋은 일을 하려고 해도 뜻을 같이해 주는 이가 없으면 일이 성사되기 어렵다.

16 교과 작년 지역 대회에서 예선 탈락한 우리 학교 야구 팀은 다시 마음을 다잡고 ⬜⬜⬜⬜하여 이번 대회를 준비하고 있다.

17 교과 한 방송사에서 만든 서바이벌 예능 프로그램이 큰 인기를 끌자 그와 비슷한 프로그램이 ⬜⬜⬜⬜(으)로 생겨났다.

18 교과 임진왜란 당시 모든 장수와 군사들은 수세를 취하여 성을 굳게 지키면서 ⬜⬜⬜⬜의 자세로 왜적을 무찌르고자 했다.

01 유래에 맞는 한자 성어 찾기
〈보기〉의 이야기에서 유래된 한자 성어로 가장 적절한 것은?

● 보기 ●

곽한이라는 사람이 어느 날 하늘에서 내려온 아름다운 여인을 만났다. 여인에게 누구냐고 묻자, 그녀는 자신이 하늘에서 내려온 선녀라고 하였다. 곽한은 여인에게 하늘에서 온 선녀인지 증명할 수 있느냐고 물었다. 그러자 선녀는 자신의 옷을 보여 주었다. 옷은 아주 가볍고 부드러우며 어디 하나 꿰맨 흔적이 없었다. 곽한이 바느질 자국이 없는 이유를 묻자 여인은 하늘나라 옷은 바늘과 실로 짓지 않는다고 답하였다.

① 만고상청(萬古常靑)　② 우화등선(羽化登仙)
③ 천의무봉(天衣無縫)　④ 한중진미(閑中眞味)
⑤ 미음완보(微吟緩步)

02 속담에 맞는 한자 성어 찾기
짝을 이룬 한자 성어와 속담의 의미가 서로 부합하지 않는 것은?

① 견물생심(見物生心) - 시장이 반찬
② 대동소이(大同小異) - 도토리 키 재기
③ 사상누각(沙上樓閣) - 모래 위에 선 누각
④ 고장난명(孤掌難鳴) - 외손뼉이 소리 날까
⑤ 소탐대실(小貪大失) - 동냥하려다가 추수 못 본다

03 유래에 맞는 한자 성어 찾기
〈보기〉의 이야기에서 유래된 한자 성어와 ㉠에 들어갈 한자 성어를 바르게 나열한 것은?

● 보기 ●

오왕 합려는 월왕 구천에게 패해 죽는다. 합려의 태자인 부차는 섶 위에서 잠을 자고 부왕의 유명을 새기며 월왕 구천에게 복수할 때가 오기만 기다린다. 월왕이 선제공격하여 전쟁이 시작되지만 (　㉠　)에 빠진 월왕 구천은 부차에게 항복한다. 월왕 구천은 오나라의 속령이 된 자신의 나라로 돌아와 쓸개를 곁에 두고 쓴맛을 맛보며 복수의 기회를 노린다. 20년 후 복수를 준비한 월왕 구천은 오왕 부차를 쳐 굴복시키고 오왕은 자결한다.

① 사생결단(死生決斷) - 결초보은(結草報恩)
② 살신성인(殺身成仁) - 주마간산(走馬看山)
③ 권토중래(捲土重來) - 이심전심(以心傳心)
④ 배수지진(背水之陣) - 설상가상(雪上加霜)
⑤ 와신상담(臥薪嘗膽) - 진퇴양난(進退兩難)

04 시적 상황에 맞는 한자 성어 찾기
〈보기〉에 나타나는 상황과 주제 의식에 어울리는 한자 성어로 적절한 것은?

● 보기 ●

휘감아서 걷어 내자 휘감아서 걷어 내자 우거진 고랑을 휘감아서 걷어 내자
바랭이 여뀌 풀 잡초를 고랑마다 휘감아서 걷어 내자
쉽게 잡초가 우거진 이랑은 함께 힘을 모아 휘감아서 걷어 내자
〈제3장〉
- 위백규, 〈농가구장〉

① 우후죽순(雨後竹筍)　② 상부상조(相扶相助)
③ 대동소이(大同小異)　④ 사생결단(死生決斷)
⑤ 소탐대실(小貪大失)

05 시적 상황에 맞는 한자 성어 찾기
〈보기〉의 '청산'과 '유수'에 대한 화자의 태도를 고려할 때 빈칸에 들어갈 한자 성어로 가장 적절한 것은?

● 보기 ●

청산(靑山)은 어찌하여 만고(萬古)에 푸르르며.
유수(流水)는 어찌하여 주야(晝夜)에 그치지 아니하는가
우리도 그치지 말아 (　　　　)하리라. 〈제11수〉
- 이황, 〈도산십이곡〉

① 만고상청(萬古常靑)　② 일사불란(一絲不亂)
③ 일심동체(一心同體)　④ 십시일반(十匙一飯)
⑤ 천의무봉(天衣無縫)

06 시적 상황에 맞는 한자 성어 찾기
〈보기〉의 ⓐ~ⓒ에 담긴 화자의 정서에 부합하지 않는 한자 성어는?

● 보기 ●

어른은 막대 집고, 아이는 술을 메고,
ⓐ미음완보(微吟緩步)하여 시냇가에 혼자 앉아
명사(明沙) 조흔 물에 잔 씻어 부어 들고 청류(淸流)를 굽어보니, 떠오나니 도화(桃花)로다. 〈중략〉
ⓑ단표누항(簞瓢陋巷)에 헛된 생각 아니하니
아무튼 ⓒ백년행락(百年行樂)이 이만한들 엇지하리
- 정극인, 〈상춘곡〉

① 우화등선(羽化登仙)　② 음풍농월(吟風弄月)
③ 한중진미(閑中眞味)　④ 고장난명(孤掌難鳴)
⑤ 안분지족(安分知足)

12 배경지식 용어_과학·기술

4주 완성

★ 물리학

01 동위 원소	원자 번호는 같으나 질량수가 서로 다른 원소로, 양성자의 수는 같으나 중성자의 수가 다른 것이다.	**학평** 예를 들면 탄소의 경우, '탄소-12'는 원자핵에 양성자 6개와 중성자 6개가 있는 원자이며, '탄소-14'는 양성자 6개와 중성자 8개가 있는 동위 원소이다.
02 방사성 동위 원소	동위 원소 중 방사성 붕괴를 일으키는 동위 원소를 말한다. 붕괴 전의 방사성 동위 원소를 '모원소'라고 하고, 모원소의 방사성 붕괴에 의해 생성된 안정된 원소를 '자원소'라고 한다.	**학평** 자연적으로 발생하는 방사성 동위 원소를 사용해 암석의 연대를 결정하는 연대 측정 방법들은 그 후 수년간 더욱 개선되어 갔으며, 더 많은 방사성 동위 원소들이 발견되고 방사성 붕괴 과정의 심층적인 이해가 이루어졌다.
03 반감기	모원소의 개수가 원래 개수의 절반으로 줄어드는 데 걸리는 시간을 말한다. 이때 줄어든 모원소의 개수만큼 자원소의 개수가 늘어난다. 방사성 동위 원소의 반감기는 온도나 압력에 영향을 받지 않아 방사성 동위 원소의 반감기를 이용하면 암석이 만들어진 연대를 추정할 수 있다.	**학평** 원소에 따라 반감기가 다른데 '탄소-14'는 5730년, '포타슘-40'은 13억 년, '우라늄-238'은 44억 년의 반감기를 갖는다.
04 자화	물체가 자기장의 영향을 받아 자석의 성질을 갖게 되는 것이다. 자화된 물체는 '자성체'라고 한다.	**학평** 자성체의 자화 세기는 물체에 가해 준 자기장의 세기에 비례하여 커지다가 일정 값 이상으로는 더 이상 커지지 않는데, 이를 자기 포화 상태라고 한다.
05 강자성체	자기장에 의하여 그 방향으로 강하게 자화되어, 자기장을 없애도 자기 이력 현상을 나타내는 성질을 가진 물질이다. 철, 코발트, 니켈 등이 그 예이다.	**학평** 인덕션에 사용하는 냄비의 소재가 강자성체인 경우, 자기 이력 현상으로 인해 냄비에 추가로 열이 발생하게 된다.

★ 생명 과학 – 사람

06 면역 반응	감염이나 질병의 원인이 되는 세균과 바이러스, 기생충과 같은 외부 물질의 공격을 받을 때, 이에 저항하고 방어하는 인체의 작용이다.	**수능** 우리의 몸은 자신의 것이 아닌 물질이 체내로 유입될 경우 면역 반응을 일으키므로, 유전적으로 동일하지 않은 이식편에 대해 항상 거부 반응을 일으킨다.
07 자가 면역 질환	불필요한 면역 반응으로 인해 발생하는 면역병이다. 면역계가 치명적으로 해가 되지 않는 물질들인 꽃가루나 먼지뿐만 아니라 자신의 정상적인 신체 조직이나 세포까지 제거해야 할 대상으로 인식하여 공격하는 것이다.	**교과** 자가 면역 질환의 원인은 정확하게 밝혀지지 않았지만 건강을 자극하는 생활 습관, 호르몬의 영향, 스트레스가 주요 원인으로 작용할 수 있다.
08 자연 치유력	몸에 이상이 생겼을 때 자기 진단과 자기 수정을 통해 이를 정상적으로 회복하기 위해 노력하는 자기 방어 시스템이다. 면역력, 오토파지, 아포토시스 등이 있다.	**교과** 건강에 매우 중요한 자연 치유력을 높이는 방법에는 건강한 식습관 가지기, 꾸준하게 운동하기, 충분한 수면 취하기, 금연 및 적당한 음주하기 등이 있다.
09 오토파지	세포 안에 쌓인 불필요한 단백질과 망가진 세포 소기관을 분해해 세포의 에너지원으로 사용하는 현상이다.	**학평** 예를 들어 밥을 제때에 먹지 않아 영양분이 충분히 공급되지 않으면 우리 몸은 오토파지를 통해 생존에 필요한 아미노산과 에너지를 얻는다.
10 아포토시스	개체를 보호하기 위해 비정상 세포, 손상된 세포, 노화된 세포가 스스로 사멸하는 과정으로, 몸을 건강한 상태로 유지하게 한다.	**교과** 과학자와 의사들은 세포가 스스로 죽음을 선택하는 아포토시스를 이용한 암 치료 연구를 하고 있다. 암세포가 자멸하도록 유도하는 방법이다.

★ 생명 과학 – 생물

11	항상성	생체가 여러 가지 환경 변화에 대응하여 생명 현상이 제대로 일어날 수 있도록 일정한 상태를 유지하는 성질이나 그런 현상을 말한다.	[학평] 오토파지가 정상적으로 작동하지 않으면 불필요한 단백질과 망가진 세포 소기관이 세포 안에 쌓이면서 세포 내 항상성이 무너져 노화나 질병을 초래한다.
12	원핵생물	핵과 세포질 사이를 구분하는 핵막이 없어 핵의 구조가 없는 생물로, 대부분 단세포로 되어 있다. 세균과 광합성의 능력을 가진 남세균, 광합성의 능력이 없는 원핵균류가 있고 발생은 29~34억 년 전으로 추정된다.	[교과] 박테리아, 방선균, 남조류가 원핵생물에 속한다. 핵막을 갖지 않고 핵 모양체를 구성하는 염색체는 1개이며 유사 분열을 하지 않는다.
13	진핵생물	진핵 세포를 가진 생물로, 세균 및 바이러스를 제외한 모든 생물이 이에 속한다. 진핵 세포는 세포질에 막으로 둘러싸인 핵이 있고 여러 가지 세포 내 소기관을 지닌다.	[모평] 공생 발생설 또는 세포 내 공생설이라고 불리는 이 이론에서는 두 원핵생물 간의 공생 관계가 지속되면서 진핵 세포를 가진 진핵생물이 탄생했다고 설명한다.
14	미토콘드리아	진핵 세포 속에 들어 있는 소시지 모양의 알갱이로, 세포 활동에 필요한 생체 에너지를 생산하는 기관이다. DNA와 RNA를 함유하고 있어 세포질 유전에 관여한다.	[모평] 공생 발생설에 따르면 진핵생물은 원생 미토콘드리아가 고세균의 세포 안에서 내부 공생을 하다가 탄생했다고 본다.

★ 화학

15	활성화 에너지	어떤 물질이 화학 반응을 일으키기 위해 필요한 최소한의 에너지를 말한다. 활성화 에너지가 낮아지면 반응 속도가 빨라지고, 높아지면 반응 속도가 느려지게 된다.	[교과] 어떤 반응의 활성화 에너지가 크면 활성화 에너지 이상의 에너지를 갖는 분자의 수가 적다. 때문에 반응이 느리게 진행될 것이다. 반대로 활성화 에너지가 작은 반응에서는 그보다 큰 에너지를 가진 분자들이 많아 반응이 빠르게 진행된다.
16	촉매	화학 반응의 속도를 변화시키는 물질이다. 활성화 에너지를 낮추는 것이 정촉매이고, 높이는 것이 부촉매이다.	[학평] 우리 몸속에도 이러한 촉매가 존재하는데, 효소가 그러하다. 대부분의 효소는 생체 내에서 화학 반응을 빠르고 쉽게 일어나게 한다.

★ 기술

17	스윙바이 (swingby)	탐사선이 목표로 하는 행성에 잠깐 다가갔다가 다시 멀어지는 것으로, 행성이 태양 주위를 도는 공전 속도를 이용하여 탐사선을 가속하는 방법이다. 행성에 다가간 탐사선이 행성으로부터 벗어날 때 그 운동 방향이 행성의 공전 방향과 일치하도록 함으로써, 행성의 운동량 일부를 가져와 탐사선의 운동 속도를 빠르게 할 수 있는 것이다.	[학평] 스윙바이의 원리를 이해하기 위해서는 행성이 정지한 채로 있지 않고 태양 주위를 공전한다는 점을 떠올려야 한다.
18	GPS (위성 항법 장치)	위성으로부터 오는 신호를 이용하여 절대 위치를 측정하는 시스템이다. GPS 위성이 위치 및 시간 정보를 담은 신호를 지구로 송신하면, 이 신호를 받은 GPS 수신기가 신호의 송수신 시각을 근거로 위성과 수신기 사이의 거리를 구하여 자신의 위치를 파악한다.	[학평] 우리는 내비게이션을 통해 목적지까지의 경로를 탐색하거나 스마트폰을 이용해 자신이 현재 있는 위치를 확인할 수 있다. 이는 GPS로 인해 가능한 것이다.
19	IMU (관성 측정 장치)	센서 기반 방식의 위치 측정 장치이다. 내장된 센서로 가속도와 속도를 측정하여 위치 변화를 계산하고 초기 위치를 기준으로 하는 상대 위치를 구한다. 단기간 움직임에 대한 측정 성능이 뛰어나지만 센서가 측정한 값의 오차가 누적되기 때문에 시간이 지날수록 위치 오차가 커진다.	[교과] IMU는 무인 항공기를 포함한 항공기와 인공위성과 육지를 포함한 우주선을 조종하는 데에도 사용된다.
20	영상 안정화 기술	흔들림이 영상에 주는 영향을 최소화하는 기술을 말한다. 카메라 렌즈를 제어하여 피사체의 상을 유지하는 '광학 영상 안정화(OIS) 기술'과 촬영 후 소프트웨어를 사용해 흔들림을 보정하는 '디지털 영상 안정화(DIS) 기술' 등이 있다.	[교과] 디지털 카메라를 들고 촬영을 할 때 손의 미세한 떨림으로 인해 영상이 번져 흐려지거나 뛰면서 촬영을 해서 식별하기 힘들 정도로 영상이 흔들리게 되는 경우 영상 안정화 기술이 필요하다.

01 ~ 07 다음 의미에 알맞은 용어를 쓰시오.

01 방사성 붕괴를 일으키는 동위 원소.

□□□□□□□

02 원자 번호는 같으나 질량수가 서로 다른 원소.

□□□□

03 흔들림이 영상에 주는 영향을 최소화하는 기술.

□□□□□ 기술

04 물체가 자기장의 영향을 받아 자석의 성질을 갖게 되는 것.

□□

05 어떤 물질이 화학 반응을 일으키기 위해 필요한 최소한의 에너지.

□□□□□□

06 자신의 정상적인 신체 조직이나 세포까지 제거해야 할 대상으로 인식하여 공격하는 것.

□□□□□

07 자기 진단과 자기 수정을 통해 몸을 정상적으로 회복하기 위해 노력하는 자기 방어 시스템.

□□□□□

08 ~ 14 다음 설명이 적절하면 ○에, 적절하지 않으면 ×에 표시하시오.

08 원핵생물은 핵막이 없고 대부분 단세포로 되어 있다.
(○, ×)

09 방사성 동위 원소의 반감기는 온도나 압력에 영향을 받지 않는다.
(○, ×)

10 GPS는 내장된 센서로 위치 변화를 계산하여 상대 위치를 구하는 장치이다.
(○, ×)

11 미토콘드리아는 진핵 세포 속에 들어 있는 기관으로 세포질 유전에 관여한다.
(○, ×)

12 개체를 보호하기 위해 비정상 세포가 스스로 사멸하는 과정을 '오토파지'라고 한다.
(○, ×)

13 면역 반응은 우리 몸이 외부 물질의 공격을 받을 때 저항 및 방어하는 인체 작용이다.
(○, ×)

14 화학 반응 속도를 빨라지게 하는 것은 '부촉매'이고, 느려지게 하는 것은 '정촉매'이다.
(○, ×)

15 ~ 18 다음 글의 빈칸에 들어갈 알맞은 용어를 쓰시오.

15 학평 (   )의 경우에는 외부 자기장의 세기가 줄어들어도 자화의 세기가 상대적으로 천천히 줄어들게 되고 외부 자기장이 사라져도 어느 정도 자화된 상태를 유지하게 되는데, 이를 자기 이력 현상이라고 하며 자성체에 남아 있는 자화의 세기를 잔류 자기라고 한다.

16 학평 우주 탐사선이 지구에서 태양계 끝까지 날아가기 위해서는 일정 속도 이상에 이르러야 한다. 그러나 탐사선의 추진력만으로는 이러한 속도에 도달하기 어렵다. 추진력을 마음껏 얻을 수 있을 정도로 큰 추진체가 달린 탐사선을 만들 수 없기 때문이다. 대신에 탐사선을 다른 행성에 접근시키는 (   )를 통해 속도를 얻는다.

17 학평 현재 지구를 도는 약 30개의 (   ) 위성은 일정한 속력으로 정해진 궤도를 돌면서, 자신의 위치 정보 및 시각 정보를 담은 신호를 지구로 송신한다. 이 신호를 받은 수신기는 위성에서 신호를 보낸 시각과 자신이 신호를 받은 시각의 차이를 근거로, 위성 신호가 수신기까지 이동하는 데 걸린 시간을 계산하여 위성과 수신기 사이의 거리를 구한다.

18 학평 인체는 70%가 수분이다. 수분은 인체의 세포를 유지하고 세포가 일을 하면서 생성하는 여러 가지 노폐물을 배출하는 데 관여한다. 인체의 세포는 일종의 화력 발전소이다. 연기가 나지 않을 뿐이지 들어오는 음식을 잘 분해하고 연소시켜서 에너지를 만든다. 몸은 이 에너지를 이용하여 축구도 하고 달리기도 한다. 이때 여러 가지 노폐물이 발생하는데, 이 노폐물들을 인체 밖으로 내보내야 한다. 그래야만 몸이 늘 일정한 상태, 즉 (   )을 유지하게 된다.

01 〈보기〉에서 알 수 있는 내용으로 적절하지 <u>않은</u> 것은?

핵심 정보 이해하기

● 보기 ●

19세기 초 지질학자들에 의해 지질학적 시간 척도가 확립되었다. 그러나 이러한 지질학적 시간 척도는 상대적인 척도로 한 지층이 실질적으로 얼마나 오래되었느냐를 말해 줄 수 없었다.

한편, 자연계의 모든 물질은 불안정한 상태에서 안정한 상태로 가려는 성질이 있다. 동위 원소 중에는 본래 원자핵의 상태가 불안정한 원소들이 있다. 그래서 불안정한 원자핵이 스스로 방사선을 방출하고 이를 통해 에너지를 잃고 안정된 상태로 가는 과정을 거치는데 이를 방사성 붕괴 또는 핵붕괴라고 한다. 동위 원소 중 방사성 붕괴를 일으키는 동위 원소를 방사성 동위 원소라 한다. 이들은 방사성 붕괴를 통해 불안정한 원자핵이 안정된 상태의 다른 종류의 원자핵으로 변한다. 예를 들면 방사성 동위 원소인 '탄소-14'는 방사성 붕괴로 양성자 7개와 중성자 7개로 이루어진 원자핵을 가진 안정된 원소인 '질소-14'가 된다.

방사성 동위 원소의 모원소의 개수가 원래 개수에서 절반으로 줄어드는 데 걸리는 시간을 반감기라 한다. 방사성 동위 원소의 반감기는 온도나 압력에 영향을 받지 않는다.

① 방사성 동위 원소의 불안정한 원자핵은 붕괴된다.
② 방사성 동위 원소의 반감기는 온도에 영향을 받는다.
③ '질소-14'의 원자핵은 양성자와 중성자의 개수가 같다.
④ 19세기에는 지층이 형성된 연도를 정확히 알 수 없었다.
⑤ 자연계의 모든 물질은 불안정한 상태에서 안정한 상태로 가려는 성질이 있다.

02 〈보기〉의 ㉠과 ㉡에 대한 설명으로 가장 적절한 것은?

핵심 정보 이해하기

● 보기 ●

인체의 자연 치유력 중 하나인 ㉠'오토파지'는 세포 안에 쌓인 불필요한 단백질과 망가진 세포 소기관을 분해해 세포의 에너지원으로 사용하는 현상이다. 우리 몸에 영양분이 충분히 공급되지 않으면 우리 몸은 오토파지를 통해 생존에 필요한 아미노산과 에너지를 얻는다. 이외에도 몸속에 침투한 세균이나 바이러스를 제거하기도 한다.

오토파지는 어떤 과정을 거쳐 일어날까? 불필요한 단백질과 망가진 세포 소기관이 세포 안에 쌓이면 '오토파고솜'이 만들어진다. 이는 리소좀을 만나 합쳐져서 '오토파고리소좀'이 된다. 내부에서 진행되는 분해가 끝나면 막이 터지고 잘린 조각들이 쏟아져 나온다. 이 조각들은 에너지원으로 쓰이거나 다른 세포 소기관을 만드는 재료로 재활용된다.

㉡'아포토시스'는 개체를 보호하기 위해 비정상 세포, 손상된 세포, 노화된 세포가 스스로 사멸하는 과정으로 우리 몸을 건강한 상태로 유지하게 한다.

① ㉠은 ㉡과 달리 세포 소기관보다는 개체를 보호하기 위해 일어난다.
② ㉡은 ㉠과 달리 손상된 세포가 스스로 사멸함으로써 우리 몸의 항상성을 유지한다.
③ ㉡은 ㉠과 달리 우리 몸에 영양 공급이 부족하거나 바이러스가 침투했을 때 발생한다.
④ ㉠과 ㉡은 모두 생존에 필요한 아미노산과 에너지를 다량으로 얻기 위해 작동한다.
⑤ ㉠과 ㉡은 모두 작동 과정에서 세포가 분해되어 다른 세포 소기관을 만드는 데 활용된다.

03 〈보기〉를 이해한 내용으로 적절하지 <u>않은</u> 것은?

세부 정보 추론하기

● 보기 ●

디지털 카메라를 들고 촬영하면 손의 미세한 떨림으로 인해 영상이 번져 흐려진다. 이러한 흔들림에 의한 영향을 최소화하는 기술이 영상 안정화 기술이다. 영상 안정화 기술에는 빛을 이용하는 광학적 기술과 소프트웨어를 이용하는 디지털 기술 등이 있다. 일반적으로 카메라는 렌즈를 통해 들어온 빛이 이미지 센서에 닿아 피사체의 상이 맺히고, 화소마다 빛의 세기에 비례하여 발생한 전기 신호가 저장 매체에 영상으로 저장된다. 그런데 카메라가 흔들리면 이미지 센서 각각의 화소에 닿는 빛의 세기가 변하는데 이때 광학 영상 안정화(OIS) 기술이 작동되면 카메라의 움직임이 제어 장치에 전달되고 제어 장치가 렌즈를 이동시키면 피사체의 상이 유지되어 영상이 안정된다.

렌즈를 움직이는 방법 중에는 보이스 코일 모터를 이용하는 방법이 많이 쓰이고 이외에도 카메라가 흔들릴 때 이미지 센서를 움직여 흔들림을 감쇄하는 방식도 이용된다.

디지털 영상 안정화(DIS) 기술은 촬영 후에 소프트웨어를 사용해 흔들림을 보정하는 기술이다. 촬영된 동영상을 프레임 단위로 나눈 후 연속된 프레임 간 피사체의 움직임을 추정한다. 그리고 흔들림이 발생한 곳으로 추정되는 프레임에서 위치 차이만큼 보정하여 흔들림의 영향을 줄이면 보정된 동영상은 움직임이 부드러워진다.

① 디지털 영상 안정화 기술은 소프트웨어를 사용하여 이미지 센서를 이동시킨다.
② 광학 영상 안정화 기술을 사용하지 않는 디지털 카메라에도 이미지 센서가 필요하다.
③ 연속된 프레임에서 동일한 피사체의 위치 차이가 작을수록 동영상의 움직임이 부드러워진다.
④ 디지털 카메라의 저장 매체에는 이미지 센서 각각의 화소에서 발생하는 전기 신호가 영상으로 저장된다.
⑤ 보정 기능이 없다면 손 떨림이 있을 때 이미지 센서 각각의 화소에 닿는 빛의 세기가 변하여 영상이 흐려진다.

01 ㉠~㉤의 사전적 의미로 적절하지 <u>않은</u> 것은? ^{학평}

━━━━━ 보기 ━━━━━

- 납세 부담액, 즉 세액은 과세 표준에 세율을 곱함으로써 ㉠산출된다.
- 밀의 이러한 주장은 후대 학자들에 의해 누진 세율 구조를 ㉡옹호하는 근거로 활용되었다.
- 소득만이 개인의 효용을 결정하고 효용은 측정 가능하며 소득 증가에 따라 한계 효용이 체감한다는 가정에 ㉢입각해 있다.
- 고소득자의 세액이 저소득자의 세액보다 커야 한다. 그런데 이것만으로는 누진 세율 구조라고 ㉣단정하기 어렵다.
- 절대 희생 균등 원칙 아래에서는 소득이 1% 증가할 때 한계 효용이 1% 이상 감소할 정도로 한계 효용 곡선이 가파른 기울기를 가져야만 누진세율 구조가 ㉤성립될 수 있기 때문이다.

① ㉠: 계산하여 냄.
② ㉡: 두둔하고 편들어 지킴.
③ ㉢: 어떤 사실이나 주장 따위에 근거를 두어 그 입장에 섬.
④ ㉣: 딱 잘라서 판단하고 결정함.
⑤ ㉤: 정도나 수준이 나아지거나 높아짐.

02 문맥상 ⓐ~ⓔ와 바꿔 쓰기에 적절하지 <u>않은</u> 것은? ^{학평}

━━━━━ 보기 ━━━━━

- 이데아에 대한 기억이 그것에 대한 망각보다 ⓐ뛰어난 상태라고 이야기함으로써 둘 사이에 가치론적 이분법을 설정한 것이다.
- 새로운 음식을 먹으려면 위를 비워야 하며 음식물을 배설하지 못한다면 건강한 삶을 ⓑ살아갈 수 없듯이, 과거의 기억들이 정신에 가득 차 있다면 무언가를 새롭게 인식하는 것은 불가능하다고 주장하였다.
- 기억에만 집착하는 사람들은 새로운 것을 ⓒ낯설고 불편한 것으로 여겨 변화와 차이를 긍정할 수 없기 때문에 현재를 행복하게 살아갈 수 없는 것이었다.
- 니체에게 아이는 망각의 창조적 능력을 ⓓ되찾은 인간을 상징하였다.
- 기억이 주된 사유로 인식되던 서양철학에서 망각의 능력을 ⓔ찾아내고자 했다는 점에서 니체의 사유를 주목할 필요가 있을 것이다.

① ⓐ: 우월(優越)한 ② ⓑ: 영위(營爲)할
③ ⓒ: 난해(難解)하고 ④ ⓓ: 회복(回復)한
⑤ ⓔ: 발견(發見)하고자

03 ㉮~㉺의 사전적 의미로 적절하지 <u>않은</u> 것은? ^{학평}

━━━━━ 보기 ━━━━━

- 은행은 돈의 여유가 있는 사람으로부터 자금을 ㉮조성하여 이를 필요로 하는 사람에게 융통해 주는 금융 중개 기능을 지닌다.
- 은행은 자금 수요자의 수익성과 안전성을 정확하게 평가할 수 있는 안목과 정보를 가지고 있어서, 조성된 자금이 한층 더 건전하고 수익성 높은 곳으로 투자되도록 ㉯유도하기도 한다.
- 맡아 놓은 금의 일부만 지급 준비용으로 ㉰보유하고 나머지를 다른 사람에게 대출해 줄 경우 사정은 달라진다.
- 자금의 ㉱조달 원천을 나타내는 자본 및 부채의 내역은 대차대조표의 오른편에 기록되며, 자금의 운영 상태를 나타내는 자산의 내역은 왼편에 기록된다.
- 은행의 입장에서 예금은 언제든 ㉲요구가 있으면 지급해야 하는 부채의 성격을 갖는다.

① ㉮: 어떤 기준이나 실정에 맞게 정돈함.
② ㉯: 사람이나 물건을 목적한 장소나 방향으로 이끎.
③ ㉰: 가지고 있거나 간직하고 있음.
④ ㉱: 자금이나 물자 따위를 대어 줌.
⑤ ㉲: 받아야 할 것을 필요에 의하여 달라고 청함.

04 ㉠~㉤의 뜻풀이로 적절하지 <u>않은</u> 것은? ^{학평}

━━━━━ 보기 ━━━━━

- 파동은 공간이나 물질의 한 부분에서 생긴 ㉠주기적 진동이 시간의 흐름에 따라 주위로 멀리 퍼져 나가는 현상을 의미한다.
- 역학적 파동의 에너지는 진동하는 매질의 ㉡입자가 옆의 입자를 진동시키는 방법으로 매질을 따라 전달된다.
- 파동의 진행 속도는 파장과 주파수의 곱으로 나타내며, 파동의 ㉢속도가 일정하면 주파수가 높을수록 파장이 짧다는 특성이 있다.
- 파동이 매질인 줄을 따라 진행하다가 고정단에 ㉣도달하면 진행해 온 반대 방향으로 줄을 따라 다시 돌아가게 되는데, 이처럼 매질이 급격하게 변하는 경계에서 파동이 반대 방향으로 되돌려지는 것을 반사라고 한다.
- 입사한 하나의 파동이 매질의 물리적 저항이 다른 경계에서 반사파와 투과파로 나누어질 때, 별도의 에너지 ㉤손실이 없다고 가정하면, 에너지 보존 법칙에 따라 두 파동이 갖는 에너지의 합은 원래 입사한 파동의 에너지와 같게 된다.

① ㉠: 일정한 간격을 두고 되풀이하여 진행하거나 나타나는.
② ㉡: 물질을 구성하는 미세한 크기의 물체.
③ ㉢: 물체가 나아가거나 일이 진행되는 빠르기.
④ ㉣: 목적한 곳이나 수준에 다다름.
⑤ ㉤: 일을 잘못하여 뜻한 대로 되지 아니하거나 그르침.

05 ⓐ~ⓔ의 사전적 의미로 적절하지 <u>않은</u> 것은? 학평

● 보기 ●

- 이러한 차원을 ⓐ<u>분석</u>하여 단순 비교가 어려운 물리량 변수들 사이의 관계를 미루어 알아내는 방법을 '차원해석'이라 한다.
- 최대 높이(h)는 물체의 질량(m), 던지는 속도(v), 중력가속도(g)에 의해 결정될 것이라 ⓑ<u>가정</u>한다.
- h의 값은 각 변수들의 거듭제곱의 ⓒ<u>조합</u>으로 이루어진다고 생각할 수 있다.
- 차원해석을 한 결과는 다음과 같이 ⓓ<u>정리</u>할 수 있다.
- 차원해석으로 실험 없이 단순히 각 변수들의 차원만 분석해도 꽤 구체적인 결과를 ⓔ<u>도출</u>할 수 있다.

① ⓐ: 얽혀 있거나 복잡한 것을 풀어서 개별 요소나 성질로 나눔.
② ⓑ: 사실인지 아닌지 분명하지 않은 것을 임시로 인정함.
③ ⓒ: 여럿을 모아 한 덩어리로 짬.
④ ⓓ: 흐트러지거나 혼란스러운 상태에 있는 것을 한데 모으거나 치워서 질서 있는 상태가 되게 함.
⑤ ⓔ: 시간이나 물건의 양 따위를 헤아리거나 잼.

06 문맥에 맞게 ㉠~㉤을 바꿔 쓴 것으로 적절하지 <u>않은</u> 것은? 학평

- 철자 오류 보정 방식은 교정 사전과 어휘별 통계 데이터를 ㉠<u>기반</u>으로 잘못된 문자열을 올바른 문자열로 바꿔 주는 방식이다.
- 입력된 문장을 어절 단위의 문자열로 ㉡<u>구분</u>하여, 각 문자열이 교정 사전의 오류 문자열에 존재하는지 여부를 확인한다.
- 오류 문자열과 교정 문자열 모두를 교정 후보로 하는 교정 후보 집합을 ㉢<u>생성</u>한다.
- 띄어쓰기를 이진법으로 변환한 다음, 올바르게 띄어쓰기가 구현된 문장에서 ㉣<u>추출</u>한 통계 데이터와 비교한다.
- 보정의 정확도를 ㉤<u>향상</u>시키기 위해서는 통계 데이터의 양을 늘리는 것이 요구되지만, 이 경우 데이터 처리 속도가 감소하게 된다는 단점이 있다.

① ㉠: 바탕으로   ② ㉡: 나누어
③ ㉢: 만든다   ④ ㉣: 고친
⑤ ㉤: 높이기

07 문맥상 의미가 ⓐ와 가장 가까운 것은? 모평

● 보기 ●

경기가 호황일 때는 금융 회사들이 대출을 늘려 신용 공급을 팽창시킴에 따라 자산 가격이 급등하고, 이는 다시 경기를 더 과열시키는 반면 불황일 때는 그 반대의 상황이 일어난다. 이를 완화할 수 있는 정책 수단으로는 경기 대응 완충 자본 제도를 ⓐ<u>들</u> 수 있다. 이 제도는 정책 당국이 경기 과열기에 금융 회사로 하여금 최저 자기 자본에 추가적인 자기 자본, 즉 완충 자본을 쌓도록 하여 과도한 신용 팽창을 억제시킨다.

① 나는 그 사람에게 친근감이 <u>든다</u>.
② 그는 목격자의 진술을 증거로 <u>들고</u> 있다.
③ 그분은 이미 대가의 경지에 <u>든</u> 학자이다.
④ 하반기에 <u>들자</u> 수출이 서서히 증가하기 시작했다.
⑤ 젊은 부부는 집을 마련하기 위해 적금을 <u>들기</u>로 했다.

08 ㉠~㉤의 사전적 뜻풀이로 바르지 <u>않은</u> 것은? 학평

● 보기 ●

LCD는 각 화소마다 액정 셀이 있다. 액정 셀은 빛을 투과시키거나 차단하면서 화소 간에 밝기 차이로 영상을 ㉠<u>구현</u>하는 장치이다.

이러한 방식으로 LCD는 빛의 투과율을 ㉡<u>조절</u>하여 화소들의 밝기 단계를 조절한다. 화소의 밝기 단계를 0에서 255 사이의 화솟값으로 나타내는데, 0은 가장 어두운 밝기를, 255는 가장 밝은 밝기를 나타낸다. 목표 밝기에 도달하기 위해 액정 분자에 걸어 주는 전압의 크기가 크면 응답 속도가 빠르고, 전압의 크기가 작으면 응답 속도는 느리다.

오버드라이빙은 목표 밝기에 해당하는 전압보다 높은 전압을 ㉢<u>순간적</u>으로 걸어주어 액정 분자의 응답 속도를 ㉣<u>개선</u>하는 것이다. 가령 화솟값 50에서 목표 밝기 90으로 변화시키려 할 때 90에 해당하는 전압보다 초과 전압을 걸어주어야 응답 속도가 더 빨라져서 잔상이 개선된다. 그런데 잔상 현상을 개선하기 위해 걸어준 높은 전압을 ㉤<u>지속</u>시키면 역잔상이 발생하므로 해당 전압에 해당하는 수준으로 낮춰 줘야 한다.

① ㉠: 몇 가지 부분을 모아서 일정한 전체를 이룸.
② ㉡: 적당하게 맞추어 나감.
③ ㉢: 아주 짧은 동안에 있는 것.
④ ㉣: 잘못된 것이나 부족한 것 따위를 고쳐 더 좋게 만듦.
⑤ ㉤: 어떤 일이나 상태가 오래 계속됨.

09 ⓐ~ⓔ의 사전적 의미로 적절하지 않은 것은?

학평

▶ 보기 ◀

• 이 센서는 ⓐ유입된 가스가 센서의 전극들과 작용하여 산화 환원 반응을 하는 과정에서 생성되는 전류의 양을 측정하여 가스 누출을 검지하고 농도를 측정한다.
• 분리막을 통과하여 감지부에 ⓑ도달한 가스는 먼저 작용 전극에서 물과 반응하여 수소 이온과 전자를 생성하는 산화 반응을 한다.
• 산화 반응을 활발히 ⓒ유도하기 위해 작용 전극은 여러 개의 구멍으로 이루어진 다공성 막의 형태를 띠고 있다.
• 감지부에서 새롭게 ⓓ생성된 전류는 집전장치를 통해 한곳으로 모아져 센서 핀으로 이동된다.
• 즉시 경보형은 가스 농도가 센서에 ⓔ설정된 경보 설정치 이상이 되면 바로 경보를 내는 방식이다.

① ⓐ: 액체나 기체, 열 따위가 어떤 곳으로 흘러듦.
② ⓑ: 어떤 곳이나 때를 거쳐서 지나감.
③ ⓒ: 사물이나 물건을 목적한 장소나 방향으로 이끎.
④ ⓓ: 사물이 생겨남. 또는 사물이 생겨 이루어지게 함.
⑤ ⓔ: 새로 만들어 정해 둠.

10 문맥상 ⓐ~ⓔ와 바꿔 쓰기에 가장 적절한 것은?

수능

▶ 보기 ◀

• 청의 현실은 그에게 중화가 손상 없이 ⓐ보존된 것이자 조선의 발전 방향이기도 하였다.
• 청 문물의 효용을 ⓑ도외시하지 않고 박제가와 마찬가지로 물질적 삶을 중시하는 이용후생에 관심을 보였다.
• 장거리 교역의 상품이 사치품에 ⓒ한정되지 않고 일상적 물건으로까지 확대되었다.
• 은의 유입, 그리고 이를 통해 가능해진 은을 매개로 한 과세는 상품 경제의 발전을 ⓓ자극하였다.
• 인구 증가로 이주 및 도시화가 진행되는 가운데 전통적인 사회적 유대가 약화되거나 단절된 사람들이 상호 부조 관계를 맺는 결사 조직이 ⓔ성행하였다.

① ⓐ: 드러난   ② ⓑ: 생각하지
③ ⓒ: 그치지   ④ ⓓ: 따라갔다
⑤ ⓔ: 일어났다

11 ㉠~㉤의 뜻풀이가 바르지 않은 것은?

모평

▶ 보기 ◀

모든 사막은 뜨겁고 세찬 모래 폭풍이 불어대는 ㉠불모지일까?
저위도의 사막은 북회귀선이나 남회귀선이 지나는 곳에 위치하는데, 이 지역은 지구의 ㉡대기 대순환에 의해 반영구적인 고기압대가 형성되어 덥고 건조한 기후를 만들어 낸다.
중위도 지역에 위치한 미국 서부의 그레이트솔트레이크 사막과 중국 서부의 타클라마칸 사막의 형성 과정은 이와 다르다. 그레이트솔트레이크 사막은 시에라네바다 산맥이 해양에서 유입되는 ㉢습윤한 공기의 수분 이동을 차단하여 형성되었다.
흥미로운 것은 타클라마칸 사막과 인접한 티베트 고원의 건조 지역에서 열대 습윤 환경에서 ㉣서식하던 신제3기의 생물 화석이 발견되었다는 점이다. 이로부터 과학자들은 이 지역이 한때는 저지대의 습윤한 지역이었으며, 지각 변동의 영향을 받았을 것이라는 가설을 세웠다. 기존의 지각 변동 이론에 따르면, 히말라야 산맥은 북쪽으로 이동하는 인도 대륙이 유라시아 대륙과 충돌하면서 ㉤융기하였다고 알려져 있는데, 티베트 고원에서 발견된 생물 화석은 이 이론에 잘 들어맞는 듯 보였다.

① ㉠: 식물이 자라지 못하는 메마른 땅.
② ㉡: 천체의 표면을 둘러싼 기체.
③ ㉢: 습기가 많은 느낌이 있음.
④ ㉣: 길러서 번식하게 함.
⑤ ㉤: 솟아올라 높아짐.

12 문맥상 ⓐ와 바꿔 쓸 수 있는 말로 가장 적절한 것은?

학평

▶ 보기 ◀

이차 프레임은 시각적으로 내부의 대상을 외부와 분리하는데, 이는 곧잘 심리적 단절로 이어져 구속, 소외, 고립 따위를 환기한다. 그리고 이차 프레임 내부의 대상과 외부의 대상 사이에는 정서적 거리감이 ⓐ조성(造成)되기도 한다.

① 결성(結成)되기도   ② 구성(構成)되기도
③ 변성(變成)되기도   ④ 숙성(熟成)되기도
⑤ 형성(形成)되기도

13 ⓐ~ⓔ의 사전적 의미로 적절하지 <u>않은</u> 것은? <small>[학평]</small>

• 보기 •

• 과학수사에서 'DNA 분석'은 범인을 ⓐ추정하거나 피해자의 신분 등을 확인할 때 중요한 수단으로 사용된다.

• DNA 분석이란 혈흔이나 모발 같은 샘플로부터 DNA를 ⓑ채취하여 동일인 여부를 확인하는 방법이다.

• STR 분석법은 바로 이 점에 ⓒ착안하여 샘플 간 비교를 통해 동일인 여부를 확인한다.

• STR 분석을 하기 위해서는 먼저, 분석하려는 염색체 내의 위치가 ⓓ특정되어야 한다.

• STR 분석법은 과학수사에서 큰 성과를 거두고 있으며, 관련 기술이 발전할수록 좌위의 개수도 늘어나 더 ⓔ정밀한 분석이 가능할 것이다.

① ⓐ: 어떤 일에 대한 의견이나 느낌.
② ⓑ: 연구나 조사에 필요한 것을 찾거나 받아서 얻음.
③ ⓒ: 어떤 문제를 해결하기 위한 실마리를 잡음.
④ ⓓ: 특별히 지정함.
⑤ ⓔ: 아주 정교하고 치밀하여 빈틈이 없고 자세함.

14 〈보기〉의 ㉠을 나타내기에 가장 적절한 한자 성어는? <small>[내신]</small>

• 보기 •

허숭은 와 있기를 바라는 일갓집을 다 제치고 한갑의 집으로 갔다. ㉠이전에는 쓴 외 보듯 하던 일가 사람들도 숭이가 변호사로 부잣집 사위로, 훌륭한 옷을 입고 돌아온 것을 보고는 다투어서 환영하였다.

"네가 귀히 되어 왔구나."

하고 할머니, 아주머니뻘 되는 부인네들까지도 환영을 하였다.

– 이광수, 〈흙〉

① 경거망동(輕擧妄動) ② 부화뇌동(附和雷同)
③ 염량세태(炎凉世態) ④ 조변석개(朝變夕改)
⑤ 허장성세(虛張聲勢)

15 다음 밑줄 친 부분의 의미가 〈보기〉의 ⓐ와 가장 유사한 것은? <small>[내신]</small>

• 보기 •

사람 사는 게 엎어 치나 뒤치나 마찬가지고 '나', '너', '남', '놈'도 따지고 보면 다 그저 받침 하나, 점 하나 차이일 뿐이다. 하지만 사람 사이에서 불신이 쌓이고 갈등의 ⓐ골이 깊어지다 보면 관계를 다시 회복하기는 매우 어렵다.

① 경희는 길수와 다툰 뒤로 아예 서로 <u>담을 지고</u> 산다.
② A국과 B국은 서로 <u>줄을 그어</u> 놓고 영토를 따지고 있다.
③ 요즘은 시골 사람들도 도둑이 두려워서 <u>문을 닫고</u> 산다.
④ 네가 한 짓이 옳은지 <u>길을 막고</u> 사람들에게 물어보아라.
⑤ 실수 좀 했다고 사람을 저렇게 몰아세우다니, 정말 <u>피도 눈물도 없구나.</u>

16 〈보기〉의 ㉠과 문맥적 의미가 가장 가까운 것은? <small>[모평]</small>

• 보기 •

이 사진에서는 피사체들의 질감이 뚜렷이 ㉠살지 않게 처리하여 모든 피사체들이 사람인 듯한 느낌을 주고자 하였다.

① 이 소설가는 개성이 <u>살아</u> 있는 문체로 유명하다.
② 아궁이에 불씨가 <u>살아</u> 있으니 장작을 더 넣어라.
③ 어제까지도 <u>살아</u> 있던 손목시계가 그만 멈춰 버렸다.
④ 흰긴수염고래는 지구에 <u>살고</u> 있는 동물 중 가장 크다.
⑤ 부부가 행복하게 <u>살려면</u> 서로를 존중하고 사랑해야 한다.

17 ⊙~⑩의 사전적 의미로 적절하지 <u>않은</u> 것은? 학평

---● 보기 ●---

일상에서 우리는 별개의 대상을 같은 이름으로 ⊙지칭하는 경우가 있다. 이것은 그것들이 무엇인가 공통점을 지니고 있다고 생각하기 때문이다.

개념은 내포(內包)와 외연(外延)으로 구성되어 있다. 내포는 개념이 적용되는 범위에 속하는 여러 사물이 공통적으로 가지고 있는 어떤 필연적 성질 전체를 가리킨다. 반면 외연은 그 개념이 ⓒ지시할 수 있는 대상 전체의 범위를 가리킨다.

범주화란 특정한 사례가 특정한 범주의 구성원인지의 여부를 결정하는 것, 그리고 특정한 개념이 다른 개념의 부분 집합인지를 결정하는 것이다. 이러한 범주화는 인간이 사물과 현상을 변별하고, 이해하고, 추론하고, 기억하는 데 많은 도움을 준다. 만일 사람이 새로운 경험을 할 때마다 그 경험을 개별적인 속성에 기초해서 독특한 것으로 지각한다면 엄청나게 다양한 경험에 ⓒ압도당할 것이며, 접하는 것들의 대부분을 기억할 수 없을 것이다.

범주화는 주위에서 일어나는 사물이나 현상들을 의미 있는 단위로 분할하여 이해하고 설명하며, 그 사물이나 현상들과 관련 있는 이후의 일들을 ㉣예상할 수 있게도 해 준다.

범주화는 인류가 오랫동안 지식을 ⑩축적해 온 방법으로 유용한 도구이지만 범주화에 기초해 판단하는 것에 익숙해지다 보면 성급하게 범주화하여 오판에 이르는 경우가 발생할 수 있다.

① ⊙: 어떤 대상을 가리켜 이르는 일.
② ⓒ: 가리켜 보임.
③ ⓒ: 보다 뛰어난 힘이나 재주로 남을 눌러 꼼짝 못 하게 함.
④ ㉣: 어떤 일을 직접 당하기 전에 미리 생각하여 둠.
⑤ ⑩: 보호하고 간수해서 남김.

18 ⊙과 바꿔 쓰기에 적절하지 <u>않은</u> 것은? 학평

---● 보기 ●---

1883년 백열전구를 개발하고 있던 에디슨은 우연히 진공에서 전류가 흐르는 현상을 발견했다. 이것은 플레밍이 2극 진공관을 발명하는 ⊙토대가 되었다.

① 기준이 되었다   ② 기초가 되었다
③ 기틀이 되었다   ④ 바탕이 되었다
⑤ 발판이 되었다

19 문맥상 ⓐ와 바꿔 쓸 수 있는 한자어로 가장 적절한 것은? 모평

---● 보기 ●---

목표치가 없을 때는 학습 데이터로 주어진 입력 특징들의 유사성을 찾아 군집화한다. 이와 같이 목표치가 제시되지 않는 학습을 무감독 학습이라고 한다. 예컨대 위 그림에서 네 개의 필기체 숫자에 대한 입력 특징만 주어지면, 무감독 학습은 비슷한 입력 특징을 가진 숫자들을 ⓐ모아 '5' 또는 '0'에 대해 군집화하는 함수를 만든다.

① 취합(聚合)하여   ② 융합(融合)하여
③ 조합(組合)하여   ④ 규합(糾合)하여
⑤ 결합(結合)하여

20 문맥상 ⊙과 바꿔 쓸 수 있는 것은? 학평

---● 보기 ●---

안티롤링 탱크는 펌프를 이용하여 U자형 관 안에 있는 물의 양과 움직임을 인위적으로 ⊙맞추어 배가 흔들리는 것을 줄이고 있다.

① 조절(調節)하여   ② 조성(造成)하여
③ 조율(調律)하여   ④ 조종(操縱)하여
⑤ 조치(措置)하여

밥 어휘
어휘력 테스트

5주 완성 학습이 끝난 뒤에
QR 코드를 인식해 주세요!

5주
완성

01 필수 어휘_사회

5주 완성

어휘력 학습

※ 어휘의 사전적 의미에 해당하는 예문을 찾아 번호를 쓰고 빈칸을 채워 보세요.

01	**각인** 새길 刻 | 도장 印	명 머릿속에 새겨 넣듯 깊이 기억됨. 또는 그 기억.	〔 〕
02	**간과하다** 볼 看 | 지날 過 --	동 큰 관심 없이 대강 보아 넘기다.	〔 〕
03	**감안하다** 정할 勘 | 책상 案 --	동 여러 사정을 참고하여 생각하다.	〔 〕
04	**감행하다** 감히 敢 | 다닐 行 --	동 과감하게 실행하다.	〔 〕
05	**개설** 열 開 | 베풀 設	명 설비나 제도 따위를 새로 마련하고 그에 관한 일을 시작함.	〔 〕

① 수능 이덕무는 청의 현실을 관찰하면서 이면에 있는 민생의 문제를 □□하지 않았다.

② 모평 유명인이 여러 광고에 출연하면, 그 모델이 경제적인 이익만을 추구한다는 이미지가 강하게 □□된다.

③ 모평 독점적 지위는 구매자가 지불하고자 하는 가격이 상품 공급량에 따라 어느 정도인지를 판매자가 □□하지 않아도 되게 한다.

④ 학평 자율 동아리 활동이 부실하게 운영되는 것은 □□ 단계에서 간단한 계획서를 제출하는 것만으로 자율 동아리를 만들 수 있기 때문입니다.

⑤ 모평 사회 구성원들이 경제적 이익을 추구하는 과정에서 불법 행위를 □□하기 쉬운 상황일수록 이를 억제하는 데에는 금전적 제재 수단이 효과적이다.

06	**결속** 맺을 結 | 묶을 束	명 뜻이 같은 사람끼리 서로 단결함.	〔 〕
07	**공방** 칠 攻 | 막을 防	명 서로 공격하고 방어함.	〔 〕
08	**공적** 공변될 公 | 과녁 的	관 명 국가나 사회에 관계되는. 또는 그런 것.	〔 〕
09	**공제** 당길 控 | 덜 除	명 받을 몫에서 일정한 금액이나 수량을 뺌.	〔 〕
10	**구비하다** 갖출 具 | 갖출 備 --	동 있어야 할 것을 빠짐없이 다 갖추다.	〔 〕

① 교과 우리 동아리의 화합과 □□을 다지기 위한 파티를 준비해 보자.

② 교과 직장인들이 매달 받는 급여에는 일정하게 □□되는 세금이 있다.

③ 모평 국가가 관리하는 □□ 기록에 의해 소유권 양도가 공시될 수 있다.

④ 수능 창조 도시는 인재들을 위한 문화 및 거주 환경의 창조성이 풍부하며, 혁신적이고도 유연한 경제 시스템을 □□하고 있는 도시인 것이다.

⑤ 학평 국민 참여 재판에서는 일반 국민이 형사 재판에 배심원으로 참여하여 법정 □□을 지켜본 후 피고인의 유·무죄에 대한 판단을 내릴 수 있다.

11	**권위** 권세 權 | 위엄 威	(1) 명 남을 지휘하거나 통솔하여 따르게 하는 힘.	〔 〕
		(2) 명 일정한 분야에서 사회적으로 인정을 받고 영향력을 끼칠 수 있는 위신.	〔 〕
12	**근절** 뿌리 根 | 끊을 絶	명 다시 살아날 수 없도록 아주 뿌리째 없애 버림.	〔 〕
13	**기량** 재주 技 | 재주 倆	명 기술상의 재주.	〔 〕
14	**대처하다** 대답할 對 | 곳 處 --	동 어떤 정세나 사건에 대하여 알맞은 조치를 취하다.	〔 〕
15	**돌입하다** 부딪칠 突 | 들 入 --	동 세찬 기세로 갑자기 뛰어들다.	〔 〕

① 교과 □□ 있는 문헌을 인용하여 주장의 타당성을 강화한다.

② 교과 팀워크가 흔들리지 않으려면 리더에게 □□가 필요하다.

③ 모평 사회 안정이 위협 받게 되자, 일부 국가에서는 사회 보장 제도를 도입하여 위기에 □□했다.

④ 모평 특히 구매자가 가격에 민감하게 수요량을 바꾼다면, 판매자는 경쟁 상품의 가격을 더욱 고려하게 되어 가격 경쟁에 □□하게 된다.

⑤ 학평 방관자였던 학생들이 피해자를 돕는 행동을 할 수 있는 학급 환경이 조성될 때 학급에서 친구를 괴롭히는 일이 □□될 수 있음을 보여 준다.

⑥ 모평 이 전술은 주력이 천민을 포함한 일반 농민층이었는데, 개인의 □□은 떨어지더라도 각각의 병사를 특성에 따라 편제하고 운용하여 전체의 전투력을 높일 수 있었다.

▶ 정답과 해설 53쪽

16 매체
중매 媒 | 몸 體
명 어떤 작용을 한쪽에서 다른 쪽으로 전달하는 물체. 또는 그런 수단. 〔   〕

17 면하다
면할 免 ――
(1) 동 책임이나 의무 따위를 지지 않게 되다. 〔   〕
(2) 동 어떤 일을 당하지 않게 되다. 〔   〕

18 몰지각하다
잠길 沒 | 알 知 | 깨달을 覺 ――
형 지각이 전혀 없다. 〔   〕

19 무턱대고
부 잘 헤아려 보지도 아니하고 마구. 〔   〕

20 반영하다
돌이킬 反 | 비출 映 ――
동 다른 것에 영향을 받아 어떤 현상을 나타내다. 〔   〕

① 교과 점차 확산되는 감염병에 정부가 미리 사활을 걸고 방역에 나서야 재앙을 ☐☐ 할 수 있다.

② 교과 고유어의 좋은 점을 모르고 우리들은 ☐☐☐ 외국어만 좋다고 생각하는 것은 아닐까.

③ 학평 제조물의 결함으로 손해가 발생한 경우에 제조업자는 다음 중 어느 하나를 입증하면 손해 배상 책임을 ☐☐ 할 수 있다.

④ 모평 조례는 지방 의회가 제정하는 행정 입법으로 지역의 특수성을 ☐☐ 하여 제정되고 지역에서 발생하는 사안에 대해 적용된다.

⑤ 학평 소란한 아이를 방치하는 ☐☐☐ 한 부모는 일부일 뿐인데, 그 일부로 인해 모든 아이의 권리가 침해되는 일은 없어야 합니다.

⑥ 학평 제품을 구매한 고객들을 대상으로 한 광고는 전달할 수 있는 정보가 제한적인 ☐☐ 보다는 많은 정보를 담을 수 있는 ☐☐ 가 효과적이다.

---

21 배상
물어줄 賠 | 갚을 償
명 남의 권리를 침해한 사람이 그 손해를 물어 주는 일. 〔   〕

22 부상하다
뜰 浮 | 위 上 ――
동 어떤 현상이 관심의 대상이 되거나 어떤 사람이 훨씬 좋은 위치로 올라서다. 〔   〕

23 부실하다
아닌가 不 | 열매 實 ――
형 내용이 실속이 없고 충분하지 못하다. 〔   〕

24 상존하다
오히려 尙 | 있을 存 ――
동 아직 그대로 존재하다. 〔   〕

25 상통하다
서로 相 | 통할 通 ――
동 서로 마음과 뜻이 통하다. 〔   〕

① 교과 이 땅에 ☐☐ 하는 일제의 잔재를 하루빨리 청산해야 한다.

② 교과 오랫동안 사귄 친구 사이라고 해서 서로 모든 면에서 ☐☐ 할 것이라고 생각하는 것은 큰 오산이다.

③ 모평 책임 주체로 기업을 상정하여 '기업 책임 부담 원칙'이 ☐☐ 하게 된 배경은 복합적이다.

④ 교과 좋은 정책이라도 기초가 ☐☐ 하다면 그 효과는 오래가지 않을 것이라는 생각에 동감해.

⑤ 학평 결함이 있는 녹즙기로 인하여 손을 다쳤을 경우, 치료비는 제조업자에게 ☐☐ 받고 불량품인 녹즙기는 판매업자에게 환불받을 수 있다.

---

26 수립하다
나무 樹 | 설 立 ――
동 국가나 정부, 제도, 계획 따위를 이룩하여 세우다. 〔   〕

27 수습하다
거둘 收 | 주울 拾 ――
동 어수선한 사태를 거두어 바로잡다. 〔   〕

28 수행하다
이룰 遂 | 다닐 行 ――
동 생각하거나 계획한 대로 일을 해내다. 〔   〕

29 신장
펼 伸 | 베풀 張
명 세력이나 권리 따위가 늘어남. 또는 늘어나게 함. 〔   〕

30 안일
편안할 安 | 잃을 逸
명 편안하고 한가로움. 또는 편안함만을 누리려는 태도. 〔   〕

① 모평 그들은 자신의 ☐☐ 과 이익만을 찾다가 화를 입었다.

② 교과 세종은 국토 개척과 영토의 확장을 통한 국력 ☐☐ 에 힘을 기울였다.

③ 수능 귀족 정치의 위기를 ☐☐ 하고 부국강병을 통해 강대한 제후국의 지배를 받지 않는 것이 정나라와 자산에게 부여된 과제였다.

④ 학평 이들은 시청을 점거하고 혁명적 자치 정부를 ☐☐ 하여 여성 참정권 실현, 아동 야간 노동 금지 등의 새로운 정책을 추진하였다.

⑤ 교과 법원은 배심원의 결원 등에 대비하여 5인 이내의 예비 배심원을 둘 수 있는데, 이들은 평의와 평결만 참여할 수 없을 뿐 배심원과 동일한 역할을 ☐☐ 한다.

step ②
어휘력 체크

· 뜻풀이로 **체크하기** ·

01 ~ 07 다음 뜻풀이에 해당하는 어휘를 쓰시오.

01 서로 공격하고 방어함. ☐☐

02 세찬 기세로 갑자기 뛰어들다. ☐☐☐☐

03 다른 것에 영향을 받아 어떤 현상을 나타내다. ☐☐☐☐

04 머릿속에 새겨 넣듯 깊이 기억됨. 또는 그 기억. ☐☐

05 국가나 정부, 제도, 계획 따위를 이룩하여 세우다. ☐☐☐☐

06 (1) 책임이나 의무 따위를 지지 않게 되다. (2) 어떤 일을 당하지 않게 되다. ☐☐☐

07 어떤 현상이 관심의 대상이 되거나 어떤 사람이 훨씬 좋은 위치로 올라서다. ☐☐☐☐

08 ~ 12 제시된 초성과 뜻풀이를 참고하여 빈칸에 들어갈 알맞은 어휘를 쓰시오.

08 ㄷ ㅊ 하다: 어떤 정세나 사건에 대하여 알맞은 조치를 취하다.
[학평] 긍정적 사고를 바탕으로 불안에 ☐☐하는 자세가 필요하다.

09 ㅂ ㅅ : 남의 권리를 침해한 사람이 그 손해를 물어 주는 일.
[학평] 동물의 점유자는 그 동물이 타인에게 가한 손해를 ☐☐할 책임이 있다.

10 ㄱ ㅎ 하다: 과감하게 실행하다.
[수능] 동료 선수와 협동하지 않고 무모한 공격을 ☐☐한 축구 선수 A와 B가 있다.

11 ㄱ ㄱ 하다: 큰 관심 없이 대강 보아 넘기다.
[수능] 전통적인 경제학은 모든 시장 거래와 정부 개입에 시간과 노력, 즉 비용이 든다는 점을 ☐☐하고 있다.

12 ㅅ ㅅ 하다: 어수선한 사태를 거두어 바로잡다.
[모평] 기존 역사서와 달리 국가 간 전쟁과 외교 문제, 국가 말기의 혼란과 새 국가 초기의 혼란 ☐☐ 등을 부각하였다.

· 문장으로 **체크하기** ·

13 ~ 18 다음 문맥에 어울리는 어휘를 고르시오.

13 [교과] 마틴 루터 킹은 흑인 인권 (기량 | 신장)을 위해 큰 역할을 하였다.

14 [학평] 시중 은행은 정책 금리에 수수료와 이윤 등을 (감안 | 상존)하여 금리를 책정한다.

15 [교과] 시간이 여유롭지 못해서 손님에게 (구비 | 부실)한 저녁 식사를 대접하고 말았다.

16 [모평] 현대인은 타인의 고통을 주로 뉴스나 영화 등의 (개설 | 매체)을/를 통해 경험한다.

17 [수능] 선조에 기대어 기성세대의 (권위 | 근절)이/가 강화되는 사회는 발전적 변화를 겪는다.

18 [학평] 이 작품은 주인공과 타자의 고통을 외면하고 자신들의 (각인 | 안일)을 추구하는 자들의 대립 구도를 통해 삶의 절박함을 그리고 있다.

19 ~ 24 다음 빈칸에 들어갈 알맞은 어휘를 〈보기〉에서 찾아 쓰시오.

┌─── ● 보기 ● ───┐
결속   공제   구비
근절   상존   수행
└──────────────┘

19 [교과] 사거리에 헬스장이 새로 생겼는데 최신 시설을 (____)했다더군.

20 [모평] 성을 차별하여 공동체의 (____)을/를 방해하는 표현을 사용하고 있다.

21 [학평] 부양가족이 있는 사람에게는 개인의 총소득 중 일부를 (____)한 뒤에 세율을 적용한다.

22 [학평] 다음은 '청소년의 사이버 괴롭힘을 (____)해야 한다.'는 주제로 논설문을 쓰기 위한 자료이다.

23 [모평] 자본의 논리에 편승한 대중 예술이라 하더라도 사회에 대한 비판적 기능을 (____)하는 경우도 있다.

24 [교과] 아직 이 건물은 폭발의 위험이 (____)해 있으므로 모든 대원은 불이 모두 꺼지면 들어가도록 하자.

01 〈보기〉의 ⓐ~ⓔ를 사용하여 만든 문장으로 적절하지 않은 것은?

어휘의 쓰임 이해하기

─── 보기 ───

• 승부를 내지 못한 경기는 결국 연장전에 ⓐ돌입했다.
• 적립될 ⓑ공적 연금 기금이 고갈되는 경우를 대비할 필요가 있다.
• 그 주장은 개인이 사회적 관습에 의해 제약을 받는다는 사실을 ⓒ간과하였다.
• 신의 ⓓ권위에서 독립한 이성의 법에는 인간의 권리가 그 핵심에 자리 잡았다.
• 고지를 탈환하려는 아군과 저항하는 적군 사이에 치열한 ⓔ공방이 계속되었다.

① ⓐ: 몇 나라는 19세기에 후기 자본주의 사회에 돌입하였다.
② ⓑ: 그가 사회에 남긴 공적을 잊어서는 안 된다.
③ ⓒ: 지문 내용을 간과하면 오답의 함정에 빠지기 쉽다.
④ ⓓ: 전제 국가에서 임금의 권위는 절대적이다.
⑤ ⓔ: 정치인들이 민생은 팽개쳐 두고 정치적 공방만 계속하고 있다.

02 문맥상 밑줄 친 어휘와 바꿔 쓰기에 적절하지 않은 것은?

적절한 어휘로 바꿔 쓰기

① 우리는 촬영 장비 일체를 구비하고 출발했다. → 갖추고
② 뇌물 수수를 근절하기 위한 방안이 논의되었다. → 없애기
③ 토끼는 말주변이 좋고 위기에 대처하는 능력이 뛰어났다. → 대응하는
④ 아직도 공공장소에서 몰지각한 행동을 하는 사람들이 있다. → 지각없는
⑤ 힘든 농사일을 마친 농부들은 풍물놀이를 하며 공동체의 결속을 다졌다. → 잇속

03 〈보기〉의 ㉠에 들어갈 어휘로 적절한 것은?

속담의 뜻풀이에 맞는 어휘 찾기

─── 보기 ───

속담 '외상이면 소도 잡아먹는다'는 뒷일은 어떻게 되든지 생각하지 아니하고 우선 당장 좋으면 그만인 것처럼 (㉠) 행동함을 이르는 말이다.

① 면밀하게   ② 모르쇠로   ③ 무턱대고
④ 반박하여   ⑤ 반발하여

04 밑줄 친 두 어휘의 의미가 일치하지 않는 것은?

어휘의 문맥적 의미 파악하기

① (ㄱ) 이 대학은 3학년 성적까지 입시 평가에 반영한다.
   (ㄴ) 문학은 삶의 현실을 문학적으로 반영한다.
② (ㄱ) 그는 무슨 복으로 화를 면하였는지 모르겠다.
   (ㄴ) 그는 마흔이 되어 까막눈을 겨우 면하였다.
③ (ㄱ) 팝 아트는 대중과의 소통에 인쇄 매체를 주로 활용한다.
   (ㄴ) 프레임은 시각 매체에서 화면 안팎을 구분하는 경계로서의 틀이다.
④ (ㄱ) 민법 제750조에는 불법 행위에 따른 손해 배상 책임이 규정되어 있다.
   (ㄴ) 그는 자신의 피해에 대한 배상을 현금으로 요구했다.
⑤ (ㄱ) 광고 피해의 '기업 책임 부담 원칙'이 부상하게 된 배경은 복잡하다.
   (ㄴ) 유력 정치인의 병역 면제 문제가 선거판의 변수로 부상했다.

05 〈보기〉의 ⓐ~ⓔ의 뜻을 지닌 어휘를 활용하여 만든 문장으로 적절하지 않은 것은?

어휘의 의미와 쓰임 이해하기

─── 보기 ───

ⓐ 기술상의 재주.
ⓑ 언제나 존재하다.
ⓒ 과감하게 실행하다.
ⓓ 여러 사정을 참고하여 생각하다.
ⓔ 받을 몫에서 일정한 금액이나 수량을 빼다.

① ⓐ: 그는 예술적 기량이 뛰어나다는 평가를 받는다.
② ⓑ: 사회 곳곳에 여전히 상존해 있는 성차별을 없애야 한다.
③ ⓒ: 마속은 제갈량의 지시를 어기고 무모한 공격을 감행하였다.
④ ⓓ: 감독은 선수들의 실력을 감안하여 작전을 짰다.
⑤ ⓔ: 복권에 당첨되면 당첨금에서 세금을 공제한 금액을 수령하게 된다.

06 문맥상 밑줄 친 어휘의 쓰임이 적절하지 않은 것은?

어휘의 쓰임 이해하기

① 그는 끝까지 자신의 안일과 이익만을 좇았다.
② 벌여 놓은 일이 너무 많아서 수습할 수가 없다.
③ 어릴 적 고향 풍경은 가슴에 깊이 개설되어 있다.
④ 소비자는 합리적인 소비 계획을 수립할 필요가 있다.
⑤ 이 작품은 여성의 권익 신장이라는 문제를 다루고 있다.

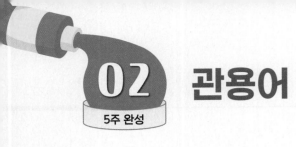

02 관용어

5주 완성

※ 관용어가 사용된 예문을 읽고 해당 뜻풀이를 찾아 번호를 쓰세요.

★ 어깨

01 어깨가 가볍다

교과 인쇄물 교정을 끝내고 나니 이제 책이 다 나온 것처럼 어깨가 가벼워졌다. 〔　〕

02 어깨가 처지다

교과 어떤 상황에서도 에너지를 발산해 온 그였기에 어깨가 처져 돌아오는 그가 매우 낯설게 느껴졌다. 〔　〕

03 어깨를 나란히 하다

교과 그 나라는 과거에 많은 어려움을 겪었지만 지금은 세계 강대국들과 어깨를 나란히 할 정도로 발전하였다. 〔　〕

04 어깨를 으쓱거리다

교과 주은이는 어깨를 으쓱거리며 교단으로 나가 상장을 받았다. 〔　〕

05 어깨를 짓누르다

교과 소득 감소와 금리 인상이 서민과 중산층의 어깨를 짓누르고 있다. 〔　〕

06 어깨에 짊어지다

교과 그라운드에 서는 선수들은 국가를 대표한다는 무거운 책임감을 어깨에 짊어지고 사력을 다해 뛴다. 〔　〕

① 서로 비슷한 지위나 힘을 가지다.

② 낙심하여 풀이 죽고 기가 꺾이다.

③ 의무나 책임, 제약 따위가 중압감을 주다.

④ 어떤 일에 대한 책임이나 의무를 마음에 두다.

⑤ 뽐내고 싶은 기분이나 떳떳하고 자랑스러운 기분이 되다.

⑥ 무거운 책임에서 벗어나거나 그 책임을 덜어 마음이 홀가분하다.

★ 그 밖의 몸

07 덜미를 잡히다

교과 그는 다시 빈집을 털다가 덜미를 잡혀 구속되었다. 〔　〕

08 비위가 상하다

교과 나는 비위가 상하게 구는 장인님을 댓돌에다 메꽃고 고향으로 내뺄까 하다가 꾹꾹 참고 말았다. 〔　〕

09 안면을 바꾸다

교과 그토록 친하게 지냈던 사람들마저도 내가 사업에 실패하자 대번에 안면을 바꾸었다. 〔　〕

① 못된 일 따위를 꾸미다가 발각되다.

② 잘 알고 지내던 사람을 일부러 모른 체하다.

③ 마음에 거슬리어 아니꼽고 속이 상하다.

★ 잘못, 화(禍)

10 뒤가 구리다

교과 우리를 피하고 모임에도 오지 않는 걸 보니 뒤가 구린가 보네요. 〔　〕

11 무덤을 파다

교과 적 앞에서 단결하지 못하고 분열을 하는 것은 스스로 무덤을 파는 행위이다. 〔　〕

12 불똥이 튀다

교과 사람들은 자신들에게도 불똥이 튈까봐 서둘러 자리를 피했다. 〔　〕

① 파멸을 자초하다.

② 재앙이나 화가 미치다.

③ 숨겨 둔 약점이나 잘못이 있다.

★ 말

13 말도 못 하다

교과 그의 방은 말도 못 하게 어질러져 있었다. 〔　〕

14 말을 맞추다

교과 용운이는 진선이와 말을 맞추어 재희를 속이기로 했다. 〔　〕

15 말이 나다

교과 말이 난 김에 나의 첫사랑 이야기를 해 볼까? 〔　〕

16 말문이 막히다

모평 나는 그만 말문이 막혔다. 그래서 앞으로 나의 잘못을 고칠 터이니 그대와 함께 살기를 바란다고 했다. 〔　〕

① 어떤 이야기가 시작되다.

② 말이 입 밖으로 나오지 않게 되다.

③ 매우 심하여 말로는 차마 나타내어 설명할 수 없다.

④ 제삼자에게 같은 말을 하기 위하여 다른 사람과 말의 내용이 다르지 않게 하다.

★ 관계

17 깨가 쏟아지다

교과 그 부부는 지금도 깨가 쏟아지게 잘 지내고 있다. 〔　〕

18 명함을 내밀다

교과 국내 신약 개발 사업의 효율성이 많이 좋아졌지만 신약 개발 강국에 명함을 내밀 수준은 아니다. 〔　〕

19 임자를 만나다

교과 구석에 처박혀 있던 물건이 이제야 임자를 만나 진가를 발휘했다. 〔　〕

20 지지고 볶다

교과 이제 그만 지지고 볶고 날 좀 가만 내버려 둬라. 〔　〕

① 존재를 드러내어 보이다.

② 몹시 아기자기하고 재미가 나다.

③ (속되게) 사람을 들볶아서 몹시 부대끼게 하다.

④ 어떤 사물이나 사람이 적임자와 연결되어 능력이나 기능을 제대로 발휘할 수 있게 되다.

★ 행동, 태도

21 가닥을 잡다

교과 용우는 무슨 말부터 꺼내야 할지 가닥을 잡을 수 없었다. 〔　〕

22 소매를 걷어붙이다

교과 원활한 혈액 수급을 위해 각 지역 공무원들이 소매를 걷어붙이고 나섰다. 〔　〕

23 시치미를 떼다

수능 속으로 놀라 창틈으로 엿보니 파경노가 꽃을 들고 서 있었다. 소저가 이상히 여겨 묻자, 시치미를 떼며 말했다. 〔　〕

24 열을 올리다

학평 전체 사업체 300여만 개 중 대기업은 2,800여 개로 0.1%에 불과하지만 청년들은 대기업 구직에만 열을 올리고 있다. 〔　〕

① 무엇에 열중하거나 열성을 보이다.

② 어떤 일에 아주 적극적인 태도를 취하다.

③ 분위기, 상황, 생각 따위를 이치나 논리에 따라 바로잡다.

④ 자기가 하고도 하지 아니한 체하거나 알고 있으면서도 모르는 체하다.

· 뜻풀이로 **체크하기** ·

01 ~ 07 다음 뜻풀이에 해당하는 관용어를 쓰시오.

01 재앙이나 화가 미치다.

_____

02 말이 입 밖으로 나오지 않게 되다.

_____

03 무엇에 열중하거나 열성을 보이다.

_____

04 못된 일 따위를 꾸미다가 발각되다.

_____

05 어떤 일에 아주 적극적인 태도를 취하다.

_____

06 어떤 일에 대한 책임이나 의무를 마음에 두다.

_____

07 (속되게) 사람을 들볶아서 몹시 부대끼게 하다.

_____

08 ~ 13 다음 빈칸에 들어갈 알맞은 말을 〈보기〉에서 찾아 쓰시오.

┌─── 보기 ───┐
재미   파멸   이야기
홀가분   뽐내고   아니꼽고
└────────────┘

08 무덤을 파다 : (   )을/를 자초하다.

09 말이 나다 : 어떤 (   )이/가 시작되다.

10 비위가 상하다 : 마음에 거슬리어 (   ) 속이 상하다.

11 깨가 쏟아지다 : 몹시 아기자기하고 (   )이/가 나다.

12 어깨가 가볍다 : 무거운 책임에서 벗어나거나 그 책임을 덜어 마음이 (   )하다.

13 어깨를 으쓱거리다 : (   ) 싶은 기분이나 떳떳하고 자랑스러운 기분이 되다.

· 문장으로 **체크하기** ·

14 ~ 18 다음 빈칸에 들어갈 알맞은 관용어를 〈보기〉에서 찾아 기호를 쓰시오.

┌─────────── 보기 ───────────┐
㉠ 뒤가 구린   ㉡ 가닥을 잡지
㉢ 말도 못 하게   ㉣ 임자를 만나
㉤ 어깨를 짓눌러서
└────────────────────────────┘

14 교과 장마철이 지났는데도 비가 (   ) 내리고 있다.

15 교과 윤아는 어떤 일부터 시작해야 할지 (   ) 못 하고 있다.

16 교과 준희는 친구를 괴롭혔다는 죄책감이 (   ) 사과를 결심했다.

17 교과 그들은 (   ) 일이 공개되지 않도록 주위 사람들을 입막음하고 있다.

18 교과 그는 그의 인생을 바꿔 준 진정한 (   ) 지금 이 자리까지 올 수 있었다.

19 ~ 24 다음 문맥에 알맞은 관용어를 고르시오.

19 교과 영철이는 선생님께 크게 혼나서 어깨가 (가벼웠다 | 처졌다).

20 교과 내가 사업에 실패하자 그는 (안면을 바꾸고 | 지지고 볶고) 나를 무시했다.

21 교과 동생은 아무 일도 없었다는 듯 (가닥을 잡고 | 시치미를 떼고) 사람들 틈새에 앉았다.

22 교과 승환이는 현역 선수와도 (어깨를 나란히 할 | 열을 올릴) 정도로 뛰어난 실력을 가졌다.

23 교과 나는 선생님의 의심을 사지 않기 위해 친구와 미리 (말을 맞추었다 | 어깨를 으쓱거렸다).

24 교과 그 요리사가 만든 음식은 항상 찬사가 쏟아져 웬만한 요리사들은 그에게 (명함을 내밀기 | 비위가 상하기) 어렵다.

01 밑줄 친 부분이 관용어가 <u>아닌</u> 것은? 관용어의 사례 파악하기

① 그는 사람들의 칭찬을 듣고 <u>어깨를 으쓱거렸다</u>.

② 회의에 들어가기 전에 우리는 미리 <u>말을 맞추었다</u>.

③ 모닥불을 헤치자 <u>불똥이 튀어</u> 마른 솔잎에 옮겨 붙자 불길이 치솟았다.

④ <u>말이 난 김에</u> 하는 얘긴데, 너 약속 시간에 매번 늦는 습관 좀 고쳐라.

⑤ 그 사람은 비밀도 많고 성격도 의뭉스러워 보이는 것이 아무래도 <u>뒤가 구린</u> 사람인 것 같다.

02 〈보기〉와 같이 관용어가 쓰인 부분을 바꾸어 표현한 것으로 적절하지 <u>않은</u> 것은? 관용어의 의미와 쓰임 이해하기

— 보기 —

그는 요즘 새로운 사업을 구상하는 데 <u>열을 올리고</u> 있다. → 열중하고 있다.

① 해외에 있는 동안 <u>말도 못 할</u> 정도로 가족이 그리웠다. → 말이 입 밖으로 나오지 않게 될

② 그가 뇌물 수수로 구속되자 곧바로 주변의 재계 인사들에게 <u>불똥이 튀었다</u>. → 화가 미쳤다

③ 그는 위험성을 알면서도 막무가내로 일을 진행하여 스스로 <u>무덤을 팠다</u>. → 파멸을 자초했다

④ 그는 이번 봉사 활동에 꼭 참여하겠다며 <u>소매를 걷어붙이고</u> 나섰다. → 아주 적극적인 태도로

⑤ 학생회장으로서 임기가 끝나 아쉽지만 한편으로 <u>어깨가 가볍기도</u> 하다. → 마음이 홀가분하기도

03 〈보기〉의 빈칸에 들어갈 관용어로 가장 적절한 것은? 문맥에 맞는 관용어 파악하기

— 보기 —

여야는 3차 재난 지원금을 피해가 큰 소상공인을 중심으로 지급하는 쪽으로 (   ) 가고 있다. 다만 재난 지원금 재원 마련의 '방법론'을 놓고는 좀처럼 이견을 좁히지 못하고 있다.

① 덜미를 잡혀　　　　② 가닥을 잡아
③ 지지고 볶아　　　　④ 소매를 걷어붙여
⑤ 어깨를 나란히 하고

04 밑줄 친 관용어의 쓰임이 적절하지 <u>않은</u> 것은? 관용어의 쓰임 이해하기

① 그는 아무것도 모르는 척하며 <u>시치미를 떼고</u> 있었다.

② 그의 뻔뻔한 거짓말을 듣고 어이가 없어서 그만 <u>말문이 막혔다</u>.

③ 그가 사업에 실패하자 친하게 지냈던 주변 사람들이 <u>깨가 쏟아져</u> 버렸다.

④ 그는 아직 뚜렷한 연구 성과가 없어서 학계에 <u>명함을 내밀만한</u> 처지가 아니다.

⑤ 자기 의견을 굽히지 않기로 유명한 두 사람이 같이 일을 하게 되었다니, 서로 <u>임자를 만났군</u>.

05 〈보기〉의 빈칸에 들어갈 관용어로 가장 적절한 것은? 문맥에 맞는 관용어 파악하기

— 보기 —

외국의 한 영화배우가 전 재산을 사회에 환원한다고 밝히자, 어느 TV 프로그램 진행자가 이 소식을 전하며 "이는 많은 자산가들의 (   ) 소식이 아닐 수 없다. 기부 조금 한다고 으스댔던 나부터 머리 숙이고 기부에 대해 더욱 책임감을 느끼도록 하겠다."라고 덧붙여 그에 대한 존경심을 드러냈다.

① 무덤을 파는　　　　② 명함을 내미는
③ 비위가 상하는　　　　④ 어깨를 짓누르는
⑤ 어깨를 나란히 하는

06 제시된 뜻풀이를 참고할 때 ㉠과 ㉡에 사용할 수 있는 관용어로 적절한 것은? 제시된 정보로 관용어 유추하기

— 보기 —

· [뜻풀이] 못된 일 따위를 꾸미다가 발각되다.
　[예　문] 그는 뻔한 거짓말을 하다가 (㉠).

· [뜻풀이] 어떤 일에 대한 책임이나 의무를 마음에 두다.
　[예　문] 나는 가장으로서의 책임을 (㉡) 살아온 그녀가 안쓰러웠다.

	㉠	㉡
①	불똥이 튀다	말도 못 하다
②	임자를 만나다	열을 올리다
③	비위가 상하다	어깨가 처지다
④	덜미를 잡히다	어깨에 짊어지다
⑤	안면을 바꾸다	어깨를 으쓱거리다

03 다의어

5주 완성

step 1 어휘력 학습

※ 다의어의 각 예문을 읽고 해당 뜻풀이를 찾아 번호를 쓰세요.

01 오르다

(1) 수능 최척 부부는 매월 초하루가 되면 함께 만복사에 올라 부처께 기도를 올렸다. 〔 〕

(2) 수능 그는 막 자동차에 오르려는 딸을 불러 세웠다. 〔 〕

(3) 교과 다른 사람의 입에 오르지 않도록 행동을 조심해야 한다. 〔 〕

(4) 학평 자산 가격이나 물가가 지나치게 오르면 중앙은행은 기준 금리를 인상하는 정책을 통해 유동성을 감소시킨다. 〔 〕

① 통 탈것에 타다.

② 통 남의 이야깃거리가 되다.

③ 통 사람이나 동물 따위가 아래에서 위쪽으로 움직여 가다.

④ 통 값이나 수치, 온도, 성적 따위가 이전보다 많아지거나 높아지다.

02 일어나다

(1) 학평 그는 아무래도 안 되겠다 싶었는지 바로 일어나서 절을 하였다. 〔 〕

(2) 모평 그녀는 신경질이 일어났는지 별안간 달려들었다. 〔 〕

(3) 학평 순자는 천재지변이 일어난다고 해서 하늘의 뜻이 무엇인지 알려고 노력할 필요가 없다고 말한다. 〔 〕

① 통 어떤 마음이 생기다.

② 통 누웠다가 앉거나 앉았다가 서다.

③ 통 자연이나 인간 따위에게 어떤 현상이 발생하다.

03 잊다

(1) 교과 그는 고등학교 때 배웠던 수학 공식을 다 잊었다. 〔 〕

(2) 교과 엄마와의 약속을 깜빡 잊고 친구들과 운동장에서 놀았다. 〔 〕

(3) 교과 시름을 잊고 이제 활짝 웃었으면 좋겠습니다. 〔 〕

① 통 한번 알았던 것을 기억하지 못하거나 기억해 내지 못하다.
② 통 기억해 두어야 할 것을 한순간 미처 생각하여 내지 못하다.
③ 통 일하거나 살아가는 데 장애가 되는 어려움이나 고통, 또는 좋지 않은 지난 일을 마음속에 두지 않거나 신경 쓰지 않다.

04 좁다

(1) 교과 안방이 좁아서 침대를 둘 곳이 없다. 〔 〕

(2) 수능 주차하거나 좁은 길을 지날 때 운전자를 돕는 장치들이 있다. 〔 〕

(3) 학평 '돌'은 생각이 좁고 마음이 너그럽지 못한 화자 자신을 비유한다. 〔 〕

① 형 너비가 작다.

② 형 마음 쓰는 것이 너그럽지 못하다.

③ 형 면이나 바닥 따위의 면적이 작다.

05 좋다

(1) 교과 가격 대비 상품 품질이 좋네요. 〔 〕

(2) 교과 생일 선물로 내가 갖고 싶은 것을 받게 되어 기분이 좋았다. 〔 〕

① 형 감정 따위가 기쁘고 만족스럽다.

② 형 대상의 성질이나 내용 따위가 보통 이상의 수준이어서 만족할 만하다.

06 지나다

(1) 학평 그렇게 두어 달이 지나니 김생은 죽은 몸이나 다름없었다. 〔 〕

(2) 학평 순신이 진주를 지나 보성에 이르기까지의 과정을 서술자가 요약하여 서술하고 있다. 〔 〕

(3) 수능 가장 힘든 고비를 지나고 나니 마음이 가뿐하다. 〔 〕

① 통 어떤 시기나 한도를 넘다.

② 통 시간이 흘러 그 시기에서 벗어나다.

③ 통 어디를 거치어 가거나 오거나 하다.

07 찾다

(1) 교과 어머니가 주방에서 행주를 찾고 있습니다.　〔　〕

(2) 학평 치세와 난세의 원인을 권선징악의 주재자인 하늘에서 찾고자 한다.　〔　〕

(3) 모평 건강을 위해 일부러 친환경 농산물을 찾는 사람이 많아졌다.　〔　〕

① 동 어떤 것을 구하다.

② 동 모르는 것을 알아내고 밝혀내려고 애쓰다. 또는 그것을 알아내고 밝혀내다.

③ 동 현재 주변에 없는 것을 얻거나 사람을 만나려고 여기저기를 뒤지거나 살피다. 또는 그것을 얻거나 그 사람을 만나다.

08 크다

(1) 학평 서쪽에서 큰 호랑이가 벽력같은 소리를 지르며 달려들어 해룡이 매우 위급한 상황에 처하게 되었다.　〔　〕

(2) 교과 음주 운전 단속이 크게 강화되었다.　〔　〕

(3) 교과 동생은 커서 무엇이 되고 싶은지 아직 모르겠다고 했다.　〔　〕

(4) 교과 이 분야는 한창 크고 있기 때문에 사람들이 많이 지원한다.　〔　〕

① 동 사람이 자라서 어른이 되다.

② 동 수준이나 능력 따위가 높은 상태가 되다.

③ 형 일의 규모, 범위, 정도, 힘 따위가 대단하거나 강하다.

④ 형 사람이나 사물의 외형적 길이, 넓이, 높이, 부피 따위가 보통 정도를 넘다.

09 터지다

(1) 학평 분해가 끝나면 막이 터지면서 막 안에 들어 있던 잘린 조각들이 쏟아져 나온다.　〔　〕

(2) 학평 낭군인들 오죽이나 분통이 터졌나?　〔　〕

(3) 교과 분위기가 심상치 않은 것이 아무래도 무슨 일이 터질 것만 같았다.　〔　〕

① 동 싸움이나 사건 따위가 갑자기 벌어지거나 일어나다.

② 동 속으로 참았거나 쌓였던 감정 따위가 북받쳐 나오다.

③ 동 둘러싸여 막혔던 것이 갈라져서 무너지다. 또는 둘러싸여 막혔던 것이 뚫어지거나 찢어지다.

10 팔다

(1) 수능 갑은 을에게 물건을 팔고 그 대가로 100을 받기로 하는 매매 계약을 했다.　〔　〕

(2) 교과 경미는 길을 걸으며 다른 일에 정신을 팔다가 전봇대에 부딪혔다.　〔　〕

① 동 주의를 집중하여야 할 곳에 두지 아니하고 다른 데로 돌리다.

② 동 값을 받고 물건이나 권리 따위를 남에게 넘기거나 노력 따위를 제공하다.

11 풀다

(1) 학평 김생은 빨간 보자기를 풀어 비단 적삼 하나를 내놓았다.　〔　〕

(2) 교과 그가 먼저 사과를 해서 나는 금방 화를 풀었다.　〔　〕

(3) 교과 평소에 꼭 가고 싶었던 곳이었는데 이번에 갔으니 소원을 풀었구나.　〔　〕

(4) 교과 자연사 박물관에서 자연에 대한 궁금증을 풀어 보세요.　〔　〕

① 동 일어난 감정 따위를 누그러뜨리다.

② 동 모르거나 복잡한 문제 따위를 알아내거나 해결하다.

③ 동 마음에 맺혀 있는 것을 해결하여 없애거나 품고 있는 것을 이루다.

④ 동 묶이거나 감기거나 얽히거나 합쳐진 것 따위를 그렇지 아니한 상태로 되게 하다.

12 하늘

(1) 학평 동방의 귀뚜라미 소리와 푸른 하늘에 울고 가는 기러기는 나의 근심 자아낸다.　〔　〕

(2) 학평 사람의 목숨은 하늘에 달려 있으니, 어찌 짐승에게 해를 당하겠나이까?　〔　〕

① 명 '하느님'을 달리 이르는 말.

② 명 지평선이나 수평선 위로 보이는 무한대의 넓은 공간.

1200

어휘 1191개 달성!

1100

01 ~ 05 다음 밑줄 친 어휘의 뜻풀이에 들어갈 알맞은 말을 〈보기〉에서 찾아 쓰시오.

---- 보기 ----

기억   해결   강하다   돌리다   벌어지거나

01 〔모평〕 문제가 <u>터진</u> 건 그들이 나가고 난 후였다.
→ 터지다: 싸움이나 사건 따위가 갑자기 (   ) 일어나다.

02 〔수능〕 광고는 판매에 미치는 영향이 <u>크다</u>.
→ 크다: 일의 규모, 범위, 정도, 힘 따위가 대단하거나 (   ).

03 〔교과〕 운전할 때 절대로 한눈을 <u>팔아서는</u> 안 된다.
→ 팔다: 주의를 집중하여야 할 곳에 두지 아니하고 다른 데로 (   ).

04 〔교과〕 어려운 수학 문제를 <u>풀었다</u>.
→ 풀다: 모르거나 복잡한 문제 따위를 알아내거나 (   )하다.

05 〔교과〕 나는 돈이 한 푼도 없는 것을 깜빡 <u>잊었다</u>.
→ 잊다: (   )해 두어야 할 것을 한순간 미처 생각하여 내지 못하다.

06 ~ 09 다음 밑줄 친 어휘의 뜻풀이로 알맞은 것을 고르시오.

06 〔학평〕 앞으로 <u>하늘</u>의 도움이 있을 것이다.
① '하느님'을 달리 이르는 말.
② 지평선이나 수평선 위로 보이는 무한대의 넓은 공간.

07 〔교과〕 그 책은 요즘 화제에 올라 불티나게 <u>팔리고</u> 있다.
① 남의 이야깃거리가 되다.
② 값이나 수치, 온도, 성적 따위가 이전보다 많아지거나 높아지다.

08 〔모평〕 더 <u>큰</u> 물고기를 잡고 싶다.
① 수준이나 능력 따위가 높은 상태가 되다.
② 사람이나 사물의 외형적 길이, 넓이, 높이, 부피 따위가 보통 정도를 넘다.

09 〔모평〕 일생에 시름을 <u>잊고</u> 너를 좇아 놀리라
① 한번 알았던 것을 기억하지 못하거나 기억해 내지 못하다.
② 일하거나 살아가는 데 장애가 되는 어려움이나 고통, 또는 좋지 않은 지난 일을 마음속에 두지 않거나 신경 쓰지 않다.

10 ~ 13 다음 밑줄 친 어휘가 제시된 의미로 사용된 문장을 고르시오.

10 좁다: 너비가 작다.
① 〔수능〕 방이 너무 <u>좁아서</u> 옷장을 둘 곳이 없었다.
② 〔교과〕 <u>좁고</u> 구부러진 길을 넓고 곧게 정비하였다.

11 일어나다: 자연이나 인간 따위에게 어떤 현상이 발생하다.
① 〔학평〕 뼈의 재구성은 일생 동안 <u>일어난다</u>.
② 〔교과〕 나를 자꾸 놀리는 말에 화가 불쑥 <u>일어났다</u>.

12 찾다: 어떤 것을 구하다.
① 〔학평〕 일부 사람들은 더욱 진귀한 물건을 <u>찾는다</u>.
② 〔학평〕 유모가 여관으로 가서 '양류사'를 읊조린 손님을 <u>찾았다</u>.

13 좋다: 대상의 성질이나 내용 따위가 보통 이상의 수준이어서 만족할 만하다.
① 〔교과〕 그는 기분이 <u>좋은지</u> 자꾸 빙글빙글 웃는다.
② 〔모평〕 마땅히 <u>좋은</u> 자리를 기다렸다가 벼슬에 나아가시오.

14 ~ 16 다음 밑줄 친 어휘가 제시된 문장의 밑줄 친 어휘와 유사한 의미로 사용된 문장을 고르시오.

14 〔모평〕 그가 탄 버스는 교차로를 <u>지나고</u> 있었다.
① 〔모평〕 몇 달이 <u>지나</u> 겨울이 되었다.
② 〔수능〕 그녀는 다리 위를 <u>지나</u> 숲으로 들어간다.

15 〔모평〕 호왕이 경업의 강직함을 보고 탄복하며 맨 것을 <u>풀고</u> 손을 이끌어 올려 앉혔다.
① 〔수능〕 길 건너 시장에서는 할머니가 보따리를 <u>풀고</u> 앉아 나물을 팔고 있다.
② 〔학평〕 즉시 행장에서 피리를 꺼내 몇 곡을 불어서 가슴속에 맺힌 회한을 <u>풀었다</u>.

16 〔학평〕 '해순'이 비틀거리면서도 성황당에 <u>오르는</u> 것은 당목을 지키려는 의무감을 나타낸다.
① 〔학평〕 원수가 높은 언덕에 <u>올라</u> 번병의 진세를 바라보고 비밀히 전장군 마수를 불렀다.
② 〔모평〕 타고 있던 사람은 거의 다 내리고 새로운 승객이 많이 <u>올랐다</u>.

01 문맥상 ㉠과 가장 가까운 의미로 쓰인 것은? 〈어휘의 문맥적 의미 파악하기〉

● 보기 ●

고가의 재산에 대해 선의 취득을 허용하게 되면 원래 소유자의 의사에 반하는 소유권 박탈이 ㉠일어나게 된다.

① 망해 가던 회사가 일어나 안정을 찾았다.
② 응원석에서는 기쁨의 환호성이 일어났다.
③ 그는 갑자기 자리에서 일어나 앞으로 나왔다.
④ 올 한 해 우리나라에서는 많은 사건이 일어났다.
⑤ 거동이 수상한 사람을 보면 경계심이 일어나게 된다.

02 밑줄 친 어휘의 사전적 의미로 적절하지 않은 것은? 〈어휘의 사전적 의미 파악하기〉

① 야생 조류는 양쪽 눈의 시야가 겹치는 범위가 좁다 – 너비가 작다.
② 부모님의 죽음에 대한 원한을 풀 날이 있으리라. – 마음에 맺혀 있는 것을 해결하여 없애다.
③ 그는 오늘이 딸의 생일이라는 걸 깜빡 잊었다. – 기억해 두어야 할 것을 한순간 미처 생각하여 내지 못하다.
④ 소비자는 질 좋은 제품을 구매할 권리가 있다. – 성질, 내용 따위가 보통 이상의 수준이어서 만족할 만하다.
⑤ 우리 마을의 한옥이 타 지역 한옥에 비해 규모가 크다. – 일의 규모, 범위, 정도, 힘 따위가 대단하거나 강하다.

03 문맥상 밑줄 친 어휘와 바꿔 쓰기에 적절하지 않은 것은? 〈적절한 어휘로 바꿔 쓰기〉

① 버스는 막 교차로를 지나고 있었다. → 통과(通過)하고
② 비행기에 오르기 전에 준비할 것들을 확인하자. → 탑승(搭乘)하기
③ 자신이 소속해 있던 단체를 나와 욕하면 사람이 좁아 보인다. → 옹졸(壅拙)해
④ 그는 인터넷으로 사고와 관련된 정보를 일일이 찾기 시작했다. → 검색(檢索)하기
⑤ 아무리 궁지에 몰렸다 해도 양심을 팔아 안위를 돌볼 생각은 전혀 없다. → 매매(賣買)하여

04 밑줄 친 두 어휘의 의미가 일치하지 않는 것은? 〈어휘의 문맥적 의미 파악하기〉

① (ㄱ) 비는 사흘이 지나도 그칠 줄을 몰랐다.
  (ㄴ) 밤 아홉 시가 지나서야 그들은 헤어졌다.
② (ㄱ) 얼씨구절씨구, 지화자 좋다.
  (ㄴ) 이번 일로 서로를 더 잘 알게 되어 매우 좋다.
③ (ㄱ) 억울하고 답답해서 가슴이 터질 것 같다.
  (ㄴ) 게임만 하는 아이의 모습을 보면 속이 터진다.
④ (ㄱ) 푸른 가을 하늘에 비행기가 높이 날아가고 있다.
  (ㄴ) 너의 지극한 정성에 하늘도 무심하지 않을 것이다.
⑤ (ㄱ) 남의 입에 오르지 않게 조심하라고 당부했다.
  (ㄴ) 노인들의 모임에서는 정치 이야기가 화제에 오르기도 한다.

05 〈보기〉의 ㉠~㉤ 중 어휘의 의미에 따른 예문의 제시가 적절하지 않은 것은? 〈예문의 적절성 판단하기〉

● 보기 ●

오르다 동
「1」 사람이나 동물 따위가 아래에서 위쪽으로 움직여 가다.
  ㉠ 뒷산에 올라 하늘을 바라보았다.
「2」 값이나, 수치, 온도, 성적 따위가 이전보다 많아지거나 높아지다.
  ㉡ 월급은 안 오르고 하루가 다르게 물가가 오른다.
  ㉢ 아기가 갑자기 열이 오르자 엄마는 약국으로 뛰어갔다.
찾다 동
「1」 어떤 것을 구하다.
  ㉣ 가급적 빨리 밥벌이가 될 만한 일을 찾자.
  ㉤ 많은 사람들이 설이 되면 고향을 찾는다.

① ㉠   ② ㉡   ③ ㉢   ④ ㉣   ⑤ ㉤

04 필수 어휘_사회

5주 완성

step ①
어휘력 학습

※ 어휘의 사전적 의미에 해당하는 예문을 찾아 번호를 쓰고 빈칸을 채워 보세요.

01 **엄하다** 엄할 嚴 −−	형 규율이나 규칙을 적용하거나 예절을 가르치는 것이 매우 철저하고 바르다.	〔 〕
02 **예견하다** 미리 豫｜볼 見 −−	동 앞으로 일어날 일을 미리 짐작하다.	〔 〕
03 **완화** 느릴 緩｜화목할 和	명 긴장된 상태나 급박한 것을 느슨하게 함.	〔 〕
04 **운집하다** 구름 雲｜모을 集 −−	동 많은 사람이 모여들다. 구름처럼 모인다는 뜻에서 나온 말이다.	〔 〕
05 **월등하다** 넘을 越｜같을 等 −−	형 다른 것과 견주어서 수준이 정도 이상으로 뛰어나다.	〔 〕

① 교과 추모 집회가 열리자 수만 명의 군중이 광장에 □□했다.

② 수능 결국 국가의 □한 형벌과 과중한 세금 수취로 이어지는 폐단을 낳기도 했다.

③ 모평 국가의 대규모 공공 투자 정책으로 실업이 □□되면서 위기는 해소되었다.

④ 학평 관련 기업은 □□한 지식과 기술을 가지고 훨씬 더 쉽게 원인 조사를 할 수 있는 상황이다.

⑤ 학평 의사 능력이란 '자기의 행위의 의미나 결과를 합리적으로 □□할 수 있는 정신적인 능력'을 의미한다.

06 **유도하다** 꾈 誘｜이끌 導 −−	동 사람이나 물건을 목적한 장소나 방향으로 이끌다.	〔 〕
07 **유용하다** 흐를 流｜쓸 用 −−	동 남의 것이나 다른 곳에 쓰기로 되어 있는 것을 다른 데로 돌려쓰다.	〔 〕
08 **유인하다** 꾈 誘｜끌 引 −−	동 주의나 흥미를 일으켜 꾀어내다.	〔 〕
09 **유포하다** 흐를 流｜베 布 −−	동 세상에 널리 퍼뜨리다.	〔 〕
10 **유효하다** 있을 有｜본받을 效 −−	형 보람이나 효과가 있다.	〔 〕

① 교과 참가자 모두의 참여를 □□하는 이벤트를 준비해 주세요.

② 교과 그 정치가는 국민이 낸 세금을 자신의 증여세를 내는 데에 □□한 적이 있다.

③ 학평 진나라가 초나라의 왕을 □□하여 감금하자, 굴원은 자신의 왕을 구출하기 위해 노력했다.

④ 학평 우리 학교 홈페이지 자유 게시판에도 거짓 정보를 만들어 □□하는 일이 늘어 문제가 되고 있습니다.

⑤ 모평 예고도 없이 함부로 이루어지는 그의 접근에는 경찰에 신고를 하는 등 단호하게 대처하는 방법이 가장 □□하다고 느꼈다.

11 **이례적** 다를 異｜법식 例｜과녁 的	관, 명 상례에서 벗어나 특이한. 또는 그런 것.	〔 〕
12 **이바지하다**	동 도움이 되게 하다.	〔 〕
13 **인습** 인할 因｜익힐 習	명 이전부터 전하여 내려오는 습관.	〔 〕
14 **일탈** 잃을 逸｜벗을 脫	(1) 명 정하여진 영역 또는 본디의 목적이나 길, 사상, 규범, 조직 따위로부터 빠져 벗어남.	〔 〕
	(2) 명 사회적인 규범으로부터 벗어나는 일.	〔 〕
15 **적성** 갈 適｜성품 性	명 어떤 일에 알맞은 성질이나 적응 능력. 또는 그와 같은 소질이나 성격.	〔 〕

① 교과 전통과 고루하고 낡은 □□은 엄격하게 구별되어야 한다.

② 교과 이 영화는 질풍노도의 시기를 겪고 있는 청소년들의 □□과 성장을 그리고 있다.

③ 교과 권위와 통제만으로는 어떤 사상으로부터 개개인의 □□을 막을 수 없다.

④ 학평 재활용품 재생 업체에서 새로운 공정을 개발하여 환경 보호에 □□□하였다.

⑤ 모평 징벌적 손해 배상 제도는 피해자가 손해액을 초과하여 배상받는 것이 가능하다는 점에서 □□□이다.

⑥ 학평 선진국에서는 학교에서 청소년들을 위해 다양한 문화 활동 프로그램을 마련하여 □□ 계발의 기회를 제공하고 있다.

16	**전략** 싸울 戰 | 다스릴 略	명 정치, 경제 따위의 사회적 활동을 하는 데 필요한 책략. 〔　〕
17	**전향하다** 구를 轉 | 향할 向 --	동 종래의 사상이나 이념을 바꾸어서 그와 배치되는 사상이나 이념으로 돌리다. 〔　〕
18	**정착하다** 정할 定 | 붙을 着 --	(1) 동 일정한 곳에 자리를 잡아 붙박이로 있거나 머물러 살다. 〔　〕
		(2) 동 새로운 문화 현상, 학설 따위가 당연한 것으로 사회에 받아들여지다. 〔　〕
19	**제한하다** 억제할 制 | 한계 限 --	동 일정한 한도를 정하거나 그 한도를 넘지 못하게 막다. 〔　〕
20	**조율하다** 고를 調 | 법 律 --	동 문제를 어떤 대상에 알맞거나 마땅하도록 조절하다. 〔　〕

① 교과 양국 간의 이견을 〔　〕〔　〕하여 합의점을 도출하였다.

② 교과 좌익에서 우익으로 〔　〕〔　〕한 사람들이 만든 단체이다.

③ 학평 법은 권력자의 권력 행사를 〔　〕〔　〕하여 국민들의 자유와 권리를 지키는 역할을 한다.

④ 학평 일부에서 시도되고 있는 노 키즈 존이 대책이 되어 〔　〕〔　〕할 가능성은 낮다고 생각한다.

⑤ 교과 젊은 사람들이 귀농하여 마을에 〔　〕〔　〕하려고 해도 이웃들의 텃세 때문에 적응이 쉽지 않다.

⑥ 수능 도시의 경쟁력 향상을 위한 새로운 〔　〕〔　〕의 하나로 창조 도시에 대한 논의가 활발하게 진행되고 있다.

21	**조치** 둘 措 | 둘 置	명 벌어지는 사태를 잘 살펴서 필요한 대책을 세워 행함. 또는 그 대책. 〔　〕
22	**준수하다** 좇을 遵 | 지킬 守 --	동 전례나 규칙, 명령 따위를 그대로 좇아서 지키다. 〔　〕
23	**초점** 그을릴 焦 | 점찍을 點	명 사람들의 관심이나 주의가 집중되는 사물의 중심 부분. 〔　〕
24	**촉발** 닿을 觸 | 필 發	명 어떤 일을 당하여 감정, 충동 따위가 일어남. 또는 그렇게 되게 함. 〔　〕
25	**통합하다** 거느릴 統 | 합할 合 --	동 둘 이상의 조직이나 기구 따위를 하나로 합치다. 〔　〕

① 교과 피해자의 명예 회복을 위한 〔　〕〔　〕를 취할 수 있다.

② 교과 회장은 계열사를 〔　〕〔　〕하여 시너지를 확대하려 한다.

③ 학평 직접 규제는 정부의 지시나 통제를 통해 환경 기준을 〔　〕〔　〕하도록 강제하는 방식이다.

④ 학평 민간 기업이 미래에 대해 갖는 기대에 따라 투자 지출이 변함으로써 경기 변동이 〔　〕〔　〕된다.

⑤ 교과 독수리를 쫓고 소녀를 구하지 않았다는 이유로 사진가의 윤리 문제가 논쟁의 〔　〕〔　〕이 되었다.

26	**파편화** 깨뜨릴 破 | 조각 片 | 될 化	명 깨어져 여러 조각으로 나누어짐. 〔　〕
27	**평온하다** 평평할 平 | 평온할 穩 --	형 조용하고 평안하다. 〔　〕
28	**폐쇄하다** 닫을 閉 | 쇠사슬 鎖 --	(1) 동 문 따위를 닫아걸거나 막아 버리다. 〔　〕
		(2) 동 기관이나 시설을 없애거나 기능을 정지하다. 〔　〕
29	**항변하다** 막을 抗 | 말 잘할 辯 --	동 대항하여 변론하다. 〔　〕
30	**허술하다**	형 치밀하지 못하고 엉성하여 빈틈이 있다. 〔　〕

① 교과 학령 인구 감소로 학생 수가 모자라 〔　〕〔　〕하는 학교가 늘고 있다.

② 교과 그는 자신에게 책임을 전가하는 동료의 주장에 대해 〔　〕〔　〕할 말이 없었다.

③ 학평 외부인의 출입을 통제하기 위해 후문을 〔　〕〔　〕하여 사람들의 통행을 정문으로 유도했다.

④ 학평 개인이 처리해도 되는 일까지 법이 간섭한다면 사람들은 숨이 막혀 〔　〕〔　〕하게 살기 힘들 것이다.

⑤ 모평 누군가 A 회사의 시스템 관리가 〔　〕〔　〕한 것을 알고 링크 파일을 만들어 자신의 블로그에 올렸다.

⑥ 학평 사회는 사익을 추구하는 〔　〕〔　〕〔　〕된 개인들의 각축장이 되어 있었고 빈부 격차는 격화된 상태였다.

· 뜻풀이로 **체크하기** ·

01 ~ 04 다음 뜻풀이에 해당하는 어휘를 제시된 초성을 참고하여 쓰시오.

01 깨어져 여러 조각으로 나누어짐.
ㅍㅍㅎ _____

02 일정한 한도를 정하거나 그 한도를 넘지 못하게 막다.
ㅈㅎㅎㄷ _____

03 남의 것이나 다른 곳에 쓰기로 되어 있는 것을 다른 데로 돌려쓰다.
ㅇㅇㅎㄷ _____

04 규율이나 규칙을 적용하거나 예절을 가르치는 것이 매우 철저하고 바르다.
ㅇㅎㄷ _____

05 ~ 06 다음 말상자를 완성하시오.

05 가로: 상례에서 벗어나 특이한. 또는 그런 것.

06 세로: 어떤 일에 알맞은 성질이나 적응 능력. 또는 그와 같은 소질이나 성격.

07 ~ 13 다음 빈칸에 들어갈 알맞은 말을 쓰시오.

07 이바지하다: ☐☐이 되게 하다.

08 유포하다: ☐☐에 널리 퍼뜨리다.

09 인습: 이전부터 전하여 내려오는 ☐☐.

10 허술하다: 치밀하지 못하고 엉성하여 ☐☐이 있다.

11 월등하다: 다른 것과 견주어서 ☐☐이 정도 이상으로 뛰어나다.

12 전략: 정치, 경제 따위의 ☐☐☐ 활동을 하는 데 필요한 책략.

13 운집하다: 많은 사람이 모여들다. ☐☐처럼 모인다는 뜻에서 나온 말이다.

· 문장으로 **체크하기** ·

14 ~ 18 다음 빈칸에 들어갈 알맞은 어휘에 ✔표 하시오.

14 (모평) 자율 규제는 광고의 순기능을 극대화하기 위한 자율적 ☐☐이다. ☐인습 ☐조치

15 (학평) 경패는 상대방의 동정심에 호소해 자신의 결정을 따르도록 ☐☐하고 있다. ☐유도 ☐유포

16 (수능) 시인은 빈궁과 투옥과 유랑의 사십 평생에 거의 하루도 ☐☐한 날이 없었다. ☐평온 ☐허술

17 (모평) '나'는 '시민'이 정한 규칙을 ☐☐해야 하는 '페어플레이'를 지키지 못하게 되어 고민한다. ☐조율 ☐준수

18 (모평) 기후가 상업성 작물에 적합한 지역에서는 노예 노동을 이용했기 때문에 재산권 보호와 정치 참여 면에서 불평등한 제도가 ☐☐했다. ☐전향 ☐정착

19 ~ 24 다음 빈칸에 들어갈 알맞은 어휘를 〈보기〉의 글자를 조합하여 쓰시오.

─── 보기 ───
견 변 예 완 유 인
점 초 통 합 항 화

19 (모평) 쇼윈도는 소비자를 소비 공간으로 ☐☐한다.

20 (학평) 전국 시대에는 《순자》처럼 여러 사상을 ☐☐하려는 학문 경향이 있었다.

21 (교과) 그는 그녀의 말에 분했지만 자신의 억울함을 적극적으로 ☐☐하지 못했다.

22 (모평) 과거를 통해 관직을 얻으면서 불만이 많이 해소되어 사회적 갈등이 ☐☐된 것은 바람직하다.

23 (학평) 복원 작업을 할 때에는 작가가 표현하고자 하는 의도에 ☐☐을/를 맞추어 인위적인 처리를 최소화하여야 한다.

24 (모평) 범죄인이 청구국에 인도된 뒤 비인도적인 대우를 받을 것이 ☐☐될 때는 범죄인 인도를 거절할 수 있게 하는 경우가 있다.

step 3
어휘력 완성

▶ 정답과 해설 55쪽

01 〈보기〉의 빈칸에 들어갈 어휘와 의미의 연결이 적절하지 <u>않은</u> 것은?

어휘의 의미와 쓰임 이해하기

▬▬▬● 보기 ●▬▬▬
- ⓐ 그는 허위 사실을 (   )한 혐의로 조사를 받았다.
- ⓑ 기업들은 광고를 통해 소비자들의 구매를 (   )한다.
- ⓒ 단순한 정보와 (   )한 지식을 구분하는 것은 쉽지 않다.
- ⓓ 경쟁 정책은 소비자 권익을 보호하는 데 (   )한 정책으로 인정된다.
- ⓔ 부처님은 바리공주가 겪게 될 시련을 (   )하여 해결 방도를 미리 알려 준다.

① ⓐ: 유포(流布) – 세상에 널리 퍼뜨림.
② ⓑ: 유도(誘導) – 사람이나 물건을 목적한 장소나 방향으로 이끎.
③ ⓒ: 유용(有用) – 남의 것이나 다른 곳에 쓰기로 되어 있는 것을 다른 데로 돌려씀.
④ ⓓ: 유효(有效) – 보람이나 효과가 있음.
⑤ ⓔ: 예견(豫見) – 앞으로 일어날 일을 미리 짐작함.

02 문맥상 밑줄 친 어휘와 바꿔 쓰기에 적절하지 <u>않은</u> 것은?

적절한 어휘로 바꿔 쓰기

① 난향이 공철을 이 부인의 침소로 <u>유인했다</u>. → 꾀어냈다
② 교량 공사를 하기 위해 차량 통행을 <u>제한했다</u>. → 통제했다
③ 그는 한국에 여행을 왔다가 그대로 <u>정착하게</u> 되었다. → 주저앉게
④ 기차역 앞 광장에는 짐 꾸러미를 든 많은 사람들이 <u>운집</u>해 있었다. → 정렬해
⑤ 지역 사회에 <u>이바지할</u> 수 있는 인재들을 등용하기 위해 각계의 추천을 받았다. → 기여할

03 문맥상 〈보기〉의 ㉮, ㉯에 공통으로 들어갈 어휘로 적절한 것은?

어휘의 쓰임 이해하기

▬▬▬● 보기 ●▬▬▬
- 그 관료의 위압적인 태도는 주민들의 불만을 (㉮)시키고 말았다.
- 이 사건은 생존권을 위협당한 노동자들의 분노로부터 (㉯)되었다.

① 전향   ② 초점   ③ 촉발
④ 폐쇄   ⑤ 항변

04 〈보기〉의 (a)~(e)의 뜻을 지닌 어휘를 활용하여 만든 문장으로 적절하지 <u>않은</u> 것은?

어휘의 의미와 쓰임 이해하기

▬▬▬● 보기 ●▬▬▬
- (a) 이전부터 전하여 내려오는 습관.
- (b) 상례에서 벗어나 특이한. 또는 그런 것.
- (c) 기관이나 시설을 없애거나 기능을 정지하다.
- (d) 전쟁을 전반적으로 이끌어 가는 방법이나 책략.
- (e) 문제를 어떤 대상에 알맞거나 마땅하도록 조절하다.

① (a): 그는 과거 <u>인습</u>에 얽매여 변화를 거부하는 인물이다.
② (b): 이번 추석 연휴는 <u>이례적</u>으로 교통 정체가 없었다.
③ (c): 윌슨은 자연 과학과 인문학을 <u>통합하는</u> 데 관심이 많았다.
④ (d): 율왕은 방어 <u>전략</u>을 어기고 적장을 쫓다가 함정에 빠졌다.
⑤ (e): 관리부와 영업부의 갈등을 <u>조율할</u> 필요가 있다.

05 밑줄 친 어휘의 쓰임이 적절하지 <u>않은</u> 것은?

어휘의 쓰임 이해하기

① 일생을 치열하게 산 그 노인은 <u>평온하게</u> 죽음을 맞이하였다.
② 이번 답사의 목적은 각 지방의 구전 민요를 <u>촉발하는</u> 데 있다.
③ 비가 새는 지붕에 적절한 <u>조치</u>를 하지 않아 서까래가 모두 썩었다.
④ 광고 주체들은 광고 집행 기준이나 윤리 강령 등을 정하고 이를 <u>준수하고자</u> 한다.
⑤ 전쟁 등으로 인해 사회는 사익을 추구하는 <u>파편화</u>된 개인들의 각축장으로 변했다.

06 다음 한자 성어와 속담의 뜻풀이에서 ㉠과 ㉡에 들어갈 말이 바르게 나열된 것은?

한자 성어와 속담의 뜻풀이에 맞는 어휘 찾기

▬▬▬● 보기 ●▬▬▬
- 수설불통(水泄不通): 물이 샐 틈이 없다는 뜻으로, 경비나 단속이 (㉠) 교통이나 통신 또는 비밀 따위가 새지 못함을 이름.
- 까마귀가 검기로 마음도 검겠나: 겉모양이 (㉡) 누추하여도 마음까지 악할 리는 없음을 이르는 말.

① 엄하여 – 허술하고   ② 완화하여 – 유용하고
③ 월등하여 – 준수하고   ④ 일탈하여 – 평온하고
⑤ 제한하여 – 적정하고

05 속담

5주 완성

※ 속담이 사용된 예문을 읽고 해당 뜻풀이를 찾아 번호를 쓰세요.

★ 까닭

01 소금 먹은 놈이 물켠다

교과 소금 먹은 놈이 물켠다고 크든 작든 도움을 받은 사람은 도움을 준 사람에게 우호적일 수밖에 없는 법이다. 〔　〕

02 아니 땐 굴뚝에 연기 날까

교과 거액의 뇌물 수수 혐의를 받고 있는 그는 근거 없는 의혹이라고 부인하지만 아니 땐 굴뚝에 연기 나겠느냐는 여론이 더 우세하다. 〔　〕

03 핑계 없는 무덤이 없다

학평 핑계 없는 무덤이 없지 않던가? 저 병신년에 원놈(군수) 김가가 우리 논 열 두 마지기 뺏을 제도 핑곈 다 있었드라네. 〔　〕

① 무슨 일이든 거기에는 반드시 그렇게 된 까닭이 있음을 이르는 말.

② 아무리 큰 잘못을 저지른 사람도 그것을 변명하고 이유를 붙일 수 있다는 말.

③ (1) 원인이 없으면 결과가 있을 수 없음을 이르는 말. (2) 실제 어떤 일이 있기 때문에 말이 남을 이르는 말.

★ 사람

04 고기도 먹어 본 사람이 많이 먹는다

교과 고기도 먹어 본 사람이 많이 먹는다고 신입 사원보다는 동종 업계 경험이 있는 경력자의 실무 능력이 더 낫다. 〔　〕

05 뛰는 놈 위에 나는 놈 있다

교과 이번에 이겼다고 다음에도 이길 것이라고 자만하면 안 된다. 뛰는 놈 위에 나는 놈 있다는 걸 잊지 말도록 해. 〔　〕

06 먼 사촌보다 가까운 이웃이 낫다

교과 방과 시간에 맞춰 아이를 데리러 학교에 갈 수 없게 되었는데 먼 사촌보다 가까운 이웃이 낫다고 이웃집 아주머니가 흔쾌히 도와주셨다. 〔　〕

07 불면 날아갈 듯 쥐면 꺼질 듯

교과 그 여배우는 젊었을 때부터 불면 날아갈 듯 쥐면 꺼질 듯한 가녀린 몸매로 유명세를 탔다. 〔　〕

08 사촌이 땅을 사면 배가 아프다

교과 사촌이 땅을 사면 배가 아프다고 친구가 수상을 하게 되니 질투가 났다. 〔　〕

09 세 살 적 버릇이 여든까지 간다

교과 세 살 적 버릇이 여든까지 간다고 하니 아이가 손톱을 물어뜯는 행동을 하지 못하게 가르쳐야 해요. 〔　〕

10 친구 따라 강남 간다

교과 친구 따라 강남 간다고 친구가 재수를 하자고 해서 합격한 대학에 입학 포기 서류를 냈다. 〔　〕

① 몸이 마르고 매우 허약한 사람을 이르는 말.

② 무슨 일이든지 늘 하던 사람이 더 잘한다는 말.

③ 자기는 하고 싶지 아니하나 남에게 끌려서 덩달아 하게 됨을 이르는 말.

④ 남이 잘되는 것을 기뻐해 주지는 않고 오히려 질투하고 시기하는 경우를 이르는 말.

⑤ 이웃끼리 서로 친하게 지내다 보면 먼 곳에 있는 일가보다 더 친하게 되어 서로 도우며 살게 된다는 것을 이르는 말.

⑥ 아무리 재주가 뛰어나다 하더라도 그보다 더 뛰어난 사람이 있다는 뜻으로, 스스로 뽐내는 사람을 경계하여 이르는 말.

⑦ 어릴 때 몸에 밴 버릇은 늙어 죽을 때까지 고치기 힘들다는 뜻으로, 어릴 때부터 나쁜 버릇이 들지 않도록 잘 가르쳐야 함을 이르는 말.

★ 일의 순조로움

11 땅 짚고 헤엄치기

교교 동생을 속이는 일은 땅 짚고 헤엄치기처럼 쉬운 일이다. 〔　〕

12 백지장도 맞들면 낫다

교교 백지장도 맞들면 낫다는데 혼자 하지 말고 친구들이랑 함께 해서 더 빠르게 일을 마치렴. 〔　〕

13 순풍에 돛을 단 배

교교 우리 팀의 프로젝트는 순풍에 돛을 단 배처럼 계획대로 잘 진행되고 있다. 〔　〕

① 일이 매우 쉽다는 말.

② 쉬운 일이라도 협력하여 하면 훨씬 쉽다는 말.

③ 배가 갈 방향으로 돛을 다니 배가 빨리 달린다는 뜻으로, 일이 뜻한 바대로 순조로이 진행됨을 이르는 말.

★ 불행, 해(害)

14 가는 날이 장날

교교 가는 날이 장날이라고 벼르고 별러 찾아간 맛집인데 휴업이라는 간판이 내걸려 있다. 〔　〕

15 까마귀 날자 배 떨어진다

교교 노조 활동에 참여한 이들의 인사 발령을 두고 당사자들은 보복성 인사라고 반발했으나 회사 측은 까마귀 날자 배 떨어진 격일 뿐이라고 일축했다. 〔　〕

16 믿는 도끼에 발등 찍힌다

학평 믿는 도끼에 발등 찍힌다고 낭군이 철석같이 믿었던 사람들인데 도리어 배신하고 괴로움을 주었군. 〔　〕

17 병 주고 약 준다

모평 자기가 제비 다리를 부러뜨려 놓고 치료를 해 주며 구해 주는 척하다니 병 주고 약 주는 격이군. 〔　〕

① 잘되리라고 믿고 있던 일이 어긋나거나 믿고 있던 사람이 배반하여 오히려 해를 입음을 이르는 말.

② 아무 관계 없이 한 일이 공교롭게도 때가 같아 어떤 관계가 있는 것처럼 의심을 받게 됨을 이르는 말.

③ 남을 해치고 나서 약을 주며 그를 구원하는 체한다는 뜻으로, 교활하고 음흉한 자의 행동을 이르는 말.

④ 일을 보러 가니 공교롭게 장이 서는 날이라는 뜻으로, 어떤 일을 하려고 하는데 뜻하지 않은 일을 공교롭게 당함을 이르는 말.

★ 행동

18 누울 자리 봐 가며 발을 뻗어라

(1) 교교 아무 대책도 없이 소문난 맛집 옆에 식당을 내면 누울 자리 봐 가며 발을 뻗으라는 소리를 듣게 되기 쉽네. 〔　〕

(2) 교교 산불로 사망자만 50명이 넘게 발생한 섬에 가서 해수욕을 즐기다니, 누울 자리 봐 가며 발을 뻗을 줄 모르는 사람들이야. 〔　〕

19 손바닥으로 하늘 가리기

교교 그렇게 한다고 네 죄가 덮어질 것 같아? 손바닥으로 하늘 가리기지. 진실은 밝혀지게 되어 있어. 〔　〕

20 하던 짓도 멍석 펴 놓으면 안 한다

교교 하던 짓도 멍석 펴 놓으면 안 한다고 평소에 노래를 잘하는 현우에게 학교 장기 자랑 대회 때 노래를 시켰더니 절대 하지 않는다. 〔　〕

① 시간과 장소를 가려 행동하라는 말.

② 일껏 잘하던 일도 더욱 잘하라고 떠받들어 주면 안 한다는 말.

③ 어떤 일을 할 때 그 결과가 어떻게 되리라는 것을 생각하여 미리 살피고 일을 시작하라는 말.

④ 손바닥으로 넓은 하늘을 가린다는 뜻으로, 불리한 상황에 대하여 임기응변식으로 대처함을 이르는 말.

· 뜻풀이로 체크하기 ·

01 ~ 05 다음 빈칸에 알맞은 말을 넣어 뜻풀이에 해당하는 속담을 완성하시오.

01 하던 짓도 (   ) 놓으면 안 한다: 일껏 잘하던 일도 더욱 잘하라고 떠받들어 주면 안 한다는 말.

02 사촌이 (   ) 배가 아프다: 남이 잘되는 것을 기뻐해 주지는 않고 오히려 질투하고 시기하는 경우를 이르는 말.

03 (   )에 연기 날까: (1) 원인이 없으면 결과가 있을 수 없음을 이르는 말. (2) 실제 어떤 일이 있기 때문에 말이 남을 이르는 말.

04 순풍에 (   ) 배: 배가 갈 방향으로 돛을 다니 배가 빨리 달린다는 뜻으로, 일이 뜻한 바대로 순조로이 진행됨을 이르는 말.

05 먼 사촌보다 (   )이 낫다: 이웃끼리 서로 친하게 지내다 보면 먼 곳에 있는 일가보다 더 친하게 되어 서로 도우며 살게 된다는 것을 이르는 말.

06 ~ 10 다음 빈칸에 들어갈 알맞은 말을 〈보기〉에서 찾아 쓰시오.

━━━ 보기 ━━━
일   구원
배반   허약   임기응변

06 땅 짚고 헤엄치기: (   )이 매우 쉽다는 말.

07 불면 날아갈 듯 쥐면 꺼질 듯: 몸이 마르고 매우 (   )한 사람을 이르는 말.

08 믿는 도끼에 발등 찍힌다: 잘되리라고 믿고 있던 일이 어긋나거나 믿고 있던 사람이 (   )하여 오히려 해를 입음을 이르는 말.

09 손바닥으로 하늘 가리기: 손바닥으로 넓은 하늘을 가린다는 뜻으로, 불리한 상황에 대하여 (   ) 식으로 대처함을 이르는 말.

10 병 주고 약 준다: 남을 해치고 나서 약을 주며 그를 (   )하는 체한다는 뜻으로, 교활하고 음흉한 자의 행동을 이르는 말.

· 문장으로 체크하기 ·

11 ~ 15 다음 빈칸에 들어갈 알맞은 속담을 〈보기〉에서 찾아 기호를 쓰시오.

━━━ 보기 ━━━
㉠ 가는 날이 장날
㉡ 핑계 없는 무덤이 없다
㉢ 친구 따라 강남 간다
㉣ 까마귀 날자 배 떨어진다
㉤ 세 살 적 버릇이 여든까지 간다

11 교과 (   )(이라)고 절약하는 습관이 어릴 때부터 몸에 배도록 가르쳐야 한다.

12 교과 기다리던 축구 경기를 보러 가려 했는데 (   )(이라)더니 가족 모임이 생겼다.

13 교과 (   )(이라)고 나는 창문을 열었을 뿐인데 지나가는 사람이 왜 쓰레기를 던지냐며 화를 냈다.

14 교과 사업에 전혀 관심이 없었던 그는 (   )(이라)고 지인의 권유로 얼떨결에 함께 장사를 시작했다.

15 교과 (   )(이라)고 습관적으로 지각을 일삼던 늘봄이는 선생님의 꾸지람에 말도 안 되는 변명만 늘어놓았다.

16 ~ 20 다음 문맥에 알맞은 속담을 고르시오.

16 교과 (병 주고 약 준다 | 소금 먹은 놈이 물켠다)고 그가 찔리는 게 있으니 말을 버벅대는 게 아닌가 싶다.

17 학평 (백지장도 맞들면 낫듯이 | 핑계 없는 무덤이 없듯이) 우리 모두가 힘을 모으면 학생회장 선거 시기를 바꿀 수 있다.

18 교과 (까마귀 날자 배 떨어진다 | 누울 자리 봐 가며 발을 뻗으라)고 요즘 같은 불경기에 창업을 하는 것은 여러모로 문제가 있다.

19 교과 그녀는 자신보다 높은 수준의 피아니스트들을 보며 (뛰는 놈 위에 나는 놈 있다 | 믿는 도끼에 발등 찍힌다)는 것을 새삼 실감하였다.

20 교과 (고기도 먹어 본 사람이 많이 먹는다 | 먼 사촌보다 가까운 이웃이 낫다)고 평소 운동을 즐겨 하는 사람들은 어느 운동이든 비교적 쉽고 빠르게 배운다.

01 의미가 유사한 속담끼리 묶이지 <u>않은</u> 것은?

속담의 유사성 파악하기

① 아니 땐 굴뚝에 연기 날까 – 원인이 없으면 결과가 있을 수 없음을 의미하는 '뿌리 없는 나무에 잎이 필까'

② 소금 먹은 놈이 물켠다 – 무슨 일이든 거기에는 반드시 그렇게 된 까닭이 있음을 의미하는 '먹는 소가 똥을 누지'

③ 고기도 먹어 본 사람이 많이 먹는다 – 무슨 일이든지 늘 하던 사람이 더 잘함을 의미하는 '떡도 먹어 본 사람이 먹는다'

④ 뛰는 놈 위에 나는 놈 있다 – 제 뜻에 맞지 않는 자는 무슨 짓을 하나 밉게만 보임을 의미하는 '뛰면 벼룩이요 날면 파리'

⑤ 핑계 없는 무덤이 없다 – 아무리 큰 잘못을 저지른 사람도 그것을 변명하고 이유를 붙일 수 있음을 의미하는 '도둑질을 하다 들켜도 변명을 한다'

02 제시된 상황에 쓰이기에 적절한 속담이 <u>아닌</u> 것은?

속담의 쓰임 이해하기

① 어떤 일을 하기가 매우 쉬움. → 백지장도 맞들면 낫다

② 때와 장소를 가려 행동해야 함. → 누울 자리 봐 가며 발을 뻗어라

③ 몸이 야위고 몹시 기운이 없어 보임. → 불면 날아갈 듯 쥐면 꺼질 듯

④ 내키지 않는 일을 남에게 끌려 덩달아 하게 됨. → 친구 따라 강남 간다

⑤ 어떤 일을 하려할 때 뜻하지 않은 일을 공교롭게 당함. → 가는 날이 장날

03 유사한 의미를 지닌 속담과 한자 성어를 연결한 것으로 적절하지 <u>않은</u> 것은?

한자 성어에 맞는 속담 찾기

① 병 주고 약 준다 – 임할 임(臨), 농사 농(農), 빼앗을 탈(奪), 밭갈 경(耕)의 '임농탈경'

② 믿는 도끼에 발등 찍힌다 – 알 지(知), 도끼 부(斧), 쪼갤 작(斫), 발 족(足)의 '지부작족'

③ 땅 짚고 헤엄치기 – 쉬울 이(易), 같을 여(如), 되돌릴 반(反), 손바닥 장(掌)의 '이여반장'

④ 손바닥으로 하늘 가리기 – 써 이(以), 손바닥 장(掌), 덮을 폐(蔽), 하늘 천(天)의 '이장폐천'

⑤ 먼 사촌보다 가까운 이웃이 낫다 – 멀 원(遠), 겨레 족(族), 가까울 근(近), 이웃 린(隣)의 '원족근린'

04 〈보기〉의 ㉠에 들어갈 속담으로 가장 적절한 것은?

문맥에 맞는 속담 찾기

> ● 보기 ●
>
> 속담 중에서 (㉠)는 일이 뜻한 바대로 순조로이 진행됨을 이르는 말이고, '하던 짓도 멍석 펴 놓으면 안 한다'는 일껏 잘하던 일도 더욱 잘하라고 떠받들어 주면 안 한다는 말이다.

① 병 주고 약 준다

② 순풍에 돛을 단 배

③ 핑계 없는 무덤 없다

④ 까마귀 날자 배 떨어진다

⑤ 세 살 적 버릇이 여든까지 간다

05 〈보기〉의 ⓐ에 들어갈 속담으로 가장 적절한 것은?

문맥에 맞는 속담 찾기

> ● 보기 ●
>
> 유대인은 자녀에게 용돈을 스스로 벌게 하며 경제관념을 가르치지만 우리는 그런 교육이 부족한 것이 현실이다. (ⓐ)(이)라는 말처럼 어려서부터 경제관념이 없이 자란 사람은 경제 문맹이 되어 국가 경쟁력까지 약화시킬 수 있다.

① 가는 날이 장날

② 친구 따라 강남 간다

③ 믿는 도끼에 발등 찍힌다

④ 아니 땐 굴뚝에 연기 날까

⑤ 세 살 적 버릇이 여든까지 간다

06 〈보기〉의 밑줄 친 부분과 관련이 있는 속담으로 가장 적절한 것은?

상황에 어울리는 속담 찾기

> ● 보기 ●
>
> 인간은 <u>상대가 자기에게 해를 끼치지 않더라도 그가 훌륭한 면을 가지고 있거나 잘되고 있다는 이유만으로 상대를 미워하고 그가 잘못되기를 바라기도 한다. 모든 좋은 것에 대해 적대감을 품는 것이다.</u> 그러므로 시기심 없는 마음조차 시기하고 자신에게 호의를 베푸는 대상에게도 적대감을 느낀다. 이런 감정은 때로는 상대에게 피해를 줄 정도로 강렬하게 표출되는데, 이러한 시기심을 '적대적 시기심'이라고 한다.

① 백지장도 맞들면 낫다

② 소금 먹은 놈이 물켠다

③ 손바닥으로 하늘 가리기

④ 사촌이 땅을 사면 배가 아프다

⑤ 먼 사촌보다 가까운 이웃이 낫다

06 동음이의어

5주 완성

※ 동음이의어의 각 예문을 읽고 해당 뜻풀이를 찾아 번호를 쓰세요.

★ 배

01 배¹   (학평) 장발장이 배가 고파 빵을 먹고 싶은 것은 인간의 자연스러운 욕구에서 비롯된 것이다. 〔　〕

02 배²   (학평) 배가 정박할 때 닻을 펄에 박아 두면 배가 일정 범위를 벗어나지 못하잖아. 〔　〕

03 배³   (교과) 우리는 차례상에 배를 깎아서 올렸다. 〔　〕

04 배⁴   (1) (교과) 할아버지는 술 삼 배 하시고 노래도 부르셨다. 〔　〕

(2) (교과) 우리 학교 체육관에서 총장 배 전국 태권도 대회가 열렸다. 〔　〕

05 배⁵   (1) (교과) 몇 년 전보다 물가가 배로 올랐다. 〔　〕

(2) (교과) 광고의 효과로 그 영양제의 판매량이 전년보다 네 배나 증가했다. 〔　〕

① 명 배나무의 열매.

② 명 어떤 수나 양을 두 번 합한 만큼.

③ 의·명 술이나 음료를 담은 잔을 세는 단위.

④ 의·명 운동 경기에서 우승한 팀이나 사람에게 주는 트로피.

⑤ 명 (주로 고유어 수 뒤에 쓰여) 일정한 수나 양이 그만큼 거듭됨을 이르는 말.

⑥ 명 사람이나 짐 따위를 싣고 물 위로 떠다니도록 나무나 쇠 따위로 만든 물건.

⑦ 명 사람이나 동물의 몸에서 위장, 창자, 콩팥 따위의 내장이 들어 있는 곳으로 가슴과 엉덩이 사이의 부위.

● 부르다

06 부르다¹   (1) (모평) 태후가 유 원수를 치사한 후에 조카 강 승상을 부르시니 강 승상이 바삐 들어왔다. 〔　〕

(2) (수능) 앞내강 쨍쨍 얼어 조이던 밤에 / 내가 부른 노래는 강 건너 갔소 〔　〕

07 부르다²   (1) (모평) 이는 곧 실과라. 먹으니 배 부른지라 정신이 상쾌하거늘 〔　〕

(2) (학평) 인향을 미워한 정 씨는 인향에게 배가 불러 오는 약을 먹인 후, 외인과 통정하여 임신을 하였다고 모함했다. 〔　〕

① 형 불룩하게 부풀어 있다.

② 형 먹은 것이 많아 속이 꽉 찬 느낌이 들다.

③ 동 곡조에 맞추어 노래의 가사를 소리 내다.

④ 동 말이나 행동 따위로 다른 사람의 주의를 끌거나 오라고 하다.

★ 부치다

08 부치다¹   (학평) 그는 기운이 부쳐서가 아니라 얼떨결에 짐을 놓쳤다. 〔　〕

09 부치다²   (모평) 형은 약한 부인을 무단히 버리고 십일 년에 이르도록 한 번 편지를 부치는 일이 없었소. 〔　〕

10 부치다³   (교과) 부쳐 먹을 땅이 있으니 얼마나 복을 받은 것인가! 〔　〕

11 부치다⁴   (교과) 비가 내리니 빈대떡을 부쳐 먹고 싶었다. 〔　〕

12 부치다⁵   (학평) 이 부채를 한 번 부치면 운무가 자욱하고, 비올 때에 부치면 꽃나무 가지마다 꽃이 만발하나니, 이는 큰 보배라. 〔　〕

① 동 모자라거나 미치지 못하다.

② 동 논밭을 이용하여 농사를 짓다.

③ 동 부채 따위를 흔들어서 바람을 일으키다.

④ 동 편지나 물건 따위를 일정한 수단이나 방법을 써서 상대에게로 보내다.

⑤ 동 번철이나 프라이팬 따위에 기름을 바르고 빈대떡, 저냐, 전병(煎餅) 따위의 음식을 익혀서 만든다.

★ 싸다

13 싸다¹	학평 보자기 아트는 소중한 물건을 보자기로 **싸고** 덮고 깔고 매듭을 짓는 전통 실용 아트이다.	〔 〕
14 싸다²	교과 아이가 자다가 이불에 오줌을 **쌌다.**	〔 〕
15 싸다³	(1) 교과 걸음이 너무 **싸서** 그를 따라잡기 위해 애를 썼다.	〔 〕
	(2) 교과 그는 입이 **싸기** 때문에 그에게 비밀을 털어놓지 않는 것이 좋다.	〔 〕
16 싸다⁴	수능 그럼 사람들은 왜 볼펜을 애용할까요? 값이 **싸**고 휴대하기 편해서이기도 하지만 또 다른 장점이 있습니다.	〔 〕

① 형 걸음이 재빠르다.

② 동 주로 어린아이가 똥이나 오줌을 참지 못하고 누다.

③ 동 물건을 안에 넣고 보이지 않게 씌워 가리거나 둘러 말다.

④ 형 들은 말 따위를 진중하게 간직하지 아니하고 잘 떠벌리다.

⑤ 형 물건값이나 사람 또는 물건을 쓰는 데 드는 비용이 보통보다 낮다.

1300

어휘
1265개
달성!

1200

★ 일다

17 일다¹	(1) 모평 역사학에서 영화를 통한 역사 서술에 대한 관심이 **일고**, 영화를 사료로 파악하는 경향도 나타났다.	〔 〕
	(2) 교과 꺼져 가던 촛불이 다시 **일어** 방 안이 환해졌다.	〔 〕
18 일다²	교과 어머니는 조리로 쌀을 **일어** 밥을 지어 주셨다.	〔 〕

① 동 없던 현상이 생기다.

② 동 희미하거나 약하던 것이 왕성하여지다.

③ 동 곡식이나 사금 따위를 그릇에 담아 물을 붓고 이리저리 흔들어서 쓸 것과 못 쓸 것을 가려내다.

★ 지다

19 지다¹	(1) 모평 여름날 미술관에 들렀다가, 해가 **지면** 반딧불이 축제장에 가 보는 것도 좋다.	〔 〕
	(2) 학평 꽃은 무슨 일로 피면서 쉬이 **지고** / 풀은 어이 하여 푸르는 듯 누르나니	〔 〕
20 지다²	교과 내가 응원하던 팀이 결승전에서 상대 팀에게 **지고** 말았다.	〔 〕
21 지다³	교과 나무 아래에 그늘이 **졌다.**	〔 〕
22 지다⁴	(1) 모평 아이들은 배낭을 **진** 채 여행을 떠났다.	〔 〕
	(2) 교과 조장으로서 책임을 **지고** 해결하겠다.	〔 〕

① 동 책임이나 의무를 맡다.

② 동 물건을 짊어서 등에 얹다.

③ 동 해나 달이 서쪽으로 넘어가다.

④ 동 어떤 현상이나 상태가 이루어지다.

⑤ 동 꽃이나 잎 따위가 시들어 떨어지다.

⑥ 동 내기나 시합, 싸움 따위에서 재주나 힘을 겨루어 상대에게 꺾이다.

★ 짙다

23 짙다¹	교과 늙어 자식들이 곁에 있고 살림살이가 **짙으니** 남부러울 게 없다.	〔 〕
24 짙다²	(1) 교과 **짙은** 빨강의 자동차가 눈에 들어왔다.	〔 〕
	(2) 모평 폭우가 내릴 가능성이 **짙어** 건물 외벽을 점검했다.	〔 〕

① 동 재물 따위가 넉넉하게 남다.

② 형 드러나는 기미, 경향, 느낌 따위가 보통 정도보다 뚜렷하다.

③ 형 빛깔을 나타내는 물질이 많이 들어 있어 보통 정도보다 빛깔이 강하다.

step 2
어휘력 체크

·뜻풀이로 체크하기·

01 ~ 04 다음 밑줄 친 어휘의 뜻풀이에 들어갈 알맞은 말을 〈보기〉에서 찾아 쓰시오.

● 보기 ●
합한   짊어서   왕성하여   모자라거나

01 교과 형은 땔감을 실은 지게를 <u>지고</u> 산을 내려왔다.
→ 지다: 물건을 (   ) 등에 얹다.

02 교과 꺼져 가던 불길이 <u>일어</u> 주변이 환하게 밝아졌다.
→ 일다: 희미하거나 약하던 것이 (   ) 지다.

03 교과 창희는 긴 출장에 체력이 <u>부쳐</u> 집에서 며칠 동안 쉬고 있다.
→ 부치다: (   ) 미치지 못하다.

04 학평 좌충우돌하며 적진을 누비니, 오늘의 용맹이 전날의 용맹에 비해 <u>배</u>나 더하였다.
→ 배: 어떤 수나 양을 두 번 (   ) 만큼.

05 ~ 08 다음 밑줄 친 어휘의 뜻풀이로 알맞은 것을 고르시오.

05 모평 학술 논문의 출판이 네 <u>배</u>로 증가했다.
① 술이나 음료를 담은 잔을 세는 단위.
② 일정한 수나 양이 그만큼 거듭됨을 이르는 말.

06 교과 임신한 지 5개월이 지나니 제법 배가 <u>불러</u> 온다.
① 불룩하게 부풀어 있다.
② 말이나 행동 따위로 다른 사람의 주의를 끌거나 오라고 하다.

07 학평 부자는 결국 재판에서 <u>지게</u> 되어 재산을 빼앗기게 된다.
① 책임이나 의무를 맡다.
② 내기나 시합, 싸움 따위에서 재주나 힘을 겨루어 상대에게 꺾이다.

08 학평 돈을 <u>부치라는</u> 추신이 붙은 엽서를 받았다.
① 편지나 물건 따위를 일정한 수단이나 방법을 써서 상대에게로 보내다.
② 번철이나 프라이팬 따위에 기름을 바르고 빈대떡, 저냐, 전병(煎餅) 따위의 음식을 익혀서 만들다.

·문장으로 체크하기·

09 ~ 12 다음 밑줄 친 어휘가 제시된 의미로 사용된 문장을 고르시오.

09 부르다: 곡조에 맞추어 노래의 가사를 소리 내다.
① 수능 그녀는 옛 가곡을 그대로만 <u>부릅니다.</u>
② 교과 점심을 많이 먹었더니 아직도 배가 <u>부르다.</u>

10 싸다: 걸음이 재빠르다.
① 교과 그녀는 아끼는 단지를 보자기로 <u>쌌다.</u>
② 교과 그는 잰걸음으로 <u>싸게</u> 걸어 나가 손님을 맞았다.

11 짙다: 빛깔을 나타내는 물질이 많이 들어 있어 보통 정도보다 빛깔이 강하다.
① 교과 대대로 풍족하게 살아온 돈이 <u>짙은</u> 집안이다.
② 학평 회색이 일정 수준보다 <u>짙으면</u> 검은색으로 판단한다.

12 일다: 없던 현상이 생기다.
① 교과 그녀는 조리로 쌀을 <u>일어</u> 밥을 지었다.
② 학평 여기저기서 '임금님은 벌거숭이'라는 웅성거림이 <u>일었다.</u>

13 ~ 16 다음 밑줄 친 어휘가 제시된 문장의 밑줄 친 어휘와 유사한 의미로 사용된 문장을 고르시오.

13 교과 아버지는 달고 물이 많은 <u>배</u>를 좋아하신다.
① 학평 가을에 <u>배</u>가 주렁주렁 열렸다.
② 학평 갑자기 <u>배</u>가 아프지는 않았니?

14 교과 나무 아래에 그늘이 <u>져서</u> 시원하게 책을 읽었다.
① 학평 해가 <u>지고</u> 어둠이 짙게 깔렸다.
② 교과 노을이 <u>지기</u> 전에 주변을 다 둘러보자.

15 학평 구매하지 않는다고 하면 그 까닭이 가격이 비싸서 그러한 것인지 아니면 <u>싸서</u> 그러한 것인지를 물었다.
① 교과 그 가게는 재고 정리를 해서 물건을 <u>싸게</u> 판다.
② 교과 그는 입이 <u>싸다고</u> 소문이 났기 때문에 터놓고 말하기가 불편하다.

16 학평 손에 든 봉황 부채 한 번 <u>부치고</u> 두 번 부치니 구름같이 이는 바람 춘향의 몸 훌쩍 날려 공중에 오르더니
① 교과 극심한 가뭄 때문에 <u>부칠</u> 땅 한 평도 없었다.
② 학평 원수가 말에서 내려 하늘에 절하고 주문을 외워 백학선을 사면으로 <u>부치니</u> 천지가 아득하다.

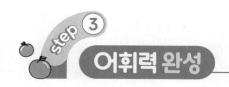

01 〈보기 1〉의 어휘의 의미와 〈보기 2〉의 예문에 대한 설명으로 적절하지 <u>않은</u> 것은?

어휘의 의미와 쓰임 이해하기

> **● 보기 1 ●**
>
> **배 01** 명 사람이나 동물의 몸에서 위장, 창자, 콩팥 따위의 내장이 들어 있는 곳으로 가슴과 엉덩이 사이의 부위.
> **배 02** 명 사람이나 짐 따위를 싣고 물 위로 떠다니도록 나무나 쇠 따위로 만든 물건.
> **배 03** 명 배나무의 열매.
> **배 04** 명 「1」 어떤 수나 양을 두 번 합한 만큼.
> 「2」 일정한 수나 양이 그만큼 거듭됨을 이르는 말.

> **● 보기 2 ●**
>
> 농부들은 농사가 잘되면 ⓐ배가 부르다. 최근 ⓑ배나 항공편으로 우리 과일 ⓒ배가 활발하게 수출되고 있다. 국내 소비도 명절에는 그 양이 평소 대비 10여 ⓓ배는 증가한다.

① ⓐ는 한자어 '복부(腹部)'와 의미가 통하겠군.
② ⓐ는 '배 01'의 의미로, ⓑ는 '배 02'의 의미로 쓰였군.
③ ⓒ는 '배 03'의 의미로, ⓓ는 '배 04-「1」'의 의미로 쓰였군.
④ '등록금이 배로 올랐다.'의 '배'는 ⓓ와 다의 관계이군.
⑤ ⓐ~ⓓ는 각각 동음이의 관계이군.

02 문맥상 밑줄 친 어휘와 바꿔 쓰기에 적절하지 <u>않은</u> 것은?

적절한 어휘로 바꿔 쓰기

① 도지로라도 <u>부칠</u> 땅 한 평이 없다. → 경작할
② 정상 회담의 내용을 극비에 <u>부쳤다</u>. → 송부했다
③ 지나친 욕심은 파멸을 <u>부를</u> 수도 있다. → 초래할
④ 외국에 있는 친구에게 편지를 <u>부쳤다</u>. → 발송했다
⑤ 내 생일에 친한 친구들을 모두 <u>불렀다</u>. → 초대했다

03 밑줄 친 어휘의 사전적 의미가 적절하지 <u>않은</u> 것은?

어휘의 사전적 의미 파악하기

① 불이 <u>싸서</u> 물이 금방 끓는다. – 성질이 곧고 굳세다.
② 나는 그 일을 힘에 <u>부쳐</u> 그만두었다. – 모자라거나 미치지 못하다.
③ 그는 평생 남의 논을 소작으로 <u>부쳐</u> 먹고 산다. – 논밭을 이용하여 농사를 짓다.
④ 시커먼 그림자가 갑자기 원두막을 <u>싸고</u> 둘렀다. – 어떤 물체의 주위를 가리거나 막다.
⑤ 잠을 자다가 이불에 오줌을 <u>싸면</u> 키를 쓰고 소금을 얻으러 다녔다. – 주로 어린아이가 똥이나 오줌을 참지 못하고 누다.

04 밑줄 친 두 어휘의 의미가 일치하지 <u>않는</u> 것은?

어휘의 문맥적 의미 파악하기

① ㉠ 배가 <u>불러서</u> 더는 못 먹겠다.
   ㉡ 먹은 것도 없는데 헛배가 <u>부르다</u>.
② ㉠ 그 일은 실패할 가능성이 <u>짙다</u>.
   ㉡ 그는 <u>짙은</u> 어둠 속에서 길을 잃었다.
③ ㉠ 안방극장에 사극 열풍이 <u>일었다</u>.
   ㉡ 흉악범 처벌을 강화하라는 여론이 <u>일었다</u>.
④ ㉠ 그는 화장을 <u>짙게</u> 하고 카메라 앞에 섰다.
   ㉡ 나는 연한 색보다는 <u>짙은</u> 색을 더 좋아한다.
⑤ ㉠ 요즘은 앱으로 택시를 쉽게 <u>부를</u> 수 있다.
   ㉡ 우리 형편에 가사 도우미를 <u>부르는</u> 건 사치이다.

05 〈보기〉의 ⓐ와 문맥적 의미가 같게 쓰인 것은?

어휘의 문맥적 의미 파악하기

> **● 보기 ●**
>
> 인공 지능과 인간의 바둑 경기에서 인간이 ⓐ졌다.

① 오늘은 해가 평소보다 일찍 <u>졌다</u>.
② 배낭 하나 등에 <u>지고</u> 집을 나섰다.
③ 노을이 <u>지자</u> 그들은 강변으로 나갔다.
④ 네가 한 말에 스스로 책임을 <u>져야</u> 한다.
⑤ 우리 팀이 줄다리기는 <u>졌지만</u> 씨름에서는 이겼다.

06 〈보기〉의 ⓐ~ⓒ에 들어갈 예문으로 적절하지 <u>않은</u> 것은?

예문의 적절성 판단하기

> **● 보기 ●**
>
> **싸다 01** 동
> 물건을 안에 넣고 보이지 않게 씌워 가리거나 둘러 말다.
> ⓐ: ＿＿＿＿＿＿＿＿＿＿＿＿＿＿＿＿
>
> **싸다 02** 형
> 물건값이나 사람 또는 물건을 쓰는 데 드는 비용이 보통보다 낮다.
> ⓑ: ＿＿＿＿＿＿＿＿＿＿＿＿＿＿＿＿
>
> **일다 01** 동
> 희미하거나 약하던 것이 왕성하여지다.
> ⓒ: ＿＿＿＿＿＿＿＿＿＿＿＿＿＿＿＿

① ⓐ: 책가방을 미리 <u>쌌다</u>.
② ⓐ: 생일 선물을 포장지에 <u>쌌다</u>.
③ ⓑ: 이 동네는 생각보다 집값이 <u>싸다</u>.
④ ⓑ: 옆집보다 이 집이 물건을 <u>싸게</u> 판다.
⑤ ⓒ: 꺼져 가던 불길이 <u>일어</u> 온 산으로 번졌다.

07 필수 어휘_경제

5주 완성

※ 어휘의 사전적 의미에 해당하는 예문을 찾아 번호를 쓰고 빈칸을 채워 보세요.

01 감면하다 덜 減 | 면할 免 --	통 매겨야 할 부담 따위를 덜어 주거나 면제하다.	〔 〕
02 갹출하다 술 잔치 醵 | 날 出 --	통 같은 목적을 위하여 여러 사람이 돈을 나누어 내다.	〔 〕
03 경작하다 밭갈 耕 | 지을 作 --	통 땅을 갈아서 농사를 짓다.	〔 〕
04 고갈 마를 枯 | 목마를 渴	명 어떤 일의 바탕이 되는 돈이나 물자, 소재, 인력 따위가 다하여 없어짐.	〔 〕
05 고심하다 괴로울 苦 | 마음 心 --	통 몹시 애를 태우며 마음을 쓰다.	〔 〕

① 교과 그는 자금 [ ][ ]로 어려움을 겪고 있는 단체에 선뜻 기부하였다.

② 교과 세 사람은 1인당 5억씩 [ ][ ]해서 15억 원을 만들어 빌딩을 매입했다.

③ 학평 소비자는 어떻게 하면 저렴한 가격으로 물건을 구입할 수 있을지 [ ][ ]하는 경향이 있다.

④ 학평 정부에서는 공제 제도를 통해 조세 부담 능력이 적은 사람의 세금을 [ ][ ]해 주기도 한다.

⑤ 학평 A 지역 토지를 [ ][ ]하는 사람들은 5만 원을 들여 6만 원을 벌 수 있어 쌀 한 가마당 1만 원의 소득을 추가로 얻게 된다.

06 과분하다 지날 過 | 나눌 分 --	형 분수에 넘쳐 있다.	〔 〕
07 귀띔하다	통 상대편이 눈치로 알아차릴 수 있도록 미리 슬그머니 일깨워 주다.	〔 〕
08 규합하다 꼴 糾 | 합할 合 --	통 어떤 일을 꾸미려고 세력이나 사람을 모으다.	〔 〕
09 기거하다 일어날 起 | 살 居 --	통 일정한 곳에서 먹고 자고 하는 따위의 일상적인 생활을 하다.	〔 〕
10 기근 주릴 飢 | 흉년들 饉	(1) 명 흉년으로 먹을 양식이 모자라 굶주림.	〔 〕
	(2) 명 최소한의 수요도 채우지 못할 만큼 심히 모자라는 상태를 비유적으로 이르는 말.	〔 〕

① 교과 흉년으로 [ ][ ]이 들고 전염병까지 돌았다.

② 교과 한은 총재는 금리 인하 가능성을 [ ][ ]하면서 경제의 추이도 계속 주시할 것이라고 밝혔다.

③ 교과 현재 그 나라는 생필품 [ ][ ] 현상으로 큰 불편을 겪고 있다.

④ 교과 어떤 사람들은 자신에게 [ ][ ]한 사치품을 무리하게 구매하는 경향이 있다.

⑤ 교과 쪽방촌에 [ ][ ]하는 어르신들을 위한 지원금을 작년보다 높게 책정해야 한다.

⑥ 교과 주 채권 은행이 기타 채권 은행들을 [ ][ ]해 재무 약정을 체결하지 않는다는 이유로 제재 조치를 하겠다는 것은 부당하다고 밝혔다.

11 기안하다 일어날 起 | 책상 案 --	통 사업이나 활동 계획의 초안(草案)을 만들다.	〔 〕
12 기초하다 터 基 | 주춧돌 礎 --	통 근거를 두다.	〔 〕
13 냉엄하다 찰 冷 | 엄할 嚴 --	형 일이나 상황이 조금도 빈틈없이 엄격하다.	〔 〕
14 농성 대그릇 籠 | 재 城	명 어떤 목적을 이루기 위하여 한자리를 떠나지 않고 시위함.	〔 〕
15 누비다	통 이리저리 거리낌 없이 다니다.	〔 〕

① 교과 그는 무역상이 되어 조선과 청나라를 [ ][ ]고 다녔다.

② 교과 기업의 주 거래 은행이 채권자로서 주도권을 행사하고 구조 조정 계획을 [ ][ ]하고 추진하는 것이 바람직하다.

③ 교과 그들은 정부의 예산 지원을 요구하며 며칠 동안 [ ][ ] 중이다.

④ 교과 이익을 내지 못하면 일자리가 유지되지 않는 [ ][ ] 한 자본주의의 현실을 많은 노동자들은 체험한다.

⑤ 교과 명시적 계약은 제3자에 의해 강제되는 약속이므로 객관적으로 확인할 수 있는 조건에 [ ][ ]해야 한다.

16 대물림
대신할 代 --
명 사물이나 가업 따위를 후대의 자손에게 남겨 주어 자손이 그것을 이어 나감. 또는 그런 물건. 〔   〕

17 도매
도읍 都 | 살 買
명 물건을 낱개로 사지 않고 모개로 삼. 〔   〕

18 둔화
무딜 鈍 | 될 化
명 느리고 무디어짐. 〔   〕

19 말미암다
동 어떤 현상이나 사물 따위가 원인이나 이유가 되다. 〔   〕

20 밑돌다
동 어떤 기준이 되는 수량에 미치지 못하다. 〔   〕

① 교과 아동복을 □□로 사서 온라인 쇼핑몰을 통해 소매로 팔고 있다.

② 교과 올해 쌀 수확량이 평년작에 □□□ 쌀값이 크게 오를 것 같다는 전망이다.

③ 교과 □□□되는 가난을 막기 위해서는 국가가 취약 계층에 대한 지원을 아끼지 말아야 한다.

④ 모평 여러 주주가 있던 회사가 주식의 상속, 매매, 양도 등으로 □□□□ 모든 주식이 한 사람의 소유로 되는 경우가 있다.

⑤ 학평 소비자와 생산자가 얻는 편익이 줄어드는 것을 경제적 순손실이라고 하는데 조세로 인하여 경제적 순손실이 생기면 경기가 □□될 수 있다.

21 반려하다
돌아올 返 | 어그러질 戾 --
동 주로 윗사람이나 상급 기관에 제출한 문서를 처리하지 않고 되돌려 주다. 〔   〕

22 버겁다
형 물건이나 세력 따위가 다루기에 힘에 겹거나 거북하다. 〔   〕

23 부과하다
구실 賦 | 시험할 課 --
(1) 동 세금이나 부담금 따위를 매기어 부담하게 하다. 〔   〕
(2) 동 일정한 책임이나 일을 부담하여 맡게 하다. 〔   〕

24 부양하다
도울 扶 | 기를 養 --
동 생활 능력이 없는 사람의 생활을 돌보다. 〔   〕

25 사칭하다
속일 詐 | 일컬을 稱 --
동 이름, 직업, 나이, 주소 따위를 거짓으로 속여 이르다. 〔   〕

① 모평 장남인 그가 늙으신 부모와 어린 동생들을 □□하고 있다.

② 교과 시청은 예산 부족을 핑계로 사업 계획서를 제출자에게 □□하였다.

③ 수능 그 헌장에서는 회원들에게 바젤 기준을 자국에 도입할 의무를 □□한다.

④ 학평 크라우드 펀딩을 □□한 금융 사기에 의한 피해 사례가 많이 보고되고 있습니다.

⑤ 교과 빚 갚기도 □□□ 국민들이 지갑을 닫자 소비가 대폭 줄면서 경제에 적신호가 켜졌다.

⑥ 모평 법인세는 재화나 서비스의 판매 등을 통해 거둔 수입에서 제반 비용을 제외하고 남은 이윤에 대해 □□하는 세금이다.

26 상응하다
서로 相 | 응할 應 --
동 서로 응하거나 어울리다. 〔   〕

27 상환하다
갚을 償 | 돌아올 還 --
동 갚거나 돌려주다. 〔   〕

28 선임
가릴 選 | 맡길 任
명 여러 사람 가운데서 어떤 직무나 임무를 맡을 사람을 골라냄. 〔   〕

29 설정하다
베풀 設 | 정할 定 --
동 새로 만들어 정해 두다. 〔   〕

30 성행하다
성할 盛 | 다닐 行 --
동 매우 성하게 유행하다. 〔   〕

① 모평 각국은 그 수준에서 자국의 지식 재산 보호 수준을 □□한다.

② 모평 이사의 □□과 이사의 보수는 주주 총회에서 결정하도록 되어 있다.

③ 교과 대학생들 사이에서 가성비 좋은 중고 거래가 □□하고 있다.

④ 학평 대출을 받아 자동차를 구매하면서 여러 해에 걸쳐 대출금과 이자를 □□하기도 한다.

⑤ 수능 위험 공동체의 구성원은 자신이 속한 위험 공동체의 위험에 □□하는 보험료를 납부하는 것이 공정할 것이다.

· 뜻풀이로 **체크하기** ·

01 ~ 06 다음 뜻풀이에 해당하는 어휘를 말상자에서 찾아 표시하시오.

도	매	말	미	선	단
대	고	암	아	임	출
물	냉	갈	엄	기	근
림	버	겁	다	초	손
둔	사	농	성	상	환
화	칭	설	정	응	당

01 느리고 무디어짐.

02 물건을 낱개로 사지 않고 모개로 삼.

03 어떤 목적을 이루기 위하여 한자리를 떠나지 않고 시위함.

04 여러 사람 가운데서 어떤 직무나 임무를 맡을 사람을 골라냄.

05 어떤 일의 바탕이 되는 돈이나 물자, 소재, 인력 따위가 다하여 없어짐.

06 (1) 흉년으로 먹을 양식이 모자라 굶주림. (2) 최소한의 수요도 채우지 못할 만큼 심히 모자라는 상태를 비유적으로 이르는 말.

07 ~ 13 다음 빈칸에 들어갈 알맞은 말을 쓰시오.

07 상환하다: 갚거나 □□주다.

08 과분하다: □□에 넘쳐 있다.

09 누비다: 이리저리 □□□ 없이 다니다.

10 냉엄하다: 일이나 상황이 조금도 빈틈없이 □□하다.

11 규합하다: 어떤 일을 꾸미려고 □□이나 사람을 모으다.

12 갹출하다: 같은 목적을 위하여 여러 사람이 □을 나누어 내다.

13 기거하다: 일정한 곳에서 먹고 자고 하는 따위의 □ □□인 생활을 하다.

· 문장으로 **체크하기** ·

14 ~ 18 다음 문장의 문맥에 알맞은 어휘를 고르시오.

14 교과 이 기업은 삼대째 (농성 | 대물림)되어 내려오고 있다.

15 교과 정부는 서민주택에 대해 취득세를 (감면 | 고심)하기로 했다.

16 학평 자식은 성장하여 부모를 경제적으로 (반려 | 부양)해야 할 책임이 있다.

17 모평 저작권자가 자신들의 노력에 (상응 | 상환)하는 대가를 정당하게 받을수록 창작 의욕이 더 커진다.

18 학평 주식회사는 자본금, 주식, 유한 책임이라는 본질적 요소로 (귀띔하여 | 말미암아) 자본 조달력을 가지기도 하지만 경제적 폐해를 초래하는 경우도 있다.

19 ~ 24 다음 빈칸에 들어갈 알맞은 어휘를 〈보기〉에서 찾아 쓰시오.

— ● 보기 ● —
| 고심 | 기초 | 반려 | 부과 | 사칭 | 설정 |

19 교과 법원은 혐의점이 부족하다는 이유로 김 씨에 대한 구속 영장 신청을 ( )하였다.

20 모평 일부 연구자들은 비타민 K의 권장량을 K1과 K2로 구분하여 ( )해야 한다고 말한다.

21 모평 건축 재료의 특성에 ( )하여 건축물들의 특징에 대한 상반된 평가를 제시하고 있다.

22 모평 디지털세는 이를 도입한 국가에서 ICT 다국적 기업이 거둔 수입에 대해 ( )되는 세금이다.

23 학평 지금 막 시 한 편을 지으려는데, 묘안이 떠오르지 않아 ( )하느라 말하지 않았던 것뿐이다.

24 학평 소문을 들은 아이는 떨어진 옷으로 갈아입고 거울을 수선하는 장사로 ( )하고는 서울로 들어갔다.

01 〈보기〉의 빈칸에 들어갈 어휘와 의미의 연결이 바르지 않은 것은?   _{어휘의 의미와 쓰임 이해하기}

— 보기 —

ⓐ 농민들이 (   )하는 토지를 탈취하는 일도 흔했다.
ⓑ 대여금을 이달 말까지 (   )하라는 독촉장이 왔다.
ⓒ 담합하여 제품 가격을 인상했다가 적발된 기업들에게 과징금이 (   )되었다.
ⓓ 국내 중형차의 수요 증가세가 (   )됨에 따라 완성차 업체들의 고민이 깊어지고 있다.
ⓔ 경기가 좋지 않을 때, 정부는 조세를 (   )하고 지출을 늘려 인위적인 수요 팽창 정책을 써야 한다.

① ⓐ: 경작(耕作) – 땅을 갈아서 농사를 지음.
② ⓑ: 상환(償還) – 서로 맞바꿈.
③ ⓒ: 부과(賦課) – 세금이나 부담금 따위를 매기어 부담하게 함.
④ ⓓ: 둔화(鈍化) – 느리고 무디어짐.
⑤ ⓔ: 감면(減免) – 매겨야 할 부담 따위를 덜어 주거나 면제함.

02 밑줄 친 어휘와 바꿔 쓰기에 적절하지 않은 것은?   _{적절한 어휘로 바꿔 쓰기}

① 내 모의고사 성적은 반 평균을 크게 밑돌았다. → 하회했다
② 지방 정부가 수렵 금지 구역을 설정하여 발표했다. → 상정하여
③ 형제들이 얼마씩 갹출하여 부모님의 여행 경비에 보탰다. → 추렴하여
④ 예기치 못한 사고로 말미암아 그의 생활은 파탄을 맞게 되었다. → 인하여
⑤ 내당은 안주인이 기거하는 방을 이르는 말로 안방이라고도 한다. → 거처하는

03 밑줄 친 어휘의 쓰임이 적절하지 않은 것은?   _{어휘의 쓰임 이해하기}

① 학원에서 쓸 비품을 도매로 구입하였다.
② 흉년과 기근이 계속되고 도적 떼의 출몰이 잦아졌다.
③ 양국의 무역 협상은 진전을 보이지 않고 규합한 상태이다.
④ 회사 관계자는 출시된 제품이 초두에 거의 다 팔렸다고 귀띔했다.
⑤ 쓰레기 수거료 요율을 무조건 높이면 불법적인 무단 투기가 성행할 수도 있다.

04 〈보기〉의 (a)~(e)의 뜻을 지닌 어휘를 활용하여 만든 문장으로 적절하지 않은 것은?   _{어휘의 의미와 쓰임 이해하기}

— 보기 —

(a) 분수에 넘쳐 있다.
(b) 서로 응하거나 어울리다.
(c) 이리저리 거리낌 없이 다니다.
(d) 몹시 애를 태우며 마음을 쓰다.
(e) 태도나 행동이 냉정하고 엄하다.

① (a): 그들은 나에게 과분한 친절을 베풀어 주었다.
② (b): 벤야민에게 영화는 근대 도시의 리듬에 상응하는 매체이다.
③ (c): 나는 자전거를 타고 한 달 동안 전국을 누볐다.
④ (d): 소비자는 싼값으로 물건을 사기 위해 고심한다.
⑤ (e): 독립생활을 하자마자 현실이 얼마나 냉엄한지 실감할 수 있었다.

05 다음 속담과 한자 성어의 뜻풀이에서 ㉠과 ㉡에 들어갈 말이 바르게 나열된 것은?   _{속담과 한자 성어의 뜻풀이에 맞는 어휘 찾기}

— 보기 —

• 계 타고 집 판다: 운수가 좋아 이익을 보았으나 잘못하면 그로 (㉠) 더 큰 손해를 보게 된다는 말.
• 부전자전(父傳子傳): 아들의 성격이나 생활 습관 따위가 아버지로부터 (㉡)된 것처럼 같거나 비슷함.

① 기안하여 – 감면   ② 기초하여 – 고갈
③ 상응하여 – 설정   ④ 사칭하여 – 둔화
⑤ 말미암아 – 대물림

06 〈보기〉의 ⓐ~ⓔ를 사용하여 만든 문장으로 적절한 것은?   _{어휘의 쓰임 이해하기}

— 보기 —

• 그는 가장으로서 가족을 ⓐ부양했다.
• 이사회에서 본부장을 전무 이사로 ⓑ선임했다.
• 시위 중인 학생들은 거리에서 연좌 ⓒ농성을 벌였다.
• 과학에 ⓓ기초한 기계론적 모형이 더 설득력이 있다.
• 적립될 공적 연금 기금이 ⓔ고갈되는 경우를 대비할 필요가 있다.

① ⓐ: 당국은 침체된 증권 시장을 인위적으로 부양했다.
② ⓑ: 선임 병사들이 잘해야 후임 병사들이 본을 받는다.
③ ⓒ: 남한산성은 임금이 병자호란 때 농성했던 곳이다.
④ ⓓ: 그 위원회의 주요 임무는 법안을 기초하는 것이다.
⑤ ⓔ: 그 회사는 운영 자금이 고갈되어 어려운 상태이다.

08 한자 성어

5주 완성

※ 한자 성어가 사용된 예문을 읽고 해당 뜻풀이를 찾아 번호를 쓰세요.

★ 상황에 대한 인식과 판단

01 부지불식
아닌가 不 | 알 知
아닐 不 | 알 識

교과 부지불식간에 속마음을 들켜 버리는 말실수를 '프로이트의 말실수'라고 한다.   〔   〕

02 불문가지
아닐 不 | 물을 問
옳을 可 | 알 知

교과 폭우가 예보되었는데 아무런 대책 없이 손을 놓고 있으면 마을이 어떻게 될지는 불문가지이다.   〔   〕

03 선견지명
먼저 先 | 볼 見
갈 之 | 밝을 明

교과 선견지명을 가진 기업가는 미래의 기술 트렌드를 미리 읽어 시장을 선도하는 제품을 개발한다.   〔   〕

04 양자택일
두 兩 | 놈 者
가릴 擇 | 하나 一

교과 외교에서는 오늘의 우방국이 내일의 적국이 될 수 있기 때문에 양자택일식의 접근법은 매우 위험하다.   〔   〕

① 둘 중에서 하나를 고름.

② 묻지 아니하여도 알 수 있음.

③ 생각하지도 못하고 알지도 못함.

④ 어떤 일이 일어나기 전에 미리 앞을 내다보고 아는 지혜.

★ 도가 지나침

05 견문발검
볼 見 | 모기 蚊
뺄 拔 | 칼 劍

교과 고위 공무원이 자신을 비난하는 내용의 동영상을 유포한 사람을 명예 훼손으로 고소하자 한 시사 평론가는 견문발검이라고 꼬집었다.   〔   〕

06 과유불급
지날 過 | 원숭이 猶
아닐 不 | 미칠 及

학평 '과유불급'이라는 말이 있죠? 그림말도 지나치게 사용하면 문제가 될 수 있습니다.   〔   〕

07 교각살우
바로잡을 矯 | 뿔 角
죽일 殺 | 소 牛

교과 학생을 선도한다는 이유로 학생의 인권을 위축시킨다면 교각살우의 잘못을 범하는 일이라고 주장했다.   〔   〕

① 정도를 지나침은 미치지 못함과 같다는 뜻으로, 중용(中庸)이 중요함을 이름.

② 모기를 보고 칼을 뺀다는 뜻으로, 사소한 일에 크게 성내어 덤빔을 이름.

③ 소의 뿔을 바로잡으려다가 소를 죽인다는 뜻으로, 잘못된 점을 고치려다가 그 방법이나 정도가 지나쳐 오히려 일을 그르침을 이름.

★ 일의 진행

08 작심삼일
지을 作 | 마음 心
석 三 | 날 日

교과 매일 책 한 권씩 읽겠다는 그의 다짐은 작심삼일로 끝이 났다.   〔   〕

09 호사다마
좋을 好 | 일 事
많을 多 | 마귀 魔

교과 호사다마라고 이번 대회에서 결승골을 넣은 선수가 경기가 끝나기 전 상대방의 반칙으로 큰 부상을 입었다.   〔   〕

10 화룡점정
그림 畫 | 용 龍
점찍을 點 | 눈동자 睛

모평 분청사기가 화룡점정의 놀라운 예술성을 보여줄 수 있었던 비결이 궁금하다.   〔   〕

① 좋은 일에는 흔히 방해되는 일이 많음. 또는 그런 일이 많이 생김.

② 단단히 먹은 마음이 사흘을 가지 못한다는 뜻으로, 결심이 굳지 못함을 이름.

③ 무슨 일을 하는 데에 가장 중요한 부분을 완성함을 이름. 용을 그리고 난 후 마지막으로 눈동자를 그려 넣었더니 실제 용이 되어 하늘로 날아 올라갔다는 고사에서 유래함.

★ 처지, 상황

11 **건곤일척**	〈학평〉 진번왕은 진영을 정비하여 건곤일척의 자세로 해룡과의 싸움에 임한다. 〔 〕
하늘 乾ㅣ땅 坤ㅣ하나 一ㅣ던질 擲	

① 멍하니 정신을 잃음.

12 **기호지세**	〈교과〉 한 중공업의 사장은 지속되는 원화 절상으로 인해 공장을 가동하면 10%, 공장을 멈추면 30% 이상의 적자가 나는 기호지세의 형국이라고 한탄했다. 〔 〕
말탈 騎ㅣ범 虎ㅣ갈 之ㅣ기세 勢	

② 눈앞에 벌어진 상황 따위를 눈 뜨고는 차마 볼 수 없음.

13 **망연자실**	〈교과〉 세 번째 시험도 떨어진 그는 망연자실하게 앉아 있었다. 〔 〕
아득할 茫ㅣ그럴 然ㅣ스스로 自ㅣ잃을 失	

③ 이미 잘못된 뒤에 아무리 후회하여도 다시 어찌할 수가 없음.

14 **목불인견**	〈교과〉 전쟁으로 인해 같은 민족끼리 죽이고 죽는 목불인견의 참상이 벌어졌다. 〔 〕
눈 目ㅣ아닐 不ㅣ참을 忍ㅣ볼 見	

④ 천하를 두고 한번에 모든 것을 건다는 뜻으로, 운명을 걸고 단판걸이로 승패를 겨룸을 이름.

15 **후회막급**	〈학평〉 만일 소토의 배를 갈라 간이 없사오면 대왕의 환후도 고치지 못하옵고 소토만 부질없이 죽을 따름이니 다시 누구에게 간을 구하 오려 하시나이까. 그때는 후회막급하실 터이오니 바라건대 대왕은 세 번 생각하옵소서. 〔 〕
뒤 後ㅣ뉘우칠 悔ㅣ없을 莫ㅣ미칠 及	

⑤ 호랑이를 타고 달리는 형세라는 뜻으로, 이미 시작한 일을 중도에서 그만둘 수 없는 경우를 이름.

★ 속담 관련

16 **계란유골**	〈교과〉 우산을 가지고 출근하면 해가 쨍쨍하고 우산을 안 가지고 나가면 장대비가 쏟아지니 계란유골이 따로 없네. 〔 〕
닭 鷄ㅣ알 卵ㅣ있을 有ㅣ뼈 骨	

① 하나를 듣고 열 가지를 미루어 안다는 뜻으로, 지극히 총명함을 이름.

17 **등하불명**	〈교과〉 등하불명이라더니 전쟁통에 잃어버린 어머니가 이웃 마을에 사시는 줄도 모르고 평생을 찾아다녔네. 〔 〕
등잔 燈ㅣ아래 下ㅣ아닐 不ㅣ밝을 明	

② 등잔 밑이 어둡다는 뜻으로, 가까이에 있는 물건이나 사람을 잘 찾지 못함을 이름.

18 **문일지십**	〈교과〉 길동은 총명하기가 보통이 넘어 문일지십하는 재주가 있어 공이 더욱 귀여워하였다. 〔 〕
들을 聞ㅣ하나 一ㅣ알 知ㅣ열 十	

③ 맑게 갠 하늘에서 치는 날벼락이라는 뜻으로, 뜻밖에 일어난 큰 변고나 사건을 이름.

19 **오비이락**	〈교과〉 교실 도난 사건이 발생하던 날, 오비이락으로 하필 영순이가 마지막으로 퇴실하여 의심을 받고 있다. 〔 〕
까마귀 烏ㅣ날 飛ㅣ배나무 梨ㅣ떨어질 落	

④ 달걀에도 뼈가 있다는 뜻으로, 운수가 나쁜 사람은 모처럼 좋은 기회를 만나도 역시 일이 잘 안됨을 이름.

20 **청천벽력**	〈학평〉 토끼 이 말을 들으며 청천벽력이 머리를 깨치는 듯 정신이 아득하여 생각하되 '내 부질없이 영화 부귀를 탐내어 고향을 버리고 오매 어찌 이 외의 변이 없을소냐.' 〔 〕
푸를 靑ㅣ하늘 天ㅣ벼락 霹ㅣ벼락 靂	

⑤ 까마귀 날자 배 떨어진다는 뜻으로, 아무 관계도 없이 한 일이 공교롭게도 때가 같아 억울하게 의심을 받거나 난처한 위치에 서게 됨을 이름.

· 뜻풀이로 **체크하기** ·

01 ~ 04 다음 뜻풀이에 해당하는 한자 성어를 말상자에서 찾아 표시하시오.

등	검	인	견	양	배
하	발	망	연	자	실
불	문	가	지	택	등
명	견	건	곤	일	척
부	지	불	식	소	불
초	미	지	급	화	명

01 둘 중에서 하나를 고름.

02 묻지 아니하여도 알 수 있음.

03 등잔 밑이 어둡다는 뜻으로, 가까이에 있는 물건이나 사람을 잘 찾지 못함을 이름.

04 천하를 두고 한번에 모든 것을 건다는 뜻으로, 운명을 걸고 단판걸이로 승패를 겨룸을 이름.

05 ~ 09 다음 빈칸에 들어갈 알맞은 말을 〈보기〉에서 찾아 쓰시오.

— ● 보기 ● —
기회   모기
방해   사흘   정신

05 망연자실: 멍하니 (   )을/를 잃음.

06 호사다마: 좋은 일에는 흔히 (   )되는 일이 많음. 또는 그런 일이 많이 생김.

07 견문발검: (   )을/를 보고 칼을 뺀다는 뜻으로, 사소한 일에 크게 성내어 덤빔을 이름.

08 작심삼일: 단단히 먹은 마음이 (   )을/를 가지 못한다는 뜻으로, 결심이 굳지 못함을 이름.

09 계란유골: 달걀에도 뼈가 있다는 뜻으로, 운수가 나쁜 사람은 모처럼 좋은 (   )을/를 만나도 역시 일이 잘 안됨을 이름.

· 문장으로 **체크하기** ·

10 ~ 13 다음 문맥에 알맞은 한자 성어를 고르시오.

10 교과 (건곤일척 | 화룡점정)이라고 글의 결정적인 대목에서 단어 하나가 아주 큰 작용을 한다.

11 교과 정경 유착의 비리를 수사 중인 검찰은 (기호지세 | 오비이락)(으)로 100일째 수사를 이어 나가고 있다.

12 교과 교통사고로 주연 배우가 입원했다는 (과유불급 | 청천벽력) 같은 소식에 촬영을 준비하던 드라마 제작진은 모두 넋을 잃었다.

13 수능 공이 자기가 한 일을 돌아본즉 도리어 허탄한지라. (선견지명 | 후회막급)이나 어찌할 바를 몰라 방황하다가 다음날 산곡으로 들어가니 심산궁곡에 갈 길은 끊어지고 물을 곳은 전혀 없었다.

14 ~ 18 다음 상황과 의미가 통하는 한자 성어를 〈보기〉에서 찾아 쓰시오.

— ● 보기 ● —
과유불급   교각살우
목불인견   문일지십   선견지명

14 교과 오성과 한음은 하나를 들으면 열을 깨치는 뛰어난 아이들이었다.
□□□□

15 교과 나트륨을 과다 섭취할 경우 고혈압뿐만 아니라 심장병, 위염 등의 증상에 시달릴 수 있다.
□□□□

16 교과 주민들은 지난밤에 비가 많이 내리자 둑 붕괴가 염려되어 둑에 방수포를 덮었고 이 행동으로 주민들은 큰 피해를 입지 않았다.
□□□□

17 교과 체육 특기생 제도에 대한 근본적인 고민 없이 실태 적발에만 치중하게 되면 대학 체육 자체가 무너지는 결과를 낳을 것이라는 우려가 있다.
□□□□

18 교과 승상이 "내가 너를 죽이고 낸들 어찌 살겠느냐? 너를 죽이고 나도 따르리라."라며 월선의 머리를 잡아 엎치니, 월선이 엎드러지는 거동을 차마 보지 못할 지경이었다.
□□□□

01 〈보기〉의 내용과 관련이 있는 한자 성어로 가장 적절한
것은?   상황에 맞는 한자 성어 찾기

> ● 보기 ●
>
> 한 가지 분명한 것은 이익을 한꺼번에 많이 얻으려고 하면 화
> 근이 깊어지고, 결과를 빨리 보려고 하면 도리어 실패가 빠르다
> 는 사실일세. 그러니 나는 자네를 따르지 않겠네.
>
> – 강희맹, 〈승목설〉

① 부지불식(不知不識)   ② 양자택일(兩者擇一)
③ 작심삼일(作心三日)   ④ 견문발검(見蚊拔劍)
⑤ 과유불급(過猶不及)

02 짝을 이룬 한자 성어와 속담의 의미가 서로 부합하지
않는 것은?   속담에 맞는 한자 성어 찾기

① 등하불명(燈下不明) – 등잔 밑이 어둡다
② 계란유골(鷄卵有骨) – 달걀에도 뼈가 있다
③ 문일지십(聞一知十) – 하나를 듣고 열을 안다
④ 오비이락(烏飛梨落) – 까마귀 날자 배 떨어진다
⑤ 선견지명(先見之明) – 호미로 막을 것을 가래로 막는다

03 〈보기〉의 이야기에서 유래된 한자 성어로 적절한 것은?
                                                        유래에 맞는 한자 성어 찾기

> ● 보기 ●
>
> 장승요라는 유명한 화가가 있었다. 그는 남경의 안락사 주지
> 로부터 용의 벽화를 그려 달라는 부탁을 받는다. 며칠 뒤 암수 두
> 마리의 용이 금방이라도 날아오를 듯한 멋진 벽화가 완성된다.
> 주지는 용의 눈동자를 그리지 않은 장승요에게 눈동자를 그려 달
> 라고 요구한다. 눈동자를 그리면 용이 튀어나와 하늘로 날아갈
> 것이라고 하였으나 주지는 믿지 않는다. 장승요가 용 한 마리에
> 눈동자를 그리자 천둥 번개가 치더니 용이 벽화에서 튀어나와 하
> 늘로 올라가 버린다. 벽화에는 눈동자가 그려지지 않은 용만 그
> 대로 남는다.

① 부지불식(不知不識)   ② 화룡점정(畵龍點睛)
③ 기호지세(騎虎之勢)   ④ 문일지십(聞一知十)
⑤ 청천벽력(靑天霹靂)

04 다음 한자 성어의 쓰임이 적절하지 않은 것은?
                                                        한자 성어의 쓰임 이해하기

① 어제 어머니에게 거짓말을 한 것이 후회막급(後悔莫及)
이다.
② 아들이 전사했다는 소식을 들은 학수는 망연자실(茫然
自失)하였다.
③ 흑돌과 백돌이 반상에서 건곤일척(乾坤一擲)의 혈투를
벌이고 있다.
④ 그는 금연을 선언하였으나 얼마 가지 못해 실패하여 호사
다마(好事多魔)였다.
⑤ 굶어 죽은 시체가 이루 다 헤아릴 수 없는 목불인견(目
不忍見)의 참상이었다.

05 〈보기〉의 '소선'의 정서에 부합하는 한자 성어로 가장
적절한 것은?   상황에 맞는 한자 성어 찾기

> ● 보기 ●
>
> 소선은 천성이 본래 효심과 우애가 모두 깊은지라, 평일에 세
> 징의 흉악함이 이 같은 줄을 몰랐더니, 갑자기 이 말을 들으니 벼
> 락이 머리 위에 떨어지는 듯하고, 칼날이 가슴을 에어 내듯 한지
> 라, 당황스럽기 그지없어 능히 대답지 못하고 뱃머리에 엎드려
> 통곡할 뿐이라.
>
> – 서유영, 〈육미당기〉

① 청천벽력(靑天霹靂)   ② 등하불명(燈下不明)
③ 견문발검(見蚊拔劍)   ④ 선견지명(先見之明)
⑤ 불문가지(不問可知)

06 〈보기〉의 이야기에서 유래된 한자 성어로 적절한 것은?
                                                        유래에 맞는 한자 성어 찾기

> ● 보기 ●
>
> 중국 남북조 시대에 북조의 마지막 왕국인 북주의 선제가 죽
> 자 양견이 왕궁으로 들어가 국사를 총괄한다. 양견이 궁중에서
> 한인의 천하를 회복할 기회를 엿보고 있음을 안 그의 아내는 "대
> 사가 이미 벌어졌고 이는 마치 범을 올라탄 형세와 같으니 중도
> 에 내릴 수 없으며, 만약 내린다면 잡아먹히고 말 것이니 끝까지
> 힘쓰십시오."라는 글을 보낸다. 양견은 수나라를 세우고 8년 후
> 천하를 통일한다.

① 교각살우(矯角殺牛)   ② 호사다마(好事多魔)
③ 기호지세(騎虎之勢)   ④ 계란유골(鷄卵有骨)
⑤ 오비이락(烏飛梨落)

09 헷갈리는 어휘

5주 완성

_잘못 쓰기 쉬운 말

※ 헷갈리는 어휘에 대한 풀이와 예문을 읽고 올바른 어휘에 ○표를 하세요.

01 간지르다 vs **간질이다**	(교과) 동생이 자고 있는 언니의 옆구리를 (간지르다 | 간질이다).	'살갗을 문지르거나 건드려 간지럽게 하다.'를 뜻하는 표준어는 '간질이다'임.
02 깡총깡총 vs **깡충깡충**	(교과) 말이 채 끝나기도 전에 정시자는 (깡총깡총 | 깡충깡충) 뛰어 더 앞으로 나오더니 공손한 태도로 차분하게 대답했다.	양성 모음이 음성 모음으로 바뀌어 굳어진 단어는 음성 모음 형태를 표준어로 삼음. (표준어 규정 제8항)
03 녁 vs **녘**	(모평) 말을 마치자 선악 소리 은은하며 오색구름이 (남녁 | 남녘)으로 향하여 가더라.	거센소리를 가진 형태인 '녘'을 표준어로 인정함. 이에 따라 '새벽녘, 해 질 녘, 들녘, 동녘'이 바른 표기임. (표준어 규정 제3항)
04 넝쿨, 덩굴 vs **덩쿨**	(학평) 해룡이 등나무 (넝쿨 | 덩쿨)을 붙들고 들어가니, 오직 호랑이와 표범, 승냥이와 이리의 자취뿐이요, 인적은 아예 없었다.	'넝쿨', '덩굴'만 표준어로 인정하고 '덩쿨'은 표준어로 인정하지 않음. (표준어 규정 제26항)
05 눈곱 vs **눈꼽**	(교과) 눈가는 짓무르고 (눈곱 | 눈꼽)이 끼었으며 취한 척 구역질을 해 대고, 헝클어진 머리로 북상투를 튼 채였다.	'눈에서 나오는 진득진득한 액. 또는 그것이 말라붙은 것'을 뜻하는 표준어는 '눈곱'임.
06 부비다 vs **비비다**	(교과) 더러운 손으로 눈을 (부비면 | 비비면) 눈병에 걸릴 수 있다.	'두 물체를 맞대어 문지르다.'를 뜻하는 표준어는 '비비다'임.
07 설거지 vs **설겆이**	(교과) 나는 (설거지 | 설겆이)를 마친 후 빨래를 개었다.	'먹고 난 뒤의 그릇을 씻어 정리하는 일'을 뜻하는 표준어는 '설거지'임.
08 설레임 vs **설렘**	(교과) 저는 낭자의 글을 받고서 (설레임 | 설렘)과 야릇한 기분에 사로잡혀 있었습니다.	'설레다'의 어간 '설레-'에 명사형 어미 '-ㅁ'이 붙으면 '설렘'의 형태로 활용함.
09 수꿩 vs **숫꿩**	(학평) 목 붉은 (수꿩 | 숫꿩)을 구슬 같은 기름에 구워 내고 / 갓 익은 삼해주를 취하도록 권하거든	수컷을 이르는 접두사는 '수-'로 통일함. 다만 예외적으로 '숫양, 숫염소, 숫쥐'의 접두사는 '숫-'으로 함. (표준어 규정 제7항)
10 우레 vs **우뢰**	(수능) 굵은 (우레 | 우뢰) 잔 벼락은 등 아래서 진동하고 / 성난 고래 동한 용은 물속에서 희롱하니	'우레' 또는 '천둥'이 표준어이고 '우뢰'는 표준어가 아님. (표준어 규정 제26항)
11 왠일 vs **웬일**	(학평) 지게 위에 올려놓은 다음 엎디어 다시 지고 일어나려니 이게 (왠일 | 웬일)일까, 아까 오던 때와는 갑절이나 무거웠다.	'웬, 웬일, 웬걸, 웬만큼, 웬만하다'가 표준어이고, 여기에 '웬' 대신 '왠'을 쓰는 것은 잘못된 것임.

1400

1300

12 **통째** vs **통채**	모평 장자는 바깥 사물에 마음을 (통째 | 통채)로 빼앗겨 자신조차 잊어버리는 고도의 몰입을 대상에 사로잡혀 끌려다니는 꼴에 불과한 것으로 보았다.	'나누지 아니한 덩어리 전부'를 뜻하는 표준어는 '통째'임.
13 **하마터면** vs **하마트면**	수능 내 재주 아니런들 도로랑 귀신 피활손가? (하마터면 | 하마트면) 죽을 뻔하였구나.	'하마트면'은 '조금만 잘못하였더라면. 위험한 상황을 겨우 벗어났을 때에 쓰는 말'을 뜻하는 부사 '하마터면'의 잘못된 말임.
14 **날라가다** vs **날아가다**	수능 피로 가꾼 이삭이 참새로 (날라가고 | 날아가고) / 곰처럼 어린 놈이 북극을 꿈꾸는데	'날아가다[나라가다]'에 'ㄹ'을 덧붙여 발음하거나 표기하는 것은 잘못된 것임.
15 **오랜만** vs **오랫만**	학평 그는 (오랜만 | 오랫만)에 고향을 찾았지만, 낯선 사람들만 있어 실망한다.	'오래간만'의 준말은 '오랜만'임.
16 **생각건대** vs **생각컨대**	모평 작일에 존자 분부하시되, '명일 유시에 안평국 왕자 내게 올 것이니 오는 즉시 아뢰라.' 하시더니, (생각건대 | 생각컨대) 그대를 이르심이라.	'생각하건대'가 줄어들 때는 어간 '생각하-'의 끝음절 '하'가 아주 줄어드는데, 이런 경우 줄어든 대로 적음. (한글 맞춤법 제40항)
17 **익숙지** vs **익숙치**	교과 누가 좋은 옷이나 좀 입으라고 권하면 소매 넓은 옷을 입으면 몸에 (익숙지 | 익숙치)도 않고 새 옷을 입고서는 더러운 짐을 지고 다닐 수 없다고 대답하네.	'익숙하지'가 줄어들 때는 어간 '익숙하-'의 끝음절 '하'가 아주 줄어드는데, 이런 경우 줄어든 대로 적음. 같은 예로 '깨끗지, 넉넉지, 섭섭지' 등이 있음. (한글 맞춤법 제40항)
18 **서슴지** vs **서슴치**	모평 어떤 의뢰인들은 자신의 요구를 강요하는 일까지 (서슴지 | 서슴치) 않아 주인공을 괴롭히기도 한다.	기본형은 '서슴다'로, 흔히 '서슴지' 꼴로 '않다', '말다' 따위의 부정어와 함께 쓰임.
19 **널찍하다** vs **넓직하다**	학평 (널찍한 | 넓직한) 느낌의 가로를 시각적으로 좁힐 수 있는 방법은 무엇인가?	'넓직 + 하다'는 겹받침 'ㄼ'에서 앞의 'ㄹ'만 발음됨. 이처럼 겹받침의 끝소리가 드러나지 않는 경우, 어간의 원형을 밝혀 적지 않음. (한글 맞춤법 제21항)
20 **며칠** vs **몇일**	모평 그는 (며칠 | 몇일)째 방에 틀어박혀 나오지 않는다.	'며칠'은 어원이 분명하지 않은 것은 원형을 밝혀 적지 않는다는 규정에 따라 '몇일'로 적지 않고 소리 나는 대로 적음. (한글 맞춤법 제27항)
21 **백분률** vs **백분율**	교과 나는 내 성적을 (백분률 | 백분율)로 환산하여 장학금을 받을 수 있는지 따져 보았다.	'ㄴ' 받침 뒤에 이어지는 한자 '률'은 '율'로 적음. (한글 맞춤법 제11항)
22 **성공률** vs **성공율**	교과 저 선수는 발이 빨라서 도루 (성공률 | 성공율)이 높다.	'率'은 모음이나 'ㄴ' 받침 뒤에서는 '율'로 적지만, 그 외의 받침 뒤에서는 '성공률'과 같이 '률'로 적음. (한글 맞춤법 제11항)

---

01 ~ 05 제시된 어휘 중 빈칸에 들어갈 알맞은 어휘를 쓰시오.

01 [오랜만 vs 오랫만] '오래간만'의 준말은 (   )임.

02 [설거지 vs 설겆이] '먹고 난 뒤의 그릇을 씻어 정리하는 일'을 뜻하는 표준어는 (   )임.

03 [설레임 vs 설렘] '설레다'의 어간 '설레-'에 명사형 어미 '-ㅁ'이 붙으면 (   )의 형태로 활용함.

04 [간지르다 vs 간질이다] '살갗을 문지르거나 건드려 간지럽게 하다.'를 뜻하는 표준어는 (   )임.

05 [눈곱 vs 눈꼽] '눈에서 나오는 진득진득한 액. 또는 그것이 말라붙은 것'을 뜻하는 표준어는 (   )임.

06 ~ 10 〈보기〉의 ㉠~㉢에 대한 설명으로 적절하면 ○에, 적절하지 않으면 ×에 표시하시오.

┌─── 보기 ───
· ㉠숫꿩은 장끼라고도 한다.
· 아이들은 눈밭에서 ㉡깡충깡충 뛰어놀고 있었다.
· 일이 ㉢익숙지 않아 남들보다 시간이 더 걸린다.
· 손을 맞잡고 머리를 조아리며 우러러보니 ㉣동녘이 밝았다.
· 우주 탐사선이 지구에서 태양계 끝까지 ㉤날라가기 위해서는 일정 속도 이상에 이르러야 한다.
└──────

06 수컷을 이르는 접두사는 '숫-'으로 통일하므로, ㉠은 표준어에 해당한다.   (○, ×)

07 ㉡은 양성 모음이 음성 모음으로 바뀌어 굳어진 단어는 음성 모음 형태를 표준어로 삼은 예에 해당한다.   (○, ×)

08 '익숙하지'가 줄어들 때는 어간 '익숙하-'의 끝음절 '하'가 아주 줄어드는데, 이런 경우 줄어든 대로 ㉢과 같이 적는다.   (○, ×)

09 거센소리를 가진 형태인 '넉'을 표준으로 인정하므로 ㉣은 잘못된 표현이다.   (○, ×)

10 ㉤은 'ㄹ'을 덧붙여 표기한 것을 표준어로 삼은 예에 해당한다.   (○, ×)

---

11 ~ 17 다음 문맥에 올바른 어휘를 고르시오.

11 모평 나는 (서슴지 | 서슴치) 않고 계단을 따라 올라갔다.

12 수능 모두 거친 수풀과 우거진 (넝쿨 | 덩쿨) 사이에 가려지고 묻혀 있었다.

13 교과 나는 가물가물 감기는 눈을 (부비며 | 비비며) 졸린 것을 참고 엄마를 기다렸다.

14 학평 허허 흉악한 놈 다 보겠네! (하마터면 | 하마트면) 집을 다 빼앗길 뻔했구나.

15 학평 자기 자본 순이익률은 당기 순이익을 평균 자기 자본으로 나눈 후 (백분률 | 백분율)로 환산하면 구할 수 있다.

16 학평 원수가 (우레 | 우뢰) 같은 소리를 벽력같이 지르며, "호왕은 나의 임금을 해치 말라." 하는 소리 천지 진동했다.

17 학평 (생각건대 | 생각컨대), 선친께서 나에게 이 나무를 물려 주신 것은 아마도 내가 이 배나무를 본받아 잘못을 고치고 선으로 옮겨 가라는 뜻일 것이다.

18 ~ 22 다음 밑줄 친 어휘를 올바른 표기로 고쳐 쓰시오.

18 교과 할머니께선 몇일 전부터 몸이 편찮으시다고 누워 계셨다.   (   )

19 교과 실업자들이 직업 교육을 받으면 그만큼 재취업 성공율도 높은 것으로 나타났다.   (   )

20 모평 여보 서방님, 내 몸 하나 죽는 것은 설운 마음 없소마는 서방님 이 지경이 왠일이오?   (   )

21 교과 넓직하게 자리 잡은 학교 광장에서는 벌써 개교식이 시작되고 있었다.   (   )

22 모평 한 언어가 소멸한다는 것은 역사적 문서를 소장한 도서관 하나가 통채로 불타 없어지는 것과 비슷하다.   (   )

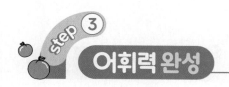

01 〈보기〉의 퀴즈에 대한 정답이 <u>아닌</u> 것은?

올바른 표기 이해하기

보기

[우리말 퀴즈] 다음 중 올바른 표기는 무엇일까요?

㉠ 오늘은 (왠일, 웬일)인지 일찍 왔다.
㉡ 아이가 자꾸 눈을 (비벼, 부벼) 댔다.
㉢ 담쟁이 (덩굴, 덩쿨)들이 뒤얽혀 있다.
㉣ 그는 마음 씀씀이가 (눈꼽, 눈곱)만 하다.
㉤ 바람에 (날라간, 날아간) 모자가 나무에 걸렸다.

① ㉠: 웬일
② ㉡: 비벼
③ ㉢: 덩굴
④ ㉣: 눈곱
⑤ ㉤: 날라간

02 〈보기〉의 규정에 해당하는 어휘의 예로 적절하지 <u>않은</u> 것은?

어문 규범 적용하기

보기

(a) 〈한글 맞춤법〉 제24항: '–거리다'가 붙을 수 있는 시늉말 어근에 '–이다'가 붙어서 된 용언은 그 어근을 밝히어 적음.
(b) 〈표준어 규정〉 제3항: 거센소리를 가진 형태를 표준어로 삼음.
(c) 〈표준어 규정〉 제7항: 수컷을 이르는 접두사는 '수–'로 통일함.
(d) 〈표준어 규정〉 제8항: 양성 모음이 음성 모음으로 바뀌어 굳어진 단어는 음성 모음 형태를 표준어로 삼음.
(e) 〈표준어 규정〉 제26항: 한 가지 의미를 나타내는 형태 몇 가지가 널리 쓰이며 표준어 규정에 맞으면, 모두 표준어로 삼음.

① (a): 간질이다, 깐족이다
② (b): 녘, 끄나풀
③ (c): 수꿩, 수염소
④ (d): 깡충깡충, 보퉁이
⑤ (e): 넝쿨, 덩굴

03 〈보기〉의 규정에 해당하는 어휘의 예로 적절하지 <u>않은</u> 것은?

어문 규범 적용하기

보기

〈한글 맞춤법〉 제5항: 한 단어 안에서 뚜렷한 까닭 없이 나는 된소리는 다음 음절의 첫소리를 된소리로 적음.
  1. 두 모음 사이에서 나는 된소리
  2. 'ㄴ, ㄹ, ㅁ, ㅇ' 받침 뒤에서 나는 된소리

① 어찌, 몽땅
② 소쩍새, 가끔
③ 눈꼽, 발빠닥
④ 거꾸로, 이따금
⑤ 산뜻하다, 움찔

04 다음 문장에서 올바른 표기에 ○표 한 것이 적절하지 <u>않은</u> 것은?

올바른 표기 이해하기

① 생활이 (익숙치, (익숙지)) 않다.
② 거짓말도 ((서슴치), 서슴지) 않는다.
③ 주말에는 내가 ((설거지), 설겆이)를 한다.
④ 귀향길은 언제나 (설레임, (설렘))이 앞선다.
⑤ 돌이켜 ((생각건대), 생각컨대) 정말 잘한 결정이다.

05 〈보기〉의 규정에 해당하는 어휘의 예로 적절하지 <u>않은</u> 것은?

어문 규범 적용하기

보기

(a) 〈한글 맞춤법〉 제10항: 한자음 '녀, 뇨, 뉴, 니'가 단어 첫머리에 올 적에는, 두음 법칙에 따라 '여, 요, 유, 이'로 적음.
(b) 〈한글 맞춤법〉 제11항: 한자음 '랴, 려, 례, 료, 류, 리'가 단어의 첫머리에 올 적에는, 두음 법칙에 따라 '야, 여, 예, 요, 유, 이'로 적음.
(c) [붙임] 단어의 첫머리 이외의 경우에는 본음대로 적되, 다만 모음이나 'ㄴ' 받침 뒤에 이어지는 '렬, 률'은 '열, 율'로 적음.
(d) 〈한글 맞춤법〉 제21항: 명사나 혹은 용언의 어간 뒤에 자음으로 시작된 접미사가 붙어서 된 말은 그 명사나 어간의 원형을 밝히어 적음. 다만 겹받침의 끝소리가 드러나지 아니하는 것은 소리대로 적음.
(e) 〈한글 맞춤법〉 제27항: 둘 이상의 단어가 어울리거나 접두사가 붙어서 이루어진 말은 각각 그 원형을 밝혀 적는데, 어원이 분명하지 않은 것은 원형을 밝혀 적지 않음.

① (a): 연세, 익명
② (b): 성공율, 합격율
③ (c): 실패율, 백분율
④ (d): 널찍하다, 말끔하다
⑤ (e): 꺾꽂이, 며칠

06 다음 문장의 밑줄 친 어휘가 올바르지 <u>않은</u> 것은?

올바른 표기 이해하기

① <u>오랜만</u>에 영화나 볼까?
② <u>몇일</u> 전에도 그를 만났다.
③ <u>하마터면</u> 학교에 지각할 뻔했다.
④ <u>널찍한</u> 대청에 앉아 수박을 먹었다.
⑤ 사내는 노름으로 살림을 <u>통째</u> 들어먹었다.

10 필수 어휘_경제

5주 완성

step 1 어휘력 학습

※ 어휘의 사전적 의미에 해당하는 예문을 찾아 번호를 쓰고 빈칸을 채워 보세요.

01 **수단** 손 手ㅣ구분 段	명 어떤 목적을 이루기 위한 방법. 또는 그 도구. 〔 〕
02 **수월하다**	형 까다롭거나 힘들지 않아 하기가 쉽다. 〔 〕
03 **숱하다**	형 아주 많다. 〔 〕
04 **어림잡다**	동 대강 짐작으로 헤아려 보다. 〔 〕
05 **에누리**	(1) 명 물건값을 받을 값보다 더 많이 부르는 일. 또는 그 물건값. 〔 〕
	(2) 명 값을 깎는 일. 〔 〕

① 교과 인터넷에는 허위 매물 등 □□ 거짓 정보가 떠다닌다.

② 교과 이번 달 매출은 □□□도 지난달보다 2배는 많다.

③ 교과 세상에 □□ 없는 장사가 어디 있나요? □□를 해 주셔야 다음에 또 오지요.

④ 교과 성실하고 정직한 그는 언제나 □□가 없는 정가로 물건을 팔았다.

⑤ 수능 기축 통화는 국제 거래에 결제 □□으로 통용되고 환율을 결정에 기준이 되는 통화이다.

⑥ 학평 생두의 품질이 매년 다양한 이유로 달라지는 상황에서 해당 커피 생두의 가치를 결정하는 가장 □□한 방법은 단연 경매라 할 수 있다.

06 **완충** 느릴 緩ㅣ찌를 衝	명 대립하는 것 사이에서 불화나 충돌을 누그러지게 함. 〔 〕
07 **요긴하다** 중요할 要ㅣ팽팽할 緊 −−	형 꼭 필요하고 중요하다. 〔 〕
08 **윤택하다** 윤택할 潤ㅣ못 澤 −−	형 살림이 풍부하다. 〔 〕
09 **입지** 설 立ㅣ땅 地	명 인간이 경제 활동을 하기 위하여 선택하는 장소. 〔 〕
10 **작심하다** 지을 作ㅣ마음 心 −−	동 마음을 단단히 먹다. 〔 〕

① 모평 상업 광고는 기업은 물론이고 소비자에게도 □□하다.

② 교과 그는 이번에 □□하고 담배를 끊기로 하였다.

③ 모평 사회 계층 중 중간층은 상·하층 사이의 □□ 지대로서, 사회 안정과 발전에 중요한 역할을 한다.

④ 학평 공동체가 함께 가는 현금 없는 사회로의 이행은 현대 사회를 □□하게 하는 새로운 물결이 될 것이다.

⑤ 학평 특정 지역에서 공장에 세금을 추가로 부과한다면 총비용이 증가하게 되어 공장의 □□가 안 좋아진다.

11 **저력** 밑 底ㅣ힘 力	명 속에 간직하고 있는 든든한 힘. 〔 〕
12 **전망** 펼 展ㅣ바랄 望	명 앞날을 헤아려 내다봄. 또는 내다보이는 장래의 상황. 〔 〕
13 **절호** 끊을 絕ㅣ좋을 好	명 무엇을 하기에 기회나 시기 따위가 더할 수 없이 좋음. 〔 〕
14 **정체** 머무를 停ㅣ막힐 滯	명 사물이 발전하거나 나아가지 못하고 한자리에 머물러 그침. 〔 〕
15 **조달하다** 고를 調ㅣ통할 達 −−	동 자금이나 물자 따위를 대어 주다. 〔 〕

① 교과 이번이야말로 우리 팀이 우승을 차지할 수 있는 □□의 기회였다.

② 학평 한 나라의 경제가 갖는 장기적 □□을 측정하기에는 국민 총생산이 더 효과적이다.

③ 모평 지식 재산의 보호가 약할수록 유용한 지식 창출의 유인이 저해되어 지식의 진보가 □□된다.

④ 모평 채권은 정부나 기업이 자금을 □□하기 위해 발행하며 그 가격은 채권이 매매되는 채권 시장에서 결정된다.

⑤ 학평 심각한 경기 침체로 인해 경기 회복에 대한 □□이 불투명할 경우, 경제 주체들은 쉽게 소비를 늘리지 못하거나 투자를 결정하지 못해 돈을 손에 쥐고만 있게 된다.

16	**주안점** 주인 主 | 눈 眼 | 점찍을 點	뗑 특히 중점을 두어 살피는 점. 또는 중심이 되는 목표점.	〔 〕
17	**징수하다** 부를 徵 | 거둘 收 ──	동 나라, 공공 단체, 지주 등이 돈, 곡식, 물품 따위를 거두어들이다.	〔 〕
18	**철회하다** 거둘 撤 | 돌아올 回 ──	동 이미 제출하였던 것이나 주장하였던 것을 다시 회수하거나 번복하다.	〔 〕
19	**체결하다** 맺을 締 | 맺을 結 ──	동 계약이나 조약 따위를 공식적으로 맺다.	〔 〕
20	**추구하다** 쫓을 追 | 구할 求 ──	동 목적을 이룰 때까지 뒤쫓아 구하다.	〔 〕

① 수능 공적 연금 제도는 소득이 있는 국민들을 강제 가입시켜 보험료를 [ ][ ]한다.

② 수능 딱딱한 법에서는 일반적으로 제재보다는 신뢰로써 법적 구속력을 확보하는 데 [ ][ ][ ]이 있다.

③ 모평 지역 경제 발전에는 찬성하지만 소각장이 환경을 오염시킨다며 소각장 유치를 [ ][ ]할 것을 요구했다.

④ 학평 B사가 아직 완성도 되지 않은 'B1'의 공급 계약을 [ ][ ]한 것은 자사가 내린 결정을 변경할 수 없게 만들기 위한 것이군.

⑤ 모평 사회 구성원들이 경제적 이익을 [ ][ ]하는 과정에서 불법 행위를 감행하기 쉬운 상황일수록 이를 억제하는 데에는 금전적 제재 수단이 효과적이다.

21	**충동** 찌를 衝 | 움직일 動	뗑 순간적으로 어떤 행동을 하고 싶은 욕구를 느끼게 하는 마음속의 자극.	〔 〕
22	**침식** 침노할 侵 | 갉아먹을 蝕	뗑 외부의 영향으로 세력이나 범위 따위가 점점 줄어듦.	〔 〕
23	**침체** 잠길 沈 | 막힐 滯	뗑 어떤 현상이나 사물이 진전하지 못하고 제자리에 머무름.	〔 〕
24	**한없다** 한계 限 ──	혱 끝이 없다.	〔 〕
25	**한정** 한계 限 | 정할 定	뗑 수량이나 범위 따위를 제한하여 정함. 또는 그런 한도.	〔 〕

① 교과 외래문화에 의해 전통문화가 [ ][ ]되고 있다.

② 모평 인간의 행동은 경제학에서 가정하는 합리성을 갖추기보다는 때로는 [ ][ ]에 좌우되기도 한다.

③ 모평 생산자가 불만을 갖게 되면 가격이 상승하기 시작한다. 그러나 가격이 [ ][ ][ ] 올라가는 것은 아니다.

④ 학평 소비자들이 [ ][ ]된 비용으로 최대한의 만족을 얻기 위해 노력한 결과가 구독 경제의 확산으로 이어졌다.

⑤ 학평 경기가 [ ][ ]되어 가계의 소비가 줄어들면 시중의 제품이 팔리지 않아 기업은 생산 규모를 축소하게 된다.

26	**허점** 빌 虛 | 점찍을 點	뗑 불충분하거나 허술한 점. 또는 주의가 미치지 못하거나 틈이 생긴 구석.	〔 〕
27	**현혹하다** 아찔할 眩 | 미혹할 惑 ──	동 정신을 빼앗겨 하여야 할 바를 잊어버리다. 또는 그렇게 되게 하다.	〔 〕
28	**혹사** 혹독할 酷 | 부릴 使	뗑 혹독하게 일을 시킴.	〔 〕
29	**회견** 모일 會 | 볼 見	뗑 일정한 절차를 거쳐서 서로 만나 의견이나 견해 따위를 밝힘. 또는 그런 모임.	〔 〕
30	**희박하다** 드물 稀 | 얇을 薄 ──	(1) 혱 감정이나 정신 상태 따위가 부족하거나 약하다.	〔 〕
		(2) 혱 어떤 일이 이루어질 가능성이 적다.	〔 〕

① 교과 그는 기자 [ ][ ]에서 기업의 해외 투자에 관한 많은 질문을 받았다.

② 교과 아직도 임금을 제대로 받지 못한 채 산업 현장에서 [ ][ ]당하는 노동자들이 많다.

③ 교과 인플레이션이 둔화하고 있는 만큼 기준 금리를 추가로 올릴 가능성은 [ ][ ]할 것이다.

④ 모평 법인격 부인론은 주식회사 제도의 [ ][ ]을 악용하지 못하도록 법률의 개정을 통해 도입된 제도이다.

⑤ 모평 가난한 사람일수록 경제 관념이 [ ][ ]하고 소득 창출 능력 또한 떨어지므로 대출금 회수가 쉽지 않다.

⑥ 모평 자본주의 사회에서는 기업이 시장 점유율을 높여 다른 기업과의 경쟁에서 승리하기 위하여 사실에 반하는 광고나 소비자를 [ ][ ]하는 광고를 할 가능성이 높다.

· 뜻풀이로 체크하기 ·

01 ~ 07 다음 빈칸에 들어갈 알맞은 말을 쓰시오.

01 혹사: ☐☐하게 일을 시킴.

02 작심하다: ☐☐을 단단히 먹다.

03 저력: 속에 ☐☐하고 있는 든든한 힘.

04 어림잡다: 대강 ☐☐으로 헤아려 보다.

05 입지: 인간이 ☐☐ 활동을 하기 위하여 선택하는 장소.

06 침식: ☐☐의 영향으로 세력이나 범위 따위가 점점 줄어듦.

07 완충: ☐☐하는 것 사이에서 불화나 충돌을 누그러지게 함.

08 ~ 13 다음 밑줄 친 어휘의 뜻풀이로 알맞은 것을 〈보기〉에서 찾아 기호를 쓰시오.

— 보기 —

㉠ 끝이 없다.
㉡ 아주 많다.
㉢ 목적을 이룰 때까지 뒤쫓아 구하다.
㉣ 앞날을 헤아려 내다봄. 또는 내다보이는 장래의 상황.
㉤ 나라, 공공 단체, 지주 등이 돈, 곡식, 물품 따위를 거두어들이다.
㉥ 이미 제출하였던 것이나 주장하였던 것을 다시 회수하거나 번복하다.

08 교과 외환 위기 시기에 숱한 사람들이 직장에서 해고되었다. ( )

09 수능 이국의 정취가 풍기는 아름다운 거리를 한없이 걸어갔다. ( )

10 모평 악기를 샀는데 마음에 들지 않는다면 제품 하자 여부와 관계없이 청약을 철회할 수 있다. ( )

11 학평 정보화 사회의 폐해는 돌이킬 수 없는 지경이 되어 버렸는데 낙관적 전망만 해서는 안 된다. ( )

12 모평 아도르노의 미학은 예술과 사회의 관계를 통해 예술의 자율성을 추구했다는 점에서 긍정적이다. ( )

13 학평 종량 수거료 제도는 오염 물질의 단위당 수거료를 징수하므로 오염 물질의 배출량을 줄이려는 경제적 유인이 된다. ( )

· 문장으로 체크하기 ·

14 ~ 18 다음 빈칸에 들어갈 알맞은 어휘에 ✓표 하시오.

14 학평 이들은 문명 단계에는 들어갔으나 더 이상의 발전이 없이 ☐☐되고 말았다. ☐정체 ☐현혹

15 수능 귀납이 지닌 논리적 ☐☐을 완전히 극복한 것은 아니라는 비판의 여지가 있다. ☐완충 ☐허점

16 모평 기업은 마케팅 활동의 주요한 ☐☐으로 광고를 적극적으로 이용하여 기업과 상품의 인지도를 높이려 한다. ☐수단 ☐전망

17 교과 어떠한 경우라도 계약을 할 때 계약서 내용을 꼼꼼하게 공부하지 않고 섣불리 ☐☐하는 것은 절대 금물이다. ☐징수 ☐체결

18 학평 과도한 관세는 국제 교역을 감소시켜 국제 무역 시장을 ☐☐시킬 뿐만 아니라, 국제 무역 분쟁을 야기할 소지도 있다. ☐충동 ☐침체

19 ~ 24 다음 빈칸에 들어갈 알맞은 어휘를 〈보기〉의 글자를 조합하여 쓰시오.

— 보기 —

긴	달	동	수	요	월
윤	정	조	충	택	한

19 모평 도시 문명에서 도피하여 전원으로 돌아가고자 하는 마음속 ☐☐을 느끼고 있다.

20 수능 장거리 교역의 상품이 사치품에 ☐☐되지 않고 일상적 물건으로까지 확대되었다.

21 수능 띄어쓰기를 거의 하지 않았던 옛 문헌에서 이러한 부호들은 더욱 ☐☐하게 쓰였다.

22 학평 제 건의를 받아들여 주신다면, 우리 지역에 사시는 어르신들의 삶은 ☐☐해질 겁니다.

23 학평 행사의 규모가 커지면 기관에 협조를 요청하기도 ☐☐해서 더 안전하게 행사를 진행할 수 있다.

24 학평 이 기업에서는 시장 거래를 통해 다른 기업으로부터 모든 부품을 ☐☐하여 제품을 생산할 수도 있다.

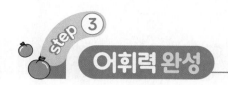

01 〈보기〉의 ⓐ~ⓔ를 사용하여 만든 문장으로 적절하지 않은 것은?

어휘의 쓰임 이해하기

─● 보기 ●─

- 부모님의 ⓐ한없는 헌신이 오늘의 나를 있게 했다.
- 우리나라는 수산업에 유리한 ⓑ입지 조건을 갖추고 있다.
- 그 별장은 ⓒ전망이 탁 트인 고갯마루 아래에 자리 잡고 있다.
- 케인스는 만성적 경기 ⓓ침체의 원인이 소득 감소로 인한 수요의 부족에 있다고 생각했다.
- 광고는 제품을 홍보하는 것에 ⓔ한정한 활동이 아니라 문화 전반에 영향을 미치는 활동이다.

① ⓐ: 그녀는 한없는 집안일에서 벗어나고 싶었다.

② ⓑ: 새 공항 입지가 공표되자 환경 단체들 사이에서 반대가 심했다.

③ ⓒ: 경기가 계속 나빠질지도 모른다는 전망이 나왔다.

④ ⓓ: 한국 경제가 침체의 늪에 빠졌다.

⑤ ⓔ: 이 기업에서는 응시 조건을 군필자로 한정했다.

02 문맥상 〈보기〉의 ⓐ, ⓑ에 들어갈 어휘끼리 바르게 나열한 것은?

어휘의 쓰임 이해하기

─● 보기 ●─

- 채권은 사업에 필요한 자금을 (ⓐ)하기 위해 발행하는 유가 증권이다.
- 공적 연금 제도에서는 국가가 보험료를 (ⓑ)하는 업무를 철저히 집행한다.

① 전망 – 조달

② 정체 – 철회

③ 조달 – 징수

④ 철회 – 추구

⑤ 체결 – 한정

03 문맥상 밑줄 친 어휘의 쓰임이 적절하지 않은 것은?

어휘의 쓰임 이해하기

① 제품이 광고 내용과 다를 경우, 청약을 철회할 수 있다.

② 분단된 남과 북은 그 중간 지점에 완충 역할을 하는 비무장 지대가 있다.

③ 보험 가입자는 반드시 계약을 체결하기 전에 '중요한 사항'을 알려야 한다.

④ 국제법은 위반에 대한 제재를 통해 효력을 확보하는 데 주안점을 두고 있다.

⑤ 캄피돌리오 광장의 구성은 기하학적 도형들이 조합되어 정체된 조형미를 표현하고 있다.

04 〈보기〉의 빈칸에 들어갈 어휘와 의미의 연결이 바르지 않은 것은?

어휘의 의미와 쓰임 이해하기

─● 보기 ●─

ᄀ 편지는 당시 여성들의 일반적인 통신 (　　　)이었다.

ᄂ 그는 자신의 이익만을 (　　　)하는 기회주의적인 인물이다.

ᄃ 사이렌 소리가 들리자 밖을 보고 싶은 (　　　)이 불현듯 일었다.

ᄅ 한 나라의 경제가 갖는 장기적 (　　　)은 국민 총생산으로 측정한다.

ᄆ 창고에는 해마다 곡식이 쌓이고 집집마다 생활이 (　　　)하여 사람들은 이때를 태평성세라고 일컬었다.

① ᄀ: 수단(手段) – 어떤 목적을 이루기 위한 방법. 또는 그 도구.

② ᄂ: 추구(追求) – 목적을 이룰 때까지 뒤좇아 구함.

③ ᄃ: 충동(衝動) – 순간적으로 어떤 행동을 하고 싶은 욕구를 느끼게 하는 마음속의 자극.

④ ᄅ: 저력(底力) – 속에 간직하고 있는 든든한 힘.

⑤ ᄆ: 윤택(潤澤) – 광택에 윤기가 있음.

05 다음 한자 성어의 뜻풀이에서 ᄀ과 ᄂ에 들어갈 말이 바르게 나열된 것은?

한자 성어의 뜻풀이에 맞는 어휘 찾기

─● 보기 ●─

- 여단수족(如斷手足): 손발이 잘린 것과 같다는 뜻으로, (ᄀ) 사람이나 물건이 없어져 몹시 아쉬움을 이름.
- 언무이가(言無二價): 두 가지 값을 부르지 아니한다는 뜻으로, 물건값을 (ᄂ)하지 아니함을 이름.

① 숱한 – 절호

② 수월한 – 윤택

③ 작심한 – 침식

④ 체결한 – 혹사

⑤ 요긴한 – 에누리

06 문맥상 밑줄 친 어휘와 바꿔 쓰기에 적절하지 않은 것은?

적절한 어휘로 바꿔 쓰기

① 그가 이번 선거에서 이길 확률이 희박하다. → 희한하다

② 글자가 커서 분간하여 익히기가 수월하였다. → 쉬웠다

③ 이 숱한 원한을 어디에도 호소할 데가 없구나. → 많은

④ 여기서 학교까지는 어림잡아 1km 정도 된다. → 겉잡아

⑤ 그는 이번만큼은 자신의 뜻을 굽히지 않겠다고 작심하였다. → 결심하였다

11 개념어_문법

5주 완성

★ 단어의 형성

01 형태소	뜻을 가진 가장 작은 말의 단위. 홀로 쓰일 수 있는지 여부에 따라 자립 형태소와 의존 형태소로 구분되고, 실질적 의미를 갖는지 여부에 따라 실질 형태소와 형식 형태소로 구분됨.	교과 아기가 새 옷을 입었다. • 자립 형태소: 아기, 새, 옷 • 의존 형태소: 가, 을, 입-, -었-, -다 • 실질 형태소: 아기, 새, 옷, 입- • 형식 형태소: 가, 을, -었-, -다

02 어근	단어를 형성할 때 실질적인 의미를 나타내는 중심 부분.	학평 군- + 소리 → 군소리
		      어근
		교과 지우- + -개 → 지우개
		      어근

03 접사	어근에 붙어 그 뜻을 제한하는 주변 부분.	모평 뒤- + 섞다 → 뒤섞다
		      접두사
		학평 멋 + -쟁이 → 멋쟁이
		          접미사

04 단일어	하나의 어근으로 이루어진 단어.	교과 하늘, 바다, 구름, 막다 등
05 파생어	어근에 파생 접사가 붙어 이루어진 단어.	모평 헛- + 기침 → 헛기침 모평 넓- + -이 → 넓이
06 합성어	두 개 이상의 어근이 결합되어 이루어진 단어.	모평 민물 + 고기 → 민물고기 모평 오-(오다) + 가다 → 오가다

★ 음운의 체계

07 음운	말의 뜻을 구별해 주는 소리의 가장 작은 단위. 자음, 모음, 소리의 길이 등이 있음.	교과 • 물, 불, 풀: 자음 'ㅁ', 'ㅂ', 'ㅍ'으로 인해 말의 뜻이 달라짐. • 달, 돌, 둘: 모음 'ㅏ', 'ㅗ', 'ㅜ'로 인해 말의 뜻이 달라짐. • 말:[言], 말[馬]: 소리의 길이에 따라 말의 뜻이 달라짐.
08 자음	폐에서 나오는 공기의 흐름이 목구멍, 혀, 입 등 발음 기관의 방해를 받아 만들어지는 소리. 홀로 소리 날 수 없고 모음과 결합해야 소리가 남.	수능 표음 문자는 음절 전체를 하나의 글자로 나타낸 음절 문자와, 더 나아가 자음과 모음 각각을 글자로 나타낸 음운 문자로 다시 나뉜다.
09 조음 위치	자음이 만들어질 때 공기의 흐름이 방해를 받는 위치.	교과 자음은 조음 위치에 따라 입술소리, 잇몸소리, 센입 천장소리, 여린입천장소리, 목청소리로 나뉜다.
10 조음 방법	자음이 만들어질 때 공기의 흐름이 방해를 받는 방법. 자음은 조음 방법에 따라 파열음, 파찰음, 마찰음, 비음, 유음으로 나뉨.	모평 'ㄷ'은 혀끝을 윗잇몸 근처에 대어 공기의 흐름을 일단 막았다가 터뜨리듯 엶으로써 내는 파열음이다. 여기서 '혀끝-윗잇몸'은 이 자음의 조음 위치가 되고 '공기의 흐름을 막았다가 터뜨리듯 엶'은 조음 방법이 된다.
11 모음	폐에서 나오는 공기의 흐름이 발음 기관의 방해를 받지 않고 나는 소리. 자음과 달리 홀로 소리 날 수 있음.	수능 국어에서 음절의 핵은 언제나 모음이고, 그 앞과 뒤에 자음이 하나씩 올 수도 있으므로, 국어의 음절 구조는 '(자음) + 모음 + (자음)'이 된다.
12 단모음과 이중 모음	발음하는 동안 혀의 위치나 입술 모양이 달라지지 않는 것은 단모음이고, 달라지는 것은 이중 모음임. 단모음은 혀의 위치에 따라 전설 모음과 후설 모음, 입술 모양에 따라 평순 모음과 원순 모음, 혀의 높이에 따라 고모음, 중모음, 저모음으로 나뉨.	교과 • 단모음: ㅏ, ㅐ, ㅓ, ㅔ, ㅗ, ㅚ, ㅜ, ㅟ, ㅡ, ㅣ (총 10개) • 이중 모음: ㅑ, ㅕ, ㅛ, ㅠ, ㅒ, ㅖ, ㅢ, ㅘ, ㅙ, ㅝ, ㅞ (총 11개)

★ 음운의 변동 – 교체

13 음절의 끝소리 규칙	음절의 끝에서 'ㄱ, ㄴ, ㄷ, ㄹ, ㅁ, ㅂ, ㅇ'의 7개 자음 중 하나로만 발음되는 현상.	교과 한낮 → [한낟], 키읔 → [키윽], 잎 → [입]
14 비음화	비음이 아닌 자음이 비음의 영향을 받아 비음 [ㄴ, ㅁ, ㅇ]으로 발음되는 현상.	교과 밥물 → [밤물], 백로 → [뱅노] 모평 뽑느라 → [뽐느라]
15 유음화	비음 'ㄴ'이 유음 'ㄹ'의 앞뒤에서 [ㄹ]로 발음되는 현상.	모평 설날 → [설랄], 칼날 → [칼랄]
16 구개음화	받침 'ㄷ, ㅌ'이 모음 'ㅣ'나 반모음 'ĭ'로 시작하는 형식 형태소를 만나 경구개음(센입천장소리)인 [ㅈ], [ㅊ]으로 발음되는 현상.	학평 '해돋이'가 [해도지]로 발음되는 것이 구개음화에 해당한다. 이는 동화 결과로 조음 위치와 조음 방식이 모두 바뀌는 현상이다.
17 된소리되기	예사소리가 된소리로 바뀌는 현상으로, 경음화라고도 함.	모평 '국'과 '밥'이 결합한 '국밥'은 된소리되기가 적용되어 늘 [국빱]으로 발음되지만, 우리는 이것을 '빱'이 아니라 '밥'과 관련된 것으로 인식한다.

★ 음운의 변동 – 탈락

18 자음군 단순화	음절 끝에 겹받침이 올 때, 겹받침의 두 자음 중 하나가 탈락하는 현상.	교과 삶 → [삼], 여덟 → [여덜], 닭 → [닥]
19 'ㄹ' 탈락	용언의 활용이나 합성어 및 파생어의 형성 과정에서 'ㄹ'이 탈락하는 현상.	모평 둥글- + -ㄴ → 둥근 수능 놀- + -시- + -다 → 노시다
20 'ㅎ' 탈락	어간 끝소리 'ㅎ'이 모음으로 시작하는 어미나 접미사 앞에서 탈락하는 현상.	교과 넣- + -어 → [너어] 모평 쌓- + -이다 → [싸이다]
21 'ㅏ, ㅓ' 탈락	'ㅏ, ㅓ'로 끝나는 어간이 '-아 / -어'로 시작하는 어미와 결합할 때, 연속되는 동일한 모음 'ㅏ, ㅓ' 중 하나가 탈락하는 현상.	교과 가- + - 아서 → 가서 교과 건너- + -어서 → 건너서
22 'ㅡ' 탈락	어간 말 모음 'ㅡ'가 모음으로 시작하는 어미 앞에서 탈락하는 현상.	수능 담그- + - 아도 → 담가도 모평 끄- + -어 → 꺼

★ 음운의 변동 – 첨가, 축약

23 'ㄴ' 첨가	합성어 및 파생어에서 앞말이 자음으로 끝나고 뒷말이 모음 'ㅣ'나 반모음 'ĭ'로 시작할 때 'ㄴ'이 새로 생기는 현상.	학평 한- + 여름 → 한여름 [한녀름] 교과 솜 + 이불 → 솜이불 [솜니불]
24 자음 축약	예사소리 'ㄱ, ㄷ, ㅂ, ㅈ'이 'ㅎ'과 결합하여 거센소리 'ㅋ, ㅌ, ㅍ, ㅊ'으로 줄어드는 현상.	수능 꽂힌 [꼬친], 않고 [안코]

01 ~ 04 다음 자음 체계표를 참고하여 설명이 적절하면 ○에, 적절하지 않으면 ×에 표시하시오.

조음 위치 / 조음 방법		입술 소리	잇몸 소리	센입천 장소리	여린입 천장 소리	목청 소리
안울림 소리	파열음	ㅂ, ㅃ, ㅍ	ㄷ, ㄸ, ㅌ		ㄱ, ㄲ, ㅋ	
	파찰음			ㅈ, ㅉ, ㅊ		
	마찰음		ㅅ, ㅆ			ㅎ
울림 소리	비음	ㅁ	ㄴ		ㅇ	
	유음		ㄹ			

01 'ㅁ, ㄴ, ㅇ'의 조음 위치는 코안이다. (○, ×)

02 'ㄱ, ㄷ, ㅂ'은 조음 위치는 서로 다르나 조음 방법은 유사하다. (○, ×)

03 'ㅎ'은 목청의 좁은 틈 사이로 공기를 내보내 마찰을 일으키며 소리가 난다. (○, ×)

04 자음 중 울림소리는 홀로 소리 날 수 있으나, 안울림 소리는 홀로 소리 날 수 없다. (○, ×)

05 ~ 09 단어의 형성과 관련하여 〈보기〉에 대한 설명이 적절하면 ○에, 적절하지 않으면 ×에 표시하시오.

> ● 보기 ●
> 꽃잎   놀이   덮밥   맨발   우리   크다
> 민들레   비웃음   뛰어오르다   어른스럽다

05 〈보기〉에서 단일어는 '놀이, 우리, 민들레'이다. (○, ×)

06 〈보기〉에서 합성어는 3개이고 파생어는 4개이다. (○, ×)

07 '비웃음'은 접두사 '비-'와 어근 '웃음'이 결합하여 만들어진 파생어이다. (○, ×)

08 '덮밥'은 용언의 어간 '덮-'에 명사 '밥'이 결합하여 만들어진 합성어이다. (○, ×)

09 '맨발'은 어근의 앞에 접사가 붙은 것이고, '어른스럽다'는 어근의 뒤에 접사가 붙은 것이다. (○, ×)

10 ~ 20 다음 밑줄 친 부분에 해당하는 음운 변동을 〈보기〉에서 찾아 기호를 쓰시오.

> ● 보기 ●
> ㉠ 비음화   ㉡ 유음화
> ㉢ 'ㄴ' 첨가   ㉣ 'ㄹ' 탈락
> ㉤ 'ㅎ' 탈락   ㉥ 'ㅡ' 탈락
> ㉦ 구개음화   ㉧ 자음 축약
> ㉨ 된소리되기   ㉩ 자음군 단순화
> ㉪ 음절의 끝소리 규칙

10 지금 음악 듣는[든는] 중이야. ( )

11 세월이 물과 같이[가치] 흐른다. ( )

12 형은 동생에게 업히라고[어피라고] 했다. ( )

13 민재는 국수[국쑤] 요리를 제일 좋아한다. ( )

14 종이 치면 학생들은 자리에 앉는다[안는다]. ( )

15 앞[압] 세대의 누적된 경험을 존중해야 한다. ( )

16 언니는 김치를 담가[담가] 할머니 댁에 보냈다. ( )

17 그는 권력[궐력] 남용으로 수사를 받고 있는 중이다. ( )

18 날이 추워지자 홑이불에서 솜이불[솜니불]로 바꾸었다. ( )

19 경험이 쌓인[싸인] 만큼 상황에 대해 이해의 폭이 넓어졌다. ( )

20 내가 사는[사는] 곳은 지하철역과 멀어서 등교하기 불편하다. ( )

21 ~ 24 다음 문장의 형태소를 분석하여 분류하시오.

> 하늘을 보니 먹구름이 잔뜩 끼었다.

21 자립 형태소 : _____

22 의존 형태소 : _____

23 실질 형태소 : _____

24 형식 형태소 : _____

01 다음 표를 참고하여 〈보기〉의 질문에 대해 설명한 내용으로 적절한 것은?

자음의 조음 위치와 조음 방법 이해하기

조음 위치 〱 조음 방법	입술소리	잇몸소리	여린입천장소리
파열음	ㅂ	ㄷ	ㄱ
비음	ㅁ	ㄴ	ㅇ

▶ 보기 ◀

'입는'은 두 자음이 만나 [임는]으로 발음되는데, 조음 위치와 조음 방법 중 무엇이 바뀐 것일까?

① 앞 자음의 조음 방법이 변했다.
② 뒤 자음의 조음 방법이 변했다.
③ 두 자음의 조음 방법이 변했다.
④ 앞 자음의 조음 위치가 변했다.
⑤ 뒤 자음의 조음 위치가 변했다.

02 다음 표를 참고할 때 '베'와 '배'의 올바른 발음을 설명한 내용으로 가장 적절한 것은?

단모음 체계 이해하기

혀의 위치 〱 입술 모양 〱 혀의 높이	전설 모음		후설 모음	
	평순 모음	원순 모음	평순 모음	원순 모음
고모음	ㅣ	ㅟ	ㅡ	ㅜ
중모음	ㅔ	ㅚ	ㅓ	ㅗ
저모음	ㅐ		ㅏ	

① '베'를 발음할 때는 '배'와 달리 입술을 동그랗게 오므려야 해.
② '베'를 발음할 때는 '배'와 달리 혀의 최고점이 앞쪽에 위치해야 해.
③ '베'를 발음할 때는 '배'와 달리 발음 도중에 입술과 혀를 움직이지 말아야 해.
④ '배'를 발음할 때는 '베'에 비해 입을 더 크게 벌리고 혀의 높이를 낮춰야 해.
⑤ '배'를 발음할 때는 '베'에 비해 입술을 평평하게 하고 혀의 최고점이 뒤쪽에 위치해야 해.

03 〈보기〉의 활동 과제를 수행한 결과로 가장 적절한 것은?

음운의 변동 이해하기

▶ 보기 ◀

[활동 과제] 아래에 제시된 음운 변동의 유형 '교체, 탈락, 첨가, 축약'에 해당하는 사례를 찾아보자.

ⓐ 교체: 한 음운이 다른 음운으로 바뀌는 현상
ⓑ 탈락: 한 음운이 없어지는 현상
ⓒ 첨가: 없던 음운이 새로 생기는 현상
ⓓ 축약: 두 음운이 합쳐져 하나의 새로운 음운으로 줄어드는 현상

① '국물[궁물]'은 비음화로 인한 '축약'의 사례이다.
② '굳이[구지]'는 구개음화로 인한 '탈락'의 사례이다.
③ '약밥[약빱]'은 된소리되기로 인한 '첨가'의 사례이다.
④ '놓지[노치]'는 거센소리되기로 인한 '교체'의 사례이다.
⑤ '꽃[꼳]'은 음절의 끝소리 규칙에 따른 '교체'의 사례이다.

04 〈보기〉의 (가), (나)를 중심으로 음운의 변동을 이해한 내용으로 적절한 것은?

음운의 변동 이해하기

▶ 보기 ◀

국어의 음운의 변동에는 교체, 탈락, 첨가, 축약이 있는데, 이 중에는 음절의 종성과 관련된 것이 있다.

(가) 음절의 끝에 'ㄲ, ㅋ', 'ㅅ, ㅆ, ㅈ, ㅊ, ㅌ', 'ㅍ'이 올 경우, 각각 'ㄱ', 'ㄷ', 'ㅂ'으로 교체된다.
(나) 음절 끝에 자음군이 올 경우, 한 자음이 탈락한다.

① '꽂힌[꼬친]'은 (가)에 해당하는 음운 변동이 나타난다.
② '몫이[목씨]'는 (나)에 해당하는 음운 변동이 나타난다.
③ '비옷[비옫]'은 (나)에 해당하는 음운 변동이 나타난다.
④ '않고[안코]'는 (가), (나) 모두에 해당하는 음운 변동이 나타난다.
⑤ '읊고[읍꼬]'는 (가), (나) 모두에 해당하는 음운 변동이 나타난다.

배경지식 용어_ 사회·경제

★ 법

01 민사 소송	사법 기관이 개인의 요구에 따라 사법적인 권리관계의 다툼을 해결하고 조정하기 위하여 행하는 재판 절차이다. 소송을 제기하는 자를 '원고', 그 상대방을 '피고'라 한다.	수능 민사 소송에서 판결에 대하여 상소, 곧 항소나 상고가 그 기간 안에 제기되지 않아서 사안이 종결되든가, 그 사안에 대해 대법원에서 최종 판결이 선고되든가 하면, 이제 더 이상 그 일을 다툴 길이 없어진다.
02 형사 소송	형벌 법규를 위반한 사람에게 형벌을 부과하기 위한 재판 절차를 말한다. 유죄 판결을 요구하는 검사와 방어하는 입장의 피고인이 대립하고, 제삼자인 법원이 판단한다. 이때 유무죄 여부와 형량 등이 결정된다.	교과 형사 소송은 살인, 상해, 폭행, 성범죄 등 각종 범죄를 저지른 사람에게 국가의 형벌권을 실현하는 절차이며 '고소 또는 수사 기관의 인지 – 수사 기관의 조사 – 기소 – 법원의 재판 – 판결 선고'의 과정으로 이뤄진다.
03 특허권	발명에 대한 정보의 소유자가 특허 출원 및 담당 관청의 심사를 통하여 획득한 특허를 일정 기간 독점적으로 사용할 수 있는 법률상 권리를 말한다. 출원 공고일부터 20년간 유지된다.	모평 사람들의 지속적인 압력과 설득으로 톨벗은 1852년에 초상 사진 영역을 제외하고 칼로타입의 특허권을 포기했다.
04 국민 참여 재판	일반 국민이 형사 재판에 배심원으로 참여하여 법정 공방을 지켜본 후 피고인의 유무죄에 대한 판단을 내리고 적정한 형을 제시하면, 재판부가 이를 참고하여 판결을 선고하는 제도이다.	학평 「국민의 형사 재판 참여에 관한 법률」에 규정된 범죄 중 피고인이 신청하는 경우에 한해 진행되며, 피고인이 원한다 하더라도 적절하지 않다고 판단되는 경우 법원은 국민 참여 재판으로 진행하지 않을 수 있다.
05 배심원	법률 전문가가 아닌 일반 국민 가운데 선출되어 판결에 필요한 사실 관계 및 법률관계를 조사하거나 재판에 참여하고 사실 인정에 대하여 판단을 내리는 사람을 말한다.	학평 배심원 및 예비 배심원 선정이 종결되면, 이들은 재판부와 함께 증거 조사를 지켜보게 된다.
06 기피 신청	법관, 법원 직원 등이 한쪽 소송 관계인과 특수한 관계에 있거나 어떤 사정으로 불공평한 재판을 할 염려가 있다고 여겨질 때, 다른 쪽 소송 당사자가 그 법관이나 직원의 직무 집행을 거부하고 변경을 신청하는 일이다.	학평 기피 신청에는 기피 이유를 제시하고 기피 여부를 재판부가 판단하는 '이유부 기피 신청'과 기피 이유를 제시하지 않아도 재판부에서 무조건 기피 신청을 받아들여야 하는 '무이유부 기피 신청'이 있다.

★ 조세

07 조세	국가의 재정을 마련하기 위해 경제 주체인 기업과 국민들로부터 거두어들이는 돈으로, 국세와 지방세가 있다.	학평 백성을 대상으로 한 교육 제도, 관료의 횡포를 견제하는 감찰제도, 민생 안정을 위한 조세 및 복지 제도, 백성의 민원을 수렴하는 소원 제도 등은 백성을 위한 정책이 구현된 사례라 할 수 있다.
08 조세의 편익 원칙	조세를 통해 제공되는 도로나 가로등과 같은 공공재를 소비함으로써 얻는 편익이 클수록 더 많은 세금을 부담해야 한다는 것이다.	교과 조세의 편익 원칙에서는 정부와 세금을 내는 사람의 관계를 기본적으로 대가에 기초한다고 여긴다.
09 조세의 능력 원칙	개인의 소득이나 재산 등을 고려한 세금 부담 능력에 따라 세금을 내야 한다는 것이다. 소득이 높거나 재산이 많을수록 세금을 많이 내야 한다는 원칙인 '수직적 공평'과 소득이나 재산이 같을 경우 세금도 같게 부담해야 한다는 원칙인 '수평적 공평'으로 나뉜다.	교과 조세의 능력 원칙에서는 더 많은 조세를 납부할 수 있는 능력을 갖고 있는 사람에게 더 많은 조세를 부과해야 함을 원칙으로 한다. 일반적으로 저소득층보다 고소득층에 더 많은 조세를 부과해야 한다는 것이다.
10 디지털세	온라인 · 모바일 플랫폼 기업의 자국 내 디지털 매출에 법인세와는 별도로 부과하는 세금이다. IT 기업이 세율이 낮은 나라에 본사를 세우고 수익을 얻는 국가에는 세금을 거의 내지 않아, 세금을 부과하기 위해 마련되었다.	모평 일부 국가에서는 정보 통신 기술(ICT) 다국적 기업에 대해 디지털세 도입을 진행 중이다.

★ 경제 기초 용어

어휘 1411개 달성! 1400

11 재화	인간 생활에 효용을 주는 유형의 상품이다. 공급이 거의 무한이어서 매매 또는 점유의 대상이 되지 않는 것은 '자유재'이고, 공급이 수요에 대하여 상대적으로 제한되어 점유나 매매의 대상이 되는 것은 '경제재'이다.	모평 법인세는 국가가 기업으로부터 걷는 세금 중 가장 중요한 것으로, 재화나 서비스의 판매 등을 통해 거둔 수입에서 제반 비용을 제외하고 남은 이윤에 대해 부과하는 세금이라 할 수 있다.
12 효용	소비자가 상품을 소비함으로써 얻는 만족감으로, 어떤 경제재에 대한 소비자의 평가를 나타낸다.	교과 효용은 주관적이고 비례적인 개념으로 같은 재화나 서비스라도 사람마다 다르게 느낄 수 있고, 양이나 상황에 따라서도 달라질 수 있다.
13 잉여	제품을 소비하거나 판매함으로써 얻는 이득이다. 소비자가 어떤 재화를 구입할 때 지불할 용의가 있는 가격과 실제 지불한 가격의 차이를 '소비자 잉여'라고 하고, 생산자가 어떤 재화를 판매할 때 실제 판매한 가격과 판매할 용의가 있는 가격의 차이를 '생산자 잉여'라고 한다.	학평 재화의 가격 변화로 수요량과 공급량이 달라지면 소비자 잉여와 생산자 잉여에도 변화가 생기게 된다.
14 물가	시장에서 거래되는 개별 상품의 가격을 종합해 평균한 것이다. 물가 변동은 전반적인 상품의 가격 변동을 나타낸다.	학평 특정 수준의 물가 유지를 공약한 정부는 오랫동안 경기 침체를 겪게 될 경우, 화폐의 유통량을 확대하여 경기 부양을 하고 싶을 것이다.
15 가격 탄력성	상품의 가격이 달라질 때 그 수요량이나 공급량이 변화하는 정도를 말한다.	학평 가격 변동에 민감해서 수요의 가격 탄력성이 큰 그룹에는 상대적으로 낮은 가격을, 가격 변동에 덜 민감해서 수요의 가격 탄력성이 작은 그룹에는 상대적으로 높은 가격을 매긴다.
16 가격 경직성	수요나 공급이 초과되어 가격 변동의 여건이 되었는데도 변동이 일어나지 않는 성질이다.	학평 그는 오랜 경기 침체와 대규모의 실업이 발생했던 1930년대 대공황의 원인이 이러한 시장의 가격 경직성에 있다고 주장했다.

★ 경제 정책

17 재정 정책	정부가 경기 관리를 위해 정부 지출과 조세를 조절하는 것이다. 경기가 안 좋을 때 총수요를 증가시키기 위해 정부 지출을 늘리거나 조세를 감면하는 것은 '확장적 재정 정책'이고, 경기 과열이 우려되어 정부 지출을 줄이거나 세금을 올려 총수요를 줄이는 것은 '긴축적 재정 정책'이다.	학평 이들은 정부가 재정 정책이나 통화 정책 등 경기 안정화 정책을 통해 경제의 총수요를 관리함으로써 경기 변동을 조절해야 한다고 주장했다.
18 통화 정책	중앙은행이 통화량과 이자율을 조정하여 국내 경제 흐름을 통제하고 조절하려는 정책이다. 침체된 경기를 부양하기 위해 통화량을 늘리고 이자율을 낮추어 총수요를 늘리고 이에 따라 총생산을 늘리는 것은 '확장적 통화 정책'이고, 경기 과열을 억제하기 위해 통화량을 줄이고 이자율을 올려 총생산을 줄이는 것은 '긴축적 통화 정책'이다.	학평 K국 정부는 갑의 제안을 받아들이고 2020년 4월 1일에 확장적 통화 정책을 시행하겠다고 발표하였다.
19 구축 효과	정부가 재정 정책을 펼치기 위해 세금을 걷지 않고 지출을 늘리려면 국채를 발행해 시중의 돈을 빌려야 하는데, 국채 발행으로 시중의 돈이 정부로 흘러 들어가 이자율이 오르고 이에 대한 부담으로 가계나 기업들의 소비나 투자가 감소되는 현상을 말한다.	학평 세금으로 충당하기 어려운 재정 정책을 펼치기 위해 국채를 활용하는 과정에서 이자율이 올라가고 이로 인해 민간의 소비나 투자를 줄어들게 하는 구축 효과가 발생하게 된다는 것이다.
20 승수 효과	정부의 재정 지출이 그것의 몇 배나 되는 국민 소득의 증가로 이어지면서 소비와 투자가 촉진되는 것을 의미한다.	학평 승수 효과가 발생하기 위해서는 정부 지출을 늘렸을 때 이자율의 변화가 거의 없어 투자 수요가 예상 투자 수요보다 크게 감소하지 않아야 한다.

· 지식으로 **체크하기** ·

01 ~ 07 다음 의미에 알맞은 용어를 쓰시오.

01 형벌을 부과하기 위한 재판 절차. ☐☐☐☐

02 인간 생활에 효용을 주는 유형의 상품. ☐☐

03 세금 부담 능력에 따라 세금을 내야 한다는 것.
조세의 ☐☐ 원칙

04 정부가 경기 관리를 위해 정부 지출과 조세를 조절하는 것. ☐☐☐

05 공공재를 소비함으로써 얻는 편익이 클수록 더 많은 세금을 부담해야 한다는 것. 조세의 ☐☐ 원칙

06 사법 기관이 개인의 요구에 따라 사법적인 권리관계의 다툼을 해결하고 조정하기 위하여 행하는 재판 절차. ☐☐☐☐

07 정부가 재정 정책을 펼치기 위해 국채를 활용하는 과정에서 이자율이 오르고 이로 인해 가계나 기업의 소비나 투자가 감소되는 현상. ☐☐☐☐

08 ~ 14 다음 설명이 적절하면 ○에, 적절하지 않으면 ×에 표시하시오.

08 물가 변동은 시장에서 거래되는 전반적인 상품의 가격 변동을 나타낸다. (○ , ×)

09 제품을 소비하거나 판매함으로써 소비자와 생산자에게 발생한 손실을 '잉여'라고 한다. (○ , ×)

10 가격 탄력성은 가격 변동의 여건이 되었는데도 변동이 일어나지 않는 성질을 의미한다. (○ , ×)

11 배심원은 판결에 필요한 사실 관계 및 법률관계를 조사하지만 재판에 참여하지는 못한다. (○ , ×)

12 경기 과열을 억제하기 위하여 통화량을 줄이고 이자율을 올려 총생산을 줄이는 것을 '긴축적 통화 정책'이라고 한다. (○ , ×)

13 법관이 불공평한 재판을 할 염려가 있다고 판단되면 법관의 직무 집행을 거부하는 기피 신청을 할 수 있다. (○ , ×)

14 정부의 재정 지출이 그것의 몇 배나 되는 국민 소득의 증가로 이어지면서 소비와 투자가 촉진되는 것을 '승수 효과'라고 한다. (○ , ×)

· 지문으로 **체크하기** ·

15 ~ 18 다음 글의 빈칸에 들어갈 알맞은 용어를 쓰시오.

15 (모평) 법으로 보호되는 ( )과 영업 비밀은 모두 지식 재산인데, 정보 통신 기술(ICT) 산업은 이 같은 지식 재산을 기반으로 창출된다. 지식 재산 보호 문제와 더불어 최근에는 ICT 다국적 기업이 지식 재산으로 거두는 수입에 대한 과세 문제가 불거지고 있다.

16 (학평) 최근 수입품에 높은 관세를 부과하여 국제 무역 분쟁이 발생하면서 관세에 대한 관심이 높아지고 있다. 관세란 수입되는 재화에 부과되는 ( )로, 정부는 ( ) 수입을 늘리거나 국내 산업을 보호하기 위한 목적으로 관세를 부과한다. 그런데 관세를 부과하면 국내 경기 및 국제 교역에 영향을 미치게 된다.

17 (학평) 최근 들어 구독 경제가 빠르게 확산되고 있는데, 그 이유는 무엇일까? 경제학자들은 구독 경제의 확산 현상을 '합리적 선택 이론'으로 설명한다. 경제 활동을 하는 소비자가 주어진 제약 속에서 자신의 ( )을 최대화하려는 것을 합리적 선택이라고 하는데, 이때 ( )이란 소비자가 상품을 소비함으로써 얻는 만족감을 의미한다. 소비자들이 한정된 비용으로 최대한의 만족을 얻기 위해 노력한 결과가 구독 경제의 확산으로 이어졌다는 것이다.

18 (학평) ( )에서 배심원 선정은 매우 중요하다. 배심원을 선정하기 전 법원은 먼저 필요한 배심원의 수와 예비 배심원의 수를 결정한다. 법정형이 사형, 무기 징역 등에 해당하는 사건의 경우에는 9인의 배심원이, 그 외의 경우에는 7인의 배심원이 재판에 참여하게 된다. 다만 피고인이 공소 사실의 주요 내용을 인정했을 경우에는 5인의 배심원이 참여할 수 있다. 또한 법원은 배심원의 결원 등에 대비하여 5인 이내의 예비 배심원을 둘 수 있는데, 이들은 평의*와 평결*만 참여할 수 없을 뿐 배심원과 동일한 역할을 수행한다. 배심원과 예비 배심원을 합한 수만큼 인원을 선정한 후, 추첨을 통해 예비 배심원을 선정한다. 누가 예비 배심원인지는 평의에 들어가기 직전에 공개한다.

* 평의: 피고인의 유·무죄를 판단하기 위한 배심원의 논의 절차.
* 평결: 유·무죄에 대한 배심원의 최종적인 판단.

핵심 정보 이해하기
01 디지털세에 대해 이해한 내용으로 가장 적절한 것은?

● 보기 ●

지식 재산 보호 문제와 더불어 최근에는 정보 통신 기술(ICT) 다국적 기업이 지식 재산으로 거두는 수입에 대한 과세 문제가 불거지고 있다. 일부 국가에서는 ICT 다국적 기업에 대해 디지털세 도입을 진행 중이다. 디지털세는 이를 도입한 국가에서 ICT 다국적 기업이 거둔 수입에 대해 부과되는 세금이다. 디지털세의 배경에는 재화나 서비스의 판매 등을 통해 거둔 수입에서 제반 비용을 제외하고 남은 이윤에 대해 부과하는 세금인 법인세가 감소한 것에 대한 각국의 우려가 있다.

많은 ICT 다국적 기업이 법인세율이 현저하게 낮은 국가에 자회사를 설립하고 그 자회사에 이윤을 몰아주는 방식으로 법인세를 회피한다는 비판이 있어 왔다. 예를 들면 Z사는 법인세율이 매우 낮은 A국에 자회사를 세워 법인세율이 A국보다 높은 B, C, D 국에 설립된 자회사의 이윤을 몰아주는 방식으로 법인세를 회피한다. ICT 다국적 기업의 본사를 많이 보유한 국가에서도 해당 기업에 대한 법인세 징수는 문제가 된다. 그러나 그중 어떤 국가들은 ICT 다국적 기업의 활동이 해당 산업에서 자국이 주도권을 유지하는 데 중요하기 때문에라도 디지털세 도입에는 방어적이다.

① 지식 재산 보호를 강화할 수 있는 수단이다.
② 이윤에서 제반 비용을 제외한 금액에 부과된다.
③ ICT 산업에서 주도적인 국가는 도입에 적극적이다.
④ 여러 국가에 자회사를 설립하는 방식으로 줄일 수 있다.
⑤ 도입된 국가에서 ICT 다국적 기업이 거둔 수입에 부과된다.

세부적인 내용 이해하기
02 유동성 함정에 대해 이해한 내용으로 가장 적절한 것은?

● 보기 ●

중앙은행이 경기 활성화를 위해 통화 정책을 시행했음에도 불구하고 애초에 의도한 결과가 나타나지 않기도 한다. 즉, 기준 금리를 인하하여 시중에 유동성을 충분히 공급하더라도, 증가한 유동성이 기대만큼 소비나 투자로 이어지지 않으면 경기가 활성화되지 않는다. 특히 심각한 경기 침체로 인해 경기 회복에 대한 전망이 불투명할 경우, 경제 주체들은 쉽게 소비를 늘리지 못하거나 투자를 결정하지 못해 돈을 손에 쥐고만 있게 된다. 이 경우 충분한 유동성이 경기 회복으로 이어지지 못해 경기 침체가 지속되는데, 마치 유동성이 함정에 빠진 것 같다고 하여 케인스는 이를 유동성 함정이라 불렀다.

① 시중에 유동성이 충분히 공급되더라도 경기 침체가 지속되는 상황을 의미한다.
② 시중 금리의 상승으로 유동성이 감소하여 물가가 하락하는 상황을 의미한다.
③ 기업의 생산과 가계의 소비가 줄어들어 유동성이 넘쳐나는 상황을 의미한다.
④ 경기 과열로 인해 유동성이 높은 자산에 대한 선호가 늘어나는 상황을 의미한다.
⑤ 유동성이 감소하여 경기 회복에 대한 전망이 긍정적으로 바뀌는 상황을 의미한다.

핵심 정보 이해하기
03 〈보기〉를 이해한 내용으로 가장 적절한 것은?

● 보기 ●

새케인즈학파는 경제 주체들이 합리적 선택을 한 결과로 가격 경직성이 나타난다고 설명함으로써, 경제 주체들이 합리적으로 기대를 형성하더라도 가격 경직성으로 인해 경기 변동이 발생할 수 있다고 주장했다. 그리고 이러한 가격 경직성의 근거로 '메뉴 비용 이론'과 '효율 임금 이론'을 제시했다. 메뉴 비용이란 기업이 가격을 변화시킬 때 발생하는 유·무형의 비용을 지칭한다. 메뉴 비용 이론에 따르면 기업은 제품 가격을 변화시킴으로써 얻을 수 있는 이득과 메뉴 비용을 비교하여 가격을 변화시키며, 이에 따라 제품 시장의 가격 경직성이 발생할 수 있다. 또한 효율 임금은 노동자의 생산성을 유도하는 임금을 말하는데, 효율 임금 이론은 노동자의 생산성이 임금을 결정한다는 전통적인 임금 이론과 달리 임금이 높을수록 노동자의 생산성이 높아진다고 주장했다. 기업이 노동자에게 높은 임금을 지급함으로써 노동자의 이직과 태만을 방지할 수 있기 때문이라는 것이다. 이와 같이 새케인즈학파는 케인즈학파가 임의로 가정하였던 가격 경직성의 근거를 입증하는 데 주력하면서, 총수요 관리 정책은 여전히 효과를 갖는다고 주장하였다.

① 기업이 이윤 추구를 위해 제품 가격과 임금을 결정한 결과로 시장에 가격 경직성이 나타날 수 있다.
② 경제 주체들이 합리적으로 기대를 형성하는 경우에는 총수요 관리 정책이 경기 변동을 줄이는 역할을 할 수 없다.
③ 기업이 공급자로 참여하는 제품 시장과 수요자로 참여하는 노동 시장에서의 기업의 행동 차이로 인해 시장의 가격 경직성이 제거될 수 있다.
④ 메뉴 비용의 크기가 클수록 제품 가격의 변동성 역시 커진다는 것을 밝힐 수 있다면, 제품 시장에 존재하는 가격 경직성의 근거를 입증할 수 있다.
⑤ 기업이 노동 시장의 균형 임금보다 높은 임금을 노동자에게 지급함으로써 생산성을 높일 수 있다면, 노동의 초과 수요가 발생하더라도 임금이 하락할 수 있다.

01 ㉠~㉤의 사전적 의미로 적절하지 <u>않은</u> 것은? 학평

● 보기 ●

- 범죄인인도조약은 주로 양자조약의 형태로 발달하였으며 범세계적인 조약은 ㉠성립되지 않고 있다.
- 범죄인인도거절 ㉡사유로는 피청구국이 범죄인인도를 할 수 없는 절대적 인도거절 사유와 범죄인인도를 하지 않을 수 있는 임의적 인도거절 사유가 있다.
- 정치범이란 국가나 국가 권력을 ㉢침해함으로써 성립하는 불법 행위를 저지른 사람을 말한다.
- 범죄인이 청구국에 인도된 뒤 비인도적인 대우를 받을 것이 ㉣예견될 때는 범죄인의 인권을 보호하기 위해 범죄인인도를 거절할 수 있게 하는 경우가 있다.
- 같은 이유에서 사형을 폐지한 피청구국은 청구국이 대상 범죄인을 사형에 처하지 않을 것이라는 ㉤보증을 하지 않을 경우 범죄인인도를 거절할 수 있게 하는 일도 많다.

① ㉠ : 기관이나 조직체 따위를 만들어 일으킴.
② ㉡ : 일의 까닭.
③ ㉢ : 침범하여 해를 끼침.
④ ㉣ : 앞으로 일어날 일을 미리 짐작함.
⑤ ㉤ : 어떤 사물이나 사람에 대하여 책임지고 틀림이 없음을 증명함.

02 밑줄 친 부분 중, 문맥상 ⓐ와 의미가 가장 유사한 것은? 학평

● 보기 ●

소비자는 정보 탐색 행위를 할 때 같은 비용으로 많은 정보를 얻을 수 있는 장소나 방법을 찾으려 노력할 것이다. 따라서 소비자의 입장에서는 같은 품목의 상품을 파는 가게가 모여 있는 곳이 같은 정보 탐색 비용으로 상품에 대한 정보를 더 많이 얻을 수 있기 때문에 이런 곳을 선호하게 된다. 결과적으로 ⓐ힘을 많이 들이지 않고 정보를 얻으려는 소비자들이 몰리게 되어 시장과 백화점이 상품을 더 많이 팔 수 있는 것이다.

① 별 <u>힘</u>을 쓰지 않고서도 직장을 쉽게 구할 수 있었다.
② 충동을 누른 <u>힘</u>이 서서히 고통으로 바뀌었다.
③ 이성적으로 판단하는 <u>힘</u>을 길러야 한다.
④ <u>힘</u>만 가지고는 장롱을 옮길 수 없다.
⑤ 선생님의 말씀이 내게 <u>힘</u>이 되었다.

03 문맥상 ⓐ~ⓔ와 바꿔 쓰기에 가장 적절한 것은? 모평

● 보기 ●

- 국가, 지방 자치 단체와 같은 행정 주체가 행정 목적을 ⓐ실현하기 위해 국민의 권리를 제한하거나 국민에게 의무를 부과하는 '행정 규제'는 국회가 제정한 법률에 근거해야 한다.
- 드론과 관련된 행정 규제 사항들처럼, 첨단 기술과 관련되거나, 상황 변화에 즉각 대처해야 하거나, 개별적 상황을 ⓑ반영하여 규제를 달리해야 하는 행정 규제 사항들이 늘어나고 있기 때문이다.
- 위임된 행정 규제 사항의 대강을 위임 근거 법률의 내용으로부터 ⓒ예측할 수 있어야 한다는 것이다.
- 위임된 사항이 첨단 기술과의 관련성이 매우 커서 위임명령으로는 ⓓ대응하기 어려워 불가피한 경우, 위임 근거 법률이 행정입법의 제정 주체만 지정하고 행정입법의 유형을 지정하지 않았다면 위임된 사항이 고시나 예규로 제정될 수 있다.
- 제정 주체가 지방 자치 단체의 기관인 지방 의회라는 점에서 행정부에서 제정하는 위임명령, 행정규칙과 ⓔ구별된다.

① ⓐ : 나타내기   ② ⓑ : 드러내어
③ ⓒ : 헤아릴   ④ ⓓ : 마주하기
⑤ ⓔ : 달라진다

04 밑줄 친 단어 중 '넘침'과 '모자람'의 의미가 모두 있는 것은? 학평

● 보기 ●

아리스토텔레스에 의하면 품성의 덕은 '중용'이다. 중용은 욕망, 감정, 행위에 있어서 <u>넘침</u>도 없고 <u>모자람</u>도 없는 알맞음의 극치, 또는 최적의 상태를 의미한다. 이러한 중용은 때에 따라, 상황에 따라, 대상에 따라, 동기나 목적이나 방법에 따라 달라질 수 있다. 그래서 중용은 모든 사람에게 동일하지 않은 상대적인 중간점이다.

① 참석자의 <u>과반수(過半數)</u>가 그 안건에 찬성하였다.
② 수도권에 인구가 <u>과다(過多)</u>하게 집중되고 있다.
③ <u>과도(過度)</u>한 지출로 파산 지경에 이르렀다.
④ <u>과소비(過消費)</u>를 근절할 필요가 있다.
⑤ <u>과부족(過不足)</u>이 없이 꼭 들어맞다.

05 ⓐ~ⓔ의 사전적 의미로 적절하지 <u>않은</u> 것은? _{학평}

─── 보기 ───

- 양전자 단층 촬영(PET)은 세포의 대사량 등 인체에 대한 정보를 확인하기 위해 몸속에 특정 물질을 ⓐ주입하여 그 물질의 분포를 영상화하는 기술이다.
- 세포 내에 축적된 방사성추적자의 방사성 동위원소는 붕괴되면서 양전자를 ⓑ방출한다.
- 180도로 방출된 한 쌍의 감마선은 각각의 진행 방향에 있는 검출기에 ⓒ도달하게 된다.
- 한 쌍의 감마선이 완전히 동시에 도달하는 경우는 현실적으로 불가능하므로 PET 스캐너는 동시계수로 인정할 수 있는 최대 시간폭인 동시계수시간폭을 설정하고 동시계수시간폭 안에 들어온 경우를 유효한 성분으로 ⓓ간주한다.
- PET 영상의 정확도를 높이기 위해서는 산란계수와 랜덤계수의 검출을 최소화하기 위해 동시계수시간폭을 적절하게 ⓔ설정하는 것이 중요하다.

① ⓐ: 흘러 들어가도록 부어 넣다.
② ⓑ: 입자나 전자기파의 형태로 에너지를 내보내다.
③ ⓒ: 목적한 곳이나 수준에 다다르다.
④ ⓓ: 유사한 점에 기초하여 다른 사물을 미루어 추측하다.
⑤ ⓔ: 새로 만들어 정해 두다.

06 〈보기〉의 '뜨개질'과 단어의 구조가 동일한 것은? _{학평}

─── 보기 ───

'뜨개질'의 형태소를 분석해 보면 '어근 + 접미사 + 접미사'의 구조로 되어 있음을 알 수 있다. 그런데 이 세 가지 구성 요소는 동일한 층위에서 결합된 것이 아니라 계층적으로 결합된 것이다. 즉, 어근 '뜨-'에 접미사 '-개'가 붙어 먼저 '뜨개'가 만들어지고, 여기에 다시 접미사 '-질'이 붙어 '뜨개질'이 된 것이다. 따라서 '뜨개질'은 '(어근 + 접미사) + 접미사'의 구조로 된 파생어이다.

① 싸움꾼   ② 군것질   ③ 놀이터
④ 병마개   ⑤ 미닫이

07 문맥상 의미가 ⓐ와 가장 가까운 것은? _{모평}

─── 보기 ───

사무실의 방충망이 낡아서 파손되었다면 세입자와 사무실을 빌려준 건물주 중 누가 고쳐야 할까? 이 경우, 민법전의 법조문에 의하면 임대인인 건물주가 수선할 의무를 ⓐ진다.

① 커피를 쏟아서 옷에 얼룩이 <u>졌다</u>.
② 네게 계속 신세만 <u>지기</u>가 미안하다.
③ 우리는 그 문제로 원수를 <u>지게</u> 되었다.
④ 아이들은 배낭을 <u>진</u> 채 여행을 떠났다.
⑤ 나는 조장으로서 큰 부담을 <u>지고</u> 있다.

08 ㉮에 대한 반응으로 가장 적절한 것은? _{모평}

─── 보기 ───

행랑채가 퇴락하여 지탱할 수 없게끔 된 것이 세 칸이었다. 나는 마지못하여 이를 모두 수리하였다. 그런데 그 두 칸은 앞서 장마에 비가 샌 지가 오래 되었으나, 나는 그것을 알면서도 망설이다가 손을 대지 못했던 것이고, 나머지 한 칸은 비를 한 번 맞고 샜던 것이라 서둘러 기와를 갈았던 것이다. ㉮이번에 수리하려고 본즉 비가 샌 지 오래된 것은 그 서까래, 추녀, 기둥, 들보가 모두 썩어서 못 쓰게 되었던 까닭으로 수리비가 엄청나게 들었고, 한 번밖에 비를 맞지 않았던 한 칸의 재목들은 완전하게 하여 다시 쓸 수 있었던 까닭으로 그 비용이 많지 않았다.

- 이규보, 〈이옥설〉

① 호미로 막을 걸 가래로 막았군.
② 낫 놓고 기역자도 모르는 격이군.
③ 까마귀 날자 배 떨어진 상황이군.
④ 개구리 올챙이 적 생각 못 하는군.
⑤ 우물에 가서 숭늉을 찾는 경우이군.

09 ⓐ~ⓔ의 사전적 의미로 적절한 것은? _{학평}

> ● 보기 ●
>
> • 폐의 혈액으로 들어온 산소는 심장을 거쳐 신체의 각 조직으로 ⓐ전달되어 에너지 생성에 이용되고, 물질대사 결과 생긴 노폐물인 이산화 탄소는 혈액을 통해 심장을 거쳐 폐로 전달되어 몸 밖으로 배출된다.
> • 산소는 물에 대한 용해도가 작아 혈장에 용해된 상태로 운반되는 양은 폐에서 조직으로 운반되는 산소의 약 1.5%에 ⓑ불과하고, 약 98.5%는 적혈구 내에 있는 헤모글로빈과 결합하여 산소 헤모글로빈 형태로 운반된다.
> • 혈액의 pH가 낮아지면 헤모글로빈의 산소 친화도가 작아져서 산소의 해리가 ⓒ촉진되어 주변 조직으로 산소가 방출된다.
> • 산소와 결합하지 않은 헤모글로빈은 산소와 결합한 헤모글로빈보다 쉽게 이산화 탄소와 결합하여 카르바미노헤모글로빈을 형성하므로 정맥혈이 동맥혈보다도 헤모글로빈을 이용한 이산화 탄소 운반에 ⓓ유용하다.
> • 이 과정에서 생성된 이산화 탄소는 폐포 내로 확산되어 체외로 ⓔ배출된다.

① ⓐ : 널리 알림.
② ⓑ : 목적한 바를 시도하였으나 이루지 못함.
③ ⓒ : 다그쳐 빨리 나아가게 함.
④ ⓓ : 반드시 요구되는 바가 있음.
⑤ ⓔ : 나누어 줌.

10 문맥상 ㉠~㉤과 바꿔 쓰기에 가장 적절한 것은? _{수능}

> ● 보기 ●
>
> • 변론술을 가르치는 프로타고라스(P)에게 에우아틀로스(E)가 제안하였다. "제가 처음으로 승소하면 그때 수강료를 내겠습니다." P는 이를 ㉠받아들였다.
> • 이처럼 일정한 효과의 발생이나 소멸에 제한을 ㉡덧붙이는 것을 '부관'이라 하는데, 여기에는 '기한'과 '조건'이 있다.
> • 조건이 실현되었을 때 효과를 발생시키면 '정지 조건', 소멸시키면 '해제 조건'이라 ㉢부른다.
> • 확정 판결 이후에 법률상의 새로운 사정이 ㉣생겼을 때는, 그것을 근거로 하여 다시 소송하는 것이 허용된다.
> • 이 분쟁은 두 차례의 판결을 ㉤거쳐 해결될 수 있는 것이다.

① ㉠ : 수취하였다   ② ㉡ : 부가하는
③ ㉢ : 지시한다   ④ ㉣ : 형성되었을
⑤ ㉤ : 경유하여

11 〈보기〉의 ⓐ~ⓔ를 사용하여 만든 문장으로 적절하지 않은 것은? _{학평}

> ● 보기 ●
>
> 금리란 원금에 대한 이자의 비율을 말하는 것으로 자금의 수요와 공급에 의해 결정되며, 자산의 증감에 영향을 미치는 중요한 요소이다. 금리가 같다면, 원금이 커질수록 또 ⓐ기간이 길어질수록 단리와 복리에 따른 금액의 차이는 커진다.
> 기준 금리는 한국은행의 금융 통화 위원회가 시중의 통화량을 ⓑ조절하기 위해 매달 인위적으로 결정하는데, 경기 과열로 물가 상승의 우려가 있으면 기준 금리를 올려 경기를 안정시킨다.
> 민법은 금전, 즉 돈을 빌려주는 것을 내용으로 하는 계약을 금전 소비 대차로 규정하고 관련 내용을 ⓒ명시하고 있다. 금전 소비 대차 계약은 돈을 빌려주는 채권자와 돈을 빌리는 채무자의 합의를 우선시하는데, 이때의 계약은 몇 가지 ⓓ유의할 점이 있다.
> 공탁은 채무자가 돈이나 유가 증권 등을 법원의 공탁소에 맡기는 것을 말한다. 공탁을 할 경우 그날 돈을 갚는 것과 같은 효과를 가져 ⓔ상환 시기에 따른 분쟁을 피할 수 있다.

① ⓐ : 조선은 유교가 <u>기간</u>이 되는 도덕을 정치 이념으로 삼았다.
② ⓑ : 체중 관리를 위해 식사량 <u>조절</u>이 필요하다.
③ ⓒ : 회의를 개최하는 이유를 신청서에 <u>명시</u>해야 한다.
④ ⓓ : 장마 때에는 농작물 관리에 <u>유의</u>해야 한다.
⑤ ⓔ : 그 나라는 외채를 <u>상환</u>할 능력이 없다.

12 밑줄 친 부분 중, ㉠의 문맥적 의미와 가장 유사한 것은? _{학평}

> ● 보기 ●
>
> 어떤 소비자가 X재와 Y재만을 구입한다고 할 때, 한정된 소득 범위 내에서 최대로 구입 가능한 X재와 Y재의 수량을 나타낸 선을 예산선이라고 한다. X재와 Y재가 정상재일 경우, Y재에 대한 X재의 상대적 가격이 ㉠떨어지면, 가격 비율에 변화가 생기게 되고 예산선이 바뀌게 된다.

① 쌀이 <u>떨어져</u> 두 끼를 라면으로 때웠다.
② 감기가 <u>떨어지지</u> 않아 큰 고생을 하였다.
③ 갈수록 성적이 <u>떨어져서</u> 대책을 세워야 한다.
④ 해가 <u>떨어지기</u> 전에 이 일을 마치도록 하여라.
⑤ 파란불 신호가 <u>떨어지자</u> 사람들이 건널목을 건넜다.

13 문맥상 ⓐ~ⓔ와 바꿔 쓰기에 가장 적절한 것은? _{학평}

─● 보기 ●─

• 운동선수처럼 반복적 수련을 하거나 안경 등의 도구를 이용하면 인식 주체들이 지닌 조건은 ⓐ달라질 수 있으며, 새로 도입된 낯선 언어가 시간이 흐르면서 일상 언어로 자리 잡기도 한다.
• 이런 경향은 현대회화에도 영향을 ⓑ끼쳤으며, 회화에서 현실 세계를 다루는 양상에도 변화가 나타났다.
• 추상의 강도가 더해질수록 현대회화는 실재의 재현에서 더욱 ⓒ멀어져, 실재가 아닌 화가의 내면을 표현하는 것으로 인식되었다.
• 상상의 대부분은 현실의 경험에서 ⓓ비롯되며, 내면의 추상적 영역 또한 객관적 실재의 외면을 이질적으로 변형시켜 존재를 다양하게 드러내는, 세계의 무수한 존재면 중 하나이기 때문이다.
• 음악에 사용되는 음은 현실의 무한한 소리 중 극히 일부이며, 일상에서 들을 수 있는 일반적 소리와 달리 균질적이고 세련되며 인위적인 배열을 ⓔ따른다.

① ⓐ : 치환(置換)될
② ⓑ : 부과(賦課)했으며
③ ⓒ : 심화(深化)되어
④ ⓓ : 시작(始作)되며
⑤ ⓔ : 추종(追從)한다

14 〈보기〉에서 설명한 음운 현상과 관계가 있는 질문이 아닌 것은? _{학평}

─● 보기 ●─

동화란 한 음운이 앞이나 뒤에 있는 음운의 영향을 받아 그 음운과 닮아 가는 현상이다. 대표적인 동화 현상으로는 비음화, 유음화, 구개음화 등이 있다.

① '붙이다'는 왜 [부티다]가 아니라 [부치다]로 소리 날까?
② '집안일'은 왜 [지바닐]이 아니라 [지반닐]로 소리 날까?
③ '권력'은 왜 [권력]이 아니라 [궐력]으로 소리 날까?
④ '먹는다'는 왜 [멍는다]로 소리 날까?
⑤ '굳이'는 왜 [구지]로 소리 날까?

15 〈보기〉의 ㉠, ㉡의 예로 적절한 것은? _{수능}

─● 보기 ●─

• '〈한글 맞춤법〉 제4장(형태에 관한 것)'의 파생어와 합성어에 대한 표기 규정은 다음과 같이 네 가지로 정리해 볼 수 있다.

• 파생어이면서 어근의 원형을 밝히어 적는 경우
• 파생어이면서 어근의 원형을 밝히어 적지 않는 경우 ┈┈┈ ㉠
• 합성어이면서 어근의 원형을 밝히어 적는 경우 ┈┈┈ ㉡
• 합성어이면서 어근의 원형을 밝히어 적지 않는 경우

	㉠	㉡
①	길이, 마중	무덤, 지붕
②	무덤, 지붕	뒤뜰, 쌀알
③	뒤뜰, 쌀알	무덤, 지붕
④	길이, 무덤	뒤뜰, 쌀알
⑤	마중, 지붕	길이, 쌀알

16 ⓐ에 나타난 숙향의 처지를 표현할 때, 적절하지 않은 것은? _{모평}

─● 보기 ●─

숙향이 천지 아득하여 침소에 들어가 손가락을 깨물어 벽 위에 하직하는 글을 쓰고 눈물을 뿌리며 차마 일어나지 못하니, 사향이 발을 구르며 숙향을 이끌어 문밖으로 내치고 문을 닫고 들어가며 말하기를,

"근처에 있지 말고 멀리 가라. 만일 승상이 아시면 큰일 나리라."

하거늘, 숙향이 멀리 가며 승상 집을 돌아보고 울며 가더라.

한 곳에 다다라 문득 보니 큰 강이 있으니 이는 표진강이었다. ⓐ어찌할 바를 몰라 강변을 헤매다가 날은 저물고 행인은 드문지라 사면을 돌아봐도 의지할 곳이 없는지라, 하늘을 우러러 통곡하다가 손에 깁수건을 쥐고 치마를 뒤집어쓰고 물속으로 뛰어들었다.

– 작자 미상, 〈숙향전〉

① 기호지세(騎虎之勢)
② 고립무원(孤立無援)
③ 혈혈단신(孑孑單身)
④ 사고무친(四顧無親)
⑤ 진퇴유곡(進退維谷)

17 ⓐ~ⓔ의 사전적 의미로 적절하지 않은 것은? [학평]

— 보기 —

- 도덕적 원칙주의는 인간의 합리적인 이성을 신뢰하고 이를 통해 윤리적으로 올바른 삶이란 무엇인가를 ⓐ규명하려고 했다는 점에서 의의가 있다.
- 상위 원리를 통해 법과 같은 현실적인 규범이나 지침을 만들면 사람들이 이를 ⓑ준수함으로써 도덕적 갈등이 해결된다는 것이다.
- 도덕적 자유주의는 인간의 자율성을 ⓒ보장하면서 갈등 상황을 해결할 수 있는 현실적인 방법을 만들어 냈다는 데 의의가 있다.
- 도덕적 다원주의자는 중재를 통해 타협점을 ⓓ모색하는 방식을 제안한다.
- 도덕적 다원주의자는 도덕적 갈등 상황에서 어떤 가치가 옳고 그른지 판단하는 것보다 갈등 당사자 간의 인간관계가 ⓔ훼손되지 않는 것을 중시한다.

① ⓐ: 어떤 사실을 자세히 따져서 바로 밝힘.
② ⓑ: 전례나 규칙, 명령 따위를 그대로 좇아서 지킴.
③ ⓒ: 잘 보호하여 기름.
④ ⓓ: 일이나 사건 따위를 해결할 수 있는 방법이나 실마리를 더듬어 찾음.
⑤ ⓔ: 헐거나 깨뜨려 못 쓰게 만듦.

18 밑줄 친 부분 중, 문맥상 ㉠의 의미와 가장 가까운 것은? [수능]

— 보기 —

이 장치에서 사용하는 광각 카메라는 큰 시야각을 갖고 있어 사각지대가 줄지만 빛이 렌즈를 ㉠지날 때 렌즈 고유의 곡률로 인해 영상이 중심부는 볼록하고 중심부에서 멀수록 더 휘어지는 현상, 즉 렌즈에 의한 상의 왜곡이 발생한다.

① 그때 동생이 탄 버스는 교차로를 지나고 있었다.
② 그것은 슬픈 감정을 지나서 아픔으로 남아 있다.
③ 어느새 정오가 훌쩍 지나 식사할 시간이 되었다.
④ 물의 온도가 어는점을 지나 계속 내려가고 있다.
⑤ 가장 힘든 고비를 지나고 나니 마음이 가뿐하다.

19 ⓐ~ⓔ와 바꿔 쓸 수 있는 말로 적절하지 않은 것은? [수능]

— 보기 —

창조 도시는 창조적 인재들이 창의성을 발휘할 수 있는 환경을 갖춘 도시이다. 즉 창조 도시는 인재들을 위한 문화 및 거주 환경의 창조성이 풍부하며, 혁신적이고도 유연한 경제 시스템을 ⓐ구비하고 있는 도시인 것이다.

창조 계층을 중시하는 관점에서는, 개인의 창의력으로 부가 가치를 ⓑ창출하는 창조 계층이 모여서 인재 네트워크인 창조 자본을 형성하고, 이를 통해 도시는 경제적 부를 축적할 수 있는 자생력을 갖게 된다고 본다. 따라서 창조 계층을 끌어들이고 유지하는 것이 도시의 경쟁력을 ⓒ제고하는 관건이 된다.

창조 도시에 대한 논의를 ⓓ주도한 랜드리는, 창조성이 도시의 유전자 코드로 바뀌기 위해서는 다음과 같은 환경적 요소들이 필요하다고 보았다.

창조 도시는 하루아침에 인위적으로 만들어지지 않으며 추진 과정에서 위험이 ⓔ수반되기도 한다.

① ⓐ: 갖추고   ② ⓑ: 늘리는   ③ ⓒ: 높이는
④ ⓓ: 이끈   ⑤ ⓔ: 따르기도

20 ㉠~㉤과 같은 의미로 사용되지 않은 것은? [모평]

— 보기 —

- 지방질이 공기에 장시간 노출되어 열, 빛 등의 영향을 받으면 산화 작용이 ㉠일어나 산패에 이르게 된다.
- 일반적으로 지방질은 사슬 모양을 ㉡이루고 있다.
- 글리세롤은 지방질의 산패에 큰 영향을 ㉢주지 않는다.
- 하이드로퍼옥사이드가 계속 생성되고, 생성된 하이드로퍼옥사이드는 분해되어 알코올, 알데히드 등의 화합물로 변화한다. 이 화합물들이 비정상적인 냄새를 ㉣나게 하는 주원인이다.
- 식물에 ㉤들어 있는 천연 산화 방지제인 비타민 E는 퍼옥시 라디칼을 안정화시킨다.

① ㉠: 지진이 일어나 피해를 주었다.
② ㉡: 유리창에 빗방울이 무늬를 이루고 있다.
③ ㉢: 태풍은 우리나라에 피해를 주지 않았다.
④ ㉣: 중소기업에 취직자리가 나서 연락을 해 보았다.
⑤ ㉤: 이 물질에는 염화 마그네슘이 많이 들어 있다.

수록 어휘 찾아가기

필수 어휘

가공하다	198	곤두서다	13	깃들다	67
가담하다	120	골몰하다	66	꺼림칙하다	67
가련하다	12	곱씹다	66	나불거리다	67
가장하다	66	공경하다	120	난데없다	67
가혹하다	66	공방	228	난류	174
각광	120	공세	120	남용하다	174
각인	228	공적	228	남짓	198
간곡하다	12	공제	228	낭패	24
간과하다	228	과분하다	252	내력	67
간수하다	120	과시하다	66	내막	67
간주하다	66	과인	13	내색	67
간척	174	과잉	198	내외	67
간파하다	66	관례	156	냉엄하다	252
감돌다	12	관망하다	66	너절하다	67
감면하다	252	관여하다	174	넌지시	24
감안하다	228	관용	66	노기	24
감지하다	198	광활하다	67	노략질하다	24
감행하다	228	교감하다	67	노여움	24
감화	12	교묘하다	67	논설	120
강압	120	교활하다	13	논의	121
개설	228	구걸하다	13	농성	252
개조하다	198	구도	156	농축하다	174
갸웃하다	12	구비하다	228	누비다	252
갹출하다	252	구천	13	누추하다	24
거드름	66	군림하다	120	눈꼴사납다	67
거들다	120	굳건하다	13	느닷없다	121
거듭하다	198	굴절하다	174	능글맞다	78
거룩하다	12	굴착	198	다그치다	78
거머쥐다	198	굼뜨다	13	다분하다	174
거역하다	12	굽어보다	13	다채롭다	156
거추장스럽다	66	궁지	13	단서	156
걸맞다	156	궁핍하다	67	단정하다	174
검증	174	권위	228	답습	156
겨를	12	귀띔하다	252	당도하다	24
견주다	12	귀의하다	13	당면하다	121
결딴나다	198	규명하다	120	대담하다	156
결부	120	규합하다	252	대뜸	78
결속	228	균등하다	120	대목	24
겸연쩍다	66	그윽하다	13	대물림	253
경각심	174	그을다	156	대수롭다	78
경망	12	극명하다	174	대처하다	228
경시	174	극진하다	13	대치하다	78
경위	12	근근이	13	덧없다	78
경작하다	252	근사하다	198	데리다	24
경지	66	근절	228	도맡다	198
계략	12	금기	13	도매	253
계승	66	긍지	120	도사리다	198
고갈	252	기거하다	252	도외시하다	198
고결하다	12	기근	252	도용하다	199
고깝다	66	기량	228	돈독하다	78
고루하다	120	기반	198	돌격	199
고비	12	기발하다	156	돌입하다	228
고수하다	120	기별	13	돌출	174
고심하다	252	기승	174	동리	78
고정하다	198	기안하다	252	동반하다	174
곤경	12	기이하다	24	동요하다	121
		기초하다	252	동조하다	121
		긴박하다	67	동지	175

동태	24	발췌하다	132	산물	132
되새기다	121	방대하다	199	산발적	175
두둔하다	24	방안	132	살포	199
두서없다	121	방정맞다	25	삼림	175
둔탁하다	199	배상	229	상념	90
둔화	253	배척	132	상응하다	253
들뜨다	78	배필	25	상존하다	229
마다하다	24	배회하다	79	상통하다	229
막연하다	78	백방	25	상호	199
막중하다	24	버겁다	253	상환하다	253
만류하다	24	번갈다	199	생소하다	132
만성	175	번뇌	79	생장	175
만회하다	25	번성하다	25	서자	36
말미	25	변론하다	132	선망	90
말미암다	253	변모	79	선임	253
매료	121	변절	79	선입견	132
매정하다	78	변혁하다	132	섣부르다	175
매진하다	25	별안간	79	설정하다	253
매체	229	보고	199	섬멸하다	36
매캐하다	175	보전하다	132	성찰	132
맹랑하다	25	보필하다	25	성행하다	253
맹목적	121	볼모	36	성화	36
머쓱하다	78	봉합	156	세심하다	133
먹먹하다	25	부과하다	253	세태	90
면모	78	부상하다	229	소모	210
면목	25	부식	199	속박	175
면밀히	121	부실하다	229	속성	210
면하다	229	부양하다	253	쇄신	133
멸시하다	78	부응하다	175	쇠락하다	90
명색	78	부인하다	79	수금	90
명시하다	121	부질없다	36	수단	264
모호하다	156	부축하다	36	수락	90
몰두하다	79	북돋우다	36	수록하다	133
몰입하다	199	분류하다	199	수립하다	229
몰지각하다	229	분별하다	132	수상하다	175
묘책	25	분석하다	199	수습하다	229
무려	175	분주하다	79	수양	133
무릅쓰다	79	비교하다	132	수월하다	264
무마하다	79	비범하다	36	수행하다	229
무모하다	121	비위	36	수혜	175
무방하다	199	비정하다	79	순응하다	133
무안하다	79	비중	132	순종하다	90
무턱대고	229	비탄	36	숱하다	264
물정	25	빈정대다	79	슬하	37
미덥다	121	뻐기다	36	습성	186
미심쩍다	79	사리	132	승차하다	210
미천하다	25	사무치다	36	승화	156
밑돌다	253	사방	199	시급하다	186
박멸하다	175	사사롭다	36	식별	210
박애	121	사소하다	90	신장	229
박해	25	사은	36	실없다	90
반감	79	사장	199	심기	37
반려하다	253	사족	132	아담하다	210
반박하다	121	사주하다	36	아우르다	157
반영하다	229	사칭하다	253	아첨하다	90
발굴	156	사태	175	안간힘	90
발산하다	175	삭막하다	90	안달	90
발상	156	산만하다	156	안락하다	133

안목	133	유입	210	제한하다	241
안위	90	유출	210	조달하다	264
안일	229	유포하다	240	조바심	102
암담하다	90	유효하다	240	조성하다	211
암묵	157	윤택하다	264	조아리다	48
압도하다	186	융합하다	186	조율하다	241
애잔하다	91	은거하다	37	조장하다	144
애환	91	음미하다	102	조치	241
액운	37	음침하다	102	종속	211
약탈하다	37	응시하다	133	주눅	102
양상	186	이례적	240	주목하다	157
양성	186	이바지하다	240	주술	48
어감	91	인습	240	주안점	265
어림잡다	264	인지하다	186	준수하다	241
어수룩하다	91	인품	37	줄행랑	102
어슴푸레하다	91	일가견	133	중시하다	144
어우러지다	91	일구다	133	중턱	102
어질다	37	일탈	240	증식	186
억제하다	186	일환	210	증진하다	144
언저리	157	입지	264	증폭	186
언짢다	91	자임하다	133	지그시	48
얽매이다	210	자제하다	210	지위	144
엄습하다	133	자조하다	102	지척	48
엄하다	240	자태	37	지탱하다	211
엉겁결	91	작심하다	264	직관	144
에누리	264	잣대	210	직면하다	144
여느	91	재상	37	진단하다	187
여물다	91	재앙	144	진솔하다	102
여운	91	저급	210	진압하다	48
역경	91	저력	264	진지하다	144
연마하다	133	저의	144	진풍경	211
연민	91	저하	186	징수하다	265
연상	91	적성	240	차치하다	48
영롱하다	37	적적하다	102	착지하다	187
영위하다	186	전략	241	채비	48
예견하다	240	전망	264	채색하다	157
예리하다	210	전모	102	채집하다	187
오만하다	91	전승	144	처량하다	48
오인하다	157	전향하다	241	처소	48
왁자하다	102	전형	157	천대	102
완만하다	186	절감하다	37	철석같다	48
완수하다	186	절묘하다	157	철칙	144
완연하다	37	절제	144	철통같다	211
완충	264	절호	264	철회하다	265
완화	240	접경	186	첨단	187
왜곡	157	접합하다	210	청정하다	48
요긴하다	264	정갈하다	157	청중	157
용인	133	정교하다	157	체결하다	265
우회	37	정독하다	144	초빙하다	211
운집하다	240	정밀하다	211	초월하다	102
운치	157	정박하다	211	초점	241
원활하다	210	정벌하다	37	촉발	241
월등하다	240	정적	144	총명하다	48
위중하다	37	정착하다	241	총애하다	48
유도하다	240	정체	264	추구하다	265
유보하다	133	정화하다	211	추모하다	48
유용하다	240	제재하다	211	추수하다	48
유인하다	240	제지하다	102	축약	144

출몰하다	187	허공	49	구밀복검	137
충동	265	허구	49	구사일생	178
취지	145	허술하다	241	군계일학	106
취합하다	211	허위	103	궁여지책	107
치료하다	187	허점	265	권불십년	137
치욕	102	허탕	103	권토중래	214
치유하다	145	현저히	211	금상첨화	17
친교	145	현혹하다	265	금의환향	71
침식	265	호령하다	49	금지옥엽	136
침체	265	호의	103	기고만장	106
케케묵다	145	혹사	265	기호지세	257
쾌거	211	혼란	145	길흉화복	136
쾌락	145	환송	49	난공불락	95
쾌속	211	황송하다	49	난형난제	95
타당성	145	황혼	49	내우외환	178
타작	103	회견	265	노심초사	106
타파	145	회상하다	103	녹의홍상	149
탁월하다	49	후세	187	누란지위	28
탄식하다	49	휘젓다	49	능소능대	106
태생	145	흥정	103	대경실색	137
터득하다	187	희박하다	265	대기만성	71
터무니없다	103	힘겹다	103	대동소이	215
터전	103	**한자 성어**		도청도설	190
턱없다	187			동량지재	106
통념	187	가담항설	190	동병상련	28
통속	157	각골난망	52	동분서주	149
통찰	145	각골통한	148	동정서벌	95
통치하다	145	감언이설	70	등하불명	257
통풍	157	감탄고토	179	등한시	190
통합하다	241	갑남을녀	94	마이동풍	190
퇴적	187	강호지인	179	막무가내	149
투영	103	개과천선	52	막상막하	95
파생	145	거자필반	191	막역지간	16
파편화	241	건곤일척	257	만경창파	94
판가름하다	187	건강부회	179	만고상청	215
패망하다	49	견문발검	256	만시지탄	17
편견	187	견물생심	214	망연자실	257
편협하다	145	견원지간	70	맥수지탄	17
평온하다	241	견토지쟁	29	면종복배	137
폐쇄하다	241	결초보은	52	멸사봉공	190
폐허	145	경국지색	149	명불허전	71
표출하다	103	경천동지	137	명재경각	53
풍기다	103	계란유골	257	목불식정	94
풍류	49	고군분투	95	목불인견	257
풍속	103	고립무원	16	무릉도원	178
풍족하다	103	고육지책	107	문일지십	257
하구	187	고장난명	215	물아일체	179
하달하다	211	고진감래	191	미음완보	214
하염없다	49	곡학아세	191	박주산채	178
한산하다	103	공명정대	190	박학다식	17
한없다	265	공평무사	190	반대급부	29
한정	265	과유불급	256	반면교사	71
합일하다	145	관포지교	16	발본색원	107
항변하다	241	괄목상대	52	방방곡곡	178
해빙	187	교각살우	256	방약무인	106
행실	49	교언영색	191	배수지진	214
행여	49	교외별전	107	배은망덕	29
행차하다	49	구구절절	70	백골난망	52

백년하청	148
백면서생	28
백중지간	95
백척간두	28
부지불식	256
부화뇌동	149
불립문자	107
불문가지	256
불철주야	53
비분강개	148
빙자옥질	149
사고무친	16
사면초가	16
사상누각	215
사생결단	214
사필귀정	191
산전수전	178
삼척동자	136
상부상조	215
상산구어	148
새옹지마	136
생면부지	70
생사기로	53
선견지명	256
선공후사	190
설상가상	17
섬섬옥수	149
성동격서	95
소탐대실	214
수수방관	149
수어지교	16
식자우환	106
심심상인	107
십벌지목	53
십시일반	215
십중팔구	178
아연실색	137
아전인수	179
안하무인	106
애걸복걸	29
애지중지	29
양자택일	256
어부지리	29
언중유골	70
엄동설한	94
여리박빙	28
역지사지	70
연모지정	52
연목구어	148
연하고질	179
염량세태	179
염화미소	107
오비이락	257
오합지졸	136
온고지신	17
와신상담	214
외유내강	136
용호상박	95
우공이산	53
우화등선	214
우후죽순	215
원화소복	136
유구무언	70
유언비어	190
유유상종	28
육지행선	148
음풍농월	214
이구동성	70
이심전심	107
이열치열	107
이왕지사	178
인과응보	71
인지상정	52
일거양득	29
일사불란	215
일심동체	215
일자무식	94
일촉즉발	53
일취월장	52
일편단심	52
임기응변	107
입신양명	71
자격지심	52
자승자박	71
자업자득	71
자포자기	29
자화자찬	149
작심삼일	256
장삼이사	94
적반하장	70
전대미문	148
전도유망	71
전무후무	148
전심전력	53
전인미답	148
전화위복	136
절차탁마	17
절체절명	53
절치부심	148
점입가경	17
정저지와	28
조삼모사	191
좌불안석	106
좌정관천	28
좌지우지	149
주경야독	17
주마간산	190
죽마고우	16
지기지우	16
지록위마	191
지성감천	53
천고마비	94
천석고황	179
천신만고	178
천우신조	136
천의무봉	215
천재일우	178
천진무구	136
청천벽력	257
청풍명월	94
초동급부	94
초록동색	28
초미지급	53
타산지석	71
태산북두	106
태연자약	29
토사구팽	179
파죽지세	95
표리부동	137
풍월주인	179
풍전등화	28
필부필부	94
학수고대	29
한중진미	214
혈혈단신	16
형설지공	17
호가호위	191
호각지세	95
호사다마	256
호언장담	70
호형호제	16
혼비백산	137
화룡점정	256
화무십일홍	137
회자정리	191
후회막급	257
흥망성쇠	137
흥진비래	191

속담

가난 구제는 나라님도 못한다	44
가는 날이 장날	245
가는 말이 고와야 오는 말이 곱다	45
가랑비에 옷 젖는 줄 모른다	195
가지 많은 나무에 바람 잘 날이 없다	98
간에 붙었다 쓸개에 붙었다 한다	194
같은 값이면 다홍치마	44
개같이 벌어서 정승같이 산다	44
개구리 올챙이 적 생각 못 한다	98
개도 제 주인을 보면 꼬리 친다	45
개미가 절구통 물고 나간다	74
걱정도 팔자다	99
고기도 먹어 본 사람이 많이 먹는다	244
고생 끝에 낙이 온다	75
고양이 목에 방울 달기	45
공든 탑이 무너지랴	75
구르는 돌은 이끼가 안 긴다	75
굿이나 보고 떡이나 먹지	194
금강산도 식후경	194
기지도 못하면서 뛰려 한다	98
까마귀 날자 배 떨어진다	245
남의 잔치에 감 놓아라 배 놓아라 한다	99
낮말은 새가 듣고 밤말은 쥐가 듣는다	45
내리사랑은 있어도 치사랑은 없다	44

누울 자리 봐 가며 발을 뻗어라	245	
눈 감고 아웅 한다	44	
다람쥐 쳇바퀴 돌듯	44	
달면 삼키고 쓰면 뱉는다	194	
닭 쫓던 개 지붕 쳐다보듯	45	
답답한 놈이 송사한다	74	
도랑 치고 가재 잡는다	194	
돌다리도 두들겨 보고 건너라	98	
등 치고 간 내먹다	75	
등잔 밑이 어둡다	99	
땅 짚고 헤엄치기	245	
떡 줄 사람은 꿈도 안 꾸는데 김칫국부터 마신다	194	
뚝배기보다 장맛이 좋다	75	
뛰는 놈 위에 나는 놈 있다	244	
마른하늘에 날벼락	99	
말 안 하면 귀신도 모른다	99	
말이 씨가 된다	45	
맥도 모르고 침통 흔든다	99	
먼 사촌보다 가까운 이웃이 낫다	244	
메뚜기도 유월이 한철이다	74	
목구멍이 포도청	44	
미운 아이 떡 하나 더 준다	194	
믿는 도끼에 발등 찍힌다	245	
바늘 도둑이 소도둑 된다	45	
발 없는 말이 천 리 간다	45	
배보다 배꼽이 더 크다	99	
백지장도 맞들면 낫다	245	
뱁새가 황새를 따라가면 다리가 찢어진다	98	
번갯불에 콩 볶아 먹겠다	74	
벼룩의 간을 내먹는다	74	
병 주고 약 준다	245	
보기 좋은 떡이 먹기도 좋다	75	
불면 날아갈 듯 쥐면 꺼질 듯	244	
비 온 뒤에 땅이 굳어진다	195	
빈 수레가 요란하다	75	
빈대도 낯짝이 있다	74	
사공이 많으면 배가 산으로 간다	99	
사촌이 땅을 사면 배가 아프다	244	
산 넘어 산이다	99	
산 입에 거미줄 치랴	44	
서당 개 삼 년에 풍월 읊는다	195	
세 살 적 버릇이 여든까지 간다	244	
셋이 먹다가 둘이 죽어도 모른다	194	
소 잃고 외양간 고친다	45	
소금 먹은 놈이 물켠다	244	
손바닥으로 하늘 가리기	245	
쇠귀에 경 읽기	45	
순풍에 돛을 단 배	245	
시집도 아니 가서 포대기 장만한다	74	
싼 것이 비지떡	194	
쌀독에서 인심 난다	44	
아니 땐 굴뚝에 연기 날까	244	
알아야 면장을 하지	195	
얌전한 고양이 부뚜막에 먼저 올라간다	75	
열 번 찍어 아니 넘어가는 나무 없다	98	
열 길 물속은 알아도 한 길 사람의 속은 모른다	195	

옆찔러 절받기	98	
오르지 못할 나무는 쳐다보지도 마라	98	
우물에 가 숭늉 찾는다	74	
우물을 파도 한 우물을 파라	195	
원님 덕에 나팔 분다	194	
원숭이도 나무에서 떨어진다	98	
윗물이 맑아야 아랫물이 맑다	195	
제 논에 물 대기	195	
쥐구멍에도 볕 들 날 있다	75	
쥐면 꺼질까 불면 날까	44	
짖는 개는 물지 않는다	75	
찔러도 피 한 방울 안 나겠다	74	
참을 인(忍) 자 셋이면 살인도 피한다	195	
첫술에 배부르랴	195	
친구 따라 강남 간다	244	
콩 심은 데 콩 나고 팥 심은 데 팥 난다	98	
키 크고 싱겁지 않은 사람 없다	74	
핑계 없는 무덤이 없다	244	
하나만 알고 둘은 모른다	99	
하던 짓도 멍석 펴 놓으면 안 한다	245	

관용어

가닥을 잡다	233	
가슴에 불붙다	141	
가슴에 새기다	141	
가슴을 펴다	141	
가슴이 뜨겁다	141	
가슴이 무겁다	141	
간을 졸이다	141	
간이 붓다	141	
간이 오그라들다	141	
간이 작다	141	
간이 크다	141	
간이 타다	141	
간장이 썩다	141	
고개를 끄덕이다	40	
고개를 돌리다	40	
고개를 숙이다	40	
고개를 쳐들다	40	
구미가 당기다	203	
귀가 가렵다	41	
귀가 따갑다	41	
귀가 뚫리다	41	
귀가 얇다	41	
귀를 기울이다	41	
귀를 의심하다	41	
귀에 익다	41	
귓등으로 듣다	41	
깨가 쏟아지다	233	
날개가 돋치다	203	
눈앞에 어른거리다	40	
눈에 넣어도 아프지 않다	40	
눈에 밟히다	40	
눈에 익다	40	
눈을 붙이다	40	
눈을 씻고 보다	40	
눈을 의심하다	40	
눈이 높다	40	

덜미를 잡히다	232	
뒤가 구리다	232	
말도 못 하다	233	
말문이 막히다	233	
말을 맞추다	233	
말이 나다	233	
머리가 굳다	87	
머리가 무겁다	87	
머리가 수그러지다	87	
머리를 맞대다	87	
머리를 싸매다	87	
머리를 쓰다	87	
명함을 내밀다	233	
목덜미를 잡히다	202	
목에 거미줄 치다	202	
목에 힘을 주다	202	
목을 걸다	202	
목이 빠지게 기다리다	202	
무덤을 파다	232	
밑천이 드러나다	203	
발 벗고 나서다	87	
발등을 찍히다	87	
발등의 불을 끄다	87	
발을 끊다	87	
발을 빼다	87	
발이 넓다	87	
배가 등에 붙다	86	
배가 아프다	86	
배꼽을 잡다	86	
배알이 꼴리다	86	
불똥이 튀다	232	
비위가 상하다	232	
소매를 걷어붙이다	233	
손때가 묻다	86	
손발이 맞다	86	
손에 익다	86	
손에 잡히다	86	
손을 끊다	86	
손을 내밀다	86	
손을 놓다	86	
손이 크다	86	
시치미를 떼다	233	
안면을 바꾸다	232	
어깨가 가볍다	232	
어깨가 처지다	232	
어깨를 나란히 하다	232	
어깨를 으쓱거리다	232	
어깨를 짓누르다	232	
어깨에 짊어지다	232	
얼굴에 씌어 있다	41	
얼굴을 내밀다	41	
얼굴을 들다	41	
얼굴이 두껍다	41	
열을 올리다	233	
임자를 만나다	233	
입만 살다	203	
입만 아프다	203	
입맛대로 하다	203	

입에 침이 마르다 203
입을 막다 203
입을 맞추다 203
입을 모으다 203
입이 떨어지다 203
입이 짧다 203
지지고 볶다 233
코가 꿰이다 140
코가 납작해지다 140
코가 비뚤어지게 140
코끝도 안 보인다 140
코를 납작하게 만들다 140
콧대가 높다 140
콧방귀를 뀌다 140
피가 거꾸로 솟다 202
피가 끓다 202
피가 마르다 202
피도 눈물도 없다 202
피로 물들이다 202
피를 보다 202
피를 토하다 202
혀가 꼬부라지다 140
혀가 빠지게 140
혀끝에 놀아나다 140
혀를 깨물다 140
혀를 내두르다 140

다의어

가다 20
가르다 20
간직하다 20
거칠다 20
고치다 20
곧다 20
굳다 21
깨끗하다 21
꿈 21
나오다 21
날렵하다 21
남다 21
내리다 124
너르다 124
녹다 124
높다 124
다부지다 124
닦다 124
담다 125
덜다 125
돌다 125
두다 125
마음 125
막다 125
만들다 160
맑다 160
모르다 160
무너지다 160
밑 160
바꾸다 160

밝다 161
밟다 161
변변하다 161
보다 161
비다 161
뽑다 161
사이 206
살다 206
생각 206
서다 206
섞다 206
섬세하다 206
식다 207
아래 207
알다 207
암울하다 207
어둡다 207
오다 207
오르다 236
일어나다 236
잊다 236
좁다 236
좋다 236
지나다 236
찾다 237
크다 237
터지다 237
팔다 237
풀다 237
하늘 237

동음이의어

개다 32
걷다 32
구하다 32
그리다 32
길다 32
눈 33
느끼다 33
다리 33
되다 33
듣다 128
들다 128
마르다 129
맞다 128
머리 129
먹다 129
묻다 128
받다 129
발 129
배 248
부르다 248
부치다 248
싸다 249
일다 249
지다 249
짙다 249

헷갈리는 어휘

가늠 82
가름 82
간지르다 vs 간질이다 260
갈음 82
갑절 82
개발 182
개시 182
게시 182
게재 182
계발 182
계시 182
곱절 82
기재 182
깡총깡총 vs 깡충깡충 260
날라가다 vs 날아가다 261
낫다 82
낳다 82
널찍하다 vs 넓직하다 261
넝쿨, 덩굴 vs 덩쿨 260
녁 vs 녘 260
년도 182
눈곱 vs 눈꼽 260
다르다 82
다리다 82
단합 182
달이다 82
담합 182
돋구다 83
돋우다 83
두껍다 83
두텁다 83
띄다 83
띠다 83
맞추다 83
맞히다 83
매다 83
메다 83
며칠 vs 몇일 261
바라다 152
바래다 152
바치다 152
받치다 152
받히다 152
백분률 vs 백분율 261
복구 183
복귀 183
봉오리 152
봉우리 152
부비다 vs 비비다 260
부치다 152
붙이다 152
새다 153
생각건대 vs 생각컨대 261
서슴지 vs 서슴치 261
설거지 vs 설겆이 260
설레임 vs 설렘 260

성공률 vs 성공율	261	사회적 배경	111	노출	165
세다	153	서술	111	데카르트의 직관	164
쇠다	153	서술자	111	도덕적 원칙주의	164
수꿩 vs 숫꿩	260	선경후정	57	도덕적 자유주의	164
썩이다	152	수미상관	57	동위 원소	218
썩히다	152	시간의 변화	57	디지털세	272
여위다	153	시간적 배경	111	맹자의 성선설	165
여의다	153	시상 전개 방식	57	면역 반응	218
연도	182	시상의 전환	57	명제 논리학	165
오랜만 vs 오랫만	261	시적 대상	56	모네	165
왠일 vs 웬일	260	시적 상황	56	물가	273
우레 vs 우뢰	260	시적 화자	56	미토콘드리아	219
익숙지 vs 익숙치	261	시점	111	민사 소송	272
일절	183	어근	268	반감기	218
일체	183	어조	56	방사성 동위 원소	218
잃어버리다	153	외적 갈등	110	배심원	272
잊어버리다	153	외형률	56	세잔	165
조정	183	운율	56	순자의 성악설	165
조종	183	유음화	269	스윙바이	219
좇다	153	음보율	56	스트로크	164
지양	183	음수율	56	스피노자의 코나투스	164
지향	183	음운	268	승수 효과	273
쫓다	153	음위율	56	실존주의	164
체격	183	음절의 끝소리 규칙	269	아포토시스	218
체력	183	입체적 인물	110	영상 안정화 기술	219
출연	183	'ㅏ, ㅓ' 탈락	269	오토파지	218
출현	183	'ㅡ' 탈락	269	원핵생물	219
통째 vs 통채	261	1인칭 관찰자 시점	111	인상주의	165
틀리다	82	1인칭 주인공 시점	111	잉여	273
하마터면 vs 하마트면	261	자음	268	IMU	219
홀몸	153	자음 축약	269	자가 면역 질환	218
홑몸	153	자음군 단순화	269	자연 치유력	218

개념어

		작가 관찰자 시점	111	자화	218
감각적 심상	57	전지적 작가 시점	111	재정 정책	273
감정 이입물	57	전형적 인물	110	재화	273
개성적 인물	110	접사	268	전통 논리학	165
객관적 상관물	57	정서	56	조리개와 셔터	165
공간의 변화	57	조음 방법	268	조세	272
공간적 배경	111	조음 위치	268	조세의 능력 원칙	272
공감각적 심상	57	주동 인물	110	조세의 편익 원칙	272
구개음화	269	주변 인물	110	진핵생물	219
기승전결	57	중심인물	110	GPS	219
내재율	56	태도	56	촉매	219
내적 갈등	110	파생어	268	통화 정책	273
'ㄴ' 첨가	269	평면적 인물	110	특허권	272
단모음과 이중 모음	268	합성어	268	플라톤	164
단일어	268	형태소	268	항상성	219
대비	57	'ㅎ' 탈락	269	형사 소송	272
대화	111			형이상학적 이원론	164

배경지식 용어

된소리되기	269			활성화 에너지	219
'ㄹ' 탈락	269	가격 경직성	273	효용	273
모음	268	가격 탄력성	273	흄의 경험론	164
묘사	111	강자성체	218		
반동 인물	110	고자의 성무선악설	165		
복선	110	공리주의	164		
비음화	269	구축 효과	273		
사건	110	국민 참여 재판	272		
		기피 신청	272		

밥 먹듯이
매일매일
국어 공부

밥 시리즈의 새로운 학습 시스템

'밥 시리즈'의 학습 방법을 확인하고 공부 방향 설정	권장 학습 플랜을 참고하여 자신만의 학습 계획 수립	학습 방법과 학습 플랜에 맞추어 밥 먹듯이 꾸준하게 국어 공부	수능 국어 1등급을 달성

▶ 수능 국어 1등급 달성을 위한 학습법 제시   ▶ 문학, 비문학 독서, 언어와 매체, 화법과 작문 등 국어의 전 영역 학습   ▶ 문제 접근 방법과 해결 전략을 알려 주는 친절한 해설

처음 시작하는 밥 비문학
- 전국연합 학력평가 고1, 2 기출문제와 첨삭식 지문 · 문제 해설
- 예비 고등학생의 비문학 실력 향상을 위한 친절한 학습 프로그램

밥 비문학
- 수능, 평가원 모의평가 기출문제와 첨삭식 지문 · 문제 해설
- 지문 독해법과 문제별 접근법을 제시하여 비문학 완성

처음 시작하는 밥 문학
- 전국연합 학력평가 고1, 2 기출문제와 첨삭식 지문 · 문제 해설
- 예비 고등학생의 문학 실력 향상을 위한 친절한 학습 프로그램

밥 문학
- 수능, 평가원 모의평가 기출문제와 첨삭식 지문 · 문제 해설
- 작품 감상법과 문제별 접근법을 제시하여 문학 완성

밥 언어와 매체
- 수능, 평가원 모의평가, 전국연합 학력평가 및 내신 기출문제
- 핵심 문법 이론 정리, 문제별 접근법, 풍부한 해설로 언어와 매체 완성

밥 화법과 작문
- 수능, 평가원 모의평가 기출문제
- 문제별 접근법과 풍부한 해설로 화법과 작문 완성

밥 어휘
- 필수 어휘, 한자 성어, 속담, 관용어, 다의어, 동음이의어, 헷갈리는 어휘, 개념어, 배경지식 용어
- 방대한 어휘, 어휘력 향상을 위한 3단계 학습 시스템

고등 국어 수업을 위한 쉽고 체계적인 맞춤 교재

고등국어

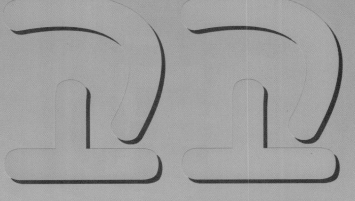

기본 문학 독서 문법

(전 4권)

고등 국어 학습, 시작이 중요합니다!

■ 고등학교 공부는 중학교 공부에 비해 훨씬 더 사고력, 독해력, 어휘력이 필요합니다.

■ 국어 공부는 모든 교과 학습의 기초가 됩니다.

'고고 시리즈'로 고등 국어 실력을 키우세요!

■ 국어 핵심 개념, 교과서 필수 문학 작품, 주요 비문학 지문, 문법 이론 등 고등학교
국어 공부에 필요한 모든 내용을 알차게 정리하였습니다.

■ 내신 대비는 물론 수능 기초를 다질 수 있는 토대를 마련할 수 있습니다.

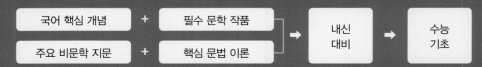

수능·내신 국어
문해력까지 한번에 잡는

별별
어휘
기본

[정답과 해설]

밥 어휘 기본

정답과 해설

1주 완성

01 필수 어휘 _ 고전 문학

step ① 어휘력 학습 ▶ 12~13쪽

01 ③	02 ④	03 ①	04 ⑤	05 ②	06 ①	07 ②
08 ③	09 ⑤	10 ④	11 ①	12 ②	13 ⑤	14 ③
15 ④	16 (1) ② (2) ⑤		17 ③	18 ①	19 ④	20 ⑥
21 ④	22 ④	23 ①	24 ⑥	25 (1) ③ (2) ②		26 (1) ④ (2) ②
27 ⑥	28 ①	29 ⑤	30 ③			

step ② 어휘력 체크 ▶ 14쪽

01 거룩하다 02 감돌다 03 구걸하다 04 굼뜨다 05 굽어보다 06 곤두서다 07 감화 08 계략 09 그윽 10 곤경 11 경망 12 견주 13 귀의 14 기별 15 고결한 16 거역하고 17 교활한 18 간곡한 19 경위 20 궁지 21 과인 22 고비 23 가련 24 금기

step ③ 어휘력 완성 ▶ 15쪽

01 ① 02 ③ 03 ③ 04 ③ 05 ③

01 '겨를'은 '어떤 일을 하다가 생각 따위를 다른 데로 돌릴 수 있는 시간적인 여유'를 의미한다. ①에는 '사람들 사이에 생기는 거리'를 의미하는 '틈'이 적절하다.

02 '굼뜨다'는 '동작, 진행 과정 따위가 답답할 만큼 매우 느리다.'를 의미하므로, '뜻이나 의지가 굳세고 건실하다.'의 의미인 '굳건하다'가 적절하다.

오답 풀이
① 거역하다: 윗사람의 뜻이나 지시 따위를 따르지 않고 거스르다.
  구걸하다: 돈이나 곡식, 물건 따위를 거저 달라고 빌다.
② 간곡하다: 태도나 자세 따위가 간절하고 정성스럽다.
  거룩하다: 뜻이 매우 높고 위대하다.
④ 귀의하다: 몰아의 경지에서 종교적 절대자나 종교적 진리를 깊이 믿고 의지하다.
  그윽하다: 느낌이 은근하다.
⑤ 가련하다: 가엾고 불쌍하다.
  간곡하다: 태도나 자세 따위가 간절하고 정성스럽다.

03 '근근이'는 '어렵사리 겨우'를 의미한다. 하지만 '그윽이'는 '깊숙하여 아늑하고 고요하게' 또는 '은근한 느낌으로'를 의미한다.

04 ③에서 ⓐ의 '굽어보다'는 '높은 위치에서 고개나 허리를

굽혀 아래를 내려다보다.'를 의미한다. ⓑ의 '굽어보다'는 '아랫사람이나 불우한 사람을 돌보아 주려고 사정을 살피다.'를 의미한다.

05 ⓒ는 앞의 내용인 '늙음을 잊고 함부로 행동하는 자'를 미루어 보았을 때 '행동이나 말이 가볍고 조심성이 없음.'을 의미하는 '경망'이 적절하다.

02 한자 성어

step ① 어휘력 학습 ▶ 16~17쪽

01 ②	02 ③	03 ⑥	04 ④	05 ①	06 ⑤	07 ③
08 ②	09 ④	10 ①	11 ①	12 ②	13 ③	14 ①
15 ②	16 ④	17 ③	18 ⑤	19 ②	20 ①	

step ② 어휘력 체크 ▶ 18쪽

01 지기지우 02 온고지신 03 관포지교 04 점입가경 05 형설지공 06 사면초가 07 멸망 08 사람 09 대나무 10 부른다 11 더한다 12 박학다식 13 혈혈단신 14 주경야독 15 설상가상 16 막역지간 17 만시지탄 18 고립무원

step ③ 어휘력 완성 ▶ 19쪽

01 ④ 02 ③ 03 ③ 04 ② 05 ③

01 '절차탁마(切磋琢磨)'는 옥이나 돌 따위를 갈고 닦아서 빛을 낸다는 뜻으로, 부지런히 학문과 덕행을 갈고 닦음을 이르는 말이다. 따라서 '밤이나 낮이나 열심히 책을 읽고 쉬지 않고 글을 짓는다.'는 상황과 어울린다.

오답 풀이
① 금상첨화(錦上添花): 비단 위에 꽃을 더한다는 뜻으로, 좋은 일 위에 또 좋은 일이 더하여짐을 이름.
② 맥수지탄(麥秀之歎): 고국의 멸망을 한탄함을 이름.
③ 박학다식(博學多識): 학식이 넓고 아는 것이 많음.
⑤ 점입가경(漸入佳境): (1) 들어갈수록 점점 재미가 있음. (2) 시간이 지날수록 하는 짓이나 몰골이 더욱 꼴불견임을 이름.

02 ㉣에는 '맥수지탄(麥秀之歎)'의 '수'를 넣을 수 있다. 따라서 ㉣의 세로에는 아주 친밀하여 떨어질 수 없는 사이

를 이르는 한자 성어인 '수어지교(水魚之交)'를 넣을 수 있다.

03 '사면초가(四面楚歌)'는 사방에서 들리는 초나라의 노래 라는 뜻으로, 아무에게도 도움을 받지 못하는, 외롭고 곤란한 지경에 빠진 형편을 이르는 한자 성어이다.

04 〈보기〉의 화자는 고려의 패망을 한탄하며 인생무상을 노래하고 있다. 따라서 고국의 멸망을 한탄함을 이르는 한자 성어인 '맥수지탄(麥秀之歎)'과 관련이 있다.

05 〈보기〉에서는 유비가 자신과 제갈량의 관계를 물고기와 물로 비유하고 있다. 따라서 물이 없으면 살 수 없는 물 고기와 물의 관계라는 뜻으로, 아주 친밀하여 떨어질 수 없는 사이를 이르는 한자 성어인 '수어지교(水魚之交)' 와 관련이 있다.

오답 풀이
① 관포지교(管鮑之交): 관중과 포숙의 사귐이란 뜻으로, 우정이 아주 돈독한 친구 관계를 이름.
② 막역지간(莫逆之間): 서로 거스르지 않는 사이라는 뜻으로, 허물없는 아주 친한 사이를 이름.
④ 지기지우(知己之友): 자기의 속마음을 참되게 알아주는 친구.
⑤ 호형호제(呼兄呼弟): 서로 형이니 아우니 하고 부른다는 뜻으 로, 매우 가까운 친구로 지냄을 이름.

03 다의어

step ❶ **어휘력 학습** ▶ 20~21쪽

01 (1) ② (2) ① (3) ④ (4) ③　　**02** (1) ③ (2) ④ (3) ① (4) ②
03 (1) ① (2) ②　　**04** (1) ② (2) ③ (3) ①　　**05** (1) ④ (2) ①
(3) ③ (4) ②　　**06** (1) ② (2) ①　　**07** (1) ① (2) ③ (3) ②　　**08** (1)
② (2) ① (3) ③ (4) ④　　**09** (1) ③ (2) ① (3) ②　　**10** (1) ① (2)
④ (3) ② (4) ③　　**11** (1) ① (2) ②　　**12** (1) ② (2) ② (3) ①

step ❷ **어휘력 체크** ▶ 22쪽

01 납득　　**02** 맵시　　**03** 구분　　**04** 고장　　**05** ①　　**06** ②
07 ①　　**08** ①　　**09** ①　　**10** ②　　**11** ②　　**12** ①　　**13** ①
14 ②　　**15** ①

09 ② 고치다: 병 따위를 낫게 하다.

10 ① 가다: 지나가나 흐르다.

11 ① 나오다: 책, 신문 따위에 글, 그림 따위가 실리다.

12 ② 굳다: 표정이나 태도 따위가 부드럽지 못하고 딱딱 하여지다.

13 ② 곧다: 마음이나 뜻이 흔들림 없이 바르다.

14 ① 꿈: 실현하고 싶은 희망이나 이상.

15 ② 남다: 잊히지 않거나 뒤에까지 전하다.

step ❸ **어휘력 완성** ▶ 23쪽

01 ④　　**02** ①　　**03** ④　　**04** ④　　**05** ②

01 '그는 언제부터인가 동창 모임에 나오지 않는다.'에서 '나오다'는 '어떠한 곳에 모습이 나타나다.'를 의미한다.

02 '성기다'는 '물건의 사이가 뜨다.' 또는 '반복되는 횟수나 도수가 뜨다.', '관계가 깊지 않고 서먹하다.'를 의미한 다. 따라서 '파도나 바람 따위의 기세가 험하고 거세다.' 를 의미하는 '거칠다'와 바꿔 쓰기에 적절하지 않다.

오답 풀이
② 깨끗하다: 맛이 개운하다.
　개운하다: 음식의 맛이 산뜻하고 시원하다.
③ 꿈: 실현하고 싶은 희망이나 이상.
　희망: 어떤 일을 이루거나 하기를 바람.
④ 날렵하다: 재빠르고 날래다.
　재빠르다: 동작 따위가 재고 빠르다.
⑤ 간직하다: 물건 따위를 어떤 장소에 잘 간수하여 두다.
　간수하다: 물건 따위를 잘 보호하거나 보관하다.

03 '그 옛날의 군은 맹세가 마침내 이루어졌다.'에서 '굳다' 는 '흔들리거나 바뀌지 아니할 만큼 힘이나 뜻이 강하 다.'를 의미한다.

04 ④에서 (ㄱ)의 '간직하다'는 '생각이나 기억 따위를 마음속 에 깊이 새겨 두다.'를 의미하고, (ㄴ)의 '간직하다'는 '물 건 따위를 어떤 장소에 잘 간수하여 두다.'를 의미한다.

오답 풀이
① 곧다: 굽거나 비뚤어지지 아니하고 똑바르다.
② 굳다: 표정이나 태도 따위가 부드럽지 못하고 딱딱하여지다.
③ 거칠다: 일을 하는 태도나 솜씨가 찬찬하거나 야무지지 못하다.
⑤ 고치다: 모양이나 내용 따위를 바꾸다.

05 ②에서 (가)의 '갈다'는 '이미 있는 사물을 다른 것으로 바꾸다.'를 의미하고, (나)의 '갈다'는 '날카롭게 날을 세 우거나 표면을 매끄럽게 하기 위하여 다른 물건에 대고 문지르다.'를 의미한다. 두 어휘는 각각의 표제어로 사

전에 실린 동음이의어이다.

오답 풀이
① (가) 가다: 원래의 상태를 잃고 상하거나 변질되다.
  (나) 가다: 관심이나 눈길 따위가 쏠리다.
③ (가) 나오다: 안에서 밖으로 오다.
  (나) 나오다: 어떠한 태도를 취하여 겉으로 드러내다.
④ (가) 가르다: 승부나 등수 따위를 서로 겨루어 정하다.
  (나) 가르다: 쪼개거나 나누어 따로따로 되게 하다.
⑤ (가) 깨끗하다: 빛깔 따위가 흐리지 않고 맑다.
  (나) 깨끗하다: 마음씨나 행동 따위가 허물이 없이 떳떳하고 올바르다.

04 필수 어휘 _고전 문학

step 1 어휘력 학습 ▶ 24~25쪽

01 ④ 02 ① 03 ③ 04 ② 05 ⑤ 06 ⑥ 07 ①
08 ④ 09 (1) ② (2) ⑤ 10 ③ 11 ③ 12 ⑤ 13 ①
14 ② 15 ④ 16 ③ 17 ② 18 ④ 19 (1) ⑦ (2) ⑥
20 (1) ⑤ (2) ① 21 ④ 22 ① 23 ② 24 ③ 25 ⑤
26 ④ 27 ⑤ 28 ② 29 ① 30 ③

step 2 어휘력 체크 ▶ 26쪽

01 묘책 02 면목 03 넌지시 04 박해 05 노여움
06 매진하다 07 만류하다 08 만회하다 09 곳 10 기묘 11 실정 12 감싸 13 하찮고 14 소리 15 막중
16 동태 17 낭패 18 노기 19 맹랑 20 누추 21 대목 22 보필 23 말미 24 마다

step 3 어휘력 완성 ▶ 27쪽

01 ② 02 ② 03 ④ 04 ⑤ 05 ④

01 '맹랑하다'는 '생각하던 바와 달리 허망하다.'를 의미하고 '번성하다'는 '한창 성하게 일어나 퍼지다.'를 의미하므로 각 속담의 뜻풀이에 들어갈 말로 적절하다.

오답 풀이
① 누추하다: 지저분하고 더럽다.
  당도하다: 어떤 곳에 다다르다.
③ 매진하다: 어떤 일을 전심전력을 다하여 해 나가다.
  만류하다: 붙들고 못 하게 말리다.

④ 먹먹하다: (1) 갑자기 귀가 막힌 듯이 소리가 잘 들리지 않다. (2) 체한 것같이 가슴이 답답하다.
  막중하다: 더할 수 없이 중대하다.
⑤ 미천하다: 신분이나 지위 따위가 하찮고 천하다.
  보필하다: 윗사람의 일을 돕다.

02 '미천하다'는 '신분이나 지위 따위가 하찮고 천하다.'를 의미하므로 ⓑ에 어울리지 않는다.

03 '마다하다'는 '거절하거나 싫다고 하다.'를 의미하므로 '거절하다'와 문맥적 의미가 유사하다.

오답 풀이
① 즐기다: 무엇을 좋아하여 자주 하다.
② 매진하다: 어떤 일을 전심전력을 다하여 해 나가다.
③ 좋아하다: 특정한 음식 따위를 특별히 잘 먹거나 마시다.
⑤ 허락하다: 청하는 일을 하도록 들어주다.

04 '묘책'은 '매우 교묘한 꾀'를 의미하므로 ⑤에는 '일정한 직업이나 일 따위에 매인 사람이 다른 일로 말미암아 얻는 겨를'을 의미하는 '말미'가 적절하다.

05 〈보기〉의 '대체 제 것이 아닌데~해치는 것을 적이라 하나니'를 통해 '떼를 지어 돌아다니며 사람을 해치거나 재물을 강제로 빼앗는 짓'을 의미하는 '노략질'이 적절하다.

오답 풀이
① 누추하다: 지저분하고 더럽다.
② 두둔하다: 편들어 감싸 주거나 역성을 들어 주다.
③ 만류하다: 붙들고 못 하게 말리다.
⑤ 노여움: 분하고 섭섭하여 화가 치미는 감정.

05 한자 성어

step 1 어휘력 학습 ▶ 28~29쪽

01 ① 02 ② 03 ③ 04 ② 05 ④ 06 ① 07 ③
08 ③ 09 ① 10 ② 11 ③ 12 ⑥ 13 ① 14 ④
15 ⑤ 16 ② 17 ③ 18 ① 19 ④ 20 ②

01~04

02여	금	상	첨	04견	누
리	담	관	방	토	수
박	01애	03정	저	지	와
빙	막	걸	지	쟁	너
와	좌	망	복	백	탄
노	기	량	닥	걸	비

05 은덕   06 충동   07 하늘   08 위태로운   09 어울리거나
10 누란지위   11 어부지리   12 백면서생   13 자포자기
14 풍전등화   15 일거양득   16 애지중지   17 학수고대
18 동병상련

01 ①   02 ④   03 ⑤   04 ③   05 ①

01 〈보기〉의 '그 나물에 그 밥'은 서로 격이 어울리는 것끼리 짝이 되었을 경우를 두고 이르는 말. 또는 서로 수준이 비슷하여 별다르지 않거나 기대 이하임을 이르는 말이다. 그리고 '오십보백보'는 조금 낮고 못한 정도의 차이는 있으나 본질적으로는 차이가 없음을 이르는 말이다. 따라서 '같은 무리끼리 서로 사귐.'을 의미하는 '유유상종(類類相從)'이 적절하다.

02 '정저지와(井底之蛙)'는 우물 안 개구리라는 뜻으로, 세상 물정에 어둡고 시야가 좁음을 이르는 한자 성어이다. ④에서는 자연을 벗 삼아 바람과 달을 노래하는 삶을 이야기하고 있으므로 적절하지 않다.

오답 풀이
① 백면서생(白面書生): 희고 고운 얼굴에 글만 읽는 사람이란 뜻으로, 한갓 글만 읽고 세상일에는 전혀 경험이 없는 사람.
② 애지중지(愛之重之): 매우 사랑하고 소중히 여기는 모양.
③ 애걸복걸(哀乞伏乞): 소원 따위를 들어 달라고 애처롭게 사정하며 간절히 빎.
⑤ 동병상련(同病相憐): 같은 병을 앓는 사람끼리 서로 가엾게 여긴다는 뜻으로, 어려운 처지에 있는 사람끼리 서로 가엾게 여김을 이름.

03 '풍전등화(風前燈火)'와 '백척간두(百尺竿頭)'는 매우 위태롭거나 어려움에 처한 상황을 일컫는 한자 성어이므로 '위태'가 적절하다.

오답 풀이
① 다채롭다: 여러 가지 색채나 형태, 종류 따위가 한데 어울리어

호화스럽다.
② 번거롭다: 일의 갈피가 어수선하고 복잡한 데가 있다.
③ 애처롭다: 가엾고 불쌍하여 마음이 슬프다.
④ 여유롭다: 여유가 있다.

04 '좌정관천(坐井觀天)'은 우물 속에 앉아서 하늘을 본다는 뜻으로, 사람의 견문이 매우 좁음을 이르는 한자 성어이므로 '박학다식(博學多識)'의 의미와 상반된다.

05 ⓐ는 아주 짧은 시간에 좌우될 만큼 매우 위험한 상황을 나타낸다. '견토지쟁(犬兔之爭)'은 개와 토끼의 다툼이라는 뜻으로, 두 사람의 싸움에 제삼자가 이익을 봄을 이르는 한자 성어이므로 어울리지 않는다.

06 동음이의어

01 ①   02 ③   03 ①   04 ①   05 ③   06 (1) ② (2) ④
07 (1) ② (2) ①   08 ③   09 ②   10 (1) ③ (2) ①   11 ①
12 (1) ② (2) ③   13 (1) ② (2) ① (3) ③   14 ⑤   15 ⑥
16 ④   17 ①   18 (1) ② (2) ③   19 (1) ① (2) ②   20 ②
21 (1) ③ (2) ① (3) ②   22 ⑤   23 ④

01 변하다   02 없어지다   03 깨닫다   04 찾다   05 포개다
06 ②   07 ①   08 ②   09 ②   10 ①   11 ②   12 ②
13 ②   14 ②   15 ②   16 ①

10 ② 개다: 가루나 덩이진 것에 물이나 기름 따위를 쳐서 서로 섞이거나 풀어지도록 으깨거나 이기다.

11 ① 되다: 반죽이나 밥 따위가 물기가 적어 빡빡하다.

12 ① 그리다: 연필, 붓 따위로 어떤 사물의 모양을 그와 닮게 선이나 색으로 나타내다.

13 ① 눈: 자·저울·온도계 따위에 표시하여 길이·양·도수 따위를 나타내는 금.

14 ① 구하다: 위태롭거나 어려운 지경에서 벗어나게 하다.

15 ① 눈: 대기 중의 수증기가 찬 기운을 만나 얼어서 땅 위로 떨어지는 얼음의 결정체.

16 ② 걷다: 늘어진 것을 말아 올리거나 열어 젖히다.

step ③ 어휘력 완성 ▶ 35쪽

01 ⑤   02 ③   03 ④   04 ②   05 ⑤

01 '그 노래는 긴 호흡으로 이어지는 담담한 곡조였다.'의 '긴'은 '길다²-(4)' 즉 '소리, 한숨 따위가 오래 계속되다.'의 의미로 쓰였다.

02 ③에서 (ㄱ)의 '개다'는 '옷이나 이부자리 따위를 겹치거나 접어서 단정하게 포개다.'를 의미하고 (ㄴ)의 '개다'는 '흐리거나 궂은 날씨가 맑아지다.'를 의미한다.

오답 풀이
① 걸다: 흙이나 거름 따위가 기름지고 양분이 많다.
② 그리다: 사랑하는 마음으로 간절히 생각하다.
④ 느끼다: 감각 기관을 통하여 어떤 자극을 깨닫다.
⑤ 구하다: 위태롭거나 어려운 지경에서 벗어나게 하다.

03 ④의 '회상하다'는 '지난 일을 돌이켜 생각하다.'를 의미한다. 따라서 '그리다'와 바꿔 쓰기에 적절하다.

오답 풀이
① 연모하다: 어떤 사람이나 존재를 사랑하여 간절히 그리워하다.
  그리다: 사랑하는 마음으로 간절히 생각하다.
② 보행하다: 걸어 다니다.
  걷다: 다리를 움직여 바닥에서 발을 번갈아 떼어 옮기다.
③ 표현되다: 생각이나 느낌 따위가 언어나 몸짓 따위의 형상으로 드러나 나타내어지다.
  그려지다: 말이나 글, 음악 따위로 나타내어지다.
⑤ 유구하다: 아득하게 오래다.
  길다: 이어지는 시간상의 한 때에서 다른 때까지의 동안이 오래다.

04 ㉠의 '눈'은 '사람들의 눈길'을 의미한다. 이와 유사한 의미로 사용된 것은 ②의 '눈'이다.

05 ⑤의 '다리'는 〈보기〉의 '다리¹'에 해당하고 나머지는 모두 '다리²'(① (1), ② (2), ③ (1), ④ (3))에 해당한다.

07 필수 어휘 _고전 문학

step ① 어휘력 학습 ▶ 36~37쪽

01 ④	02 ③	03 ⑤	04 ①	05 ②	06 ④	07 ⑤
08 ③	09 ②	10 ①	11 ⑤	12 ①	13 ④	14 ③
15 ②	16 ①	17 ⑤	18 ②	19 ④	20 ③	21 ③
22 ④	23 ②	24 ⑤	25 ①	26 ①	27 ④	28 ⑤
29 ②	30 ③					

step ② 어휘력 체크 ▶ 38쪽

01 ~ 06

경	01절	규	칙	준	영
저	수	감	개	06비	상
03서	정	02성	청	소	위
자	기	화	감	04사	원
중	05볼	모	국	은	희
심	멘	형	벌	거	어

07 운수	08 세상	09 멸망	10 곧바로	11 쓸모
12 무력	13 뚜렷	14 북돋우고	15 비탄	16 어진
17 사사로운	18 위중	19 재상	20 심기	21 자태
22 사주	23 부축	24 비범		

step ③ 어휘력 완성 ▶ 39쪽

01 ①   02 ②   03 ①   04 ①   05 ①

01 〈보기〉의 ㉠ 앞에서 '인간의 삶이 한낱 꿈처럼 허무하고'라고 하였으므로 문맥상 '대수롭지 아니하거나 쓸모가 없다.'를 의미하는 '부질없다'가 적절하다. 또한 ㉡ 앞의 '재물'과 청나라 장수 용울대가 박 씨의 시녀 계화에게 죽임을 당하였다는 내용을 통해 '폭력을 써서 남의 것을 억지로 빼앗다.'를 의미하는 '약탈하다'가 적절하다.

02 '우회하다'는 '곧바로 가지 않고 멀리 돌아서 가다.'를 의미한다. 따라서 '세상을 피하여 숨어서 살다.'를 의미하는 '은거하다'가 적절하다.

오답 풀이
① 슬하: 무릎의 아래라는 뜻으로, 어버이나 조부모의 보살핌 아래. 주로 부모의 보호를 받는 테두리 안을 이른다.
③ 액운: 액을 당할 운수.
④ 영롱하다: 광채가 찬란하다.
⑤ 심기: 마음으로 느끼는 기분.

03 '비위'는 '어떤 것을 좋아하거나 싫어하는 성미. 또는 그러한 기분'을 의미한다. 따라서 '비위'는 성미가 몹시 까다로워 맞추기가 어려운 상황에서 들어갈 말로 적절하다.

04 ⓐ는 산군이 다람쥐를 풀어 줌으로써 다람쥐가 고마움을 표시한 상황이므로 '받은 은혜에 대하여 감사히 여겨 사례함.'을 의미하는 '사은'이 적절하다. '절감'은 '절실히 느낌.'을 의미한다.

오답 풀이
② 서자: 양반과 양민 여성 사이에서 낳은 아들.
③ 자태: 어떤 모습이나 모양. 주로 사람의 맵시나 태도에 대하여

이르며, 식물, 건축물, 강, 산 따위를 사람에 비유하여 이르기도 한다.

④ 정벌: 적 또는 죄 있는 무리를 무력으로써 침.

⑤ 재상: 임금을 돕고 모든 관원을 지휘하고 감독하는 일을 맡아보던 이품 이상의 벼슬. 또는 그 벼슬에 있던 벼슬아치.

05 '부축하다'는 '겨드랑이를 붙잡아 걷는 것을 돕다.'를 의미하므로 '그럴듯한 말이나 행동으로 남을 속이거나 부추겨서 자기 생각대로 끌다.'를 의미하는 '꾀다'와 바꿔 쓰기에 적절하지 않다.

오답 풀이
② 완연하다: 눈에 보이는 것처럼 아주 뚜렷하다.
뚜렷하다: 엉클어지거나 흐리지 않고 아주 분명하다.
③ 섬멸하다: 모조리 무찔러 멸망시키다.
무찌르다: 적을 쳐서 이기거나 없애다.
④ 뻐기다: 얄미울 정도로 매우 우쭐거리며 자랑하다.
뽐내다: (1) 의기가 양양하여 우쭐거리다. (2) 자신의 어떠한 능력을 보라는 듯이 자랑하다.
⑤ 사주하다: 남을 부추겨 좋지 않은 일을 시키다.
꼬드기다: 어떠한 일을 하도록 남의 마음을 꾀어 부추기다.

08 관용어

step ① **어휘력** 학습 ▶ 40~41쪽

01 ②	02 ⑤	03 ④	04 ①	05 ⑥	06 ⑨	07
(1) ⑦	(2) ③	08 ⑧	09 ④	10 ②	11 (1) ⑤ (2) ①	
12 ③	13 ⑤	14 (1) ⑦ (2) ⑥	15 ②	16 ③	17 ⑨	
18 ⑩	19 (1) ① (2) ⑧	20 ④	21 ④	22 ②	23 ①	
24 ③						

step ② **어휘력** 체크 ▶ 42쪽

01 눈을 붙이다 02 귀가 뚫리다 03 얼굴을 내밀다 04 눈에 밟히다 05 얼굴에 씌어 있다 06 눈을 의심하다 07 귀를 의심하다 08 떳떳이 09 쉽게 10 외면 11 기억 12 안목 13 기세 14 ㉢ 15 ㉠ 16 ㉤ 17 ㉣ 18 ㉥ 19 가려웠다 20 씻고 보아도 21 쳐들기 22 귀에 익어 23 귓등으로 듣더니 24 얼굴이 두꺼운

step ③ **어휘력** 완성 ▶ 43쪽

01 ⑤	02 ⑤	03 ④	04 ③	05 ④

01 '눈에 밟히다'는 '잊히지 않고 자꾸 눈에 떠오르다.'를 의미하므로 '사리 분별을 못하여'로 바꿔 쓰기에 적절하지 않다.

오답 풀이
① 고개를 돌리다: 어떤 사람, 일, 상황 따위를 외면하다.
② 귀가 따갑다: 너무 여러 번 들어서 듣기가 싫다.
③ 귀를 기울이다: 남의 이야기나 의견에 관심을 가지고 주의를 모으다.
④ 눈앞에 어른거리다: 어떤 사람이나 일 따위에 관한 기억이 떠오르다.

02 ⑤의 '눈을 씻고 보니'는 눈을 흐르는 물로 씻는 행위를 뜻하며, 이는 은유적 또는 과장적인 성격이 나타나는 관용구라 볼 수 없다.

03 '귀가 얇다'는 '남의 말을 쉽게 받아들인다.'를 의미한다. 자신의 판단보다는 남의 말을 쉽게 믿을 때 쓰는 관용어이므로 ④에 적절하지 않다. 이 상황에는 '세상 물정을 알게 되다.'를 의미하는 '귀가 열리다'가 적절하다.

04 '남을 떳떳이 대하다.'를 의미하는 관용어는 '얼굴을 들다'이고, '남에게 승복하거나 아첨하거나 겸양하는 뜻으로 머리를 수그리다.'를 의미하는 관용어는 '고개를 숙이다'이다.

오답 풀이
① 얼굴을 보다: 체면을 고려하다.
고개를 흔들다: 고개를 좌우로 움직여 부정이나 거절의 뜻을 나타내다.
② 얼굴이 넓다: 사귀어 아는 사람이 많다.
고개를 내밀다: 세력, 감정 따위가 나타나거나 생기다.
④ 얼굴을 내밀다: 모임 따위에 모습을 나타내다.
고개를 꼬다: (1) 이리저리 생각하면서 망설이느라고 고개를 이리저리 돌리다. (2) 믿지 아니하고 의심하여 고개를 이리저리 돌리다.
⑤ 얼굴을 고치다: (1) 화장을 다시 하다. (2) 사람을 대할 때 마음가짐이나 태도를 바꾸다.
고개를 쳐들다: 기운이나 형세가 성하여지거나 활발하여지다.

05 '귓등으로 듣다'는 '듣고도 들은 체 만 체 하다.'라는 뜻을 지닌 말이므로, 궁금한 점이 있느냐는 말을 귀담아듣고 재빨리 질문하는 상황에 어울리지 않는다.

09 속담

step ❶ 어휘력 학습 ▶44~45쪽

01 ⑤ 02 ② 03 ④ 04 ③ 05 ⑥ 06 ① 07 ②
08 ① 09 ② 10 ① 11 ② 12 ① 13 ⑥ 14 ③
15 ④ 16 ⑤ 17 ④ 18 (1) ① (2) ③ 19 ② 20 ⑤

step ❷ 어휘력 체크 ▶46쪽

01 방울 02 씨 03 첫바퀴 04 포도청 05 치사랑
06 자녀 07 보람 08 배은망덕 09 실패 10 살림
11 ⓔ 12 ㉠ 13 ⓗ 14 ⓒ 5 ⓒ 16 같은 값이면 다
홍치마 17 쌀독에서 인심 난다 18 소 잃고 외양간 고친다더
니 19 쇠귀에 경 읽기 20 낮말은 새가 듣고 밤말은 쥐가 듣
는다

step ❸ 어휘력 완성 ▶47쪽

01 ④ 02 ① 03 ② 04 ① 05 ①

01 '고기는 씹어야 맛이요, 말은 해야 맛이라'는 '고기의 참
맛을 알려면 겉만 핥을 것이 아니라 자꾸 씹어야 하듯
이, 하고 싶은 말이나 해야 할 말은 시원히 다 해 버려
야 좋다는 말'을 의미한다. 〈보기〉에서는 '말을 조심하
라.'는 의미의 속담이 들어가야 하므로 적절하지 않다.

오답 풀이
① 말이 씨가 된다: 늘 말하던 것이 마침내 사실대로 되었을 때를
이르는 말.
② 관 속에 들어가도 막말은 말라: 어떤 경우에라도 말을 함부로
해서는 안 된다는 말.
③ 낮말은 새가 듣고 밤말은 쥐가 듣는다: 아무도 안 듣는 데서라
도 말조심해야 한다는 말.
⑤ 가루는 칠수록 고와지고 말은 할수록 거칠어진다: 가루는 체에
칠수록 고와지지만 말은 길어질수록 시비가 붙을 수 있고 마침
내는 말다툼까지 가게 되니 말을 삼가라는 말.

02 '우이독경(牛耳讀經)'은 '쇠귀에 경 읽기라는 뜻으로, 아
무리 가르치고 일러 주어도 알아듣지 못함을 이르는 말'
을 의미한다.

03 '닭 쫓던 개 지붕 쳐다보듯'은 '개에게 쫓기던 닭이 지붕
으로 올라가자 개가 쫓아 올라가지 못하고 지붕만 쳐다
본다는 뜻으로, 애써 하던 일이 실패로 돌아가거나 남보

다 뒤떨어져 어찌할 도리가 없이 됨을 이르는 말'을 의
미한다. 따라서 최선을 다하는 사람에게 욕을 할 수는
없다는 말을 할 때 쓰는 것은 적절하지 않다.

04 '소 잃고 외양간 고친다'는 '소를 도둑맞은 다음에서야 빈
외양간의 허물어진 데를 고치느라 수선을 떤다는 뜻으
로, 일이 이미 잘못된 뒤에는 손을 써도 소용이 없음을
비꼬는 말'을 의미하는 속담이다. '꿩 잃고 매 잃는 셈'은
'무슨 일을 하려다가 아무 소득도 얻지 못하고 도리어 손
해만 봄을 이르는 말'을 의미하는 속담이다.

05 〈보기〉의 부부는 딸 셋을 '금지옥엽처럼 키웠다'고 하였
으므로, 자식을 귀하게 여기며 아끼고 사랑하였음을 알
수 있다. 따라서 '어린 자녀를 애지중지하여 기르는 부
모의 사랑을 이르는 말'인 '쥐면 꺼질까 불면 날까'가 가
장 적절하다.

10 필수 어휘_고전 문학

step ❶ 어휘력 학습 ▶48~49쪽

01 ② 02 ① 03 ④ 04 ③ 05 ⑤ 06 ⑤ 07 ①
08 (1) ② (2) ③ 09 ⑥ 10 ④ 11 ③ 12 ② 13 ④
14 ⑤ 15 ① 16 ④ 17 ③ 18 ② 19 ① 20 ⑤
21 ③ 22 ④ 23 ② 24 ① 25 ⑤ 26 (1) ⑤ (2) ③
27 ⑦ 28 ④ 29 ② 30 (1) ① (2) ⑥

step ❷ 어휘력 체크 ▶50쪽

01 공중 02 혹시 03 기쁜 04 문제 05 기거 06 진정
07 ⓗ 08 ㉠ 09 ⓔ 10 ⓗ 11 ⓒ 12 ⓒ 13 총애
14 채비 15 추모 16 행실 17 패망 18 호령 19 탄
식 20 황혼 21 처량 22 행차 23 지척 24 풍류

step ❸ 어휘력 완성 ▶51쪽

01 ④ 02 ⑤ 03 ③ 04 ① 05 ②

01 ④에서의 '행실'은 '실지로 드러나는 행동'을 의미한다. ㉣의 '사실에 없는 일을 사실처럼 꾸며 만듦.'을 의미하는 어휘는 '허구'이다.

02 '추모'는 '죽은 사람을 그리며 생각함.'을 의미하며, '한탄하여 한숨을 쉼.'을 의미하는 어휘는 '탄식'이다.

03 '호령하다'는 '부하나 동물 따위를 지휘하여 명령하다.' 또는 '큰 소리로 꾸짖다.'를 의미하므로 '호령'이 문맥상 적절하다.

오답 풀이
① 채비: 어떤 일이 되기 위하여 필요한 물건, 자세 따위가 미리 갖추어져 차려지거나 그렇게 되게 함. 또는 그 물건이나 자세.
② 행차: 웃어른이 차리고 나서서 길을 감. 또는 그때 이루는 대열.
④ 환송: 떠나는 사람을 기쁜 마음으로 보냄.
⑤ 황혼: 해가 지고 어스름해질 때. 또는 그때의 어스름한 빛.

04 '고두사은(叩頭謝恩)'은 '머리를 조아리며 은혜에 감사함.'을 의미하는 한자 성어이고, '정승 판서 사귀지 말고 제 입이나 잘 닦아라'는 '권세나 권세 있는 사람들의 도움에 헛된 욕심을 두지 말고 제 몸의 건강이나 바른 행실을 위해 힘쓰라는 말'을 의미하는 속담이다.

05 '탁월하다'는 '남보다 두드러지게 뛰어나다.'를 의미한다.

11 한자 성어

step **1** **어휘력** 학습 ▶ 52~53쪽

01 ②	02 ③	03 ①	04 ②	05 ①	06 ④	07 ③
08 ①	09 ②	10 ③	11 ②	12 ①	13 ④	14 ⑤
15 ③	16 ③	17 ②	18 ⑤	19 ①	20 ④	

step **2** **어휘력** 체크 ▶ 54쪽

01 초미지급 02 일촉즉발 03 결초보은 04 우공이산
05 괄목상대 06 불철주야 07 갈림길 08 발전 09 허물
10 진심 11 은덕 12 지성감천 13 절체절명 14 자격지심 15 인지상정 16 명재경각 17 전심전력 18 각골난망

step **3** **어휘력** 완성 ▶ 55쪽

01 ③	02 ⑤	03 ④	04 ③	05 ②	06 ⑤

01 '불철주야(不撤晝夜)'는 '어떤 일에 몰두하여 조금도 쉴 사이 없이 밤낮을 가리지 아니함.'을 의미하는 한자 성어이다. 따라서 희망이 점점 사라져 가는 그들에게 위기가 닥쳐오는 상황에는 '한 번 건드리기만 해도 폭발할 것같이 몹시 위급한 상태'를 의미하는 '일촉즉발(一觸卽發)'이 적절하다.

오답 풀이
① 결초보은(結草報恩): 풀을 묶어 은혜를 갚는다는 뜻으로, 죽은 뒤에라도 은혜를 잊지 않고 갚음을 이름.
② 생사기로(生死岐路): 사느냐 죽느냐 하는 갈림길.
④ 개과천선(改過遷善): 지난날의 잘못이나 허물을 고쳐 올바르고 착하게 됨.
⑤ 전심전력(全心全力): 온 마음과 온 힘.

02 '백골난망(白骨難忘)'은 '죽어서 백골이 되어도 잊을 수 없다는 뜻으로, 남에게 큰 은덕을 입었을 때 고마움의 뜻으로 이름.'을 의미하는 한자 성어이다. '밤 잔 원수 없고 날 샌 은혜 없다'는 '밤을 자고 나면 원수같이 여기던 감정은 풀리고 날을 새우고 나면 은혜에 대한 고마운 감정이 식어진다는 뜻으로, 은혜나 원한은 시일이 지나면 쉬 잊게 됨을 이르는 말'을 의미하는 속담이다.

03 '일편단심(一片丹心)'은 '한 조각의 붉은 마음이라는 뜻으로, 진심에서 우러나오는 변치 아니하는 마음을 이름.'을 의미하는 한자 성어이므로 '끊임없이 노력함.'과는 거리가 있다.

오답 풀이
① 각고면려(刻苦勉勵): 어떤 일에 고생을 무릅쓰고 몸과 마음을 다하여, 무척 애를 쓰면서 부지런히 노력함.
② 불철주야(不撤晝夜): 어떤 일에 몰두하여 조금도 쉴 사이 없이 밤낮을 가리지 아니함.
③ 우공이산(愚公移山): 우공이 산을 옮긴다는 뜻으로, 어떤 일이든 끊임없이 노력하면 반드시 이루어짐을 이름.
⑤ 전심전력(全心全力): 온 마음과 온 힘.

04 '연모지정(戀慕之情)'은 '이성을 사랑하여 간절히 그리워하는 마음'을 의미하는 한자 성어이다.

05 〈보기〉에는 도적들이 들이닥쳐 목숨의 위협을 느끼고 죽을힘을 다해 달아난 ㉠의 상황이 나타나 있다. 이러한 위급한 상황과 어울리는 한자 성어는 '거의 죽게 되어 곧 숨이 끊어질 지경에 이름.'을 의미하는 '명재경각(命在頃刻)'이다.

06 '지성감천(至誠感天)'은 '지극한 정성에는 하늘도 감동한다는 뜻으로, 무엇이든 정성껏 하면 하늘이 움직여 좋은 결과를 맺는다는 뜻'을 의미하는 한자 성어이다. 나머지는 모두 위태롭고 위급한 상황을 나타내는 한자 성어이다.

오답 풀이
① 누란지위(累卵之危): 층층이 쌓아 놓은 알의 위태로움이라는 뜻으로, 몹시 아슬아슬한 위기를 이름.
② 백척간두(百尺竿頭): 백 자나 되는 높은 장대 위에 올라섰다는 뜻으로, 몹시 어렵고 위태로운 지경을 이름.
③ 생사기로(生死岐路): 사느냐 죽느냐 하는 갈림길.
④ 절체절명(絶體絶命): 몸도 목숨도 다 되었다는 뜻으로, 어찌할 수 없는 절박한 경우를 이름.

12 개념어 _ 운문 문학

step ① **어휘력 학습** ▶ 56~57쪽

01 ①	02 ⑥	03 ②	04 ④	05 ⑤	06 ③	07 ①
08 ⑤	09 ②	10 ④	11 ⑥	12 ③	13 ①	14 ②
15 ①	16 ②	17 ④	18 ⑧	19 ②	20 ⑤	21 ③
22 ⑥	23 ⑦	24 ①				

step ② **어휘력 체크** ▶ 58쪽

01 위치	02 개성적	03 시인	04 조직	05 정형시
06 간접적	07 어조	08 운율	09 정서	10 음수율	11 감각적 심상

11 감각적 심상 12 공감각적 심상 13 × 14 × 15 ○ 16 ○
17 × 18 ○ 19 ○ 20 ×

13 (가)는 '과거 – 미래 – 현재'의 흐름에 따라 시상이 전개된다.

14 (가)에서 처음과 끝의 시구는 유사하지 않다.

17 (가)는 선경후정의 시상 전개 방식을 취하고 있지 않다.

20 (나)의 마지막 행에서 시상이 전환되지 않으며, 이 부분에서 화자는 아름다운 오월의 산봉우리가 밤이 되면 어둠 속으로 사라져 버리는 것에 대한 아쉬움을 드러내고 있다.

step ③ **어휘력 완성** ▶ 59쪽

01 ①	02 ②	03 ③	04 ⑤	05 ②	06 ②

01 이신의의 〈단가육장〉은 유배지에서의 심경과 생활을 노래한 총 6수의 연시조이다. 〈제4장〉에서 화자는 종장의 '내'이고 청자는 '널(제비)'이다. 〈제5장〉에서 화자는 직접 드러나지 않으며 청자는 종장의 '너(명월)'이다. 〈제6장〉에서 화자는 직접 드러나지 않고 잔을 잡고 창을 여는 행위만 드러나 있으며, 청자는 제시되지 않고 있다. 따라서 이 글에서 화자(ⓐ)는 '내'이고, 청자(ⓑ)는 '너'이다.

오답 풀이
② 〈제4장〉에서 '적객'은 '귀양살이하는 사람'으로 화자 자신을 가리킨다. '말'은 '제비의 울음소리'를 의인화한 표현이다.
③ 〈제6장〉에서 '매화'는 절의를 지키는 존재로 화자가 추구하는 삶의 모습을 보여 주는, 즉 화자를 비유적으로 나타내는 대상으로 볼 수 있지만 '호접'은 '임금'을 상징하므로 청자로 볼 수 없다.
④ 〈제5장〉에서 '옛 벗'은 천 리를 멀다 하지 않고 화자가 가는 데마다 따라오는 '명월'을 의미하므로, 청자로 볼 수 있지만, '인간'은 '사람이 사는 세상'을 의미하므로 화자로 볼 수 없다.
⑤ 〈제4장〉에서 '내'는 화자 자신이다. 〈제6장〉에서 '섞인 꽃'은 화자가 창을 열고 바라보는 대상이다.

02 〈제4장〉의 종장에는 피부로 느낄 수 있는 촉각적 심상이 드러나지 않는다.

오답 풀이
① '종일 하는 말'에서 귀로 들을 수 있는 청각적 심상이 드러난다.
③ '명월'에서 눈으로 볼 수 있는 시각적 심상이 드러난다.
④ '꽃'이 여위어 있는 데서 시각적 심상이, '향기'에서 후각적 심상이 드러난다.
⑤ '이 향기'에서 후각적 심상이 드러난다.

03 이 글은 3장 6구 45자 내외를 기본 형식으로 한 정형시로, 전체적으로 4음보에 3·4(4·4)조의 외형률을 지니고 있다. 음보율은 한 호흡으로 끊어 읽는 단위인 음보를 반복함으로써 형성된다.

오답 풀이
④ 각 수의 종장 마지막 구절이 모두 '하노라'로 끝나면서 일정한 위치에서 일정한 음이 반복되어 음위율이 형성되고 있다.
⑤ 각 수의 종장 첫 구절이 '어즈버'와 같이 3음절로 고정되어 있는데, 평시조는 이와 같은 외형률적 형식미를 보여 준다.

04 〈제4장〉의 '제비'는 외로움과 시름을 느끼는 화자의 정서를 부각하는 소재일 뿐, 화자가 부러워하거나 지향하는 대상은 아니다.

오답 풀이
① '내 풀어낸 시름은 널로만 하노라'에서 화자는 제비와의 비교를 통해 자신의 시름을 강조하고 있다.

② '공량' 위에 있는 '제비'가 종일 말하며 시름을 풀어낸다면서 사람처럼 표현하고 있다.

③ 화자는 귀양살이 중으로 벗이 없이 외로운 처지에 있는데, '제비' 역시 빈 공량에 혼자 있으므로 화자의 외로운 처지와 유사한 상황에 있다고 볼 수 있다.

④ 화자는 '제비'에 감정을 이입하여, '제비'가 자신처럼 시름이 많아 끊임없이 말하며 시름을 풀어내고 있다고 표현하였다.

05 이 글에서 화자는 속세에 대한 그리움을 드러내지 않는다. '명월'은 귀양살이 중인 화자를 위로해 주는 존재로, '천 리를 멀다 아녀 간 데마다 따라오'며 항상 함께해 주는 진정한 벗의 모습을 보여 주는 소재이다.

오답 풀이
③ '설월'은 눈 위에 비친 달빛을 뜻하므로, 겨울이라는 계절적 배경이 드러난다.

④ 눈 속 여윈 모습으로 향기를 잃지 않는 '매화'는 힘겨운 유배 생활 중에도 지조와 절개를 잃지 않는 화자의 모습을 보여 준다.

⑤ 매화 향기를 모르는 '호접'은 화자의 충절을 몰라주는 임금을 상징한다.

06 〈제5장〉에서 '인간에 유정한 벗은 명월밖에 또 있는가'는 설의적 표현으로 화자의 정서를 효과적으로 드러낸다.

오답 풀이
① 〈제4장〉에는 동일한 시어가 반복되지 않는다.

③ 〈제6장〉에서는 점층적인 시상 전개가 나타나지 않는다.

④ 〈제4장〉과 〈제5장〉에서는 현재와 과거를 대조하고 있지 않다.

⑤ 〈제6장〉에서 '설월'과 '매화'라는 흰색의 색채 이미지가 나타나지만 이와 대비되는 색채는 나타나지 않는다.

1주 완성 | 실전 대비 기출 모의고사 ▶ 60~64쪽

01 ⑤	02 ①	03 ③	04 ①	05 ①	06 ⑤	07 ③
08 ①	09 ⑤	10 ④	11 ⑤	12 ⑤	13 ⑤	14 ①
15 ①	16 ⑤	17 ②	18 ⑤	19 ⑤	20 ③	

01 〈보기〉의 '지양하다'는 '더 높은 단계로 오르기 위하여 어떠한 것을 하지 아니하다.'라는 뜻을 지닌 말이다. '더 높은 단계로 오르기 위하여 어떤 것을 하거나 뜻을 향하여 쏟다.'라는 뜻을 지닌 말은 '지향하다'이다.

02 '수백 개가 넘는 항목'에서의 '넘다'는 '일정한 시간, 시기, 범위 따위에서 벗어나 지나다.'의 의미로 사용되었다. '시간은 자정이 넘었다'에서의 '넘다' 역시 시간의 범위를 벗어났다는 것을 뜻하므로, ⓐ와 유사한 의미로 사용되었다고 볼 수 있다.

오답 풀이
② '높은 부분의 위를 지나가다.'라는 뜻으로 사용되었다.

③ '경계를 건너 지나다.'라는 뜻으로 사용되었다.

④ '어려움이나 고비 따위를 겪어 지나다.'라는 뜻으로 사용되었다.

⑤ '일정한 곳에 가득 차고 나머지가 밖으로 나오다.'라는 뜻으로 사용되었다.

03 '귀결되다'는 '어떤 결말이나 결과에 이르게 되다.'라는 의미이므로 문맥상 '일이 다 이루어지다.'라는 의미의 '끝나다'와 바꾸어 쓰기에 적절하다.

오답 풀이
① ⓐ '(체계성을) 지녀야'는 문맥상 '바탕으로 갖추고 있다.'라는 의미로 사용되었다. '소지하다'는 '물건을 지니고 있다.'라는 의미이므로 '지니다'와 바꾸어 쓰기에 적절하지 않다.

② ⓑ '(영역을) 가리킨다'는 문맥상 '어떤 대상을 특별히 집어서 두드러지게 나타내다.'라는 의미로 사용되었다. '포착하다'는 '어떤 대상을 꼭 붙잡다.'라는 의미이므로 '가리키다'와 바꾸어 쓰기에 적절하지 않다.

④ ⓓ '(내용을) 보면'은 문맥상 '대상의 내용이나 상태를 알기 위하여 살피다.'라는 의미로 사용되었다. '간주하다'는 '상태, 모양, 성질 따위가 그와 같다고 보거나 그렇다고 여기다.'라는 의미이므로 '보다'와 바꾸어 쓰기에 적절하지 않다.

⑤ ⓔ '이루어지지 (않다)'는 문맥상 '일정한 상태나 결과가 만들어지다.'라는 의미로 사용되었다. '결성되다'는 '조직이나 단체 따위가 짜여 만들어지다.'라는 의미이므로 '이루어지다'와 바꾸어 쓰기에 적절하지 않다.

04 ㉠은 수출 기업이 환율의 상승만을 믿고 품질 개선이나 원가 절감 등 경쟁력을 높이려는 노력을 하지 않는 상황을 가정하고 있다. 이에 어울리는 속담으로는 '아무런 노력도 아니 하면서 좋은 결과가 이루어지기만 바람을 이르는 말'인 '감나무 밑에 누워 홍시 떨어지기를 바란다'가 가장 적절하다.

오답 풀이
② '소도 비빌 언덕이 있어야 비빈다'는 '언덕이 있어야 소도 가려운 곳을 비비거나 언덕을 디뎌 볼 수 있다는 뜻으로, 누구나 의지할 곳이 있어야 무슨 일이든 시작하거나 이룰 수가 있음을 이르는 말'이다.

③ '가난 구제는 나라님도 못한다'는 '남의 가난한 살림을 도와주기란 끝이 없는 일이어서, 개인은 물론 나라의 힘으로도 구제하지 못한다는 말'이다.

④ '원숭이도 나무에서 떨어진다'는 '아무리 익숙하고 잘하는 사람이라도 간혹 실수할 때가 있음을 이르는 말'이다.

⑤ '말 타면 경마 잡히고 싶다'는 '사람의 욕심이란 끝이 없음을 이르는 말'이다.

05 ㉠은 부자가 양반들에게 오랜 세월 천대와 멸시를 받으며 모욕감을 느꼈던 바를 토로하고 있는 상황이다. 이러한 상황에 어울리는 말은 '분한 마음을 품고 원한을 쌓음.'을 의미하는 '함분축원(含憤蓄怨)'이다.

오답 풀이

② 안분지족(安分知足): '편안한 마음으로 제 분수를 지키며 만족할 줄을 앎.'을 의미한다.

③ 교언영색(巧言令色): '아첨하는 말과 알랑거리는 태도'를 의미한다.

④ 수구초심(首丘初心): '고향을 그리워하는 마음'을 의미한다.

⑤ 만시지탄(晚時之歎): '시기에 늦어 기회를 놓쳤음을 안타까워하는 탄식'을 의미한다.

06 '감촉을 느끼다'와 '통증을 느끼다'는 모두 감각 기관(피부)을 통해 인식한 것을 표현한 것이다.

오답 풀이

① '다희를 보다'는 감각 기관(눈)을 통해 인식한 것을 표현한 것이고, '유통의 중심지로 보다'는 추상적인 인식이나 판단(대상을 평가하다)을 표현한 것이다.

② '웃음소리를 듣다'는 감각 기관(귀)을 통해 인식한 것을 표현한 것이고, '농담을 진담으로 듣다'는 추상적인 인식이나 판단(이해하거나 받아들이다)을 표현한 것이다.

④ '찌개의 간이 어떤지 맛보다'는 감각 기관(혀)을 통해 인식한 것을 표현한 것이고, '상실감을 맛보다'는 추상적인 인식이나 판단(몸소 겪어 보다)을 표현한 것이다.

⑤ '라일락 향기를 맡다'는 감각 기관(코)을 통해 인식한 것을 표현한 것이고, '범인이라는 냄새를 맡다'는 추상적인 인식이나 판단(김새를 눈치채다)을 표현한 것이다.

07 ㉠에서 동자는 선생을 찾아온 사람에게, 그대 정성이 부족한 것을 깨닫지 못하고 있으니 우습다고 말하고 있다. 이를 나타내기에 적절한 속담은 '쟁기질 못하는 놈이 소 탓한다'이다. 이는 '할 줄 모르는 저를 탓하지 아니하고 도구를 탓한다는 뜻으로, 자기의 능력 부족을 남의 잘못으로 돌리는 경우를 이르는 말'이다.

오답 풀이

① 물이 깊어야 고기가 모인다: 자기에게 덕망이 있어야 사람들이 따르게 됨을 이르는 말이다.

② 다리 아래서 원을 꾸짖는다: 직접 말을 못 하고 잘 들리지 아니하는 곳에서 불평이나 욕을 하는 것을 이르는 말이다.

④ 남의 제사에 감 놓아라 배 놓아라 한다: 남의 일에 공연히 간섭하고 나섬을 이르는 말이다.

⑤ 가는 말이 고와야 오는 말이 곱다: 자기가 남에게 말이나 행동을 좋게 하여야 남도 자기에게 좋게 한다는 말이다.

08 목숨을 구해 주어 감사하다고 말하는 상황이므로, ㉮에는 '죽어서 백골이 되어도 잊을 수 없다는 뜻으로, 남에게 큰 은덕을 입었을 때 고마움의 뜻으로 이르는 말'인 '백골난망(白骨難忘)'이 들어가야 한다.

오답 풀이

② 사면초가(四面楚歌): 아무에게도 도움을 받지 못하는, 외롭고 곤란한 지경에 빠진 형편을 이르는 말이다.

③ 어부지리(漁父之利): 두 사람이 이해관계로 서로 싸우는 사이에 엉뚱한 사람이 애쓰지 않고 가로챈 이익을 이르는 말이다.

④ 이심전심(以心傳心): 마음과 마음으로 서로 뜻이 통함을 이르는 말이다.

⑤ 적반하장(賊反荷杖): 도둑이 도리어 매를 든다는 뜻으로, 잘못한 사람이 아무 잘못도 없는 사람을 나무람을 이르는 말이다.

09 '이러한 활동에서 춤, 시, 음악이 나왔다고 생각하였다'에서의 '나오다'는 '어떠한 근원에서 발생하다.'의 의미로 사용되었다. ⑤의 '욕심에서 나온 그의 행동'에서의 '나오다' 역시 이와 유사한 의미로 사용되었다.

오답 풀이

① '새 상품이 시장에 나타나다.'의 의미로 사용되었다.

② '어떠한 태도를 취하여 겉으로 드러내다.'의 의미로 사용되었다.

③ '책, 신문 따위에 글, 그림 따위가 실리다.'의 의미로 사용되었다.

④ '안에서 밖으로 오다.'의 의미로 사용되었다.

10 '거두다'의 뜻은 '(1) 벌여 놓거나 차려 놓은 것을 정리하다. (2) 하던 일을 멈추거나 끝내다. (3) 말, 웃음 따위를 그치거나 그만두다. (4) 관심, 시선 따위를 보내기를 그치다. (5) 어떤 대상에 대한 감정, 염려 따위를 접거나 놓아두다. (6) 남을 때리거나 공격하던 일을 멈추거나 끝내다.'이다. 이 중 '걷다 03 - ㉠'의 뜻풀이와 통하는 것이 없으므로 '소매를 걷어 올리다.'의 '걷어'를 '거두어'로 교체할 수 없다.

오답 풀이

② '걷다 02 - ㉡'에서 문형 정보 【…을】'이 제시되었고 용례에서 '길을'이라는 목적어가 제시되어 있으므로 '걷다 02 - ㉡'은 두 자리 서술어임을 알 수 있다. 서술어의 자릿수는 의미상 온전한 문장을 만들기 위해 서술어가 요구하는 문장 성분의 수이다. 주어만 필수적으로 요구하는 한 자리 서술어, 주어 이외에 목적어나 부사어, 보어를 필수적으로 요구하는 두 자리 서술어, 그리고 주어, 목적어, 부사어를 필수적으로 요구하는 세 자리 서술어가 있다.

⑤ '널다'의 뜻은 '볕을 쬐거나 바람을 쐬기 위하여 펼쳐 놓다.'이므로 '걷다 03 - ㉡'의 반의어로 볼 수 있다.

11 송사에서 패해 벌로 곤장 30대를 맞은 실옹은, 실제 옹가라고 말하면 곤장을 맞다가 죽을지도 모른다는 생각에 ⓐ와 같이 자신이 옹가가 아니라고 말하고 있다. 따라서 ⓐ에 나타난 실옹의 심리는 '절망에 빠져 자신을 스스로 포기하고 돌아보지 아니함.'을 의미하는 '자포자기(自暴自棄)'로 표현하는 것이 가장 적절하다.

오답 풀이

① 자중지란(自中之亂): 같은 편끼리 하는 싸움을 이르는 말이다.

② 과유불급(過猶不及): 정도를 지나침은 미치지 못함과 같다는 뜻으로, 중용(中庸)이 중요함을 이르는 말이다.

③ 절치부심(切齒腐心): 몹시 분하여 이를 갈며 속을 썩임을 이르는 말이다.

④ 괄목상대(刮目相對): 눈을 비비고 상대편을 본다는 뜻으로, 남의 학식이나 재주가 놀랄 만큼 부쩍 늚을 이르는 말이다.

12 '기여하다'는 '도움이 되도록 이바지하다.'라는 의미이다. '아무 영향을 주지 않는다'에서 '주다'에는 도움이 되도록 한다는 의미가 담겨 있지 않으므로, ⓪을 '기여하지'로 바꾸어 쓰는 것은 적절하지 않다.

오답 풀이
① ㉠은 '한쪽으로 치우치게 되다.'라는 의미의 '편향되다'와 바꾸어 쓸 수 있다.
② ㉡은 '사람, 사물, 사건 따위의 대상에 이름을 지어 붙이다.'라는 의미의 '명명하다'와 바꾸어 쓸 수 있다.
③ ㉢은 '자신이 실제로 해 보거나 겪어 보다.'라는 의미의 '경험하다'와 바꾸어 쓸 수 있다.
④ ㉣은 '물건, 편지, 서류 따위를 우편이나 운송 수단을 이용하여 보내다.'라는 의미의 '발송하다'와 바꾸어 쓸 수 있다.

13 ㉠에는 추월에게 설욕하고 춘풍을 찾음은 물론, 호조 돈까지 돌려받은 상황이 나타나 있다. 이러한 상황을 가장 잘 드러내는 말은 '한 가지 일을 하여 두 가지 이익을 얻음.'을 의미하는 '일거양득(一擧兩得)'이다.

오답 풀이
① 근묵자흑(近墨者黑): 먹을 가까이하는 사람은 검어진다는 뜻으로, 나쁜 사람과 가까이 지내면 나쁜 버릇에 물들기 쉬움을 비유적으로 이르는 말이다.
② 백척간두(百尺竿頭): 백 자나 되는 높은 장대 위에 올라섰다는 뜻으로, 몹시 어렵고 위태로운 지경을 이르는 말이다.
③ 설상가상(雪上加霜): 눈 위에 서리가 덮인다는 뜻으로, 난처한 일이나 불행한 일이 잇따라 일어남을 이르는 말이다.
④ 순망치한(脣亡齒寒): 입술이 없으면 이가 시리다는 뜻으로, 서로 이해관계가 밀접한 사이에 어느 한쪽이 망하면 다른 한쪽도 그 영향을 받아 온전하기 어려움을 이르는 말이다.

14 제시된 부분은 백 주사가 자신의 재산을 되찾기 위한 복수를 방삼복에게 부탁하고 있는 장면이다. ⓐ에는 방삼복을 통해 자신의 재물을 빼앗아 간 자들에게 분풀이를 하고, 동시에 재산을 다시 찾을 수 있기를 기대하는 백 주사의 바람이 드러나 있다. 이러한 상황은 '한 가지 일을 하여 두 가지 이상의 이익을 보게 됨을 이르는 말'인 '꿩 먹고 알 먹는다'로 나타내는 것이 가장 적절하다.

오답 풀이
② 되로 주고 말로 받는다: 조금 주고 그 대가로 몇 곱절이나 많이 받는 경우를 이르는 말이다.
③ 소 잃고 외양간 고친다: 소를 도둑맞은 다음에서야 빈 외양간의 허물어진 데를 고치느라 수선을 떤다는 뜻으로, 일이 이미 잘못된 뒤에는 손을 써도 소용이 없음을 비꼬는 말이다.
④ 오는 말이 고와야 가는 말이 곱다: 상대편이 자기에게 말이나 행동을 좋게 하여야 자기도 상대편에게 좋게 한다는 말이다.
⑤ 종로에서 뺨 맞고 한강에서 눈 흘긴다: 욕을 당한 자리에서는 아

무 말도 못 하고 뒤에 가서 불평함을 이르는 말이다. 또는 노여움을 애매한 다른 데로 옮김을 이르는 말이다.

15 '빅 데이터의 생성 및 유통이 쉬워져'에서 '쉬워지다'는 '어렵거나 힘들지 않게 되다.'의 의미로 쓰였으므로, '어렵지 아니하고 매우 쉽다.'라는 의미의 '용이하다'로 바꾸어 쓸 수 있다. '은행 간 약정에 따라'에서 '따르다'는 '어떤 경우, 사실이나 기준 따위에 의거하다.'의 의미로 쓰였으므로, '어떤 일이나 판단, 주장 따위가 어떤 현상이나 사실에 바탕을 두다.'라는 의미의 '근거하다'로 바꾸어 쓸 수 있다.

오답 풀이
② '유력하다'는 '세력이나 재산이 있다.', '가능성이 많다.'라는 의미이므로. ⓐ와 바꾸어 쓸 수 없다.
③ '의탁하다'는 '어떤 것에 몸이나 마음을 의지하여 맡기다.'라는 의미이므로, ⓑ와 바꾸어 쓸 수 없다.
④ '원활하다'는 '모난 데가 없고 원만하다.', '거침이 없이 잘 나가는 상태에 있다.'라는 의미이므로 ⓐ와 바꾸어 쓸 수 있다. 하지만 ⓑ는 '의탁하여'로 바꾸어 쓸 수 없다.
⑤ ⓐ는 '유력해져'로 바꾸어 쓸 수 없다. '기초하다'는 '근거를 두다.'라는 의미이므로, ⓑ와 바꾸어 쓸 수 있다.

16 하나의 단어가 여러 개의 의미를 가진 다의어의 경우, 사전에서는 그 단어의 중심적 의미와 주변적 의미를 순서대로 기재한다. 이를 바탕으로 볼 때, '다리 02'는 「1」, 「2」, 「3」의 의미를 가진 다의어이므로 먼저 기재된 「1」이 중심적 의미이고, 「2」는 주변적 의미라는 것을 알 수 있다.

오답 풀이
① '다리 01'과 '다리 02'는 '다리'로 소리는 같지만 서로 의미적 연관성이 없어 사전에 별개의 표제어로 등재되어 있는 동음이의어에 해당한다.
② '다리 01'과 '다리 02'는 각각 하나의 표제어 아래 「1」, 「2」, 「3」이라는 서로 연관된 여러 가지 뜻을 가지고 있으므로, 하나의 단어가 둘 이상의 뜻을 가지고 있는 다의어에 해당한다.
③ '이 의자는 다리가 하나 부러졌다.'에서 '다리'는 '물체의 아래쪽에 붙어서 그 물체를 받치거나 직접 땅에 닿지 아니하게 하거나 높이 있도록 버티어 놓은 부분'의 의미로 사용되었으므로, '다리 01' 「2」의 예인 ㉠에 들어가기에 적절하다.
④ '이 물건은 우리에게 오는 데 다리를 여럿 거친 것이다.'에서 '다리'는 '중간에 거쳐야 될 단계나 과정'의 의미로 사용되었으므로, '다리 02' 「3」의 예인 ㉡에 들어가기에 적절하다.

17 〈보기〉와 ②의 '취하다'는 모두 '어떤 특정한 자세를 하다.'라는 뜻으로 쓰였다.

오답 풀이
① '남에게서 돈이나 물품 따위를 꾸거나 빌리다.'라는 뜻으로 쓰였다.
③, ④ '자기 것으로 만들어 가지다.'라는 뜻으로 쓰였다.
⑤ '일정한 조건에 맞는 것을 골라 가지다.'라는 뜻으로 쓰였다.

18 (가)의 '허물이나 없고자'는 화자가 자연을 벗으로 삼아 늙어 가는 과정에서 바라는 바에 해당하므로, 미래에 대한 화자의 바람을 표현한 것으로 볼 수 있다. 하지만 (나)의 '티 없어'는 '맑은 거울'에 빗댄 '작은 연못'의 모습일 뿐, 대상을 관찰하기 전에 나타난 화자의 심리를 표현한 것이 아니다.

오답 풀이

① (가)의 〈제1수〉 초장은 '이런들 어떠하며', '저런들 어떠하료'가 대구를 이루며 유사한 어휘가 반복되어 리듬감을 형성하고 있다.

② (가)의 〈제1수〉 종장에서는 자연을 사랑하는 버릇을 고쳐 무엇하겠느냐고 하며 자연 친화적인 태도를 드러내고 있는데, 〈제2수〉 초장에서는 '연하'로 집을 삼고 '풍월'로 벗을 삼는 자연과 동화된 모습을 통해 〈제1수〉 종장에 나타난 시상을 이어받고 있다.

③ (나)에서는 '작은 연못'의 모습을 '맑은 거울'에 빗대어 그 속에 '산 그림자'가 잠겼다고 묘사함으로써 깨끗한 자연의 형상을 보여 주고 있다.

④ (가)에서 '집을 삼고'와 '벗을 삼아'의 대상은 '연하'와 '풍월'로, 화자는 대상(자연)과 동화된 모습을 보이고 있다. (나)에서 '끌어들여'와 '머물게 하니'의 대상은 '활수'로, 화자는 대상(활수)을 가까이 하려는 모습을 보이고 있다.

19 〈제8수〉에서 화자는 시대적 고난 속에 있는 자신의 처지와 다르게, 봄비에 저절로 길게 자란 ㉠'풀'을 보며 '우리는 너희만 못ㅎ야 시름겨워 ㅎ노라'라고 안타까운 심정을 토로하고 있다. 따라서 ㉠은 고뇌하는 화자의 처지와 대비되는 소재이다. 한편 〈제9수〉에서 화자는 갈 길을 모르고 헤매는 자신의 처지가 바람에 날리는 ㉡'검불'과 같다고 탄식하고 있다. 따라서 ㉡은 화자의 처지와 동일시되는 소재이다.

오답 풀이

① ㉠은 고뇌하는 화자와 다르게 근심이 없는 소재이고, ㉡은 화자의 처지처럼 갈피를 못 잡고 헤매는 소재로 볼 수 있다. 따라서 ㉠과 ㉡ 모두 화자가 경외감을 가지고 바라보는 소재는 아니다.

② ㉠이 봄비에 저절로 자란다는 것은 근심이 없는 존재임을 드러내며, ㉡이 바람에 날려 갈 곳을 모른다는 것은 삶의 방향을 잡지 못하고 있음을 드러낸다. 따라서 ㉠과 ㉡은 모두 세월의 흐름이나 인생의 무상함과는 관계가 없다.

③ ㉠은 근심이 없는 존재로 시름에 빠져 있는 화자의 처지와 대비되는 소재이므로 화자의 울분을 심화한다고 볼 수 있다. 반면 ㉡은 갈피를 못 잡고 헤매는 화자의 처지와 동일시되는 소재이지 화자의 울분을 완화하는 소재로 볼 수 없다.

④ 화자는 병자호란에서 패배하여 세자가 잡혀간 현재의 상황을 이때 인식하고 있으므로 ㉠을 현재의 상황에 대한 인식의 계기가 된 소재로 볼 수 없다. 그리고 ㉡은 화자의 현재 처지를 비유적으로 나타내는 소재이므로 과거의 사건에 대한 회고의 계기가 된 소재로 볼 수 없다.

20 2연은 '구름'이라는 명사로 연을 마무리하고 있다. 그런데 '머흘머흘 / 골을 옮기는'에서 구름이 골을 따라 옮겨다니는 동적인 모습이 나타나므로, 명사로 연을 마무리함으로써 사물의 정적인 모습을 강조한 것은 아니다.

오답 풀이

① 1~2연에서는 멀리 있는 구름의 풍경을, 3~4연에서는 꽃봉오리와 차돌부리의 모습을 묘사하고, 5~7연에서 화자를 '서러운 새'로 형상화하여 서러움의 정서를 표현하고 있으므로 선경후정의 방식을 활용하였다.

② 모든 연이 2행으로 구성되어 형태적 통일성이 나타난다.

④ 1~2연에서는 화자의 시선이 멀리 있는 구름을 향하고 있고, 3연에서는 화자의 시선이 가까이에 있는 꽃봉오리로 향하고 있다. 즉 2연에서 3연으로 전개되면서 화자의 시선이 원경에서 근경으로 이동하고 있다.

⑤ 4연에서는 차돌부리가 '죽순 돋듯'하다는 비유적 표현을 통해, 실제로는 움직이지 않는 차돌부리의 모습이 마치 죽순이 돋아나는 모습과 비슷하다는 동적인 이미지를 부여하고 있다.

2주 완성

01 필수 어휘 _현대 문학

step 1 어휘력 학습 ▶ 66~67쪽

01 ④	02 ②	03 ⑤	04 ①	05 ③	06 (1) ⑤ (2) ②	
07 ⑥	08 (1) ③ (2) ④	09 ⑦	10 ①	11 ②	12 ③	
13 ④	14 ①	15 ⑤	16 ④	17 ②	18 (1) ① (2) ⑥	
19 ⑤	20 ③	21 ⑤	22 ②	23 ①	24 ③	25 ④
26 ⑤	27 ②	28 ⑥	29 (1) ④ (2) ②	30 ③		

step 2 어휘력 체크 ▶ 68쪽

01 거드름 02 겸연쩍다 03 고깝다 04 깃들다 05 난데없다 06 골몰하다 07 거추장스럽다 08 교묘 09 꺼림칙 10 가장 11 내막 12 광활 13 과시하고 14 관망 15 긴박 16 계승 17 곱씹는 18 교감 19 간파 20 관용 21 내색 22 가혹 23 경지 24 궁핍

step 3 어휘력 완성 ▶ 69쪽

01 ③ 02 ③ 03 ② 04 ① 05 ① 06 ⑤

01 '내림으로 이어받는 집안'을 통해 ㉠에는 '부모나 조상으로부터 내려오는 유전적인 특성'을 의미하는 '내력'이 적절하고, '조잡한 옷'을 통해 ㉡에는 '허름하고 지저분하다.'를 의미하는 '너절하다'가 적절하다.

오답 풀이
① 경지: (1) 학문, 예술, 인품 따위에서 일정한 특성과 체계를 갖춘 독자적인 범주나 부분. (2) 몸이나 마음, 기술 따위가 어떤 단계에 도달해 있는 상태.
  가혹: 몹시 모질고 혹독함.
② 계승: 조상의 전통이나 문화유산, 업적 따위를 물려받아 이어 나감.
  골몰: 다른 생각을 할 여유도 없이 한 가지 일에만 파묻힘.
④ 내막: 겉으로 드러나지 아니한 일의 속 내용.
  긴박: 매우 다급하고 절박함.
⑤ 내색: 마음속에 느낀 것을 얼굴에 드러냄. 또는 그 낯빛.
  내외: 남의 남녀 사이에 서로 얼굴을 마주 대하지 않고 피함.

02 〈보기〉의 '꾀죄죄하다'는 '옷차림이나 모양새가 매우 지저분하고 궁상스럽다.'를 의미한다. 하지만 '시시하다'는 '신통한 데가 없고 하찮다.' 또는 '좀스럽고 쩨쩨하다.'를 의미한다.

오답 풀이
① 너절하다: 허름하고 지저분하다.
② 더럽다: 때나 찌꺼기 따위가 있어 지저분하다.
④ 허름하다: 좀 헌 듯하다.
⑤ 지저분하다: 보기 싫게 더럽다.

03 문맥상 (ㄴ)에 들어갈 '거추장스러운'의 의미는 '물건 따위가 크거나 무겁거나 하여 다루기가 거북하고 주체스럽다.'이다.

04 '곱씹다'는 '말이나 생각 따위를 곰곰이 되풀이하다.'를 의미하므로 '자신의 언행에 대하여 잘못이나 부족함이 없는지 돌이켜 보다.'를 의미하는 '반성하다'와 바꿔 쓰기에 적절하지 않다.

오답 풀이
② 깃들다: 감정, 생각, 노력 따위가 어리거나 스미다.
  스미다: 마음, 정 따위가 담겨 있다.
③ 꺼림칙하다: 마음에 걸려서 언짢고 싫은 느낌이 있다.
  찜찜하다: 마음에 꺼림칙한 느낌이 있다.
④ 난데없다: 갑자기 불쑥 나타나 어디서 왔는지 알 수 없다.
  갑작스럽다: 미처 생각할 겨를이 없이 급하게 일어난 데가 있다.
⑤ 너절하다: 허름하고 지저분하다.
  지저분하다: 보기 싫게 더럽다.

05 〈보기〉의 '나불거리다'는 '얇은 물체가 바람에 날리어 가볍게 자꾸 움직이다. 또는 그렇게 하다.'를 의미하지만 ①에 쓰인 '나불거리다'는 '입을 가볍게 함부로 자꾸 놀리다.'를 의미한다.

06 '계승하다'는 '조상의 전통이나 문화유산, 업적 따위를 물려받아 이어 나가다.'를 의미하므로 ⑤에는 '서로 접촉하여 따라 움직임을 느끼다.'를 의미하는 '교감하다'가 적절하다.

02 한자 성어

step 1 어휘력 학습 ▶ 70~71쪽

01 ③	02 ②	03 ⑥	04 ⑤	05 ④	06 ①	07 ②
08 ③	09 ①	10 ④	11 ③	12 ④	13 ②	14 ①
15 ③	16 ②	17 ④	18 ①	19 ①	20 ②	

step ② 어휘력 체크 ▶ 72쪽

01 ~ 03

⁰²감	⁰³언	이	설	자	승
인	중	응	보	⁰¹역	절
과	유	원	간	지	견
적	골	구	일	사	생
사	반	하	무	지	박
교	면	담	장	언	호

04 희망 **05** 부정적인 **06** 까닭 **07** 출세 **08** 잘못한
09 호언장담 **10** 자업자득 **11** 이구동성 **12** 견원지간
13 인과응보 **14** 생면부지 **15** 구구절절 **16** 타산지석
17 유구무언 **18** 입신양명

step ③ 어휘력 완성 ▶ 73쪽

01 ③ **02** ⑤ **03** ⑤ **04** ④ **05** ⑤ **06** ⑤

01 '타산지석(他山之石)'은 '다른 산의 나쁜 돌이라도 자기 산의 옥돌을 가는 데에 쓸모가 있다는 뜻으로, 남의 하찮은 말이나 행동도 자신을 수양하는 데에 도움이 될 수 있음을 이름.'을 의미하는 한자 성어로 〈보기〉의 ⓐ에 대한 설명과 통한다. '반면교사(反面敎師)'는 '사람이나 사물 따위의 부정적인 면에서 얻는 깨달음이나 가르침을 주는 대상을 이름.'을 의미하는 한자 성어로 〈보기〉의 ⓑ에 대한 설명과 통한다.

오답 풀이
① 자업자득(自業自得): 자기가 저지른 일의 결과를 자기가 받음(얻음).
  인과응보(因果應報): 선을 행하면 선의 결과가, 악을 행하면 악의 결과가 반드시 뒤따름.
② 대기만성(大器晚成): 큰 그릇을 만드는 데는 시간이 오래 걸린다는 뜻으로, 크게 될 사람은 늦게 이루어짐을 이름.
  입신양명(立身揚名): 출세하여 이름을 세상에 떨침.
④ 역지사지(易地思之): 처지를 바꾸어서 생각하여 봄.
  적반하장(賊反荷杖): 도둑이 도리어 매를 든다는 뜻으로, 잘못한 사람이 아무 잘못도 없는 사람을 나무람을 이름.
⑤ 유구무언(有口無言): 입은 있어도 말은 없다는 뜻으로, 변명할 말이 없거나 변명을 하지 못함을 이름.
  호언장담(豪言壯談): 호기롭고 자신 있게 말함. 또는 그 말.

02 '유구무언(有口無言)'은 '입은 있어도 말은 없다는 뜻으로, 변명할 말이 없거나 변명을 하지 못함을 이름.'을 의미하는 한자 성어이다. 따라서 '기어오르기를 잘하거늘'이 아닌 '입이 열 개라도 할 말이 없거늘'로 바꿔 쓸 수 있다.

03 '타산지석(他山之石)'은 '다른 산의 나쁜 돌이라도 자기 산의 옥돌을 가는 데에 쓸모가 있다는 뜻으로, 남의 하찮은 말이나 행동도 자신을 수양하는 데에 도움이 될 수 있음을 이름.'을 의미하는 한자 성어이다. '나는 바람 풍(風) 해도 너는 바람 풍 해라'는 '자신은 잘못된 행동을 하면서 남보고는 잘하라고 요구하는 말'을 의미하는 속담으로 '타산지석(他山之石)'과 의미가 부합하지 않는다.

오답 풀이
① 자승자박(自繩自縛): 자기의 줄로 자기 몸을 옭아 묶는다는 뜻으로, 자기가 한 말과 행동에 자기 자신이 옭혀 곤란하게 됨을 이름.
  제 꾀에 제가 넘어간다: 꾀를 내어 남을 속이려다 그 꾀에 오히려 자기가 넘어간다는 뜻.
② 인과응보(因果應報): 선을 행하면 선의 결과가, 악을 행하면 악의 결과가 반드시 뒤따름.
  씨 뿌린 자는 거두어야 한다: 일을 벌이면 그 결과를 감수하여야 한다는 말.
③ 유구무언(有口無言): 입은 있어도 말은 없다는 뜻으로, 변명할 말이 없거나 변명을 하지 못함을 이름.
  입이 열 개라도 할 말이 없다: 잘못이 명백히 드러나 변명의 여지가 없음을 이르는 말.
④ 전도유망(前途有望): 앞으로 잘될 희망이 있음.
  될성부른 나무는 떡잎부터 알아본다: 잘될 사람은 어려서부터 남달리 장래성이 엿보인다는 말.

04 '견원지간(犬猿之間)'은 '개와 원숭이의 사이라는 뜻으로, 사이가 매우 나쁜 두 관계를 이름.'을 의미하는 한자 성어이다. 따라서 ④에 어울리는 한자 성어는 '서로 한 번도 만난 적이 없어서 전혀 알지 못하는 사람. 또는 그런 관계'를 의미하는 '생면부지(生面不知)'이다.

05 '자승자박(自繩自縛)'은 '자기의 줄로 자기 몸을 옭아 묶는다는 뜻으로, 자기가 한 말과 행동에 자기 자신이 옭혀 곤란하게 됨을 이름.'을 의미하는 한자 성어이다.

06 '이구동성(異口同聲)'은 '입은 다르나 목소리는 같다는 뜻으로, 여러 사람의 말이 한결같음을 이름.'을 의미하는 한자 성어로 ⓐ와 바꿔 쓸 수 있다.

오답 풀이
① 거두절미(去頭截尾): ⑴ 머리와 꼬리를 잘라 버림. ⑵ 어떤 일의 요점만 간단히 말함.
② 이실직고(以實直告): 사실 그대로 고함.
③ 호언장담(豪言壯談): 호기롭고 자신 있게 말함. 또는 그 말.
④ 구구절절(句句節節): 모든 구절. 또는 말 한 마디 한 마디마다.

03 속담

step ① 어휘력 학습 ▶ 74~75쪽

01 ⑥ 02 (1) ② (2) ⑤ 03 (1) ③ (2) ④ 04 ① 05 ⑤
06 (1) ⑦ (2) ⑧ 07 ① 08 ⑥ 09 (1) ② (2) ④ 10 ③
11 ⑤ 12 ④ 13 (1) ① (2) ② 14 ③ 15 ⑦ 16 ⑥
17 ③ 18 ④ 19 ② 20 ①

step ② 어휘력 체크 ▶ 76쪽

01 포대기 장만한다 02 등 치고 03 답답한 놈이 04 절구
통 물고 05 얌전한 고양이 06 훌륭함 07 실속 08 행
동 09 순서 10 민첩함 11 ㉠ 12 ㉣ 13 ㉤ 14 ㉢
15 ㉡ 16 빈 수레가 요란하다 17 공든 탑이 무너지겠니
18 쥐구멍에도 볕 들 날 있다 19 빈대도 낯짝이 있지 20 구
르는 돌은 이끼가 안 낀다

step ③ 어휘력 완성 ▶ 77쪽

01 ⑤ 02 ④ 03 ② 04 ⑤ 05 ③ 06 ⑤

01 '시집도 아니 가서 포대기 장만한다'는 '일을 너무 일찍 서두름을 이르는 말'을 의미하는 속담으로, 준비성이 철저한 사람을 나타내기에 적절하지 않다.

오답 풀이
① 벼룩의 간을 내먹는다: 하는 짓이 몹시 잘거나 인색함을 이르는 말.
② 짖는 개는 물지 않는다: 짖는 개는 짖기만 할 뿐 상대를 물지는 않는다는 뜻으로, 겉으로 떠들어 대는 사람은 도리어 실속이 없다는 말.
③ 고생 끝에 낙이 온다: 어려운 일이나 고된 일을 겪은 뒤에는 반드시 즐겁고 좋은 일이 생긴다는 말.
④ 개미가 절구통 물고 나간다: 약하고 작은 사람이 힘에 겨운 큰 일을 맡아 하거나, 무거운 것을 가지고 감을 이르는 말.

02 '우물에 가 숭늉 찾는다'는 '모든 일에는 질서와 차례가 있는 법인데 일의 순서도 모르고 성급하게 덤빔을 이르는 말'을 의미하는 속담이다. 〈보기〉에서 '싸전에 가서 밥 달라고 한다' 또한 이와 같은 의미이므로 〈보기〉의 내용을 모두 포괄하는 속담은 '우물에 가 숭늉 찾는다'이다.

03 '소 잃고 외양간 고친다'는 '소를 도둑맞은 다음에서야 빈 외양간의 허물어진 데를 고치느라 수선을 떤다는 뜻으로, 일이 이미 잘못된 뒤에는 손을 써도 소용이 없음을 비꼬는 말'을 의미하는 속담이다. 하지만 '빈 수레가 요란하다'는 '실속 없는 사람이 겉으로 더 떠들어 댐을 이르는 말'을 의미하는 속담으로 내포적 의미가 비슷하지 않다. 이와 비슷한 속담으로는 '짖는 개는 짖기만 할 뿐 상대를 물지는 않는다는 뜻으로, 겉으로 떠들어 대는 사람은 도리어 실속이 없다는 말'을 의미하는 '짖는 개는 물지 않는다'와 '떠들썩한 소문이나 큰 기대에 비하여 실속이 없거나 소문이 실제와 일치하지 아니하는 경우를 이르는 말'을 의미하는 '소문난 잔치에 먹을 것 없다'가 있다.

04 '빈대도 낯짝이 있다'는 '지나치게 염치가 없는 사람을 나무라는 말'을 의미하는 속담으로, 손해를 생각하지 않고 무작정 덤비는 신중하지 못한 행동을 나타내기에는 적절하지 않다.

오답 풀이
① 등 치고 간 내먹다: 겉으로는 위하여 주는 체하면서 속으로는 해를 끼친다는 말.
② 찔러도 피 한 방울 안 나겠다: 냉혹하기 짝이 없어 인정이라고는 없음을 이르는 말.
③ 우물에 가 숭늉 찾는다: 모든 일에는 질서와 차례가 있는 법인데 일의 순서도 모르고 성급하게 덤빔을 이르는 말.
④ 보기 좋은 떡이 먹기도 좋다: 내용이 좋으면 겉모양도 반반함을 이르는 말.

05 '메뚜기도 유월이 한철이다'는 '메뚜기도 음력 유월이 한창 활동할 시기라는 뜻으로, 누구나 한창 활동할 수 있는 시기는 얼마 되지 아니하니 그때를 놓치지 말라는 말'을 의미하는 속담이다. 〈보기〉는 사람마다 일이 한창 성하는 때가 있음을 나타내므로, 문맥상 ⓐ에 들어가기에 가장 적절한 것은 '메뚜기도 유월이 한철이라고'이다.

06 〈보기〉의 글쓴이는 독서를 할 때 의문이 생기면 되풀이하여 궁구하는 자세를 말하고 있다. 즉, 〈보기〉에서는 의문을 해소하기 위한 꾸준한 노력의 중요성을 강조하고 있으므로 '부지런하고 꾸준히 노력하는 사람은 침체되지 않고 계속 발전한다는 말'을 의미하는 속담인 '구르는 돌은 이끼가 안 낀다'가 가장 적절하다.

04 필수 어휘 _현대 문학

step 1 어휘력 학습

▶ 78~79쪽

01 ①	02 ④	03 ⑤	04 ②	05 ③	06 (1) ④ (2) ①
07 ②	08 ③	09 ⑥	10 (1) ⑤ (2) ⑦	11 ②	12 ①
13 (1) ③ (2) ⑥	14 ④	15 ⑤	16 ④	17 ⑤	18 ①
19 ③	20 ②	21 ②	22 ④	23 ③	24 ⑤	25 ①
26 ⑤	27 ④	28 (1) ① (2) ②	29 ⑥	30 ③

step 2 어휘력 체크

▶ 80쪽

01 대수롭다　02 별안간　03 빈정대다　04 번뇌　05 무안
하다　06 무릅쓰다　07 생각　08 음흉　09 요구　10 허울
11 무안　12 인정　13 목적　14 분주　15 동리　16 반감
17 변모　18 돈독　19 변절　20 막연　21 멸시　22 면
모　23 비정　24 몰두

step 3 어휘력 완성

▶ 81쪽

01 ②　02 ③　03 ③　04 ③　05 ⑤

01 '넓은 서울 장안에 가서 주소도 모르고 덮어놓고 김 서
방을 찾는다'를 통해 ⓐ에는 '갈피를 잡을 수 없게 아득
하다.'를 의미하는 '막연하다'가 적절하다. 그리고 '밤낮
을 가리지 아니'하고 '어떤 일'을 한다는 것을 통해 ⓑ에
는 '어떤 일에 온 정신을 다 기울여 열중하다.'를 의미하
는 '몰두하다'가 적절하다.

02 '미심쩍다'는 '분명하지 못하여 마음이 놓이지 않는 데가
있다.'를 의미한다.

03 ⓐ의 '덧없다'는 '보람이나 쓸모가 없어 헛되고 허전하
다.'를 의미한다. 따라서 '쏜 화살과 같이 매우 빠르다.'
를 의미하는 '쏜살같다'와 바꿔 쓰기에 적절하지 않다.

오답 풀이
① 능글맞다: 태도가 음흉하고 능청스러운 데가 있다.
　능청스럽다: 속으로는 엉큼한 마음을 숨기고 겉으로는 천연스
　럽게 행동하는 데가 있다.
② 대치하다: 서로 맞서서 버티다.
　맞서다: 서로 마주 서다.
④ 면모: 사람이나 사물의 겉모습. 또는 그 됨됨이.
　됨됨이: 사람으로서 지니고 있는 품성이나 인격.
⑤ 돈독하다: 도탑고 성실하다.

도탑다: 서로의 관계에 사랑이나 인정이 많고 깊다.

04 ⓐ의 (ㄱ)에 쓰인 '머쓱하다'는 '무안을 당하거나 흥이 꺾
여 어색하고 열없다.'를 의미하지만, (ㄴ)에서는 '어울리
지 않게 키가 크다.'를 의미한다.

05 '다그치다'는 '일이나 행동 따위를 요구하며 몰아붙이
다.'를 의미한다. 따라서 '남을 어떤 상황이나 방향으로
세게 몰다.'를 의미하는 '몰아붙이다'가 가장 비슷하다.

오답 풀이
① 달래다: 좋고 옳은 말로 잘 이끌어 꾀다.
② 조르다: 다른 사람에게 차지고 끈덕지게 무엇을 자꾸 요구하다.
③ 추스르다: 일이나 생각 따위를 수습하여 처리하다.
④ 담금질하다: 부단하게 훈련을 시키다.

05 헷갈리는 어휘 _고유어

step 1 어휘력 학습

▶ 82~83쪽

01 ①	02 ③	03 ②	04 ①	05 ②	06 ①	07 ②
08 ①	09 ②	10 ②	11 ①	12 ①	13 (1) ③ (2) ②
14 (1) ① (2) ③	15 ②	16 (1) ① (2) ②	17 (1) ④ (2) ③
18 ②	19 ①	20 (1) ③ (2) ①	21 ②

step 2 어휘력 체크

▶ 84쪽

01 어깨　02 승부　03 수, 양　04 감정　05 줄　06 높이,
규모　07 띄다　08 같음　09 돋구다　10 맞히다　11 낳
다　12 틀리다　13 가늠　14 띠고　15 매는　16 달여
17 낫기　18 ○　19 ○　20 ×　21 ×　22 ○

step 3 어휘력 완성

▶ 85쪽

01 ②　02 ⑤　03 ③　04 ③　05 ⑤　06 ③

01 '틀리다'는 '셈이나 사실 따위가 그르게 되거나 어긋나
다.'를 의미하는데, 이를 '성격이 그르게 되거나 어긋나
다'에 쓰는 것은 적절하지 않다. ⓑ와 같이 두 대상을 서
로 비교할 때는 '비교가 되는 두 대상이 서로 같지 아니
하다.'라는 뜻의 '다르다'를 사용해야 한다.

02 ⑤에서는 '자연 현상에 따라 내리는 눈, 비 따위를 닿게 하다.'라는 뜻의 '맞히다'를 사용해야 한다.

오답 풀이
① 맞추다: 서로 떨어져 있는 부분을 제자리에 맞게 대어 붙이다.
② 맞히다: 문제에 대한 답을 틀리지 않게 하다.
③ 맞히다: 물체를 쏘거나 던져서 어떤 물체에 닿게 하다. 또는 그렇게 하여 닿음을 입게 하다.
④ 맞추다: 둘 이상의 일정한 대상들을 나란히 놓고 비교하여 살피다.

03 ③은 문맥상 얼굴 표정만 보아서는 속마음이 어떠한지 헤아리기 어렵다는 의미이므로, '사물을 어림잡아 헤아림.'을 뜻하는 '가늠'이 적절하다.

오답 풀이
① 길이를 헤아려 보자는 의미이므로, '사물을 어림잡아 헤아림.'이라는 뜻을 지닌 '가늠'이 적절하다.
② 승패가 정해지지 않았다는 의미이므로, '승부나 등수 따위를 정하는 일'이라는 뜻을 지닌 '가름'이 적절하다.
④ 적군의 위치를 어림잡기 힘들다는 의미이므로, '사물을 어림잡아 헤아림.'이라는 뜻을 지닌 '가늠'이 적절하다.
⑤ 명언으로 인사 말씀을 대신한다는 의미이므로, '다른 것으로 바꾸어 대신함.'이라는 뜻을 지닌 '갈음'이 적절하다.

04 '돋구다'는 '안경의 도수 따위를 더 높게 하다.'를 의미하므로 '노인들의 입맛을 돋구었다.'로 쓰는 것은 적절하지 않다. 이때는 '입맛을 당기게 하다.'를 의미하는 '돋우다'가 사용되어야 한다.

05 '메다'는 '어깨에 걸치거나 올려놓다.', '어떤 책임을 지거나 임무를 맡다.'의 의미로 쓰인다. '논밭에 난 잡풀을 뽑다.'를 의미하는 것은 '매다'이다.

06 ③은 '병이나 상처 따위가 고쳐져 본래대로 되다.'의 의미이므로 '낳다'가 아닌 '낫다'가 되어야 한다.

06 관용어

step ① **어휘력** 학습 ▶ 86~87쪽

01 ②	02 ⑥	03 ③	04 ⑤	05 ④	06 ①	07 ⑦
08 ⑧	09 ④	10 ②	11 ③	12 ①	13 ①	14 ④
15 ②	16 ⑤	17 ③	18 ⑥	19 ①	20 ③	21 ④
22 ⑤	23 ②	24 ⑥				

step ② **어휘력** 체크 ▶ 88쪽

01 발 벗고 나서다   02 손에 익다   03 머리가 수그러지다
04 손을 내밀다   05 배가 등에 붙다   06 발등의 불을 끄다
07 손발이 맞다   08 기억력   09 씀씀이   10 배신   11 비위   12 관계   13 차분   14 ㉡   15 ㉣   16 ㉤   17 ㉢
18 ㉠   19 발을 끊었다   20 발이 넓어서   21 끊고   22 손때가 묻은   23 싸매고   24 무겁다

step ③ **어휘력** 완성 ▶ 89쪽

01 ①	02 ③	03 ④	04 ④	05 ⑤

01 뜻풀이를 참고할 때, ㉠에는 '머리가 굳다'를 사용하여 '머리가 굳어서 자꾸 깜빡깜빡한다.'라고 하는 것이 적절하다. ㉡에는 '손에 익다'를 사용하여 '일이 손에 익어 눈 감고도 처리한다.'라고 사용하는 것이 적절하다.

오답 풀이
② 머리를 쓰다: 어떤 일에 대하여 이모저모 깊게 생각하거나 아이디어를 찾아내다.
   손때가 묻다: 그릇, 가구 따위를 오래 써서 길이 들거나 정이 들다.
③ 머리를 맞대다: 어떤 일을 의논하거나 결정하기 위하여 서로 마주 대하다.
   손을 끊다: 교제나 거래 따위를 중단하다.
④ 머리가 무겁다: 기분이 좋지 않거나 골이 띵하다.
   손에 잡히다: 마음이 차분해져 일할 마음이 내키고 능률이 나다.
⑤ 머리를 싸매다: 있는 힘을 다하여 노력하다.
   손을 놓다: 하던 일을 그만두거나 잠시 멈추다.

02 〈보기〉에는 장인이 데릴사위를 여러 번 바꿔 들이며 머슴으로만 부리자 기분이 상한 데릴사위들이 몇 번 달아났다는 내용이다. 이러한 상황을 나타내는 말로 적절한 것은 '비위에 거슬려 아니꼽다.'를 의미하는 '배알이 꼴리다'이다.

03 ④의 '손을 내밀다'에서 '내밀다'는 '신체나 물체의 일부분이 밖이나 앞으로 나가게 하다.'라는 의미로 쓰였다. 이는 〈보기〉에서 관용어는 '두 개 이상의 단어로 이루어져 있으면서 그 단어들의 의미만으로는 전체의 의미를 알 수 없는, 특수한 의미를 나타내는 어구'에 해당하지 않으므로 관용어가 아니다. '손을 내밀다'가 관용어일 때는 '무엇을 달라고 요구하거나 구걸하다.'를 의미한다.

오답 풀이
① 손을 끊다: 교제나 거래 따위를 중단하다.
② 손이 크다: 씀씀이가 후하고 크다.
③ 손에 잡히다: 마음이 차분해져 일할 마음이 내키고 능률이 나다.
⑤ 손을 놓다: 하던 일을 그만두거나 잠시 멈추다.

04 '머리를 싸매다'는 '있는 힘을 다하여 노력하다.'를 의미하므로 시험에 합격하기 위해 열심히 노력하는 상황에서 쓰기 적절하다. '머리가 무겁다'는 '기분이 좋지 않거나 골이 띵하다.'를 의미하므로 끼니도 거른 채 종일 일만 한 상황에서 쓰기 적절하다. '머리를 맞대다'는 '어떤 일을 의논하거나 결정하기 위하여 서로 마주 대하다.'를 의미하므로 서로 의논을 해도 묘수가 떠오르지 않는 상황에서 쓰기 적절하다.

05 '발등의 불을 끄다'는 '눈앞에 닥친 절박한 일이나 어려운 일을 처리하거나 해결하다.'를 의미하므로 '남보다 일을 먼저 시작하고'로 바꾸는 것은 적절하지 않다.

오답 풀이
① 발을 끊다: 오가지 않거나 관계를 끊다.
② 발 벗고 나서다: 적극적으로 나서다.
③ 발을 빼다: 어떤 일에서 관계를 완전히 끊고 물러나다.
④ 발등을 찍히다: 남에게 배신을 당하다.

07 필수 어휘 _현대 문학

step ① 어휘력 학습 ▶ 90~91쪽

01 ③ 02 ⑤ 03 ② 04 ④ 05 ① 06 ① 07 ④
08 ② 09 ③ 10 ⑤ 11 ⑤ 12 ④ 13 ⑥ 14 ③
15 (1) ① (2) ② 16 ② 17 ③ 18 ⑤ 19 ④ 20 (1)
① (2) ⑥ 21 (1) ⑤ (2) ① 22 ④ 23 ③ 24 ⑥ 25 ②
26 ② 27 ④ 28 ② 29 ⑤ 30 ①

step ② 어휘력 체크 ▶ 92쪽

01~07

04수	애	환	어	막	룩
금	잔	희	06연	03상	장
암	01안	사	민	념	엉
담	정	달	감	07세	태
05안	간	힘	안	위	결
조	용	역	경	02여	운

08 부러워 09 막막 10 애틋 11 위태함 12 거만
13 치밀 14 쓸쓸, 절망 15 어우러지는 16 사소 17 어감 18 언짢아 19 애환 20 쇠락 21 순종 22 연민
23 아첨 24 역경

step ③ 어휘력 완성 ▶ 93쪽

01 ② 02 ③ 03 ③ 04 ② 05 ⑤

01 '수락하다'는 '요구를 받아들이다.'를 의미한다. 그러나 ②는 밀린 대금을 받으러 간 상황이므로 '받을 돈을 거두어들이다.'를 의미하는 '수금하다'가 쓰여야 한다.

02 '엉겁결'은 '미처 생각하지 못하거나 뜻하지 아니한 순간'을 의미하지만, '엉뚱하다'는 '상식적으로 생각하는 것과 전혀 다르다.', '말이나 행동이 분수에 맞지 아니하게 지나치다.', '사람, 물건, 일 따위가 현재 일과 관계가 없다.'를 의미하므로 바꿔 쓰기에 적절하지 않다.

오답 풀이
① 선망: 부러워하여 바람.
  동경: 어떤 것을 간절히 그리워하여 그것만을 생각함.
② 여느: 그 밖의 예사로운. 또는 다른 보통의.
  보통: 특별하지 아니하고 흔히 볼 수 있음. 또는 뛰어나지도 열등하지도 아니한 중간 정도.
④ 순종하다: 순순히 따르다.
  따르다: 관례, 유행이나 명령, 의견 따위를 그대로 실행하다.
⑤ 상념: 마음속에 품고 있는 여러 가지 생각.
  생각: 사물을 헤아리고 판단하는 작용.

03 '여운'은 '아직 가시지 않고 남아 있는 운치'를 의미하므로, '말소리나 말투의 차이에 따른 느낌과 맛'을 의미하는 '어감'이 적절하다.

04 〈보기〉의 ⓐ에는 '한창 성하게 일어나 퍼짐.'을 의미하는 '번성'과 반대되는 의미가 들어가야 하므로 '쇠약하여 말라 떨어짐.'을 의미하는 '쇠락'이 들어가는 것이 적절하다.

05 〈보기〉의 '암담하다'는 '어두컴컴하고 쓸쓸하다.'의 의미로 쓰였다. 이와 반의 관계인 어휘는 '빛깔이나 모양 따위가 매우 화려하고 아름답다.'를 의미하는 '찬란하다'이다.

08 한자 성어

step ① 어휘력 학습 ▶ 94~95쪽

01 ② 02 ④ 03 ③ 04 ① 05 ③ 06 ② 07 ④
08 ① 09 ② 10 ① 11 ⑤ 12 ① 13 ④ 14 ②
15 ③ 16 (1) ④ (2) ② 17 ① 18 ⑤ 19 ⑥ 20 ③

01 청풍명월	02 필부필부	03 일자무식	04 파죽지세
05 동정서벌	06 호각지세	07 평범	08 우열	09 가을철
10 소리, 유인	11 용감	12 용호상박	13 난공불락
14 초동급부	15 엄동설한	16 막상막하	17 만경창파
18 목불식정

step ③ **어휘력** 완성   ▶ 97쪽

| 01 ⑤ | 02 ② | 03 ④ | 04 ① | 05 ⑤ | 06 ④ |

01 '초동급부(樵童汲婦)'는 '땔나무를 하는 아이와 물을 긷는 아낙네라는 뜻으로, 평범한 사람을 이름.'을 의미하는 한자 성어이고 '갑남을녀(甲男乙女)'는 '갑이란 남자와 을이란 여자라는 뜻으로, 평범한 사람들을 이름.'을 의미한다. ㉠의 '초부와 목동'은 평범한 사람을 의미하므로 '초동급부(樵童汲婦)'나 '갑남을녀(甲男乙女)'로 나타낼 수 있다. '인생무상(人生無常)'은 '인생이 덧없음.'을 의미하는 한자 성어이고 '일장춘몽(一場春夢)'은 '한바탕의 봄꿈이라는 뜻으로, 헛된 영화나 덧없는 일을 이름.'을 의미한다. ㉡은 인생의 덧없음을 말하고 있으므로 '인생무상(人生無常)' 또는 '일장춘몽(一場春夢)'이 적절하다.

오답 풀이
① 청풍명월(淸風明月): 맑은 바람과 밝은 달.
② 부귀영화(富貴榮華): 재산이 많고 지위가 높으며 귀하게 되어서 세상에 드러나 온갖 영광을 누림.
④ 일자무식(一字無識): 글자를 한 자도 모를 정도로 무식함. 또는 그런 사람.
　필부필부(匹夫匹婦): 한 쌍의 남편과 아내라는 뜻으로, 평범한 남녀를 이름.

02 '난형난제(難兄難弟)'는 '누구를 형이라 하고 누구를 아우라 하기 어렵다는 뜻으로, 두 사물이 비슷하여 낫고 못함을 정하기 어려움을 이름.'을 의미하는 한자 성어이므로 평범한 사람들이라는 의미가 내포되어 있지 않다.

03 '천고마비(天高馬肥)'는 '하늘이 높고 말이 살찐다는 뜻으로, 하늘이 맑아 높푸르게 보이고 온갖 곡식이 익는 가을철을 이름.'을 의미하는 한자 성어이므로 가을의 계절감이 나타난다.

오답 풀이
① 녹양방초(綠楊芳草): 푸른 버드나무와 향기로운 풀.
② 만경창파(萬頃蒼波): 만 이랑의 푸른 물결이라는 뜻으로, 한없이 넓고 넓은 바다를 이름.
③ 엄동설한(嚴冬雪寒): 눈 내리는 깊은 겨울의 심한 추위.
⑤ 청풍명월(淸風明月): 맑은 바람과 밝은 달.

04 '고군분투(孤軍奮鬪)'는 '따로 떨어져 도움을 받지 못하게 된 군사가 많은 수의 적군과 용감하게 잘 싸움.', '남의 도움을 받지 아니하고 힘에 벅찬 일을 잘해 나감을 이름.'을 의미하는 한자 성어이다. 하지만 '난공불락(難攻不落)'은 '공격하기가 어려워 쉽사리 함락되지 아니함.'을 의미한다. '고군분투(孤軍奮鬪)'에는 '매우 어려운 조건을 무릅쓰고 힘을 다하여 고생스럽게 싸움.'의 '악전고투(惡戰苦鬪)'가 적절하다.

오답 풀이
② 난형난제(難兄難弟): 누구를 형이라 하고 누구를 아우라 하기 어렵다는 뜻으로, 두 사물이 비슷하여 낫고 못함을 정하기 어려움을 이름.
　호각지세(互角之勢): 양쪽 뿔이 크기나 생김새에서 큰 차이가 없다는 뜻으로, 역량이 서로 비슷비슷한 위세를 이름.
③ 백중지간(伯仲之間): 맏이와 둘째처럼 큰 차이가 없는 사이라는 뜻으로, 서로 우열을 가리기 힘든 형세를 이름.
　막상막하(莫上莫下): 더 낫고 더 못함의 차이가 거의 없음.
④ 엄동설한(嚴冬雪寒): 눈 내리는 깊은 겨울의 심한 추위.
　동빙한설(凍氷寒雪): 얼어붙은 얼음과 차가운 눈이라는 뜻으로, 심한 추위를 이름.
⑤ 파죽지세(破竹之勢): 대를 쪼개는 기세라는 뜻으로, 적을 거침없이 물리치고 쳐들어가는 기세를 이름.
　일사천리(一瀉千里): 강물이 빨리 흘러 천 리를 간다는 뜻으로, 어떤 일이 거침없이 빨리 진행됨을 이름.

05 '성동격서(聲東擊西)'는 '동쪽에서 소리를 내고 서쪽에서 적을 친다는 뜻으로, 적을 유인하여 이쪽을 공격하는 체하다가 그 반대쪽을 치는 전술을 이름.'을 의미하는 한자 성어이다. 이는 한쪽을 공격할 듯하면서 재빠르게 다른 쪽을 공격하여 적을 무찌르는 전술이므로 ⓐ에 들어갈 한자 성어로 적절하다.

오답 풀이
① 각개격파(各個擊破): 적을 하나하나 나누어 무찌름.
② 동정서벌(東征西伐): 동쪽을 정복하고 서쪽을 친다는 뜻으로, 이리저리로 여러 나라를 정벌함을 이름.
③ 백의종군(白衣從軍): 벼슬 없이 군대를 따라 싸움터로 감.
④ 백전백승(百戰百勝): 싸울 때마다 다 이김.

06 '인자무적(仁者無敵)'은 '어진 사람은 남에게 덕을 베풂으로써 모든 사람의 사랑을 받기에 모든 사람이 사랑하므로 세상에 적이 없음.'을 의미하는 한자 성어이므로 무식함 또는 어리석음을 내포하고 있지 않다.

오답 풀이
① 목불식정(目不識丁): 아주 간단한 글자인 '丁' 자를 보고도 그것이 '고무래'인 줄을 알지 못한다는 뜻으로, 아주 까막눈임을 이름.
② 숙맥불변(菽麥不辨): 콩인지 보리인지를 구별하지 못한다는 뜻으로, 사리 분별을 못 하고 세상 물정을 잘 모름을 이름.
③ 우이독경(牛耳讀經): 쇠귀에 경 읽기라는 뜻으로, 아무리 가르치고 일러 주어도 알아듣지 못함을 이름.

⑤ 일자무식(一字無識): 글자를 한 자도 모를 정도로 무식함. 또는
그런 사람.

09 속담

step ① 어휘력 학습
▶ 98~99쪽

01 ⑥	02 ①	03 ⑤	04 ④	05 ②	06 ③	07 ④
08 ②	09 ①	10 ③	11 ②	12 ①	13 ②	14 ①
15 ③	16 ④	17 ①	18 ③	19 ⑤	20 ②	

step ② 어휘력 체크
▶ 100쪽

01 산 넘어 02 침통 03 등잔 04 올챙이 05 가지 많은 나무 06 간섭 07 대접 08 걱정, 관계 09 마음 10 측면, 융통성 11 ㉠ 12 ㉣ 13 ㉤ 14 ㉢ 15 ㉢ 16 사공이 많아 배가 산으로 간다 17 말 안 하면 귀신도 모른다 18 콩 심은 데 콩 나고 팥 심은 데 팥 난다 19 뱁새가 황새를 따라가면 다리가 찢어진다 20 오르지 못할 나무는 쳐다보지도 마라

step ③ 어휘력 완성
▶ 101쪽

01 ③ 02 ④ 03 ③ 04 ③ 05 ⑤

01 '청출어람(靑出於藍)'은 '쪽에서 뽑아낸 푸른 물감이 쪽보다 더 푸르다는 뜻으로, 제자나 후배가 스승이나 선배보다 나음을 이르는 말'을 의미하는 한자 성어이다. 하지만 '배보다 배꼽이 더 크다'는 '배보다 거기에 있는 배꼽이 더 크다는 뜻으로, 기본이 되는 것보다 덧붙이는 것이 더 많거나 큰 경우를 이르는 말'을 의미하는 속담이므로 '청출어람(靑出於藍)'과 의미가 통하지 않는다.

02 '열 번 찍어 아니 넘어가는 나무 없다'는 '아무리 뜻이 굳은 사람이라도 여러 번 권하거나 꾀고 달래면 결국은 마음이 변한다는 말'을 의미하는 속담이므로 잘하는 사람도 실수할 때가 있는 상황에 쓰이는 것은 적절하지 않다.

03 '원숭이도 나무에서 떨어진다'는 '아무리 익숙하고 잘하는 사람이라도 간혹 실수할 때가 있음을 이르는 말'을 의미하는 속담이므로 〈보기〉의 '천려일실(千慮一失)'과 의미가 통한다.

오답 풀이
① 걱정도 팔자다: 하지 않아도 될 걱정을 하거나 관계도 없는 남의 일에 참견하는 사람에게 놀림조로 이르는 말.
② 말 안 하면 귀신도 모른다: 마음속으로만 애태울 것이 아니라 시원스럽게 말을 하여야 한다는 말.
④ 개구리 올챙이 적 생각 못 한다: 형편이나 사정이 전에 비하여 나아진 사람이 지난날의 미천하거나 어렵던 때의 일을 생각지 아니하고 처음부터 잘난 듯이 뽐냄을 이르는 말.
⑤ 남의 잔치에 감 놓아라 배 놓아라 한다: 남의 일에 공연히 간섭하고 나섬을 이르는 말.

04 '오르지 못할 나무는 쳐다보지도 마라'는 '자기의 능력 밖의 불가능한 일에 대해서는 처음부터 욕심을 내지 않는 것이 좋다는 말'을 의미하는 속담이다. 하지만 '놓친 고기가 더 커 보인다'는 '현재 가지고 있는 것보다 먼저 것이 더 좋았다고 생각된다는 말'을 뜻하는 속담이므로 의미가 서로 유사하지 않다.

05 〈보기〉는 눈앞의 이해만 따지지 말고 다양성을 존중하며 개인의 가치를 소중히 여기는 자세를 중시해야 한다는 내용이다. '하나만 알고 둘은 모른다'는 '사물의 한 측면만 보고 두루 보지 못한다는 뜻으로, 생각이 밝지 못하여 도무지 융통성이 없고 미련하다는 말'을 의미하는 속담이므로 문맥상 빈칸에 들어가기에 적절하다.

10 필수 어휘 _현대 문학

step ① 어휘력 학습
▶ 102~103쪽

01 ①	02 (1) ③ (2) ⑤	03 (1) ④ (2) ⑥	04 ②	05 ⑦	
06 ②	07 ⑥	08 ③	09 ⑤	10 (1) ④ (2) ①	11 ⑤
12 ③	13 ①	14 ②	15 ④	16 ①	17 ④	18 (1) ⑤
(2) ③	19 ⑥	20 ②	21 (1) ⑥ (2) ⑤	22 ②	23 ④
24 (1) ① (2) ③	25 ⑦	26 ④	27 ⑤	28 ①	29 ③
30 ②					

step ② 어휘력 체크
▶ 104쪽

01 수치 02 위세 03 떠들썩 04 푸대접 05 품질 06 습관 07 소득 08 ㉣ 09 ㉠ 10 ㉣ 11 ㉢ 12 ㉢ 13 ㉤ 14 제지 15 진솔 16 호의 17 투영 18 조바심 19 표출 20 주눅 21 전모 22 초월 23 회상 24 음미

01 ④   02 ①   03 ④   04 ②   05 ①

01 ⓓ는 해진 그물을 수선할 때에는 조마조마하거나 신경 질 부리지 말아야 한다는 내용이다. '조바심'은 '조마조마하여 마음을 졸임. 또는 그렇게 졸이는 마음'을 의미한다.

02 '왁자하다'는 '정신이 어지러울 만큼 떠들썩하다.'를 의미한다. 하지만 '잠잠하다'는 '분위기나 활동 따위가 소란하지 않고 조용하다.', '말없이 가만히 있다.'를 의미하므로 바꿔 쓰기에 적절하지 않다.

오답 풀이
② 한산하다: 인적이 드물어 한적하고 쓸쓸하다.
  한적하다: 한가하고 고요하다.
③ 타작: 곡식의 이삭을 떨어서 낟알을 거두는 일.
  바심: 곡식의 이삭을 떨어서 낟알을 거두는 일.
④ 풍족하다: 매우 넉넉하여 부족함이 없다.
  넉넉하다: ⑴ 크기나 수량 따위가 기준에 차고도 남음이 있다.
  ⑵ 살림살이가 모자라지 않고 여유가 있다.
⑤ 중턱: 산이나 고개, 바위 따위의 중간쯤 되는 곳.
  중허리: 산이나 고개, 바위 따위의 중간쯤 되는 곳.

03 '힘겹다'는 '힘에 부쳐 능히 당하여 내기 어렵다.'를 의미하므로 자랑을 떠벌리고 허풍 떠는 것을 좋아하는 사람을 표현하기에는 적절하지 않다. 이 경우에는 '허황하여 전혀 근거가 없다.'를 의미하는 '터무니없다'를 쓰는 것이 적절하다.

04 (ㄱ)의 '풍기다'는 '어떤 분위기가 나다. 또는 그런 것을 자아내다.'라는 의미이고 (ㄴ)의 '풍기다'는 '겨, 검불, 먼지 따위가 날리다. 또는 그런 것을 날리다.'라는 의미로 쓰였다.

05 ㉠에 들어갈 말은 '살림의 근거지가 되는 곳'을 의미하는 '터전'이다. ㉡에 들어갈 말은 '도망'을 속되게 이르는 말을 의미하는 '줄행랑'이다.

오답 풀이
② 중턱: 산이나 고개, 바위 따위의 중간쯤 되는 곳.
③ 조바심: 조마조마하여 마음을 졸임. 또는 그렇게 졸이는 마음.
⑤ 전모: 전체의 모습. 또는 전체의 내용.

11 한자 성어

01 ②   02 ①   03 ④   04 ③   05 ①   06 ③   07 ②
08 ②   09 ①   10 ③   11 ④   12 ①   13 ②   14 ⑤
15 ③   16 ③   17 ④   18 ①   19 ⑤   20 ②

01 ~ 04

동	식	자	우	심	전
기	량	초	환	이	능
고	육	지	책	열	소
만	염	군	재	치	능
장	여	미	소	열	대
궁	화	심	심	상	인

05 사태, 결정   06 방자   07 말   08 진리   09 근본
10 노심초사   11 좌불안석   12 태산북두   13 군계일학
14 궁여지책   15 기고만장   16 이열치열   17 이심전심
18 식자우환

01 ⑤   02 ②   03 ⑤   04 ④   05 ③   06 ②

01 '열은 열로써 다스림. 곧 열이 날 때에 땀을 낸다든지, 더위를 뜨거운 차를 마셔서 이긴다든지, 힘은 힘으로 물리친다는 따위를 이를 때에 흔히 쓰는 말임.'을 의미하는 한자 성어는 '이열치열(以熱治熱)'이다.

오답 풀이
① 기고만장(氣高萬丈): 일이 뜻대로 잘될 때, 우쭐하여 뽐내는 기세가 대단함.
② 능소능대(能小能大): 모든 일에 두루 능함.
③ 동량지재(棟梁之材): 마룻대와 들보로 쓸 만한 재목이라는 뜻으로, 집안이나 나라를 떠받치는 중대한 일을 맡을 만한 인재를 이름.
④ 발본색원(拔本塞源): 좋지 않은 일의 근본 원인이 되는 요소를 완전히 없애 버려서 다시 그러한 일이 생길 수 없도록 함.

02 '노심초사(勞心焦思)'는 '몹시 마음을 쓰며 애를 태움.'을 의미하는 한자 성어이므로 '마음에서 마음으로 뜻을 전함'이라는 의미를 내포하고 있지 않다.

03 〈보기〉에서 한유는 학문 발전에 힘을 써 학자들의 존경을

받은 인물이므로 빈칸에는 '태산과 북두칠성이라는 뜻으로, 세상 사람들로부터 존경받는 사람을 이름.'을 의미하는 한자 성어인 '태산북두(泰山北斗)'가 들어가야 한다.

오답 풀이

① 고육지책(苦肉之策): 자기 몸을 상해 가면서까지 꾸며 내는 계책이라는 뜻으로, 어려운 상태를 벗어나기 위해 어쩔 수 없이 꾸며 내는 계책을 이름.

② 불립문자(不立文字): 글자로는 부처님의 진리를 알지 못한다는 뜻으로, 불도의 깨달음은 마음에서 마음으로 전하는 것이므로 말이나 글에 의지하지 않는다는 말.

③ 식자우환(識字憂患): 학식이 있는 것이 오히려 근심을 사게 됨.

④ 안하무인(眼下無人): 눈 아래에 사람이 없다는 뜻으로, 방자하고 교만하여 다른 사람을 업신여김을 이름.

04 '군계일학(群鷄一鶴)'은 '닭의 무리 가운데에서 한 마리의 학이란 뜻으로, 많은 사람 가운데서 뛰어난 인물을 이름.'을 의미하는 한자 성어이다. '닭에게 밤 시각을 알리는 일을 맡기는 것처럼 알맞은 인재에 적합한 일을 맡김을 이름.'을 의미하는 한자 성어는 '사계사야(使鷄司夜)'이다.

05 '발본색원(拔本塞源)'은 '좋지 않은 일의 근본 원인이 되는 요소를 완전히 없애 버려서 다시는 그러한 일이 생길 수 없도록 함.'을 의미하는 한자 성어이다. 하지만 '임기응변(臨機應變)'은 '그때그때 처한 사태에 맞추어 즉각 그 자리에서 결정하거나 처리함.'을 의미하는 한자성어이므로 서로 부합하지 않는다.

06 〈보기〉는 자와 가위로 마름질을 잘 해도 바늘이 없으면 옷을 만들 수 없다고 말하고 있다. 그러므로 빈칸에는 '모든 일에 두루 능함.'을 의미하는 한자 성어인 '능소능대(能小能大)'가 들어가야 한다.

12 개념어 _산문 문학

step ① **어휘력 학습** ▶ 110~111쪽

01 ⑧	02 ①	03 ⑥	04 ⑦	05 ③	06 ②	07 ⑤
08 ④	09 ②	10 ③	11 ①	12 ④	13 ⑤	14 ①
15 ④	16 ⑥	17 ③	18 ①	19 ③	20 ①	21 ②
22 ③	23 ①	24 ②				

step ② **어휘력 체크** ▶ 112쪽

01 주변 인물	02 입체적 인물	03 평면적 인물	04 개성적
인물	05 전형적 인물	06 주동 인물	07 사회 현실	08
그림	09 객관적	10 서술	11 이야기	12 독자	13 ②
14 ③	15 ①	16 ②			

13 이 글은 '춘향'과 '사또' 간의 외적 갈등이 드러난다.

14 '춘향'은 작가가 전하려는 주제(유교적 정조 관념의 고취)와 같은 방향으로 움직이는 주동 인물이다.

15 '사또'는 탐관오리의 특징을 잘 나타내어 대표성을 지니고 있다.

16 이 글은 서술자가 작품 밖에서 인물의 심리까지 모두 꿰뚫어 보는 전지적 작가 시점이다.

step ③ **어휘력 완성** ▶ 113쪽

01 ②	02 ⑤	03 ①	04 ③	05 ④

01 '김 첨지'는 당대 하층민의 특징을 잘 나타내어 대표성을 지니는 전형적인 인물이다.

오답 풀이

① '김 첨지'는 작품의 주인공이자 중심인물이다.

③ '김 첨지'는 작가가 전달하려는 주제(일제 강점기 하층민의 비참한 생활상)와 같은 방향으로 움직이는 주동 인물이다.

④ 작품에서 비중이 크지 않은 인물이 주변 인물이므로 주동 인물인 '김 첨지'는 해당하지 않는다.

⑤ '김 첨지'는 상황에 따라 성격이 변하는 입체적 인물이 아니며, 독자적인 성격을 지닌 개성적 인물도 아니다.

02 이 글은 작품 밖의 서술자가 인물의 행동과 심리를 서술하는 전지적 작가 시점이다.

오답 풀이

① 이 글의 서술자는 작품 밖에 존재한다.

② 이 글에서 '김 첨지'는 서술자가 아니다.

③ 작품 속 주인공 '김 첨지'가 자신의 이야기를 서술하고 있지 않다.

④ 작품 밖의 서술자가 관찰한 내용만 서술하는 것은 작가 관찰자 시점으로 이 글에 해당하지 않는다.

03 김 첨지는 반복되는 행운 앞에 겁이 나고 아픈 아내의 부탁이 마음에 켕기었다고 하였으므로 (가)에는 인물의 내적 갈등이 드러난다.

04 (나)에는 '담장 안'과 '작은 누각'이라는 공간에 대한 묘사가 드러나 있다.

오답 풀이

① 이 글에서 대화는 (라)에만 나타나 있다.

② (가)에는 인물에 대한 설명이 제시되어 있다.

④ (다)에서 편집자적 논평은 찾아볼 수 없다.

⑤ (라)에는 인물의 심리 묘사가 드러나 있지 않다.

05 (다)에는 이생이 죽은 최 여인과 만나게 되다는 전기적 요소가 드러난다.

오답 풀이

① (가)에는 '송도(고려의 수도였던 개성의 옛 이름)', '낙타교'와 같이 공간적 배경이 제시되지만 시간적 배경은 제시되어 있지 않다.

② (가)에는 공간적 배경과 인물에 대한 설명이 제시되어 있고 교훈적 주제는 드러나 있지 않다.

③ (다)에는 '밤중'이라는 시간적 배경이 제시되지만 사회적 배경은 제시되어 있지 않다.

⑤ (가)와 (다)에는 인물의 외적 갈등이 드러나지 않는다.

2주 완성 실전 대비 기출 모의고사

▶ 114~118쪽

01 ②	02 ①	03 ④	04 ①	05 ②	06 ②	07 ①
08 ⑤	09 ①	10 ①	11 ②	12 ②	13 ①	14 ⑤
15 ③	16 ⑤	17 ①	18 ④	19 ⑤	20 ③	

01 ⓑ의 '형성'의 사전적 의미는 '어떤 형상을 이룸.'이다. '완전히 다 이룸.'은 '완성'의 사전적 의미이다.

02 ㉠과 ⓐ의 '이기다'는 모두 '감정이나 욕망, 흥취 따위를 억누르다.'라는 의미로 쓰였다.

오답 풀이

② '몸을 곧추거나 가누다.'라는 의미로 쓰였다.

③, ⑤ '고통이나 고난을 참고 견디어 내다.'라는 의미로 쓰였다.

④ '내기나 시합, 싸움 따위에서 재주나 힘을 겨루어 우위를 차지하다.'라는 의미로 쓰였다.

03 '해소하다'는 '어려운 일이나 문제가 되는 상태를 해결하여 없애 버리다.'라는 의미이므로 '그릇된 일을 바르게 만들거나 잘못된 것을 올바르게 고치다.'라는 의미의 '바로잡다'와 바꿔 쓸 수 없다.

오답 풀이

① '소멸되다'는 '사라져 없어지게 되다.'라는 의미이므로 '사라지다'와 바꿔 쓸 수 있다.

② '계승하다'는 '조상의 전통이나 문화유산, 업적 따위를 물려받아 이어 나가다.'라는 의미이므로 '이어받다'와 바꿔 쓸 수 있다.

③ '이동하다'는 '움직여 옮기다.'라는 의미이므로 '옮기다'와 바꿔 쓸 수 있다.

⑤ '월등하다'는 '다른 것과 견주어서 수준이 정도 이상으로 뛰어나다.'라는 의미이므로 '뛰어나다'와 바꿔 쓸 수 있다.

04 ⓐ '(속도에) 맞춰'와 '(노래에) 맞추어'에 쓰인 '맞추다'는 '어떤 기준이나 정도에 어긋나지 아니하게 하다.'의 의미로, 문맥상 의미가 유사하게 사용되었다.

오답 풀이

②, ③ '서로 어긋남이 없이 조화를 이루다.'의 의미로 사용되었다.

④ '일정한 수량이 되게 하다.'의 의미로 사용되었다.

⑤ '둘 이상의 일정한 대상들을 나란히 놓고 비교하여 살피다.'의 의미로 사용되었다.

05 〈보기〉에서 양후가, 남을 해하려다가 우리가 도리어 근심을 얻게 되었다고 하였으므로, 이를 나타내기에 적절한 것은 '자기의 줄로 자기 몸을 옭아 묶는다는 뜻으로, 자기가 한 말과 행동에 자기 자신이 옭혀 곤란하게 됨을 이르는 말'인 '자승자박(自繩自縛)'이다.

오답 풀이

① 방약무인(傍若無人): 곁에 사람이 없는 것처럼 아무 거리낌 없이 함부로 말하고 행동하는 태도가 있음을 이르는 말이다.

③ 자포자기(自暴自棄): 절망에 빠져 자신을 스스로 포기하고 돌보지 아니함을 이르는 말이다.

④ 호가호위(狐假虎威): 남의 권세를 빌려 위세를 부림을 이르는 말이다.

⑤ 표리부동(表裏不同): 겉으로 드러나는 언행과 속으로 가지는 생각이 다름을 이르는 말이다.

06 ㉠에서 사씨는 여러 곳에서 배척을 받은 동청을 가까이 두는 한림에게 '좋지 않은 사람과 같이 있으면 자연히 잘못된 길로 빠질 수 있습니다.'라며 충고하고 있다. 따라서 이때 사씨가 한림에게 하려는 말은 '좋지 못한 사람과 사귀게 되면, 그를 닮아 악에 물들게 됨을 이르는 말'인 '먹을 가까이 하면 검어진다'와 그 뜻이 가장 가깝다.

오답 풀이

① '뱁새가 황새 따라가면 다리가 찢어진다'는 '힘에 겨운 일을 억지로 하면 도리어 해만 입는다는 말'이다. 한림이 힘에 겨운 일을 억지로 하고 있지는 않기 때문에, 이는 사씨가 한림에게 하려는 말로 적절하지 않다.

③ '가는 말이 고와야 오는 말이 곱다'는 '자기가 남에게 말이나 행동을 좋게 하여야 남도 자기에게 좋게 한다는 말'이다.

④ '동냥치가 동냥치 꺼린다'는 '자기가 누군가에게 무슨 일을 부탁할 때 다른 사람도 와 구하면 혹 제 일이 잘 안될까 봐 꺼린다는 말'이다.

⑤ '가재는 게 편'은 '모양이나 형편이 서로 비슷하고 인연이 있는 것끼리 서로 잘 어울리고, 사정을 보아주며 감싸 주기 쉬움을 이르는 말'이다.

07 '측정'의 의미는 '일정한 양을 기준으로 하여 같은 종류의 다른 양의 크기를 잼.'이다. ㉠의 '잡다'는 '어떤 수나 가치 따위를 기준으로 세우다.'라는 의미이므로 '측정'의 의미를 포함하고 있는 말로 볼 수 없다.

② 대중하다: '대강 어림잡아 헤아리다.'를 의미한다.
③ 재다: '자, 저울 따위의 계기를 이용하여 길이, 너비, 높이, 깊이, 무게, 온도, 속도 따위의 정도를 알아보다.'를 의미한다.
④ 가늠하다: '사물을 어림잡아 헤아리다.'를 의미한다.
⑤ 어림하다: '대강 짐작으로 헤아리다.'를 의미한다.

08 ⑤의 '손에 잡히다'는 둘 다 '마음이 차분해져 일할 마음이 내키고 능률이 나다.'라는 의미의 관용적 표현으로 사용되었다.

오답 풀이
① ㉠에서 '눈도 깜짝 안 하다'는 '조금도 놀라지 않고 태연하다.'라는 의미의 관용적 표현으로 사용되었고, ㉡에서는 '깜짝이다'가 '눈이 살짝 감겼다 뜨였다 하다. 또는 그렇게 되게 하다.'라는 단어 자체의 의미로 사용되었다.
② ㉠에서 '배가 아프다'는 '남이 잘되어 심술이 나다.'라는 의미의 관용적 표현으로 사용되었고, ㉡에서는 '아프다'가 '몸의 어느 부분이 다치거나 맞거나 자극을 받아 괴로움을 느끼다.'라는 단어 자체의 의미로 사용되었다.
③ ㉠에서 '국수를 먹다'는 '결혼식을 올리는 일을 이르는 말'이라는 의미의 관용적 표현으로 사용되었고, ㉡에서는 '먹다'가 '음식 따위를 입을 통하여 배 속에 들여보내다.'라는 단어 자체의 의미로 사용되었다.
④ ㉠에서 '바닥을 보다'는 '끝장을 보다.'라는 의미의 관용적 표현으로 사용되었고, ㉡에서는 '보다'가 '눈으로 대상의 존재나 형태적 특징을 알다.'라는 단어 자체의 의미로 사용되었다.

09 ⓐ는 영채가 혹시 자기를 알아보는 사람이 있지 않을까 불안해하는 장면이다. 이러한 영채의 심리를 가장 잘 드러내고 있는 한자 성어는 '좌불안석(坐不安席)'이다. '좌불안석'은 '앉아도 자리가 편안하지 않다는 뜻으로, 마음이 불안하거나 걱정스러워서 한군데에 가만히 앉아 있지 못하고 안절부절못하는 모양을 이르는 말'이다.

오답 풀이
② 간담상조(肝膽相照): 서로 속마음을 털어놓고 친하게 사귐을 이르는 말이다.
③ 전전반측(輾轉反側): 누워서 몸을 이리저리 뒤척이며 잠을 이루지 못함을 이르는 말이다.
④ 침소봉대(針小棒大): 작은 일을 크게 불리어 떠벌림을 이르는 말이다.
⑤ 절치부심(切齒腐心): 몹시 분하여 이를 갈며 속을 썩임을 이르는 말이다.

10 '방치'의 사전적 의미는 '돌보거나 간섭하지 않고 그대로 둠.'이다. '쫓아내거나 몰아냄.'은 '축출'의 사전적 의미에 해당한다.

11 ㉠과 ②의 '풍기다'는 모두 '어떤 분위기가 나다. 또는 그런 것을 자아내다.'라는 의미로 쓰였다.

오답 풀이

①, ⑤ '겨, 검불, 먼지 따위가 날리다. 또는 그런 것을 날리다.'라는 의미로 쓰였다.
③ '냄새가 나다. 또는 냄새를 퍼뜨리다.'라는 의미로 쓰였다.
④ '짐승이 사방으로 흩어지다. 또는 그런 것을 흩어지게 하다.'라는 의미로 쓰였다.

12 ⓑ의 '달라지다'는 '변하여 전과는 다르게 되다.'의 의미이고, '변모하다'는 '모양이나 모습이 달라지거나 바뀌다.'의 의미이다. 이전과 다르게 바뀐다는 측면에서 보았을 때 '달라지다'와 '변모하다'는 부분적으로 비슷한 의미를 내포하고 있지만, '변모하다'는 '모양이나 모습'이 달라졌을 때 사용한다는 점에 유의해야 한다. 즉, '순서가 달라지다'에서의 '순서'는 '모양이나 모습'이 아니므로, '달라지다'를 '변모하다'와 바꿔 쓰는 것은 적절하지 않다.

오답 풀이
① ⓐ의 '벗어나다'는 문맥상 '어떤 환경이나 처지에서 빠져나오거나 그 상태를 극복하다.'의 의미이므로, '일정한 상태나 처지에서 완전히 벗어나다.'의 의미를 지닌 '탈피하다'와 바꿔 쓸 수 있다.
③ ⓒ의 '겹치다'는 '여러 사물이나 내용 따위가 서로 덧놓이거나 포개어지다.'의 의미이므로, '거듭 겹쳐지거나 포개어지다.'의 의미를 지닌 '중첩되다'와 바꿔 쓸 수 있다.
④ ⓓ의 '쓰다'는 '어떤 일을 하는 데에 재료나 도구, 수단을 이용하다.'의 의미이므로, '충분히 잘 이용하다.'의 의미를 지닌 '활용하다'와 바꿔 쓸 수 있다.
⑤ ⓔ의 '무너지다'는 '질서, 제도, 체제 따위가 파괴되다.'의 의미이므로, '조직이나 계획 따위가 산산이 무너지고 흩어지게 되다.'의 의미를 지닌 '와해되다'와 바꿔 쓸 수 있다.

13 〈보기〉의 '진사 역시 제 뜻을 알고 모퉁이를 향해 앉아 있더군요.'를 통해 두 사람의 마음이 서로 통한 상황임을 알 수 있다. 이를 나타내기에 적절한 한자 성어는 '마음과 마음으로 서로 뜻이 통함.'을 의미하는 '이심전심(以心傳心)'이다.

오답 풀이
② 인과응보(因果應報): 전생에 지은 선악에 따라 현재의 행과 불행이 있고, 현세에서의 선악의 결과에 따라 내세에서 행과 불행이 있는 일을 이르는 말이다.
③ 견물생심(見物生心): 어떠한 실물을 보게 되면 그것을 가지고 싶은 욕심이 생김을 이르는 말이다.
④ 역지사지(易地思之): 처지를 바꾸어서 생각하여 봄을 이르는 말이다.
⑤ 수구초심(首丘初心): 여우가 죽을 때에 머리를 자기가 살던 굴 쪽으로 둔다는 뜻으로, 고향을 그리워하는 마음을 이르는 말이다.

14 '분사'의 사전적 의미는 '액체나 기체 따위에 압력을 가하여 세차게 뿜어 내보냄.'이다. '물기나 습기를 말려서 없앰.'은 '건조'의 사전적 의미에 해당한다.

15 '곱절'은 '(1) 어떤 수나 양을 두 번 합한 만큼. (2) (흔히

고유어 수 뒤에 쓰여) 일정한 수나 양이 그만큼 거듭됨을 이르는 말'이라는 의미를 지닌 반면, '갑절'은 '어떤 수나 양을 두 번 합한 만큼'의 의미만 지니고 있다. 따라서 '세 곱절, 네 곱절'과 같은 표현은 가능하지만 '세 갑절, 네 갑절'과 같은 표현은 가능하지 않다.

오답 풀이
① '가지다'는 '손이나 몸 따위에 있게 하다.'라는 의미고 '갖은'은 '골고루 다 갖춘. 또는 여러 가지의'라는 의미이다.
② '걸음'은 '두 발을 번갈아 옮겨 놓는 횟수를 세는 단위'를 의미하고, '거름'은 '식물이 잘 자라도록 땅을 기름지게 하기 위하여 주는 물질'을 의미한다.
④ '두텁다'는 '신의, 믿음, 관계, 인정 따위가 굳고 깊다.'를 의미하고 '두껍다'는 '층을 이루는 사물의 높이나 집단의 규모가 보통의 정도보다 크다.'를 의미한다.
⑤ '그저'는 '다른 일은 하지 않고 그냥'이라는 의미이고, '거저'는 '아무런 노력이나 대가 없이'라는 의미이다.

16 '인용'의 의미는 '남의 말이나 글을 자신의 말이나 글 속에 끌어 씀.'으로, '보고서에서 전문가의 글을 끌어 쓰면'은 문맥이 자연스러우므로 ㉠에는 '인용'이 적절하다. '방증'의 의미는 '사실을 직접 증명할 수 있는 증거가 되지는 않지만, 주변의 상황을 밝힘으로써 간접적으로 증명에 도움을 줌. 또는 그 증거'이다. '최소한의 가구만으로 꾸며진 방'은 '그 사람의 소박한 성격'을 증명하는 데 간접적으로 도움을 주는 증거가 되므로, ㉡에는 '방증'이 적절하다. '눈썰미'의 의미는 '한두 번 보고 곧 그대로 해내는 재주'이므로, '잠깐 본 그림을 그대로 재현해 내는' 것은 '눈썰미'가 있다고 하는 것이 적절하다. 따라서 ㉢에는 '눈썰미'가 들어갈 수 있다.

오답 풀이
· 발췌: 책, 글 따위에서 필요하거나 중요한 부분을 가려 뽑아냄. 또는 그런 내용.
· 증거: 어떤 사실을 증명할 수 있는 근거.
· 증명: 어떤 사항이나 판단 따위에 대하여 그것이 진실인지 아닌지 증거를 들어서 밝힘.
· 반증: (1) 어떤 사실이나 주장이 옳지 아니함을 그에 반대되는 근거를 들어 증명함. 또는 그런 증거. (2) 어떤 사실과 모순되는 것 같지만, 거꾸로 그 사실을 증명하는 것.
· 눈대중: 눈으로 보아 어림잡아 헤아림.
· 눈짐작: 눈으로 보아 헤아려 보는 짐작.

17 ⓐ의 '대비'는 '앞으로 일어날지도 모르는 어떠한 일에 대응하기 위하여 미리 준비함.'의 의미로 사용되었다. 하지만 ①의 '대비'는 '두 가지의 차이를 밝히기 위하여 서로 맞대어 비교함.'의 의미로 사용되었다.

오답 풀이
② ⓑ와 ②에서의 '파악'은 모두 '어떤 대상의 내용이나 본질을 확

실하게 이해하여 앎.'의 의미로 사용되었다.
③ ⓒ와 ③에서의 '인상'은 모두 '물건값, 봉급, 요금 따위를 올림.'의 의미로 사용되었다.
④ ⓓ와 ④에서의 '배제'는 모두 '받아들이지 아니하고 물리쳐 제외함.'의 의미로 사용되었다.
⑤ ⓔ와 ⑤에서의 '전가'는 모두 '잘못이나 책임을 다른 사람에게 넘겨씌움.'의 의미로 사용되었다.

18 '산천초목이 슬퍼하며 진중의 군사들도 눈물을 흘리지 않는 이가 없더라.'에서 서술자의 개입을 확인할 수 있다. 또한 "소장이 아비의 죽음을 한탄하여 분한 마음이 있는 까닭에 ~ 어찌 폐하를 돕지 아니하겠습니까?"와 같이 인물의 발화를 통해 인물의 심리가 드러난다.

오답 풀이
① 소설 전체의 시간적 배경은 중국 명나라 때이나. 이 글에는 시간적 배경이 구체적으로 묘사되지 않았다.
② 꿈속 사건은 다루지 않았으며 현실의 사건만 제시되어 있다.
③ 초월적 공간은 설정되어 있지 않다.
⑤ 이 글에는 전쟁의 결과만 제시되어 있을 뿐, 전쟁 장면은 구체적으로 묘사되지 않았다.

19 유충렬이 부친인 유심이 귀양 간 일을 천자에게 말하자 '천자도 이 말을 들으시고 후회가 막급하나 할 말 없어 우두커니 앉아 있더라.'라고 하였으므로, 천자는 충신을 귀양 보낸 자신의 과오를 인정하고 있다고 볼 수 있다. 위태로운 나라를 구하는 것이 우선이기에, 천자는 과오가 있는 '과인은 보지 말고' 나라를 먼저 생각해 주기를 청하고 있는 것이다.

오답 풀이
② [이후 줄거리]로 보아 유심은 살아 있으므로, 유충렬은 부친이 죽은 것으로 잘못 알고 있음을 알 수 있다.
④ 태자의 말을 들은 유충렬이 태자의 얼굴을 보니 천자의 기상이 뚜렷하고 한 시대의 성군이 될 듯하다고 하였다. 즉 유충렬은 태자의 말과 기상에 감화되어 천자를 원망했던 태도를 반성하고 충성을 다짐하고 있음을 알 수 있다.

20 [B]에서 태자는 옛날 주나라 성왕이 관숙과 채숙의 말을 듣고 주공을 의심했던 역사적 사실을 말하고 있다. 그러나 이는 유충렬의 견해를 옹호하기 위한 것이 아니라 유충렬을 설득하여 천자를 돕도록 하기 위한 것이다.

오답 풀이
① [A]에서 유충렬은 자신이 유심의 아들임을 밝히면서 천자에 대한 원망을 드러내고 있다.
② [A]에서 유충렬은 자신의 절망적 심경을 '해와 달이 빛을 잃은 듯'하다고 비유적으로 표현하고 있다.
④ [B]에서 태자는 유충렬이 천자를 도우면 공을 치하하고 은혜를 갚겠다며, 유충렬이 천자를 위해 싸워 줄 것을 부탁하고 있다.
⑤ [B]에서 태자는 유충렬이 신하로서 본분을 다하여 천자에게 충성을 다할 것을 강조하고 있다.

01 필수 어휘 _인문

step ① 어휘력 학습 ▶ 120~121쪽

01 ② 　 02 ① 　 03 ③ 　 04 ④ 　 05 (1) ⑥ (2) ⑤ 　 06 ④
07 ③ 　 08 ② 　 09 ⑤ 　 10 ① 　 11 (1) ④ (2) ① 　 12 ③
13 ② 　 14 ⑥ 　 15 ⑤ 　 16 ③ 　 17 ⑥ 　 18 ④ 　 19 (1)
① (2) ⑤ 　 20 ② 　 21 (1) ① (2) ④ 　 22 ② 　 23 ③ 　 24
⑥ 　 25 ⑤ 　 26 ⑤ 　 27 ② 　 28 ④ 　 29 ① 　 30 ③

step ② 어휘력 체크 ▶ 122쪽

01 각광 　 02 면밀히 　 03 공세 　 04 간수하다 　 05 느닷없다
06 맹목적 　 07 고루하다 　 08 두서없 　 09 논의 　 10 미더
11 반박 　 12 강압 　 13 당면 　 14 명시 　 15 균등 　 16 가
담 　 17 동조 　 18 결부하여 　 19 규명 　 20 논설 　 21 긍지
22 공경 　 23 고수 　 24 매료

step ③ 어휘력 완성 ▶ 123쪽

01 ① 　 02 ② 　 03 ① 　 04 ④ 　 05 ①

01 〈보기〉의 ⓐ의 뜻을 지닌 어휘는 '당면하다'이다. ①의
'당면하다'는 '서로 얼굴을 마주 보고 대하다.'라는 의미
로 사용되었다.

02 〈보기〉의 ㉡의 빈칸에 들어갈 말은 '각광'이다. '각광'은
'사회적 관심이나 흥미'를 의미한다. '어떤 일에 대한 마
음가짐이나 자세 따위가 유달리 특별함.'을 의미하는 말
은 '각별'이다.

03 ⓐ에는 '주관이나 원칙이 없이 덮어놓고 행동하는 것'을
의미하는 '맹목적'이 들어가야 하고 ⓑ에는 '믿음이 가는
데가 있다.'를 의미하는 '미덥다'가 들어가야 한다.

오답 풀이
② 강압적: 강제로 누르는 방식으로 하는 것.
　 공경하다: 공손히 받들어 모시다.
③ 공세적: 공격하는 태세를 갖춘 것.
　 매료되다: 사람의 마음이 완전히 사로잡혀 홀리게 되다.
④ 논설: 어떤 주제에 관하여 자기의 의견이나 주장을 조리 있게
　 설명함.
　 면밀하다: 자세하고 빈틈이 없다.
⑤ 논의: 어떤 문제에 대하여 서로 의견을 내어 토의함. 또는 그런
　 토의.

명시하다: 분명하게 드러내 보이다.

04 '균등하다'는 '고르고 가지런하여 차별이 없다.'를 의미
하므로 폐단이 있는 법령들을 지키지 말고 바꾸어야 한
다는 상황을 나타내기에 적절하지 않다. 이 경우에는
'차지한 물건이나 형세 따위를 굳게 지키다.'를 의미하
는 '고수하다'를 사용하는 것이 적절하다.

오답 풀이
① 가담하다: 같은 편이 되어 일을 함께 하거나 돕다.
② 간수하다: 물건 따위를 잘 보호하거나 보관하다.
③ 동조하다: 남의 주장에 자기의 의견을 일치시키거나 보조를 맞
　 추다.
⑤ 규명하다: 어떤 사실을 자세히 따져서 바로 밝히다.

05 〈보기〉의 '거들다'는 '남이 하는 일을 함께 하면서 돕다.'
라는 의미로 쓰였다. 따라서 '거들다'와 문맥적 의미가
가장 가까운 것은 '돕다'이다.

02 다의어

step ① 어휘력 학습 ▶ 124~125쪽

01 (1) ① (2) ③ (3) ② (4) ④ 　 02 (1) ① (2) ② 　 03 (1) ③
(2) ① (3) ② 　 04 (1) ① (2) ④ (3) ③ (4) ② 　 05 (1) ② (2)
① 　 06 (1) ④ (2) ① (3) ③ (4) ② 　 07 (1) ① (2) ② 　 08
(1) ② (2) ① 　 09 (1) ④ (2) ② (3) ③ (4) ① 　 10 (1) ① (2)
③ (3) ② 　 11 (1) ① (2) ② (3) ③ 　 12 (1) ③ (2) ① (3) ②

step ② 어휘력 체크 ▶ 126쪽

01 감정 　 02 터전 　 03 보통 　 04 생각 　 05 반영 　 06 ②
07 ② 　 08 ① 　 09 ② 　 10 ① 　 11 ② 　 12 ② 　 13 ①
14 ② 　 15 ② 　 16 ①

10 ② 어떤 기운이나 빛이 겉으로 나타나다.

11 ① 위에 있는 것을 아래로 옮겨 놓다.

12 ① 사람의 생각, 감정, 기억 따위가 생기거나 자리 잡는
공간이나 위치.

13 ② 품행이나 도덕을 바르게 다스려 기르다.

14 ① 어떤 현상이 일어나지 못하게 하다.

15 ① 이름이나 명성 따위가 널리 알려진 상태에 있다.

16 ② 어떤 물체나 현상 따위에 스며들거나 동화되다.

| 01 ③ | 02 ② | 03 ⑤ | 04 ② | 05 ⑤ |

01 ③의 '덜다'는 '(주로 행위나 상태를 나타내는 명사와 함께 쓰여) 그러한 행위나 상태를 적게 하다.'라는 의미로 쓰였다.

02 ②의 '여인의 두 눈에는 슬픔의 눈물이 핑 돌았다.'에서 '돌다'는 '눈물이나 침 따위가 생기다.'를 의미한다.

03 ⑤에서 (ㄱ)과 (ㄴ)의 '막다'는 모두 '어떤 현상이 일어나지 못하게 하다.'라는 의미로 쓰였다.

04 ②의 예문에서 '녹다'는 '추워서 굳어진 몸이나 신체 부위가 풀리다.'를 의미한다.

05 ⓐ와 ⓑ의 '두다'는 모두 '행위의 준거점, 목표, 근거 따위를 설정하다.'를 의미한다.

오답 풀이
① '생각 따위를 가지다.'를 의미한다.
② '어떤 일을 처리하지 않고 미루다.'를 의미한다.
③ '일정한 곳에 놓다.'를 의미한다.
④ '어떤 상황이나 상태 속에 놓다.'를 의미한다.

03 동음이의어

01 (1) ③ (2) ②	02 ①	03 ⑤	04 ③	05 ④
06 (1) ① (2) ②	07 (1) ② (2) ①	08 (1) ③ (2) ④		09 ⑤
10 ③	11 (1) ② (2) ①	12 ④	13 (1) ② (2) ①	14 ③
15 (1) ② (2) ①	16 ③	17 ③	18 (1) ② (2) ①	
19 (1) ② (2) ③	20 ①	21 ②	22 ④	23 ③	24 ②

01 능력	02 치수	03 날	04 해	05 말	06 ①
07 ①	08 ①	09 ①	10 ①	11 ②	12 ①	13 ①
14 ①	15 ②	16 ①

10 ② 살이 빠져 야위다.

11 ① 음식 따위를 입을 통하여 배 속에 들여보내다.

12 ② 다른 사람이 주거나 보내오는 물건 따위를 가지다.

13 ② 사람이나 동물의 목 위의 부분.

14 ② 사람이나 동물의 다리 맨 끝부분.

15 ① 물건을 흙이나 다른 물건 속에 넣어 보이지 않게 쌓아 덮다.

16 ② 시간이 흐름에 따라 오는 어떤 때를 대하다.

| 01 ⑤ | 02 ⑤ | 03 ② | 04 ④ | 05 ② | 06 ④ |

01 〈보기〉의 ⓐ와 ⑤의 '묻다'는 '무엇을 밝히거나 알아내기 위하여 상대편의 대답이나 설명을 요구하는 내용으로 말하다.'라는 의미로 쓰였다.

오답 풀이
① '얼굴에 진흙이 묻었다.'에서 '묻다'는 '가루, 풀, 물 따위가 그보다 큰 다른 물체에 들러붙거나 흔적이 남게 되다.'를 의미한다.
② '텃밭을 파고 항아리를 묻었다.'에서 '묻다'는 '물건을 흙이나 다른 물건 속에 넣어 보이지 않게 쌓아 덮다.'를 의미한다.
③ '그는 떨어져 깨진 사과 값을 물어 주었다.'에서 '물다'는 '남에게 입힌 손해를 돈으로 갚아 주거나 본래의 상태로 해 주다.'를 의미한다.
④ '아가는 엄마의 등에 얼굴을 묻고 잠이 들었다.'에서 '묻다'는 '얼굴을 수그려 손으로 감싸거나 다른 물체에 가리듯 기대다.'를 의미한다.

02 ⑤의 '들다'는 '빛, 별, 물 따위가 안으로 들어오다.'라는 의미이다.

03 ②에서는 '맞다'가 아닌 '면허나 증명, 허가, 승인 따위를 얻다.'를 의미하는 '맡다'를 사용해야 한다.

오답 풀이
①, ⑤ '네 말이 맞다.'와 '부모님의 말씀은 항상 맞다.'에서 '맞다'는 '말이나 생각 따위가 틀리지 아니하다.'라는 의미로, 쓰임이 적절하다.
③ '음식 맛이 내 입에 맞다.'에서 '맞다'는 '어떤 행위나 내용이 일정한 기준이나 정도에 어긋나거나 벗어나지 아니하다.'라는 의미로, 쓰임이 적절하다.
④ '밤을 새우고 아침을 맞다.'에서 '맞다'는 '시간이 흐름에 따라 오는 어떤 때를 대하다.'라는 의미로, 쓰임이 적절하다.

04 ④에서 (ㄱ)의 '발'은 '걸음을 세는 단위'이고, (ㄴ)의 '발'은

'길이의 단위'이다.

오답 풀이
① '사람이나 동물의 다리 맨 끝부분'을 의미한다.
② '물기가 다 날아가서 없어지다.'를 의미한다.
③ '총알, 포탄, 화살 따위를 세는 단위'를 의미한다.
⑤ '다른 사람에게서 일정한 내용을 가진 말을 전달받다.'를 의미한다.

05 ②의 '할머니께서는 손이 저리다며 자주 수지침을 맞으신다.'에서 '맞다'는 '침, 주사 따위로 치료를 받다.'를 의미한다.

06 ④의 '머리'는 '덩어리를 이룬 수량의 정도를 나타내는 말'을 의미한다. 나머지 '머리'는 다의어로, '생각하고 판단하는 능력(①), 사람이나 동물의 목 위의 부분(②), 머리에 난 털(③), 사물의 앞이나 위를 비유적으로 이르는 말(⑤)'을 의미한다.

04 필수 어휘 _인문

step ❶ 어휘력 학습
▶ 132~133쪽

01 ②　02 ①　03 ④　04 ⑤　05 ③　06 ③　07 (1)
④ (2) ⑥　08 ⑤　09 ②　10 ①　11 ①　12 (1) ⑥
(2) ②　13 ④　14 ⑤　15 ③　16 ⑤　17 ②　18 ①
19 ④　20 ③　21 ⑥　22 ③　23 ②　24 (1) ① (2) ⑤
25 ④　26 ①　27 ④　28 ③　29 (1) ② (2) ⑥　30 ⑤

step ❷ 어휘력 체크
▶ 134쪽

01 용인　02 수록하다　03 엄습하다　04 발췌하다　05 방안
06 안락하다　07 반성　08 임무　09 사리　10 급격　11 그릇　12 똑바로　13 독자적　14 유보　15 사리　16 생소　17 선입견　18 분별　19 보전　20 수양　21 세심
22 안목　23 배척　24 비중

step ❸ 어휘력 완성
▶ 135쪽

01 ③　02 ⑤　03 ⑤　04 ③　05 ③　06 ⑤

01 <보기>의 ⓒ를 뜻하는 말은 '배출하다'이다. ③의 '배척하다'의 의미는 '따돌리거나 거부하여 밀어 내치다.'이다.

02 '사리'는 '일의 이치'라는 의미이고 '과정'은 '일이 되어 가

는 경로'를 의미하므로 서로 바꿔 쓰기에 적절하지 않다. 이때에는 '사람이 어떤 입장에서 마땅히 행하여야 할 바른길'을 의미하는 '도리'와 바꿔 쓰는 것이 적절하다.

오답 풀이
① 방도: 어떤 일을 하거나 문제를 풀어 가기 위한 방법과 도리.
② 따르다: 관례, 유행이나 명령, 의견 따위를 그대로 실행하다.
③ 갈고닦다: 학문이나 재주 따위를 힘써 배우고 익히다.
④ 견주다: 둘 이상의 사물을 질(質)이나 양(量) 따위에서 어떠한 차이가 있는지 알기 위하여 서로 대어 보다.

03 ⓐ '응시하다'는 '눈길을 모아 한 곳을 똑바로 바라보다.'를 의미하고 ⓑ '엄습하다'는 '감정, 생각, 감각 따위가 갑작스럽게 들이닥치거나 덮치다.'를 의미한다. 따라서 '응시하다'는 '어떤 대상을 바로 향하여 보다.'를 의미하는 '바라보다'와 바꿔 쓰는 것이, '엄습하다'는 '좋지 아니한 여러 가지 일이 한꺼번에 닥쳐오다.'를 의미하는 '덮치다'와 바꿔 쓰는 것이 적절하다.

오답 풀이
① 분별하다: (1) 서로 다른 일이나 사물을 구별하여 가르다. (2) 세상 물정에 대한 바른 생각이나 판단을 하다.
　강타하다: (1) 세게 치다. (2) (비유적으로) 태풍 따위가 거세게 들이치다.
② 비교하다: 둘 이상의 사물을 견주어 서로 간의 유사점, 차이점, 일반 법칙 따위를 고찰하다.
　누르다: 물체의 전체 면이나 부분에 대하여 힘이나 무게를 가하다.
③ 변론하다: 사리를 밝혀 옳고 그름을 따지다.
　들이치다: (1) 손이나 발로 마구 치다. (2) 들이닥치며 몹시 세차게 공격하다.
④ 순응하다: 환경이나 변화에 적응하여 익숙하여지거나 체계, 명령 따위에 적응하여 따르다.
　닥쳐오다: 어떤 일이나 대상 따위가 가까이 다다라 오다.

04 '일가견'은 '어떤 문제에 대하여 독자적인 경지나 체계를 이룬 견해'를 의미하므로 소중한 생명을 대할 때 고정적인 관념으로 바라봐서는 안 된다는 문장에 어울리지 않는다. 이 경우에는 '어떤 대상에 대하여 이미 마음속에 가지고 있는 고정적인 관념이나 관점'을 의미하는 '선입견'을 사용하는 것이 적절하다.

오답 풀이
① 세심하다: 작은 일에도 꼼꼼하게 주의를 기울여 빈틈이 없다.
② 변혁: 급격하게 바꾸어 아주 달라지게 함.
④ 분별하다: 세상 물정에 대한 바른 생각이나 판단을 하다.
⑤ 보전하다: 온전하게 보호하여 유지하다.

05 '일구다'는 '논밭을 만들기 위하여 땅을 파서 일으키다.'를 의미하므로 황무지를 논밭으로 만들어 농사를 지었다는 상황을 나타내기에 적절하다(ⓐ). '산물'은 '어떤 것에 의하여 생겨나는 사물이나 현상을 비유적으로 이르는

말'을 의미하므로 탐관오리들의 호화로운 잔치가 백성들의 고통으로 이루어진 것이라는 문장을 나타내기에 적절하다(ⓑ).

오답 풀이
① 들먹이다: 무거운 물체 따위가 들렸다 내려앉았다 하다. 또는 그렇게 되게 하다.
　배척: 따돌리거나 거부하여 밀어 내침.
② 메꾸다: 부족하거나 모자라는 것을 채우다.
　용인: 용납하여 인정함.
④ 순응하다: 환경이나 변화에 적응하여 익숙하여지거나 체계, 명령 따위에 적응하여 따르다.
　비중: 다른 것과 비교할 때 차지하는 중요도.
⑤ 자임하다: 임무를 자기가 스스로 맡다.
　사족: 뱀을 다 그리고 나서 있지도 아니한 발을 덧붙여 그려 넣는다는 뜻으로, 쓸데없는 군짓을 하여 도리어 잘못되게 함을 이르는 말.

06 ㉠에 들어갈 말은 '몸과 마음을 갈고닦아 품성이나 지식, 도덕 따위를 높은 경지로 끌어올림.'을 의미하는 '수양'이 적절하고 ㉡에 들어갈 말은 '몸과 마음이 편안하고 즐겁다.'를 의미하는 '안락하다'가 적절하다.

05 한자 성어

step ① **어휘력 학습**　　▶ 136~137쪽

01 ④	02 ③	03 ⑤	04 ②	05 ①	06 ①	07 ⑤
08 ②	09 ④	10 ③	11 ③	12 ①	13 ②	14 ④
15 ①	16 ②	17 ③	18 ②	19 ③	20 ①	

step ② **어휘력 체크**　　▶ 138쪽

01 원화소복　02 대경실색　03 삼척동자　04 권불십년
05 금지옥엽　06 구밀복검　07 복종　08 세상　09 열흘
10 변화　11 무질서　12 외유내강　13 표리부동　14 전
화위복　15 천진무구　16 길흉화복　17 혼비백산　18 천
우신조

step ③ **어휘력 완성**　　▶ 139쪽

01 ④	02 ④	03 ②	04 ④	05 ①	06 ③

01 〈보기〉는 모두 자식에 대한 부모의 사랑을 나타내는 속담이므로, 이와 어울리는 한자 성어는 '귀한 자손을 이름.'을 의미하는 '금지옥엽(金枝玉葉)'이다.

02 '구밀복검(口蜜腹劍)'은 '입에는 꿀이 있고 배 속에는 칼이 있다는 뜻으로, 말로는 친한 듯하나 속으로는 해칠 생각이 있음을 이름.'을 의미하는 한자 성어로, 진심으로 환자를 위하는 자세로 따뜻한 충고의 말을 건네는 상황을 나타내기에 적절하지 않다.

03 '새옹지마(塞翁之馬)'는 '변방에 사는 노인의 말'이라는 뜻으로 '인생의 길흉화복은 변화가 많아서 예측하기가 어려움.'이란 의미를 담고 있다. 이는 〈보기〉의 이야기에서 유래했다.

04 '천우신조(天佑神助)'는 '하늘이 돕고 신령이 도움. 또는 그런 일'을 의미하는 한자 성어이다.

오답 풀이
① 구밀복검(口蜜腹劍): 입에는 꿀이 있고 배 속에는 칼이 있다는 뜻으로, 말로는 친한 듯하나 속으로는 해칠 생각이 있음을 이름.
② 표리부동(表裏不同): 겉으로 드러나는 언행과 속으로 가지는 생각이 다름.
③ 면종복배(面從腹背): 겉으로는 복종하는 체하면서 내심으로는 배반함.
⑤ 외화내빈(外華內貧): 겉은 화려하나 속은 빈곤함.

05 '흥망성쇠(興亡盛衰)'는 '흥하고 망함과 성하고 쇠함.'을 의미하는 한자 성어로, 황폐해진 고려의 왕궁 터를 돌아보며 과거 고려 왕조를 회고하는 〈보기 1〉의 시적 상황에 대한 화자의 정서를 표현하는 데에 사용하기 적절하다.

오답 풀이
② 혼비백산(魂飛魄散): 혼백이 어지러이 흩어진다는 뜻으로, 몹시 놀라 넋을 잃음을 이름.
③ 표리부동(表裏不同): 겉으로 드러나는 언행과 속으로 가지는 생각이 다름.
④ 전화위복(轉禍爲福): 재앙과 근심, 걱정이 바뀌어 오히려 복이 됨.
⑤ 외유내강(外柔內剛): 겉으로는 부드럽고 순하게 보이나 속은 곧고 굳셈.

06 〈보기〉의 '시중'은 '하생'이 입으로는 바른 소리를 하지만 행실은 무덤을 파서 물건을 훔치는 도적과 같다며 그를 꾸짖고 있다. 이러한 '시중'의 말은 '겉으로 드러나는 언행과 속으로 가지는 생각이 다름.'을 의미하는 한자 성어인 '표리부동(表裏不同)'으로 나타낼 수 있다.

06 관용어

step 1 어휘력 학습 ▶ 140~141쪽

01 ②	02 ⑥	03 ③	04 ①	05 ④	06 ⑤	07 ⑦
08 ⑤	09 ①	10 ③	11 ④	12 ②	13 ①	14 ③
15 ②	16 ⑤	17 ④	18 ⑦	19 ②	20 ④	21 ⑤
22 ⑥	23 ③	24 ①				

step 2 어휘력 체크 ▶ 142쪽

01 코를 납작하게 만들다   02 코가 비뚤어지게   03 가슴을 펴다
04 혀를 깨물다   05 가슴에 새기다   06 간이 타다   07 간을
졸이다   08 약점   09 마음   10 대담   11 걱정   12 발음
13 말대꾸   14 ㉠   15 ㉢   16 ㉤   17 ㉡   18 ㉣   19 간
이 크다   20 빠지게   21 납작해졌다   22 오그라들어   23 불
붙었다   24 내두르며

step 3 어휘력 완성 ▶ 143쪽

01 ④   02 ①   03 ⑤   04 ⑤   05 ①

01 뜻풀이를 참고할 때 ㉠에는 '무겁다'를 사용해서 아직 해
결하지 못한 문제에 대한 걱정으로 마음이 가라앉는다는
의미의 문장을 만드는 것이 적절하다. ㉡에는 '붓다'를
사용해서 그 사람은 지나치게 대담하여 웬만한 일에는
눈도 깜짝하지 않는다는 의미의 문장을 만드는 것이 적
절하다.

오답 풀이
① 가슴이 아리다: 몹시 가엾거나 측은하여 마음이 알알하게 찌르
는 것처럼 아프다.
간이 벌름거리다: 몹시 두렵거나 놀라워 가슴이 두근거리다.
② 가슴이 서늘하다: 두려움으로 마음속에 찬 바람이 이는 것같이
선득하다.
간이 녹다: (1) 무엇이 마음에 들어 정도 이상으로 흐뭇함을 느
끼다. (2) 몹시 애가 타다.
③ 가슴이 뜨겁다: 깊고 큰 사랑과 배려를 받아 고마움으로 마음의
감동이 크다.
간이 떨리다: 마음속으로 몹시 겁이 나다.
⑤ 가슴이 찢어지다: 슬픔이나 분함 때문에 가슴이 째지는 듯한 고
통을 받다.
간이 서늘하다: 위험하고 두려워 매우 놀라다.

02 ①의 '가슴을 펴다'는 걸을 때 가슴을 움츠리지 않고 벌리
고 걷는다는 의미이다. 여기에서 '펴다'는 '굽은 것을 곧

게 하다. 또는 움츠리거나 구부리거나 오므라든 것을 벌
리다.'라는 의미의 동사이다. 따라서 〈보기〉에서 설명한
구를 구성하는 각 형태소의 의미의 조합으로는 설명될
수 없는 특수한 의미를 나타내는 어구에 부합하지 않는
표현이기 때문에 이는 관용어가 아니다.

03 '간을 졸이다'는 '매우 걱정되고 불안스러워 마음을 놓지
못하다.'라는 의미이므로 서로 돈독한 사이임을 나타내
는 ⑤의 문맥에 어울리지 않는다.

04 '혀가 꼬부라지다'는 '병이 들거나 술에 취하여 발음이 똑
똑하지 아니하다.'라는 뜻으로, 술을 마셔서 발음이 정
확하지 않다는 의미로 사용하기 적절하다. '혀를 내두르
다'는 '몹시 놀라거나 어이없어서 말을 못 하다.'라는 뜻
으로, 그의 어처구니없는 실수에 모두가 어이없어했다는
의미로 사용하기 적절하다. '간이 오그라들다'는 '몹시 두
려워지거나 무서워지다.'라는 뜻으로, 선생님께 지각한
사실을 들킬까 봐 두렵다는 의미로 사용하기 적절하다.

오답 풀이
① 혀가 굳다: 놀라거나 당황하여 말을 잘하지 못하다.
혀를 차다: 마음이 언짢거나 유감의 뜻을 나타내다.
간이 녹다: (1) 무엇이 마음에 들어 정도 이상으로 흐뭇함을 느
끼다. (2) 몹시 애가 타다.
② 혀가 돌다: 말을 할 때 혀가 놀려지다.
혀를 놀리다: (낮잡는 뜻으로) 말을 하다.
간이 철렁하다: 몹시 놀라 충격을 받다.
③ 혀가 빠지게: 몹시 힘을 들여.
혀를 굴리다: (1) (낮잡는 뜻으로) 말을 하다. (2) 'ㄹ' 발음을 넣어
말하다.
간이 벌름거리다: 몹시 두렵거나 놀라워 가슴이 두근거리다.
④ 혀가 닳다: 다른 사람이나 물건에 대하여 거듭해서 말하다.
혀를 깨물다: 어떤 일을 힘들게 억지로 참다.
간이 서늘하다: 위험하고 두려워 매우 놀라다.

05 '혀가 빠지게'는 '몹시 힘을 들여'라는 의미로, ①은 그가
매일 몹시 힘들게 일을 했다는 뜻의 문장이다. 따라서
'혀가 빠지게'를 '되는대로 마구'로 바꾸어 표현하는 것
은 적절하지 않다.

07 필수 어휘 _인문

▶ 144~145쪽

step ① 어휘력 학습

01 ⑤	02 ②	03 ④	04 ①	05 ③	06 ⑤	07 ②
08 ④	09 ①	10 ③	11 ②	12 ④	13 ⑤	14 ①
15 ③	16 ⑥	17 ④	18 ⑤	19 (1) ① (2) ②		20 ③
21 ④	22 ⑤	23 ③	24 ②	25 ③	26 ④	27 ⑤
28 ②	29 ③	30 ①				

step ② 어휘력 체크

▶ 146쪽

01 ~ 06

위	02타	당	성	친	외
헌	협	생	태	직	교
재	앙	05타	파	01정	관
04저	의	철	칙	적	전
소	식	03통	취	06절	연
축	약	찰	치	일	제

07 간략　08 법칙　09 질서　10 근본　11 파괴　12 천
재지변　13 물건, 시대　14 전승　15 편협한　16 정독
17 증진　18 중시　19 합일　20 조장　21 통치　22 치유
23 직면　24 파생

step ③ 어휘력 완성

▶ 147쪽

01 ①	02 ④	03 ④	04 ③	05 ③	06 ③

01 '혀 아래 도끼 들었다'는 말을 잘못하면 불행한 일이 생길 수 있다는 의미이고 '불난 집에 부채질한다'는 남의 불행을 더 커지게 만든다는 의미이다. 따라서 ㉠과 ㉡에 공통으로 들어갈 말은 '뜻하지 아니하게 생긴 불행한 변고. 또는 천재지변으로 인한 불행한 사고'를 의미하는 '재앙'이다.

02 '직면하다'의 의미는 '어떠한 일이나 사물을 직접 당하거나 접하다.'이고 '교차하다'의 의미는 '서로 엇갈리거나 마주치다.'이므로 바꿔 쓰기에 적절하지 않다.

오답 풀이
① 출신: 출생 당시 가정이 속하여 있던 사회적 신분.
② 계승되다: 조상의 전통이나 문화유산, 업적 따위가 이어져 나아가다.

③ 제어하다: 감정, 충동, 생각 따위를 막거나 누르다.
⑤ 부추기다: 감정이나 상황 따위가 더 심해지도록 영향을 미치다.

03 '취지'는 '어떤 일의 근본이 되는 목적이나 긴요한 뜻'을 의미한다. '어떠한 일을 이루고자 하는 마음'을 뜻하는 말은 '의지'이다.

04 〈보기〉에서 '그런 사고방식'이 가리키는 것은 '한쪽 면만 보고 치우친 생각을 하는 것'이다. 따라서 빈칸에는 '한쪽으로 치우쳐 도량이 좁고 너그럽지 못하다.'를 의미하는 '편협하다'가 들어가는 것이 적절하다.

오답 풀이
① 진지하다: 마음 쓰는 태도나 행동 따위가 참되고 착실하다.
② 파생되다: 사물이 어떤 근원으로부터 갈려 나와 생기게 되다.
④ 합일되다: 둘 이상이 합하여져 하나가 되다.
⑤ 혼란하다: 마음이나 정신 따위가 어둡고 어지럽다.

05 '중시'는 '가볍게 여길 수 없을 만큼 매우 크고 중요하게 여김.'을 의미하므로, 이와 반의 관계인 것은 '대수롭지 않게 보거나 업신여김.'을 의미하는 '경시'이다.

오답 풀이
① 거역: 윗사람의 뜻이나 지시 따위를 따르지 않고 거스름.
② 경배: 존경하여 공손히 절함.
④ 종속: 자주성이 없이 주가 되는 것에 딸려 붙음.
⑤ 증폭: 사물의 범위가 늘어나 커짐. 또는 사물의 범위를 넓혀 크게 함.

06 '저의'는 '겉으로 드러나지 아니한, 속에 품은 생각'을 의미하고, '속내'는 '겉으로 드러나지 아니한 속마음이나 일의 내막'을 의미하므로 바꿔 쓰기에 적절하다.

오답 풀이
① 이내: 일정한 범위나 한도의 안.
② 속말: 속마음에서 우러나오는 말.
④ 잣대: 어떤 현상이나 문제를 판단하는 데 의거하는 기준을 비유적으로 이르는 말.
⑤ 근본: 사물의 본질이나 본바탕.

08 한자 성어

step ① 어휘력 학습

▶ 148~149쪽

01 ①	02 ②	03 ③	04 ③	05 ①	06 ②	07 ④
08 ②	09 ③	10 ①	11 ④	12 ①	13 ②	14 ①
15 ⑤	16 ①	17 ②	18 ③	19 ④	20 ⑥	

step 2 어휘력 체크 ▶ 150쪽

01~04	수	통	청	⁰¹막	녹	미
	화	한	⁰²전	무	후	무
	⁰⁴육	비	상	가	자	⁰³부
	우	지	목	내	옥	화
	문	분	행	색	주	뇌
	인	부	구	선	대	동

05 손골통한 **06** 구슬 **07** 물고기 **08** 간섭 **09** 사방 **10** 각골통한 **11** 녹의홍상 **12** 자화자찬 **13** 연목구어 **14** 전대미문 **15** 백년하청 **16** 섬섬옥수 **17** 절치부심 **18** 좌지우지

step 3 어휘력 완성 ▶ 151쪽

01 ③ **02** ⑤ **03** ⑤ **04** ⑤ **05** ③ **06** ④

01 '전대미문(前代未聞)'은 '이제까지 들어 본 적이 없음.'이라는 의미의 한자 성어로, '여인의 아름다움'이라는 의미와는 거리가 멀다.

오답 풀이
① 경국지색(傾國之色): 임금이 혹하여 나라가 기울어져도 모를 정도의 미인이라는 뜻으로, 뛰어나게 아름다운 미인을 이름.
② 녹의홍상(綠衣紅裳): (1) 연두저고리와 다홍치마. (2) 곱게 차려 입은 젊은 여자의 옷차림을 이름.
④ 단순호치(丹脣皓齒): 붉은 입술과 하얀 치아라는 뜻으로, 아름다운 여자를 이름.
⑤ 빙자옥질(氷姿玉質): 얼음같이 맑고 깨끗한 살결과 구슬같이 아름다운 자질.

02 '연목구어(緣木求魚)'는 '나무에 올라가서 물고기를 구한다는 뜻으로, 도저히 불가능한 일을 굳이 하려 함을 이름.'을 의미하는 한자 성어이다. '고기도 큰물에서 노는 놈이 크다'와는 의미가 부합하지 않는다.

03 '깨끗하고 맑은 살결과 구슬같이 아름다운 모습'을 의미하는 한자 성어는 '빙자옥질(氷姿玉質)'이다.

오답 풀이
① 비분강개(悲憤慷慨): 슬프고 분하여 마음이 북받침.
② 독야청청(獨也靑靑): 남들이 모두 절개를 꺾는 상황 속에서도 홀로 절개를 굳세게 지키고 있음을 이름.
③ 오상고절(傲霜孤節): 서릿발이 심한 속에서도 굴하지 아니하고 외로이 지키는 절개라는 뜻으로, '국화'를 이름.
④ 세한고절(歲寒孤節): 추운 계절에도 혼자 푸르른 대나무를 이름.

04 '전인미답(前人未踏)'은 '이제까지 그 누구도 손을 대어 본 일이 없음.'을 의미하는 한자 성어이므로, 자신에게 불리할 때만 원칙을 강조하는 사람을 나타내는 말로 적절하지 않다. 이 경우는 자기에게만 이롭게 되도록 생각하거나 행동함을 이르는 '아전인수(我田引水)'를 사용하는 것이 적절하다.

오답 풀이
① 동분서주(東奔西走): 동쪽으로 뛰고 서쪽으로 뛴다는 뜻으로, 사방으로 이리저리 몹시 바쁘게 돌아다님을 이름.
② 전무후무(前無後無): 이전에도 없었고 앞으로도 없음.
③ 좌지우지(左之右之): 왼쪽으로 했다가 오른쪽으로 했다가 하는 모습을 뜻하는 말로, 이리저리 제 마음대로 휘두르거나 다룸을 이름.
④ 막무가내(莫無可奈): 달리 어찌할 수 없음.

05 〈보기〉의 밑줄 친 부분은 '팔짱을 끼고 보고만 있다는 뜻으로, 간섭하거나 거들지 아니하고 그대로 버려둠을 이름.'을 의미하는 '수수방관(袖手傍觀)'과 의미가 통한다.

오답 풀이
① 섬섬옥수(纖纖玉手): 가냘프고 고운 손을 이름.
② 동분서주(東奔西走): 동쪽으로 뛰고 서쪽으로 뛴다는 뜻으로, 사방으로 이리저리 몹시 바쁘게 돌아다님을 이름.
④ 연목구어(緣木求魚): 나무에 올라가서 물고기를 구한다는 뜻으로, 도저히 불가능한 일을 굳이 하려 함을 이름.
⑤ 각골통한(刻骨痛恨): 뼈에 사무칠 만큼 원통하고 한스러움. 또는 그런 일.

06 '부화뇌동(附和雷同)'은 '줏대 없이 남의 의견에 따라 움직임.'을 의미하는 한자 성어이므로, 겉모습은 초라하지만 당당한 태도를 보이는 모습을 표현하기에 적절하지 않다.

오답 풀이
① 허장성세(虛張聲勢): 실속은 없으면서 큰소리치거나 허세를 부림.
② 자화자찬(自畵自讚): 자기가 그린 그림을 스스로 칭찬한다는 뜻으로, 자기가 한 일을 스스로 자랑함을 이름.
③ 교언영색(巧言令色): 아첨하는 말과 알랑거리는 태도.
⑤ 안분지족(安分知足): 편안한 마음으로 제 분수를 지키며 만족할 줄을 앎.

09 헷갈리는 어휘 _고유어

▶ 152~153쪽

step ❶ 어휘력 학습

01 ②	02 ①	03 (1) ② (2) ④	04 ③	05 ①	06 ②
07 ①	08 ②	09 ①	10 ①	11 ②	12 ①	13 ②
14 ③	15 ①	16 ②	17 ②	18 ①	19 ①	20 ②
21 ②	22 ①				

step ❷ 어휘력 체크

▶ 154쪽

01 맞닿아   02 추구하다   03 빠져   04 부딪히다   05 희어지다   06 아낌없이   07 홑몸   08 봉우리   09 쇠다   10 썩이다   11 잃어버리다   12 바라다   13 여의었으며   14 썩혀   15 쫓았다   16 받쳐   17 부치는   18 ○   19 ×   20 ○   21 ○   22 ○

step ❸ 어휘력 완성

▶ 155쪽

01 ④   02 ①   03 ④   04 ⑤   05 ③   06 ③

01 '여의다'는 '부모나 사랑하는 사람이 죽어서 이별하다.'라는 의미이고 '여위다'는 '몸의 살이 빠져 파리하게 되다.'라는 의미이다. 따라서 '그는 아버지를 여읜 뒤 얼굴이 홀쭉하게 여위어 있었다.'라고 해야 한다.

오답 풀이
① 홑몸: 아이를 배지 아니한 몸.
　 홀몸: 배우자나 형제가 없는 사람.
② 세다: 사물의 수효를 헤아리거나 꼽다.
　 새다: 날이 밝아 오다.
③ 쇠다: 명절, 생일, 기념일 같은 날을 맞이하여 지내다.
　 세다: 머리카락이나 수염 따위의 털이 희어지다.
⑤ 받치다: 물건의 밑이나 옆 따위에 다른 물체를 대다.
　 바치다: 신이나 웃어른에게 정중하게 드리다.

02 ①은 문맥상 '걱정이나 근심 따위로 마음이 몹시 괴로운 상태가 되게 만들다.'라는 의미의 '썩여요(썩이다)'가 적절하다. '썩히다'는 '유기물이 부패 세균에 의하여 분해됨으로써 원래의 성질을 잃어 나쁜 냄새가 나고 형체가 뭉개지는 상태가 되게 하다.'를 의미한다.

오답 풀이
② 바치다: 신이나 웃어른에게 정중하게 드리다.
　 받치다: 물건의 밑이나 옆 따위에 다른 물체를 대다.
③ 바라다: 생각이나 바람대로 어떤 일이나 상태가 이루어지거나

그렇게 되었으면 하고 생각하다.
　 바래다: 볕이나 습기를 받아 색이 변하다.
④ 잃어버리다: 가졌던 물건이 자신도 모르게 없어져 그것을 아주 갖지 아니하게 되다.
　 잊어버리다: 어떤 일에 열중한 나머지 잠이나 끼니 따위를 전혀 취하지 아니하다.
⑤ 좇다: 목표, 이상, 행복 따위를 추구하다.
　 쫓다: 밀려드는 졸음이나 잡념 따위를 물리치다.

03 ㉣의 '쫓다'는 '어떤 자리에서 떠나도록 몰다.'라는 의미로, ㉣은 올바른 문장이다. '좇다'는 '목표, 이상, 행복 따위를 추구하다.'라는 의미이므로 문맥상 ㉣과 어울리지 않는다.

04 '바치다'는 '신이나 웃어른에게 정중하게 드리다.', 또는 '무엇을 위하여 모든 것을 아낌없이 내놓거나 쓰다.'라는 뜻이다. 따라서 ⑤는 '머리나 뿔 따위에 세차게 부딪히다.'를 의미하는 '받히다'를 사용하여 '노인이 달려오던 자전거에 받혀서 꼼짝도 못 한다.'라고 해야 한다.

오답 풀이
① 바래다: 볕이나 습기를 받아 색이 변하다.
② 부치다: 어떤 문제를 다른 곳이나 다른 기회로 넘기어 맡기다.
③ 붙이다: 맞닿아 떨어지지 않게 하다.
④ 받치다: 물건의 밑이나 옆 따위에 다른 물체를 대다.

05 사고로 인해 몸의 활동 기능이 회복하지 못하는 것이므로 ⓐ에는 '몸의 일부분이 잘려 나가거나 본래의 기능을 전혀 발휘하지 못하다.'라는 뜻이 들어가야 한다.

06 '행동하거나 밀고 나가는 기세 따위가 강하다.'를 의미하는 단어는 '세다'이다. 따라서 '그는 뚝심이 무척 세다.'가 올바른 표현이다.

10 필수 어휘 _예술

step ❶ 어휘력 학습

▶ 156~157쪽

01 ⑤	02 ④	03 ⑥	04 ③	05 (1) ② (2) ①	06 ①
07 ③	08 ②	09 ④	10 ⑤	11 (1) ③ (2) ②	12 ④
13 ①	14 ⑤	15 ⑥	16 ⑥	17 ⑤	18 (1) ③ (2) ②
19 ④	20 ①	21 ①	22 ③	23 ⑤	24 ⑥	25 (1)
② (2) ④	26 ③	27 ①	28 ②	29 ①	30 ⑤

step 2 **어휘력** 체크 ▶ 158쪽

> 01 용감 　02 어수선　 03 발전 　04 전례 　05 여럿 　06 본
> 보기 　07 ㉣ 　08 ㉤ 　09 ㉠ 　10 ㉥ 　11 ㉡ 　12 ㉢ 　13
> 단서 　14 왜곡　 15 정교 　16 언저리 　17 기발 　18 발굴
> 19 그은 　20 정갈 　21 운치 　22 모호 　23 오인 　24 발상

step 3 **어휘력** 완성 ▶ 159쪽

> 01 ④　 02 ④ 　03 ② 　04 ② 　05 ③

01 '대담하다'는 '담력이 크고 용감하다.'를 의미하므로 문
맥상 ④와 어울리지 않는다.

02 '다채롭다'의 의미는 '여러 가지 색채나 형태, 종류 따위
가 한데 어울리어 호화스럽다.'이고 '풍요롭다'의 의미는
'흠뻑 많아서 넉넉함이 있다.'이므로 서로 바꿔 쓰기에
적절하지 않다.
오답 풀이
① 모호하다: 말이나 태도가 흐리터분하여 분명하지 않다.
　애매하다: 희미하여 분명하지 아니하다.
② 대담하다: 담력이 크고 용감하다.
　용감하다: 용기가 있으며 씩씩하고 기운차다.
③ 발굴하다: (1) 땅속이나 큰 덩치의 흙, 돌 더미 따위에 묻혀 있는
　것을 찾아서 파내다. (2) 세상에 널리 알려지지 않거나 뛰어난 것
　을 찾아 밝혀내다.
　찾아내다: 찾기 어려운 사람이나 사물을 찾아서 드러내다.
⑤ 언저리: 둘레의 가 부분.
　가장자리: 둘레나 끝에 해당되는 부분.

03 ㉠에 들어갈 말은 '햇볕이나 불, 연기 따위를 오래 쐬어
검게 되다.'를 의미하는 '그을다'이다. ㉡에 들어갈 말은
'비전문적이고 대체로 저속하며 일반 대중에게 쉽게 통
할 수 있는 것'을 의미하는 '통속적'이다.

04 '쓸쓸하고 막막하다.'를 의미하는 말은 '삭막하다'이다.
'산만하다'는 '어수선하여 질서나 통일성이 없다.'를 의
미한다.

05 〈보기〉의 ㉢에서 '구도'는 '그림에서 모양, 색깔, 위치
따위의 짜임새'를 의미한다. 하지만 ③의 '구도'는 '진리
나 종교적인 깨달음의 경지를 구함.'을 의미한다.
오답 풀이
① 주목하다: 관심을 가지고 주의 깊게 살피다.
② 절묘하다: 비할 데가 없을 만큼 아주 묘하다.
④ 정교하다: 솜씨나 기술 따위가 정밀하고 교묘하다.
⑤ 단서: 어떤 문제를 해결하는 방향으로 이끌어 가는 일의 첫 부분.

11 다의어

step 1 **어휘력** 학습 ▶ 160~161쪽

> 01 (1) ③ (2) ② (3) ①　 02 (1) ② (2) ③ (3) ④ (4) ① 　03 (1)
> ① (2) ② (3) ③ 　04 (1) ② (2) ① (3) ③ 　05 (1) ① (2) ② (3)
> ③ 　06 (1) ② (2) ③ (3) ① 　07 (1) ② (2) ① (3) ③ 　08 (1)
> ③ (2) ① (3) ② 　09 (1) ② (2) ① 　10 (1) ④ (2) ③ (3) ② (4)
> ① 　11 (1) ② (2) ③ (3) ① 　12 (1) ③ (2) ② (3) ①

step 2 **어휘력** 체크 ▶ 162쪽

> 01 보살피거나 　02 알지 　03 또랑또랑하여 　04 대고
> 05 쓸쓸하게 　06 ② 　07 ② 　08 ① 　09 ① 　10 ①
> 11 ② 　12 ① 　13 ② 　14 ② 　15 ① 　16 ①

10 ② 바꾸다: 원래 있던 것을 없애고 다른 것으로 채워 넣
거나 대신하게 하다.

11 ① 보다: 눈으로 대상의 존재나 형태적 특징을 알다.

12 ② 밟다: 어떤 일을 위하여 순서나 절차를 거쳐 나가다.

13 ① 맑다: 구름이나 안개가 끼지 아니하여 햇빛이 밝다.

14 ① 변변하다: 됨됨이나 생김새 따위가 흠이 없고 어지
간하다.

15 ② 무너지다: 쌓여 있거나 서 있는 것이 허물어져 내려
앉다.

16 ② 만들다: 규칙이나 법, 제도 따위를 정하다.

step 3 **어휘력** 완성 ▶ 163쪽

> 01 ⑤ 　02 ④ 　03 ③ 　04 ① 　05 ② 　06 ④

01 〈보기〉와 ⑤의 '모르다'는 '사실을 알지 못하다.'라는 의
미로 사용되었다.
오답 풀이
① '어떤 것 외에 다른 것을 소중하게 여기지 않다.'라는 의미로 사
　용되었다.
② '어떤 지식이나 기능을 가지고 있지 못하다.'라는 의미로 사용되
　었다.
③ '불확실한 사실에 대한 짐작이나 의문의 뜻을 나타낸다.'라는 의
　미로 사용되었다.

④ '어떤 대상이나 일에 대하여 무관심한 화자의 태도를 나타낸다.'라는 의미로 사용되었다.

02 ④의 '비다'는 모두 '일정한 공간에 사람, 사물 따위가 들어 있지 아니하게 되다.'라는 의미로 쓰였다.

오답 풀이
① 밝다: ㉠은 '불빛 따위가 환하다.'라는 뜻이고, ㉡은 '분위기, 표정 따위가 환하고 좋아 보이거나 그렇게 느껴지는 데가 있다.'라는 의미이다.
② 보다: ㉠은 '눈으로 대상을 즐기거나 감상하다.'라는 뜻이고, ㉡은 '어떤 일을 맡아 하다.'라는 의미이다.
③ 뽑다: ㉠은 '박힌 것을 잡아당기어 빼내다.'라는 뜻이고, ㉡은 '여럿 가운데에서 골라내다.'라는 의미이다.
⑤ 밟다: ㉠은 '발을 들었다 놓으면서 어떤 대상 위에 대고 누르다.'라는 뜻이고, ㉡은 '어떤 곳에 도착하다.'라는 의미이다.

03 나들이 갈 때 입을 제대로 된 외출복이 없다는 의미의 문장이므로, '변변하다'는 '제대로 갖추어져 충분하다.'라는 의미로 쓰였다.

04 ①에서 ㉠의 '밑'은 '물체의 아래나 아래쪽'이라는 의미이고, ㉡의 '밑'은 '나이, 정도, 지위, 직위 따위가 적거나 낮음.'이라는 의미이다.

오답 풀이
② 무너지다: 쌓여 있거나 서 있는 것이 허물어져 내려앉다.
③ 밝다: 밤이 지나고 환해지며 새날이 오다.
④ 바꾸다: 원래 있던 것을 없애고 다른 것으로 채워 넣거나 대신하게 하다.
⑤ 만들다: 노력이나 기술 따위를 들여 목적하는 사물을 이루다.

05 ②에서 '맑다'는 '잡스럽고 탁한 것이 섞이지 아니하다.'라는 뜻으로 쓰였다.

06 〈보기〉의 ⓐ와 ④의 '만들다'는 '규칙이나 법, 제도 따위를 정하다.'를 의미한다.

오답 풀이
① '글이나 노래를 짓거나 문서 같은 것을 짜다.'라는 의미로 사용되었다.
② '노력이나 기술 따위를 들여 목적하는 사물을 이루다.'라는 의미로 사용되었다.
③ '틈, 시간 따위를 짜내다.'라는 의미로 사용되었다.
⑤ '책을 저술하거나 편찬하다.'라는 의미로 사용되었다.

12 배경지식 용어 _인문·예술

step ② 어휘력 체크　　▶ 166쪽

| 01 자유주의 | 02 조리개 | 03 원칙주의 | 04 셔터 | 05 실존주의 | 06 세잔 | 07 데카르트 | 08 ○ | 09 ○ | 10 × | 11 ○ | 12 ○ | 13 × | 14 ○ | 15 명제 논리학 | 16 스피노자, 스피노자 | 17 모네 | 18 성선설, 성악설, 성무선악설 |

10 인상주의는 사물의 고유색을 부정하고 태양 광선에 의해 시시각각으로 변해 보이는 대상의 순간적인 색채를 그려 내고자 한 미술 경향이다.

13 플라톤은 우리가 경험하는 현실 세계의 존재는 변한다고 생각했다.

step ③ 어휘력 완성　　▶ 167쪽

01 ③　　02 ①　　03 ③　　04 ③

01 인간은 상대방에게 긍정적 스트로크를 받기 원하지만, 이것이 충분하지 않다고 여기면 부정적 스트로크라도 얻으려고 한다고 하였다. 따라서 인간이 부정적 스트로크보다는 무관심과 무반응을 기대한다는 설명은 적절하지 않다.

오답 풀이
① 인간의 자아상태는 특정 순간에 보이는 일련의 행동, 사고, 감정의 총체를 일컫는 것이므로 특정 순간마다 자아상태는 달라질 수 있다고 하였다.
② 우리는 남들이 자기를 알아봐 줬으면 좋겠다는 인정의 욕구로 인해 서로 상대방을 인지한다는 신호를 보내는데 이를 '스트로크'라고 부른다고 하였다.
④ 건강하고 균형 잡힌 성격이 되려면 세 가지 자아상태가 모두 필요하다고 하였다.
⑤ 의사소통의 과정에서 자신이 기대하는 반응이 올 수도 있고 기대하지 않는 반응이 올 수도 있다고 하였다.

02 흄에 따르면 '귀납이 정당한 추론이다.'라는 주장은 '자연은 일양적이다.'라는 다른 지식을 전제로 하는데, 그 지식은 다시 귀납에 의해 정당화되어야 하는 경험적 지식이다. 따라서 귀납의 정당화는 귀납에 의한 정당화를 필요로 하는 지식, 즉 경험적 지식에 근거해야 가능하다.

오답 풀이
② 흄은 귀납이 정당한 추론이 되려면 미래의 세계가 과거에 우리가 경험해 온 세계와 동일하다는 자연의 일양성, 곧 한결같음이 가정되어야 한다고 보았음이 나타나 있다.

③ 자연의 일양성은 선험적으로 알 수 있는 것이 아니라 경험에 기대어야 알 수 있는 것이라고 하였다.

④ '귀납이 정당한 추론이다.'라는 주장은 '자연은 일양적이다'라는 다른 지식을 전제로 한다고 하였으므로 자연이 일양적인지 그렇지 않은지 알 수 없는 상황에서 귀납을 사용하는 것은 옳은 선택이라고 볼 수 없다.

⑤ '귀납이 정당한 추론이다'라는 주장이 전제로 하는 지식은 다시 귀납에 의해 정당화되어야 하는 경험적 지식이기 때문에 귀납의 정당화는 순환 논리에 빠져 버린다고 하였다.

03 순자는 사람들에게 재앙이 닥치면 자연 현상에 특별한 의미를 부여하지 말고 오직 인간 사회에서 스스로 해야 할 일을 열심히 해서 적극적인 행위로 재앙을 이겨 내야 한다고 보았다.

오답 풀이
①, ②, ④, ⑤ 순자는 하늘이란 모든 자연 현상을 가리킬 뿐 사람이 받게 되는 재앙과 복의 원인은 하늘에 있지 않다고 주장하였다.

04 세잔의 작품은 사물을 눈에 보이는 그대로 담지 않고 예술가의 시각에서 사물에 얽혀 있는 세계와 예술가의 사유를 재현하였다고 하였다. 따라서 세계를 바라보는 주체, 즉 예술가의 관념을 재현한 것이 세잔의 작품의 특징이라고 볼 수 있다.

3주 완성 실전 대비 기출 모의고사 ▶ 168~172쪽

01 ④	02 ⑤	03 ①	04 ④	05 ②	06 ⑤	07 ②
08 ③	09 ②	10 ①	11 ④	12 ①	13 ①	14 ②
15 ④	16 ②	17 ②	18 ⑤	19 ⑤	20 ④	

01 '문책'의 사전적 의미는 '잘못을 캐묻고 꾸짖음.'이다. '자신의 결함이나 잘못에 대하여 스스로 깊이 뉘우치고 자신을 책망함.'은 '자책'의 사전적 의미이므로 적절하지 않다.

02 '증진하다'는 '기운이나 세력 따위를 점점 더 늘려 가고 나아가게 하다.'의 의미로, '남이 하는 일이 잘되도록 거들거나 힘을 보태다.'의 의미인 '돕다'와 바꿔 쓰기에 적절하지 않다.

오답 풀이
① '비하다'는 '사물 따위를 다른 것에 비교하거나 견주다.'의 의미로, '둘 이상의 사물을 질이나 양 따위에서 어떠한 차이가 있는지 알기 위하여 서로 대어 보다.'의 의미인 '견주다'와 바꿔 쓰기에 적절하다.
② '기여하다'는 '도움이 되도록 이바지하다.'의 의미로, '도움이 되게 하다.'의 의미인 '이바지하다'와 바꿔 쓰기에 적절하다.
③ '충돌하다'는 '서로 맞부딪치거나 맞서다.'의 의미로, '서로 힘 있게 마주 닿다.'의 의미인 '맞부딪치다'와 바꿔 쓰기에 적절하다.
④ '게재하다'는 '글이나 그림 따위를 신문이나 잡지 따위에 싣다.'의 의미로, '글, 그림, 사진 따위를 책이나 신문 따위의 출판물에 내다.'의 의미인 '싣다'와 바꿔 쓰기에 적절하다.

03 ㉮는 '행위의 준거점, 목표, 근거 따위를 설정하다.'의 의미이므로, '기준을 어디에 두느냐가 중요하다.'의 '두다'가 문맥상 가장 유사한 의미로 사용된 경우에 해당한다.

오답 풀이
② '바둑이나 장기 따위의 놀이를 하다.'의 의미로 사용되었다.
③ '시간적 여유나 공간적 간격 따위를 주다.'의 의미로 사용되었다.
④ '어떤 대상을 일정한 상태로 있게 하다.'의 의미로 사용되었다.
⑤ '어떤 상황이 어떤 시간이나 기간에 걸치다.'의 의미로 사용되었다.

04 ⓓ의 '사로잡히다'는 '생각이나 마음이 온통 한곳으로 쏠리게 되다.'의 의미로 사용되었으므로, '금품이나 그 밖의 수단 따위에 넘어가 그 편이 되다.'의 의미를 가진 '매수되다'와 바꿔 쓰기에 적절하지 않다.

오답 풀이
① '합당하다'는 '어떤 기준, 조건, 용도, 도리 따위에 꼭 알맞다.'의 의미이므로, ⓐ의 '맞다'와 바꿔 쓸 수 있다.
② '의거하다'는 '어떤 힘을 빌려 의지하다.'의 의미이므로, ⓑ의 '기대다'와 바꿔 쓸 수 있다.
③ '지칭하다'는 '어떤 대상을 가리켜 이르다.'의 의미이므로, ⓒ의 '가리키다'와 바꿔 쓸 수 있다.
⑤ '성찰하다'는 '자기의 마음을 반성하고 살피다.'의 의미이므로, ⓔ의 '살피다'와 바꿔 쓸 수 있다.

05 '대금을 받기로'의 '받다'는 '다른 사람이 주거나 보내오는 물건 따위를 가지다.'의 의미로 사용되었고, ②의 '올해 생일에는 고향 친구에게서 편지를 받았다.'에서의 '받았다' 역시 이와 유사한 의미로 사용되었다.

오답 풀이
① ⓐ의 '가지다'는 '자기 것으로 하다.'의 의미로 사용되었다. 하지만 '자신의 일에 자부심을 가지는 것이 중요하다.'에서의 '가지다'는 '생각, 태도, 사상 따위를 마음에 품다.'의 의미로 사용되었다.
③ ⓒ의 '생기다'는 '어떤 일이 일어나다.'의 의미로 사용되었다. 하지만 '기차역 주변에 새로 생긴 상가에 가 보았다.'에서의 '생기다'는 '없던 것이 새로 있게 되다.'의 의미로 사용되었다.
④ ⓓ의 '묻다'는 '어떠한 일에 대한 책임을 따지다.'의 의미로 사용되었다. 하지만 '나는 도서관에서 책 빌리는 방법을 물어 보았다.'에서의 '묻다'는 '무엇을 밝히거나 알아내기 위하여 상대편의 대답이나 설명을 요구하는 내용으로 말하다.'의 의미로 사용되었다.
⑤ ⓔ의 '끼치다'는 '영향, 해, 은혜 따위를 당하거나 입게 하다.'의 의미로 사용되었다. 하지만 '바닷가의 찬바람을 쐬니 온몸에 소름이 끼쳤다.'에서의 '끼치다'는 '소름이 한꺼번에 돋아나다.'의 의미로 사용되었다.

06 〈보기〉의 '지다'는 '어떤 현상이나 상태가 이루어지다.'

라는 뜻인데, '나이가 차다'에서 '차다'는 '정한 수량, 나이, 기간 따위가 다 되다.'라는 뜻이므로 문맥적 의미가 서로 다르다.

오답 풀이
① 일다: '없던 현상이 생기다.'를 의미한다.
② 나다: '어떤 사물에 구멍, 자국 따위의 형체 변화가 생기거나 작용에 이상이 일어나다.'를 의미한다.
③ 생기다: '없던 것이 새로 있게 되다.'를 의미한다.
④ 가다: '금, 줄, 주름살, 흠집 따위가 생기다.'를 의미한다.

07 '조건화 원리에 따르면'에서의 '따르다'는 '어떤 경우, 사실이나 기준 따위에 의거하다.'의 의미로 사용되었다. '법에 따라 모든 절차가 공정하게 진행됐다.'에서의 '따라' 역시 이와 유사한 의미로 사용되었다.

오답 풀이
① ㉠의 '가지다'는 '생각, 태도, 사상 따위를 마음에 품다.'의 의미로 사용되었다. 하지만 '어제 친구들과 함께 만나는 자리를 가졌다.'에서의 '가지다'는 '모임을 치르다.'의 의미로 사용되었다.
③ ㉢의 '보다'는 '대상을 평가하다.'의 의미로 사용되었다. 하지만 '우리는 지금 아이를 봐 줄 분을 찾고 있다.'에서의 '보다'는 '맡아서 보살피거나 지키다.'의 의미로 사용되었다.
④ ㉣의 '얻다'는 '긍정적인 태도·반응·상태 따위를 가지거나 누리게 되다.'의 의미로 사용되었다. 하지만 '그는 젊었을 때 얻은 병을 아직 못 고쳤다.'에서의 '얻다'는 '병을 앓게 되다.'의 의미로 사용되었다.
⑤ ㉤의 '바꾸다'는 '원래의 내용이나 상태를 다르게 고치다.'의 의미로 사용되었다. 하지만 '두 사람이 서로 자리를 바꾸어 앉았다.'에서의 '바꾸다'는 '자기가 가진 물건을 다른 사람에게 주고 대신 그에 필적할 만한 다른 사람의 물건을 받다'의 의미로 사용되었다.

08 '승낙의 의사가 담긴 말을 들은'에서의 '듣다'는 '다른 사람에게서 일정한 내용을 가진 말을 전달받다.'라는 의미로 사용되었다. ③의 '그 소식을 듣고'에서의 '듣다' 역시 이와 유사한 의미로 사용되었다.

오답 풀이
① '눈물, 빗물 따위의 액체가 방울져 떨어지다.'의 의미로 사용되었다.
② '주로 약 따위가 효험을 나타내다.'의 의미로 사용되었다.
④ '어떤 것을 무엇으로 이해하거나 받아들이다.'의 의미로 사용되었다.
⑤ '기계, 장치 따위가 정상적으로 움직이다.'의 의미로 사용되었다.

09 '전환'은 '다른 방향이나 상태로 바뀌거나 바꿈.'이라는 의미이다. '주기적으로 자꾸 되풀이하여 돎.'의 사전적 의미를 지닌 단어는 '순환'이다.

10 ㉠의 '이끌다'는 '사람, 단체, 사물, 현상 따위를 인도하여 어떤 방향으로 나가게 하다.'의 의미로, '이끌어 지도

하다.'의 의미를 가진 '인도하다'와 바꿔 쓸 수 있다.

오답 풀이
② ㉡의 '가르치다'는 (1) '지식이나 기능, 이치 따위를 깨닫게 하거나 익히게 하다.', (2) '사람의 도리나 바른길을 일깨우다.'의 의미로 사용되었으므로, '가리켜 보게 하다.'의 의미를 가진 '지시하다'와 바꿔 쓰기에 적절하지 않다. ㉡은 '어떤 목적이나 방향으로 남을 가르쳐 이끌다.'의 의미를 가진 '지도하다'와 바꿔 쓰는 것이 적절하다.
③ ㉢의 '고치다'는 '잘못되거나 틀린 것을 바로잡다.'의 의미로 사용되었으므로, '조직 따위를 고쳐 편성하다.'의 의미를 가진 '개편하다'와 바꿔 쓰기에 적절하지 않다. ㉢은 '글이나 글자의 잘못된 점을 고치다.'의 의미를 가진 '수정하다'와 바꿔 쓰는 것이 적절하다.
④ ㉣의 '이르다'는 '어떤 정도나 범위에 미치다.'의 의미로 사용되었으므로, '목적한 곳(장소)에 다다르다.'의 의미를 가진 '도착하다'와 바꿔 쓰기에 적절하지 않다. ㉣은 '목적한 곳(목표)이나 수준에 다다르다.'의 의미를 가진 '도달하다'와 바꿔 쓰는 것이 적절하다.
⑤ ㉤의 '바로잡다'는 '그릇된 일을 바르게 만들거나 잘못된 것을 올바르게 고치다.'의 의미로 사용되었으므로, '나쁜 폐단이나 묵은 것을 버리고 새롭게 하다.'의 의미를 가진 '쇄신하다'와 바꿔 쓰기에 적절하지 않다.

11 〈보기〉와 ④의 '밝히다'는 모두 '진리, 가치, 옳고 그름 따위를 판단하여 드러내 알리다.'라는 의미로 사용되었다.

오답 풀이
① '드러나게 좋아하다.'라는 의미로 사용되었다.
② '드러나지 않거나 알려지지 않은 사실, 내용, 생각 따위를 드러내 알리다.'라는 의미로 사용되었다.
③ '빛을 내는 물건에 불을 켜다.'라는 의미로 사용되었다.
⑤ '자지 않고 지내다.'라는 의미로 사용되었다.

12 제시된 내용은 심청이 수궁에서 자신이 태어난 지 7일 만에 죽은 어머니(광한전 옥진 부인)와 상봉하고 있는 장면이다. ⓐ에서 심청은 자신이 태어나자마자 어머니가 돌아가셔서 얼굴도 모르고 지낸 것이 살아온 내내 한이 되어 왔음을 말하고 있다. 따라서 ⓐ는 '뼈에 사무칠 만큼 원통하고 한스러움. 또는 그런 일'을 의미하는 '각골통한(刻骨痛恨)'으로 표현하는 것이 가장 적절하다.

오답 풀이
② 물아일체(物我一體): '외물(外物)과 자아, 객관과 주관, 또는 물질계와 정신계가 어울려 하나가 됨.'을 의미한다.
③ 이심전심(以心傳心): '마음과 마음으로 서로 뜻이 통함.'을 의미한다.
④ 진퇴양난(進退兩難): '이러지도 저러지도 못하는 어려운 처지'를 의미한다.
⑤ 천우신조(天佑神助): '하늘이 돕고 신령이 도움. 또는 그런 일'을 의미한다.

13 ㉠ '논의'의 사전적 의미는 '어떤 문제에 대하여 서로 의

견을 내어 토의함. 또는 그런 토의'이다. '여러 사람이 마음을 한데 합함.'은 '합심'의 사전적 의미이다.

14 〈보기〉와 ②의 '보다'는 모두 '대상을 평가하다.'라는 의미로 사용되었다.

오답 풀이
① '어떤 결과나 관계를 맺기에 이르다.'라는 의미로 사용되었다.
③ '의사가 환자를 진찰하다.'라는 의미로 사용되었다.
④ '음식상이나 잠자리 따위를 채비하다.'라는 의미로 사용되었다.
⑤ '어떤 일을 당하거나 겪거나 얻어 가지다.'라는 의미로 사용되었다.

15 ⓓ의 '겹쳐지다'는 '여럿이 서로 덧놓이거나 포개어지다.'의 의미로 사용되었으므로, '이미 있는 것에 덧붙여지거나 보태어지다.'의 의미를 가진 '첨가되다'와 바꿔 쓰기에 적절하지 않다. ⓓ는 '거듭 겹쳐지거나 포개어지다.'의 의미를 가진 '중첩되다', 또는 '사물과 사물이 서로 이어지거나 현상과 현상이 관계가 맺어지다.'의 의미를 가진 '연결되다'와 바꿔 쓰는 것이 적절하다.

오답 풀이
① '수록되다'는 '모아져 기록되다.'의 의미이므로, ⓐ의 '실리다'와 바꿔 쓸 수 있다.
② '결합되다'는 '둘 이상의 사물이나 사람이 서로 관계를 맺어 하나가 되다.'의 의미이므로, ⓑ의 '합쳐지다'와 바꿔 쓸 수 있다.
③ '몰입하다'는 '깊이 파고들거나 빠지다.'의 의미이므로, ⓒ의 '빠져들다'와 바꿔 쓸 수 있다.
⑤ '파악하다'는 '어떤 대상의 내용이나 본질을 확실하게 이해하여 알다.'의 의미이므로, ⓔ의 '알다'와 바꿔 쓸 수 있다.

16 '집단적 놀이가 바로 제의'에서의 '바로'는 '다름이 아니라 곧'의 의미로 사용되었다. ②의 '청소년의 미래는 바로 나라의 미래'에서의 '바로' 역시 이와 유사한 의미로 사용되었다.

오답 풀이
① '시간적인 간격을 두지 아니하고 곧'의 의미로 사용되었다.
③ '사리나 원리, 원칙 등에 어긋나지 아니하게'의 의미로 사용되었다.
④ '도리, 법식, 규정, 규격 따위에 어긋나지 아니하게'의 의미로 사용되었다.
⑤ '비뚤어지거나 굽은 데가 없이 곧게'의 의미로 사용되었다.

17 '무엇을 내주거나 갖다 바침.'이라는 사전적 의미를 지닌 단어는 '제공'이다. '제기'의 사전적 의미는 '의견이나 문제를 내어놓음.'이다.

18 ⓜ의 '유지하다'는 '어떤 상태나 상황을 그대로 보존하거나 변함없이 계속하여 지탱하다.'의 의미로 사용되었다. 따라서 '질서나 체계, 규율 따위를 올바르게 하거나 짜다.'의 의미를 가진 '세우다'와 바꿔 쓰기에 적절하지 않다.

오답 풀이

① '기여하다'는 '도움이 되도록 이바지하다.'의 의미이므로, '이바지하다'와 바꿔 쓸 수 있다.
② '인하하다'는 '가격 따위를 낮추다.'의 의미이므로, '내리다'와 바꿔 쓸 수 있다.
③ '증진하다'는 '기운이나 세력 따위를 점점 더 늘려 가고 나아가게 하다.'의 의미이므로, '늘리다'와 바꿔 쓸 수 있다.
④ '퇴출되다'는 '물러나서 나가게 되다.'의 의미이므로, '밀려나다'와 바꿔 쓸 수 있다.

19 '평등 원칙을 지켜야'에서 '지키다'는 '규정, 약속, 법, 예의 따위를 어기지 아니하고 그대로 실행하다.'의 의미로 사용되었다. '약속을 반드시 지킬'에서의 '지키다' 역시 이와 유사한 의미로 사용되었다.

오답 풀이
① ⓐ의 '맞다'는 '어떤 상황 따위가 다른 것과 서로 어긋나지 아니하고 어울리다.'의 의미로 사용되었다. 하지만 '자료가 맞는지'에서의 '맞다'는 '어떤 대상의 내용, 정체 따위가 곧 무엇임이 틀리지 아니하다.'의 의미로 사용되었다.
② ⓑ의 '들다'는 '설명하거나 증명하기 위하여 사실을 가져다 대다.'의 의미로 사용되었다. 하지만 '적금을 들고'에서의 '들다'는 '적금이나 보험 따위의 거래를 시작하다.'의 의미로 사용되었다.
③ ⓒ의 '입다'는 '받거나 당하다.'의 의미로 사용되었다. 하지만 '교복을 입어야'에서의 '입다'는 '옷을 몸에 꿰거나 두르다.'의 의미로 사용되었다.
④ ⓓ의 '고르다'는 '여럿 중에서 가려내거나 뽑다.'의 의미로 사용되었다. 하지만 '땅을 평평하게 골랐다'에서의 '고르다'는 '울퉁불퉁한 것을 평평하게 하거나 들쭉날쭉한 것을 가지런하게 하다.'의 의미로 사용되었다.

20 제시된 부분은 아들 적성의의 생사 여부를 몰라 슬픔에 차 있던 왕비가, 홀연히 찾아온 기러기를 통해 성의에게 안부를 전하고자 하는 장면이다. ㉠은 기러기가 왕비의 편지를 다리에 매고 서북을 향해 떠나고 있는 상황으로, 〈보기〉에서 왕비는 '성의의 소식을 들었으면 좋겠구나.'라는 바람을 내보이고 있다. 즉, 왕비는 도저히 이루어질 수 없다고 여기는 일이 이루어지기를 바라고 있으므로, '하늘이 돕고 신령이 도움. 또는 그런 일'을 의미하는 '천우신조(天佑神助)'가 빈칸에 들어갈 말로 가장 적절하다.

오답 풀이
① 고식지계(姑息之計): '우선 당장 편한 것만을 택하는 꾀나 방법'을 의미한다.
② 설상가상(雪上加霜): '눈 위에 서리가 덮인다는 뜻으로, 난처한 일이나 불행한 일이 잇따라 일어남을 이름.'을 의미한다.
③ 어부지리(漁夫之利): '두 사람이 이해관계로 서로 싸우는 사이에 엉뚱한 사람이 애쓰지 않고 가로챈 이익을 이름.'을 의미한다.
⑤ 타산지석(他山之石): '다른 산의 나쁜 돌이라도 자기 산의 옥돌을 가는 데에 쓸 수 있다는 뜻으로, 남의 하찮은 말이나 행동도 자신을 수양하는 데에 도움이 될 수 있음을 이름.'을 의미한다.

01 필수 어휘 _과학

step ① 어휘력 학습
▶ 174~175쪽

01 ①	02 ③	03 ④	04 ⑤	05 ②	06 ②	07 ③
08 ④	09 ①	10 ⑤	11 ①	12 ③	13 ④	14 ⑤
15 (1) ② (2) ⑥		16 ⑥	17 (1) ② (2) ③		18 ④	19 ⑤
20 ①	21 (1) ① (2) ④		22 ②	23 ⑤	24 ③	25 ⑥
26 ①	27 ③	28 ④	29 ⑤	30 ②		

step ② 어휘력 체크
▶ 176쪽

01 단정하다　02 수혜　03 농축하다　04 남용하다　05 경각심　06 간척　07 동지　08 생장　09 돌출　10 사태　11 검증　12 발산　13 수상　14 부응　15 기승　16 경시　17 만성　18 속박　19 매캐　20 동반　21 굴절　22 관여　23 다분　24 무려

step ③ 어휘력 완성
▶ 177쪽

01 ③　02 ⑤　03 ③　04 ④　05 ④

01 '기승하다'는 '성미가 억척스럽고 굳세어 좀처럼 굽히지 않다.' 또는 '기운이나 힘 따위가 성해서 좀처럼 누그러들지 않다.'를 의미하므로 문맥상 ③과 어울리지 않는다. 포구에 암벽이 튀어나온 모습을 나타내려면 '쑥 내밀거나 불거져 있다.'를 의미하는 '돌출하다'를 사용해야 한다.

02 '속박하다'의 의미는 '어떤 행위나 권리의 행사를 자유로이 하지 못하도록 강압적으로 얽어매거나 제한하다.'이고 '관리하다'의 의미는 '사람을 통제하고 지휘하며 감독하다.'이므로 바꿔 쓰기에 적절하지 않다. '행동이나 의사의 자유를 제한하거나 속박하다.'를 의미하는 '구속하다'와 바꿔 쓰는 것이 적절하다.

오답 풀이
① 삼림: 나무가 많이 우거진 숲.
　나무숲: 나무가 우거진 숲.
② 생장: 나서 자람. 또는 그런 과정.
　생육: 생물이 나서 길러짐.
③ 다분하다: 그 비율이 어느 정도 많다.
　농후하다: 어떤 경향이나 기색 따위가 뚜렷하다.
④ 박멸하다: 모조리 잡아 없애다.
　없애다: 사람이나 동물 따위를 죽이다.

03 '산발적'은 '때때로 여기저기 흩어져 발생하는 것'을 의미하므로, 이와 반의 관계인 것은 '어떤 상태가 오래 계속되는 것'을 의미하는 '지속적'이다.

오답 풀이
① 지능적: 계산이나 문장 작성 따위의 지적 작업에서, 성취 정도에 따라 정하여지는 적응 능력이 있는 것.
② 지배적: (1) 어떤 사람이나 집단, 조직, 사물 등을 자기의 의사대로 복종하게 하여 다스리는 것. (2) 매우 우세하거나 주도적인 것.
④ 지역적: 지역에 속하거나 지역과 관계있는 것.
⑤ 지엽적: 본질적이거나 중요하지 아니하고 부차적인 것.

04 '발산하다'는 (1) '감정 따위가 밖으로 드러나 해소되거나 분위기 따위가 한껏 드러나다. 또는 그렇게 되게 하다.' (2) '냄새, 빛, 열 따위가 사방으로 퍼져 나가다. 또는 그렇게 되게 하다.'를 의미한다. 〈보기〉에서는 (1)의 뜻으로 쓰였고 ④에서는 (2)의 뜻으로 쓰였으므로 두 어휘의 의미는 서로 다르다.

05 〈보기〉의 ⓓ에는 '옷차림새나 몸가짐 따위가 얌전하고 바르다.'라는 의미를 지닌 '단정하다'가 들어가는 것이 적절하다.

02 한자 성어

step ① 어휘력 학습
▶ 178~179쪽

01 ③	02 ①	03 ②	04 ④	05 ④	06 ②	07 ③
08 ⑤	09 ①	10 ⑥	11 ④	12 ①	13 ②	14 ③
15 ⑤	16 ①	17 ③	18 ④	19 ⑤	20 ②	

step ② 어휘력 체크
▶ 180쪽

01 이왕지사　02 방방곡곡　03 풍월주인　04 강호지인　05 무릉도원　06 산전수전　07 어려움　08 산나물　09 아첨　10 비위　11 병　12 물아일체　13 천재일우　14 토사구팽　15 연하고질　16 십중팔구　17 아전인수　18 구사일생

step ③ 어휘력 완성
▶ 181쪽

01 ②　02 ①　03 ⑤　04 ⑤　05 ③　06 ②

01 '수주대토(守株待兎)'는 '한 가지 일에만 얽매여 발전을 모르는 어리석은 사람을 이름.'을 의미하므로 의미상 '비정한 세태'와 거리가 멀다.

02 〈보기〉의 화자는 십 년을 계획하여 세 칸밖에 안 되는 초가를 지었는데, 그중 한 칸은 나에게, 한 칸은 달에게, 또 다른 한 칸은 맑은 바람에게 맡겨 두고, 강산은 이대로 둘러 두고 볼 것이라고 하였다. 이를 통해 자연과 하나 되어 안빈낙도의 삶을 살고자 하는 화자의 태도가 드러난다. 하지만 '만경창파(萬頃蒼波)'는 '만 이랑의 푸른 물결이라는 뜻으로, 한없이 넓고 넓은 바다'를 의미하므로, 〈보기〉의 화자의 태도 및 정서를 나타내기에 적절하지 않다.

오답 풀이
② 물아일체(物我一體): 외물(外物)과 자아, 객관과 주관, 또는 물질계와 정신계가 어울려 하나가 됨.
③ 연하고질(煙霞痼疾): 자연의 아름다운 경치를 몹시 사랑하고 즐기는 마음이 고질병처럼 깊음을 이름.
④ 안분지족(安分知足): 편안한 마음으로 제 분수를 지키며 만족할 줄을 앎.
⑤ 풍월주인(風月主人): 맑은 바람과 밝은 달 따위의 아름다운 자연을 즐기는 사람.

03 '천석고황(泉石膏肓)'은 '샘과 돌이 몸속 깊은 곳에 들었다는 뜻으로, 산수를 즐기고 사랑하는 것이 정도에 지나쳐 마치 고치기 어려운 깊은 병과 같음을 이름.'을 의미하므로, 장사를 하여 돈을 버는 등 세속적으로 출세하려는 꿈을 나타내는 말로 적절하지 않다.

04 〈보기〉의 화자는 '아이야, 무릉(무릉도원)이 어디냐'고 물은 뒤 '나는 옌가(여기인가) 하노라'라고 답하였다. 즉 화자는 두류산 양단수의 경치를 '이상향', '별천지'라는 의미인 '무릉도원(武陵桃源)'에 빗대어 감탄하며 예찬하고 있다.

05 〈보기〉에서 황새는 가장 아름답지 못한 따오기 소리를 듣고도, 뇌물을 준 따오기에게 유리한 판결을 내리기 위해 온갖 좋은 말을 갖다 붙이며 그의 소리가 으뜸이라고 치켜세운다. 이처럼 이치에 맞지 않는 말을 억지로 끌어붙이는 황새의 태도를 두고 '견강부회(牽強附會)'한다고 비판할 수 있다.

오답 풀이
① 강호지인(江湖之人): 벼슬하지 아니하고 자연을 벗 삼아 강호에 묻혀 사는 사람.
② 산전수전(山戰水戰): 산에서도 싸우고 물에서도 싸웠다는 뜻으로, 세상의 온갖 고생과 어려움을 다 겪었음을 이름.
④ 내우외환(內憂外患): 나라 안팎의 여러 가지 어려움.
⑤ 천신만고(千辛萬苦): 천 가지 매운 것과 만 가지 쓴 것이라는 뜻으로, 온갖 어려운 고비를 다 겪으며 심하게 고생함을 이름.

06 〈보기〉의 화자는 자연과 함께하는 소박하고 한가로운 산촌 생활을 노래하고 있다. 이러한 생활 모습과 어울리는 것은 푸짐하게 차린 기름지고 귀한 음식이 아니라, 맛이 변변하지 못한 술과 산나물 즉 '박주산채(薄酒山菜)'이다.

오답 풀이
① 고량진미(膏粱珍味): 기름진 고기와 좋은 곡식으로 만든 맛있는 음식.
③ 산해진미(山海珍味): 산과 바다에서 나는 온갖 진귀한 물건으로 차린, 맛이 좋은 음식.
④ 진수성찬(珍羞盛饌): 푸짐하게 잘 차린 맛있는 음식.
⑤ 양두구육(羊頭狗肉): 양의 머리를 걸어 놓고 개고기를 판다는 뜻으로, 겉보기만 그럴듯하게 보이고 속은 변변하지 아니함을 이름.

03 헷갈리는 어휘_한자어

step ① 어휘력 학습 ▶ 182~183쪽

01 ① 02 ③ 03 ② 04 (1) ① (2) ③ 05 ② 06 ②
07 ① 08 ① 09 ① 10 ② 11 ① 12 ① 13 ②
14 ② 15 ① 16 ① 17 (1) ③ (2) ② 18 ① 19 ②
20 ① 21 ② 22 ② 23 ①

step ② 어휘력 체크 ▶ 184쪽

01 이전의 02 일깨워 03 오르기 04 외관적 05 내붙이거나 06 마음대로 07 일체 08 년도 09 단합 10 게재 11 출연 12 계시 13 개시 14 체력 15 개발 16 지향 17 복귀 18 ○ 19 × 20 ○ 21 × 22 ×

step ③ 어휘력 완성 ▶ 185쪽

01 ② 02 ③ 03 ⑤ 04 ① 05 ⑤

01 '출현'은 '나타나거나 또는 나타나서 보임.'이라는 의미이고 '출연'은 '연기, 공연, 연설 따위를 하기 위하여 무대나 연단에 나감.'이라는 의미이다. 따라서 모두 '출연'을 사용해야 한다.

02 '게시'는 '여러 사람에게 알리기 위하여 내붙이거나 내걸어 두루 보게 함. 또는 그런 물건'을 의미하고 '개시'는 '행동이나 일 따위를 시작함.'을 의미한다. 따라서 '사격 개시', '일정표 게시'라고 해야 한다.

03 ⑤는 문맥상 '서로 의논하여 합의함.'을 의미하는 '담합'이 적절하다.

04 '출연'의 의미는 '연기, 공연, 연설 따위를 하기 위하여 무대나 연단에 나감.'이다. ㉠에는 '나타나거나 또는 나타나서 보임.'을 의미하는 '출현'이 적절하다.

오답 풀이
② 계시: 사람의 지혜로써는 알 수 없는 진리를 신(神)이 가르쳐 알게 함.
③ 조종: 다른 사람을 자기 마음대로 다루어 부림.
④ 계발: 슬기나 재능, 사상 따위를 일깨워 줌.
⑤ 일절: 아주, 전혀, 절대로의 뜻으로, 흔히 행위를 그치게 하거나 어떤 일을 하지 않을 때에 쓰는 말.

05 '신여성'은 '新女性'을 두음 법칙에 따라 적은 것이다. 한글 맞춤법에서는 '접두사처럼 쓰이는 한자가 붙어서 된 말이나 합성어에서, 뒷말의 첫소리가 'ㄴ' 소리로 나더라도 두음 법칙에 따라 적는다.'라고 규정하였는데, '신여성[신녀성]'은 이에 해당하는 예이다. ㉢에 들어갈 어휘의 예로는 '남녀(男女), 당뇨(糖尿)' 등이 있다.

04 필수 어휘 _과학

step ❶ **어휘력 학습** ▶ 186~187쪽

01 (1) ① (2) ⑥   02 ⑤   03 ③   04 ②   05 ④   06 ②
07 ⑤   08 (1) ① (2) ③   09 ④   10 ⑥   11 ⑤   12 ④
13 ①   14 ③   15 ②   16 ④   17 ①   18 ③   19 ⑤
20 ②   21 ④   22 ②   23 ⑤   24 ①   25 ③   26 (1)
② (2) ③   27 ⑤   28 ①   29 ④   30 ⑥

step ❷ **어휘력 체크** ▶ 188쪽

01 영위하다   02 인지하다   03 양성   04 진단하다   05 증식   06 저하   07 완만하다   08 완수하다   09 얼음   10 땅   11 분수   12 바다   13 이치   14 사실, 생사존망   15 후세   16 시급   17 억제   18 치료   19 양상   20 통념   21 습성   22 첨단   23 편견   24 압도

step ❸ **어휘력 완성** ▶ 189쪽

01 ⑤   02 ③   03 ④   04 ①   05 ④   06 ③

01 '증폭하다'는 '사물의 범위가 늘어나 커지다. 또는 사물의 범위를 넓혀 크게 하다.'를 의미하므로 문맥상 ⑤와 어울리지 않는다. 희귀한 나비들을 잡아 모았다는 문장으로 나타내려면 '널리 찾아서 얻거나 캐거나 잡아 모으다.'라는 의미의 '채집하다'를 사용해야 한다.

02 〈보기〉의 ⓒ를 의미하는 말은 '해빙(海氷)'이다. ③의 '관계가 경색되었던 양국 간에 해빙의 분위기가 조성되었다.'에서의 '해빙(解氷)'은 '서로 대립 중이던 세력 사이의 긴장이 완화됨을 비유적으로 이르는 말'을 의미한다.

03 ㉠과 ㉡에 공통으로 들어갈 말은 '다음에 오는 세상. 또는 다음 세대의 사람들'을 의미하는 '후세'이다.

오답 풀이
① 후계: 어떤 일이나 사람의 뒤를 이음.
② 후미: 뒤쪽의 끝.
③ 후배: (1) 같은 분야에서 자기보다 늦게 종사하게 된 사람. (2) 같은 학교를 나중에 나온 사람.
⑤ 후사: 어떤 일이 있은 뒤에 생기거나 일어날 일.

04 '원활하다'는 '거침이 없이 잘 나가는 상태에 있다.'의 의미로 쓰였고, '완만하다'는 '(1) 움직임이 느릿느릿하다. (2) 경사가 급하지 않다.'를 의미하므로 바꿔 쓰기에 적절하지 않다.

오답 풀이
② 터득하다: 깊이 생각하여 이치를 깨달아 알다.
　 깨닫다: 사물의 본질이나 이치 따위를 생각하거나 궁리하여 알게 되다.
③ 양상: 사물이나 현상의 모양이나 상태.
　 양태: 사물이 존재하는 모양이나 형편.
④ 통념: 일반적으로 널리 통하는 개념.
　 상식: 사람들이 보통 알고 있거나 알아야 하는 지식.
⑤ 증식하다: 생물이나 조직 세포 따위가 세포 분열을 하여 그 수를 늘려 감. 또는 그런 현상.
　 늘리다: 수나 분량 따위를 본디보다 많아지게 하거나 무게를 더 나가게 하다.

05 '억제하다'는 '감정이나 욕망, 충동적 행동 따위를 내리눌러서 그치게 하다.'를 의미하고 '압도하다'는 '보다 뛰어난 힘이나 재주로 남을 눌러 꼼짝 못 하게 하다.'를 의미한다. 따라서 두 어휘는 각각 ⓐ, ⓑ에 들어가기 적절하다.

06 〈보기〉의 '완수하다'는 '뜻한 바를 완전히 이루거나 다 해내다.'라는 의미이고, '성취하다'는 '목적한 바를 이루다.'라는 의미이므로 서로 유의 관계이다.

오답 풀이

① 성대하다: 행사의 규모 따위가 풍성하고 크다.

② 성립하다: 일이나 관계 따위가 제대로 이루어지다.

④ 성장하다: (1) 사람이나 동식물 따위가 자라서 점점 커지다. (2) 사물의 규모, 세력 따위가 점점 커지다.

⑤ 성찰하다: 자기의 마음을 반성하고 살피다.

05 한자 성어

step ① 어휘력 학습
▶ 190~191쪽

01 ④	02 ①	03 ②	04 ③	05 ①	06 ③	07 ②
08 ①	09 ③	10 ③	11 ①	12 ②	13 ⑤	14 ④
15 ③	16 ⑤	17 ③	18 ①	19 ②	20 ④	

step ② 어휘력 체크
▶ 192쪽

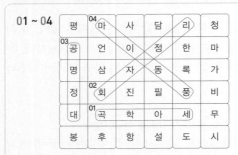

01 ~ 04

05 공익 **06** 윗사람 **07** 뜬소문 **08** 순환 **09** 대충대충 **10** 유언비어 **11** 고진감래 **12** 공평무사 **13** 조삼모사 **14** 등한시 **15** 거자필반 **16** 교언영색 **17** 선공후사 **18** 사필귀정

step ③ 어휘력 완성
▶ 193쪽

01 ③	02 ⑤	03 ④	04 ④	05 ②	06 ④

01 '회자정리(會者定離)'는 '만난 자는 반드시 헤어짐(떠남). 모든 것이 무상함을 나타내는 말'을 의미하므로, 의미상 공익, 공평함, 의로움과 거리가 멀다.

02 '조삼모사(朝三暮四)'는 '아침에 세 개, 저녁에 네 개'라는 뜻으로 '간사한 꾀로 남을 속여 희롱함을 이름.'을 의

미하는 한자 성어이다. 따라서 〈보기〉에 제시된 저공의 고사에서 유래하였음을 알 수 있다.

03 〈보기〉의 빈칸에 공통으로 들어갈 한자 성어는 '길에서 듣고 길에서 말한다는 뜻으로, 길거리에 퍼져 돌아다니는 뜬소문을 이름.'을 의미하는 '도청도설(道聽塗說)'이 적절하다.

04 '거자필반(去者必返)'은 '떠난 사람은 반드시 돌아오게 된다는 뜻으로, 만남과 이별이 반복되는 세상의 이치를 들어 헤어짐에 대한 아쉬움을 달래는 말'을 의미하지만 '적을 얕보면 반드시 패한다'는 '적의 역량을 함부로 얕잡아 보았다가는 싸움에서 진다는 뜻으로, 언제나 적을 깔보지 말고 만반의 준비를 갖추어야 한다는 말'을 의미하는 속담이다.

오답 풀이

① 주마간산(走馬看山): 말을 타고 달리며 산천을 구경한다는 뜻으로, 자세히 살피지 아니하고 대충대충 보고 지나감을 이름.

수박 겉핥기: 맛있는 수박을 먹는다는 것이 딱딱한 겉만 핥고 있다는 뜻으로, 사물의 속 내용은 모르고 겉만 건드리는 일을 이르는 말.

② 고진감래(苦盡甘來): 쓴 것이 다하면 단 것이 온다는 뜻으로, 고생 끝에 즐거움이 옴을 이름.

고생 끝에 낙이 온다: 어려운 일이나 고된 일을 겪은 뒤에는 반드시 즐겁고 좋은 일이 생긴다는 말.

③ 호가호위(狐假虎威): 남의 권세를 빌려 위세를 부림. 여우가 호랑이의 위세를 빌려 호기를 부린다는 데서 유래함.

원님 덕에 나팔 분다: 사또와 동행한 덕분에 나팔 불고 요란히 맞아 주는 호화로운 대접을 받는다는 뜻으로, 남의 덕으로 당치도 아니한 행세를 하게 되거나 그런 대접을 받고 우쭐대는 모양을 이르는 말.

⑤ 마이동풍(馬耳東風): 동풍이 말의 귀를 스쳐 간다는 뜻으로, 남의 말을 귀담아듣지 아니하고 지나쳐 흘려버림을 이름.

한 귀로 듣고 한 귀로 흘린다: 남의 말을 귀담아듣지 아니한다는 말.

05 '지록위마(指鹿爲馬)'는 '윗사람을 농락하여 권세를 마음대로 함을 이름.'을 의미하는 한자 성어로, 중국 진나라의 조고가 자신의 권세를 시험하여 보고자 황제 호해에게 사슴을 가리키며 말이라고 한 데서 유래한다.

06 '흥진비래(興盡悲來)'는 '즐거운 일이 다하면 슬픈 일이 닥쳐온다는 뜻으로, 세상일은 순환되는 것임을 이름.'을 의미하는 한자 성어이다. ④는 자신의 결백함이 언젠가 밝혀질 것이라는 신념으로 살아가고 있는 상황이므로 '모든 일은 반드시 바른길로 돌아감.'을 의미하는 '사필귀정(事必歸正)'이 적절하다.

오답 풀이

① 유언비어(流言蜚語): 아무 근거 없이 널리 퍼진 소문.

② 곡학아세(曲學阿世): 바른길에서 벗어난 학문으로 세상 사람에게 아첨함.
③ 등한시(等閑視): 소홀하게 보아 넘김.
⑤ 교언영색(巧言令色): 말을 교묘하게 하고 얼굴빛을 꾸민다는 뜻으로, 아첨하는 말과 알랑거리는 태도를 이름.

06 속담

step ① 어휘력 학습
▶ 194~195쪽

01 ⑤ 02 ⑥ 03 ④ 04 ③ 05 ① 06 ② 07 ②
08 ① 09 ③ 10 ④ 11 ⑤ 12 ④ 13 ① 14 ③
15 ② 16 ③ 17 ② 18 ① 19 ② 20 ①

step ② 어휘력 체크
▶ 196쪽

01 물 02 한 길 사람의 속 03 쓰면 04 떡 줄 사람
05 식후경 06 만족 07 감정 08 이익 09 보람
10 시련 11 ㉠ 12 ㉣ 13 ㉢ 14 ㉡ 15 ㉤ 16 우물을 파도 한 우물을 파렴 17 알아야 면장을 하지 18 셋이 먹다가 둘이 죽어도 모를 19 가랑비에 옷 젖는 줄 모른다 20 원님 덕에 나팔 분다

step ③ 어휘력 완성
▶ 197쪽

01 ② 02 ③ 03 ③ 04 ⑤ 05 ③ 06 ⑤

01 '알아야 면장을 하지'는 '어떤 일이든 그 일을 하려면 그 것에 관련된 학식이나 실력을 갖추고 있어야 함을 이르는 말'을 의미하고, '남의 속에 있는 글도 배운다'는 '남의 머릿속에 있는 지식도 배우는데 하물며 직접 하는 것을 보고 못할 리가 있겠느냐는 뜻으로, 무엇이나 남이 하는 것을 보면 그대로 따라 할 수 있음을 이르는 말'을 의미하므로 서로 유사하지 않다.

02 〈보기〉의 백호산군은 임금이 어질어야 신하가 곧을 수 있다면서 자신은 무후와 한제같은 어진 임금, 임금의 잘못을 지적한 서대주는 임좌와 주운과 같은 곧은 신하라 말하고 있다. '윗물이 맑아야 아랫물이 맑다'는 '윗사람이 잘하면 아랫사람도 따라서 잘하게 된다는 말'로 밑줄 친 부분을 나타내는 속담으로 적절하다.

03 '셋이 먹다가 둘이 죽어도 모른다'는 '음식이 아주 맛있음을 이르는 말'을 의미한다. 음식이 아주 적은 양임을 이르는 속담은 '매 밥만도 못하겠다'이다.

04 '간에 붙었다 쓸개에 붙었다 한다'는 '자기에게 조금이라도 이익이 되면 지조 없이 이편에 붙었다 저편에 붙었다 함을 이르는 말'로, 이와 의미가 유사한 한자 성어는 '아무 줏대도 없이 형세에 따라 이리 붙었다 저리 붙었다 하는 기회주의적인 행위'를 의미하는 '부간부담(附肝附膽)'이다. '간담상조(肝膽相照)'는 '서로 속마음을 털어놓고 친하게 사귐.'을 의미한다.

오답 풀이
① 제 논에 물 대기: 자기에게만 이롭도록 일을 하는 경우를 이르는 말.
  아전인수(我田引水): 자기 논에 물 대기라는 뜻으로, 자기에게만 이롭게 되도록 생각하거나 행동함을 이르는 말.
② 원님 덕에 나팔 분다: 사또와 동행한 덕분에 나팔 불고 요란히 맞아 주는 호화로운 대접을 받는다는 뜻으로, 남의 덕으로 당치도 아니한 행세를 하게 되거나 그런 대접을 받고 우쭐대는 모양을 이르는 말.
  호가호위(狐假虎威): 남의 권세를 빌려 위세를 부림.
③ 도랑 치고 가재 잡는다: 한 가지 일로 두 가지 이익을 봄을 이르는 말.
  일석이조(一石二鳥): 돌 한 개를 던져 새 두 마리를 잡는다는 뜻으로, 동시에 두 가지 이득을 봄을 이르는 말.
④ 달면 삼키고 쓰면 뱉는다: 옳고 그름이나 신의를 돌보지 않고 자기의 이익만 꾀함을 이르는 말.
  감탄고토(甘吞苦吐): 달면 삼키고 쓰면 뱉는다는 뜻으로, 자신의 비위에 따라서 사리의 옳고 그름을 판단함을 이르는 말.

05 '첫술에 배부르랴'는 '어떤 일이든지 단번에 만족할 수는 없다는 말'을 의미하는 속담으로, ⓐ에 들어가기에 적절하다.

06 〈보기〉의 '아버질 혼내 주기는 제가 내래 놓고 이제 와서는 달겨들며, ~ 우는 것이 아니냐.'에서 알 수 있듯이, 점순이는 '나'가 제 아버지와 맞서도록 부추겨 놓고 다툼이 커지자 아버지 편을 들고 있다. 밑줄 친 부분에서 '나'는 점순이가 자신의 편을 들 줄 알았는데 도리어 화를 내는 것을 보고 그 속을 알 수가 없어서 어리둥절해하고 있다. 이런 '나'의 심정을 나타내기에 적절한 속담은 '사람의 속마음을 알기란 매우 힘듦을 이르는 말'인 '열 길 물속은 알아도 한 길 사람의 속은 모른다'이다.

07 필수 어휘 _ 기술

step ① 어휘력 학습 ▶ 198~199쪽

01 ① 02 ④ 03 ⑥ 04 ⑤ 05 (1) ② (2) ③ 06 ②
07 ④ 08 ⑤ 09 ① 10 ③ 11 ⑤ 12 ① 13 ②
14 (1) ④ (2) ⑥ 15 ③ 16 ③ 17 ⑤ 18 ② 19 ④
20 ① 21 ④ 22 (1) ⑥ (2) ⑤ 23 ① 24 ② 25 ③
26 ④ 27 ⑤ 28 ② 29 ① 30 ③

step ② 어휘력 체크 ▶ 200쪽

01~06

아	둔	도	과	거	남
보	탁	외	잉	굴	짓
고	돌	시	상	호	착
몰	격	부	식	근	사
입	미	류	방	기	현
래	살	포	대	반	재

07 명의 08 한곳 09 활용 10 책임 11 마지막 12 망가져 13 깊숙이, 기미 14 분류 15 방대 16 감지
17 과잉 18 가공 19 상호 20 남짓 21 분석 22 개조
23 거듭 24 사방

step ③ 어휘력 완성 ▶ 201쪽

01 ⑤ 02 ④ 03 ⑤ 04 ① 05 ⑤

01 〈보기〉의 '가공(架空)'은 '이유나 근거가 없이 꾸며 냄. 또는 사실이 아니고 거짓이나 상상으로 꾸며 냄.'을 의미하고, ⑤의 '가공(加工)'은 '원자재나 반제품을 인공적으로 처리하여 새로운 제품을 만들거나 제품의 질을 높임.'을 의미한다.

02 '상호'는 '상대가 되는 이쪽과 저쪽 모두'를 의미하고, '각자'는 '각각의 자기 자신'을 의미하므로 바꿔 쓰기에 적절하지 않다.

오답 풀이
① 개조하다: 고쳐 만들거나 바꾸다.
  고치다: 본디의 것을 손질하여 다른 것이 되게 하다.
② 거듭하다: 어떤 일을 자꾸 되풀이하다.
  반복하다: 같은 일을 되풀이하다.
③ 감지하다: 느끼어 알다.

느끼다: 특정한 대상이나 상황에 대하여 어떠하다고 생각하거나 인식하다.
⑤ 분류하다: 종류에 따라서 가르다.
  나누다: 여러 가지가 섞인 것을 구분하여 분류하다.

03 '살포'는 '액체, 가루 따위를 흩어 뿌림.'을 의미하므로 문맥상 ⑤에는 '써서 없앰.'을 의미하는 '소모'를 사용하는 것이 적절하다.

04 ㉠에 들어갈 말은 '여러 곳'을 의미하는 '사방'이고, ㉡에 들어갈 말은 '장차 일어날 일의 기미가 다른 사물 속에 숨어 있다.'를 의미하는 '도사리다'이다.

05 ⑤에서 '번갈다'는 〈보기〉의 (e)의 뜻이 아니라 '잠시 동안 하나씩 차례로 상대하다.'라는 의미로 사용되었다.

08 관용어

step ① 어휘력 학습 ▶ 202~203쪽

01 ⑤ 02 ⑥ 03 (1) ② (2) ③ 04 ① 05 ④ 06 ⑦
07 ② 08 ⑤ 09 ① 10 ③ 11 ⑥ 12 ④ 13 ⑦
14 ⑨ 15 ⑥ 16 ⑧ 17 ③ 18 ④ 19 ① 20 ⑤
21 ② 22 ① 23 ② 24 ③

step ② 어휘력 체크 ▶ 204쪽

01 피로 물들이다 02 목이 빠지게 기다리다 03 피를 토하다
04 입맛대로 하다 05 입을 맞추다 06 밑천이 드러나다
07 입만 아프다 08 혈기 09 인정 10 의견 11 음식
12 죄 13 목숨, 직장 14 ㉤ 15 ㉢ 16 ㉣ 17 ㉠ 18 ㉣
19 살아서 20 보고 21 마르는 22 입이 떨어지지 23 날개가 돋친 듯 24 거미줄 치는

step ③ 어휘력 완성 ▶ 205쪽

01 ② 02 ③ 03 ③ 04 ④ 05 ② 06 ⑤

01 '피를 토하다'는 '격렬한 의분을 터뜨리다.'라는 의미이므로, 이를 '끝까지 저항하다'라고 바꾸어 표현하는 것은 적절하지 않다.

02 ③의 '아기의 볼에 입을 맞추었다.'에서 동사 '맞추다'는

'다른 어떤 대상에 닿게 하다.'라는 의미로 쓰였기 때문에 이때 '입을 맞추다'는 관용어가 아니다.

03 '밑천이 드러나다'는 '평소에 숨겨져 있던 제 바탕이나 성격이 표면에 나타나다.'를 의미한다. '이야깃거리가 궁해지다.'를 의미하는 관용어는 '밑천이 떨어지다'이다.

04 〈보기〉의 반려견 행동 전문가는 반려견의 나쁜 행동을 언급하면서, 이런 경우 반려견을 심하게 압박하고 엄하게 훈련시킨다고 하였다. 이러한 맥락에서 사용하기 적절한 관용어는 '조금도 인정이 없다.'라는 의미인 '피도 눈물도 없다'이다.

오답 풀이
① 피가 끓다: 젊고 혈기가 왕성하다.
② 피가 마르다: 몹시 괴롭거나 애가 타다.
③ 피로 물들이다: 사상자가 많이 생기다.
⑤ 피가 거꾸로 솟다: 피가 머리로 모인다는 뜻으로, 매우 흥분한 상태를 이르는 말.

05 뜻풀이를 참고할 때, ㉠에는 관용어 '입이 떨어지다'를 사용하여 '차마 입이 떨어지지 않았다.'라고 하는 것이 적절하다. ㉡에는 관용어 '입을 모으다'를 사용하여 '입을 모아 말한다.'라고 하는 것이 적절하다.

06 〈보기〉에는 어느 배우의 여러 장점들이 다른 배우들에게 언급되고 그에 대한 칭찬이 자자한 상황이 제시되어 있다. 이러한 맥락에서 사용하기 적절한 관용어는 '다른 사람이나 물건에 대하여 거듭해서 말하다.'라는 뜻을 지닌 '입에 침이 마르다'이다.

09 다의어

step ❶ **어휘력 학습** ▶ 206~207쪽

01 (1) ③ (2) ① (3) ② **02** (1) ① (2) ③ (3) ② (4) ④ **03** (1) ① (2) ② (3) ③ (4) ④ **04** (1) ③ (2) ① (3) ② **05** (1) ① (2) ② **06** (1) ② (2) ① **07** (1) ① (2) ② **08** (1) ① (2) ③ (3) ② **09** (1) ④ (2) ② (3) ① (4) ③ **10** (1) ② (2) ① **11** (1) ① (2) ④ (3) ② (4) ③ **12** (1) ② (2) ② (3) ①

step ❷ **어휘력 체크** ▶ 208쪽

01 판단	**02** 분야	**03** 소중히	**04** 생생하게	**05** 침울
06 ①	**07** ①	**08** ②	**09** ②	**10** ②	**11** ②	**12** ①
13 ①	**14** ①	**15** ①	**16** ②	

10 ① 빛이 없어 밝지 아니하다.

11 ① 어떤 말이나 행동에 다른 말이나 행동을 함께 나타내다.

12 ② 사람이나 동물이 발을 땅에 대고 다리를 쭉 뻗으며 몸을 곧게 하다.

13 ② 신분, 연령, 지위, 정도 따위에서 어떤 것보다 낮은 쪽.

14 ② 어떤 현상이 어떤 원인에서 비롯하여 생겨나다.

15 ② 한때로부터 다른 때까지의 동안.

16 ① 어떤 사람이나 일 따위에 대한 기억.

step ❸ **어휘력 완성** ▶ 209쪽

01 ④	**02** ④	**03** ⑤	**04** ③	**05** ③	**06** ①

01 〈보기〉의 '자신의 삶을 주체적으로 살다.'와 ④의 '어려운 이웃을 보살피는 삶을 살다.'에서 '살다'는 모두 '어떤 생활을 영위하다.'라는 의미로 쓰였다.

오답 풀이
① '어느 곳에 거주하거나 거처하다.'라는 의미로 쓰였다.
② '어떤 직분이나 신분의 생활을 하다.'라는 의미로 쓰였다.
③ '본래 가지고 있던 색깔이나 특징 따위가 그대로 있거나 뚜렷이 나타나다.'라는 의미로 쓰였다.
⑤ '생명을 지니고 있다.'라는 의미로 쓰였다.

02 ④의 '생각'은 '어떤 일을 하고 싶어 하거나 관심을 가짐. 또는 그런 일'을 의미한다.

03 ㉢의 '오다'는 '가고자 하는 곳에 이르다.'라는 의미로 쓰였다.

04 ③의 '식다'는 모두 '더운 기가 없어지다.'를 의미한다.

오답 풀이
① (ㄱ) 어떤 때나 계절 따위가 말하는 시점을 기준으로 현재나 가까운 미래에 닥치다.
  (ㄴ) 어떤 현상이 어떤 원인에서 비롯하여 생겨나다.
② (ㄱ) 어떤 기준보다 낮은 위치.
  (ㄴ) 조건, 영향 따위가 미치는 범위.
④ (ㄱ) 빛이 없어 밝지 아니하다.
  (ㄴ) 희망이 없이 참담하고 막막하다.

⑤ (ㄱ) 어떤 일에 들이는 시간적인 여유나 겨를.
　　(ㄴ) 한때로부터 다른 때까지의 동안.

05 〈보기〉의 (ⓒ)와 ③의 '서다'는 모두 '어떤 곳에서 다른 곳으로 가던 대상이 어느 한 곳에서 멈추다.'라는 의미로 쓰였다.

오답 풀이

① 생각: 〈보기〉는 '어떤 일을 하려고 마음을 먹음. 또는 그런 마음'이라는 의미이고 ①은 '어떤 사람이나 일 따위에 대한 기억'이라는 의미이다.

② 알다: 〈보기〉는 '어떤 사람이나 사물에 대하여 소중히 생각하다.'라는 의미이고 ②는 '교육이나 경험, 사고 행위를 통하여 사물이나 상황에 대한 정보나 지식을 갖추다.'라는 의미이다.

④ 섬세하다: 〈보기〉는 '곱고 가늘다.'라는 의미이고 ④는 '매우 찬찬하고 세밀하다.'라는 의미이다.

⑤ 서다: 〈보기〉는 '사람이나 동물이 발을 땅에 대고 다리를 쭉 뻗으며 몸을 곧게 하다.'라는 의미이고 ⑤는 '부피를 가진 어떤 물체가 땅 위에 수직의 상태로 있게 되다.'라는 의미이다.

06 '결합하다'는 '둘 이상의 사물이나 사람이 서로 관계를 맺어 하나가 되다. 또는 그렇게 되게 하다.'라는 의미이다. '미음에 영양식 죽을 섞다.'에서 '섞다'와 바꿔 쓰기에 적절한 것은 '뒤섞어서 한데 합하다.'라는 의미인 '혼합하다'이다.

오답 풀이

② 섞다: 두 가지 이상의 것을 한데 합치다.
　　합하다: 여럿이 한데 모이다. 또는 여럿을 한데 모으다.

③ 살다: 어느 곳에 거주하거나 거처하다.
　　거주하다: 일정한 곳에 머물러 살다.

④ 사이: 어떤 일에 들이는 시간적인 여유나 겨를.
　　겨를: 어떤 일을 하다가 생각 따위를 다른 데로 돌릴 수 있는 시간적인 여유.

⑤ 생각: 어떤 일에 대한 의견이나 느낌을 가짐. 또는 그 의견이나 느낌.
　　의견: 어떤 대상에 대하여 가지는 생각.

10 필수 어휘 _ 기술

step ① **어휘력** 학습　　▶ 210~211쪽

01 ③	02 ②	03 ①	04 ⑤	05 ④	06 ⑥	07 ②
08 (1) ④ (2) ⑧		09 (1) ⑦ (2) ③		10 (1) ⑤ (2) ①		
11 ③	12 ②	13 ⑤	14 ④	15 ①	16 ②	17 ①
18 ④	19 ⑤	20 ③	21 ①	22 ④	23 ②	24 ③
25 ②	26 ④	27 ①	28 ③	29 ②	30 ⑤	

step ② **어휘력** 체크　　▶ 212쪽

01 자그마	02 닻	03 예	04 광경	05 정확	06 억제
07 위반	08 ⓒ	09 ㉠	10 ㉣	11 ㉤	12 ㉡	13 ㉥
14 조성	15 원활	16 쾌거	17 종속	18 지탱	19 쾌속
20 식별	21 정밀	22 일환	23 유입	24 소모

step ③ **어휘력** 완성　　▶ 213쪽

01 ⑤	02 ④	03 ③	04 ③	05 ④	06 ④

01 '종속'은 '자주성이 없이 주가 되는 것에 딸려 붙음.'을 의미하므로 소리의 감각적 특색인 '음색'을 설명하는 데에 적절하지 않다. 문맥상 ⑤에는 '분별하여 알아봄.'을 의미하는 '식별'을 사용하는 것이 적절하다.

02 '유입'은 '액체나 기체, 열 따위가 어떤 곳으로 흘러듦.'을 의미하고, '배출'은 '안에서 밖으로 밀어 내보냄.'을 의미하므로 바꿔 쓰기에 적절하지 않다.

오답 풀이

① 정밀하다: 아주 정교하고 치밀하여 빈틈이 없고 자세하다.
　　정교하다: 솜씨나 기술 따위가 정밀하고 교묘하다.

② 자제하다: 자기의 감정이나 욕망을 스스로 억제하다.
　　삼가다: 꺼리는 마음으로 양(量)이나 횟수가 지나치지 아니하도록 하다.

③ 초빙하다: 예를 갖추어 불러 맞아들이다.
　　초청하다: 사람을 청하여 부르다.

⑤ 식별하다: 분별하여 알아보다.
　　분별하다: 서로 다른 일이나 사물을 구별하여 가르다.

03 〈보기〉의 '유출'은 '귀중한 물품이나 정보 따위가 불법적으로 나라나 조직의 밖으로 나가 버림. 또는 그것을 내보냄.'을 의미한다. ③과 같이 사람에 대해서는 '유출'이라는 표현을 쓸 수 없으므로 적절하지 않다.

04 ㉠에 들어갈 말은 '눈매나 시선 따위가 쏘아보는 듯 매섭다.'를 의미하는 '예리하다'이고 ㉡에 들어갈 말은 '일정한 규칙이나 관습의 위반에 대하여 제한하거나 금지함. 또는 그런 조치'를 의미하는 '제재'이다.

05 ㉣에 들어갈 말은 '사물의 특징이나 성질'을 의미하는 '속성(屬性)'이다.

06 〈보기〉의 빈칸에 들어갈 말로 적절한 것은 '준비나 대책이 튼튼하고 치밀하여 조금도 허점이 없다.'라는 의미를 지닌 '철통같다'이다.

11 한자 성어

01 '천의무봉(天衣無縫)'은 '천사의 옷은 꿰맨 흔적이 없다는 뜻으로, 일부러 꾸민 데 없이 자연스럽고 아름다우면서 완전함을 이름.'을 의미한다. 따라서 〈보기〉와 관련이 있다.

02 '견물생심(見物生心)'은 '어떠한 실물을 보게 되면 그것을 가지고 싶은 욕심이 생김.'을 의미하고 '시장이 반찬'은 '배가 고프면 반찬이 없어도 밥이 맛있음을 이르는 말'이다.

오답 풀이
② 대동소이(大同小異): 큰 차이 없이 거의 같음.
　도토리 키 재기: 비슷비슷하여 견주어 볼 필요가 없음을 이르는 말.
③ 사상누각(沙上樓閣): 모래 위에 세운 누각이라는 뜻으로, 기초가 튼튼하지 못하여 오래 견디지 못할 일이나 물건을 이름.
　모래 위에 선 누각: 기초가 튼튼하지 못하여 곧 허물어질 수 있는 물건이나 일을 이르는 말.
④ 고장난명(孤掌難鳴): 외손뼉만으로는 소리가 울리지 아니한다

는 뜻으로, 혼자의 힘만으로 어떤 일을 이루기 어려움을 이름.
　외손뼉이 소리 날까: 두 손뼉이 마주쳐야 소리가 나지 외손뼉만으로는 소리가 나지 아니한다는 뜻으로, 일은 상대가 같이 응하여야지 혼자서만 해서는 잘되는 것이 아님을 이르는 말.
⑤ 소탐대실(小貪大失): 작은 것을 탐하다가 큰 것을 잃음.
　동냥하려다가 추수 못 본다: 작은 것을 탐내어 다니다가 큰 것을 놓치게 됨을 이르는 말.

03 '와신상담(臥薪嘗膽)'은 '불편한 섶에 몸을 눕히고 쓸개를 맛본다는 뜻으로, 원수를 갚거나 마음먹은 일을 이루기 위하여 온갖 어려움과 괴로움을 참고 견딤을 이름.'을 의미하는 한자 성어로 〈보기〉의 이야기에서 유래하였다. 그리고 월왕 구천은 부차를 선제공격하여 전쟁을 일으키지만 결국 부차에게 항복한다고 하였으므로, ㉠에 들어갈 한자 성어는 '이러지도 저러지도 못하는 어려운 처지'를 의미하는 '진퇴양난(進退兩難)'이 적절하다.

오답 풀이
① 사생결단(死生決斷): 죽고 사는 것을 돌보지 않고 끝장을 내려고 함.
　결초보은(結草報恩): 죽은 뒤에라도 은혜를 잊지 않고 갚음을 이름.
② 살신성인(殺身成仁): 자기의 몸을 희생하여 인(仁)을 이룸.
　주마간산(走馬看山): 말을 타고 달리며 산천을 구경한다는 뜻으로, 자세히 살피지 아니하고 대충대충 보고 지나감을 이름.
③ 권토중래(捲土重來): (1) 땅을 말아 일으킬 것 같은 기세로 다시 온다는 뜻으로, 한 번 실패하였으나 힘을 회복하여 다시 쳐들어옴을 이름. (2) 어떤 일에 실패한 뒤에 힘을 가다듬어 다시 그 일에 착수함을 이름.
　이심전심(以心傳心): 마음과 마음으로 서로 뜻이 통함.
④ 배수지진(背水之陣): (1) 강이나 바다를 등지고 치는 진. (2) 어떤 일을 성취하기 위하여 더 이상 물러설 수 없음을 이름.
　설상가상(雪上加霜): 눈 위에 서리가 덮인다는 뜻으로, 난처한 일이나 불행한 일이 잇따라 일어남을 이름.

04 〈보기〉는 논매기를 하는 상황으로, '함께 힘을 모아' 서로 도와 가며 농사일을 하려는 태도가 드러나 있다. 이러한 모습과 어울리는 한자 성어는 '서로서로 도움.'을 의미하는 '상부상조(相扶相助)'이다.

05 〈보기〉에서 화자는 오랫동안 푸른 '청산'의 불변성과 밤낮으로 그치지 않는 '유수'의 영원성을 예찬하고 있다. 그리고 이렇게 변하지 않는 '청산'과 '유수'처럼 '우리도 그치지 말자'고 다짐하고 있으므로, 빈칸에 들어갈 한자 성어는 '아주 오랜 세월 동안 변함없이 언제나 푸름.'을 의미하는 '만고상청(萬古常靑)'이다.

06 〈보기〉의 ⓐ'미음완보(微吟緩步)'는 '작은 소리로 읊으며 천천히 거닒.'을 의미하고 ⓑ'단표누항(簞瓢陋巷)'은 '누항에서 먹는 한 그릇의 밥과 한 바가지의 물이라는 뜻으

로, 선비의 청빈한 생활을 이름.'을 의미한다. 그리고 ©
'백년행락(百年行樂)'은 '한평생 잘 놀고 즐겁게 지냄.'을
의미한다. '고장난명(孤掌難鳴)'은 '외손뼉만으로는 소리
가 울리지 아니한다는 뜻으로, 혼자의 힘만으로 어떤 일
을 이루기 어려움을 이름.'을 의미하기 때문에 부합하지
않는다.

오답 풀이
① 우화등선(羽化登仙): 사람의 몸에 날개가 돋아 하늘로 올라가
   신선이 됨.
② 음풍농월(吟風弄月): 맑은 바람과 밝은 달을 대상으로 시를 짓
   고 흥취를 자아내어 즐겁게 놂.
③ 한중진미(閑中眞味): 한가한 가운데 깃드는 참다운 맛.
⑤ 안분지족(安分知足): 편안한 마음으로 제 분수를 지키며 만족할
   줄을 앎.

12 배경지식 용어 _과학·기술

step ② 어휘력 체크
▶ 220쪽

01 방사성 동위 원소	02 동위 원소	03 영상 안정화	04 자
화	05 활성화 에너지	06 자가 면역 질환	07 자연 치유력
08 ○	09 ○	10 ×	11 ○	12 ×	13 ○	14 ×
15 강자성체	16 스윙바이	17 GPS(위성 항법 장치)	18 항
상성			

10 내장된 센서로 위치 변화를 계산하여 상대 위치를 구하
   는 장치는 'IMU(관성 측정 장치)'이다.

12 개체를 보호하기 위해 비정상 세포가 스스로 사멸하는
   과정은 '아포토시스'이다.

14 활성화 에너지가 낮아지면 화학 반응 속도가 빨라지고,
   높아지면 화학 반응 속도가 느려지게 되는데 활성화 에
   너지를 낮추는 것이 정촉매이고, 높이는 것이 부촉매이
   다. 따라서 화학 반응 속도를 빨라지게 하는 것은 '정촉
   매'이고 느려지게 하는 것은 '부촉매'이다.

step ③ 어휘력 완성
▶ 221쪽

| 01 ② | 02 ② | 03 ① |

01 방사성 동위 원소의 반감기는 온도나 압력에 영향을 받
   지 않는다고 하였다.

오답 풀이
① 방사성 동위 원소의 불안정한 원자핵은 방사성 붕괴 또는 핵붕
   괴 과정을 거쳐 안정된 상태의 다른 종류의 원자핵으로 변한다
   고 하였다.
③ '질소-14'는 양성자 7개와 중성자 7개로 이루어진 원자핵을 가
   졌다고 하였다.
④ 19세기 초 지질학자들이 확립한 지질학적 시간 척도는 상대적
   인 척도로 한 지층이 실질적으로 얼마나 오래되었느냐는 말해
   줄 수 없었다고 하였다.
⑤ 자연계의 모든 물질은 불안정한 상태에서 안정한 상태로 가려
   는 성질이 있다고 하였다.

02 아포토시스는 개체를 보호하기 위해 비정상 세포, 손상
   된 세포, 노화된 세포가 스스로 사멸하는 과정으로 우리
   몸을 건강한 상태로 유지하게 한다고 하였다.

오답 풀이
① 아포토시스가 개체를 보호하기 위해 비정상 세포, 손상된 세포,
   노화된 세포를 스스로 사멸하는 과정으로 우리 몸을 건강한 상
   태로 유지하게 한다고 하였다.
③ 우리 몸에 영양 공급이 부족하거나 바이러스가 침투했을 때 발
   생하는 것은 오토파지이다.
④ 우리 몸에 영양분이 충분히 공급되지 않으면 우리 몸은 오토파지
   를 통해 생존에 필요한 아미노산과 에너지를 얻는다고 하였다.
⑤ 오토파지는 망가진 세포 소기관을 분해하고, 분해가 끝나면 잘린
   조각들이 다른 세포 소기관을 만드는 재료로 쓰인다고 하였다.

03 이미지 센서를 이동시키는 것은 광학 영상 안정화 기술
   이다.

오답 풀이
② 일반적으로 카메라는 렌즈를 통해 들어온 빛이 이미지 센서에 닿
   아 피사체의 상이 맺힌다고 하였으므로 광학 영상 안정화 기술을
   사용하지 않는 디지털 카메라에도 이미지 센서가 필요하다.
③ 연속된 프레임 간 피사체의 움직임을 추정한 뒤 흔들림이 발생
   한 곳으로 추정되는 프레임에서 위치 차이만큼 보정하여 흔들
   림의 영향을 줄이면 보정된 동영상은 움직임이 부드러워진다고
   하였다. 따라서 연속된 프레임에서 동일한 피사체의 위치 차이
   가 작을수록 동영상의 움직임은 부드러워질 것이다.
④ 일반적으로 카메라는 화소마다 빛의 세기에 비례하여 발생한
   전기 신호가 저장 매체에 영상으로 저장되고, 카메라가 흔들리
   면 이미지 센서 각각의 화소에 닿는 빛의 세기가 변한다고 하였
   다. 따라서 디지털 카메라의 저장 매체에는 이미지 센서 각각의
   화소에서 발생하는 전기 신호가 영상으로 저장된다는 내용은
   적절하다.
⑤ 디지털 카메라를 들고 촬영하면 손의 미세한 떨림으로 인해 영
   상이 번져 흐려진다고 하였고 카메라가 흔들리면 이미지 센서
   각각의 화소에 닿는 빛의 세기가 변하는데, 이때 광학 영상 안
   정화 기술이 작동되면 피사체의 상이 유지되어 영상이 안정된
   다고 하였다.

01 ⑤	02 ③	03 ①	04 ⑤	05 ⑤	06 ④	07 ②
08 ①	09 ②	10 ③	11 ④	12 ⑤	13 ①	14 ③
15 ①	16 ⑤	17 ⑤	18 ①	19 ①	20 ①	

01 '성립'의 사전적 의미는 '일이나 관계 따위가 제대로 이루어짐.'이다. '정도나 수준이 나아지거나 높아짐.'이라는 사전적 의미를 지닌 어휘는 '진보'이다.

02 '새로운 것을 낯설고 불편한 것으로 여겨'의 '낯설다'는 '전에 본 기억이 없어 익숙하지 아니하다.'의 의미로 쓰였다. '난해하다'는 '(1) 뜻을 이해하기 어렵다. (2) 풀거나 해결하기 어렵다.'라는 의미이므로 바꿔 쓰기에 적절하지 않다.

오답 풀이
① 뛰어나다: '남보다 월등히 훌륭하거나 앞서 있다.'를 의미한다.
  우월하다: '다른 것보다 낫다.'를 의미한다.
② 살아가다: '목숨을 이어 가거나 생활을 해 나가다.'를 의미한다.
  영위하다: '일을 꾸려 나가다.'를 의미한다.
④ 되찾다: '다시 찾거나 도로 찾다.'를 의미한다.
  회복하다: '원래의 상태로 돌이키거나 원래의 상태를 되찾다.'를 의미한다.
⑤ 찾아내다: '모르는 것을 알아서 드러내다.'를 의미한다.
  발견하다: '미처 찾아내지 못하였거나 아직 알려지지 아니한 사물이나 현상, 사실 따위를 찾아내다.'를 의미한다.

03 '조성'은 '무엇을 만들어서 이룸.'을 의미한다. '어떤 기준이나 실정에 맞게 정돈함.'을 의미하는 어휘는 '조정'이다.

04 '손실'의 사전적 의미는 '잃어버리거나 축나서 손해를 봄. 또는 그 손해'이다. '일을 잘못하여 뜻한 대로 되지 아니하거나 그르침.'은 '실패'의 사전적 의미에 해당한다.

05 '도출'은 '판단이나 결론 따위를 이끌어 냄.'이란 의미이다. '시간이나 물건의 양 따위를 헤아리거나 잼.'은 '계측'의 의미이다.

06 '추출하다'는 '전체 속에서 어떤 물건, 생각, 요소 따위를 뽑아내다.'를 의미한다. '잘못되거나 틀린 것을 바로잡다.', '모양이나 내용 따위를 바꾸다.' 등을 의미하는 '고치다'와 바꿔 쓸 수 없다.

오답 풀이
① 기반: '기초가 되는 바탕. 또는 사물의 토대'를 의미한다.
  바탕: '사물이나 현상의 근본을 이루는 것'을 의미한다.
② 구분하다: '일정한 기준에 따라 전체를 몇 개로 갈라 나누다.'를 의미한다.

나누다: '하나를 둘 이상으로 가르다.'를 의미한다.
③ 생성하다: '사물이 생겨나다. 또는 사물이 생겨 이루어지게 하다.'를 의미한다.
  만들다: '노력이나 기술 따위를 들여 목적하는 사물을 이루다.'를 의미한다.
⑤ 향상하다: '실력, 수준, 기술 따위가 나아지다. 또는 나아지게 하다.'를 의미한다.
  높이다: '품질, 수준, 능력, 가치 따위를 더 높은 수준으로 만들다.'를 의미한다.

07 '경기 대응 완충 자본 제도를 들 수 있다.'에서의 '들다'는 '설명하거나 증명하기 위하여 사실을 가져다 대다.'의 의미로 사용되었다. ②의 '들다' 역시 이와 같은 의미로 사용되었다.

오답 풀이
① '의식이 회복되거나 어떤 생각이나 느낌이 일다.'의 의미로 사용되었다.
③ '어떤 처지에 놓이다.'의 의미로 사용되었다.
④ '어떠한 시기가 되다.'의 의미로 사용되었다.
⑤ '적금이나 보험 따위의 거래를 시작하다.'의 의미로 사용되었다.

08 '구현'의 사전적 의미는 '어떤 내용이 구체적인 사실로 나타나게 함.'이다. '몇 가지 부분을 모아서 일정한 전체를 이룸.'은 '구성'의 사전적 의미에 해당한다.

09 '도달'의 사전적 의미는 '목적한 곳이나 수준에 다다름.'이다. '어떤 곳이나 때를 거쳐서 지나감.'은 '통과'의 사전적 의미이다.

10 '한정되다'는 '수량이나 범위 따위가 제한되어 정해지다.'를 의미한다. '그치다'는 '더 이상의 진전이 없이 어떤 상태에 머무르다.'라는 의미이므로 문맥상 바꿔 쓸 수 있다.

오답 풀이
① 보존되다: '잘 보호되고 간수되어 남겨지다.'를 의미한다.
  드러나다: '가려 있거나 보이지 않던 것이 보이게 되다.', '알려지지 않은 사실이 널리 밝혀지다.' 등을 의미한다.
② 도외시하다: '상관하지 아니하거나 무시하다.'를 의미한다.
  생각하다: '사물을 헤아리고 판단하다.'를 의미한다.
④ 자극하다: '외부에서 작용을 주어 감각이나 마음에 반응이 일어나게 하다.'를 의미한다.
  따라가다: '앞에 있는 것의 정도나 수준에 이를 만큼 가까이 가다.', '남의 행동이나 명령 따위를 그대로 실행하다.' 등을 의미한다.
⑤ 성행하다: '매우 성하게 유행하다.'를 의미한다.
  일어나다: '어떤 일이 생기다.', '약하거나 희미하던 것이 성하여지다.' 등을 의미한다.

11 '서식'의 사전적 의미는 '생물 따위가 일정한 곳에 자리를 잡고 삶.'이다. '길러서 번식하게 함.'은 '양식'의 사전적 의미에 해당한다.

12 〈보기〉의 '조성되다'는 '분위기나 정세 따위가 만들어지다.'를 의미한다. '형성되다'는 '어떤 형상이 이루어지다.'라는 의미로 '공감대가 형성되다'와 같이 쓰일 수 있다. 따라서 바꿔 쓰기에 적절하다.

오답 풀이
① 결성되다: '조직이나 단체 따위가 짜여 만들어지다.'를 의미한다.
② 구성되다: '몇 가지 부분이나 요소들이 모여 일정한 전체가 짜여 이루어지다.'를 의미한다.
③ 변성되다: '변하여 다르게 되다.'를 의미한다.
④ 숙성되다: '충분히 이루어지다.'를 의미한다.

13 '추정'의 사전적 의미는 '미루어 생각하여 판정함.'이다. '어떤 일에 대한 의견이나 느낌.'은 '생각'의 사전적 의미이다.

14 〈보기〉에서 '이전에는 쓴 외(오이) 보듯 하던 일가 사람들'이 '숭이가 변호사로 부잣집 사위로, 훌륭한 옷을 입고 돌아온 것을 보고는 다투어서 환영하였다.'라고 하였으므로, 이를 나타내기에 적절한 것은 '세력이 있을 때는 아첨하여 따르고 세력이 없어지면 푸대접하는 세상인심을 이름.'을 의미하는 '염량세태(炎涼世態)'이다.

오답 풀이
① 경거망동(輕擧妄動): '경솔하여 생각 없이 망령되게 행동함. 또는 그런 행동'을 의미한다.
② 부화뇌동(附和雷同): '줏대 없이 남의 의견에 따라 움직임.'을 의미한다.
④ 조변석개(朝變夕改): '아침저녁으로 뜯어고친다는 뜻으로, 계획이나 결정 따위를 일관성이 없이 자주 고침을 이름.'을 의미한다.
⑤ 허장성세(虛張聲勢): '실속은 없으면서 큰소리치거나 허세를 부림.'을 의미한다.

15 〈보기〉의 '골이 깊어지다'는 '관계가 악화되거나 멀어지다.'라는 의미의 관용어로 '오해가 쌓이면서 점점 골이 깊어졌다.'와 같이 사용된다. 이와 유사한 의미를 지닌 것은 '서로 사귀던 사이를 끊다.'라는 뜻의 관용어인 '담을 지다'이다.

오답 풀이
② '줄을 그어 놓다'는 두 나라가 영토의 경계선을 그었음을 나타낸 표현으로 관용어가 아니다.
③ '문을 닫다'는 도둑을 조심하기 위해 집 문을 닫고 지내는 상황을 나타낸 표현으로 관용어가 아니다.
④ '길을 막다'는 지나가는 사람들의 앞을 막아 길이 통하지 못 하게 함을 나타낸 표현으로 관용어가 아니다.
⑤ '피도 눈물도 없다'는 '조금도 인정이 없다.'라는 의미를 지닌 관용어이다.

16 〈보기〉와 ①의 '살다'는 모두 '본래 가지고 있던 색깔이나 특징 따위가 그대로 있거나 뚜렷이 나타나다.'라는 의미로 쓰였다.

오답 풀이
② '불 따위가 타거나 비치고 있는 상태에 있다.'라는 의미이다.
③ '움직이던 물체가 멈추지 않고 제 기능을 하다.'라는 의미이다.
④ '어느 곳에 거주하거나 거처하다.'라는 의미이다.
⑤ '어떤 사람과 결혼하여 함께 생활하다.'라는 의미이다.

17 '축적'의 사전적 의미는 '지식, 경험, 자금 따위를 모아서 쌓음. 또는 모아서 쌓은 것'이다. '보호하고 간수해서 남김.'은 '보존'의 사전적 의미이다.

18 〈보기〉의 '토대'는 '어떤 사물이나 사업의 밑바탕이 되는 기초와 밑천을 이르는 말'로, '기초, 기틀, 바탕, 발판' 등과 바꿔 쓸 수 있다. '기준'은 '기본이 되는 표준'이라는 의미이므로 '토대'와 바꿔 쓰기에 적절하지 않다.

오답 풀이
② 기초: '사물이나 일 따위의 기본이 되는 것'을 의미한다.
③ 기틀: '어떤 일의 가장 중요한 계기나 조건'을 의미한다.
④ 바탕: '사물이나 현상의 근본을 이루는 것'을 의미한다.
⑤ 발판: '다른 곳으로 진출하기 위하여 이용하는 수단을 이르는 말'을 의미한다.

19 '모으다'는 '한데 합치다.'의 의미이다. 따라서 '모아서 합치다.'의 의미를 지닌 '취합하다'와 바꿔 쓸 수 있다.

오답 풀이
② 융합하다: '다른 종류의 것이 녹아서 서로 구별이 없게 하나로 합하여지다. 또는 다른 종류의 것을 녹여서 서로 구별이 없게 하나로 합하다.'라는 의미이다.
③ 조합하다: '여럿을 한데 모아 한 덩어리로 짜다.'라는 의미이다.
④ 규합하다: '어떤 일을 꾸미려고 세력이나 사람을 모으다.'라는 의미이다.
⑤ 결합하다: '둘 이상의 사물이나 사람이 서로 관계를 맺어 하나가 되다. 또는 그렇게 되게 하다.'라는 의미이다.

20 '맞추다'는 '어떤 기준에 틀리거나 어긋남이 없이 조정하다.'라는 의미로 사용되었다. 따라서 '균형이 맞게 바로잡다. 또는 적당하게 맞추어 나가다.'의 의미를 지닌 '조절하다'와 바꿔 쓸 수 있다.

오답 풀이
② 조성하다: '무엇을 만들어서 이루다.'를 의미한다.
③ 조율하다: '문제를 어떤 대상에 알맞거나 마땅하도록 조절하다.'를 의미한다.
④ 조종하다: '비행기나 선박, 자동차 따위의 기계를 다루어 부리다.'를 의미한다.
⑤ 조치하다: '벌어지는 사태를 잘 살펴서 필요한 대책을 세워 행하다.'를 의미한다.

01 필수 어휘 _사회

step 1 어휘력 학습 ▶ 228~229쪽

01 ②	02 ①	03 ③	04 ⑤	05 ④	06 ①	07 ⑤
08 ③	09 ②	10 ④	11 (1) ② (2) ⑤		12 ⑤	13 ⑥
14 ③	15 ④	16 ⑥	17 (1) ③ (2) ①		18 ⑤	19 ②
20 ④	21 ⑤	22 ③	23 ④	24 ①	25 ②	26 ④
27 ③	28 ⑤	29 ②	30 ①			

step 2 어휘력 체크 ▶ 230쪽

01 공방 02 돌입하다 03 반영하다 04 각인 05 수립하다 06 면하다 07 부상하다 08 대처 09 배상 10 감행 11 간과 12 수습 13 신장 14 감안 15 부실 16 매체 17 권위 18 안일 19 구비 20 결속 21 공제 22 근절 23 수행 24 상존

step 3 어휘력 완성 ▶ 231쪽

01 ② 02 ⑤ 03 ③ 04 ② 05 ② 06 ③

01 〈보기〉의 '공적(公的)'은 '국가나 사회에 관계되는'을 의미하고, ②의 '공적(功績)'은 '노력과 수고를 들여 이루어 낸 일의 결과'를 의미한다.

02 '결속'은 '뜻이 같은 사람끼리 서로 단결함.'을 의미하고 '잇속'은 '이익이 되는 실속'을 의미하므로 바꿔 쓰기에 적절하지 않다.

오답 풀이
① 구비하다: 있어야 할 것을 빠짐없이 다 갖추다.
  갖추다: 있어야 할 것을 가지거나 차리다.
② 근절하다: 다시 살아날 수 없도록 아주 뿌리째 없애 버리다.
  없애다: 어떤 일이나 현상, 증상 따위를 사라지게 하다.
③ 대처하다: 어떤 정세나 사건에 대하여 알맞은 조치를 취하다.
  대응하다: 어떤 일이나 사태에 맞추어 태도나 행동을 취하다.
④ 몰지각하다: 지각이 전혀 없다.
  지각없다: 하는 짓이 어리고 철이 없거나 사물에 대한 분별력이 없다.

03 '무턱대고'는 '잘 헤아려 보지도 아니하고 마구'라는 의미의 부사로, ㉠에 들어갈 말로 적절하다.

오답 풀이
① 면밀하다: 자세하고 빈틈이 없다.

② 모르쇠: 아는 것이나 모르는 것이나 다 모른다고 잡아떼는 것.
④ 반박하다: 어떤 의견, 주장, 논설 따위에 반대하여 말하다.
⑤ 반발하다: 어떤 상태나 행동 따위에 대하여 거스르고 반항하다.

04 ②에서 ㉠의 '면하다'는 '어떤 일을 당하지 않게 되다.'라는 의미이고, ㉡의 '면하다'는 '어떤 상태나 처지에서 벗어나다.'를 의미한다.

05 ②의 '상존(尙存)하다'는 '아직 그대로 존재하다.'를 의미하지만 〈보기〉의 ⓑ는 '상존(常存)하다'의 의미이다.

06 '개설'의 의미는 '설비나 제도 따위를 새로 마련하고 그에 관한 일을 시작함.'이므로 문맥상 ③에 적절하지 않다. ③에는 '머릿속에 새겨 넣듯 깊이 기억됨. 또는 그 기억'을 의미하는 '각인'을 사용하는 것이 적절하다.

02 관용어

step 1 어휘력 학습 ▶ 232~233쪽

01 ⑥	02 ②	03 ①	04 ⑤	05 ③	06 ④	07 ①
08 ③	09 ②	10 ③	11 ①	12 ②	13 ③	14 ④
15 ①	16 ②	17 ②	18 ①	19 ④	20 ③	21 ③
22 ②	23 ④	24 ①				

step 2 어휘력 체크 ▶ 234쪽

01 불똥이 튀다 02 말문이 막히다 03 열을 올리다 04 덜미를 잡히다 05 소매를 걷어붙이다 06 어깨에 짊어지다 07 지지고 볶다 08 파멸 09 이야기 10 아니꼽고 11 재미 12 홀가분 13 뽐내고 14 ㉢ 15 ㉤ 16 ㉣ 17 ㉠ 18 ㉡ 19 처졌다 20 안면을 바꾸고 21 시치미를 떼고 22 어깨를 나란히 할 23 말을 맞추었다 24 명함을 내밀기

step 3 어휘력 완성 ▶ 235쪽

01 ③ 02 ① 03 ② 04 ③ 05 ④ 06 ④

01 ③의 '불똥이 튀다'는 '재앙이나 화가 미치다.'라는 의미의 관용어로 사용되지 않았다. 여기에서 동사 '튀다'는 '어떤 힘을 받아 작은 물체나 액체 방울이 위나 옆으로 세게 흩어지다.'라는 의미로 쓰였다.

02 '말도 못 하다'는 '매우 심하여 말로는 차마 나타내어 설명할 수 없다.'라는 의미의 관용어이다. '말이 입 밖으로 나오지 않게 되다.'를 의미하는 관용어는 '말문이 막히다'이다.

03 〈보기〉에는 여야가 '소상공인의 피해 정도가 크다'는 것을 근거로 삼아 재난 지원금 지급 대상에 대한 생각을 정해 나가고 있는 상황이 제시되어 있다. 이러한 맥락에서 사용하기 적절한 관용어는 '분위기, 상황, 생각 따위를 이치나 논리에 따라 바로잡다.'라는 의미인 '가닥을 잡다'이다.

04 '깨가 쏟아지다'는 '몹시 아기자기하고 재미가 나다.'라는 의미이므로 문맥에 어울리지 않는다. '잘 알고 지내던 사람을 일부러 모른 체하다.'라는 의미의 '안면을 바꾸다'를 사용하는 것이 적절하다.

05 〈보기〉에 제시된 진행자의 말은, 전 재산을 사회에 환원하는 영화배우의 모습을 본보기로 삼아 자산가들이 적은 기부에 만족하지 말고 기부에 대해 더욱 책임감을 느껴야 한다는 의미를 담고 있다. 이러한 맥락에서 사용하기 가장 적절한 관용어는 '의무나 책임, 제약 따위가 중압감을 주다.'라는 의미인 '어깨를 짓누르다'이다.

06 뜻풀이를 참고할 때, ㉠에는 '덜미를 잡히다'를 사용하여 '거짓말을 하다가 덜미를 잡혔다.'라고 하는 것이 적절하다. ㉡에는 '어깨에 짊어지다'를 사용하여 '가장으로서의 책임을 어깨에 짊어지고 살아온 그녀'라고 하는 것이 적절하다.

03 다의어

step 1 **어휘력 학습** ▶ 236~237쪽

01 (1) ③ (2) ① (3) ② (4) ④ **02** (1) ② (2) ① (3) ③ **03** (1) ① (2) ② (3) ③ **04** (1) ③ (2) ① (3) ② **05** (1) ② (2) ① **06** (1) ② (2) ③ (3) ① **07** (1) ③ (2) ② (3) ① **08** (1) ④ (2) ③ (3) ① (4) ② **09** (1) ③ (2) ① (3) ③ (4) ② **10** (1) ② (2) ① **11** (1) ④ (2) ① (3) ③ (4) ② **12** (1) ② (2) ①

step 2 **어휘력 체크** ▶ 238쪽

01 벌어지거나 **02** 강하다 **03** 돌리다 **04** 해결 **05** 기억 **06** ① **07** ① **08** ② **09** ② **10** ② **11** ① **12** ① **13** ② **14** ② **15** ① **16** ①

10 ① 좁다 : 면이나 바닥 따위의 면적이 작다.

11 ② 일어나다 : 어떤 마음이 생기다.

12 ② 찾다 : 현재 주변에 없는 것을 얻거나 사람을 만나려고 여기저기를 뒤지거나 살피다. 또는 그것을 얻거나 그 사람을 만나다.

13 ① 좋다 : 감정 따위가 기쁘고 만족스럽다.

14 ① 지나다 : 시간이 흘러 그 시기에서 벗어나다.

15 ② 풀다 : 마음에 맺혀 있는 것을 해결하여 없애거나 품고 있는 것을 이루다.

16 ② 오르다 : 탈것에 타다.

step 3 **어휘력 완성** ▶ 239쪽

01 ④ **02** ⑤ **03** ⑤ **04** ④ **05** ⑤

01 〈보기〉와 ④의 '일어나다'는 모두 '어떤 일이 생기다.'라는 의미로 사용되었다.

오답 풀이
① '약하거나 희미하던 것이 성하여지다.'라는 의미로 쓰였다.
② '소리가 나다.'라는 의미로 쓰였다.
③ '누웠다가 앉거나 앉았다가 서다.'라는 의미로 쓰였다.
⑤ '어떤 마음이 생기다.'라는 의미로 쓰였다.

02 ⑤의 '크다'는 '사람이나 사물의 외형적 길이, 넓이, 높이, 부피 따위가 보통 정도를 넘다.'를 의미한다.

03 ⑤의 '팔다'는 '옳지 아니한 이득을 얻으려고 양심이나 지조 따위를 저버리다.'라는 의미이고, '매매하다'는 '물건을 팔고 사다.'라는 의미이므로 바꿔 쓰기에 적절하지 않다.

오답 풀이
① 지나다 : 어디를 거치어 가거나 오거나 하다.
  통과하다 : 어떤 곳이나 때를 거쳐서 지나가다.
② 오르다 : 탈것에 타다.
  탑승하다 : 배나 비행기, 차 따위에 올라타다.
③ 좁다 : 마음 쓰는 것이 너그럽지 못하다.
  옹졸하다 : 성품이 너그럽지 못하고 생각이 좁다.
④ 찾다 : 모르는 것을 알아내기 위하여 책 따위를 뒤지거나 컴퓨터

를 검색하다.

검색하다: 책이나 컴퓨터에서, 목적에 따라 필요한 자료들을 찾아내다.

04 ④에서 ㉠의 '하늘'은 '지평선이나 수평선 위로 보이는 무한대의 넓은 공간'을 의미하고 ㉡의 '하늘'은 '하느님'을 달리 이르는 말'이다.

오답 풀이
① 지나다: 시간이 흘러 그 시기에서 벗어나다.
② 좋다: 감정 따위가 기쁘고 만족스럽다.
③ 터지다: 일이 뜻대로 되지 아니하거나 근심, 걱정 따위로 속이나 가슴이 괴롭거나 아파 오다.
⑤ 오르다: 남의 이야깃거리가 되다.

05 ㉤의 '찾다'는 '어떤 사람을 만나거나 어떤 곳을 보러 그와 관련된 장소로 옮겨 가다.'의 의미로 사용되었다.

04 필수 어휘 _사회

step ① **어휘력 학습**　　　　▶ 240~241쪽

01 ②	02 ⑤	03 ③	04 ①	05 ④	06 ①	07 ②
08 ③	09 ④	10 ⑤	11 ⑤	12 ④	13 ①	14 (1)
③ (2) ②	15 ⑥	16 ⑥	17 ②	18 (1) ⑤ (2) ④		19
③	20 ①	21 ①	22 ③	23 ⑤	24 ④	25 ②
26 ⑥	27 ④	28 (1) ③ (2) ①		29 ②	30 ⑤	

step ② **어휘력 체크**　　　　▶ 242쪽

01 파편화　02 제한하다　03 유용하다　04 엄하다　05 이례적　06 적성　07 도움　08 세상　09 습관　10 빈틈　11 수준　12 사회적　13 구름　14 조치　15 유도　16 평온　17 준수　18 정착　19 유인　20 통합　21 항변　22 완화　23 초점　24 예견

step ③ **어휘력 완성**　　　　▶ 243쪽

01 ③　02 ④　03 ③　04 ③　05 ②　06 ①

01 빈칸에 들어갈 말은 '유용(有用)'으로, 이는 '쓸모가 있음.'을 의미한다. '남의 것이나 다른 곳에 쓰기로 되어 있는 것을 다른 데로 돌려씀.'을 의미하는 말은 동음이의어인 '유용(流用)'이다.

02 '운집하다'의 의미는 '많은 사람이 모여들다.'이고, '정렬하다'의 의미는 '가지런하게 줄지어 늘어서다. 또는 그렇게 늘어서게 하다.'이므로 바꿔 쓰기에 적절하지 않다.

오답 풀이
① 유인하다: 주의나 흥미를 일으켜 꾀어내다.
　꾀어내다: 꾀를 쓰거나 유혹하여 있던 곳에서 어느 곳으로 나오게 하다.
② 제한하다: 일정한 한도를 정하거나 그 한도를 넘지 못하게 막다.
　통제하다: 일정한 방침이나 목적에 따라 행위를 제한하거나 제약하다.
③ 정착하다: 일정한 곳에 자리를 잡아 붙박이로 있거나 머물러 살다.
　주저앉다: 일정한 곳에 그대로 자리 잡고 살다.
⑤ 이바지하다: 도움이 되게 하다.
　기여하다: 도움이 되도록 이바지하다.

03 ㉮와 ㉯에 공통으로 들어갈 어휘는 '어떤 일을 당하여 감정, 충동 따위가 일어남. 또는 그렇게 되게 함.'을 의미하는 '촉발'이다.

04 〈보기〉의 (c)를 의미하는 말은 '폐쇄하다'이다. ③의 '통합하다'는 '둘 이상의 조직이나 기구 따위를 하나로 합치다.'를 의미한다.

05 '촉발하다'의 의미는 '어떤 일을 당하여 감정, 충동 따위가 일어나다. 또는 그렇게 되게 하다.'로, 문맥상 ②에 어울리지 않는다. ②에는 '널리 찾아서 얻거나 캐거나 잡아 모으다.'라는 의미인 '채집하다'를 사용할 수 있다.

06 ㉠에 들어갈 말은 '어떤 일이나 행동이 잘못되지 아니하도록 주의가 철저하다.'를 의미하는 '엄하다'이고, ㉡에 들어갈 말은 '낡고 헐어서 보잘것없다.'를 의미하는 '허술하다'이다.

오답 풀이
② 완화하다: 긴장된 상태나 급박한 것을 느슨하게 하다.
　유용하다: 쓸모가 있다.
③ 월등하다: 다른 것과 견주어서 수준이 정도 이상으로 뛰어나다.
　준수하다: 재주와 슬기, 풍채가 빼어나다.
④ 일탈하다: (1) 정하여진 영역 또는 본디의 목적이나 길, 사상, 규범, 조직 따위로부터 빠져 벗어나다. (2) 사회적인 규범으로부터 벗어나다.
　평온하다: 조용하고 평안하다.
⑤ 제한하다: 일정한 한도를 정하거나 그 한도를 넘지 못하게 막다.
　적정하다: 정도가 알맞고 바르다.

05 속담

▶ 244~245쪽

step ① **어휘력** 학습

01 ①	02 ③	03 ②	04 ②	05 ⑥	06 ⑤	07 ①
08 ④	09 ⑦	10 ③	11 ①	12 ②	13 ③	14 ④
15 ②	16 ①	17 ③	18 (1) ③ (2) ①	19 ④	20 ②	

step ② **어휘력** 체크

▶ 246쪽

01 멍석 펴 02 땅을 사면 03 아니 땐 굴뚝 04 돛을 단
05 가까운 이웃 06 일 07 허약 08 배반 09 임기응변
10 구원 11 ⓑ 12 ㉠ 13 ㉣ 14 ㉢ 15 ㉡ 16 소
금 먹은 놈이 물켠다 17 백지장도 맞들면 낫듯이 18 누울 자
리 봐 가며 발을 뻗으라 19 뛰는 놈 위에 나는 놈 있다 20 고
기도 먹어 본 사람이 많이 먹는다

step ③ **어휘력** 완성

▶ 247쪽

01 ④	02 ①	03 ①	04 ②	05 ⑤	06 ④

01 '뛰는 놈 위에 나는 놈 있다'는 '아무리 재주가 뛰어나다 하더라도 그보다 더 뛰어난 사람이 있다는 뜻으로, 스스로 뽐내는 사람을 경계하여 이르는 말'이다. '뛰면 벼룩이요 날면 파리'는 '벼룩과 파리가 가장 귀찮고 미운 존재이듯, 제 뜻에 맞지 않는 자는 무슨 짓을 하나 밉게만 보인다는 말'이므로 의미가 유사하지 않다.

02 '백지장도 맞들면 낫다'는 '쉬운 일이라도 협력하여 하면 훨씬 쉽다는 말'로 협력하면 일이 더 순조로워질 수 있다는 상황에 어울린다. '어떤 일을 하기가 매우 쉬움.'을 의미하는 속담으로는 '땅 짚고 헤엄치기', '누워서 떡 먹기' 등이 있다.

03 '병 주고 약 준다'는 '남을 해치고 나서 약을 주며 그를 구원하는 체한다는 뜻으로, 교활하고 음흉한 자의 행동을 이르는 말'을 의미한다. '임농탈경(臨農奪耕)'은 '(1) 농사지을 시기에 이르러 경작자를 바꿈. (2) 남이 이미 다 마련하여 놓은 것을 가로채는 일을 이름.'을 의미하는 말로, 애써 준비한 일을 못하게 빼앗거나 가로채는 일을 이르는 말이다. 따라서 서로 의미가 통한다고 보기 어렵다.

오답 풀이
② 믿는 도끼에 발등 찍힌다: 잘되리라고 믿고 있던 일이 어긋나거

나 믿고 있던 사람이 배반하여 오히려 해를 입음을 이르는 말.
지부작족(知斧斫足): (1) 잘 되려니 믿고 있던 일로부터 뜻밖의 재난을 받는다는 말. (2) 믿고 있던 사람에게서 도리어 배신을 당함.
③ 땅 짚고 헤엄치기: 일이 매우 쉽다는 말.
이여반장(易如反掌): 어떤 일을 함에 있어, 손바닥을 뒤집는 것보다 더 쉽다는 말.
④ 손바닥으로 하늘 가리기: 손바닥으로 넓은 하늘을 가린다는 뜻으로, 불리한 상황에 대하여 임기응변식으로 대처함을 이르는 말.
이장폐천(以掌蔽天): 손바닥으로 하늘을 가린다는 뜻으로, 얕은 수로 잘못을 숨기려고 해도 숨길 수 없음을 이름.
⑤ 먼 사촌보다 가까운 이웃이 낫다: 이웃끼리 서로 친하게 지내다 보면 먼 곳에 있는 일가보다 더 친하게 되어 서로 도우며 살게 된다는 것을 이르는 말.
원족근린(遠族近鄰): 먼 친척보다 이웃이 낫다는 말.

04 일이 뜻한 바대로 순조로이 진행됨을 이르는 속담은 '순풍에 돛을 단 배'이다.

05 〈보기〉는 어려서부터 경제관념이 없이 자란 사람은 경제 문맹이 될 수 있음을 말하고 있다. 따라서 ⓐ에는 '어릴 때 몸에 밴 버릇은 늙어 죽을 때까지 고치기 힘들다는 뜻으로, 어릴 때부터 나쁜 버릇이 들지 않도록 잘 가르쳐야 함을 이르는 말'인 '세 살 적 버릇이 여든까지 간다'가 들어가는 것이 적절하다.

06 〈보기〉의 밑줄 친 부분에서는 상대가 자기에게 해를 끼치지 않았음에도 훌륭한 면을 가지고 있거나 잘되고 있다는 이유만으로 상대에게 적대감을 품는 성향에 대해 설명하고 있다. '사촌이 땅을 사면 배가 아프다'는 '남이 잘되는 것을 기뻐해 주지는 않고 오히려 질투하고 시기하는 경우를 이르는 말'로, 〈보기〉의 밑줄 친 부분을 나타낸 속담으로 적절하다.

06 동음이의어

step ① **어휘력** 학습

▶ 248~249쪽

01 ⑦	02 ⑥	03 ①	04 (1) ③ (2) ④	05 (1) ② (2) ⑤
06 (1) ④ (2) ③	07 (1) ② (2) ①	08 ①	09 ④	10 ②
11 ⑤	12 ③	13 ③	14 ②	15 (1) ① (2) ④	16 ⑤
17 (1) ① (2) ②	18 ③	19 (1) ③ (2) ⑤	20 ⑥	21 ④
22 (1) ② (2) ①	23 ④	24 (1) ③ (2) ②		

step ② 어휘력 체크

01 짙어서	02 왕성하여	03 모자라거나	04 합한
05 ②	06 ①	07 ②	08 ①	09 ①	10 ②	11 ②
12 ②	13 ①	14 ②	15 ①	16 ②

09 ② 부르다: 먹은 것이 많아 속이 꽉 찬 느낌이 들다.

10 ① 싸다: 물건을 안에 넣고 보이지 않게 씌워 가리거나 둘러 말다.

11 ① 짙다: 재물 따위가 넉넉하게 남다.

12 ① 일다: 곡식이나 사금 따위를 그릇에 담아 물을 붓고 이리저리 흔들어서 쓸 것과 못 쓸 것을 가려내다.

13 ② 배: 사람이나 동물의 몸에서 위장, 창자, 콩팥 따위의 내장이 들어 있는 곳으로 가슴과 엉덩이 사이의 부위.

14 ① 지다: 해나 달이 서쪽으로 넘어가다.

15 ② 싸다: 들은 말 따위를 진중하게 간직하지 아니하고 잘 떠벌리다.

16 ① 부치다: 논밭을 이용하여 농사를 짓다.

step ③ 어휘력 완성

▶ 251쪽

01 ③	02 ②	03 ①	04 ②	05 ⑤	06 ①

01 ⓓ는 〈보기〉의 '배 04 - 「2」'의 의미로 쓰였다.

02 ②의 '부치다'는 '어떤 일을 거론하거나 문제 삼지 아니하는 상태에 있게 하다.'를 의미하는데, '송부하다'는 '편지나 물품 따위를 부치어 보내다.'라는 의미이므로 바꿔 쓰기에 적절하지 않다.

오답 풀이
① 부치다: 논밭을 이용하여 농사를 짓다.
　경작하다: 땅을 갈아서 농사를 짓다.
③ 부르다: 어떤 행동이나 말이 관련된 다른 일이나 상황을 초래하다.
　초래하다: 일의 결과로서 어떤 현상을 생겨나게 하다.
④ 부치다: 편지나 물건 따위를 일정한 수단이나 방법을 써서 상대에게로 보내다.
　발송하다: 물건, 편지, 서류 따위를 우편이나 운송 수단을 이용하여 보내다.
⑤ 부르다: 청하여 오게 하다.
　초대하다: 사람을 불러 대접하다.

03 ①의 '싸다'는 '불기운이 세다.'라는 의미이다.

04 ②의 (ㄱ)에서 사용된 '짙다'는 '드러나는 기미, 경향, 느낌 따위가 보통 정도보다 뚜렷하다.'를 의미하지만 (ㄴ)에서는 '그림자나 어둠 같은 것이 아주 뚜렷하거나 빛깔에 아주 검은색이 있다.'를 의미한다.

오답 풀이
① 부르다: 먹은 것이 많아 속이 꽉 찬 느낌이 들다.
③ 일다: 없던 현상이 생기다.
④ 짙다: 빛깔을 나타내는 물질이 많이 들어 있어 보통 정도보다 빛깔이 강하다.
⑤ 부르다: 청하여 오게 하다.

05 〈보기〉의 ⓐ와 ⑤의 '지다'는 모두 '내기나 시합, 싸움 따위에서 재주나 힘을 겨루어 상대에게 꺾이다.'라는 의미로 쓰였다.

06 ①에서 '싸다'는 '어떤 물건을 다른 곳으로 옮기기 좋게 상자나 가방 따위에 넣거나 종이나 천, 끈 따위를 이용해서 꾸리다.'라는 의미이다.

07 필수 어휘 _경제

step ① 어휘력 학습

▶ 252~253쪽

01 ④	02 ②	03 ⑤	04 ①	05 ③	06 ④	07 ②
08 ⑥	09 ⑤	10 (1) ① (2) ③	11 ②	12 ⑤	13 ④
14 ③	15 ①	16 ③	17 ①	18 ⑤	19 ④	20 ②
21 ②	22 ⑤	23 (1) ⑥ (2) ③	24 ①	25 ④	26 ⑤
27 ④	28 ②	29 ①	30 ③

step ② 어휘력 체크

▶ 254쪽

07 돌려　08 분수　09 거리낌　10 엄격　11 세력　12 돈　13 일상적　14 대물림　15 감면　16 부양　17 상응　18 말미암아　19 반려　20 설정　21 기초　22 부과　23 고심　24 사칭

step ③ 어휘력 완성

▶ 255쪽

| 01 ② | 02 ② | 03 ③ | 04 ⑤ | 05 ⑤ | 06 ⑤ |

01 '상환(償還)'은 '갚거나 돌려줌.'을 의미한다. '서로 맞바꿈.'을 의미하는 어휘는 '상환(相換)'이다.

02 '설정하다'는 '새로 만들어 정해 두다.'라는 의미이고, '상정하다'는 '토의할 안건을 회의 석상에 내어놓다.', '어떤 정황을 가정적으로 생각하여 단정하다.' 등의 의미를 지니므로 바꿔 쓰기에 적절하지 않다.

오답 풀이
① 밑돌다: 어떤 기준이 되는 수량에 미치지 못하다.
　하회하다: 어떤 기준보다 밑돌다.
③ 각출하다: 같은 목적을 위하여 여러 사람이 돈을 나누어 내다.
　추렴하다: 모임이나 놀이 또는 잔치 따위의 비용으로 여럿이 각각 얼마씩의 돈을 내어 거두다.
④ 말미암다: 어떤 현상이나 사물 따위가 원인이나 이유가 되다.
　인하다: 어떤 사실로 말미암다.
⑤ 기거하다: 일정한 곳에서 먹고 자고 하는 따위의 일상적인 생활을 하다.
　거처하다: 일정하게 자리를 잡고 살다.

03 '규합하다'의 의미는 '어떤 일을 꾸미려고 세력이나 사람을 모으다.'이므로 문맥상 ③에 어울리지 않는다. ③은 양국의 무역 협상이 아무 진전 없는 상태에 머물러 있음을 나타내므로 '어떤 상태가 굳어 조금도 변동이나 진전이 없이 머물다.'라는 의미의 '교착하다'가 어울린다.

04 ⑤의 '냉엄하다'는 '일이나 상황이 조금도 빈틈없이 엄격하다.'를 의미한다.

05 ㉠에 들어갈 말은 '어떤 현상이나 사물 따위가 원인이나 이유가 되다.'를 의미하는 '말미암다'이고, ㉡에 들어갈 말은 '사물이나 가업 따위를 후대의 자손에게 남겨 주어 자손이 그것을 이어 나감. 또는 그런 물건'을 의미하는 '대물림'이다.

06 〈보기〉 ⓔ와 ⑤의 '고갈되다'는 모두 '어떤 일의 바탕이 되는 돈이나 물자, 소재, 인력 따위가 다하여 없어지다.'라는 의미로 사용되었다.

오답 풀이
① 〈보기〉 ⓐ와 ①의 '부양하다'는 동음이의어이다. 〈보기〉에서는 '생활 능력이 없는 사람의 생활을 돌보다.'라는 의미로 쓰였고 ①에서는 '가라앉은 것이 떠오르다. 또는 가라앉은 것을 떠오르게 하다.'라는 의미로 쓰였다.
② 〈보기〉 ⓑ와 ②의 '선임'은 동음이의어이다. 〈보기〉에서는 '여러 사람 가운데서 어떤 직무나 임무를 맡을 사람을 골라냄.'이라는 의미로 쓰였고 ②에서는 '어떤 임무나 직무 따위를 먼저 맡음.'

이라는 의미로 쓰였다.
③ 〈보기〉 ⓒ와 ③의 '농성'은 다의어이다. 〈보기〉에서는 '어떤 목적을 이루기 위하여 한자리를 떠나지 않고 시위함.'이라는 의미로 쓰였고 ③에서는 '적에게 둘러싸여 성문을 굳게 닫고 성을 지킴.'이라는 의미로 쓰였다.
④ 〈보기〉 ⓓ와 ④의 '기초하다'는 동음이의어이다. 〈보기〉에서는 '근거를 두다.'라는 의미로 쓰였고 ④에서는 '글의 초안을 잡다.'라는 의미로 쓰였다.

08 한자 성어

step ① 어휘력 학습

▶ 256~257쪽

01 ③	02 ②	03 ④	04 ①	05 ②	06 ①	07 ③
08 ②	09 ①	10 ③	11 ④	12 ⑤	13 ①	14 ②
15 ③	16 ④	17 ②	18 ①	19 ⑤	20 ③	

step ② 어휘력 체크

▶ 258쪽

01 ~ 04

03 등	검	인	견	01 양	배
하	발	망	연	자	실
02 불	문	가	지	택	등
명	견	04 건	곤	일	척
부	지	불	식	소	불
초	미	지	급	화	명

05 정신　　06 방해　　07 모기　　08 사흘　　09 기회
10 화룡점정　11 기호지세　12 청천벽력　13 후회막급
14 문일지십　15 과유불급　16 선견지명　17 교각살우
18 목불인견

step ③ 어휘력 완성

▶ 259쪽

| 01 ⑤ | 02 ⑤ | 03 ② | 04 ④ | 05 ① | 06 ③ |

01 〈보기〉는 정도에 지나친 마음이나 행동이 화근을 깊게 한다는 점을 말하며 세속적 욕망에 대한 경계를 나타내고 있다. 이는 정도를 지나침은 미치지 못함과 같다는 뜻으로, 중용이 중요함을 이르는 '과유불급(過猶不及)'과 관련이 깊다.

02 '선견지명(先見之明)'은 '어떤 일이 일어나기 전에 미리 앞을 내다보고 아는 지혜'를 의미하고 '호미로 막을 것을 가래로 막는다'는 '적은 힘으로 충분히 처리할 수 있는 일에 쓸데없이 많은 힘을 들이는 경우를 이르는 말'이다. 따라서 의미가 부합하지 않는다.

오답 풀이

① 등하불명(燈下不明): 등잔 밑이 어둡다는 뜻으로, 가까이에 있는 물건이나 사람을 잘 찾지 못함을 이름.
등잔 밑이 어둡다: 대상에서 가까이 있는 사람이 도리어 대상에 대하여 잘 알기 어렵다는 말.

② 계란유골(鷄卵有骨): 달걀에도 뼈가 있다는 뜻으로, 운수가 나쁜 사람은 모처럼 좋은 기회를 만나도 역시 일이 잘 안됨을 이름.
달걀에도 뼈가 있다: 늘 일이 잘 안되던 사람이 모처럼 좋은 기회를 만났건만, 그 일마저 역시 잘 안됨을 이르는 말.

③ 문일지십(聞一知十): 하나를 듣고 열 가지를 미루어 안다는 뜻으로, 지극히 총명함을 이름.
하나를 듣고 열을 안다: 한마디 말을 듣고도 여러 가지 사실을 미루어 알아낼 정도로 매우 총기가 있다는 말.

④ 오비이락(烏飛梨落): 까마귀 날자 배 떨어진다는 뜻으로, 아무 관계도 없이 한 일이 공교롭게도 때가 같아 억울하게 의심을 받거나 난처한 위치에 서게 됨을 이름.
까마귀 날자 배 떨어진다: 아무 관계 없이 한 일이 공교롭게도 때가 같아 어떤 관계가 있는 것처럼 의심을 받게 됨을 이르는 말.

03 '화룡점정(畫龍點睛)'은 '무슨 일을 하는 데에 가장 중요한 부분을 완성함을 이름.'을 의미하는 한자 성어로, 〈보기〉의 이야기에서 유래하였다.

04 '호사다마(好事多魔)'는 '좋은 일에는 흔히 방해되는 일이 많음. 또는 그런 일이 많이 생김.'을 의미하는 한자 성어이다. 금연을 하겠다는 결심이 얼마 가지 못한 상황에는 '단단히 먹은 마음이 사흘을 가지 못한다는 뜻으로, 결심이 굳지 못함을 이름.'을 의미하는 '작심삼일(作心三日)'을 사용하는 것이 적절하다.

05 〈보기〉의 소선은 충격적인 상황을 맞닥뜨려 '벼락이 머리 위에 떨어지는 듯하고, 칼날이 가슴을 에어 내듯' 하며 '당황스럽기 그지없어' 하고 있다. 이에 부합하는 것은 맑게 갠 하늘에서 치는 날벼락이라는 뜻으로, 뜻밖에 일어난 큰 변고나 사건을 이르는 한자 성어인 '청천벽력(靑天霹靂)'이다.

06 '기호지세(騎虎之勢)'는 '호랑이를 타고 달리는 형세라는 뜻으로, 이미 시작한 일을 중도에서 그만둘 수 없는 경우를 이름.'을 의미하는 한자 성어로, 〈보기〉의 이야기에서 유래하였다.

---

09 헷갈리는 어휘 _ 잘못 쓰기 쉬운 말

step ① 어휘력 학습 ▶ 260~261쪽

> **01** 간질이다 **02** 깡충깡충 **03** 남녘 **04** 넝쿨 **05** 눈곱 **06** 비비면 **07** 설거지 **08** 설렘 **09** 수꿩 **10** 우레 **11** 웬일 **12** 통째 **13** 하마터면 **14** 날아가고 **15** 오랜만 **16** 생각건대 **17** 익숙지 **18** 서슴지 **19** 널찍한 **20** 며칠 **21** 백분율 **22** 성공률

step ② 어휘력 체크 ▶ 262쪽

> **01** 오랜만 **02** 설거지 **03** 설렘 **04** 간질이다 **05** 눈곱 **06** × **07** ○ **08** ○ **09** ○ **10** × **11** 서슴지 **12** 넝쿨 **13** 비비며 **14** 하마터면 **15** 백분율 **16** 우레 **17** 생각건대 **18** 며칠 **19** 성공률 **20** 웬일 **21** 널찍하게 **22** 통째

step ③ 어휘력 완성 ▶ 263쪽

> **01** ⑤ **02** ③ **03** ③ **04** ② **05** ② **06** ②

01 '날아가다'에 'ㄹ'을 덧붙여 발음하거나 표기하는 것은 잘못된 것 즉 '날라가다'는 표준어가 아니므로, ㉢은 '날아간'이 올바른 표기이다.

02 〈표준어 규정〉 제7항에 따르면 수컷을 이르는 접두사는 '수-'로 통일하는데, 다만 예외적으로 '숫양, 숫염소, 숫쥐'의 접두사는 '숫-'으로 한다.

오답 풀이

① '간질거리다', '깐족거리다'로 쓰일 수 있으므로 원형을 밝혀 '간질이다'와 '깐족이다'라고 적는다.

② 거센소리를 가진 형태인 '녘', '끄나풀'이 표준어이다.

④ '깡총깡총', '보통이'가 아니라 음성 모음 형태인 '깡충깡충', '보통이'가 표준어이다.

⑤ '넝쿨'과 '덩굴'만 표준어로 인정하고 '덩쿨'은 표준어로 인정하지 않는다.

03 〈보기〉에서의 '한 단어'는 '한 형태소로 이루어진 단어'를 의미한다. '눈곱'과 '발바닥'은 복합어이므로 이 조항의 적용을 받지 않는다.

오답 풀이

① '어찌'는 한 단어로 두 모음 사이에서 나는 된소리이고 '몽땅'은 한 단어로 'ㅇ' 받침 뒤에서 나는 된소리이다.

② '소쩍새'와 '가끔'은 한 단어로 두 모음 사이에서 나는 된소리이다.

④ '거꾸로'와 '이따금'은 한 단어로 두 모음 사이에서 나는 된소리이다.

⑤ '산뜻하다'는 한 단어로 'ㄴ' 받침 뒤에서 나는 된소리이고 '움찔'은 한 단어로 'ㅁ' 받침 뒤에서 나는 된소리이다.

04 '서슴다'의 올바른 활용형은 '서슴지'이다.

05 '률/율(率)'은 모음이나 'ㄴ' 받침 뒤에서는 '율'로 적지만, 그 외의 받침 뒤에서는 '성공률, 합격률'과 같이 '률'로 적는다.

오답 풀이
① 한자음 '녀', '닉'이 단어 첫머리에 왔으므로 두음 법칙에 따라 '연세', '익명'으로 적는다.
③ '률'이 모음이나 'ㄴ' 받침 뒤에 이어지므로 '실패율', '백분율'이라고 적는다.
④ '널찍하다'는 '넓다'의 어간 '넓-', '말끔하다'는 '맑다'의 어간 '맑-'에 접미사가 붙어서 된 말이지만, 겹받침의 끝소리가 드러나지 않으므로 소리대로 적는다.
⑤ '꺾꽂이'는 둘 이상의 단어가 어울리거나 접두사가 붙어서 이루어진 말은 각각 그 원형을 밝혀 적는다는 규정에 따라 '꺾곶이'나 '꺾꼬지'로 적지 않고 '꺾꽂이'로 적는다. '며칠'은 어원이 분명하지 않은 것은 원형을 밝혀 적지 않는다는 규정에 따라 '몇일'로 적지 않고 '며칠'로 적는다.

06 '며칠'은 어원이 분명하지 않은 말로, '몇'과 '일'의 결합으로 보지 않고 소리 나는 대로 적는다.

10 필수 어휘 _경제

step ① **어휘력 학습** ▶ 264~265쪽

01 ⑤	02 ⑥	03 ①	04 ②	05 (1) ④ (2) ③		06 ③
07 ①	08 ④	09 ⑤	10 ②	11 ②	12 ⑤	13 ①
14 ③	15 ④	16 ②	17 ①	18 ③	19 ④	20 ⑤
21 ②	22 ①	23 ⑤	24 ③	25 ④	26 ④	27 ⑥
28 ②	29 ①	30 (1) ⑤ (2) ③				

step ② **어휘력 체크** ▶ 266쪽

01 혹독	02 마음	03 간직	04 짐작	05 경제	06 외부
07 대립	08 ⓛ	09 ⓒ	10 ⓗ	11 ⓔ	12 ⓒ
13 ⓘ	14 정체	15 허점	16 수단	17 체결	18 침체
19 충동	20 한정	21 요긴	22 윤택	23 수월	24 조달

step ③ **어휘력 완성** ▶ 267쪽

01 ③	02 ③	03 ⑤	04 ⑤	05 ⑤	06 ①

01 〈보기〉의 '전망'은 '넓고 먼 곳을 멀리 바라봄. 또는 멀리 내다보이는 경치'를 의미하고 ③의 '전망'은 '앞날을 헤아려 내다봄. 또는 내다보이는 장래의 상황'을 의미한다.

02 문맥상 ⓐ에는 '자금이나 물자 따위를 대어 줌.'을 의미하는 '조달'이 들어가는 것이 적절하고, ⓑ에는 '나라, 공공 단체, 지주 등이 돈, 곡식, 물품 따위를 거두어들임.'을 의미하는 '징수'가 들어가는 것이 적절하다.

03 '정체되다'의 의미는 '사물이 발전되거나 나아가지 못하고 한자리에 머물러 그치게 되다.'이다. 문맥상 ⑤는 기하학적 도형들이 정밀하게 조합되었다는 뜻이므로 '정성이 들어가 정밀하게 잘 만들어지다.'라는 의미를 지닌 '정제되다'를 사용하는 것이 적절하다.

04 〈보기〉의 ⓜ에 들어갈 '윤택'의 의미는 '살림이 풍부함.'이다.

05 ⓐ에 들어갈 말은 '꼭 필요하고 중요하다.'라는 의미를 지닌 '요긴하다'이고, ⓛ에 들어갈 말은 '물건값을 받을 값보다 더 많이 부르는 일. 또는 그 물건값' 또는 '값을 깎는 일'을 의미하는 '에누리'이다.

06 '희박하다'는 '어떤 일이 이루어질 가능성이 적다.'를 의미하고, '희한하다'는 '매우 드물거나 신기하다.'를 의미하므로 바꿔 쓰기에 적절하지 않다. '적다', 또는 '낮다'로 바꿔 쓸 수 있다.

오답 풀이
② 수월하다: 까다롭거나 힘들지 않아 하기가 쉽다.
　쉽다: 하기가 까다롭거나 힘들지 않다.
③ 숱하다: 아주 많다.
　많다: 수효나 분량, 정도 따위가 일정한 기준 이상이다.
④ 어림잡다: 대강 짐작으로 헤아려 보다.
　겉잡다: 겉으로 보고 대강 짐작하여 헤아리다.
⑤ 작심하다: 마음을 단단히 먹다.
　결심하다: 할 일에 대하여 어떻게 하기로 마음을 굳게 정하다.

11 개념어_문법

step 2 **어휘력** 체크 ▶ 270쪽

01 ✕ 02 ◯ 03 ◯ 04 ✕ 05 ✕ 06 ◯ 07 ✕
08 ◯ 09 ◯ 10 ◯ 11 ⒜ 12 ⒟ 13 ⒥ 14 ⒢
15 ㉠ 16 ㉺ 17 ㉡ 18 ㉢ 19 ㉣ 20 ㉤ 21 하늘, 구름, 잔뜩 22 을, 보-, -니, 먹-, 이, 까-, -었-, -다 23 하늘, 보-, 구름, 잔뜩, 까- 24 을, -니, 먹-, 이, -었-, -다

step 3 **어휘력** 완성 ▶ 271쪽

01 ① 02 ④ 03 ⑤ 04 ⑤

01 '입는'은 받침 'ㅂ'이 비음인 'ㄴ'의 영향을 받아 [ㅁ]으로 비음화되어 [임는]으로 발음된다. 표에서 알 수 있듯이 'ㅂ'과 'ㅁ'은 모두 다 입술소리로 조음 위치가 같으나, 'ㅂ'은 파열음이고 'ㅁ'은 비음으로 조음 방법은 서로 다르다. 따라서 '입는'이 [임는]으로 발음되는 것은 앞 자음 'ㅂ'의 조음 방법이 바뀐 것이라고 설명할 수 있다.

02 고모음은 입을 조금 열고 혀의 높이를 높여서 발음하며, 중모음은 입을 보통으로 열고 혀의 높이를 중간으로 하여 발음한다. 그리고 저모음은 입을 크게 벌리고 혀의 높이를 가장 낮추어서 발음한다. 'ㅔ'는 중모음이고 'ㅐ'는 저모음이므로, 'ㅐ'를 발음할 때는 'ㅔ'에 비해 입을 크게 벌리고 혀의 높이를 낮추어서 발음해야 한다.

오답 풀이
① 'ㅔ'와 'ㅐ'는 모두 평순 모음이므로 둘 다 발음할 때 입술을 동그랗게 오므리지 않는다.
② 'ㅔ'와 'ㅐ'는 모두 전설 모음이므로 둘 다 발음할 때 혀의 최고점이 앞쪽에 위치한다.
③ 'ㅔ'와 'ㅐ'는 모두 단모음이므로 둘 다 발음 도중에 입술 모양이나 혀의 위치가 바뀌지 않는다.
⑤ 'ㅔ'와 'ㅐ'는 모두 평순 모음이자 전설 모음이므로 둘 다 발음할 때 입술을 평평하게 하고 혀의 최고점이 앞쪽에 위치한다.

03 음절의 끝소리 규칙은 음절의 끝에서 'ㄱ, ㄴ, ㄷ, ㄹ, ㅁ, ㅂ, ㅇ'의 7개 자음 중 하나로만 발음되는 현상으로 '교체'에 해당한다. '꽃'의 받침 'ㅊ'이 [ㄷ]으로 바뀌어 [꼳]으로 발음되는 것은 음절의 끝소리 규칙이 적용된 예이다.

오답 풀이
① '국물'은 'ㄱ'이 뒤에 오는 비음 'ㅁ'의 영향을 받아 비음 [ㅇ]으로 바뀌어 [궁물]로 발음된다. 이러한 비음화는 음운 변동의 유형 중 '교체'에 해당한다.

② '굳이'는 받침 'ㄷ'이 모음 'ㅣ'로 시작하는 형식 형태소를 만나 경구개음인 [ㅈ]으로 바뀌어 [구지]로 발음된다. 이러한 구개음화는 음운 변동의 유형 중 '교체'에 해당한다.
③ '약밥'은 'ㄱ' 뒤에 오는 예사소리 'ㅂ'이 된소리로 바뀌어 [약빱]으로 발음된다. 이러한 된소리되기는 음운 변동의 유형 중 '교체'에 해당한다.
④ '놓지'는 'ㅎ'이 예사소리 'ㅈ'과 결합해 거센소리 'ㅊ'으로 줄어들어 [노치]로 발음된다. 이러한 거센소리되기는 음운 변동의 유형 중 '축약'에 해당한다.

04 (가)는 '교체' 현상인 음절의 끝소리 규칙에 대한 설명이고, (나)는 '탈락' 현상인 자음군 단순화에 대한 설명이다. '읊고'는 [읇고] → [읍고] → [읍꼬]와 같이 음운 변동이 일어난다. 먼저 겹받침 'ㄼ' 중 'ㄹ'이 탈락하여 [읇고]가 되는데, 이는 (나)에 해당하는 음운 변동이다. 음절의 끝에 오는 [ㅍ]은 [ㅂ]으로 바뀌어 [읍고]가 되는데, 이는 (가)에 해당하는 음운 변동이다. [읍고]는 된소리되기 현상에 따라 [읍꼬]로 발음된다.

오답 풀이
① '꽂힌'은 'ㅈ'과 'ㅎ'이 만나 거센소리인 [ㅊ]으로 줄어들어 [꼬친]으로 발음된다. 이는 거센소리되기 현상으로 '축약'에 해당한다.
② '몫이'는 '몫'에 모음으로 시작하는 형식 형태소 '이'가 결합하므로, 음절의 끝소리가 탈락하지 않고 다음 음절의 첫소리로 이어져 [목시]가 된다. 그리고 'ㄱ' 뒤에서 예사소리 'ㅅ'이 된소리로 바뀌어 [목씨]로 발음된다. 이러한 된소리되기 현상은 '교체'에 해당한다.
③ '비옷'은 받침 'ㅅ'이 [ㄷ]으로 바뀌어 [비옫]으로 발음되는데, 이는 음절의 끝소리 규칙에 따른 것으로 (가)에 해당하는 음운 변동이다.
④ '않고'는 'ㅎ'과 'ㄱ'이 만나 거센소리인 [ㅋ]으로 줄어들어 [안코]로 발음된다. 이는 거센소리되기 현상으로 '축약'에 해당한다.

12 배경지식 용어_사회·경제

step 2 **어휘력** 체크 ▶ 274쪽

01 형사 소송 02 재화 03 능력 04 재정 정책 05 편익
06 민사 소송 07 구축 효과 08 ◯ 09 ✕ 10 ✕ 11 ✕
12 ◯ 13 ◯ 14 ◯ 15 특허권 16 조세, 조세 17 효용, 효용 18 국민 참여 재판

09 잉여는 제품을 소비하거나 판매함으로써 소비자와 생산자가 얻는 이득이다.

10 가격 탄력성은 상품의 가격이 달라질 때 그 수요량이나 공급량이 변화하는 정도를 말한다. 가격 변동의 여건이 되었는데도 변동이 일어나지 않는 성질을 의미하는 것

은 가격 경직성이다.

11 배심원은 판결에 필요한 사실 관계 및 법률관계를 조사하거나 재판에 참여할 수 있다.

step ③ 어휘력 완성 ▶ 275쪽

01 ⑤   02 ①   03 ①

01 디지털세는 이를 도입한 국가에서 ICT 다국적 기업이 거둔 수입에 대해 부과되는 세금이라고 하였다. 따라서 디지털세는 도입된 국가에서 ICT 다국적 기업이 거둔 수입에 부과된다는 이해는 적절하다.

오답 풀이

① 지식 재산 보호 문제와 더불어 최근에는 ICT 다국적 기업이 지식 재산으로 거두는 수입에 대한 과세 문제가 불거지고 있다고 하였고 디지털세는 이를 도입한 국가에서 ICT 다국적 기업이 거둔 수입에 대해 부과되는 세금이라고 하였다. 디지털세가 지식 재산 보호를 강화할 수 있는 수단임을 나타낸 부분은 없다.

② 법인세는 재화나 서비스의 판매 등을 통해 거둔 수입에서 제반 비용을 제외하고 남은 이윤에 대해 부과하는 세금이라고 하였다. 따라서 이윤에서 제반 비용을 제외한 금액에 부과된다는 것은 법인세에 대한 설명이다.

③ ICT 다국적 기업의 본사를 많이 보유한 국가 중 어떤 국가들은 ICT 다국적 기업의 활동이 해당 산업에서 자국이 주도권을 유지하는 데 중요하기 때문에라도 디지털세 도입에는 방어적이라고 하였다.

④ 많은 ICT 다국적 기업이 법인세율이 현저하게 낮은 국가에 자회사를 설립하고 그 자회사에 이윤을 몰아주는 방식으로 법인세를 회피한다는 비판이 있어 왔다며, 이에 대해 예를 들어 설명하였다. 따라서 여러 국가에 자회사를 설립하는 방식으로 줄일 수 있는 것은 디지털세가 아닌 법인세이다.

02 경기 침체 시에 기준 금리를 인하하여 시중에 유동성을 충분히 공급하더라도, 증가한 유동성이 기대만큼 소비나 투자로 이어지지 않으면 경기가 활성화되지 않는다. 이 경우 충분한 유동성이 경기 회복으로 이어지지 못해 경기 침체가 지속되는데, 이를 유동성 함정이라고 한다.

오답 풀이

② 유동성 함정은 기준 금리를 인하하여 시중에 유동성을 충분히 공급했음에도 경기가 활성화되지 않는 상황과 관련되므로, 금리 상승으로 유동성이 감소한 상황이라는 것은 적절하지 않다.

③ 유동성 함정은 시중에 유동성을 충분히 공급한 상황에서 나타나므로, 이는 유동성이 넘쳐 나는 상황이라고 할 수 있다. 그러나 이것이 기업의 생산과 가계의 소비가 줄어들었기 때문인 것은 아니다.

④ 유동성 함정은 충분한 유동성이 경기 회복으로 이어지지 못해 경기 침체가 지속되는 상황이므로, 경기 과열로 인한 상황이라는 것은 적절하지 않다.

⑤ 유동성 함정은 심각한 경기 침체로 인해 경기 회복에 대한 전망이 불투명할 경우, 충분한 유동성이 경기 회복으로 이어지지 못해 경기 침체가 지속되는 상황이다. 따라서 유동성이 감소하여 경기 회복에 대한 전망이 긍정적으로 바뀌는 상황이라는 것은 적절하지 않다.

03 새케인즈학파는 가격 경직성의 근거로 '메뉴 비용 이론'과 '효용 임금 이론'을 제시했다고 하였다. 기업은 제품 가격을 변화시킴으로써 얻을 수 있는 이득과 메뉴 비용을 비교하여 제품 가격을 변화시킨다. 따라서 가격 변화로 인해 자신에게 이득이 안 될 경우 제품 가격을 변화시키지 않을 것이다. 또한 기업은 효율 임금 이론을 바탕으로 노동자에게 높은 임금을 지급하여 생산성을 높이려고 하므로, 시장 상황에 따라 임금을 낮추지 않고 높은 임금을 지급하려 할 것이다. 즉 기업이 이윤을 추구하는 과정에서 제품 가격이나 임금을 결정한 결과로 시장에서 가격 경직성이 나타날 수 있다.

오답 풀이

② 경제 주체들이 합리적으로 기대를 형성하는 경우에도 가격 경직성이 나타날 수 있으므로, 총수요 관리 정책은 여전히 효과가 있을 수 있다.

③ 기업은 제품 시장과 노동 시장에서 공통적으로 이윤을 추구하는 행동을 할 것이다. 이러한 기업의 행동 차이가 가격 경직성을 제거한다는 근거는 찾을 수 없다.

④ 메뉴 비용의 크기가 클수록 제품의 가격 변동성이 커진다면, 이는 가격 신축성의 근거가 될 수 있다.

⑤ 기업이 노동자에게 높은 임금을 지급함으로써 생산성을 높일 수 있는 경우에는 노동의 초과 수요가 발생해서 시장의 균형 임금이 상승하면 기업은 더 높은 임금을 지급하여 노동자의 이직과 태만을 방지하려 할 것이다.

5주 완성 실전 대비 기출 모의고사 ▶ 276~280쪽

01 ①	02 ①	03 ③	04 ⑤	05 ④	06 ①	07 ⑤
08 ①	09 ③	10 ②	11 ①	12 ③	13 ④	14 ②
15 ②	16 ①	17 ③	18 ①	19 ②	20 ④	

01 '성립'은 '일이나 관계 따위가 제대로 이루어짐.'이라는 의미를 갖는다. '기관이나 조직체 따위를 만들어 일으킴.'을 의미하는 단어는 '설립'이다.

02 〈보기〉와 ①의 '힘'은 모두 '어떤 일을 할 수 있는 능력이나 역량'이라는 의미로 사용되었다.

오답 풀이

② '감정이나 충동 따위를 다스리고 통제할 수 있는 능력'이라는 의미로 사용되었다.

③ '사물의 이치 따위를 알거나 깨달을 수 있는 능력'이라는 의미로 사용되었다.
④ '사람이나 동물이 몸에 갖추고 있으면서 스스로 움직이거나 다른 물건을 움직이게 하는 근육 작용'이라는 의미로 사용되었다.
⑤ '일이나 활동에 도움이나 의지가 되는 것'이라는 의미로 사용되었다.

03 '예측하다'는 '미리 헤아려 짐작하다.'라는 의미를 지닌다. 따라서 '짐작하여 가늠하거나 미루어 생각하다.'의 의미를 지닌 '헤아리다'와 바꿔 쓸 수 있다.

오답 풀이
① '실현하다'는 '꿈, 기대 따위를 실제로 이루다.'의 의미를 지니므로, '보이지 아니하던 어떤 대상이 모습을 드러내다.' 또는 '어떤 일의 결과나 징후를 겉으로 드러내다.' 등의 의미를 지닌 '나타내다'와 바꿔 쓰기에 적절하지 않다.
② '반영하다'는 '다른 것에 영향을 받아 어떤 현상을 나타내다.'의 의미를 지니므로, '알려지지 않은 사실을 보이거나 밝히다.'의 의미를 지닌 '드러내다'와 바꿔 쓰기에 적절하지 않다.
④ '대응하다'는 '어떤 일이나 사태에 맞추어 태도나 행동을 취하다.'의 의미를 지니므로, '마주 대하다.'의 의미를 지닌 '마주하다'와 바꿔 쓰기에 적절하지 않다.
⑤ '구별되다'는 '성질이나 종류에 따라 차이가 나다.'라는 의미를 지니므로, '변하여 전과는 다르게 되다.'의 의미를 지닌 '달라지다'와 바꿔 쓰기에 적절하지 않다.

04 '과부족(過不足)'은 '기준에 넘거나 모자람'이라는 의미로, '수요의 예측을 잘해야 과부족이 없다.'와 같이 사용한다. '과'에는 '넘침'의 의미가 담겨 있고, '부족'에는 '모자람'의 의미가 담겨 있다. 따라서 '넘침'과 '모자람'의 의미가 모두 있는 단어는 '과부족'이다.

오답 풀이
① '과반수'는 '절반이 넘는 수'를 의미하는 단어로, '모자람'의 의미는 담겨 있지 않다.
② '과다'는 '너무 많음.'을 의미하는 단어로, '모자람'의 의미는 담겨 있지 않다.
③ '과도'는 '정도에 지나침.'을 의미하는 단어로, '모자람'의 의미는 담겨 있지 않다.
④ '과소비'는 '돈이나 물품 따위를 지나치게 많이 써서 없애는 일'을 의미하는 단어로, '모자람'의 의미는 담겨 있지 않다.

05 '간주하다'의 사전적 의미는 '상태, 모양, 성질 따위가 그와 같다고 보거나 그렇다고 여기다.'이다. '유사한 점에 기초하여 다른 사물을 미루어 추측하다.'는 '유추하다'의 사전적 의미이다.

06 '싸움꾼'은 어근 '싸우-'에 접미사 '-ㅁ'이 붙어 먼저 '싸움'이 만들어지고, 여기에 다시 접미사 '-꾼'이 붙어 '싸움꾼'이 된 파생어이다. 따라서 '싸움꾼'은 '뜨개질'과 단어의 구조가 동일하다.

오답 풀이
② '군것질'은 접두사 '군-'이 어근 '것'에 붙어 먼저 '군것'이 만들어지고, 여기에 다시 접미사 '-질'이 붙어 '군것질'이 된 파생어이다.
③ '놀이터'는 어근 '놀-'에 접미사 '-이'가 붙어 먼저 '놀이'가 만들어지고, 여기에 다시 어근 '터'가 붙어 '놀이터'가 된 합성어이다. '터를 잡다', '터를 다지다' 등의 예를 통해 알 수 있듯이, '터'는 접미사가 아니라 실질적 의미를 나타내는 어근이다.
④ '병마개'는 어근 '막-'에 접미사 '-애'가 붙어 '마개'가 만들어지고, 여기에 다시 어근 '병'이 붙어 '병마개'가 된 합성어이다.
⑤ '미닫이'는 어근 '밀-'에 어근 '닫-'이 붙어 먼저 '미닫-'이 만들어지고 여기에 다시 접미사 '-이'가 붙어 '미닫이'가 된 파생어이다. '밀-'과 '닫-'이 결합하면서 '닫-'의 초성 'ㄷ' 앞에서 '밀-'의 종성 'ㄹ'이 탈락하여 '미닫-'이 된다.

07 '건물주가 수선할 의무를 진다.'에서의 '지다'는 '책임이나 의무를 맡다.'의 의미로 사용되었다. ⑤의 '큰 부담을 지고 있다.'에서의 '지다' 역시 이와 유사한 의미로 사용되었다.

오답 풀이
① '어떤 현상이나 상태가 이루어지다.'의 의미로 사용되었다.
② '신세나 은혜를 입다.'의 의미로 사용되었다.
③ '어떤 좋지 아니한 관계가 되다.'의 의미로 사용되었다.
④ '물건을 짊어서 등에 얹다.'의 의미로 사용되었다.

08 행랑채에 비가 새기 시작한 것을 알았을 때, 망설이지 않고 바로 지붕을 고쳤다면 수리비가 많이 들지 않았을 것이다. 이를 근거로 판단하면 '호미로 막을 것을 가래로 막는다'는 속담이 적절하다.

오답 풀이
② 낫 놓고 기역자도 모른다: 기역 자 모양으로 생긴 낫을 보면서도 기역 자를 모른다는 뜻으로, 아주 무식함을 이르는 말이다.
③ 까마귀 날자 배 떨어진다: 아무 관계 없이 한 일이 공교롭게도 때가 같아 어떤 관계가 있는 것처럼 의심을 받게 됨을 이르는 말이다.
④ 개구리 올챙이 적 생각 못 한다: 형편이나 사정이 전에 비하여 나아진 사람이 지난날의 미천하거나 어렵던 때의 일을 생각지 아니하고 처음부터 잘난 듯이 뽐냄을 이르는 말이다.
⑤ 우물에 가 숭늉 찾는다: 모든 일에는 질서와 차례가 있는 법인데 일의 순서도 모르고 성급하게 덤빔을 이르는 말이다.

09 '촉진'의 사전적 의미는 '다그쳐 빨리 나아가게 함.'이므로 적절하다.

오답 풀이
① '전달'의 사전적 의미는 '지시, 명령, 물품 따위를 다른 사람이나 기관에 전하여 이르게 함.'이다. '널리 알림.'은 '홍보'의 사전적 의미이다.
② '불과'의 사전적 의미는 '그 수량에 지나지 아니한 상태임을 이르는 말'이다. '목적한 바를 시도하였으나 이루지 못함.'은 '미수'의 사전적 의미이다.

④ '유용'의 사전적 의미는 '쓸모가 있음.'이다. '반드시 요구되는 바가 있음.'은 '필요'의 사전적 의미이다.

⑤ '배출'의 사전적 의미는 '안에서 밖으로 밀어 내보냄.'이다. '나누어 줌.'은 '배급'의 사전적 의미이다.

10 〈보기〉의 '덧붙이다'는 '군더더기로 딸리게 하다.'라는 의미이고, '부가하다'는 '주된 것에 덧붙이다.'라는 의미로 바꿔 쓸 수 있다.

11 〈보기〉의 '기간(期間)'은 '어느 일정한 시기부터 다른 어느 일정한 시기까지의 사이'라는 의미로 사용되었다. 하지만 ①의 '기간(基幹)'은 '어떤 분야나 부문에서 가장 으뜸이 되거나 중심이 되는 부분'이라는 의미로 사용되었다.

오답 풀이

② 조절: '균형이 맞게 바로잡음. 또는 적당하게 맞추어 나감.'이라는 의미로 사용되었다.

③ 명시: '분명하게 드러내 보임.'이라는 의미로 사용되었다.

④ 유의: '마음에 새겨 두어 조심하며 관심을 가짐.'이라는 의미로 사용되었다.

⑤ 상환: '갚거나 돌려줌.'이라는 의미로 사용되었다.

12 '가격이 떨어지면'에서의 '떨어지다'는 '값, 기온, 수준, 형세 따위가 낮아지거나 내려가다.'의 의미로 사용되었다. ③의 '갈수록 성적이 떨어져서'에서의 '떨어지다' 역시 이와 유사한 의미로 사용되었다.

13 '비롯되다'는 '처음으로 시작되다.'라는 의미이다. 따라서 '어떤 일이나 행동이 어떤 사건이나 장소에서 처음으로 발생되다.'라는 의미의 '시작되다'와 바꿔 쓸 수 있다.

14 '집안일[지반닐]'은 동화 현상이 아니라 'ㄴ' 첨가 현상의 예이다. '집안일'은 앞말이 자음으로 끝나고 뒷말이 모음 'ㅣ'로 시작하므로 'ㄴ' 소리가 첨가되어 [지반닐]로 발음된다.

오답 풀이

① '붙이다'가 [부티다]가 아니라 [부치다]로 소리 나는 것은, '붙'의 받침 'ㅌ'이 모음 'ㅣ' 앞에서 'ㅊ'으로 바뀌는 구개음화 현상이 나타났기 때문이다.

③ '권력'이 [권력]이 아니라 [궐력]으로 소리 나는 것은, 비음 'ㄴ'이 뒤에 오는 유음 'ㄹ'의 영향을 받아 유음 'ㄹ'로 바뀌는 유음화 현상이 나타났기 때문이다.

④ '먹는다'가 [멍는다]로 소리 나는 것은, '먹'의 받침 'ㄱ'이 뒤에 오는 비음 'ㄴ'의 영향을 받아 비음 'ㅇ'으로 바뀌는 비음화 현상이 나타났기 때문이다.

⑤ '굳이'가 [구지]로 소리 나는 것은, '굳'의 받침 'ㄷ'이 모음 'ㅣ' 앞에서 'ㅈ'으로 바뀌는 구개음화 현상이 나타났기 때문이다.

15 선택지에 제시된 단어는 '길이', '마중', '무덤', '지붕', '뒤뜰', '쌀알'이다. 각각의 유형을 정리하면 다음과 같다.

제시된 단어	형태소 분석	유형
길이	길-+-이 ('길다'의 어근 + 접미사)	파생어이면서 어근의 원형을 밝히어 적는 경우
마중	맞-+-웅 ('맞다'의 어근 + 접미사)	파생어이면서 어근의 원형을 밝히어 적지 않는 경우 → ㉠
무덤	묻-+-엄 ('묻다'의 어근 + 접미사)	파생어이면서 어근의 원형을 밝히어 적지 않는 경우 → ㉠
지붕	집+-웅 (어근 + 접미사)	파생어이면서 어근의 원형을 밝히어 적지 않는 경우 → ㉠
뒤뜰	뒤+뜰 (어근 + 어근)	합성어이면서 어근의 원형을 밝히어 적는 경우 → ㉡
쌀알	쌀+알 (어근 + 어근)	합성어이면서 어근의 원형을 밝히어 적는 경우 → ㉡

16 ⓐ에는 어찌할 바를 모르고 의지할 곳이 없는 숙향의 처지가 나타난다. 따라서 '호랑이를 타고 달리는 형세라는 뜻으로, 이미 시작한 일을 중도에서 그만둘 수 없는 경우를 이름.'을 의미하는 '기호지세(騎虎之勢)'는 적절하지 않다.

17 '보장'은 '어떤 일이 어려움 없이 이루어지도록 조건을 마련하여 보증하거나 보호함.'을 의미한다. '잘 보호하여 기름.'을 의미하는 말은 '보양'이다.

18 ㉠의 '지나다'는 '어디를 거치어 가거나 오거나 하다.'를 의미한다. ① 역시 이와 같은 의미로 사용되었다.

19 '창출하다'는 '전에 없던 것을 처음으로 생각하여 지어내거나 만들어 내다.'의 의미이다. 따라서 '물체의 넓이, 부피 따위를 본디보다 커지게 하다.'의 의미를 가진 '늘리다'와 바꿔 쓰기에 적절하지 않다. ⓑ는 '만들어 내는'과 바꿔 쓰는 것이 더 적절하다.

20 〈보기〉의 '나다'는 '소리, 냄새 따위가 밖으로 드러나다.'라는 의미이고, ④의 '나다'는 '구하던 대상이 나타나다.'라는 의미이다.